資治通鑒

图文注释本

四

周国林　主编

岳麓書社·长沙

第四册目录

资治通鉴卷第一百一十一

晋纪三十三　起屠维大渊献，尽上章困敦，凡二年。

安皇帝丙

隆安三年　春，正月，辛酉，大赦。

戊辰，燕昌黎尹留忠谋反，诛；事连尚书令东阳公根、尚书段成，皆坐死；遣中卫将军卫双就诛忠弟志于凡城。以卫将军平原公元为司徒、尚书令。

庚午，魏主珪北巡，分命大将军常山王遵等三军从东道出长川，镇北将军高凉王乐真等七军从西道出长川[①]，珪自将大军从中道出驳髯水以袭高车[②]。

壬午，燕右将军张真、城门校尉和翰坐谋反，诛。

癸未，燕大赦，改元长乐。燕主盛每十日一自决狱，不加拷掠，多得其情。

武威王乌孤徙治乐都，以其弟西平公利鹿孤镇安夷[③]，广武公傉檀镇西平，叔父素渥镇湟河，若留镇浇河，从弟替引镇岭南[④]，洛回镇廉川，从叔吐若留镇浩亹[⑤]；夷、夏俊杰，随才授任，内居显位，外典郡县，咸得其宜。

乌孤谓群臣曰："陇右、河西[⑥]，本数郡之地，遭乱，分裂至十余国，吕氏、乞伏氏、段氏最强，今欲取之，三者何先？"杨统曰："乞伏氏本吾之部落，终当服从。段氏书生，无能为患，且结好于我，攻之不义。吕光衰耄，嗣子微弱，纂、弘虽有才而内相猜忌，若使浩亹、廉川乘虚迭出，彼必疲于奔命，不过二年，兵劳民困，则姑臧可图也。姑臧举，则二寇不待攻而服矣。”乌孤曰：“善！”

二月，丁亥朔，魏军大破高车三十余部，获七万余口，马三十余万匹，牛羊百四十余万头。卫王仪别将三万骑绝漠千余里，破其七部，获二万余口，马五万余匹，牛羊二万余头。高车诸部大震。

林邑王范达陷日南、九真，遂寇交趾，太守杜瑗击破之。

庚戌，魏征虏将军庾岳破张超于勃海，斩之。

段业即凉王位[7]，改元天玺；以沮渠蒙逊为尚书左丞，梁中庸为右丞。

【注释】

①长川：城名，在今内蒙古兴和县西北。 ②驳髯水：河流名，当指今内蒙古察哈尔右翼后旗境内某水。 ③安夷：县名，治今青海海东市乐都区西。④岭南：地名，指洪池岭（在今甘肃武威市）以南。 ⑤浩亹（mén 门）：县名，治今甘肃永登县西南大通河东岸。 ⑥陇右、河西：地名，前者指今甘肃东部，后者指今甘肃中部西部。 ⑦“段业”句：段业所建凉国，史称“北凉”。

魏主珪大猎于牛川之南，以高车人为围，周七百余里；因驱其禽兽，南抵平城，使高车筑鹿苑[1]，广数十里。三月，己未，珪还平城。

北魏“传祚无穷”瓦当

甲子，珪分尚书三十六曹及外署，凡置三百六十曹，令八部大夫主之[2]。吏部尚书崔宏通署三十六曹，如令、仆统事。置五经博士，增国子太学生员合三千人。

珪问博士李先曰：“天下何物最善，可以益人神智？”对曰：“莫若书籍。”珪曰：“书籍凡有几何，如何可集？”对曰：“自书契以来，世有滋益，以至于今，不可胜计。苟人主所好，何忧不集。”珪从之，命郡县大索书籍，悉送平城。

初，秦王登之弟广帅众三千依南燕王德，德以为冠军将军，处之乞活堡[3]。会荧惑守东井，或言秦当复兴，广乃自称秦王，击南燕北地王钟，破之。是时，滑台孤弱，土无十城，众不过一万，钟既败，附德者多去德而附广。德乃留鲁阳王和守滑台，自帅众讨广，斩之。

燕主宝之至黎阳也[4]，鲁阳王和长史李辩劝和纳之，和不从。辩惧，故潜引晋军至管城，欲因德出战而作乱。既而德不出，辩愈不自安。及德讨苻广，辩复劝和反，和不从，辩乃杀和，以滑台降魏。魏行台尚书和跋在邺，帅轻骑自邺赴之，既至，辩悔之，闭门拒守。跋使尚书郎邓晖说之，辩乃开门内跋，跋悉收德宫人府库。德遣兵击跋，跋逆击，破之，又破德将桂阳王镇，俘获千余人。陈、颍之民多附于魏。

南燕右卫将军慕容云斩李辩，帅将士家属二万余口出滑台赴德。德欲攻滑台，韩范曰：“向也魏为客，吾为主人；今也吾为客，魏为主人。人心危惧，不可复战，不如先据一方，自立基本，乃图进取。”张华曰：“彭城，楚之旧都[5]，可攻而据之。”北地王钟等皆劝德攻滑台。尚书潘聪曰：“滑台四通八达之地，北有魏，南有晋，西有秦，居之未尝一日安也。彭城土旷人稀，平夷无崄[6]，且晋之旧镇，未易可取。又密迩江、淮，夏秋多水。乘舟而战者，吴之所长，我之所短也。青州沃野二千里，精兵十余万，左有负海之饶，右有山河之固，广固城曹嶷所筑[7]，地形阻峻，足为帝王之都。三齐英杰[8]，思得明主以立功于世久矣。辟闾浑昔为燕臣[9]，今宜遣辩士驰说于前，大兵继踵于后，若其不服，取之如拾芥耳。既得其地，然后闭关养锐，伺隙而动，此乃陛下之关中、河内也[10]。”德犹豫未决。沙门竺朗素善占候，德使牙门苏抚问之，朗曰：“敬览三策，潘尚书之议，兴邦之言也。且今岁之初，彗星起奎、娄，扫虚、危；彗者，除旧布新之象，奎、娄为鲁，虚、危为齐。宜先取兖州，巡抚琅邪，至秋乃北徇齐地，此天道也。”抚又密问以年世，朗以《周易》

筮之曰:"燕衰庚戌,年则一纪[11],世则及子。"抚还报德,德乃引师而南,兖州北鄙诸郡县皆降之。德置守宰以抚之,禁军士无得虏掠。百姓大悦,牛酒属路。

【注释】

①鹿苑:帝王游猎之地。 ②八部大夫:拓跋珪在天兴元年(398)设置八部大人,管理皇城四方四维事务,此处"大夫"恐为"大人"之误。③乞活堡:西晋末并州地区流亡到太行山以东的流民群所筑城堡。④"燕主"句:慕容宝至黎阳,见本书卷第一百一十晋安帝隆安二年(398)。 ⑤"彭城"句:彭城,即今江苏徐州市;楚,指秦末项羽所建楚国。 ⑥崄(xiǎn 显):高险。 ⑦"广固"句:广固城,城名,在今山东青州市西北。曹嶷筑城之事,见本书卷第八十九晋愍帝建兴三年(315)。⑧三齐:秦汉之际项羽以齐国故地封田都为齐王,都临淄(今山东淄博市东北);田市为胶东王,都即墨(今山东平度市东北);田安为济北王,都博阳(今山东泰安市东南),合称三齐。相当于今山东大部地区。⑨"辟闾浑"句:辟闾浑初为前秦平原太守,前秦淝水之战失败后,浑归附东晋。太元十九年(394),被后燕辽西王慕容农打败,遂向后燕称臣。后燕衰落,又归附东晋,任青州刺史。 ⑩"此乃"句:西汉、东汉各自以关中、河内为基地而统一全国,后世因之把关中、河内作为创立统一大业基地的代名词。 ⑪纪:十二年为一纪。

丙子,魏主珪遣建义将军庾真、越骑校尉奚斤击库狄、宥连、侯莫陈三部,皆破之,追奔至大峨谷[1],置戍而还。

己卯,追尊帝所生母陈夫人为德皇太后。

夏,四月,鲜卑叠掘河内帅户五千降于西秦。西秦王乾归以河内为叠掘都统,以宗女妻之。

甲午,燕大赦。

会稽王道子有疾,且无日不醉。世子元显知朝望去之,乃讽朝廷解道子司徒、扬州刺史。乙未,以元显为扬州刺史。道子醒而后知之,大怒,无如之何。元显以庐江太守会稽张法顺为谋主,多引树亲党,朝贵皆畏事之。

燕散骑常侍馀超、左将军高和等坐谋反,诛。

凉太子绍、太原公纂将兵伐北凉，北凉王业求救于武威王乌孤，乌孤遣骠骑大将军利鹿孤及杨轨救之。业将战，沮渠蒙逊谏曰："杨轨恃鲜卑之强，有窥窬之志，绍、纂深入，置兵死地，不可敌也。今不战则有泰山之安，战则有累卵之危。"业从之，按兵不战。绍、纂引兵归。

六月，乌孤以利鹿孤为凉州牧，镇西平，召车骑大将军傉檀入录府国事。

会稽世子元显自以少年，不欲顿居重任；戊子，以琅邪王德文为司徒。

魏前河间太守卢溥帅其部曲数千家就食渔阳，遂据有数郡。秋，七月，己未，燕主盛遣使拜溥幽州刺史。

辛酉，燕主盛下诏曰："法例律，公侯有罪，得以金帛赎，此不足以惩恶而利于王府，甚无谓也。自今皆令立功以自赎，勿复输金帛。"

西秦丞相南川宣公出连乞都卒。

秦齐公崇、镇东将军杨佛嵩寇洛阳，河南太守陇西辛恭靖婴城固守。雍州刺史杨佺期遣使求救于魏常山王遵，魏主珪以散骑侍郎西河张济为遵从事中郎以报之。佺期问于济曰："魏之伐中山②，戎士几何？"济曰："四十余万。"佺期曰："以魏之强，小羌不足灭也。且晋之与魏，本为一家③，今既结好，义无所隐。此间兵弱粮寡，洛阳之救，恃魏而已。若其保全，必有厚报；若其不守，与其使羌得之，不若使魏得之。"济还报。八月，珪遣太尉穆崇将六万骑往救之。

燕辽西太守李朗在郡十年，威行境内，恐燕主盛疑之，累征不赴。以其家在龙城，未敢显叛，阴召魏兵，许以郡降魏；遣使驰诣龙城，广张寇势。盛曰："此必诈也。"召使者诘问，果无事实。盛尽灭朗族；丁酉，遣辅国将军李旱讨之。

【注释】

①大峨谷：地名，今址不详，待考。 ②"魏之"句：魏国征伐中山，见本书卷第一百八晋孝武帝太元二十一年(396)。 ③"且晋"二句：魏国前身为代国，拓跋猗卢的代王名号为晋所授，故称"一家"。见本书卷

第八十九晋愍帝建兴三年(315)。

初,魏奋武将军张衮以才谋为魏主珪所信重,委以腹心。珪问中州士人于衮,衮荐卢溥及崔逞,珪皆用之。

珪围中山久未下,军食乏[①],问计于群臣,逞为御史中丞,对曰:“桑椹可以佐粮;飞鸮食椹而改音,诗人所称也[②]。”珪虽用其言,听民以椹当租,然以逞为侮慢,心衔之[③]。秦人寇襄阳,雍州刺史郗恢以书求救于魏常山王遵曰:“贤兄虎步中原。”珪以恢无君臣之礼,命衮及逞为复书,必贬其主。衮、逞谓帝为“贵主”。珪怒曰:“命汝贬之而谓之‘贵主’,何如‘贤兄’也!”逞之降魏也[④],以天下方乱,恐无复遗种,使其妻张氏与四子留冀州,逞独与幼子赜诣平城,所留妻子遂奔南燕。珪并以是责逞,赐逞死。卢溥受燕爵命,侵掠魏郡县,杀魏幽州刺史封沓干。珪谓衮所举皆非其人,黜衮为尚书令史。衮乃阖门不通人事,惟手校经籍,岁余而终。

燕主宝之败也,中书令、民部尚书封懿降于魏。珪以懿为给事黄门侍郎、都坐大官[⑤]。珪问懿以燕氏旧事,懿应对疏慢,亦坐废于家。

武威王秃发乌孤醉,走马伤肋而卒,遗令立长君。国人立其弟利鹿孤,谥乌孤曰武王,庙号烈祖。利鹿孤大赦,徙治西平。

南燕王德遣使说幽州刺史辟闾浑,欲下之;浑不从;德遣北地王钟帅步骑二万击之,德进据琅邪,徐、兖之民归附者十余万。德自琅邪引兵而北,以南海王法为兖州刺史,镇梁父。进攻莒城,守将任安委城走。德以潘聪为徐州刺史,镇莒城。兰汗之乱,燕吏部尚书封孚南奔辟闾浑,浑表为勃海太守;及德至,孚出降,德大喜曰:“孤得青州不为喜,喜得卿耳!”遂委以机密。北地王钟传檄青州诸郡,谕以祸福。辟闾浑徙八千余家入守广固,遣司马崔诞戍薄荀固[⑥],平原太守张豁戍柳泉[⑦];诞、豁承檄皆降于德。浑惧,携妻子奔魏,德遣射声校尉刘纲追之,及于莒城,斩之。浑子道秀自诣德,请与父俱死。德曰:“父虽不忠,而子能孝。”特赦之。浑参军张瑛为浑作檄,辞多不逊,德执而让之。瑛神色自若,徐曰:“浑之有臣,犹韩信之有蒯通。通遇汉祖而生[⑧],臣遭陛下而死,比之古人,窃为不幸耳!”德杀之。遂定都广固。

燕李旱行至建安,燕主盛急召之,群臣莫测其故。九月,辛未,复遣之。李朗闻其家被诛,拥二千余户以自固;及闻旱还,谓有内变,不复设备,留其子养守令支,自迎魏师于北平。壬子[⑨],旱袭令支,克之,遣广威将军孟广平追及朗于无终,斩之。

秦主兴以灾异屡见,降号称王,下诏令群公、卿士、将牧、守宰各降一等;大赦,改元弘始。存问孤贫,举拔贤俊,简省法令,清察狱讼,守令之有政迹者赏之,贪残者诛之,远近肃然。

【注释】

①“珪围”二句:拓跋珪包围中山,事见本书卷第一百九晋安帝隆安元年(397)。 ②“飞鸮”二句:鸮(xiāo 销),猛禽,俗称猫头鹰。《诗经·鲁颂·泮水》:“翩彼飞鸮,集于泮林,食我桑椹,怀我好音。” ③“然以”二句:飞鸮的声音难听,被古人视为恶鸟,按《诗经》中的说法,在吃了桑树的果穗后声音变好。拓跋珪以北方游牧民族而入主中原,认为崔逞引《诗经》之言对他含有侮辱之意,故对崔逞记恨在心。 ④“逞之”句:崔逞降魏,见本书卷第一百九晋安帝隆安元年(397)。 ⑤都坐大官:北魏职官名,职掌近于汉代的御史大夫,总监政务。 ⑥薄荀固:坞堡名。薄荀,人名;固,太行山以东对坞堡的称呼。该堡为薄荀所建,今址不详,待考。 ⑦柳泉:地名,在今山东青州市西。 ⑧“通遇”句:蒯通为刘邦赦免之事,见本书卷第十二汉高帝十一年(前196)。 ⑨壬子:九月甲寅朔,无壬子。

冬,十月,甲午,燕中卫将军卫双有罪,赐死。李旱还,闻双死,惧,弃军而亡,至板陉[①],复还归罪。燕主盛复其爵位,谓侍中孙勍曰:“旱为将而弃军,罪在不赦。然昔先帝蒙尘,骨肉离心,公卿失节,惟旱以宦者忠勤不懈,始终如一[②],故吾念其功而赦之耳。”

辛恭靖固守百余日,魏救未至,秦兵拔洛阳,获恭靖。恭靖见秦王兴,不拜,曰:“吾不为羌贼臣!”兴囚之,恭靖逃归。自淮、汉以北,诸城多请降,送任于秦。

魏主珪以穆崇为豫州刺史,镇野王。

会稽世子元显，性苛刻，生杀任意；发东土诸郡免奴为客者[3]，号曰“乐属”，移置京师，以充兵役，东土嚣然苦之。

孙恩因民心骚动，自海岛帅其党杀上虞令，遂攻会稽。会稽内史王凝之，羲之之子也，世奉天师道[4]，不出兵，亦不设备，日于道室稽颡跪咒。官属请出兵讨恩，凝之曰：“我已请大道，借鬼兵守诸津要，各数万，贼不足忧也。”及恩渐近，乃听出兵，恩已至郡下。甲寅[5]，恩陷会稽，凝之出走，恩执而杀之，并其诸子。凝之妻谢道蕴，奕之女也，闻寇至，举措自若，命婢肩舆，抽刀出门，手杀数人，乃被执。吴国内史桓谦、临海太守新秦王崇、义兴太守魏隐皆弃郡走[6]。于是会稽谢鍼、吴郡陆环、吴兴丘尪、义兴许允之、临海周胄、永嘉张永等及东阳、新安凡八郡人[7]，一时起兵，杀长吏以应恩，旬日之中，众数十万。吴兴太守谢邈、永嘉太守司马逸、嘉兴公顾胤、南康公谢明慧、黄门郎谢冲、张琨、中书郎孔道等皆为恩党所杀。邈、冲，皆安之弟子也。时三吴承平日久，民不习战，故郡县兵皆望风奔溃。

恩据会稽，自称征东将军，逼人士为官属，号其党曰“长生人”，民有不与之同者，戮及婴孩，死者什七八。醢诸县令以食其妻子，不肯食者，辄支解之。所过掠财物，烧邑屋，焚仓廪，刊木，堙井，相帅聚于会稽，妇人有婴儿不能去者，投于水中，曰：“贺汝先登仙堂，我当寻后就汝。”恩表会稽王道子及世子元显之罪，请诛之。

自帝即位以来，内外乖异，石头以南皆为荆、江所据[8]，以西皆豫州所专[9]，京口及江北皆刘牢之及广陵相高雅之所制，朝政所行，惟三吴而已。及孙恩作乱，八郡皆为恩有，畿内诸县，盗贼处处蜂起，恩党亦有潜伏在建康者，人情危惧，常虑窃发，于是内外戒严。加道子黄钺，元显领中军将军，命徐州刺史谢琰兼督吴兴、义兴军事以讨恩；刘牢之亦发兵讨恩，拜表辄行。

西秦以金城太守辛静为右丞相。

【注释】

①板陉：地名，确址待考，疑在今辽宁凌源市境。　②“惟旱”二句：李旱尽忠燕王室，见本书卷第一百一十晋安帝隆安二年（398）。

③“发东土”句：奴，奴隶；客，佃客，身份比前者自由，且有自己的经济与生产工具。 ④天师道：即东汉张陵创立的五斗米道。因张陵被信徒称为天师，故所创之道又称天师道。 ⑤甲寅：十月甲申朔，无甲寅。⑥新秦王：据《晋书》，当作“新蔡王”。 ⑦尪（wāng 汪）：此处为人名用字。 ⑧“石头”句：当时，荆州、江州的刺史分别为殷仲堪、桓玄。⑨“以西”句：当时，豫州刺史为司马尚之。

十二月，甲午，燕燕郡太守高湖帅户三千降魏。湖，泰之子也。

丙午，燕主盛封弟渊为章武公，虔为博陵公，子定为辽西公。

丁未，燕太后段氏卒，谥曰惠德皇后。

谢琰击斩许允之，迎魏隐还郡，进击丘尪，破之，与刘牢之转斗而前，所向辄克。琰留屯乌程，遣司马高素助牢之，进临浙江。诏以牢之都督吴郡诸军事。

初，彭城刘裕，生而母死，父翘侨居京口，家贫，将弃之。同郡刘怀敬之母，裕之从母也，生怀敬未期，走往救之，断怀敬乳而乳之。及长，勇健有大志。仅识文字，以卖履为业，好樗蒲，为乡闾所贱。刘牢之击孙恩，引裕参军事，使将数十人觇贼[1]。遇贼数千人，即迎击之，从者皆死，裕坠岸下。贼临岸欲下，裕奋长刀仰斫杀数人，乃得登岸，仍大呼逐之，贼皆走，裕所杀伤甚众。刘敬宣怪裕久不返，引兵寻之，见裕独驱数千人，咸共叹息。因进击贼，大破之，斩获千余人。

刘裕像

初，恩闻八郡响应，谓其

属曰:“天下无复事矣,当与诸君朝服至建康[2]。”既而闻牢之临江,曰:“我割浙江以东,不失作句践[3]!”戊申,牢之引兵济江,恩闻之曰:“孤不羞走[4]。”遂驱男女二十余万口东走,多弃宝物、子女于道,官军竞取之,恩由是得脱,复逃入海岛。高素破恩党于山阴,斩恩所署吴郡太守陆环、吴兴太守丘尪、余姚令吴兴沈穆夫。

东土遭乱,企望官军之至,既而牢之等纵军士暴掠,士民失望,郡县城中无复人迹,月余乃稍有还者。朝廷忧恩复至,以谢琰为会稽太守、都督五郡军事[5],帅徐州文武戍海浦[6]。

以元显录尚书事。时人谓道子为东录,元显为西录[7];西府车骑填凑,东第门可张罗矣。元显无良师友,所亲信者率皆佞谀之人,或以为一时英杰,或以为风流名士。由是元显日益骄侈,讽礼官立议,以己德隆望重,既录百揆,百揆皆应尽敬。于是公卿以下,见元显皆拜。时军旅数起,国用虚竭,自司徒以下,日廪七升,而元显聚敛不已,富逾帝室。

【注释】

①觇(chān 搀):窥视。 ②“当与”句:意为自己将要登上皇帝位。 ③“我割”二句:意为当仿效春秋末年的越王句践,保有会稽。 ④“孤不”句:据三国时吴人所撰《江表传》,周瑜打败曹操军队,曹操有“孤不羞走”之语,故孙恩引以为言。 ⑤五郡:指会稽、临海、东阳、永嘉、新安五郡。 ⑥海浦:沿海地带。指今浙江杭州市萧山区东北向东直到宁波市镇海区一带。 ⑦“时人”二句:当时司马道子、司马元显分别住在东府、西府,故人们分别称之为东录、西录。

殷仲堪恐桓玄跋扈,乃与杨佺期结昏为援。佺期屡欲攻玄,仲堪每抑止之。玄恐终为殷、杨所灭,乃告执政[1],求广其所统;执政亦欲交构,使之乖离,乃加玄都督荆州四郡军事[2],又以玄兄伟代佺期兄广为南蛮校尉。佺期忿惧。杨广欲拒桓伟,仲堪不听,出广为宜都、建平二郡太守。杨孜敬先为江夏相,玄以兵袭而劫之,以为咨议参军。

佺期勒兵建牙,声云援洛,欲与仲堪共袭玄。仲堪虽外结佺期而内疑其心,苦止之;犹虑弗能禁,遣从弟遹屯于北境,以遏佺期。佺期既不能独举，又不测仲堪本意，乃解兵。

仲堪多疑少决，咨议参军罗企生谓其弟遵生曰："殷侯仁而无断，必及于难。吾蒙知遇，义不可去，必将死之。"

是岁，荆州大水，平地三丈，仲堪竭仓廪以赈饥民。桓玄欲乘其虚而伐之，乃发兵西上，亦声言救洛，与仲堪书曰："佺期受国恩而弃山陵[3]，宜共罪之。今当入沔讨除佺期，已顿兵江口[4]。若见与无贰，可收杨广杀之；如其不尔，便当帅兵入江。"时巴陵有积谷，玄先遣兵袭取之。梁州刺史郭铨当之官，路经夏口，玄诈称朝廷遣铨为己前锋，乃授以江夏之众，使督诸军并进，密报兄伟令为内应。伟遑遽不知所为，自赍疏示仲堪。仲堪执伟为质，令与玄书，辞甚苦至。玄曰："仲堪为人无决，常怀成败之计，为儿子作虑，我兄必无忧也！"

仲堪遣殷遹帅水军七千至西江口[5]，玄使郭铨、苻宏击之，遹等败走。玄顿巴陵，食其谷；仲堪遣杨广及弟子道护等拒之，皆为玄所败。江陵震骇。

城中乏食，以胡麻廪军士[6]。玄乘胜至零口[7]，去江陵二十里，仲堪急召杨佺期以自救。佺期曰："江陵无食，何以待敌！可来见就，共守襄阳。"仲堪志在全军保境，不欲弃州逆走，乃绐之曰："比来收集，已有储矣。"佺期信之，帅步骑八千，精甲耀日，至江陵，仲堪唯以饭饷其军。佺期大怒曰："今兹败矣！"不见仲堪，与其兄广共击玄；玄畏其锐，退军马头[8]。明日，佺期引兵急击郭铨，几获之；会玄兵至，佺期大败，单骑奔襄阳。仲堪出奔酂城[9]，玄遣将军冯该追佺期及广，皆获而杀之，传首建康。佺期弟思平，从弟尚保、孜敬逃入蛮中。仲堪闻佺期死，将数百人将奔长安，至冠军城[10]，该追获之，还至柞溪[11]，逼令自杀，并杀殷道护。仲堪奉天师道，祷请鬼神，不吝财贿，而啬于周急；好为小惠以悦人，病者自为诊脉分药；用计倚伏烦密，而短于鉴略，故至于败。

仲堪之走也，文武无送者，惟罗企生从之。路经家门，弟遵生曰："作如此分离，何可不一执手？"企生旋马授手，遵生有力，因牵下之，曰："家有老母，去将何之？"企生挥泪曰："今日之事，我必死之；汝等奉养，不失子道。一门之中，有忠与孝，亦复何恨！"遵生抱之愈急，仲堪于路待之，见企生无脱理，策马而去。及玄至，荆州人士无不诣玄者，企生独不往，而营理仲堪家事。或曰："如此，祸必至矣！"企生曰："殷侯遇我以国士，为弟所制，不得随之共殄丑逆，复何面目就桓求生乎！"玄闻之怒，然待企生素厚，先遣人谓曰："若谢我，当释汝。"企生曰："吾为殷荆州吏，荆州败，不能救，尚何谢为！"玄乃收之，复遣人问企生欲何言。企生曰："文帝杀嵇康，嵇绍为晋忠臣[12]，从公乞一弟以养老母！"玄乃杀企生而赦其弟。

【注释】

①执政：指司马元显。　②荆州四郡：指长沙、衡阳、湘东、零陵四郡。　③"佺期"句：东晋光复洛阳，洛阳属雍州辖区，故桓玄把杨佺期放弃洛阳列为他的罪状；因西晋王室陵墓在洛阳，故称罪状为"弃山陵"。　④江口：指沔水与长江会合处。　⑤西江口：地名，在今湖北监利市西南。　⑥胡麻：食物名，即芝麻。　⑦零口：地名，即零溪入江之口，在今湖北荆州市西南。　⑧马头：地名，在今湖北公安县西北，北与荆州市隔江相望。　⑨酂城：城名，在今湖北老河口市西北。　⑩冠军城：城名，在今河南邓州市西北。　⑪柞溪：河流名，源自今湖北荆州市北，东流至潜江市西入扬夏水。　⑫"文帝"二句：司马昭杀嵇康见本书卷第七十八魏元帝景元三年(262)；嵇绍为保卫晋惠帝而死见本书卷第八十五晋惠帝永兴元年(304)。

凉王光疾甚，立太子绍为天王，自号太上皇帝；以太原公纂为太尉，常山公弘为司徒。谓绍曰："今国家多难，三邻伺隙[1]，吾没之后，使纂统六军，弘管朝政，汝恭己无为，委重二兄，庶几可济；若内相猜忌，则萧墙之变，旦夕至矣！"又谓纂、弘曰："永业才非拨乱[2]，直以立嫡有常，猥居元首[3]。今外有强寇，人心未宁，汝兄弟缉睦，则祚流万世；若内自相图，则祸不旋踵矣！"纂、弘泣曰："不敢。"又执纂手戒之曰："汝性粗暴，深为吾忧。善辅永业，勿听谗言！"是日，光卒。绍秘不发丧，纂排阁入哭，尽哀而出。绍惧，以位让之，曰："兄功高年长，宜承大统。"纂曰："陛下国之冢嫡，臣敢奸之[4]！"绍固让，纂不许。

骠骑将军吕超谓绍曰："纂为将积年，威震内外，临丧不哀，步高视远，必有异志，宜早除之。"绍曰："先帝言犹在耳，奈何弃之！吾以弱年负荷大任，方赖二兄以宁家国，纵其图我，我视死如归，终不忍有此意也。卿勿复言！"纂见绍于湛露堂，超执刀侍侧，目纂请收之，绍弗许。超，光弟宝之子也。

弘密遣尚书姜纪谓纂曰："主上暗弱，未堪多难；兄威恩素著，宜为社稷计，不可徇小节也。"纂于是夜帅壮士数百逾北城，攻广夏门，弘帅东苑之众斧洪范门[⑤]。左卫将军齐从守融明观，逆问之曰："谁也？"众曰："太原公。"从曰："国有大故，主上新立，太原公行不由道，夜入禁城，将为乱邪？"因抽剑直前，斫纂中额，纂左右禽之。纂曰："义士也，勿杀！"绍遣虎贲中郎将吕开帅禁兵拒战于端门，吕超帅卒二千赴之，众素惮纂，皆不战而溃。纂入自青角门[⑥]，升谦光殿[⑦]。绍登紫阁自杀。吕超奔广武。

纂惮弘兵强，以位让弘。弘曰："弘以绍弟也而承大统，众心不顺，是以违先帝遗命而废之，惭负黄泉[⑧]！今复逾兄而立，岂弘之本志乎？"纂乃使弘出告众曰："先帝临终受诏如此。"群臣皆曰："苟社稷有主，谁敢违者！"纂遂即天王位。大赦，改元咸宁，谥光曰懿武皇帝，庙号太祖；谥绍曰隐王。以弘为大都督、督中外诸军事、大司马、车骑大将军、司隶校尉、录尚书事，改封番禾郡公。

纂谓齐从曰："卿前斫我，一何甚也！"从泣曰："隐王，先帝所立；陛下虽应天顺人，而微心未达，唯恐陛下不死，何谓甚也！"纂赏其忠，善遇之。

纂叔父征东将军方镇广武，纂遣使谓方曰："超实忠臣，义勇可嘉；但不识国家大体、权变之宜。方赖其用，以济世难，可以此意谕之。"超上疏陈谢，纂复其爵位。

是岁，燕主盛以河间公熙为都督中外诸军事、尚书左仆射，领中领军。

刘卫辰子文陈降魏；魏主珪妻以宗女，拜上将军，赐姓宿氏。

【注释】

①三邻：指秃发氏、乞伏氏及段业。 ②永业：吕绍的表字。 ③元首：国君。 ④奸（gān 干）：冒犯。 ⑤广夏门、洪范门：皆为皇城之门。

⑥青角门:皇城东门。 ⑦谦光殿:宫殿名。为前凉张骏所建。张氏专制河西而世执臣节,虽谦而光,因以名殿。 ⑧黄泉:地下深处,指葬身之地。

四年 春,正月,壬子朔,燕主盛大赦,自贬号为庶人天王。

魏材官将军和跋袭卢溥于辽西,戊午,克之,禽溥及其子焕送平城,车裂之。燕主盛遣广威将军孟广平救溥不及,斩魏辽西守宰而还。

乙亥,大赦。

西秦王乾归迁都苑川。

秃发利鹿孤大赦,改元建和。

高句丽王安事燕礼慢;二月,丙申,燕王盛自将兵三万袭之,以骠骑大将军熙为前锋,拔新城、南苏二城[①],开境七百余里,徙五千余户而还。熙勇冠诸将,盛曰:"叔父雄果,有世祖之风[②],但弘略不如耳!"

初,魏主珪纳刘头眷之女,宠冠后庭,生子嗣。及克中山,获燕主宝之幼女。将立皇后,用其国故事,铸金人以卜之,刘氏所铸不成,慕容氏成,三月,戊午,立慕容氏为皇后。

桓玄既克荆、雍,表求领荆、江二州。诏以玄为都督荆、司、雍、秦、梁、益、宁七州诸军事、荆州刺史,以中护军桓修为江州刺史。玄上疏固求江州;于是进玄督八州及扬、豫八郡诸军事,复领江州刺史。玄辄以兄伟为雍州刺史,朝廷不能违。又以从子振为淮南太守。

凉王纂以大司马弘功高地逼,忌之;弘亦自疑,遂以东苑之兵作乱,攻纂。纂遣其将焦辨击之,弘众溃,出走。纂纵兵大掠,悉以东苑妇女赏军,弘之妻子亦在中。纂笑谓群臣曰:"今日之战何如?"侍中房晷对曰:"天祸凉室,忧患仍臻。先帝始崩,隐王废黜;山陵甫讫,大司马称兵;京师流血,昆弟接刃。虽弘自取夷灭,亦由陛下无常棣之恩[③],当省己责躬以谢百姓。乃更纵兵大掠,囚辱士女,衅自弘起,百姓何罪?且弘妻,陛下之弟妇,弘女,陛下之侄也,奈何使无赖小人辱为婢妾,天地神明,岂忍见此?"遂歔欷流涕。纂改容谢之;召弘妻子寘于东宫,厚抚之。

弘将奔秃发利鹿孤,道过广武,诣吕方,方见之,大哭曰:"天下甚宽,汝何为至此!"乃执弘送狱,纂遣力士康龙就拉杀之。

纂立妃杨氏为后,以后父桓为尚书左仆射、凉都尹[4]。

辛卯[5],燕襄平令段登等谋反,诛。

北魏镇墓兽

凉王纂将伐武威王利鹿孤,中书令杨颖谏曰:"利鹿孤上下用命,国未有衅,不可伐也。"不从。利鹿孤使其弟傉檀拒之,夏,四月,傉檀败凉兵于三堆[6],斩首二千余级。

【注释】

①新城:城名,在今辽宁新宾满族自治县境。南苏:城名,在今辽宁抚顺市东苏子河与浑河合流处。 ②世祖:慕容垂的庙号。 ③常棣:《诗经·小雅》篇名,相传为周公所作宴饮兄弟的乐歌,后世因之以"常棣"比喻兄弟。 ④凉都尹:凉都,指姑臧,往日为武威太守治所。后凉建都姑臧,故改武威太守为凉都尹。 ⑤辛卯:三月辛亥朔,无辛卯。 ⑥三堆:城名,在今山西静乐县。

初,陇西李暠好文学,有令名。尝与郭黁及同母弟敦煌宋繇同宿,黁起谓繇曰:"君当位极人臣,李君终当有国家,有騧马生白额驹[1],此其时也。"及孟敏为沙州刺史,以暠为效谷令[2];宋繇事北凉王业,为中散常侍[3]。孟敏卒,敦煌护军冯翊郭谦、沙州治中敦煌索仙等以暠温毅有惠政,推为敦煌太守。暠初难之,会宋繇自张掖告归,谓暠曰:"段王无远略,终必无成。兄忘郭黁之言邪?白额驹今已生矣。"暠乃从之,遣使请命于业;业因以暠为敦煌太守。

右卫将军敦煌索嗣言于业曰:“李暠不可使处敦煌。”业遂以嗣代暠为敦煌太守,使帅五百骑之官。嗣未至二十里,移暠迎己;暠惊疑,将出迎之。效谷令张邈及宋繇止之曰:“段王暗弱,正是英豪有为之日;将军据一国成资,奈何拱手授人!嗣自恃本郡,谓人情附己,不意将军猝能拒之,可一战擒也。”暠从之。先遣繇见嗣,啗以甘言。繇还,谓暠曰:“嗣志骄兵弱,易取也。”暠乃遣邈、繇与其二子歆、让逆击嗣,嗣败走,还张掖。暠素与嗣善,尤恨之,表业请诛嗣。沮渠男成亦恶嗣,劝业除之;业乃杀嗣,遣使谢暠,进暠都督凉兴以西诸军事、镇西将军[4]。

吐谷浑视罴卒,世子树洛干方九岁,弟乌纥堤立,妻树洛干之母念氏,生慕璝、慕延。乌纥堤懦弱荒淫,不能治国;念氏专制国事,有胆智,国人畏服之。

燕前将军段玑,太后段氏之兄子也,为段登辞所连及,五月,壬子,逃奔辽西。

丙寅,卫将军东亭献侯王珣卒。

己巳,魏主珪东如涿鹿,西如马邑,观㶟源。

戊寅,燕段玑复还归罪,燕王盛赦之,赐号曰思悔侯,使尚公主,入直殿内。

谢琰以资望镇会稽,不能绥怀,又不为武备。诸将咸谏曰:“贼近在海浦,伺人形便,宜开其自新之路。”琰不从,曰:“苻坚之众百万,尚送死淮南;孙恩小贼,败死入海,何能复出!若其果出,是天欲杀之也。”既而恩寇浃口[5],入余姚、破上虞,进及邢浦[6],琰遣参军刘宣之击破之,恩退走。少日,复寇邢浦,官军失利,恩乘胜径进。己卯,至会稽。琰尚未食。曰:“要当先灭此贼而后食。”因跨马出战,兵败,为帐下都督张猛所杀。吴兴太守庾桓恐郡民复应恩,杀男女数千人,恩转寇临海。朝廷大震,遣冠军将军桓不才、辅国将军孙无终、宁朔将军高雅之拒之。

秦征西大将军陇西公硕德将兵五千伐西秦,入自南安峡[7]。西秦王乾归帅诸将拒之,军于陇西。

杨轨、田玄明谋杀武威王利鹿孤,利鹿孤杀之。

【注释】

①骒(kè 客):母马。 ②效谷:县名,治今甘肃安西瓜州县西。 ③中散常侍:职官名。以中散大夫常侍左右,故名。 ④凉兴:郡名,段业分敦煌的凉兴、乌泽,晋昌的宜禾而设置,治今甘肃瓜州县东。 ⑤浃口:地名,在今浙江宁波市东北甬江河口。 ⑥邢浦:地名,在今浙江绍兴市东。 ⑦南安峡:地名,在今甘肃秦安县南。

六月,庚辰朔,日有食之。

以琅邪王师何澄为尚书左仆射[①]。澄,准之子也。

甲子[②],燕大赦。

凉王纂将袭北凉,姜纪谏曰:“盛夏农事方殷,且宜息兵。今远出岭西[③],秃发氏乘虚袭京师,将若之何!”不从。进围张掖,西掠建康。秃发傉檀闻之,将万骑袭姑臧,纂弟陇西公纬凭北城以自固。傉檀置酒朱明门上[④],鸣钟鼓,飨将士,曜兵于青阳门[⑤],掠八千余户而去。纂闻之,引兵还。

秋,七月,壬子,太皇太后李氏崩。

丁卯,大赦。

西秦王乾归使武卫将军慕兀等屯守,秦军樵采路绝,秦王兴潜引兵救之。乾归闻之,使慕兀帅中军二万屯柏杨[⑥],镇军将军罗敦帅外军四万屯侯辰谷[⑦],乾归自将轻骑数千前候秦兵。会大风昏雾,与中军相失,为追骑所逼,入于外军。旦,与秦战,大败,走归苑川,其部众三万六千皆降于秦。兴进军枹罕。

乾归奔金城,谓诸豪帅曰:“吾不才,叨窃名号,已逾一纪,今败散如此,无以待敌,欲西保允吾[⑧]。若举国而去,必不得免;卿等留此,各以其众降秦,以全宗族,勿吾随也。”皆曰:“死生愿从陛下。”乾归曰:“吾今将寄食于人,若天未亡我,庶几异日克复旧业,复与卿等相见,今相随而死,无益也。”乃大哭而别。乾归独引数百骑奔允吾,乞降于武威王利鹿孤,利鹿孤遣广武公傉檀迎之,寘于晋兴,待以上宾之礼。镇北将军秃发俱延言于利鹿孤曰:“乾归本吾之属国,因乱自尊,今势穷归命,非其诚款,若逃归姚氏,必为国患,不如徙置乙弗之间[⑨],使不得去。”利鹿孤曰:“彼穷来归我,而逆疑其心,何以劝来者!"俱延,利鹿孤之弟也。

秦兵既退,南羌梁戈等密招乾归,乾归将应之。其臣屋引阿洛以告晋兴太守阴畅,畅驰白利鹿孤,利鹿孤遣其弟吐雷帅骑三千屯扪天岭[10],乾归惧为利鹿孤所杀,谓其太子炽磐曰:"吾父子居此,必不为利鹿孤所容。今姚氏方强,吾将归之,若尽室俱行,必为追骑所及,吾以汝兄弟及汝母为质,彼必不疑,吾在长安,彼终不敢害汝也。"乃送炽磐等于西平。八月,乾归南奔枹罕,遂降于秦。

丁亥,尚书右仆射王雅卒。

九月,癸丑,地震。

凉吕方降于秦,广武民三千余户奔武威王利鹿孤。

【注释】

①"以琅邪"句:晋制,诸王置师、友、文学各一人;起初避晋景帝的名讳,改"师"为"傅";后因祧庙不讳,又改为"师"。 ②甲子:六月庚辰朔,无甲子。 ③岭西:自姑臧西北向甘肃张掖市行进,途中有大岭,海拔三千米的乌鞘岭是河西走廊最高点。 ④朱明门:姑臧城南门。⑤青阳门:姑臧城东门。 ⑥柏杨:地名,当即伯阳堡,在今甘肃天水市东。 ⑦侯辰谷:地名,在今甘肃清水县境。 ⑧允吾:县名,治今甘肃永靖县西北湟水南岸。 ⑨乙弗:鲜卑部落名,居住在青海湖西。⑩扪天岭:地名,在今甘肃永靖县西。

冬,十一月,高雅之与孙恩战于余姚,雅之败,走山阴,死者什七八。诏以刘牢之都督会稽等五郡,帅众击恩,恩走入海。牢之东屯上虞,使刘裕戍句章[1]。吴国内史袁崧筑沪渎垒以备恩[2]。崧,乔之孙也。

会稽世子元显求领徐州,诏以元显为开府仪同三司、都督扬、豫、徐、兖、青、幽、冀、并、荆、江、司、雍、梁、益、交、广十六州诸军事,领徐州刺史,封其子彦玮为东海王。

乞伏乾归至长安,秦王兴以为都督河南诸军事、河州刺史、归义侯。

久之,乞伏炽磐欲逃诣乾归,武威王利鹿孤追获之。利鹿孤将杀炽磐，广武公傉檀曰：“子而归父，无足深责，宜宥之以示大度。”利鹿孤从之。

秦王兴遣晋将刘嵩等二百余人来归。

北凉晋昌太守唐瑶叛，移檄六郡[3]，推李暠为冠军大将军、沙州刺史、凉公[4]、领敦煌太守。暠赦其境内，改元庚子。以瑶为征东将军，郭谦为军咨祭酒，索仙为左长史，张邈为右长史，尹建兴为左司马，张体顺为右司马。遣从事中郎宋繇东伐凉兴，并击玉门已西诸城，皆下之。

酒泉太守王德亦叛北凉，自称河州刺史。北凉王业使沮渠蒙逊讨之。德焚城，将部曲奔唐瑶，蒙逊追至沙头[5]，大破之，虏其妻子、部落而还。

十二月，戊寅，有星孛于天津[6]。会稽世子元显以星变解录尚书事，复加尚书令。吏部尚书车胤以元显骄恣，白会稽王道子，请禁抑之。元显闻而未察，以问道子曰：“车武子屏人言及何事[7]？”道子弗答。固问之，道子怒曰：“尔欲幽我，不令我与朝士语耶！”元显出，谓其徒曰：“车胤间我父子。”密遣人责之。胤惧，自杀。

壬辰，燕主盛立燕台[8]，统诸部杂夷。

魏太史屡奏天文乖乱。魏主珪自览占书，多云改王易政；乃

北魏鸡冠帽武士俑

下诏风励群下，以帝王继统，皆有天命，不可妄干；又数变易官名，欲以厌塞灾异。

仪曹郎董谧献《服饵仙经》，珪置仙人博士，立仙坊，煮炼百药，封西山以供薪蒸[9]。药成，令死罪者试服之，多死，不验，而珪犹信之，访求不已。

珪常以燕主垂诸子分据势要，使权柄下移，遂至败亡，深非之。博士公孙表希旨，上《韩非》书，劝珪以法制御下。左将军李粟性简慢，常对珪舒放不肃，咳唾任情，珪积其宿过，遂诛之，群下震栗。

丁酉，燕王盛尊献庄后丁氏为皇太后；立辽西公定为皇太子；大赦。

是岁，南燕王德即皇帝位于广固，大赦，改元建平。更名备德，欲使吏民易避。追谥燕主暐曰幽皇帝。以北地王钟为司徒，慕舆拔为司空，封孚为左仆射，慕舆护为右仆射。立妃段氏为皇后。

【注释】

①句章：县名，治今浙江宁波市南鄞江南岸。　②沪渎垒：工事名，在今上海青浦区东北旧青浦西。　③六郡：当指敦煌、酒泉、晋昌、凉兴、建康、祁连六郡。　④“推李暠”句：李暠所建凉国，史称“西凉”。⑤沙头：县名，治今甘肃玉门市西北。　⑥天津：星名。《晋书·天文志》：“天津九星，横河中，一曰天汉，一曰天江，主四渎津梁，所以度神通四方也。”一般称为银河。　⑦车武子：即车胤，胤字武子。　⑧燕台：主管少数民族事务的最高机构。前赵后赵以来，皆立单于台统领各夷族，慕容盛设置燕台，是仿照成例。　⑨西山：指平城（在今山西大同市）西山。

资治通鉴卷第一百一十二

晋纪三十四　起重光赤奋若，尽玄黓摄提格，凡二年。

安皇帝丁

隆安五年　春，正月，武威王利鹿孤欲称帝，群臣皆劝之。安国将军鍮勿仑曰[①]："吾国自上世以来，被发左衽，无冠带之饰，逐水草迁徙，无城郭室庐，故能雄视沙漠，抗衡中夏。今举大号，诚顺民心。然建都立邑，难以避患，储畜仓库，启敌人心；不如处晋民于城郭，劝课农桑以供资储，帅国人以习战射，邻国弱则乘之，强则避之，此久长之良策也。且虚名无实，徒足为世之质的，将安用之！"利鹿孤曰："安国之言是也。"乃更称河西王，以广武公傉檀为都督中外诸军事、凉州牧、录尚书事。

二月，丙子，孙恩出浃口，攻句章，不能拔。刘牢之击之，恩复走入海。

秦王兴使乞伏乾归还镇苑川，尽以其故部众配之。

凉王纂嗜酒好猎，太常杨颖谏曰："陛下应天受命，当以道守之。今疆宇日蹙，崎岖二岭之间[②]，陛下不兢兢夕惕以恢弘先业，而沉湎游畋，不以国家为事，臣窃危之。"纂逊辞谢之，然犹不悛。

番禾太守吕超擅击鲜卑思盘，思盘遣其弟乞珍诉于纂，纂命超及思盘皆入朝。超惧，至姑臧，深自结于殿中监杜尚。纂见超，责之曰："卿恃兄弟桓桓[③]，乃敢欺吾，要当斩卿，天下乃定！"超顿首谢。纂本以恐愒超[④]，实无意杀之。因引超、思盘及群臣同宴于内殿。超兄中领军隆数劝纂酒，纂醉，乘步挽车[5]，将超等游禁中。至琨华堂东阁，车不得过，纂亲将窦川、骆腾倚剑于壁，推车过阁。超取剑击纂，纂下车禽超，超刺纂洞胸；川、腾与超格战，超杀之。纂后杨氏命禁兵讨超；杜尚止之，皆舍仗不战。将军魏益多入，取纂首，杨氏曰："人已死，如土石，无所复知，何忍复残其形骸乎！"益多骂之，遂取纂首以徇曰："纂违先帝之命，杀太子而自立，荒淫暴虐。番禾太守超顺人心而除之，以安宗庙，凡我士庶，同兹休庆！"

【注释】

①输（tōu 偷）：姓氏。 ②二岭：指姑臧城南方的洪池岭（在今甘肃武威市东南）与西方的删丹岭（在今甘肃山丹县境）。 ③桓桓：威武的样子。 ④愒（hè 赫）：吓唬。 ⑤步挽车：用人力拉的辇车。

纂叔父巴西公佗、弟陇西公纬皆在北城。或说纬曰："超为逆乱，公以介弟之亲[1]，仗大义而讨之，姜纪、焦辨在南城，杨桓、田诚在东苑，皆吾党也，何患不济？"纬严兵欲与佗共击超。佗妻梁氏止之曰："纬、超俱兄弟之子，何为舍超助纬，自为祸首乎！"佗乃谓纬曰："超举事已成，据武库，拥精兵，图之甚难；且吾老矣，无能为也。"超弟邈有宠于纬，说纬曰："纂贼杀兄弟[2]，隆、超顺人心而讨之，正欲尊立明公耳。方今明公先帝之长子，当主社稷，人无异望，夫复何疑！"纬信之，乃与隆、超结盟，单马入城；超执而杀之。让位于隆，隆有难色。超曰："今如乘龙上天，岂可中下！"隆遂即天王位，大赦，改元神鼎。尊母卫氏为太后，妻杨氏为后；以超为都督中外诸军事、辅国大将军、录尚书事，封安定公；谥纂曰灵帝。

纂后杨氏将出宫，超恐其挟珍宝，命索之。杨氏曰："尔兄弟不义，手刃相屠，我旦夕死人，安用宝为！"超又问玉玺所在。杨氏曰："已毁之矣。"后有美色，超将纳之，谓其父右仆射桓曰："后若自杀，祸及卿宗！"桓以告杨氏。杨氏曰："大人卖女与氐以图富贵，一之谓甚，其可再乎！"遂自杀，谥曰穆后。桓奔河西王利鹿孤，利鹿孤以为左司马。

三月，孙恩北趣海盐[3]，刘裕随而拒之，筑城于海盐故治[4]。恩日来攻城,裕屡击破之,斩其将姚盛。城中兵少不敌,裕夜偃旗匿众,明晨开门,使羸疾数人登城,贼遥问刘裕所在。曰:"夜已走矣。"贼信之,争入城。裕奋击,大破之。恩知城不可拔,乃进向沪渎,裕复弃城追之。

海盐令鲍陋遣子嗣之帅吴兵一千,请为前驱。裕曰:"贼兵甚精,吴人不习战,若前驱失利,必败我军;可在后为声势。"嗣之不从。裕乃多伏旗鼓。前驱既交,诸伏皆出,裕举旗鸣鼓,贼以为四面有军,乃退。嗣之追之,战没。裕且战且退,所领死伤且尽,至向战处,令左右脱取死人衣以示闲暇。贼疑之,不敢逼。裕大呼更战,贼惧而退,裕乃引归。

河西王利鹿孤伐凉,与凉王隆战,大破之,徙二千余户而归。

【注释】

①介弟:对别人的弟弟的尊称。 ②"纂贼"句:指吕纂杀害吕绍、吕弘之事。 ③海盐:县名,治今浙江海盐县。 ④海盐故治:西汉时,海盐县治今浙江平湖市东古当湖;东汉顺帝后又移治今平湖市东南乍浦镇。此处"故治"当在今浙江平湖市境内。

夏,四月,辛卯,魏人罢邺行台,以所统六郡置相州[①],以庾岳为刺史。

乞伏乾归至苑川,以边芮为长史,王松寿为司马,公卿、将帅皆降为僚佐、偏裨。

北凉王业惮沮渠蒙逊勇略,欲远之,蒙逊亦深自晦匿。业以门下侍郎马权代蒙逊为张掖太守,权素豪隽,为业所亲重,常轻侮蒙逊。蒙逊谮之于业曰:"天下不足虑,惟当忧马权耳。"业遂杀权。

蒙逊谓沮渠男成曰:"段公无鉴断之才,非拨乱之主,向所惮者惟索嗣、马权,今皆已死,蒙逊欲除之以奉兄,何如?"男成曰:"业本孤客,为吾家所立,恃吾兄弟犹鱼之有水。夫人亲信我而图之,不祥。"蒙逊乃求为西安太守,业喜其出外,许之。

蒙逊与男成约同祭兰门山[②],而阴使司马许咸告业曰:"男成欲以取假日为乱,若求祭兰门山,臣言验矣。"至期,果然。业收男成赐死，男成曰："蒙逊先与臣谋反，臣以兄弟之故，隐而不言。今以臣在，恐部众不从，故约臣祭山而反诬臣，其意欲王之杀臣也。乞诈言臣死，暴臣罪恶，蒙逊必反，臣然后奉王命而讨之，无不克矣。"业不听，杀之。蒙逊泣告众曰："男成忠于段王，而段王无故枉杀之，诸君能为报仇乎？且始者共立段王，欲以安众耳；今州土纷乱，非段王所能济也。"男成素得众心，众皆愤泣争奋，比至氐池[③]，众逾一万；镇军将军臧莫孩率所部降之，羌、胡多起兵应蒙逊者。蒙逊进逼侯坞[④]。

业先疑右将军田昂，囚之；至是召昂，谢而赦之，使与武卫将军梁中庸共讨蒙逊。别将王丰孙言于业曰："西平诸田，世有反者，昂貌恭而心险，不可信也。"业曰："吾疑之久矣；但非昂无可以讨蒙逊者。"昂至侯坞，率骑五百降于蒙逊，业军遂溃，中庸亦诣蒙逊降。

五月，蒙逊至张掖，田昂兄子承爱斩关内之，业左右皆散。蒙逊至，业谓蒙逊曰："孤孑然一己，为君家所推，愿匄余命[⑤]，使得东还与妻子相见。"蒙逊斩之。

业，儒素长者，无他权略，威禁不行，群下擅命，尤信卜筮、巫觋，故至于败。

沮渠男成之弟富占、将军俱傫帅户五百降于河西王利鹿孤。傫，石子之子也。

【注释】

①相州：州名，治今河北临漳县西南邺镇，统辖魏郡、阳平、广平、汲郡、顿丘、清河六郡。 ②兰门山：山名，在今甘肃山丹县西南。 ③氐池：县名，治今甘肃民乐县。 ④侯坞：地名，在今甘肃张掖市东。 ⑤匄(gài 盖)：同"丐"。

孙恩陷沪渎，杀吴国内史袁崧，死者四千人。

凉王隆多杀豪望以立威名，内外嚣然，人不自保。魏安人焦朗遣使说秦陇西公硕德曰："吕氏自武皇弃世[①]，兄弟相攻，政纲不立，竞为威虐，百姓饥馑，死者过半。今乘其篡夺之际，取之易于返掌，不可失也。"硕德言于秦王兴，帅步骑六万伐凉，乞伏乾归帅骑七千从之。

六月，甲戌，孙恩浮海奄至丹徒，战士十余万，楼船千余艘，建康震骇。乙亥，内外戒严，百官入居省内；冠军将军高素等守石头，辅国将军刘袭栅断淮口②，丹阳尹司马恢之戍南岸，冠军将军桓谦等备白石，左卫将军王嘏等屯中堂，征豫州刺史谯王尚之入卫京师。

刘牢之自山阴引兵邀击恩，未至而恩已过，乃使刘裕自海盐入援。裕兵不满千人，倍道兼行，与恩俱至丹徒。裕众既少，加以涉远疲劳，而丹徒守军莫有斗志。恩帅众鼓噪，登蒜山③，居民皆荷担而立。裕帅所领奔击，大破之，投崖赴水死者甚众，恩狼狈仅得还船。然恩犹恃其众，寻复整兵径向京师。后将军元显帅兵拒战，频不利。会稽王道子无他谋略，唯日祷蒋侯庙④。恩来渐近，百姓恟惧，谯王尚之帅精锐驰至，径屯积弩堂。恩楼船高大，溯风不得疾行，数日乃至白石。恩本以诸军分散，欲掩不备；既而知尚之在建康，复闻刘牢之已还，至新洲⑤，不敢进而去，浮海北走郁洲⑥。恩别将攻陷广陵，杀三千人。宁朔将军高雅之击恩于郁洲，为恩所执。

桓玄厉兵训卒，常伺朝廷之隙，闻孙恩逼京师，建牙聚众，上疏请讨之。元显大惧。会恩退，元显以诏书止之，玄乃解严。

梁中庸等共推沮渠蒙逊为大都督、大将军、凉州牧、张掖公，赦其境内，改元永安。蒙逊署从兄伏奴为张掖太守、和平侯，弟挐为建忠将军、都谷侯，田昂为西郡太守，臧莫孩为辅国将军，房晷、梁中庸为左右长史，张骘、谢正礼为左右司马；擢任贤才，文武咸悦。

河西王利鹿孤命群臣极言得失。西曹从事史暠曰："陛下命将出征，往无不捷；然不以绥宁为先，唯以徙民为务；民安土重迁，故多离叛，此所以斩将拔城而地不加广也。"利鹿孤善之。

【注释】

①武皇：指吕光，光谥号为懿武皇帝。 ②淮口：地名，指秦淮水入江之口。 ③蒜山：山名，在今江苏镇江市西北。 ④蒋侯庙：庙名，设在蒋山（今江苏南京市中山门外钟山）。东汉末，秣陵尉蒋子文讨伐农

民起义军，战死在山下，东吴时孙权为他立庙，朝野祈祷，以为颇有灵验。⑤新洲：长江中小岛，在今江苏镇江市西。　⑥郁洲：海边小岛。又名田横岛，在今江苏连云港市东云台山一带。古时在海中，周围数百里。清代时因海岸扩展，始和大陆相连。

秋，七月，魏兖州刺史长孙肥将步骑二万南徇许昌[①]，东至彭城，将军刘该降之。

秦陇西公硕德自金城济河，直趣广武，河西王利鹿孤摄广武守军以避之。秦军至姑臧，凉王隆遣辅国大将军超、龙骧将军邈等逆战，硕德大破之，生擒邈，俘斩万计。隆婴城固守，巴西公佗帅东苑之众二万五千降于秦。西凉公暠、河西王利鹿孤、沮渠蒙逊各遣使奉表入贡于秦。

初，凉将姜纪降于河西王利鹿孤，广武公傉檀与论兵略，甚爱重之，坐则连席，出则同车，每谈论，以夜继昼。利鹿孤谓傉檀曰："姜纪信有美才，然视候非常，必不久留于此，不如杀之。纪若入秦，必为人患。"傉檀曰："臣以布衣之交待纪，纪必不相负也。"八月，纪将数十骑奔秦军，说硕德曰："吕隆孤城无援，明公以大军临之，其势必请降；然彼徒文降而已，未肯遂服也。请给纪步骑三千，与王松怱因焦朗、华纯之众，伺其衅隙，隆不足取也。不然，今秃发在南，兵强国富，若兼姑臧而据之，威势益盛，沮渠蒙逊、李暠不能抗也，必将归之，如此，则为国家之大敌矣。"硕德乃表纪为武威太守，配兵二千，屯据晏然[②]。

秦王兴闻杨桓之贤而征之，利鹿孤不敢留。

诏以刘裕为下邳太守，讨孙恩于郁洲，累战，大破之。恩由是衰弱，复缘海南走，裕亦随而邀击之。

燕王盛惩其父宝以懦弱失国，务峻威刑，又自矜聪察，多所猜忌，群臣有纤介之嫌，皆先事诛之，由是宗亲、勋旧，人不自保。丁亥，左将军慕容国与殿上将军秦舆、段赞谋帅禁兵袭盛[③]，事发，死者五百余人。壬辰夜，前将军段玑与秦舆之子兴、段赞之子泰潜于禁中鼓噪大呼；盛闻变，帅左右出战，贼众逃溃。玑被创，匿厢屋间。俄有一贼从暗中击盛，盛被伤，辇升前殿，申约禁卫，事定而卒。

中垒将军慕容拔,冗从仆射郭仲白太后丁氏,以为国家多难,宜立长君。时众望在盛弟司徒、尚书令、平原公元,而河间公熙素得幸于丁氏,丁氏乃废太子定,密迎熙入宫。明旦,群臣入朝,始知有变,因上表劝进于熙。熙以让元,元不敢当。癸巳,熙即天王位,捕获段玑等,皆夷三族。甲午,大赦。丙申,平原公元以嫌赐死。闰月,辛酉,葬盛于兴平陵,谥曰昭武皇帝,庙号中宗。丁氏送葬未还,中领军慕容提、步军校尉张佛等谋立故太子定[4],事觉,伏诛,定亦赐死。丙寅,大赦,改元光始。

【注释】

①“魏兖州”句:魏国尚未夺取兖州,长孙肥不过遥领刺史之职而已。 ②晏然:县名,治今甘肃武威市西北。 ③殿上将军:宫廷武官,当缘晋国的殿中将军而得名。 ④“中领军”句:太子慕容定之立,见本书卷第一百一十一晋安帝隆安四年(400)。

秦陇西公硕德围姑臧累月,东方之人在城中者多谋外叛,魏益多复诱扇之,欲杀凉王隆及安定公超,事发,坐死者三百余家。硕德抚纳夷、夏,分置守宰,节食聚粟,为持久之计。

凉之群臣请与秦连和,隆不许。安定公超曰:“今资储内竭,上下嗷嗷,虽使张、陈复生,亦无以为策。陛下当思权变屈伸,何爱尺书、单使为卑辞以退敌!敌去之后,修德政以息民,若卜世未穷[1],何忧旧业之不复!若天命去矣,亦可以保全宗族。不然,坐守困穷,终将何如?”隆乃从之,九月,遣使请降于秦。硕德表隆为镇西大将军、凉州刺史、建康公。隆遣子弟及文武旧臣慕容筑、杨颖等五十余家入质于长安。硕德军令严整,秋毫不犯,祭先贤,礼名士,西土悦之。

沮渠蒙逊所部酒泉、凉宁二郡叛降于西凉,又闻吕隆降秦,大惧,遣其弟建忠将军挐、牧府长史张潜见硕德于姑臧[2],请帅其众东迁。硕德喜,拜潜张掖太守,挐建康太守。潜劝蒙逊东迁。挐私谓蒙逊曰:“姑臧未拔,吕氏犹存,硕德粮尽将还,不能久也,何为自弃土宇,受制于人乎?”臧莫孩亦以为然。

蒙逊遣子奚念为质于河西王利鹿孤,利鹿孤不受,曰:“奚念年少,可遣挐也。”冬,十月,蒙逊复遣使上疏于利鹿孤曰:“臣前遣奚念具披诚款,而圣旨未昭,复征弟挐。臣窃以为,苟有诚信,则子不为轻,若其不信,则弟不为重。今寇难未夷,不获奉诏,愿陛下亮之。”利鹿孤怒,遣张松侯俱延、兴城侯文支将骑一万袭蒙逊,至万岁临松[3],执蒙逊从弟鄯善苟子,虏其民六千余户。蒙逊从叔孔遮入朝于利鹿孤,许以挐为质,利鹿孤乃归其所掠,召俱延等还。文支,利鹿孤之弟也。

南燕主备德宴群臣于延贤堂,酒酣,谓群臣曰:“朕可方自古何等主?”青州刺史鞠仲曰:“陛下中兴圣主,少康、光武之俦。”备德顾左右赐仲帛千匹;仲以所赐多,辞之。备德曰:“卿知调朕,朕不知调卿邪!卿所对非实,故朕亦以虚言赏卿耳。”韩范进曰:“天子无戏言,今日之论,君臣俱失。”备德大悦,赐范绢五十匹。

备德母及兄纳皆在长安,备德遣平原人杜弘往访之。弘曰:“臣至长安,若不奉太后动止,当西如张掖[4],以死为效。臣父雄年逾六十,乞本县之禄以申乌鸟之情[5]。”中书令张华曰:“杜弘未行而求禄,要君之罪大矣。”备德曰:“弘为君迎母,为父求禄,忠孝备矣,何罪之有!”以雄为平原令。弘至张掖,为盗所杀。

【注释】

①卜世:用占卜预测传国的世数。语出《左传》宣公三年,传称周成王“卜世三十,卜年七百”。后世用以“卜世”为“国运”的代称。 ②牧府:沮渠蒙逊自称凉州牧,其官府因之称为牧府。 ③万岁:县名,治今甘肃山丹县境。临松:县名,治今甘肃肃南裕固族自治县东南马蹄镇。④“当西如”句:慕容德曾仕秦为张掖太守,其兄慕容纳因之在张掖安家。 ⑤乌鸟之情:慈乌反哺,回报养育之恩,故古人将报恩称作“乌鸟之情”。晋人李密《陈情表》有“乌鸟私情,愿乞终养”之句。

十一月,刘裕追孙恩至沪渎、海盐,又破之,俘斩以万数,恩遂自浃口远窜入海。

十二月,辛亥,魏主珪遣常山王遵、定陵公和跋帅众五万袭没弈干于高平。

北魏陶牛车

乙卯，魏虎威将军宿沓干伐燕，攻令支；乙丑，燕中领军宇文拔救之；壬午[1]，宿沓干拔令支而戍之。

吕超攻姜纪不克，遂攻焦朗。朗遣其弟子嵩为质于河西王利鹿孤以请迎，利鹿孤遣车骑将军傉檀赴之；比至，超已退，朗闭门拒之。傉檀怒，将攻之，镇北将军俱延谏曰："安土重迁，人之常情。朗孤城无食，今年不降，后年自服，何必多杀士卒以攻之！若其不捷，彼必去从他国；弃州境士民以资邻敌，非计也，不如以善言谕之。"傉檀乃与朗连和，遂曜兵姑臧，壁于胡坑[2]。

傉檀知吕超必来斫营，畜火以待之。超夜遣中垒将军王集帅精兵二千斫傉檀营，傉檀徐严不起。集入垒中，内外皆举火，光照如昼，纵兵击之，斩集及甲首三百余级。吕隆惧，伪与傉檀通好，请于苑内结盟。傉檀遣俱延入盟，俱延疑其有伏，毁苑墙而入；超伏兵击之，俱延失马步走，凌江将军郭祖力战拒之，俱延乃得免。傉檀怒，攻其昌松太守孟祎于显美[3]。隆遣广武将军荀安国、宁远将军石可帅骑五百救之；安国等惮傉檀之强，遁还。

桓玄表其兄伟为江州刺史，镇夏口；司马刁畅为辅国将军、督八郡军事，镇襄阳；遣其将皇甫敷、冯该戍湓口[4]。移沮、漳蛮二千户于江南，立武宁郡[5]；更招集流民，立绥安郡[6]。诏征广州刺史刁逵、豫章太守郭昶之，玄皆留不遣。

玄自谓有晋国三分之二，数使人上己符端[7]，欲以惑众；又致笺于会稽王道子曰："贼造近郊，以风不得进，以雨不致火，食尽故去耳,非力屈也。昔国宝死后,王恭不乘此威入统朝政,足见其心非侮于明公也,而谓之不忠,今之贵要腹心,有时流清望者谁乎?岂可云无佳胜[⑧]?直是不能信之耳!尔来一朝一夕,遂成今日之祸,在朝君子皆畏祸不言,玄忝任在远,是以披写事实。"元显见之,大惧。

张法顺谓元显曰:"桓玄承籍世资,素有豪气,既并殷、杨,专有荆楚;第下之所控引止三吴耳[⑨]。孙恩为乱,东土涂地,公私困竭,玄必乘此纵其奸凶,窃用忧之。"元显曰:"为之奈何?"法顺曰:"玄始得荆州,人情未附,方务绥抚,未暇他图。若乘此际使刘牢之为前锋,而第下以大军继进,玄可取也。"元显以为然。会武昌太守庾楷以玄与朝廷构怨[⑩],恐事不成,祸及于己,密使人自结于元显,云"玄大失人情,众不为用,若朝廷遣军,己当为内应"。元显大喜,遣张法顺至京口,谋于刘牢之;牢之以为难。法顺还,谓元显曰:"观牢之言色,必贰于我,不如召入杀之;不尔,败人大事。"元显不从。于是大治水军,征兵装舰,以谋讨玄。

【注释】

①壬午:十二月辛丑朔,无壬午。 ②胡坑:地名,在今甘肃武威市西。③昌松:郡名,治今甘肃武威市东南汉苍松南十里。显美:县名,治今甘肃永昌县东南。 ④溢口:地名,一名溢浦口,在今江西九江市西北,即溢浦水入长江之口。 ⑤武宁郡:郡名,治今湖北荆门市西北。⑥绥安郡:郡名,治今湖北仙桃市西南。 ⑦符端:当作"符瑞"。符瑞,祥瑞的征兆。⑧佳胜:有名望地位的人。 ⑨第下:阁下。第,府第之意。 ⑩"会武昌"句:庾楷依附桓玄,见本书卷第一百一十晋安帝隆安二年(398)。

元兴元年 春,正月,庚午朔,下诏罪状桓玄,以尚书令元显为骠骑大将军、征讨大都督、都督十八州诸军事,加黄钺[①],又以镇北将军刘牢之为前锋都督,前将军谯王尚之为后部,因大赦,改元,内外戒严;加会稽王道子太傅。

元显欲尽诛诸桓。中护军桓修,骠骑长史王诞之甥也,诞有宠于元显,因陈修等与玄志趣不同,元显乃止。诞,导之曾孙也。

张法顺言于元显曰:“桓谦兄弟每为上流耳目,宜斩之以杜奸谋。且事之济不,系在前军,而牢之反覆,万一有变,则祸败立至,可令牢之杀谦兄弟以示无贰心,若不受命,当逆为之所[2]。”元显曰:“今非牢之,无以敌玄;且始事而诛大将,人情不安。”再三不可。又以桓氏世为荆土所附,桓冲特有遗惠,而谦,冲之子也,乃自骠骑司马除都督荆、益、宁、梁四州诸军事、荆州刺史,欲以结西人之心。

丁丑,燕慕容拔攻魏令支戍,克之,宿沓干走,执魏辽西太守那颉。燕以拔为幽州刺史,镇令支,以中坚将军辽西阳豪为本郡太守。丁亥,以章武公渊为尚书令,博陵公虔为尚书左仆射,尚书王腾为右仆射。

戊子,魏材官将军和突攻黜弗、素古延等诸部,破之。初,魏主珪遣北部大人贺狄干献马千匹求昏于秦,秦王兴闻珪已立慕容后[3],止狄干而绝其昏;没弈干、黜弗、素古延,皆秦之属国也,而魏攻之,由是秦、魏有隙。庚寅,珪大阅士马,命并州诸郡积谷于平阳之乾壁以备秦[4]。

柔然社仑方睦于秦,遣将救黜弗、素古延;辛卯,和突逆击,大破之,社仑帅其部落远遁漠北,夺高车之地而居之。斛律部帅倍侯利击社仑,大为所败,倍侯利奔魏。社仑于是西北击匈奴遗种日拔也鸡,大破之,遂吞并诸部,士马繁盛,雄于北方。其地西至焉耆,东接朝鲜,南临大漠,旁侧小国皆羁属焉;自号豆代可汗[5]。始立约束,以千人为军,军有将;百人为幢,幢有帅。攻战先登者赐以虏获,畏懦者以石击其首而杀之。

秃发傉檀克显美,执孟祎而责之,以其不早降。祎曰:“祎受吕氏厚恩,分符守土;若明公大军甫至,望旗归附,恐获罪于执事矣。”傉檀释而礼之,徙二千余户而归,以祎为左司马。祎辞曰:“吕氏将亡,圣朝必取河右,人无愚智皆知之。但祎为人守城不能全,复忝显任,于心窃所未安。若蒙明公之惠,使得就戮姑臧,死且不朽。”傉檀义而归之。

【注释】

①“以尚书令”句:其时,晋国全境仅有扬、徐、南徐、兖、南兖、豫、南

豫、青、冀、司、荆、江、雍、梁、益、宁、交、广等十八州，司马元显督十八州军事，即统领全国军队。 ②逆为之所：在祸患来临前先考虑对策，意即预先杀死刘牢之。 ③“秦王”句：拓跋珪立慕容氏为后，见本书卷第一百一十一晋安帝隆安四年(400)。 ④乾壁：地名，一名乾城，在今山西临汾市南汾河东岸。 ⑤可汗(hán 寒)：我国古代鲜卑、柔然、突厥、回纥、蒙古等族最高统治者的称号。

东土遭孙恩之乱，因以饥馑，漕运不继。桓玄禁断江路，公私匮乏，以麸、橡给士卒[①]。玄谓朝廷方多忧虞，必未暇讨己，可以蓄力观衅。及大军将发，从兄太傅长史石生密以书报之；玄大惊，欲完聚江陵。长史卞范之曰：“明公英威振于远近，元显口尚乳臭，刘牢之大失物情，若兵临近畿，示以祸福，土崩之势可翘足而待，何有延敌入境，自取穷蹙者乎！”玄从之，留桓伟守江陵，抗表传檄，罪状元显，举兵东下。檄至，元显大惧。二月，丙午，帝饯元显于西池；元显下船而不发[②]。

癸丑，魏常山王遵等至高平，没弈干弃其部众，帅数千骑与刘勃勃奔秦州，魏军追至瓦亭[③]，不及而还，尽获其府库蓄积，马四万余匹，杂畜九万余口，徙其民于代都[④]，余种分迸，平阳太守贰尘复侵秦河东，长安大震，关中诸城昼闭，秦人简兵训卒以谋伐魏。

秦王兴立子泓为太子，大赦。泓孝友宽和，喜文学，善谈咏，而懦弱多病；兴欲以为嗣，而狐疑不决，久乃立之。

姑臧大饥，米斗直钱五千，人相食，饥死者十余万口。城门昼闭，樵采路绝，民请出城为胡虏奴婢者，日有数百，吕隆恶其沮动众心，尽坑之，积尸盈路。

沮渠蒙逊引兵攻姑臧，隆遣使求救于河西王利鹿孤。利鹿孤遣广武公傉檀帅骑一万救之；未至，隆击破蒙逊军。蒙逊请与隆盟，留谷万余斛遗之而还。傉檀至昌松，闻蒙逊已退，乃徙凉泽段冢民五百余户而还[⑤]。

中散骑常侍张融言于利鹿孤曰：“焦朗兄弟据魏安，潜通姚氏，数为反覆，今不取，后必为朝廷忧。”利鹿孤遣傉檀讨之，朗面缚出降，傉檀送于西平，徙其民于乐都。

【注释】

①麸(fū 夫):同“稃”。麸皮、米糠。 ②“元显”句:司马元显因害怕桓玄,所以上了战船而不敢出发。 ③瓦亭:地名,在今甘肃平凉市西南。 ④代都:地名,即平城(今山西大同市东北古城)。 ⑤凉泽:地名,在今甘肃武威市东。段冢:地名,确址不详,待考。

桓玄发江陵,虑事不捷,常为西还之计;及过寻阳,不见官军,意甚喜,将士之气亦振。

庾楷谋泄,玄囚之。

丁巳,诏遣齐王柔之以驺虞幡宣告荆、江二州,使罢兵;玄前锋杀之。柔之,宗之子也。

丁卯,玄至姑孰,使其将冯该等攻历阳[①],襄城太守司马休之婴城固守。玄军断洞浦[②],焚豫州舟舰。豫州刺史谯王尚之帅步卒九千阵于浦上,遣武都太守杨秋屯横江[③],秋降于玄军。尚之众溃,逃于涂中[④],玄捕获之。司马休之出战而败,弃城走。

刘牢之素恶骠骑大将军元显,恐桓玄既灭,元显益骄恣,又恐己功名愈盛,不为元显所容;且自恃材武,拥强兵,欲假玄以除执政,复伺玄之隙而自取之,故不肯讨玄。元显日夜昏酣,以牢之为前锋,牢之骤诣门,不得见,及帝出饯元显,遇之公坐而已。

牢之军溧洲[⑤],参军刘裕请击玄,牢之不许。玄使牢之族舅何穆说牢之曰:“自古戴震主之威,挟不赏之功而能自全者,谁邪?越之文种,秦之白起,汉之韩信,皆事明主,为之尽力,功成之日,犹不免诛夷,况为凶愚者之用乎!君如今日战胜则倾宗,战败则覆族,欲以此安归乎!不若翻然改图,则可以长保富贵矣。古人射钩、斩袪[⑥],犹不害为辅佐,况玄与君无宿昔之怨乎!”时谯王尚之已败,人情愈恐;牢之颇纳穆言,与玄交通。东海中尉东海何无忌,牢之之甥也,与刘裕极谏,不听。其子骠骑从事中郎敬宣谏曰:“今国家衰危,天下之重在大人与玄。玄藉父、叔之资,据有全楚,割晋国三分之二,一朝纵之使陵朝廷,玄威望既成,恐难图也,董卓之变[⑦],将在今矣。”牢之怒曰:“吾岂不知!今日取玄如反覆手耳;但平玄之后,令我奈骠骑何!”三月,乙巳朔[⑧],牢之遣敬宣诣玄请降。玄阴欲诛牢之,乃与敬宣宴饮,陈名书画共观之,以安悦其意;敬宣不之觉,玄佐吏莫不相视而笑。玄板敬宣为咨议参军。

【注释】

①“使其”句:历阳为豫州刺史治所。 ②洞浦:地名,在今安徽和县西。 ③横江:城名,在今安徽和县东南长江北岸。 ④涂中:地名,指今安徽、江苏境内滁水流域。 ⑤溧洲:地名,又作洌洲,在今江苏南京市西南江宁区西长江中。 ⑥“古人”句:春秋时齐襄公昏乱,其弟纠奔鲁,以管仲、召忽为傅。小白(桓公)奔莒,鲍叔为傅。襄公死,纠与小白争入齐为君,在途中,管仲射中小白衣带之钩。小白先入,得为君,俘管仲。后齐桓公不记旧仇,任仲为相,终成霸业。这是历史上著名的“射钩”事件。斩祛,即斩袂,其事发生在春秋时晋国。晋献公时,其子重耳在内乱中出走,宦官勃鞮追击中斩下重耳的衣襟。后重耳为国登位,是为文公,对勃鞮不计前嫌,勃鞮也将一次大臣谋图反叛的消息报告给文公,使文公得免一死。 ⑦“董卓”句:董卓的变乱,见本书卷第五十九汉灵帝中平六年(189)、献帝初平元年(190)。 ⑧乙巳朔:三月己巳朔,无乙巳。“乙”当为“己”之误。

元显将发,闻玄已至新亭[①],弃船,退屯国子学;辛未,陈于宣阳门外。军中相惊,言玄已至南桁,元显引兵欲还宫。玄遣人拔刀随后大呼曰:“放仗!”军人皆崩溃,元显乘马走入东府,唯张法顺一骑随之。元显问计于道子,道子但对之涕泣。玄遣太傅从事中郎毛泰收元显送新亭,缚于舫前而数之;元显曰:“为王诞、张法顺所误耳。”

壬申,复隆安年号。帝遣侍中劳玄于安乐渚[②]。玄入京师,称诏解严。以玄总百揆,都督中外诸军事、丞相、录尚书事、扬州牧、领徐、荆、江三州刺史,假黄钺。玄以桓伟为荆州刺史,桓谦为尚书左仆射,桓修为徐、兖二州刺史,桓石生为江州刺史,卞范之为丹杨尹。

初,玄之举兵,侍中王谧奉诏诣玄,玄亲礼之。及玄辅政,以谧为中书令。谧,导之孙也。新安太守殷仲文,觊之弟也,玄姊为仲文妻。仲文闻玄克京师,弃郡投玄,玄以为咨议参军。刘迈往见玄，玄曰："汝不畏死，而敢来邪？"迈曰："射钩斩祛，并迈为三[③]。"玄悦，以为参军。

癸酉，有司奏会稽王道子酣纵不孝，当弃市，诏徙安成郡；斩元显及东海王彦璋、谯王尚之、庾楷、张法顺、毛泰等于建康市。桓修为王诞固请，长流岭南[④]。

玄以刘牢之为会稽内史。牢之曰："始尔，便夺我兵，祸其至矣。"刘敬宣请归谕牢之使受命，玄遣之。敬宣劝牢之袭玄，牢之犹豫不决，移屯班渎[⑤]，私告刘裕曰："今当北就高雅之于广陵，举兵以匡社稷，卿能从我去乎？"裕曰："将军以劲卒数万，望风降服，彼新得志，威震天下，朝野人情皆已去矣，广陵岂可得至邪！裕当反服还京口耳[⑥]。"何无忌谓裕曰："我将何之？"裕曰："吾观镇北必不免[⑦]，卿可随我还京口。桓玄若守臣节，当与卿事之；不然，当与卿图之。"

于是牢之大集僚佐，议据江北以讨玄。参军刘袭曰："事之不可者莫大于反。将军往年反王兖州[⑧]，近日反司马郎君[⑨]，今复反桓公，一人三反，何以自立！"语毕，趋出，佐吏多散走。牢之惧，使敬宣之京口迎家，失期不至。牢之以为事已泄，为玄所杀，乃率部曲北走，至新洲[⑩]，缢而死。敬宣至，不暇哭，即渡江奔广陵。将吏共殡敛牢之，以其丧归丹徒。玄令斫棺斩首[⑪]，暴尸于市。

【注释】

①新亭：地名，在今江苏南京市西。 ②安乐渚：地名，确址不详。 ③"并迈"句：刘迈曾当面斥责过桓玄，事见本书卷第一百八晋孝武帝太元十七年(392)。 ④岭南：地名，指大庾岭以南。 ⑤班渎：地名，在今江苏南京市北。 ⑥反服：恢复当初的服装，意为脱下戎装，改换常服。 ⑦镇北：指刘牢之，牢之以讨孙恩之功，进号镇北将军。 ⑧王兖州：指兖州刺史王恭。 ⑨司马郎君：指司马元显。 ⑩新洲：地名，今江苏南京市北长江中小岛。 ⑪斫(zhuó 着)：砍；削。

大赦，改元大亨。

桓玄让丞相、荆、江、徐三州，改授太尉、都督中外诸军事、扬州牧、领豫州刺史，总百揆；以琅邪王德文为太宰。

司马休之、刘敬宣、高雅之俱奔洛阳，各以子弟为质于秦以求救。秦王兴与之符信，使于关东募兵[①]，得数千人，复还屯彭城间。

孙恩寇临海，临海太守辛景击破之，恩所虏三吴男女，死亡殆尽。恩恐为官军所获，乃赴海死，其党及妓妾从死者以百数，谓之“水仙”。余众数千人复推恩妹夫卢循为主。循，谌之曾孙也，神采清秀，雅有材艺。少时，沙门惠远尝谓之曰：“君虽体涉风素，而志存不轨，如何？”太尉玄欲抚安东土，乃以循为永嘉太守[②]。循虽受命，而寇暴不已。

甲戌，燕大赦。

河西王秃发利鹿孤寝疾，遗令以国事授弟傉檀。初，秃发思复鞬爱重傉檀，谓诸子曰：“傉檀器识，非汝曹所及也。”故诸兄不以传子而传于弟。利鹿孤在位，垂拱而已，军国大事皆委于傉檀。利鹿孤卒，傉檀袭位，更称凉王[③]，改元弘昌，迁于乐都，谥利鹿孤曰康王。

夏，四月，太尉玄出屯姑孰，辞录尚书事，诏许之；而大政皆就咨焉，小事则决于尚书令桓谦及卞范之。

自隆安以来，中外之人厌于祸乱。及玄初至，黜奸佞，提隽贤，京师欣然，冀得少安。既而玄奢豪纵逸，政令无常，朋党互起，凌侮朝廷，裁损乘舆供奉之具，帝几不免饥寒，由是众心失望。三吴大饥，户口减半，会稽减什三、四，临海、永嘉殆尽，富室皆衣罗纨，怀金玉，闭门相守饿死。

乞伏炽磐自西平逃归苑川[④]，南凉王傉檀归其妻子。乞伏乾归使炽磐入朝于秦，秦主兴以炽磐为兴晋太守。

五月，卢循自临海入东阳，太尉玄遣抚军中兵参军刘裕将兵击之，循败，走永嘉。

高句丽攻宿军[⑤]，燕平州刺史慕容归弃城走。

【注释】

①关中：其他版本皆作“关东”，当更合史实。　②永嘉：郡名，治今浙江温州市。　③“更称”句：从秃发傉檀称凉王起，史称其国为南凉。④“乞伏”句：乞伏乾归送乞伏炽磐到西平做人质，见本书卷第一百一十一晋安帝隆安四年（400）。　⑤宿军：城名，在今辽宁朝阳市东北。

秦主兴大发诸军，遣义阳公平、尚书右仆射狄伯支等将步骑四万伐魏，兴自将大军继之，以尚书令姚晃辅太子泓守长安，没弈干权镇上邽，广陵公钦权镇洛阳。平攻魏乾壁六十余日，拔之。秋，七月，魏主珪遣毗陵王顺及豫州刺史长孙肥将六万骑为前锋，自将大军继发以击之。

八月，太尉玄讽朝廷以玄平元显功封豫章公，平殷、杨功封桂阳公，并本封南郡如故。玄以豫章封其子升，桂阳封其兄子俊。

北魏击鼓陶俑

魏主珪至永安，秦义阳公平遣骁将帅精骑二百觇魏军，长孙肥逆击，尽擒之。平退走，珪追之，乙巳，及于柴壁[①]；平婴城固守，魏军围之。秦王兴将兵四万七千救之，将据天渡运粮以馈平[②]。魏博士李先曰："兵法：高者为敌所栖，深者为敌所囚。今秦皆犯之，宜及兴未至，遣奇兵先据天渡，柴壁可不战而取也。"珪命增筑重围，内以防平之出，外以拒兴之入。广武将军安同曰："汾东有蒙坑[③]，东西三百余里，蹊径不通。兴来，必从汾西直临柴壁，如此，虏声势相接，重围虽固，不能制也；不如为浮梁，渡汾西，筑围以拒之，虏至，无所施其智力矣。"珪从之。兴至蒲阪，惮魏之强，久乃进兵。甲子，珪帅步骑三万逆击兴于蒙坑之南，斩首千余级，兴退走四十余里，平亦不敢出。珪乃分兵四据险要，使秦兵不得近柴壁。兴屯汾西，凭壑为垒，束柏材从汾上流纵之，欲以毁浮梁，魏人皆钩取以为薪蒸。

冬，十月，平粮竭矢尽，夜，悉众突西南围求出；兴列兵汾西，举烽鼓噪为应。兴欲平力战突免，平望兴攻围引接，但叫呼相和，莫敢逼围。平不得出,计穷,乃帅麾下赴水死,诸将多从平赴水;珪使善游者钩捕之,无得免者。执狄伯支及越骑校尉唐小方等四十余人,余众二万余人皆敛手就禽。兴坐视其穷,力不能救,举军恸哭,声震山谷。数遣使求和于魏,珪不许,乘胜进攻蒲阪,秦晋公绪固守不战,会柔然谋伐魏,珪闻之,戊申,引兵还。

或告太史令晁崇及弟黄门侍郎懿潜召秦兵,珪至晋阳,赐崇、懿死。

秦徙河西豪右万余户于长安。

太尉玄杀吴兴太守高素、将军竺谦之及谦之从兄朗之、刘袭并袭弟季武,皆刘牢之北府旧将也。袭兄冀州刺史轨邀司马休之、刘敬宣、高雅之等共据山阳[④],欲起兵攻玄,不克而走。将军袁虔之、刘寿、高长庆、郭恭等皆往从之,将奔魏;至陈留南,分为二辈:轨、休之、敬宣奔南燕,虔之、寿、长庆、恭奔秦。

魏主珪初闻休之等当来,大喜。后怪其不至,令兖州求访[⑤],获其从者,问其故,皆曰:"魏朝威声远被,是以休之等咸欲归附;既而闻崔逞被杀[⑥],故奔二国。"珪深悔之,自是士人有过,颇见优容。

【注释】

①柴壁:地名,即今山西襄汾县西南汾河东岸柴庄。 ②天渡:地名,在今山西襄汾县西南汾河西岸。 ③蒙坑:地名,在今山西襄汾县、曲沃县二县之间汾河以东。 ④山阳:郡名,东晋侨置,治今江苏淮安市。 ⑤兖州:指兖州刺史长孙肥。 ⑥"既而"句:崔逞之死,见本书卷第一百一十一晋安帝隆安三年(399)。

南凉王傉檀攻吕隆于姑臧。

燕王熙纳故中山尹苻谟二女,长曰娀娥,为贵人,幼曰训英,为贵嫔,贵嫔尤有宠。丁太后怨恚,与兄子尚书信谋废熙立章武公渊;事觉,熙逼丁太后令自杀,葬以后礼,谥曰献幽皇后。十一月,戊辰,杀渊及信。

辛未,熙畋于北原[①],石城令高和与尚方兵于后作乱[②],杀司隶校尉张显,入掠宫殿,取库兵,胁营署,闭门乘城。熙驰还,城上人皆投仗开门，尽诛反者，唯和走免。甲戌，大赦。

魏以庾岳为司空。

十二月，辛亥，魏主珪还云中。

柔然可汗社仑闻珪伐秦，自参合陂侵魏，至豺山[3]，及善无北泽[4]，魏常山王遵以万骑追之，不及而还。

太尉玄使御史杜林防卫会稽文孝王道子至安成，林承玄旨，鸩道子，杀之。

沮渠蒙逊所署西郡太守梁中庸叛，奔西凉。蒙逊闻之，笑曰："吾待中庸，恩如骨肉，而中庸不我信，但自负耳，孤岂在此一人邪！"乃尽归其孥。

西凉公暠问中庸曰："我何如索嗣[5]？"中庸曰："未可量也。"暠曰："嗣才度若敌我者，我何能于千里之外以长绳绞其颈邪？"中庸曰："智有短长，命有成败。殿下之与索嗣，得失之理，臣实未之能详。若以身死为负，计行为胜，则公孙瓒岂贤于刘虞邪[6]？"暠默然。

袁虔之等至长安，秦王兴问曰："桓玄才略何如其父？卒能成功乎？"虔之曰："玄乘晋室衰乱，盗据宰衡，猜忌安忍，刑赏不公，以臣观之，不如其父远矣。玄今已执大柄，其势必将篡逆，正可为他人驱除耳。"兴善之，以虔之为广州刺史。

是岁，秦王兴立昭仪张氏为皇后，封子懿、弼、洸、宣、谌、愔、璞、质、逵、裕、国儿皆为公，遣使拜秃发傉檀为车骑将军、广武公，沮渠蒙逊为镇西将军、沙州刺史、西海侯，李暠为安西将军、高昌侯。

秦镇远将军赵曜帅众二万西屯金城，建节将军王松忽帅骑助吕隆守姑臧。松忽至魏安，傉檀弟文真击而虏之。傉檀大怒，送松忽还长安，深自陈谢。

【注释】

①北原：地名，即龙城（今辽宁辽阳市）北郊。 ②尚方：官名，掌管供应制造帝王所用器物。 ③豺山：山名，在今山西右玉县境。 ④善无：县名，治今山西右玉县东南。 ⑤"我何如"句：索嗣之死，见本书卷第一百一十一晋安帝隆安四年（400）。 ⑥"若以"三句：东汉末公孙瓒杀刘虞之事，见本书卷第六十汉献帝初平四年（193）。

资治通鉴卷第一百一十三

晋纪三十五　起昭阳单阏，尽阏逢执徐，凡二年。

安皇帝戊

元兴二年　春，正月，卢循使司马徐道覆寇东阳；二月，辛丑，建武将军刘裕击破之。道覆，循之姊夫也。

乙卯，以太尉玄为大将军。

丁巳，玄杀冀州刺史孙无终[①]。

玄上表请帅诸军扫平关、洛，既而讽朝廷下诏不许，乃云："奉诏故止。"玄初欲饬装，先命作轻舸[②]，载服玩、书画。或问其故。玄曰："兵凶战危，脱有意外，当使轻而易运。"众皆笑之。

夏，四月，癸巳朔，日有食之。

南燕主备德故吏赵融自长安来，始得母兄凶问，备德号恸吐血，因而寝疾。

司隶校尉慕容达谋反，遣牙门皇璆攻端门，殿中帅侯赤眉开门应之[③]；中黄门孙进扶备德逾城匿于进舍。段宏等闻宫中有变，勒兵屯四门。备德入宫，诛赤眉等；达出奔魏。

备德优迁徙之民，使之长复不役；民缘此迭相荫冒，或百室合户，或千丁共籍，以避课役。尚书韩諱请加隐核[④]，备德从之，使諱巡行郡县，得荫户五万八千。

泰山贼王始聚众数万，自称太平皇帝，署置公卿；南燕桂林王镇讨禽之。临刑，或问其父及兄弟安在，始曰："太上皇蒙尘于外，征东、征西为乱兵所害。”其妻怒之曰：“君正坐此口，奈何尚尔！”始曰：“皇后不知，自古岂有不亡之国！朕则崩矣[5]，终不改号！”

五月，燕王熙作龙腾苑，方十余里，役徒二万人；筑景云山于苑内。基广五百步，峰高十七丈。

秋，七月，戊子，魏主珪北巡，作离宫于豺山。

平原太守和跋奢豪喜名，珪恶而杀之，使其弟毗等就与诀。跋曰：“漨北土瘠，可迁水南，勉为生计。”且使之背己，曰：“汝何忍视吾之死也！”毗等谕其意，诈称使者，逃入秦。珪怒，灭其家。中垒将军邓渊从弟尚书晖与跋善，或谮诸珪曰：“毗之出亡，晖实送之。”珪疑渊知其谋，赐渊死。

【注释】

①“玄杀”句：孙无终是北府旧将，故桓玄杀了他。 ②舸（gě 葛）：大船。 ③殿中帅：宫廷武官，其职掌如同晋朝的殿中三部督。 ④諁（zhuó 茁）。隐核：审查核实。 ⑤“朕则”句：“朕”为皇帝的自称，“崩”为皇帝之死的委婉说法。王始这句话，表明他“终不改号”。

南凉王傉檀及沮渠蒙逊互出兵攻吕隆，隆患之。秦之谋臣言于秦王兴曰：“隆藉先世之资，专制河外，今虽饥窘，尚能自支，若将来丰赡，终不为吾有。凉州险绝，土田饶沃，不如因其危而取之。”兴乃遣使征吕超入侍。隆念姑臧终无以自存，乃因超请迎于秦。兴遣尚书左仆射齐难、镇西将军姚诘、左贤王乞伏乾归、镇远将军赵曜帅步骑四万迎隆于河西，南凉王傉檀摄昌松、魏安二戍以避之。八月，齐难等至姑臧，隆素车白马迎于道旁。隆劝难击沮渠蒙逊，蒙逊使臧莫孩拒之，败其前军。难乃与蒙逊结盟；蒙逊遣弟挐入贡于秦。难以司马王尚行凉州刺史，配兵三千镇姑臧，以将军阎松为仓松太守[1]，郭将为番禾太守，分戍二城，徙隆宗族、僚属及民万户于长安。兴以隆为散骑常侍，超为安定太守，自余文武随才擢叙。

初，郭麐常言“代吕者王”，故其起兵，先推王详，后推王乞基[2]；及隆东迁，王尚卒代之。麐从乞伏乾归降秦，以为灭秦者晋也，遂来奔，秦人追得，杀之。

沮渠蒙逊伯父中田护军亲信、临松太守孔笃[3]，皆骄恣为民患，蒙逊曰："乱吾法者，二伯父也。"皆逼之使自杀。

秦遣使者梁构至张掖，蒙逊问曰："秃发傉檀为公而身为侯[4]，何也？"构曰："傉檀凶狡，款诚未著，故朝廷以重爵虚名羁縻之。将军忠贯白日，当入赞帝室，岂可以不信相待也！圣朝爵必称功，如尹纬、姚晃，佐命之臣，齐难、徐洛，一时猛将，爵皆不过侯伯，将军何以先之乎！昔窦融殷勤固让，不欲居旧臣之右[5]，不意将军忽有此问！"蒙逊曰："朝廷何不即封张掖而更远封西海邪？"构曰："张掖，将军已自有之，所以远授西海者，欲广大将军之国耳。"蒙逊悦，乃受命。

荆州刺史桓伟卒，大将军玄以桓修代之。从事中郎曹靖之说玄曰："谦、修兄弟专据内外，权势太重。"玄乃以南郡相桓石康为荆州刺史。石康，豁之子也。

刘裕破卢循于永嘉，追至晋安[6]，屡破之，循浮海南走。

何无忌潜诣裕，劝裕于山阴起兵讨桓玄。裕谋于土豪孔靖，靖曰："山阴去都道远，举事难成；且玄未篡位，不如待其已篡，于京口图之。"裕从之。靖，愉之孙也。

【注释】

①仓松：郡名，治今甘肃武威市东南。　②"先推"二句：推举王详、王乞基之事，见本书卷第一百九晋安帝隆安元年(397)。　③中田护军：将领名，起初当为吕光所置；镇守地点在临松(今甘肃肃南裕固族自治县东南)。　④"秃发"句：分封爵号之事见本书卷第一百一十二晋安帝元兴元年(402)。身：自称用语。　⑤"不欲"句：东汉初窦融不愿位居旧臣之上，见本书卷第四十三汉光武帝建武十三年(37)。　⑥晋安：郡名，治今福建福州市。

九月，魏主珪如南平城[1]，规度滏南，将建新都。

侍中殷仲文、散骑常侍卞范之劝大将军玄早受禅，阴撰九锡文及册命。以桓谦为侍中、开府、录尚书事，王谧为中书监、领司徒，桓胤为中书令，加桓修抚军大将军。胤，冲之孙也。丙子，册命玄为相国，总百揆，封十郡，为楚王，加九锡，楚国置丞相以下官。

桓谦私问彭城内史刘裕曰："楚王勋德隆重，朝廷之情，咸谓宜有揖让，卿以为何如？"裕曰："楚王，宣武之子②，勋德盖世，晋室微弱，民望久移，乘运禅代，有何不可？"谦喜曰："卿谓之可即可耳。"

新野人庾仄，殷仲堪之党也，闻桓伟死，石康未至，乃起兵袭雍州刺史冯该于襄阳，走之。仄有众七千，设坛，祭七庙，云"欲讨桓玄"，江陵震动。石康至州，发兵攻襄阳，仄败，奔秦。

高雅之表南燕主备德，请伐桓玄曰："纵未能廓清吴、会，亦可收江北之地。"中书侍郎韩范亦上疏曰："今晋室衰乱，江、淮南北，户口无几，戎马单弱。重以桓玄悖逆，上下离心；以陛下神武，发步骑一万临之，彼必土崩瓦解，兵不留行矣。得而有之，秦、魏不足敌也；拓地定功，正在今日。失时不取，彼之豪桀诛灭桓玄，更修德政，岂惟建康不可得，江北亦无望矣。"备德曰："朕以旧邦覆没，欲先定中原，乃平荡荆、扬，故未南征耳。其令公卿议之。"因讲武城西，步卒三十七万人，骑五万三千匹，车万七千乘。公卿皆以为玄新得志，未可图，乃止。

冬，十月，楚王玄上表请归藩，使帝作手诏固留之。又诈言钱塘临平湖开③，江州甘露降，使百寮集贺，用为己受命之符。又以前世皆有隐士，耻于己时独无，求得西朝隐士安定皇甫谧六世孙希之④，给其资用，使隐居山林；征为著作郎，使希之固辞不就，然后下诏旌礼，号曰高士。时人谓之"充隐"⑤。又欲废钱用谷、帛及复肉刑⑥，制作纷纭，志无一定，变更回复，卒无所施行。性复贪鄙，人士有法书、好画及佳园宅，必假蒲博而取之；尤爱珠玉，未尝离手。

【注释】

①南平城：城名，在今山西应县西南。 ②宣武：桓温的谥号。 ③临平湖：湖名，在今浙江杭州市余杭区南。自东汉末年以来，临平湖时常淤塞。当地长老有"此湖塞，天下乱；此湖开，天下平"之说（详见本书卷第八十晋武帝咸宁二年，即276年），故桓玄用"此湖开"来作为登基的祥瑞。 ④西朝：西方的朝廷，指西晋。东晋立国江南，以洛阳在建康

的西方，故称西晋为“西朝”。 ⑤充隐：本来不是隐士却用来充数，故称为“充隐”。 ⑥肉刑：残害肉体的刑罚，如刺脸、割鼻、剁脚、破坏生殖器官之类。

乙卯，魏主珪立其子嗣为齐王，加位相国；绍为清河王，加征南大将军；熙为阳平王，曜为河南王。

丁巳，魏将军伊谓帅骑二万袭高车余种袁纥、乌频；十一月，庚午，大破之。

诏楚王玄行天子礼乐，妃为王后，世子为太子。丁丑，卞范之为禅诏，使临川王宝逼帝书之。宝，晞之曾孙也。庚辰，帝临轩，遣兼太保、领司徒王谧奉玺绶，禅位于楚；壬午，帝出居永安宫；癸未，迁太庙神主于琅邪国[①]，穆章何皇后及琅邪王德文皆徙居司徒府。百官诣姑孰劝进。十二月，庚寅朔，玄筑坛于九井山北[②]，壬辰，即皇帝位。册文多非薄晋室，或谏之，玄曰：“揖让之文，正可陈之于下民耳，岂可欺上帝乎！”大赦，改元永始；以南康之平固县封帝为平固王[③]，降何后为零陵县君，琅邪王德文为石阳县公，武陵王遵为彭泽县侯；追尊父温为宣武皇帝，庙号太祖，南康公主为宣皇后，封子升为豫章王；以会稽内史王愉为尚书仆射，愉子相国左长史绥为中书令。绥，桓氏之甥也。戊戌，玄入建康宫，登御坐而床忽陷，群下失色。殷仲文曰：“将由圣德深厚，地不能载。”玄大悦。梁王珍之国臣孔朴奉珍之奔寿阳。珍之，晞之曾孙也。

北魏铜尺

戊申，燕王熙尊燕主垂之贵嫔段氏为皇太后。段氏，熙之慈母也[④]。己酉，立苻贵嫔为皇后，大赦。

辛亥，桓玄迁帝于寻阳。

燕以卫尉悦真为青州刺史，镇新城；光禄大夫卫驹为并州刺史，镇凡城。

癸丑，纳桓温神主于太庙。桓玄临听讼观阅囚徒[⑤]，罪无轻重，多得原放；有干舆乞者，时或恤之。其好行小惠如此。

是岁，魏主珪始命有司制冠服，以品秩为差；然法度草创，多不稽古。

【注释】

①琅邪国：封国名。琅邪本在今山东临沂市北。永嘉之乱后，琅邪国人随晋元帝司马睿过江者一千多户，太兴三年(320)，立怀德县。丹杨虽有琅邪相而无实土。成帝咸康元年(335)，桓温兼任琅邪太守，求割江乘县境立郡(治今江苏句容市北)，始有实土。 ②九井山：山名，在今安徽当涂县南。 ③南康：郡名，治今江西赣州市西南。平固：县名，治今江西兴国县南。 ④慈母：对母亲的尊称。古礼中，也称抚育自己成长的庶母或保母为慈母。 ⑤听讼观：听理诉讼之所。本名平望观，魏明帝因刑狱事关重大，当审理大案时，时常前往观听，故在太和三年(229)，改名为听讼观。东晋仿照曹魏西晋洛阳成规，也建有听讼观。

三年 春，正月，桓玄立其妻刘氏为皇后。刘氏，乔之曾孙也。玄以其祖彝以上名位不显，不复追尊立庙。散骑常侍徐广曰："敬其父则子悦[①]，请依故事立七庙。"玄曰："礼，太祖东向，左昭右穆[②]。晋立七庙，宣帝不得正东向之位，何足法也！"秘书监卞承之谓广曰："若宗庙之祭果不及祖，有以知楚德之不长矣。"广，邈之弟也。

玄自即位，心常不自安。二月，己丑朔，夜，涛水入石头，流杀人甚多，讙哗震天[③]。玄闻之，惧，曰："奴辈作矣！"

玄性苛细，好自矜伐。主者奏事，或一字不体，或片辞之谬，必加纠擿[④]，以示聪明。尚书答诏误书"春蒐"为"春菟"[⑤]，自左丞王纳之以下，凡所关署，皆被降黜。或手注直官，或自用令史[⑥]，诏令纷纭，有司奉答不暇；而纪纲不治，奏案停积，不能知也。又性好游畋，或一日数出。迁居东宫，更缮宫室，土木并兴，督迫严促，朝野骚然，思乱者众。

玄遣使加益州刺史毛璩散骑常侍、左将军。璩执留玄使，不受其命。璩，宝之孙也。玄以桓希为梁州刺史，分命诸将戍三巴以备之⑦。璩传檄远近，列玄罪状，遣巴东太守柳约之、建平太守罗述、征虏司马甄季之击破希等，仍帅众进屯白帝⑧。

刘裕从徐、兖二州刺史、安成王桓修入朝。玄谓王谧曰："裕风骨不常，盖人杰也。"每游集，必引接殷勤，赠赐甚厚。玄后刘氏，有智鉴，谓玄曰："刘裕龙行虎步，视瞻不凡，恐终不为人下，不如早除之。"玄曰："我方平荡中原，非裕莫可用者；俟关、河平定，然后别议之耳。"

玄以桓弘为青州刺史，镇广陵；刁逵为豫州刺史，镇历阳。弘，修之弟；逵，彝之子也。

刘裕与何无忌同舟还京口，密谋兴复晋室。刘迈弟毅家于京口，亦与无忌谋讨玄。无忌曰："桓氏强盛，其可图乎？"毅曰："天下自有强弱；苟为失道，虽强易弱，正患事主难得耳。"无忌曰："天下草泽之中非无英雄也。"毅曰："所见唯有刘下邳⑨。"无忌笑而不答，还以告裕，遂与毅定谋。

【注释】

①"敬其"句：《孝经》所载孔子之语，大意为"尊敬做父亲的，他的儿子自然高兴"。 ②左昭右穆：按古代宗法制度，宗庙或墓地的辈分排列，以始祖居中，二世、四世、六世位于始祖的左方，称为"昭"；三世、五世、七世位于始祖的右方，称为"穆"。 ③讙（huān 欢）：喧哗。 ④擿（tī 梯）：挑剔、揭发。 ⑤春蒐：古代帝王春时的射猎。 ⑥"或手注"句：直官，值勤的官员；令史，低层官吏，通常由尚书令仆署用。桓玄亲自安排值勤官员和令史，可见其"苛细"。 ⑦三巴：地名，东汉末益州牧刘璋分巴郡为巴、永宁、固陵三郡，后又改为巴西、巴、巴东三郡，合称三巴。 ⑧白帝：城名，在今重庆奉节县东白帝山上。 ⑨刘下邳：指刘裕。裕兼任下邳太守，故有此称。

初，太原王元德及弟仲德为苻氏起兵攻燕主垂，不克，来奔，朝廷以元德为弘农太守。仲德见桓玄称帝，谓人曰："自古革命诚非一族，然今之起者恐不足以成大事。"

平昌孟昶为青州主簿，桓弘使昶至建康，玄见而悦之，谓刘迈曰："素士中得一尚书郎[①]，卿与其州里[②]，宁相识否？"迈素与昶不善，对曰："臣在京口，不闻昶有异能，唯闻父子纷纷更相赠诗耳。"玄笑而止。昶闻而恨之。既还京口，裕谓昶曰："草间当有英雄起，卿颇闻乎？"昶曰："今日英雄有谁，正当是卿耳。"

于是裕、毅、无忌、元德、仲德、昶及裕弟道规、任城魏咏之、高平檀凭之、琅邪诸葛长民、河内太守陇西辛扈兴、振威将军东莞童厚之，相与合谋起兵。道规为桓弘中兵参军，裕使毅就道规及昶于江北，共杀弘，据广陵；长民为刁逵参军，使长民杀逵，据历阳；元德、扈兴、厚之在建康，使之聚众攻玄为内应，刻期齐发。

孟昶妻周氏富于财，昶谓之曰："刘迈毁我于桓公，使我一生沦陷，我决当作贼。卿幸早离绝，脱得富贵，相迎不晚也。"周氏曰："君父母在堂，欲建非常之谋，岂妇人所能谏！事之不成，当于奚官中奉养大家[③]，义无归志也。"昶怅然，久之而起。周氏追昶坐，曰："观君举措，非谋及妇人者，不过欲得财物耳。"因指怀中儿示之曰："此儿可卖，亦当不惜。"遂倾赀以给之。昶弟顗妻，周氏之从妹也，周氏绐之曰："昨夜梦殊不祥，门内绛色物宜悉取以为厌胜[④]。"妹信而与之，遂尽缝以为军士袍。

何无忌夜于屏风里草檄文，其母，刘牢之姊也，登橙密窥之[⑤]，泣曰："吾不及东海吕母明矣[⑥]。汝能如此，吾复何恨！"问所与同谋者，曰："刘裕。"母尤喜，因为言玄必败、举事必成之理以劝之。

乙卯，裕托以游猎，与无忌收合徒众，得百余人。丙辰，诘旦，京口城开，无忌著传诏服，称敕使[⑦]，居前，徒众随之齐入，即斩桓修以徇。修司马刁弘帅文武佐吏来赴，裕登城，谓之曰："郭江州已奉乘舆返正于寻阳[⑧]，我等并被密诏，诛除逆党，今日贼玄之首已当枭于大航矣[⑨]。诸君非大晋之臣乎！今来欲何为！"弘等信之，收众而退。

【注释】

①素士:寒素的士人。 ②"卿与"句:孟昶为青州平昌郡人,刘迈为徐州彭城郡人,但二人都侨居京口,故桓玄称二人为"州里"。 ③"当于"句:奚官,官署名,掌管守宫人疾病、罪罚、丧葬等事,多以罪犯从坐的男女家属担任。大家(gū 姑):此处为妇女对丈夫的母亲的称呼。全句意为如果何无忌起兵失败,她被迫沦为官婢,也当在奚官中奉养婆母。 ④"门内"句:绛色物,深红色的物品,代指红布;厌胜,用迷信的方法抵制压服将来可能出现的灾殃。 ⑤橙(dèng 邓):坐具,同"凳"。 ⑥"吾不及"句:东海人吕母,曾起兵反抗王莽政权,详见本书卷第三十八王莽天凤四年(17)。 ⑦敕使:皇帝的使者。 ⑧"郭江州"句:郭江州,指江州刺史郭昶之。返正,意为废而复立。当时,晋安帝被迁在寻阳,刘裕故意制造安帝已复位的舆论,来哄骗刁弘等人。 ⑨大航:桥名,即朱雀航,在今江苏南京市镇淮桥东,跨秦淮河上。

裕问无忌曰:"今急须一府主簿,何由得之?"无忌曰:"无过刘道民。"道民者,东莞刘穆之也。裕曰:"吾亦识之。"即驰信召焉。时穆之闻京口讙噪声,晨起,出陌头,属与信会。穆之直视不言者久之,既而返室,坏布裳为袴[①],往见裕。裕曰:"始举大义,方造艰难,须一军吏甚急,卿谓谁堪其选?"穆之曰:"贵府始建,军吏实须其才,仓猝之际,略当无见逾者。"裕笑曰:"卿能自屈,吾事济矣。"即于坐署主簿。

孟昶劝桓弘其日出猎,天未明,开门出猎人;昶与刘毅、刘道规帅壮士数十人直入,弘方啖粥[②],即斩之,因收众济江。裕使毅诛刁弘。

先是,裕遣同谋周安穆入建康报刘迈,迈虽酬许,意甚惶惧;安穆虑事泄,乃驰归。玄以迈为竟陵太守,迈欲亟之郡,是夜,玄与迈书曰:"北府人情云何?卿近见刘裕何所道?"迈谓玄已知其谋,晨起,白之。玄大惊,封迈为重安侯。既而嫌迈不执安穆,使得逃去,乃杀之,悉诛元德、扈兴、厚之等。

众推刘裕为盟主,总督徐州事,以孟昶为长史,守京口,檀凭之为司马。彭城人应募者,裕悉使郡主簿刘钟统之。丁巳,裕帅二州之众千七百人[③]，军于竹里[④]，移檄远近，声言益州刺史毛璩已定荆楚，江州刺史郭昶之奉迎主上返正于寻阳，镇北参军王元德等并帅部曲保据石头，扬武将军诸葛长民已据历阳。

玄移还上宫，召侍官皆入止省中；加扬州刺史新野王桓谦征讨都督，以殷仲文代桓修为徐、兖二州刺史。谦等请亟遣兵击裕，玄曰："彼兵锐甚，计出万死，若有蹉跌，则彼气成而吾事去矣，不如屯大众于覆舟山以待之[⑤]。彼空行二百里，无所得，锐气已挫，忽见大军，必惊愕；我按兵坚阵，勿与交锋，彼求战不得，自然散走，此策之上也。"谦等固请击之，乃遣顿丘太守吴甫之、右卫将军皇甫敷相继北上。

玄忧惧特甚。或曰："裕等乌合微弱，势必无成，陛下何虑之深？"玄曰："刘裕足为一世之雄；刘毅家无檐石之储[⑥]，樗蒲一掷百万[⑦]；何无忌酷似其舅[⑧]；共举大事，何谓无成！"

【注释】

①袴（kù 裤）：分穿在两脚胫上的套裤。 ②啖（dàn 淡）：吃。 ③二州：指兖州、徐州。 ④竹里：地名，在今江苏句容市北。 ⑤覆舟山：山名，又称作龙舟山、玄武山，在今江苏南京市城区东北。 ⑥檐（dàn 担）石：一石的粮食。用来形容贫困。 ⑦樗（chū 出）蒲：古代博戏名。以掷骰子决胜负，得采有卢、雉、犊、白等称，看掷得的骰色而定。后来泛称赌博为樗蒲。 ⑧"何无忌"句：何无忌的舅父是刘牢之。

南凉王傉檀畏秦之强，乃去年号，罢尚书丞郎官，遣参军关尚使于秦。秦王兴曰："车骑献款称藩[①]，而擅兴兵造大城，岂为臣之道乎？"尚曰："王公设险以守其国，先王之制也。车骑僻在遐藩，密迩勍寇，盖为国家重门之防；不图陛下忽以为嫌。"兴善之。傉檀求领凉州，兴不许。

初，袁真杀朱宪[②]，宪弟绰逃奔桓温。温克寿阳，绰辄发真棺，戮其尸。温怒，将杀之，桓冲请而免之。绰事冲如父，冲薨，绰呕血而卒。刘裕克京口，以绰子龄石为建武参军。三月，戊午朔，裕军与吴甫之遇于江乘。将战，龄石言于裕曰："龄石世受桓氏厚恩，不欲以兵刃相向，乞在军后。"裕义而许之。甫之，玄骁将也，其兵甚锐。裕手执长刀,大呼以冲之,众皆披靡,即斩甫之,进至罗落桥[3]。皇甫敷帅数千人逆战,宁远将军檀凭之败死。裕进战弥厉,敷围之数重,裕倚大树挺战。敷曰:“汝欲作何死!”拔戟将刺之,裕瞋目叱之,敷辟易。裕党俄至,射敷中额而踣[4],裕援刀直进。敷曰:“君有天命,以子孙为托。”裕斩之,厚抚其孤。裕以檀凭之所领兵配参军檀祗。祗,凭之之从子也。

玄闻二将死,大惧,召诸道术人推算及为厌胜。问群臣曰:“朕其败乎?”吏部郎曹靖之对曰:“民怨神怒,臣实惧焉。”玄曰:“民或可怨,神何为怒?”对曰:“晋氏宗庙,飘泊江滨[5],大楚之祭,上不及祖,此其所以怒也。”玄曰:“卿何不谏?”对曰:“辇上君子皆以为尧、舜之世,臣何敢言!”玄默然。使桓谦及游击将军何澹之屯东陵[6],侍中、后将军卞范之屯覆舟山西,众合二万。

己未,裕军食毕,悉弃其余粮,进至覆舟山东,使羸弱登山,张旗帜为疑兵,数道并前,布满山谷。玄侦候者还,云“裕军四塞,不知多少”。玄益忧恐,遣武卫将军庾赜之帅精卒副援诸军。谦等士卒多北府人,素畏伏裕,莫有斗志。裕与刘毅等分为数队,进突谦陈;裕以身先之,将士皆殊死战,无不一当百,呼声动天地。时东北风急,因纵火焚之,烟炎熛天[7],鼓噪之音震动京邑,谦等诸军大溃。

【注释】

①车骑:车骑将军。姚兴曾任命秃发傉檀为车骑将军,故此处以“车骑”相称。 ②“袁真”句:袁真杀朱宪,见本书卷第一百二晋海西公太和五年(370)。 ③罗落桥:桥名,在今江苏南京市东北长江南岸。 ④踣(bó 薄):跌倒。 ⑤“飘泊”句:晋氏宗庙神主,先是被迁到琅邪国,后又随晋安帝迁到寻阳,故称“飘泊江滨”。 ⑥东陵:地名,在今江苏南京市城区江北。 ⑦熛(biāo 彪):闪动。

玄时虽遣军拒裕,而走意已决,潜使领军将军殷仲文具舟于石头;闻谦等败,帅亲信数千人,声言赴战,遂将其子升、兄子濬出南掖门。遇前相国参军胡藩,执马鞚谏曰[1]:“今羽林射手犹有八百[2],皆是义故[3],西人受累世之恩,不驱令一战,一旦舍此,欲安之乎！”玄不对，但举策指天[④]；因鞭马而走，西趋石头，与仲文等浮江南走。经日不食，左右进粗饭，玄咽不能下，升抱其胸而抚之，玄悲不自胜。

裕入建康，王仲德抱元德子方回出候裕，裕于马上抱方回与仲德对哭；追赠元德给事中，以仲德为中兵参军。裕止桓谦故营，遣刘钟据东府。庚申，裕屯石头城，立留台百官，焚桓温神主于宣阳门外，造晋新主，纳于太庙。遣诸将追玄，尚书王嘏帅百官奉迎乘舆，诛玄宗族在建康者。裕使臧熹入宫，收图书、器物，封闭府库；有金饰乐器，裕问熹："卿得无欲此乎？"熹正色曰："皇上幽逼，播越非所，将军首建大义，劬劳王家，虽复不肖，实无情于乐。"裕笑曰："聊以戏卿耳。"熹，焘之弟也。

壬戌，玄司徒王谧与众议推裕领扬州，裕固辞。乃以谧为侍中，领司徒、扬州刺史、录尚书事，谧推裕为使持节、都督扬、徐、兖、豫、青、冀、幽、并八州诸军事、徐州刺史，刘毅为青州刺史，何无忌为琅邪内史，孟昶为丹杨尹，刘道规为义昌太守。

裕始至建康，诸大处分皆委之于刘穆之，仓猝立定，无不允惬。裕遂托以腹心，动止谘焉；穆之亦竭节尽诚，无所遗隐。时晋政宽弛，纲纪不立，豪族陵纵，小民穷蹙，重以司马元显政令违舛，桓玄虽欲厘整，而科条繁密，众莫之从。穆之斟酌时宜，随方矫正；裕以身范物，先以威禁，内外百官皆肃然奉职，不盈旬日，风俗顿改。

初，诸葛长民至豫州，失期，不得发。刁逵执长民，槛车送桓玄。至当利而玄败[⑤]，送人共破槛出长民，还趣历阳。逵弃城走，为其下所执，斩于石头，子侄无少长皆死，唯赦其季弟给事中骋。逵故吏匿其弟子雍送洛阳，秦王兴以为太子中庶子。裕以魏咏之为豫州刺史，镇历阳，诸葛长民为宣城内史。

初，裕名微位薄，轻狡无行，盛流皆不与相知[⑥]，惟王谧独奇贵之，谓裕曰："卿当为一代英雄。"裕尝与刁逵樗蒲，不时输直，逵缚之马枊[⑦]。谧见之，责逵而释之，代之还直。由是裕深憾逵而德谧。

萧方等曰[⑧]：夫蛟龙潜伏，鱼虾亵之。是以汉高赦雍齿[⑨]，魏武免梁鹄[10]，安可以布衣之嫌而成万乘之隙也？今王谧为公，刁逵亡族，酬恩报怨，何其狭哉！

【注释】

①鞚(kòng 控)：马笼头。 ②羽林：皇帝卫队的名称。 ③义故：受有恩惠的故旧。 ④"但举"句：桓玄举策指天，表示"上天亡我"之意。 ⑤当利：渡口名，在今安徽和县东，为当利水入江之口。 ⑥盛流：名流。 ⑦枊(àng 盎)：拴马桩。 ⑧萧方等(528—549)：南朝史学家。字实相，南兰陵(今江苏常州市武进区西北)人，梁元帝(萧绎)长子。曾注范晔《后汉书》，未完成。著有《三十国春秋》。 ⑨"是以"句：汉高祖刘邦不计较旧日怨仇而赦免雍齿，详见本书卷第十二汉高帝十一年(前196)。 ⑩"魏武"句：东汉灵帝时，梁鹄为选部尚书，曹操想当洛阳令，梁鹄却任命他为北部尉。董卓之乱时，梁鹄投奔刘表，曹操破荆州，梁鹄心中恐惧，双手反绑到曹操那里认罪，曹操不记仇，把他安置在秘书省，以勤书自效。

尚书左仆射王愉及子荆州刺史绥谋袭裕，事泄，族诛；绥弟子慧龙为僧彬所匿[1]，得免。

魏以中土萧条，诏县户不满百者罢之。

丁卯，刘裕还镇东府。

桓玄至寻阳，郭昶之给其器用、兵力。辛未，玄逼帝西上，刘毅帅何无忌、刘道规等诸军追之。玄留龙骧将军何澹之、前将军郭铨与郭昶之守湓口。玄于道自作《起居注》[2]，叙讨刘裕事，自谓经略举无遗策，诸军违节度，以致奔败。专覃思著述，不暇与群下议时事。《起居注》既成，宣示远近。

丙戌，刘裕称受帝密诏，以武陵王遵承制总百官行事，加侍中、大将军，因大赦，惟桓玄一族不宥。

刘敬宣、高雅之结青州大姓及鲜卑豪帅谋杀南燕王备德，推司马休之为主。备德以刘轨为司空，甚宠信之。雅之欲邀轨同谋，敬宣曰："刘公衰老，有安齐之志[3]，不可告也。"雅之卒告之，轨不从。谋颇泄，敬宣等南走，南燕人收轨，杀之，追及雅之，又杀之。敬宣、休之至淮、泗间，闻桓玄败，遂来归，刘裕以敬宣为晋陵太守。

南燕主备德闻桓玄败，命北地王钟等将兵欲取江南，会备德有疾而止。

夏，四月，己丑，武陵王遵入居东宫，内外毕敬；迁除百官称制书，教称令书[④]。以司马休之监荆、益、梁、宁、秦、雍六州诸军事，领荆州刺史。

庚寅，桓玄挟帝至江陵，桓石康纳之。玄更署置百官，以卞范之为尚书仆射。自以奔败之后，恐威令不行，乃更增峻刑罚，众益离怨。殷仲文谏，玄怒曰："今以诸将失律，天文不利，故还都旧楚；而群小纷纷，妄兴异议，方当纠之以猛，未可施之以宽也。"荆、江诸郡闻玄播越，有上表奔问起居者，玄皆不受，更令所在贺迁新都。

初，王谧为玄佐命元臣，玄之受禅，谧手解帝玺绶，及玄败，众谓谧宜诛，刘裕特保全之。刘毅尝因朝会，问谧玺绶所在。谧内不自安，逃奔曲阿[⑤]。裕笺白武陵王，迎还复位。

【注释】

①僧彬：和尚名。　②《起居注》：史学分类名目之一，专门记录帝王的言行。西汉武帝时，有《禁中起居注》，东汉明帝时，马皇后撰有《明帝起居注》。魏晋以后，各朝皇帝都有起居注的修撰。　③安齐之志：安居于齐地的志向。南燕地处春秋战国时的齐国领域，此处是以从前的齐国指代当时的南燕。　④"迁除"句：武陵王司马遵称"制书""令书"，意在同皇帝的诏书加以区别。　⑤曲阿：县名，治今江苏丹阳市。

桓玄兄子歆引氐帅杨秋寇历阳，魏咏之帅诸葛长民、刘敬宣、刘钟共击破之，斩杨秋于练固[①]。

玄使武卫将军庾稚祖、江夏太守桓道恭帅数千人就何澹之等共守湓口。何无忌、刘道规至桑落洲[②]，庚戌，澹之等引舟师逆战。澹之常所乘舫[③]，羽仪旗帜甚盛。无忌曰："贼帅必不居此，欲诈我耳，宜亟攻之。"众曰："澹之不在其中，得之无益。"无忌曰："今众寡不敌，战无全胜，澹之既不居此舫，战士必弱，我以劲兵攻之，必得之，得之，则彼势沮而我气倍，因而薄之，破贼必矣。"道规曰：

"善。"遂往攻而得之,因传呼曰:"已得何澹之矣!"澹之军中惊扰,无忌之众亦以为然,乘胜进攻澹之等,大破之。无忌等克湓口,进据寻阳,遣使奉送宗庙主祏还京师[4]。加刘裕都督江州诸军事。

桑落之战,胡藩所乘舰为官军所烧,藩全铠入水,潜行三十许步,乃得登岸。时江陵路已绝,乃还豫章。刘裕素闻藩为人忠直,引参领军军事。

桓玄收集荆州兵,曾未三旬,有众二万,楼船、器械甚盛。甲寅,玄复帅诸军挟帝东下,以苻宏领梁州刺史,为前锋;又使散骑常侍徐放先行,说刘裕等曰:"若能旋军散甲,当与之更始,各授位任,令不失分。"

刘裕以诸葛长民都督淮北诸军事,镇山阳;以刘敬宣为江州刺史。

柔然可汗社仑从弟悦代大那谋杀社仑[5],不克,奔魏。

燕王熙于龙腾苑起逍遥宫,连房数百,凿曲光海,盛夏,士卒不得休息,暍死者太半[6]。

西凉世子谭卒。

【注释】

①练固:地名,在今安徽和县西北。　②桑落洲:地名,在今江西九江市东北长江中。　③舫(fǎng 仿):船。　④祏(shí 石):宗庙中放置牌位的石匣。　⑤那(nà 呐):与"那"同。　⑥暍(yē 椰):中暑。

刘毅、何无忌、刘道规、下邳太守平昌孟怀玉帅众自寻阳西上,五月,癸酉,与桓玄遇于峥嵘洲[1],毅等兵不满万人,而玄战士数万,众惮之,欲退还寻阳。道规曰:"不可!彼众我寡,强弱异势,今若畏懦不进,必为所乘,虽至寻阳,岂能自固!玄虽窃名雄豪,内实恇怯[2];加之已经奔败,众无固心。决机两阵,将雄者克,不在众也。"因麾众先进,毅等从之。玄常漾舸于舫侧以备败走,由是众莫有斗心。毅等乘风纵火,尽锐争先,玄众大溃,烧辎重夜遁。郭铨诣毅降。

玄故将刘统、冯稚等聚党四百人袭破寻阳城。毅遣建威将军刘怀肃讨平之。怀肃,怀敬之弟也。

玄挟帝单舸西走，留永安何皇后及王皇后于巴陵。殷仲文时在玄舰，求出别船收集散卒，因叛玄，奉二后奔夏口，遂还建康。

己卯，玄与帝入江陵。冯该劝使更下战，玄不从；欲奔汉中就桓希[3]，而人情乖沮，号令不行。庚辰，夜中，处分欲发，城内已乱，乃与亲近腹心百余人乘马出城西走。至城门，左右于暗中斫玄，不中，其徒更相杀害，前后交横。玄仅得至船，左右分散，惟卞范之在侧。

辛巳，荆州别驾王康产奉帝入南郡府舍，太守王腾之帅文武为侍卫。

玄将之汉中；屯骑校尉毛修之，璩之弟子也，诱玄入蜀，玄从之。宁州刺史毛璠，璩之弟也，卒于官。璩使其兄孙祐之及参军费恬帅数百人送璠丧归江陵，壬午，遇玄于枚回洲[4]。祐之、恬迎击玄，矢下如雨，玄嬖人丁仙期、万盖等以身蔽玄，皆死。益州督护汉嘉冯迁抽刀，前欲击玄，玄拔头上玉导与之[5]，曰："汝何人，敢杀天子？"迁曰："我杀天子之贼耳！"遂斩之，又斩桓石康、桓濬、庾赜之，执桓升送江陵，斩于市。乘舆返正于江陵，以毛修之为骁骑将军。甲申，大赦，诸以畏逼从逆者一无所问。戊寅，奉神主于太庙。刘毅等传送玄首，枭于大桁。

【注释】

①峥嵘洲：地名，在今湖北黄冈市西北长江中。 ②恇（kuāng 匡）：害怕；惊慌。 ③"欲奔"句：桓希其时为梁州刺史。 ④枚回洲：地名，在今湖北荆州市西南长江中。 ⑤玉导：魏晋以来，寇帻有簪、有导。导的用途是引发入冠帻之内，地位尊贵者导以玉为质料。

毅等既战胜，以为大事已定，不急追蹑，又遇风，船未能进，玄死几一旬，诸军犹未至。时桓谦匿于沮中[1]，扬武将军桓振匿于华容浦[2]，玄故将王稚徽戍巴陵，遣人报振云："桓歆已克京邑，冯稚复克寻阳，刘毅诸军并中路败退。"振大喜，聚党得二百人，袭江陵，桓谦亦聚众应之。闰月，己丑，复陷江陵，杀王康产、王腾之。振见帝于行宫，跃马奋戈，直至阶下，问桓升所在。闻其已死，瞋目谓帝曰："臣门户何负国家，而屠灭若是！"琅邪王德文下床谓曰："此岂我兄弟意邪！"振欲杀帝，谦苦禁之，乃下马，敛容致拜而出。壬辰，振为玄举哀，立丧庭，谥曰武悼皇帝。

癸巳，谦等帅群臣奉玺绶于帝曰："主上法尧禅舜，今楚祚不终，百姓之心复归于晋矣。"以琅邪王德文领徐州刺史，振为都督八州诸军事、荆州刺史，谦复为侍中、卫将军，加江、豫二州刺史，帝侍御左右，皆振之腹心。

振少薄行，玄不以子侄齿之。至是，叹曰："公昔不早用我，遂致此败。若使公在，我为前锋，天下不足定也。今独作此，安归乎？"遂纵意酒色，肆行诛杀。谦劝振引兵下战，己守江陵，振素轻谦，不从其言。

刘毅至巴陵，诛王稚徽。何无忌、刘道规进攻桓谦于马头③，桓蔚于龙泉④，皆破之。蔚，祕之子也。

无忌欲乘胜直趣江陵，道规曰："兵法屈申有时，不可苟进。诸桓世居西楚，群小皆为竭力；振勇冠三军，难与争锋。且可息兵养锐，徐以计策縻之，不忧不克。"无忌不从。振逆战于灵溪⑤，冯该以兵会之，无忌等大败，死者千余人。退还寻阳，与刘毅等上笺请罪。刘裕以毅节度诸军，免其青州刺史。桓振以桓蔚为雍州刺史，镇襄阳。

柳约之、罗述、甄季之闻桓玄死，自白帝进军至枝江⑥，闻何无忌等败于灵溪，亦引兵退。俄而述、季之皆病，约之诣桓振伪降，欲谋袭振，事泄，振杀之。约之司马时延祖、涪陵太守文处茂收其余众，保涪陵。

六月，毛璩遣将攻汉中，斩桓希，璩自领梁州。

【注释】

①沮中：地名，即今湖北南漳县、宜城市蛮河流域一带。一说指今湖北沮河上游地区。 ②华容浦：地名，在今湖北监利市北。 ③马头：城名，在今湖北公安县西北，北与荆州市隔江相望。 ④龙泉：地名，在今湖北荆州市北。 ⑤灵溪：地名，在今湖北荆州市西。 ⑥枝江：县名，治今湖北枝江市西南。

秋，七月，戊申，永安皇后何氏崩。

燕苻昭仪有疾,龙城人王荣自言能疗之。昭仪卒,燕王熙立荣于公车门[①],支解而焚之。

八月,癸酉,葬穆章皇后于永平陵。

魏置六谒官,准古六卿。

九月,刁骋谋反,伏诛,刁氏遂亡。刁氏素富,奴客纵横,专固山泽,为京口之患。刘裕散其资蓄,令民称力而取之,弥日不尽;时州郡饥弊,民赖之以济。

乞伏乾归及杨盛战于竹岭[②],为盛所败。

西凉公暠立子歆为世子。

魏主珪临昭阳殿改补百官,引朝臣文武,亲加铨择,随才授任。列爵四等:王封大郡,公封小郡,侯封大县,伯封小县。其品第一至第四,旧臣有功无爵者追封之,宗室疏远及异姓袭封者降爵有差。又置散官五等[③],其品第五至第九;文官造士才能秀异、武官堪为将帅者[④],其品亦比第五至第九;百官有阙,则取于其中以补之。其官名多不用汉、魏之旧,仿上古龙官、鸟官[⑤],谓诸曹之使为凫鸭,取其飞之迅疾也;谓候官伺察者为白鹭,取其延颈远望也;余皆类此。

卢循寇南海,攻番禺。广州刺史濮阳吴隐之拒守百余日,冬,十月,壬戌,循夜袭城而陷之,烧府舍、民室俱尽,执吴隐之。循自称平南将军,摄广州事,聚烧骨为共冢,葬于洲上,得髑髅三万余枚。又使徐道覆攻始兴,执始兴相阮腆之。

刘裕领青州刺史。

刘敬宣在寻阳,聚粮缮船,未尝无备,故何无忌等虽败退,赖以复振。桓玄兄子亮自称江州刺史,寇豫章,敬宣击破之。

北魏铜印

刘毅、何无忌、刘道规复自寻阳西上，至夏口。桓振遣镇东将军冯该守东岸，扬武将军孟山图据鲁山城⑥，辅国将军桓仙客守偃月垒⑦，众合万人，水陆相援。毅攻鲁山城，道规攻偃月垒，无忌遏中流，自辰至午，二城俱溃，生禽山图、仙客，该走石城⑧。

辛巳，魏大赦，改元天赐。筑西宫。十一月，魏主珪如西宫，命宗室置宗师，八国置大师、小师，州郡亦各置师，以辨宗党，举才行，如魏、晋中正之职。

燕王熙与苻后游畋，北登白鹿山⑨，东逾青岭⑩，南临沧海而还⑪，士卒为虎狼所杀及冻死者五千余人。

十二月，刘毅等进克巴陵。毅号令严整，所过百姓安悦。刘裕复以毅为兖州刺史。

桓振以桓放之为益州刺史，屯西陵；文处茂击破之，放之走还江陵。

高句丽侵燕。

戊辰，魏主珪如豺山宫。

是岁，晋民避乱，襁负之淮北者道路相属。

【注释】

①公车门：皇宫的外门。凡出入宫禁的，到此都下车步行。又称司马门。 ②竹岭：地名，在今甘肃天水市西南。 ③散官：有官名而无固定职事的官，如特进、光禄大夫之类。 ④造士：学而有成之士。 ⑤龙官：相传太昊伏羲氏时，有龙瑞，故以龙命官，称龙官。如春官称为青龙，夏官称为赤龙，秋官称为白龙，冬官称为黑龙，中官称为黄龙。鸟官：相传少昊氏时以鸟名官，称鸟官。如管历法的历正称为凤鸟，管开门的司启称为青鸟，等等。 ⑥鲁山城：城名，在今湖北武汉市汉阳区东北隅。⑦偃月垒：城名，又称却月城，在今湖北武汉市汉口。 ⑧石城：城名，在今湖北钟祥市。 ⑨白鹿山：山名，即今辽宁小凌河源松岭。 ⑩青岭：山名，一名青陉，在今河北迁安市北。 ⑪“南临”句：沧海，在今河北滦州市西南。

资治通鉴卷第一百一十四

晋纪三十六 起旃蒙大荒落，尽著雍涒滩，凡四年。

安皇帝己

义熙元年 春，正月，南阳太守扶风鲁宗之起兵袭襄阳，桓蔚走江陵。己丑，刘毅等诸军至马头。桓振挟帝出屯江津[①]，遣使求割江、荆二州，奉送天子；毅等不许。辛卯，宗之击破振将温楷于柞溪[②]，进屯纪南[③]。振留桓谦、冯该守江陵，引兵与宗之战，大破之。刘毅等击破冯该于豫章口[④]，桓谦弃城走。毅等入江陵，执卞范之等，斩之。桓振还，望见火起，知城已陷，其众皆溃，振逃于涢川[⑤]。

乙未，诏大处分悉委冠军将军刘毅。

戊戌，大赦，改元，惟桓氏不原；以桓冲忠于王室，特宥其孙胤。以鲁宗之为雍州刺史，毛璩为征西将军、都督益、梁、秦、凉、宁五州诸军事，璩弟瑾为梁、秦二州刺史，瑗为宁州刺史。刘怀肃追斩冯该于石城，桓谦、桓怡、桓蔚、桓谧、何澹之、温楷皆奔秦。怡，弘之弟也。

燕王熙伐高句丽。戊申，攻辽东；城且陷，熙命将士："毋得先登，俟刬平其城[⑥]，朕与皇后乘辇而入。"由是城中得严备，不克而还。

秦王兴以鸠摩罗什为国师，奉之如神，亲帅群臣及沙门听罗什讲佛经，又命罗什翻译西域《经》《论》三百余卷，大营塔寺，沙门坐禅者常以千数[7]。公卿以下皆奉佛，由是州郡化之，事佛者十室而九。

乞伏乾归击吐谷浑大孩，大破之，俘万余口而还；大孩走死胡园[8]。视罴世子树洛干帅其余众数千家奔莫何川[9]，自称车骑大将军、大单于、吐谷浑王。树洛干轻徭薄赋，信赏必罚，吐谷浑复兴，沙、漒诸戎皆附之[10]。

西凉公暠自称大将军、大都督、领秦、凉二州牧，大赦，改元建初，遣舍人黄始梁兴间行奉表诣建康。

二月，丁巳，留台备法驾迎帝于江陵，刘毅、刘道规留屯夏口，何无忌奉帝东还。

初，毛璩闻桓振陷江陵，帅众三万顺流东下，将讨之，使其弟西夷校尉瑾、蜀郡太守瑗出外水[11]，参军巴西谯纵、侯晖出涪水[12]。蜀人不乐远征，晖至五城水口[13]，与巴西阳昧谋作乱[14]。纵为人和谨，蜀人爱之，晖、昧共逼纵为主。纵不可，走投于水；引出，以兵逼纵登舆。纵又投地，叩头固辞，晖缚纵于舆。还，袭毛瑾于涪城，杀之，推纵为梁、秦二州刺史。璩至略城[15]，闻变，奔还成都，遣参军王琼将兵讨之，为纵弟明子所败，死者什八九。益州营户李腾开城纳纵兵[16]，杀璩及弟瑗，灭其家。纵称成都王，以从弟洪为益州刺史，以明子为巴州刺史，屯白帝。于是蜀大乱，汉中空虚，氐王杨盛遣其兄子平南将军抚据之。

癸亥，魏主珪还自豺山，罢尚书三十六曹[17]。

【注释】

①江津：地名，在今湖北荆州市东南。　②柞溪：河流名，源自今湖北荆州市北，东流至潜江市西入扬夏水，今堙。　③纪南：城名，在今湖北荆州市西北。　④豫章口：地名，在今湖北荆州市东南，即古夏水通长江之口。　⑤涢川：河流名，即今湖北涢水。　⑥刬（chǎn 产）：铲平。⑦坐禅：僧尼佛教徒修行的功课，每天在一定时间静坐，排除一切杂念，使心神恬静自在。　⑧胡园：地名，《晋书·吐谷浑传》作“胡国”，似更近史实。　⑨莫何川：地名，在西倾山东北。西倾山，又称嵹台山、西强山，在今青海东部、甘肃西南部。　⑩沙、漒：即沙州（今青海贵德县、贵南县一带，因该地西有黄沙、草木不生而得名）、漒川（今洮河流域）。

⑪外水：河流名，即今四川成都市府河及其下游岷江。 ⑫涪水：河流名，即今四川嘉陵江支流涪江。 ⑬五城水口：地名，在今四川中江县东南。 ⑭眛（mò 莫）：日中不明，此处为人名用字。 ⑮略城：城名，在今四川盐亭县。 ⑯营户：由军队管辖、世代担负常年性兵役的民户。⑰"罢尚书"句：魏国设置尚书三十六曹，见本书卷第一百九晋安帝隆安元年（397）。

三月，桓振自郧城袭江陵[①]，荆州刺史司马休之战败，奔襄阳，振自称荆州刺史。建威将军刘怀肃自云杜引兵驰赴[②]，与振战于沙桥[③]，刘毅遣广武将军唐兴助之，临陈斩振，复取江陵。

甲午，帝至建康。乙未，百官诣阙请罪，诏令复职。

尚书殷仲文以朝廷音乐未备，言于刘裕，请治之。裕曰："今日不暇给，且性所不解。"仲文曰："好之自解。"裕曰："正以解则好之，故不习耳[④]。"

庚子，以琅邪王德文为大司马，武陵王遵为太保，刘裕为侍中、车骑将军、都督中外诸军事，徐、青二州刺史如故，刘毅为左将军，何无忌为右将军、督豫州、扬州五郡军事、豫州刺史，刘道规为辅国将军、督淮北诸军事、并州刺史，魏咏之为征虏将军、吴国内史。裕固让不受；加录尚书事，又不受，屡请归藩。诏百官敦劝，帝亲幸其第；裕惶惧，复诣阙陈请，乃听归藩。以魏咏之为荆州刺史，代司马休之。

初，刘毅尝为刘敬宣宁朔参军[⑤]，时人或以雄杰许之。敬宣曰："夫非常之才自有调度，岂得便谓此君为人豪邪！此君之性，外宽而内忌，自伐而尚人，若一旦遭遇，亦当以陵上取祸耳。"毅闻而恨之。及敬宣为江州，辞以无功，不宜授任先于毅等，裕不许。毅使人言于裕曰："刘敬宣不豫建义。猛将劳臣，方须叙报，如敬宣之比，宜令在后。若使君不忘平生[⑥]，正可为员外常侍耳。闻已授郡，实为过优；寻复为江州，尤用骇惋。"敬宣愈不自安，自表解职，乃召还为宣城内史。

夏，四月，刘裕旋镇京口，改授都督荆、司等十六州诸军事，加领兖州刺史。

卢循遣使贡献。时朝廷新定，未暇征讨；壬申，以循为广州刺史，徐道覆为始兴相。循遗刘裕益智粽[7]，裕报以续命汤[8]。

循以前琅邪内史王诞为平南长史。诞说循曰："诞本非戎旅，在此无用；素为刘镇军所厚[9]，若得北归，必蒙寄任，公私际会，仰答厚恩。"循甚然之。刘裕与循书，令遣吴隐之还，循不从。诞复说循曰："将军今留吴公，公私非计。孙伯符岂不欲留华子鱼邪[10]？但以一境不容二君耳。"于是循遣隐之与诞俱还。

【注释】

①郧城：城名，在今湖北安陆市。　②云杜：县名，治今湖北京山市。③沙桥：地名，在今湖北荆州市北。　④"正以"二句：刘裕这段话的含义是说，懂了音乐会荒废正业，所以不学音乐。　⑤"刘毅"句：刘敬宣担任宁朔将军时，刘毅做刘敬宣的参军。　⑥"若使君"句：刘裕曾参刘牢之军事，牢之父子一向厚待刘裕，刘毅遂有刘裕"不忘平生"之说。⑦益智粽：用益智拌合米所做的粽子。益智，植物名。《艺文类聚》第八十七卷引晋朝顾徽《广州记》说："益智……一枝有十子，子肉白滑，四破去之，取外皮蜜煮为粽，味辛。"　⑧续命汤：汤羹名。卢循送"益智粽"给刘裕，内含侮辱之意，刘裕遂送"延续生命"的汤羹作为回报。　⑨刘镇军：指刘裕。裕其时担任镇军将军，故有此称。　⑩"孙伯符"句：孙伯符，即东汉末年的孙策；华子鱼，即华歆。汉献帝建安四年（199），华歆被任命为豫章太守。时孙策略地江东，歆以豫章归孙策。孙策死后，曹操表召华歆。孙权不欲让华歆应召，华歆表示愿为孙权结好曹操而尽力，孙权于是高兴地送华歆前往许昌。

初，南燕主备德仕秦为张掖太守[1]，其兄纳与母公孙氏居于张掖。备德之从秦王坚寇淮南也[2]，留金刀与其母别。备德与燕王垂举兵于山东，张掖太守苻昌收纳及备德诸子，皆诛之，公孙氏以老获免，纳妻段氏方娠，未决。狱掾呼延平，备德之故吏也，窃以公孙氏及段氏逃于羌中。段氏生子超，十岁而公孙氏病，临卒，以金刀授超曰："汝得东归，当以此刀还汝叔也。"呼延平又以超母子奔凉。及吕隆降秦，超随凉州民徙长安[3]。平卒，段氏为超娶其女为妇。

超恐为秦人所录，乃阳狂行乞；秦人贱之，惟东平公绍见而异之，言于秦王兴曰："慕容超姿干瑰伟[④]，殆非真狂，愿微加官爵以縻之。"兴召见，与语，超故为谬对，或问而不答。兴谓绍曰："谚云'妍皮不裹痴骨[⑤]'，徒妄语耳。"乃罢遣之。

备德闻纳有遗腹子在秦[⑥]，遣济阴人吴辩往视之，辩因乡人宗正谦卖卜在长安[⑦]，以告超。超不敢告其母妻，潜与谦变姓名逃归南燕。行至梁父，镇南长史悦寿以告兖州刺史慕容法。法曰："昔汉有卜者诈称卫太子[⑧]，今安知非此类也！"不礼之。超由是与法有隙。

备德闻超至，大喜，遣骑三百迎之。超至广固，以金刀献于备德；备德恸哭，悲不自胜。封超为北海王，拜侍中、骠骑大将军、司隶校尉、开府，妙选时贤，为之僚佐。备德无子，欲以超为嗣。超入则侍奉尽欢，出则倾身下士，由是内外誉望翕然归之。

五月，桂阳太守章武王秀及益州刺史司马轨之谋反，伏诛。秀妻，桓振之妹也，故自疑而反。

桓玄余党桓亮、苻宏等拥众寇乱郡县者以十数，刘毅、刘道规、檀祇等分兵讨灭之，荆、湘、江、豫皆平。诏以毅为都督淮南等五郡军事、豫州刺史，何无忌为都督江东五郡军事、会稽内史。

北青州刺史刘该反，引魏为援，清河、阳平二郡太守孙全聚众应之。六月，魏豫州刺史索度真、大将斛斯兰寇徐州[⑨]，围彭城。刘裕遣其弟南彭城内史道怜、东海太守孟龙符将兵救之，斩该及全，魏兵败走。龙符，怀玉之弟也。

秦陇西公硕德伐仇池，屡破杨盛兵；将军敛俱攻汉中，拔成固，徙流民三千余家于关中。秋，七月，杨盛请降于秦。秦以盛为都督益、宁二州诸军事、征南大将军、益州牧。

刘裕遣使求和于秦，且求南乡等诸郡，秦王兴许之。群臣咸以为不可。兴曰："天下之善一也。刘裕拔起细微，能讨诛桓玄，兴复晋室，内厘庶政，外修封疆，吾何惜数郡，不以成其美乎？"遂割南乡、顺阳、新野、舞阴等十二郡归于晋[⑩]。

八月，燕辽西太守邵颜有罪，亡命为盗；九月，中常侍郭仲讨斩之。

【注释】

①"南燕"句:慕容备德任前秦张掖太守事,见本书卷第一百二晋海西公太和五年(370)。 ②"备德"句:苻坚寇淮南,即苻坚大举伐晋,秦晋双方在淝水大战之事,详见本书卷第一百五晋孝武帝太元八年(383)。 ③"超随"句:秦徙凉州民众之事,见本书卷第一百一十三晋安帝元兴二年(403)。 ④瑰(guī 规)伟:魁伟。 ⑤妍(yán 研):美丽。 ⑥遗腹子:在父亲死后出生的儿子。 ⑦宗正:姓氏。 ⑧"昔汉"句:汉昭帝时,有占卜者冒充戾太子刘据之事,详见本书卷第二十三汉昭帝始元五年(前82)。 ⑨斛斯:鲜卑族姓氏。 ⑩"遂割"句:安帝隆安二年(398),淮、汉以北郡县多降于后秦。姚兴所割让的十二州,大约都在汉水以北。

汝水竭[①],南燕主备德恶之,俄而寝疾;北海王超请祷之,备德曰:"人主之命,短长在天,非汝水所能制也。"固请,不许。

戊午[②],备德引见群臣于东阳殿,议立超为太子。俄而地震,百官惊恐,备德亦不自安,还宫。是夜,疾笃,瞑不能言。段后大呼曰:"今召中书作诏立超,可乎?"备德开目颔之。乃立超为皇太子,大赦。备德寻卒。为十余棺,夜,分出四门,潜瘗山谷[③]。

己未[④],超即皇帝位,大赦,改元太上。尊段后为皇太后。以北地王钟都督中外诸军、录尚书事,慕容法为征南大将军、都督徐、兖、扬、南兖四州诸军事,加慕容镇开府仪同三司,以尚书令封孚为太尉,麴仲为司空,封嵩为尚书左仆射。癸亥[⑤],虚葬备德于东阳陵,谥曰献武皇帝,庙号世宗。

超引所亲公孙五楼为腹心。备德故大臣北地王钟、段宏等皆不自安,求补外职。超以钟为青州牧,宏为徐州刺史。公孙五楼为武卫将军,领屯骑校尉,内参政事。封孚谏曰:"臣闻亲不处外,羁不处内[⑥]。钟,国之宗臣,社稷所赖;宏,外戚懿望,百姓具瞻;正应参翼百揆,不宜远镇外方。今钟等出藩,五楼内辅,臣窃未安。"超不从。钟、宏心皆不平,相谓曰:"黄犬之皮,恐终补狐裘也[⑦]。"五楼闻而恨之。

魏咏之卒,江陵令罗修谋举兵袭江陵,奉王慧龙为主。刘裕以并州刺史刘道规为都督荆、宁等六州诸军事、荆州刺史。修不果发,奉慧龙奔秦。

乞伏乾归伐仇池,为杨盛所败。

西凉公暠与长史张邈谋徙都酒泉以逼沮渠蒙逊;以张体顺为建康太守,镇乐涫⑧,以宋繇为敦煌护军,与其子敦煌太守让镇敦煌,遂迁于酒泉。

暠手令戒诸子,以为:"从政者当审慎赏罚,勿任爱憎,近忠正,远佞谀,勿使左右窃弄威福。毁誉之来,当研核真伪;听讼折狱,必和颜任理,慎勿逆诈亿必⑨,轻加声色。务广咨询,勿自专用。吾莅事五年⑩,虽未能息民,然含垢匿瑕,朝为寇仇,夕委心膂,粗无负于新旧,事任公平,坦然无纇⑪,初不容怀,有所损益。计近则如不足,经远乃为有余,庶亦无愧前人也。"

十二月,燕王熙袭契丹。

【注释】

①汝水:河流名,出于齐国东安平(治今山东淄博市东北),向东北方向流至巨定(治今山东广饶县北)。 ②戊午:九月己卯朔,无戊午,疑此干支日前脱"十月"二字,如此,则戊午为十月初十。 ③瘗(yì易):掩埋;埋藏。 ④己未:九月己卯朔,无己未。 ⑤癸亥:九月己卯朔,无癸亥。 ⑥"臣闻"二句:语出《左传》昭公十一年申无宇谏楚灵王之言"亲不在外,羁不在内"。羁:从其他地方前来寄居的人。 ⑦"黄犬"二句:语出《史记·田敬仲完世家》,邹忌相齐,淳于髡对他说:"狐裘虽敝,不可补以黄狗之皮。"邹忌回答:"谨受令,请谨择君子,毋杂小人其间。"慕容钟、段宏引用这个典故,在于说明公孙五楼是个小人,终将乱国。 ⑧乐涫:县名,治今甘肃酒泉市东南。 ⑨逆诈亿必:语本《论语·宪问篇》"不逆诈,不亿不信"及《子罕篇》"毋意、毋必、毋固、毋我"。逆诈,预先猜疑别人存心欺诈之意。亿必,大意为主观臆度,事先作肯定判断。 ⑩莅(lì立):到,临。 ⑪纇(lèi类):缺点、毛病。

二年 春,正月,甲申,魏主珪如豺山宫。诸州置三刺史,郡置三太守,县置三令长;刺史、令长各之州县,太守虽置而未临民,功臣为州者皆征还京师,以爵归第。

益州刺史司马荣期击谯明子于白帝，破之。

燕王熙至陉北[①]，畏契丹之众，欲还，苻后不听；戊申[②]，遂弃辎重，轻兵袭高句丽。

南燕主超猜虐日甚，政出权幸，盘于游畋，封孚、韩䛖屡谏不听。超尝临轩谓孚曰："朕可方前世何主？"对曰："桀、纣。"超惭怒，孚徐步而出，不为改容。鞠仲谓孚曰："与天子言，何得如是！宜还谢。"孚曰："行年七十，惟求死所耳！"竟不谢。超以其时望，优容之。

桓玄之乱，河间王昙之子国璠、叔璠奔南燕，二月，甲戌，国璠等攻陷弋阳。

燕军行三千余里，士马疲冻，死者属路，攻高句丽木底城[③]，不克而还。夕阳公云伤于矢，且畏燕王熙之虐，遂以疾去官。

三月，庚子，魏主珪还平城；夏，四月，庚申，复如豺山宫；甲午[④]，还平城。

柔然社仑侵魏边。

五月，燕主宝之子博陵公虔、上党公昭，皆以嫌疑赐死。

六月，秦陇西公硕德自上邽入朝，秦王兴为之大赦；及归，送之至雍，乃还。兴事晋公绪及硕德皆如家人礼，车马、服玩，先奉二叔而自服其次，国家大政，皆咨而后行。

【注释】

①陉北：地名，指冷陉山以北。冷陉山，即今内蒙古巴林右旗西北坝后（一说即今内蒙古扎鲁特旗南奎屯山）。　②戊申：正月丁丑朔，无戊申。　③木底城：城名，在今辽宁新宾满族自治县西。　④甲午：四月丙午朔，无甲午。

秃发傉檀伐沮渠蒙逊，蒙逊婴城固守。傉檀至赤泉而还[①]，献马三千匹、羊三万口于秦。秦王兴以为忠，以傉檀为都督河右诸军事、车骑大将军、凉州刺史，镇姑臧，征王尚还长安。凉州人申屠英等遣主簿胡威诣长安请留尚，兴弗许。威见兴，流涕言曰："臣州奉戴王化，于兹五年[②]，土宇僻远，威灵不接，士民尝胆拉血[③]，共守孤城；仰恃陛下圣德，俯杖良牧仁政，克自保全，以至今日。陛下奈何乃以臣等贸马三千匹、羊三万口；贱人贵畜，无乃不可！若军国须马，直烦尚书一符，臣州三千余户，各输一马，朝下夕办，何难之有！昔汉武倾天下之资力，开拓河西，以断匈奴右臂。今陛下无故弃五郡之地忠良华族[④]，以资暴虏，岂惟臣州士民坠于涂炭，恐方为圣朝旰食之忧[⑤]。”兴悔之，使西平人车普驰止王尚，又遣使谕傉檀。会傉檀已帅步骑三万军于五涧[⑥]，普先以状告之；傉檀遽逼遣王尚；尚出自清阳门[⑦]，傉檀入自凉风门[⑧]。

别驾宗敞送尚还长安，傉檀谓敞曰：“吾得凉州三千余家，情之所寄，唯卿一人，奈何舍我去乎？”敞曰：“今送旧君，所以忠于殿下也。”傉檀曰：“吾新牧贵州，怀远安迩之略如何？”敞曰：“凉土虽弊，形胜之地。殿下惠抚其民，收其贤俊以建功名，其何求不获！”因荐本州文武名士十余人；傉檀嘉纳之。王尚至长安，兴以为尚书。

傉檀燕群臣于宣德堂，仰视叹曰：“古人有言：‘作者不居，居者不作’，信矣。”武威孟祎曰：“昔张文王始为此堂[⑨]，于今百年，十有二主矣[⑩]，惟履信思顺者可以久处。”傉檀善之。

北魏圈足铜鍑

魏主珪规度平城，欲拟邺、洛、长安，修广宫室。以济阳太守莫题有巧思，召见，与之商功[⑪]。题久侍稍怠，珪怒，赐死。题，含之孙也[⑫]。于是发八部五百里内男丁筑滏南宫，阙门高十余丈，穿沟池，广苑囿，规立外城，方二十里，分置市里，三十日罢。

秋，七月，魏太尉宜都丁公穆崇薨。

八月，秃发傉檀以兴城侯文支镇姑臧，自还乐都；虽受秦爵命，然其车服礼仪，皆如王者。

甲辰，魏主珪如豺山宫，遂之石漠[13]。九月，度漠北；癸巳，南还长川[14]。

刘裕闻谯纵反，遣龙骧将军毛修之将兵与司马荣期、文处茂、时延祖共讨之。修之至宕渠，荣期为其参军杨承祖所杀，承祖自称巴州刺史，修之退还白帝。

【注释】

①赤泉：地名，一名赤乌泉，在今甘肃武威市西南。 ②“于兹”句：晋安帝隆安五年(401)，吕隆降秦，至本年是第五年。 ③抆(wěn 稳)：擦。 ④五郡之地：指汉武帝时开始设置的武威、张掖、敦煌、酒泉、金城五郡。 ⑤旰(gàn 干)食：晚食，指事忙不能按时吃饭。 ⑥五涧：地名，在今甘肃武威市南。 ⑦清阳门：姑臧城东门。“清”，当作“青”。 ⑧凉风门：姑臧城南门。 ⑨张文王：指前凉王张骏。 ⑩十有二主：十二人依次为张骏、张重华、张曜灵、张祚、张玄靓、张天锡、梁熙、吕光、吕绍、吕纂、吕隆、王尚。 ⑪商功：《九章算术》篇名之一，内容是讲测量体积、计算用工的方法，这里引申为规划、计算之意。 ⑫“含之”句：莫含之事，见本书卷第八十九晋愍帝建兴三年(315)。 ⑬石漠：地名，指今内蒙古四子王旗和察哈尔右翼后旗北部一带。 ⑭长川：城名，在今内蒙古兴和县西北。

秃发傉檀求好于西凉，西凉公暠许之。

沮渠蒙逊袭酒泉，至安珍[1]。暠战败城守，蒙逊引还。

南燕公孙五楼欲擅朝权，谮北地王钟于南燕主超，请诛之。南燕主备德之卒也，慕容法不奔丧，超遣使让之；法惧，遂与钟及段宏谋反。超闻之，征钟；钟称疾不至，超收其党侍中慕容统等，杀之。征南司马卜珍告左仆射封嵩数与法往来，疑有奸，超收嵩下廷尉。太后惧，泣告超曰：“嵩数遣黄门令牟常说吾云：‘帝非太后所生，恐依永康故事[2]。’我妇人识浅，恐帝见杀，即以语法，法为谋见误，知复何言。”超乃车裂嵩。西中郎将封融奔魏。

超遣慕容镇攻青州，慕容昱攻徐州，右仆射济阳王凝及韩范攻兖州[3]。昱拔莒城，段宏奔魏。封融与群盗袭石塞城[4]，杀镇西大将军馀郁，国中振恐。济阳王凝谋杀韩范，袭广固，范知之，勒兵攻凝，凝奔梁父；范并将其众，攻梁父，克之。法出奔魏，凝出奔秦。慕容镇克青州，钟杀其妻子，为地道以出，与高都公始皆奔秦。秦以钟为始平太守，凝为侍中。

南燕主超好变更旧制，朝野多不悦；又欲复肉刑，增置烹轘之法[⑤]，众议不合而止。

冬，十月，封孚卒。

尚书论建义功，奏封刘裕豫章郡公，刘毅南平郡公，何无忌安成郡公，自余封赏有差。

梁州刺史刘稚反，刘毅遣将讨禽之。

庚申，魏主珪还平城。

乙亥[⑥]，以左将军孔安国为尚书左仆射。

十一月，秃发傉檀迁于姑臧。

乞伏乾归入朝于秦。

十二月，以何无忌为都督荆、江、豫三州八郡军事、江州刺史[⑦]。

是岁，桓石绥与司马国璠、陈袭聚众胡桃山为寇[⑧]，刘毅遣司马刘怀肃讨破之。石绥，石生之弟也。

【注释】

①安珍：县名，当作“安祢”，安祢治今甘肃酒泉市东。 ②永康故事：后燕永康元年(396)，慕容宝杀死母亲段后(不是生身母亲)，其事详见本书卷第一百八晋孝武帝太元二十一年(396)。 ③“超遣”三句：当时，青州刺史治东莱(在今山东莱州市)，徐州刺史治莒城(在今山东莒县)，兖州刺史治梁父(在今山东新泰市西)。 ④石塞城：城名，在今山东济南市长清区西南。 ⑤烹轘(huàn 患)之法：把人放到锅中煮死、用车撕裂人体的刑罚。 ⑥乙亥：十月癸卯朔，无乙亥。 ⑦八郡：大约为荆州的武昌、江州的寻阳、豫章、庐陵、临川、鄱阳、南康、豫州的晋熙等八郡。 ⑧胡桃山：山名，确址待考，大致上是在历阳郡(治今安徽和县)境内。

三年　春，正月，辛丑朔[①]，燕大赦，改元建始。

秦王兴以乞伏乾归浸强难制，留为主客尚书，以其世子炽磐行西夷校尉，监其部众。

二月，己酉，刘裕诣建康，固辞新所除官，欲诣廷尉；诏从其所守，裕乃还丹徒。

魏主珪立其子修为河间王，处文为长乐王，连为广平王，黎为京兆王。

殷仲文素有才望，自谓宜当朝政，悒悒不得志[②]；出为东阳太守，尤不乐。何无忌素慕其名；东阳，无忌所统[③]，仲文许便道修谒，无忌喜，钦迟之[④]。而仲文失志恍惚，遂不过府；无忌以为薄己，大怒。会南燕入寇，无忌言于刘裕曰："桓胤、殷仲文乃腹心之疾，北虏不足忧也。"闰月，刘裕府将骆冰谋作乱，事觉，裕斩之。因言冰与仲文、桓石松、曹靖之、卞承之、刘延祖潜相连结，谋立桓胤为主，皆族诛之。

燕王熙为其后苻氏起承华殿，负土于北门，土与谷同价。宿军典军杜静载棺诣阙极谏，熙斩之。

苻氏尝季夏思冻鱼[⑤]，仲冬须生地黄[⑥]，熙下有司切责不得而斩之。

夏，四月，癸丑[⑦]，苻氏卒，熙哭之懑绝[⑧]，久而复苏；丧之如父母，服斩衰[⑨]，食粥，命百官于宫内设位而哭，使人按检哭者，无泪则罪之，群臣皆含辛以为泪。高阳王妃张氏，熙之嫂也，美而有巧思，熙欲以为殉，乃毁其禭靴中得弊毡[⑩]，遂赐死。右仆射韦璆等皆恐为殉，沐浴俟命。公卿以下至兵民，户率营陵，费殚府藏。陵周围数里，熙谓监作者曰："善为之，朕将继往。"

丁酉，燕太后段氏去尊号，出居外宫。

氐王杨盛以平北将军苻宣为梁州督护，将兵入汉中，秦梁州别驾吕莹等起兵应之；刺史王敏攻之。莹等求援于盛，盛遣军临浕口[⑪]，敏退屯武兴[⑫]。盛复通于晋，晋以盛为都督陇右诸军事、征西大将军、开府仪同三司，盛因以宣行梁州刺史。

五月，丙戌[⑬]，燕尚书郎苻进谋反，诛。进，定之子也。

【注释】

①辛丑朔：正月壬申朔，无辛丑。二月朔日为辛丑，疑本段编排略有误差。 ②悒悒（yì 义）：忧愁不安。 ③"东阳"二句：何无忌都督浙江

东五郡，东阳属五郡之一。 ④迟（zhì 治）：等待。 ⑤"苻氏"句：季夏，农历六月；冻鱼，即鱼冻。六月时，煎鱼的汤汁因温度高不能冻结。 ⑥"仲冬"句：仲冬，农历十一月；地黄，药用植物，可治妇女病，新鲜的称生地黄，采摘其根、叶的时间为二月、八月。 ⑦癸丑：四月庚午朔，无癸丑。 ⑧懑（mèn 闷）：烦闷、愤慨。 ⑨斩衰（cuī 崔）：旧时五种丧服中最重的一种。用粗麻布制的丧服，左右和下边不缝。子、未嫁女对父母，媳对公婆，承重孙对祖父母，妻对夫，都服斩衰。 ⑩繸（suì 遂）靴：送丧时穿的靴子。 ⑪浕（jìn 尽）口：城名，又名白马城、阳平关、阳安关，即今陕西勉县（菜园子）西老勉县。 ⑫武兴：城名，即今陕西略阳县。 ⑬丙戌：五月己亥朔，无丙戌。

魏主珪北行至濡源[1]。

魏常山王遵以罪赐死。

初，魏主珪灭刘卫辰，其子勃勃奔秦[2]，秦高平公没弈干以女妻之。勃勃魁岸，美容仪，性辩慧，秦王兴见而奇之，与论军国大事，宠遇逾于勋旧。兴弟邕谏曰："勃勃不可近也。"兴曰："勃勃有济世之才，吾方与之平天下，奈何逆忌之！"乃以为安远将军，使助没弈干镇高平，以三城、朔方杂夷及卫辰部众三万配之[3]，使伺魏间隙。邕固争以为不可。兴曰："卿何以知其为人？"邕曰："勃勃奉上慢，御众残，贪猾不仁，轻为去就；宠之逾分，恐终为边患。"兴乃止；久之，竟以勃勃为安北将军、五原公，配以三交五部鲜卑及杂虏二万余落[4]，镇朔方。

魏主珪归所虏秦将唐小方于秦。秦王兴请归贺狄干，仍送良马千匹以赎狄伯支，珪许之[5]。

勃勃闻秦复与魏通而怒，乃谋叛秦。柔然可汗社仑献马八千匹于秦，至大城[6]，勃勃掠取之，悉集其众三万余人伪畋于高平川[7]，因袭杀没弈干而并其众。

勃勃自谓夏后氏之苗裔，六月，自称大夏天王、大单于，大赦，改元龙升，置百官。以其兄右地代为丞相，封代公；力俟提为大将军，封魏公；叱干阿利为御史大夫，封梁公；弟阿利罗引为司隶校尉，若门为尚书令，叱以鞬为左仆射，乙斗为右仆射。

贺狄干久在长安，常幽闭，因习读经史，举止如儒者。及还，魏主珪见其言语衣服皆类秦人，以为慕而效之，怒，并其弟归杀之。

秦王兴以太子泓录尚书事。

秋，七月，戊戌朔，日有食之。

汝南王遵之坐事死。遵之，亮之五世孙也。

【注释】

①濡源：地名，即今河北东北部滦河的上源。 ②"其子"句：刘勃勃投奔后秦，见本书卷第一百晋孝武帝太元十六年(391)。 ③三城：地名，在今陕西延安市东南。朔方：郡名，治今陕西子长市东南。 ④三交：城名，确址待考，一说在今陕西宝鸡市西，一说在今陕西绥德县境。⑤"秦王"二句：后秦扣留贺狄干，见本书卷第一百一十二晋安帝元兴元年(402)(狄伯支、唐小方被擒也在这一年)。 ⑥大城：县名，治今内蒙古伊金霍洛旗西。 ⑦高平川：河流名，又名苦水、葫芦川，即今宁夏黄河支流清水河。

癸亥，燕王熙葬其后苻氏于徽平陵，丧车高大，毁北门而出，熙被发徒跣[①]，步从二十余里。甲子，大赦。

初，中卫将军冯跋及弟侍御郎素弗皆得罪于熙，熙欲杀之，跋亡命山泽。熙赋役繁数，民不堪命；跋、素弗与其从弟万泥谋曰："吾辈还首无路[②]，不若因民之怨，共举大事，可以建公侯之业；事之不捷，死未晚也。"遂相与乘车，使妇人御，潜入龙城，匿于北部司马孙护之家。及熙出送葬，跋等与左卫将军张兴及苻进余党作乱。跋素与慕容云善，乃推云为主。云以疾辞，跋曰："河间淫虐[③]，人神共怒，此天亡之时也。公，高氏名家，何能为人养子[④]，而弃难得之运乎？"扶之而出。跋弟乳陈等帅众攻弘光门，鼓噪而进，禁卫皆散走；遂入宫授甲，闭门拒守。中黄门赵洛生走告于熙，熙曰："鼠盗何能为！朕当还诛之。"乃置后柩于南苑，收发贯甲，驰还赴难。夜，至龙城，攻北门，不克，宿于门外。乙丑，云即天王位，大赦，改元正始。

熙退入龙腾苑，尚方兵褚头逾城从熙，称营兵同心效顺，唯俟军至。熙闻之，惊走而出，左右莫敢迫。熙从沟下潜遁，良久，左右怪其不还，相与寻之，唯得衣冠，不知所适。中领军慕容拔谓中常侍郭仲曰："大事垂捷，而帝无故自惊，深可怪也。然城内企迟[⑤]，至必成功，不可稽留。吾当先往趣城，卿留待帝，得帝，速来；若帝未还，吾得如意安抚城中，徐迎未晚。"乃分将壮士二千余人登北城。将士谓熙至，皆投仗请降。既而熙久不至，拔兵无后继，众心疑惧，复下城赴苑，遂皆溃去。拔为城中人所杀。丙寅，熙微服匿于林中，为人所执，送于云，云数而杀之，并其诸子。云复姓高氏。

幽州刺史上庸公懿以令支降魏，魏以懿为平州牧、昌黎王。懿，评之孙也。

【注释】

①既(xiǎn 险)：光着脚。　②还首：自动返回去请罪。　③河间：指慕容熙，慕容熙登位前为河间王。　④"何能"句：慕容云本姓高，是高句丽的支庶，被慕容宝收为养子。详见本书卷第一百九晋安帝隆安元年(397)。　⑤企迟(zhì 治)：踮着脚跟等待。

魏主珪自濡源西如参合陂，乃还平城。

秃发傉檀复贰于秦，遣使邀乞伏炽磐，炽磐斩其使送长安。

南燕主超母妻犹在秦，超遣御史中丞封恺使于秦以请之。秦王兴曰："昔苻氏之败，太乐诸伎悉入于燕[①]。燕今称藩，送伎或送吴口千人[②]，所请乃可得也。"超与群臣议之，左仆射段晖曰："陛下嗣守社稷，不宜以私亲之故遂降尊号；且太乐先代遗音，不可与也，不如掠吴口与之。"尚书张华曰："侵掠邻国，兵连祸结，此既能往，彼亦能来，非国家之福也。陛下慈亲在人掌握，岂可靳惜虚名，不为之降屈乎！中书令韩范尝与秦王俱为苻氏太子舍人，若使之往，必得如志。"超从之，乃使韩范聘于秦，称藩奉表。

慕容凝言于兴曰："燕王得其母妻，不可复臣，宜先使送伎。"兴乃谓范曰："朕归燕王家属必矣；然今天时尚热，当俟秋凉。"八月，秦使员外散骑常侍韦宗聘于燕。超与群臣议见宗之礼，张华曰："陛下前既奉表，今宜北面受诏。"封逞曰："大燕七圣重光[③]，奈何一旦为竖子屈节!”超曰:“吾为太后屈,愿诸君勿复言!”遂北面受诏。

毛修之与汉嘉太守冯迁合兵击杨承祖,斩之。修之欲进讨谯纵,益州刺史鲍陋不可。修之上表言:“人之所以重生,实有生理可保。臣之情地,生涂已竭[4];所以借命朝露者[5],庶凭天威诛夷仇逆。今屡有可乘之机,而陋每违期不赴;臣虽效死寇庭,而救援理绝,将何以济!”刘裕乃表襄城太守刘敬宣帅众五千伐蜀,以刘道规为征蜀都督。

魏主珪如豺山宫。候官告[6]:“司空庾岳,服饰鲜丽,行止风采,拟则人君。”珪收岳,杀之。

北燕王云以冯跋为都督中外诸军事、开府仪同三司、录尚书事[7],冯万泥为尚书令,冯素弗为昌黎尹,冯弘为征东大将,孙护为尚书左仆射,张兴为辅国大将军。弘,跋之弟也。

九月,谯纵称藩于秦。

秃发傉檀将五万余人伐沮渠蒙逊,蒙逊与战于均石[8],大破之。蒙逊进攻西郡太守杨统于日勒[9],降之。

【注释】

①“昔苻氏”二句:苻氏,指前秦。太乐,职官名,掌管宫廷乐人及奏乐事务。前秦灭亡时,歌舞艺人为西燕所得;西燕灭亡,入于后燕,后燕都城中山陷落,歌舞艺人逃到邺城,又为南燕所得。　②吴口:吴地的人,代指东晋的民众。　③大燕七圣:指前燕建立以来的七个君主,即慕容廆、慕容皝、慕容儁、慕容暐、慕容垂、慕容德、慕容超。西燕及后燕的多数君主不在计算之列。　④“臣之”二句:毛修之的意思是说父亲毛瑾、伯父毛璩被蜀地人所杀,只求报仇,不求生路。　⑤朝露:早晨的露水。这里以露水的短暂比喻生命已不长久。　⑥候官:古代迎送宾客的官吏、负责斥候(侦察)敌情的军候、占卜吉凶的官吏,都称为候官。这里是指前一种官吏。　⑦“北燕”句:为了把高云之后的燕国同“后燕”相区别,史称高云之后的燕国为“北燕”。　⑧均石:地名,在今甘肃张掖市东。　⑨日勒:县名,治今甘肃永昌县西北。

冬十月,秦河州刺史彭奚念叛,降于秃发傉檀,秦以乞伏炽磐行河州刺史。

南燕主超使左仆射张华、给事中宗正元献太乐伎一百二十人于秦，秦王兴乃还超母妻，厚其资礼而遣之，超亲帅六宫迎于马耳关[①]。

夏王勃勃破鲜卑薛干等三部，降其众以万数，进攻秦三城已北诸戍，斩秦将杨丕、姚石生等。诸将皆曰："陛下欲经营关中，宜先固根本，使人心有所凭系。高平山川险固，土田饶沃，可以定都。"勃勃曰："卿知其一，未知其二。吾大业草创，士众未多，姚兴亦一时之雄，诸将用命，关中未可图也。我今专固一城，彼必并力于我，众非其敌，亡可立待。不如以骁骑风驰，出其不意，救前则击后，救后则击前，使彼疲于奔命，我则游食自若。不及十年，岭北、河东尽为我有[②]。待兴既死，嗣子暗弱，徐取长安，在吾计中矣。"于是侵掠岭北，岭北诸城门不昼启。兴乃叹曰："吾不用黄儿之言[③]，以至于此！"

勃勃求婚于秃发傉檀，傉檀不许。十一月，勃勃帅骑二万击傉檀，至于支阳[④]，杀伤万余人，驱掠二万七千余口、牛马羊数十万而还。傉檀帅众追之，焦朗曰："勃勃天姿雄健，御军严整，未可轻也。不如从温围北渡[⑤]，趣万斛堆[⑥]，阻水结营，扼其咽喉，百战百胜之术也。"傉檀将贺连怒曰："勃勃败亡之余，乌合之众，奈何避之，示之以弱，宜急追之！"傉檀从之。勃勃于阳武下峡凿凌埋车以塞路[⑦]，勒兵逆击傉檀，大破之，追奔八十余里，杀伤万计，名臣勇将死者什六七。傉檀与数骑奔南山[⑧]，几为追骑所得。勃勃积尸而封之，号曰髑髅台。勃勃又败秦将张佛生于青石原[⑨]，俘斩五千余人。

傉檀惧外寇之逼，徙三百里内民皆入姑臧；国人骇怨，屠各成七儿因之作乱，一夕聚众至数千人。殿中都尉张猛大言于众曰："主上阳武之败，盖恃众故也，责躬悔过，何损于明，而诸君遽从此小人为不义之事！殿中兵今至，祸在目前矣！"众闻之，皆散；七儿奔晏然[⑩]，追斩之。军咨祭酒梁裒、辅国司马边宪等谋反，傉檀皆杀之。

魏主珪还平城。

十二月，戊子，武冈文恭侯王谧薨。

是岁，西凉公暠以前表未报，复遣沙门法泉间行奉表诣建康。

【注释】

①马耳关：关隘名，在今山东济南市章丘区西南马耳山上。 ②岭北：地名，指九宗山以北。九宗山，在今陕西礼泉县东北。河东，指今山西西南部。 ③黄儿：姚兴的弟弟姚邕的小字。 ④支阳：县名，通常写作“枝阳”，治今甘肃永登县东南庄浪河东南。 ⑤温围：河流名，即今甘肃皋兰县附近黄河河段。 ⑥万斛堆：地名，在今甘肃皋兰县东北黄河北岸。 ⑦阳武下峡：地名，在今甘肃靖远县境黄河上。 ⑧南山：山名，在枝阳境内，枝阳见注④。 ⑨青石原：地名，又名青石岸、青石岭，在今甘肃泾川县西北。 ⑩晏然：县名，治今甘肃武威市西北。

四年 春，正月，甲辰，以琅邪王德文领司徒。

刘毅等不欲刘裕入辅政，议以中领军谢混为扬州刺史；或欲令裕于丹徒领扬州，以内事付孟昶。遣尚书右丞皮沈以二议咨裕，沈先见裕记室录事参军刘穆之，具道朝议。穆之伪起如厕，密疏白裕曰：“皮沈之言不可从。”裕既见沈，且令出外，呼穆之问之。穆之曰：“晋朝失政日久，天命已移。公兴复皇祚，勋高位重，今日形势，岂得居谦，遂为守藩之将耶！刘、孟诸公，与公俱起布衣，共立大义以取富贵，事有先后，故一时相推，非为委体心服，宿定臣主之分也；力敌势均，终相吞噬。扬州根本所系，不可假人。前者以授王谧，事出权道[①]；今若复以他授，便应受制于人。一失权柄，无由可得，将来之危，难可熟念。今朝议如此，宜相酬答，必云在我，措辞又难，唯应云：‘神州治本，宰辅崇要，此事既大，非可悬论，便暂入朝[②]，共尽同异。’公至京邑，彼必不敢越公更授余人明矣。”裕从之。朝廷乃征裕为侍中、车骑将军、开府仪同三司、扬州刺史、录尚书事，徐、兖二州刺史如故。裕表解兖州，以诸葛长民为青州刺史，镇丹徒，刘道怜为并州刺史，戍石头。

庚申，武陵忠敬王遵薨。

魏主珪如豺山宫，遂至宁川[③]。

南燕主超尊其母段氏为皇太后，妻呼延氏为皇后。超祀南郊,有兽如鼠而赤,大如马,来至坛侧。须臾,大风昼晦,羽仪帷幄皆毁裂④。超惧,以问太史令成公绥,对曰:"陛下信用奸佞,诛戮贤良,赋敛繁多,事役殷重之所致也。"超乃大赦,黜公孙五楼等,俄而复用之。

北燕王云立妻李氏为皇后,子彭城为太子。

三月,庚申,葬燕王熙及苻后于徽平陵,谥熙曰昭文皇帝。

高句丽遣使聘北燕,且叙宗族,北燕王云遣侍御史李拔报之。

夏,四月,尚书左仆射孔安国卒;甲午⑤,以吏部尚书孟昶代之。

北燕大赦。

五月,北燕以尚书令冯万泥为幽、冀二州牧,镇肥如⑥;中军将军冯乳陈为并州牧,镇白狼⑦;抚军大将军冯素弗为司隶校尉,司隶校尉务银提为尚书令。

谯纵遣使称藩于秦,又与卢循潜通。纵上表请桓谦于秦,欲与之共击刘裕。秦王兴以问谦,谦曰:"臣之累世,著恩荆、楚,若得因巴、蜀之资,顺流东下,士民必翕然响应。"兴曰:"小水不容巨鱼,若纵之才力自足办事,亦不假君以为鳞翼,宜自求多福。"遂遣之。谦至成都,虚怀引士;纵疑之,置于龙格⑧,使人守之。谦泣谓诸弟曰:"姚主之言神矣⑨!"

【注释】

①"前者"句:授王谧为扬州扬史,见本书卷第一百一十三晋安帝元兴三年(404)。权道:变通的办法。 ②暂:暂时。 ③宁川:河流名,当即今河北张家口市万全区西洋河支流马林河。 ④羽仪:仪仗中羽毛装饰的旌旗之类。帷幄(wéi wò 维沃):帐幕。 ⑤甲午:四月甲子朔,无甲午。 ⑥肥如:县名,治今河北卢龙县。 ⑦白狼:城名,在今辽宁喀喇

北燕木芯鎏金铜片马镫

沁左翼蒙古族自治县西南。 ⑧龙格：地名，在今四川成都市双流区境。⑨姚主：后秦以外的人对后秦天王姚兴的称呼。

秦主兴以秃发傉檀外内多难[1]，欲因而取之，使尚书郎韦宗往觇之[2]。傉檀与宗论当世大略，纵横无穷。宗退，叹曰："奇才英器，不必华夏，明智敏识，不必读书，吾乃今知九州之外，《五经》之表，复自有人也。"归，言于兴曰："凉州虽弊，傉檀权谲过人，未可图也。"兴曰："刘勃勃以乌合之众犹能破之，况我举天下之兵以加之乎？"宗曰："不然。形移势变，返覆万端，陵人者易败，戒惧者难攻。傉檀之所以败于勃勃者，轻之也。今我以大军临之，彼必惧而求全。臣窃观群臣才略，无傉檀之比者，虽以天威临之[3]，亦未敢保其必胜也。"兴不听，使其子中军将军广平公弼、后军将军敛成、镇远将军乞伏乾归帅步骑三万袭傉檀，左仆射齐难帅骑二万讨勃勃。吏部尚书尹昭谏曰："傉檀恃其险远，故敢违慢；不若诏沮渠蒙逊及李暠讨之，使自相困毙，不必烦中国之兵也。"亦不听。

兴遗傉檀书曰："今遣齐难讨勃勃，恐其西逸，故令弼等于河西邀之。"傉檀以为然，遂不设备。弼济自金城，姜纪言于弼曰："今王师声言讨勃勃，傉檀犹豫，守备未严，愿给轻骑五千，掩其城门，则山泽之民皆为吾有，孤城无援，可坐克也。"弼不从，进至漠口[4]，昌松太守苏霸闭城拒之。弼遣人谕之使降，霸曰："汝弃信誓而伐与国，吾有死而已，何降之有！"弼进攻，斩之，长驱至姑臧。傉檀婴城固守，出奇兵击弼，破之，弼退据西苑。城中人王钟等谋为内应，事泄，傉檀欲诛首谋者而赦其余。前军将军伊力延侯曰："今强寇在外，而奸人窃发于内，危孰甚焉，不悉坑之，何以惩后！"傉檀从之，杀五千余人。命郡县悉散牛羊于野，敛成纵兵钞掠，傉檀遣镇北大将军俱延、镇军将军敬归等击之，秦兵大败，斩首七千余级。姚弼固垒不出，傉檀攻之，未克。

秋，七月，兴遣卫大将军常山公显帅骑二万为诸军后继，至高平，闻弼败，倍道赴之。显遣善射者孟钦等五人挑战于凉风门，弦未及发，傉檀材官将军宋益等迎击，斩之。显乃委罪敛成，遣使谢傉檀，慰抚河外[5]，引兵还。傉檀遣使者徐宿诣秦谢罪。

夏王勃勃闻秦兵且至，退保河曲[6]。齐难以勃勃既远，纵兵野掠；勃勃潜师袭之，俘斩七千余人。难引兵退走，勃勃追至木城[7]，禽之，虏其将士万三千人。于是岭北夷、夏附于勃勃者以万数，勃勃皆置守宰以抚之。

【注释】

①“秦主”句：秃发傉檀的内外之难，分别是指前一年(407)的边宪、梁裒之乱、阳武之败。 ②觇(chān 搀)：窥探。 ③天威：上天的威严；帝王的威严。此处指后者。 ④漠口：地名，在今甘肃永登县西南。 ⑤河外：地名，即河西(今甘肃、青海二省黄河以西，就是河西走廊与湟水流域一带)。 ⑥河曲：地名，指今青海东南部黄河曲流处。 ⑦木城：城名，当即大城，在今内蒙古杭锦旗东南。

司马叔璠自蕃城寇邹山[1]，鲁郡太守徐邕弃城走，车骑长史刘钟击却之。

北燕王云封慕容归为辽东公，使主燕祀。

刘敬宣既入峡[2]，遣巴东太守温祚以二千人出外水[3]，自帅益州刺史鲍陋、辅国将军文处茂、龙骧将军时延祖由垫江转战而前[4]。谯纵求救于秦，秦王兴遣平西将军姚赏、南梁州刺史王敏将兵二万赴之。敬宣军至黄虎[5]，去成都五百里。纵辅国将军谯道福悉众拒崄[6]，相持六十余日，敬宣不得进；食尽，军中疾疫，死者太半，乃引军还。敬宣坐免官，削封三分之一，荆州刺史刘道规以督统降号建威将军。九月，刘裕以敬宣失利，请逊位，诏降为中军将军，开府如故。刘毅欲以重法绳敬宣，裕保护之；何无忌谓毅曰：“奈何以私憾伤至公！”毅乃止。

乞伏炽磐以秦政浸衰，且畏秦之攻袭，冬，十月，招结诸部二万余人筑城于嵻崀山而据之[7]。

十一月，秃发傉檀复称凉王，大赦，改元嘉平，置百官。立夫人折掘氏为王后，世子武台为太子[8]，录尚书事。左长史赵晁、右长史郭幸为尚书左、右仆射，昌松侯俱延为太尉。

南燕汝水竭；河冻皆合，而渑水不冰[9]。南燕主超恶之，问于李宣，对曰：“渑水无冰，良由逼带京城，近日月也[10]。”超大悦，赐朝服一具。

十二月，乞伏炽磐攻彭奚念于枹罕，为奚念所败而还。

是岁，魏主珪杀高邑公莫题。初，拓跋窟咄之伐珪也[11]，题以珪年少，潜以箭遗窟咄曰："三岁犊岂能胜重载邪！"珪心衔之。至是，或告题居处倨傲、拟则人主者，珪使人以箭示题而谓之曰："三岁犊果如何？"题父子对泣；诘朝，收斩之。

【注释】

①蕃城：城名，在今山东滕州市。邹山：山名，即邹峄山，在今山东邹城市东南。 ②峡：地名，即三峡（今长江上游瞿塘峡、巫峡、西陵峡）。 ③外水：河流名，即今四川境内岷江。 ④垫江：河流名，即今甘肃、四川境内嘉陵江及其上游西汉水、白龙江、白水江。此处指四川境内嘉陵江河段。 ⑤黄虎：城名，在今四川绵阳市东南涪江畔。 ⑥崄（xiǎn显）：高险。 ⑦嵻崀（kāng láng康郎）山：山名，确址不详，疑在今青海河南蒙古族自治县东北、甘肃夏河县西南一带。 ⑧"世子"句：秃发武台本名秃发虎台，唐代人作《晋书》，避唐帝祖先讳而改"虎"为"武"，《通鉴》因袭未改回。 ⑨渑（shéng绳）水：河流名，源自今山东淄博市东北临淄镇东，北流入时水（今小清河）。 ⑩"良由"二句：李宣在这里是以"日月"代指慕容超，故慕容超大为高兴。 ⑪"拓跋"句：拓跋窟咄攻打拓跋珪之事，详见本书卷第一百六晋孝武帝太元十一年（386）。

资治通鉴卷第一百一十五

晋纪三十七 起屠维作噩，尽上章阉茂，凡二年。

安皇帝庚

义熙五年 春，正月，庚寅朔，南燕主超朝会群臣，叹太乐不备，议掠晋人以补伎。领军将军韩諲曰："先帝以旧京倾覆，戢翼三齐[①]。陛下不养士息民，以伺魏衅，恢复先业，而更侵掠南邻以广仇敌，可乎！"超曰："我计已定，不与卿言。"

辛卯，大赦。

庚戌，以刘毅为卫将军、开府仪同三司。毅爱才好士，当世名流莫不辐凑，独扬州主簿吴郡张邵不往。或问之，邵曰："主公命世人杰[②]，何烦多问！"

秦王兴遣其弟平北将军冲、征虏将军狄伯支等帅骑四万，击夏王勃勃。冲至岭北，谋还袭长安，伯支不从而止，因鸩杀伯支以灭口[③]。

秦王兴遣使册拜谯纵为大都督、相国、蜀王，加九锡，承制封拜，悉如王者之仪。

二月，南燕将慕容兴宗、斛谷提、公孙归等帅骑寇宿豫[④]，拔之，大掠而去，简男女二千五百付太乐教之。归，五楼之兄也。是时，五楼为侍中、尚书、领左卫将军，专总朝政，宗亲并居显要，王公内外无不惮之。南燕主超论宿豫之功，封斛谷提等并为郡、县公。桂林王镇谏曰："此数人者，勤民顿兵，为国结怨，何功而封？"

超怒，不答。尚书都令史王俨谄事五楼[5]，比岁屡迁，官至左丞。国人为之语曰："欲得侯，事五楼。"超又遣公孙归等寇济南，俘男女千余人而去。自彭城以南，民皆堡聚以自固。诏并州刺史刘道怜镇淮阴以备之。

乞伏炽磐入见秦太原公懿于上邽，彭奚念乘虚伐之。炽磐闻之，怒，不告懿而归，击奚念，破之，遂围枹罕。乞伏乾归从秦王兴如平凉；炽磐克枹罕，遣人告乾归，乾归逃还苑川[6]。

冯翊人刘厥聚众数千，据万年作乱[7]，秦太子泓遣镇军将军彭白狼帅东宫禁兵讨之，斩厥，赦其余党。诸将请露布，表言广其首级。泓不许，曰："主上委吾后事，不能式遏寇逆，当责躬请罪，尚敢矜诞自为功乎！"

秦王兴自平凉如朝那[8]，闻姚冲之谋，赐冲死。

【注释】

①"先帝"句：先帝，指慕容德。中山陷落时，慕容德放弃邺城，据守滑台，滑台失守，又向东夺取齐地而据之。三齐，相当今山东大部地区。②主公：指刘裕。刘裕兼任扬州刺史，张卲为他的主簿，故称为"主公"。③鸩(zhèn 震)：用毒酒害人。　④宿豫：县名，治今江苏宿迁市东南旧黄河东北岸古城。　⑤尚书都令史：职官名。令史的职责是掌管文书，因令史人数多，特置都令史以总其事。　⑥"乾归"句：乞伏乾归为秦扣留事，见本书卷第一百一十四晋安帝义熙三年(407)。　⑦万年：县名，治今陕西西安市临潼区东北。　⑧朝那：县名，治今宁夏固原市东南。

三月，刘裕抗表伐南燕，朝议皆以为不可，惟左仆射孟昶、车骑司马谢裕、参军臧熹以为必克，劝裕行。裕以昶监中军留府事。谢裕，安之兄孙也。

初，苻氏之败也，王猛之孙镇恶来奔，以为临澧令[1]。镇恶骑乘非长，关弓甚弱[2]，而有谋略，善果断，喜论军国大事。或荐镇恶于刘裕，裕与语，说之，因留宿；明旦，谓参佐曰："吾闻将门有将，镇恶信然。"即以为中军参军。

恒山崩[3]。

夏，四月，乞伏乾归如枹罕，留世子炽磐镇之，收其众得二万，徙都度坚山[4]。

雷震魏天安殿东序[5]；魏主珪恶之，命左校以冲车攻东、西序[6]，皆毁之。初，珪服寒食散[7]，久之，药发，性多躁扰，忿怒无常，至是浸剧。又灾异数见，占者多言当有急变生肘腋。珪忧懑不安，或数日不食，或达旦不寐，追计平生成败得失，独语不止。疑群臣左右皆不可信，每百官奏事至前，追记其旧恶，辄杀之；其余或颜色变动，或鼻息不调，或步趋失节，或言辞差缪，皆以为怀恶在心，发形于外，往往手击杀之，死者皆陈天安殿前。朝廷人不自保，百官苟免，莫相督摄，盗贼公行，里巷之间，人为希少。珪亦知之，曰："朕故纵之使然，待过灾年，更当清治之耳。"是时，群臣畏罪，多不敢求亲近；唯著作郎崔浩恭勤不懈，或终日不归。浩，吏部尚书宏之子也。宏未尝忤旨，亦不谄谀，故宏父子独不被谴。

夏王勃勃帅骑二万攻秦，掠取平凉杂胡七千余户，进屯依力川[8]。

【注释】

①临澧：县名，治今湖南桑植县。 ②关（wān 湾）弓：拉弓。关通"弯"。 ③恒山：山名，在今河北曲阳县西北。 ④度坚山：山名，确址待考，疑在今甘肃榆中县西。 ⑤东序：东面的墙。序，隔开正堂东西夹室的墙。 ⑥冲车：古代攻城用的战车。 ⑦寒食散：道家药名。服后身体发热，宜吃冷食，故称寒食散。配剂中有紫石英、白石英、赤石脂、钟乳石、硫黄等五石，故又称五石散，或简称散。 ⑧依力川：地名，在今甘肃平凉市东南。

己巳，刘裕发建康，帅舟师自淮入泗。五月，至下邳，留船舰、辎重，步进至琅邪，所过皆筑城，留兵守之。或谓裕曰："燕人若塞大岘之险[1]，或坚壁清野，大军深入，不唯无功，将不能自归，奈何？"裕曰："吾虑之熟矣，鲜卑贪婪，不知远计，进利虏获，退惜禾苗，谓我孤军远入，不能持久；不过进据临朐[2]，退守广固，必不能守险清野，敢为诸君保之。"

南燕主超闻有晋师，引群臣会议。征虏将军公孙五楼曰："吴兵轻果，利在速战，不可争锋；宜据大岘，使不得入，旷日延时，沮其锐气，然后徐简精骑二千，循海而南，绝其粮道，别敕段晖帅兖州之众，缘山东下，腹背击之，此上策也。各命守宰依险自固，校其资储之外，余悉焚荡，芟除禾苗[3]，使敌无所资，彼侨军无食，求战不得，旬月之间，可以坐制，此中策也。纵贼入岘，出城逆战，此下策也。”超曰：“今岁星居齐，以天道推之，不战自克。客主势殊，以人事言之，彼远来疲弊，势不能久。吾据五州之地，拥富庶之民，铁骑万群，麦禾布野，奈何芟苗徙民，先自蹙弱乎[4]！不如纵使入岘，以精骑蹂之，何忧不克！”辅国将军广宁王贺赖卢苦谏不从，退谓五楼曰：“必若此，亡无日矣！”太尉桂林王镇曰：“陛下必以骑兵利平地者，宜出岘逆战，战而不胜，犹可退守，不宜纵敌入岘，自弃险固也。”超不从。镇出，谓韩諲曰：“主上既不能逆战却敌，又不肯徙民清野，延敌入腹，坐待攻围，酷似刘璋矣[5]。今年国灭，吾必死之。卿中华之士，复为文身矣[6]。”超闻之，大怒，收镇下狱。乃摄莒、梁父二戍，修城隍，简士马，以待之。

刘裕过大岘，燕兵不出。裕举手指天，喜形于色。左右曰：“公未见敌而先喜，何也？”裕曰：“兵已过险，士有必死之志；余粮栖亩，人无匮乏之忧。虏已入吾掌中矣。”六月，己巳，裕至东莞[7]。超先遣公孙五楼、贺赖卢及左将军段晖等将步骑五万屯临朐；闻晋兵入岘，自将步骑四万往就之，使五楼帅骑进据巨蔑水[8]。前锋孟龙符与战，破之，五楼退走。裕以车四千乘为左右翼，方轨徐进，与燕兵战于临朐南，日向昃[9]，胜负犹未决。参军胡藩言于裕曰：“燕悉兵出战，临朐城中留守必寡，愿以奇兵从间道取其城，此韩信所以破赵也[10]。”裕遣藩及咨议参军檀韶、建威将军河内向弥潜师出燕兵之后，攻临朐，声言轻兵自海道至矣。向弥擐甲先登[11]，遂克之。超大惊，单骑就段晖于城南。裕因纵兵奋击，燕众大败，斩段晖等大将十余人，超遁还广固，获其玉玺、辇及豹尾[12]。裕乘胜逐北至广固；丙子，克其大城。超收众入保小城。裕筑长围守之，围高三丈，穿堑三重；抚纳降附，采拔贤俊，华、夷大悦。于是因齐地粮储，悉停江、淮漕运。

【注释】

①大岘（xiàn 现）：山名，即今山东临朐县东南大岘山。　②临朐

(qú渠)：县名，治今山东临朐县。 ③芟(shān山)除：除去。 ④蹙(cù促)：急促、紧迫。 ⑤“酷似”句：东汉末刘璋坐以待毙，详见本书卷第六十七汉献帝建安十八年(213)。 ⑥“复为”句：先秦时期，吴越地区有断发文身(把头发截短并在皮肤上刺花纹)的风俗。慕容镇这句话的意思是说，南燕将为处在吴越地区的东晋所灭，韩諿要成为东晋的臣民了。 ⑦东莞：县名，治今山东沂水县。 ⑧巨蔑水：河流名，即今山东浰河。 ⑨昃(zè仄)：太阳偏西。 ⑩“此韩信”句：韩信破赵之事，见本书卷第九汉高帝三年(前204)。 ⑪擐(huàn患)：穿。 ⑫豹尾：仪仗名。通常是在赤黄布上画豹文，安装在枪、幡之类器物上，用以象征君主的威严。挂豹尾的地方一般是君主出行时最后的一辆车子。

超遣尚书郎张纲乞师于秦，赦桂林王镇，以为录尚书、都督中外诸军事，引见，谢之，且问计焉。镇曰：“百姓之心，系于一人。今陛下亲董六师，奔败而还，群臣离心，士民丧气。闻秦人自有内患[①]，恐不暇分兵救人。散卒还者尚有数万，宜悉出金帛以饵之，更决一战。若天命助我，必能破敌；如其不然，死亦为美，比于闭门待尽，不犹愈乎！”司徒乐浪王惠曰：“不然。晋兵乘胜，气势百倍，我以败军之卒当之，不亦难乎？秦虽与勃勃相持，不足为患；且与我分据中原，势如唇齿，安得不来相救？但不遣大臣则不能得重兵。尚书令韩范为燕、秦所重[②]，宜遣乞师。”超从之。

秋，七月，加刘裕北青、冀二州刺史[③]。

南燕尚书略阳垣尊及弟京兆太守苗逾城来降，裕以为行参军。尊、苗皆超所委任以为腹心者也。

或谓裕曰：“张纲有巧思，若得纲使为攻具，广固必可拔也。”会纲自长安还，太山太守申宣执之，送于裕。裕升纲于楼车[④]，使周城呼曰：“刘勃勃大破秦军，无兵相救。”城中莫不失色。江南每发兵及遣使者至广固，裕辄潜遣兵夜迎之，明日，张旗鸣鼓而至。北方之民执兵负粮归裕者，日以千数，围城益急。张华、封恺皆为裕所获。超请割大岘以南地为藩臣，裕不许。

秦王兴遣使谓裕曰：“慕容氏相与邻好，今晋攻之急，秦已遣铁骑十万屯洛阳；晋军不还，当长驱而进。”裕呼秦使者谓曰：“语汝姚兴：我克燕之后，息兵三年，当取关、洛；今能自送，便可速来！”刘穆之闻有秦使，驰入见裕，而秦使者已去。裕以所言告穆之。穆之尤之曰：“常日事无大小，必赐预谋，此宜善详[5]，云何遽尔答之！此语不足以威敌，适足以怒之。若广固未下，羌寇奄至，不审何以待之？”裕笑曰：“此是兵机，非卿所解，故不相语耳。夫兵贵神速，彼若审能赴救，必畏我知，宁容先遣信命，逆设此言！是自张大之辞也。晋师不出，为日久矣。羌见伐齐，殆将内惧，自保不暇，何能救人邪！”

【注释】

①“闻秦人”句：指秦有刘勃勃的忧患。 ②“尚书令”句：韩范为燕、秦所重之事，详见本书卷第一百一十四晋安帝义熙三年(407)。 ③“加刘裕”句：东晋立国江南，在淮南设南青、南冀二州，而称齐地的青州为北青州、冀州为北冀州。 ④楼车：古代的战车，上设望楼，用来瞭望敌人。 ⑤善详：善，指措辞认真推敲；详，指内容详尽周密。

乞伏乾归复即秦王位，大赦，改元更始，公卿以下皆复本位[1]。

慕容氏在魏者百余家，谋逃去，魏主珪尽杀之。

初，魏太尉穆崇与卫王仪伏甲谋弑魏主珪，不果；珪惜崇、仪之功，秘而不问。及珪有疾，多杀大臣，仪自疑而出亡，追获之。八月，赐仪死。

封融诣刘裕降[2]。

九月，加刘裕太尉；裕固辞。

秦王兴自将击夏王勃勃，至贰城[3]，遣安远将军姚详等分督租运。勃勃乘虚奄至，兴惧，欲轻骑就详等。右仆射韦华曰：“若銮舆一动[4]，众心骇惧，必不战自溃，详营亦未必可至也。”兴与勃勃战，秦兵大败，将军姚榆生为勃勃所禽，左将军姚文崇等力战，勃勃乃退，兴还长安。勃勃复攻秦敕奇堡、黄石固、我罗城[5]，皆拔之，徙七千余家于大城，以其丞相右地代领幽州牧以镇之。

初，兴遣卫将军姚强帅步骑一万随韩范往就姚绍于洛阳，并兵以救南燕，及为勃勃所败，追强兵还长安。韩范叹曰：“天灭燕矣！”南燕尚书张俊自长安还，降于刘裕，因说裕曰：“燕人所恃者，谓韩范必能致秦师也，今得范以示之，燕必降矣。"裕乃表范为散骑常侍，且以书招之。长水校尉王蒲劝范奔秦，范曰："刘裕起布衣，灭桓玄，复晋室，今兴师伐燕，所向崩溃，此殆天授，非人力也。燕亡，则秦为之次矣，吾不可以再辱。"遂降于裕。裕将范循城，城中人情离沮。或劝燕主超诛范家。超以范弟諲尽忠无贰，并范家赦之。

冬，十月，段宏自魏奔于裕[⑥]。

张纲为裕造攻具，尽诸奇巧；超怒，县其母于城上，支解之。

【注释】

①"公卿"句：乞伏乾归的公卿将帅降为僚佐偏裨，见本书卷第一百一十二晋安帝隆安五年（401）。 ②"封融"句：封融本为南燕官吏，逃往魏国见本书卷第一百一十四晋安帝义熙二年（406）。现见到魏国杀慕容氏，故南逃投降刘裕。 ③贰城：城名。据胡注，贰城在杏城西北。杏城，在今陕西黄陵县西南故邑。 ④銮（luán 峦）舆：天子的车驾。也用来指代天子。 ⑤敕奇堡：地名，在今甘肃平凉市西北。黄石固：地名，在今宁夏固原市东南。我罗城：城名，在今甘肃平凉市西北。⑥"段宏"句：段宏逃往魏国，见本书卷第一百一十四晋安帝义熙三年（407）。

西秦王乾归立夫人边氏为王后，世子炽磐为太子，仍命炽磐都督中外诸军、录尚书事。以屋引破光为河州刺史，镇枹罕；以南安焦遗为太子太师，与参军国大谋。乾归曰："焦生非特名儒，乃王佐之才也。"谓炽磐曰："汝事之当如事吾。"炽磐拜遗于床下。遗子华至孝，乾归欲以女妻之。辞曰："凡娶妻者，欲与之共事二亲也。今以王姬之贵[①]，下嫁蓬茅之士，诚非其匹，臣惧其阙于中馈[②]，非所愿也。"乾归曰："卿之所行，古人之事，孤女不足以强卿。"乃以为尚书民部郎。

北燕王云自以无功德而居大位，内怀危惧，常畜养壮士以为腹心、爪牙。宠臣离班、桃仁专典禁卫，赏赐以巨万计，衣食起居皆与之同，而班、仁志愿无厌，犹有怨憾。戊辰，云临东堂，班、仁怀剑执纸而入，称有所启。班抽剑击云，云以几扞之，仁从旁击云，弑之。

冯跋升洪光门以观变，帐下督张泰、李桑言于跋曰："此竖势何所至，请为公斩之！"乃奋剑而下，桑斩班于西门，泰杀仁于庭中。众推跋为主。跋以让其弟范阳公素弗，素弗不可。跋乃即天王位于昌黎，大赦，诏曰："陈氏代姜，不改齐国[3]，宜即国号曰燕。"改元太平，谥云曰惠懿皇帝。跋尊母张氏为太后，立妻孙氏为王后，子永为太子，以范阳公素弗为车骑大将军、录尚书事，孙护为尚书令，张兴为左仆射，汲郡公弘为右仆射，广川公万泥为幽、平二州牧，上谷公乳陈为并、青二州牧。素弗少豪侠放荡，尝请婚于尚书左丞韩业，业拒之。及为宰辅，待业尤厚；好申拔旧门[4]，谦恭俭约，以身帅下，百僚惮之，论者美其有宰相之度。

【注释】

①王姬：周朝君王的女儿都是姬姓，后世因之称帝王的女儿为王姬。②中馈：指妇女在家主持饮食之事。　③"陈氏"二句：春秋时期的齐国，国君为姜姓。前391年，田和(其祖先姓陈)取国君之位而代之，仍称齐国。　④旧门：时代久远的豪门大族。或释作故旧部属、故旧同门，似欠妥。

魏主珪将立齐王嗣为太子；魏故事，凡立嗣子辄先杀其母，乃赐嗣母刘贵人死。珪召嗣谕之曰："汉武帝杀钩弋夫人[1]，以防母后豫政，外家为乱也。汝当继统，吾故远迹古人，为国家长久之计耳。"嗣性孝，哀泣不自胜。珪怒之。嗣还舍，日夜号泣，珪知而复召之。左右曰："上怒甚，入将不测，不如且避之，俟上怒解而入。"嗣乃逃匿于外，惟帐下代人车路头、京兆王洛儿二人随之。

初，珪如贺兰部，见献明贺太后之妹美[2]，言于贺太后，请纳之。贺太后曰："不可。是过美，必有不善。且已有夫，不可夺也。"珪密令人杀其夫而纳之，生清河王绍。绍凶很无赖，好轻游里巷，劫剥行人以为乐。珪怒之，尝倒悬井中，垂死，乃出之。齐王嗣屡诲责之，绍由是与嗣不协。

戊辰，珪谴责贺夫人，囚，将杀之，会日暮，未决。夫人密使告绍曰："汝何以救我？"左右以珪残忍，人人危惧。绍年十六，夜，与帐下及宦者宫人数人通谋，逾垣入宫，至天安殿。左右呼曰：“贼至！”珪惊起，求弓刀不获，遂弑之。

己巳，宫门至日中不开。绍称诏，集百官于端门前，北面立。绍从门扉间谓百官曰[3]：“我有叔父，亦有兄，公卿欲从谁？”众愕然失色，莫有对者。良久，南平公长孙嵩曰：“从王。”众乃知宫车晏驾，而不测其故，莫敢出声，唯阴平公烈大哭而去。烈，仪之弟也。于是朝野恟恟，人怀异志。肥如侯贺护举烽于安阳城北[4]，贺兰部人皆赴之，其余诸部亦各屯聚。绍闻人情不安，大出布帛赐王公已下，崔宏独不受。

齐王嗣闻变，乃自外还，昼伏匿山中，夜宿王洛儿家。洛儿邻人李道潜奉给嗣，民间颇知之，喜而相告；绍闻之，收道，斩之。绍募人求访嗣，欲杀之。猎郎叔孙俊与宗室疏属拓跋磨浑自云知嗣所在[5]，绍使帐下二人与之偕往；俊、磨浑得出，即执帐下诣嗣，斩之。俊，建之子也。王洛儿为嗣往来平城，通问大臣，夜，告安远将军安同等。众闻之，翕然响应，争出奉迎。嗣至城西，卫士执绍送之。嗣杀绍及其母贺氏，并诛绍帐下及宦官宫人为内应者十余人；其先犯乘舆者，群臣脔食之[6]。

壬申，嗣即皇帝位，大赦，改元永兴。追尊刘贵人曰宣穆皇后；公卿先罢归第不预朝政者，悉召用之。诏长孙嵩与北新侯安同、山阳侯奚斤、白马侯崔宏、元城侯拓跋屈等八人坐止车门右[7]，共听朝政，时人谓之八公。屈，磨浑之父也。嗣以尚书燕凤逮事什翼犍，使与都坐大官封懿等入侍讲论[8]，出议政事。以王洛儿、车路头为散骑常侍，叔孙俊为卫将军。拓跋磨浑为尚书，皆赐爵郡、县公。嗣问旧臣为先帝所亲信者为谁。王洛儿言李先。嗣召问先：“卿以何才何功为先帝所知？”对曰：“臣不才无功，但以忠直为先帝所知耳。”诏以先为安东将军，常宿于内，以备顾问。

朱提王悦，虔之子也，有罪，自疑惧。闰十一月，丁亥，悦怀匕首入侍，将作乱。叔孙俊觉其举止有异，引手掣之，索怀中，得匕首，遂杀之。

十二月，乙巳，太白犯虚、危[9]。南燕灵台令张光劝南燕主超出降，超手杀之。

柔然侵魏。

【注释】

①“汉武帝”句:汉武帝杀钩弋夫人,见本书卷第二十二汉武帝后元元年(前88)。 ②“见献明”句:拓跋珪的父亲拓跋寔,是昭成帝拓跋什翼犍的嫡长子,先昭成帝而死,追谥为献明皇帝,贺太后从夫谥。 ③扉(fēi 非):门扇。 ④安阳城:城名,在今河北阳原县东南。 ⑤猎郎:职官名。拓跋氏兴起于北方,爱好狩猎,故置猎郎,以豪门望族家有才能勇气的子弟充任。其职掌与汉代以来的期门郎、羽林郎相似。 ⑥脔(luán 峦):切成小片的肉。 ⑦止车门:皇宫的外门。出入宫禁者,都在此下车步行,故称止车门。又名司马门。 ⑧都坐大官:职官名。魏称尚书都省为尚书都坐,都坐大官当即尚书长官。 ⑨虚、危:星宿名,分别为二十八宿中北方玄武的第四、第五宿。虚宿二星,危宿三星。

六年 春,正月,甲寅朔,南燕主超登天门[①],朝群臣于城上。乙卯,超与宠姬魏夫人登城,见晋兵之盛,握手对泣。韩𧦬谏曰:“陛下遭堙厄之运,正当努力自强以壮士民之志,而更为儿女子泣邪!”超拭目谢之。尚书令董铣劝超降,超怒,囚之。

魏长孙嵩将兵伐柔然。

魏主嗣以郡县豪右多为民患,悉以优诏征之。民恋土不乐内徙,长吏逼遣之,于是无赖少年逃亡相聚,所在寇盗群起。嗣引八公议之曰:“朕欲为民除蠹,而守宰不能绥抚,使之纷乱。今犯者既众,不可尽诛,吾欲大赦以安之,何如?”元城侯屈曰:“民逃亡为盗,不罪而赦之,是为上者反求于下也,不如诛其首恶,赦其余党。”崔宏曰:“圣王之御民,务在安之而已,不与之较胜负也。夫赦虽非正,可以行权。屈欲先诛后赦,要为两不能去[②],曷若一赦而遂定乎!赦而不从,诛未晚也。”嗣从之。二月,癸未朔,遣将军于栗磾将骑一万讨不从命者,所向皆平。

南燕贺赖卢、公孙五楼为地道出击晋兵,不能却。城久闭,城中男女病脚弱者太半,出降者相继。超辇而登城,尚书悦寿说超曰:“今天助寇为虐,战士凋瘁,独守穷城,绝望外援,天时人事亦可知矣。苟历数有终,尧、舜避位,陛下岂可不思变通之计乎!”超叹曰："废兴，命也。吾宁奋剑而死，不能衔璧而生！"

丁亥，刘裕悉众攻城。或曰："今日往亡[③]，不利行师。"裕曰："我往彼亡，何为不利！"四面急攻之。悦寿开门纳晋师，超与左右数十骑逾城突围出走，追获之。裕数以不降之罪，超神色自若，一无所言，惟以母托刘敬宣而已[④]。

裕忿广固久不下，欲尽坑之，以妻女赏将士。韩范谏曰："晋室南迁，中原鼎沸，士民无援，强则附之，既为君臣，必须为之尽力。彼皆衣冠旧族，先帝遗民；今王师吊伐而尽坑之，使安所归乎！窃恐西北之人无复来苏之望矣[⑤]。"裕改容谢之，然犹斩王公以下三千人，没入家口万余，夷其城隍，送超诣建康，斩之。

臣光曰：晋自济江以来，威灵不竞，戎狄横骛，虎噬中原。刘裕始以王师翦平东夏，不于此际旌礼贤俊，慰抚疲民，宣恺悌之风，涤残秽之政，使群士向风，遗黎企踵，而更恣行屠戮以快忿心；迹其施设，曾苻、姚之不如，宜其不能荡壹四海，成美大之业，岂非虽有智勇而无仁义使之然哉！

【注释】

①天门：广固内城的南门。　②两不能去：诛杀和赦免都不能免除。即起先不能去掉诛杀，随后又不能去掉赦免。　③往亡：凶日名。也叫天门日。旧历每月都有，或在寅日，或在巳日。旧时迷信，在往亡日中禁忌很多，如这天出兵被认为是不利的。　④"惟以"句：刘敬宣曾在桓玄当政时投奔南燕，故慕容超将母亲托付给他。　⑤来苏：从疾苦之中获得新生。语出《伪古文尚书·仲虺之诰》"后来其苏"。后，国君，指商汤；苏，复苏。

初，徐道覆闻刘裕北伐，劝卢循乘虚袭建康，循不从。道覆自至番禺说循曰："本住岭外[①]，岂以理极于此，传之子孙邪？正以刘裕难与为敌故也。今裕顿兵坚城之下，未有还期，我以此思归死士掩击何、刘之徒[②]，如反掌耳。不乘此机而苟求一日之安，朝廷常以君为腹心之疾；若裕平齐之后，息甲岁余，以玺书征君，裕自将屯豫章，遣诸将帅锐师过岭，虽复以将军之神武，恐必不能当也。今日之机，万不可失。若先克建康，倾其根蒂，裕虽南还，无能为也。君若不同，便当帅始兴之众直指寻阳。”循甚不乐此举，而无以夺其计，乃从之。

初，道覆使人伐船材于南康山[3]，至始兴，贱卖之，居人争市之，船材大积而人不疑，至是，悉取以装舰，旬日而办。循自始兴寇长沙，道覆寇南康、庐陵、豫章，诸守相皆委任奔走。道覆顺流而下，舟械甚盛。时克燕之问未至，朝廷急征刘裕。裕方议留镇下邳，经营司、雍，会得诏书，乃以韩范为都督八郡军事、燕郡太守[4]，封融为勃海太守，檀韶为琅邪太守；戊申，引兵还。韶，祗之兄也。久之，刘穆之称范、融谋反，皆杀之。

安成忠肃公何无忌自寻阳引兵拒卢循。长史邓潜之谏曰："国家安危，在此一举。闻循兵舰大盛，势居上流，宜决南塘[5]，守二城以待之[6]，彼必不敢舍我远下。蓄力养锐，俟其疲老，然后击之，此万全之策也。今决成败于一战，万一失利，悔将无及。”参军殷阐曰："循所将之众皆三吴旧贼，百战余勇，始兴溪子[7]，拳捷善斗，未易轻也。将军宜留屯豫章，征兵属城，兵至合战，未为晚也；若以此众轻进，殆必有悔。”无忌不听。三月，壬申，与徐道覆遇于豫章，贼令强弩数百登西岸小山邀射之。会西风暴急，飘无忌所乘小舰向东岸。贼乘风以大舰逼之，众遂奔溃。无忌厉声曰："取我苏武节来[8]！”节至，执以督战。贼众云集，无忌辞色无挠，握节而死。于是中外震骇，朝议欲奉乘舆北走，就刘裕；既而知贼未至，乃止。

西秦王乾归攻秦金城郡，拔之。

夏王勃勃遣尚书胡金纂攻平凉，秦王兴救平凉，击金纂，杀之。勃勃又遣兄子左将军罗提攻拔定阳[9]，坑将士四千余人。秦将曹炽、曹云、王肆佛等各将数千户内徙，兴处之湟山及陈仓[10]。勃勃寇陇右，破白崖堡[11]，遂趣清水[12]，略阳太守姚寿都弃城走，勃勃徙其民万六千户于大城。兴自安定追之。至寿渠川[13]，不及而还。

【注释】

①“本住”句：岭外，指五岭之外。五岭，即越城、都庞、萌渚、骑田、大庾五岭的总称，在今湘、赣与桂、粤等省交界处。东晋时交、广二州在

五岭外。 ②"我以"句：孙恩、卢循的部众大多为三吴地区人，加之长期被迫生活在海中，故称为"思归死士"。何、刘：指何无忌、刘毅。 ③南康山：山名，即五岭之一的大庾岭，在今江西大余县、广东南雄市之间。 ④"乃以"句：八郡，当即青州往日所督齐、济南、乐安、城阳、东莱、长广、平昌、高密等八郡；燕郡，当是就南燕在广固所置燕都尹改称燕郡太守而已。 ⑤"宜决"句：南塘，湖名，在今江西南昌市西。决开南塘，是想降低赣江水位，使卢循的水军难以通行。 ⑥二城：指豫章、寻阳二城。 ⑦溪子：对南方山区民众的侮辱性称呼。 ⑧"取我"句：汉武帝天汉元年（前100），苏武以中郎将使持节出使匈奴，单于不放他回来，想要他投降。苏武坚贞不屈，持汉节在北海边牧羊十九年才得以返回，须发已全白了。后世遂以苏武节为忠贞的代名词。本处何无忌称他的符节为苏武节，表明他已抱定宁死不屈的决心。 ⑨定阳：县名，治今陕西延安市东南固县镇。 ⑩湟山：地名，确址不详，疑在距今陕西宝鸡市较近的地方。陈仓：县名，治今陕西宝鸡市渭水北岸。 ⑪白崖堡：地名，在今甘肃清水县境。 ⑫清水：县名，治今甘肃清水县西北。 ⑬寿渠川：地名，确址不详，待考。

初，南凉王傉檀遣左将军枯木等伐沮渠蒙逊，掠临松千余户而还。蒙逊伐南凉，至显美，徙数千户而去。南凉太尉俱延复伐蒙逊，大败而归。是月，傉檀自将五万骑伐蒙逊。战于穷泉[1]，傉檀大败，单马奔还。蒙逊乘胜进围姑臧，姑臧人惩王钟之诛[2]，皆惊溃，夷、夏万余户降于蒙逊。傉檀惧，遣司隶校尉敬归及子佗为质于蒙逊以请和，蒙逊许之；归至胡坑[3]，逃还，佗为追兵所执，蒙逊徙其众八千余户而去。右卫将军折掘奇镇据石驴山以叛[4]。傉檀畏蒙逊之逼，且惧岭南为奇镇所据[5]，乃迁于乐都，留大司农成公绪守姑臧。傉檀才出城，魏安人侯谌等闭门作乱，收合三千余家，据南城，推焦朗为大都督、龙骧大将军，谌自称凉州刺史，降于蒙逊。

刘裕至下邳，以船载辎重，自帅精锐步归。至山阳，闻何无忌败死，虑京邑失守，卷甲兼行，与数十人至淮上[6]，问行人以朝廷消息。行人曰："贼尚未至，刘公若还，便无所忧。"裕大喜。将济江，风急，众咸难之。裕曰："若天命助国，风当自息；若其不然，覆溺何害！”即命登舟，舟移而风止。过江，至京口，众乃大安。夏，四月，癸未，裕至建康。以江州覆没，表送章绶，诏不许。

青州刺史诸葛长民、兖州刺史刘藩、并州刺史刘道怜各将兵入卫建康。藩，豫州刺史毅之从弟也。毅闻卢循入寇，将拒之，而疾作；既瘳，将行。刘裕遗毅书曰：“吾往习击妖贼[7]，晓其变态。贼新获奸利，其锋不可轻。今修船垂毕，当与弟同举。克平之日，上流之任，皆以相委。”又遣刘藩往，谕止之。毅怒，谓藩曰：“往以一时之功相推耳，汝便谓我真不及刘裕邪！”投书于地，帅舟师二万发姑孰。

循之初入寇也，使徐道覆向寻阳，循自将攻湘中诸郡。荆州刺史刘道规遣军逆战，败于长沙。循进至巴陵，将向江陵。徐道覆闻毅将至，驰使报循曰：“毅兵甚盛，成败之事，系之于此，宜并力摧之；若此克捷，江陵不足忧也。”循即日发巴陵，与道覆合兵而下。五月，戊午，毅与循战于桑落洲[8]，毅兵大败，弃船，以数百人步走，余众皆为循所虏，所弃辎重山积。

初，循至寻阳，闻裕已还，犹不信，既破毅，乃得审问，与其党相视失色。循欲退还寻阳，攻取江陵，据二州以抗朝廷[9]。道覆谓宜乘胜径进，固争之。循犹豫累日，乃从之。

己未，大赦。裕募人为兵，赏之同京口赴义之科[10]。发民治石头城。议者谓宜分兵守诸津要，裕曰：“贼众我寡，若分兵屯守，则测人虚实；且一处失利，则沮三军之心。今聚众石头，随宜应赴，既令彼无以测多少，又于众力不分。若徒旅转集，徐更论之耳。”

【注释】

①穷泉：地名，确址不详，其地大约距今甘肃武威市相近。　②“姑臧”句：王钟之诛，见本书卷第一百一十四晋安帝义熙四年（408）。③胡坑：地名，确址不详，待考。　④石驴山：山名，在今青海门源回族自治县境。　⑤岭南：地名，指洪池岭以南。洪池岭，在今甘肃武威市东南。　⑥淮上：李延寿《南史》作“江上”。刘裕至山阳已渡淮河，《南史》作“江上”更合乎史实。　⑦“吾往”句：孙恩、卢循都是天师道的信徒，天师道以左道惑众，故刘裕称之为“妖贼”。　⑧桑落洲：地名，在今江西九江市东北长江中。　⑨二州：指荆州、江州。　⑩“赏之”句：刘裕

当初讨伐桓玄，起兵于京口，参加者后来都得到了重赏，其标准称为“京口赴义之科”。

朝廷闻刘毅败，人情恼惧。时北师始还，将士多创病，建康战士不盈数千。循既克二镇[1]，战士十余万，舟车百里不绝，楼船高十二丈，败还者争言其强盛。孟昶、诸葛长民欲奉乘舆过江[2]，裕不听。初，何无忌、刘毅之南讨也，昶策其必败，已而果然。至是，又谓裕必不能抗循，众颇信之，惟龙骧将军东海虞丘进廷折昶等，以为不然。中兵参军王仲德言于裕曰：“明公命世作辅，新建大功，威震六合，妖贼乘虚入寇，既闻凯还，自当奔溃。若先自遁逃，则势同匹夫，匹夫号令，何以威物！此谋若立，请从此辞。”裕甚悦。昶固请不已，裕曰：“今重镇外倾，强寇内逼，人情危骇，莫有固志；若一旦迁动，便自土崩瓦解，江北亦岂可得至？设令得至，不过延日月耳。今兵士虽少，自足一战。若其克济，则臣主同休；苟厄运必至，我当横尸庙门，遂其由来以身许国之志，不能窜伏草间苟求存活也。我计决矣，卿勿复言！”昶恚其言不行，且以为必败，因请死。裕怒曰：“卿且申一战，死复何晚！”昶知裕终不用其言，乃抗表自陈曰：“臣裕北讨，众并不同，唯臣赞裕行计，致使强贼乘间，社稷危逼，臣之罪也。谨引咎以谢天下。”封表毕，仰药而死。

乙丑，卢循至淮口[3]，中外戒严。琅邪王德文都督宫城诸军事，屯中堂皇，刘裕屯石头，诸将各有屯守。裕子义隆始四岁，裕使咨议参军刘粹辅之，镇京口。粹，毅之族弟也。

裕见民临水望贼，怪之，以问参军张劭，劭曰：“若节钺未反[4]，民奔散之不暇，亦何能观望！今当无复恐耳。”裕谓将佐曰：“贼若于新亭直进[5]，其锋不可当，宜且回避，胜负之事未可量也；若回泊西岸，此成禽耳。”

徐道覆请于新亭至白石焚舟而上[6]，数道攻裕。循欲以万全为计，谓道覆曰：“大军未至，孟昶便望风自裁；以大势言之，自当计日溃乱。今决胜负于一朝，乾没求利，既非必克之道，且杀伤士卒，不如按兵待之。”道覆以循多疑少决，乃叹曰：“我终为卢公所误，事必无成；使我得为英雄驱驰，天下不足定也。”

裕登石头城望循军，初见引向新亭，顾左右失色；既而回泊蔡洲[7]，乃悦。于是众军转集。裕恐循侵轶，用虞丘进计，伐树栅石头、淮口，修治越城[8]，筑查浦、药园、廷尉三垒[9]，皆以兵守之。

刘毅经涉蛮、晋[10]，仅能自免，从者饥疲，死亡什七八。丙寅，至建康，待罪。裕慰勉之，使知中外留事。毅乞自贬，诏降为后将军。

【注释】

①二镇：指江州、豫州。 ②“孟昶”句：孟昶想逃往江北，实际上江北没有多少地方可去，不过东走广陵，西据历阳而已。 ③淮口：地名，即秦淮水入江之口。 ④节钺：符节和斧钺。引申为对拥有节钺的大臣的尊称。 ⑤新亭：地名，在今江苏南京市西。 ⑥白石：营垒名，在今江苏南京市西。 ⑦蔡洲：地名，在今江苏南京市西南。原为长江中沙洲，今已并陆。 ⑧越城：地名，在今江苏南京市南。 ⑨查浦垒：壁垒名，在今江苏南京市清凉山南。药园垒：壁垒名，在今江苏南京市西秦淮河畔。廷尉垒：壁垒名，在今江苏南京市西秦淮河口。 ⑩蛮、晋：西阳（治今湖北黄冈市东）上下蛮族所居之地称为蛮；民众交纳租税承担劳役之地称为晋。

魏长孙嵩至漠北而还，柔然追围之于牛川[1]。壬申，魏主嗣北击柔然。柔然可汗社崘闻之，遁走，道死；其子度拔尚幼，部众立社崘弟斛律，号蔼豆盖可汗。嗣引兵还参合陂[2]。

卢循伏兵南岸[3]，使老弱乘舟向白石，声言悉众自白石步上。刘裕留参军沈林子、徐赤特戍南岸，断查浦，戒令坚守勿动；裕及刘毅、诸葛长民北出拒之。林子曰：“妖贼此言，未必有实，宜深为之防。”裕曰：“石头城险，且淮栅甚固，留卿在后，足以守之。”林子，穆夫之子也[4]。

庚辰，卢循焚查浦，进至张侯桥[5]。徐赤特将击之，林子曰：“贼声往白石而屡来挑战，其情可知。吾众寡不敌，不如守险以待大军。”赤特不从。遂出战；伏兵发，赤特大败，单舸奔淮北。林子及将军刘钟据栅力战，朱龄石救之，贼乃退。循引精兵大上，至丹阳郡[6]。裕帅诸军驰还石头，斩徐赤特，解甲久之，乃出陈于南塘[7]。

六月，以刘裕为太尉、中书监、加黄钺；裕受黄钺，余固辞。以车骑中军司马庾悦为江州刺史。悦，准之子也。

司马国璠及弟叔璠、叔道奔秦。秦王兴曰："刘裕方诛桓玄，辅晋室，卿何为来？"对曰："裕削弱王室，臣宗族有自修立者，裕辄除之；方为国患，甚于桓玄耳。"兴以国璠为扬州刺史，叔道为交州刺史。

卢循寇掠诸县无所得，谓徐道覆曰："师老矣，不如还寻阳，并力取荆州，据天下三分之二，徐更与建康争衡耳。"秋，七月，庚申，循自蔡洲南还寻阳，留其党范崇民将五千人据南陵[8]。甲子，裕使辅国将军王仲德、广川太守刘钟、河间内史兰陵蒯恩、中军咨议参军孟怀玉等帅众追循。

乙丑，魏主嗣还平城。

西秦王乾归讨越质屈机等十余部[9]，降其众二万五千，徙于苑川。八月，乾归复都苑川。

沮渠蒙逊伐西凉，败西凉世子歆于马庙[10]，禽其将朱元虎而还。凉公暠以银二千斤、金二千两赎元虎；蒙逊归之，遂与暠结盟而还。

刘裕还东府，大治水军，遣建威将军会稽孙处、振武将军沈田子帅众三千自海道袭番禺。田子，林子之兄也。众皆以为："海道艰远，必至为难，且分撤见力，非目前之急。"裕不从，敕处曰："大军十二月之交必破妖虏，卿至时，先倾其巢窟，使彼走无所归也。"

【注释】

①牛川：河流名，即今内蒙古乌兰察布市内塔布河（锡拉木林河）。 ②参合陂：地名，即今内蒙古凉城县东北岱海。 ③南岸：指秦淮口南岸。④"穆夫"句：孙恩起兵时，沈穆夫为其所署余姚令，刘牢之打败孙恩，穆夫被杀。详见本书卷第一百一十一晋安帝隆安三年（399）。⑤张侯桥：桥名，在今江苏南京市西。 ⑥丹阳郡：郡名，此处指丹阳郡治所，治所在今江苏南京市。 ⑦南塘：地名，在今江苏南京市西南秦淮河南岸。 ⑧南陵：地名，在今安徽池州市贵池区西南。 ⑨"西秦王"

句:越质,鲜卑部落名;屈机,越质部落首领。本书卷第一百七晋孝武帝太元十六年(391)及卷第一百八太元二十一年(396)中,越质屈机作“越质诘归”。 ⑩马庙:古代祭祀马祖(马神名),其后又造庙祭祀,因之称其地为马庙。现确址不详,待考。

谯纵遣侍中谯良等入见于秦,请兵以伐晋。纵以桓谦为荆州刺史,谯道福为梁州刺史,帅众二万寇荆州;秦王兴遣前将军苟林帅骑兵会之。

江陵自卢循东下,不得建康之问,群盗互起。荆州刺史刘道规遣司马王镇之帅天门太守檀道济、广武将军彭城到彦之入援建康[①]。道济,祗之弟也。

镇之至寻阳,为苟林所破。卢循闻之,以林为南蛮校尉,分兵配之,使乘胜伐江陵,声言徐道覆已克建康。桓谦于道召募义旧[②],民投之者二万人。谦屯枝江[③],林屯江津[④],二寇交逼,江陵士民多怀异心。道规乃会将士告之曰:“桓谦今在近道,闻诸长者颇有去就之计,吾东来文武足以济事;若欲去者,本不相禁。”因夜开城门,达晓不闭。众咸惮服,莫有去者。

雍州刺史鲁宗之帅众数千自襄阳赴江陵。或谓宗之情未可测,道规单马迎之,宗之感悦。道规使宗之居守,委以腹心,自帅诸军攻谦。诸将佐皆曰:“今远出讨谦,其胜难必。苟林近在江津,伺人动静,若来攻城,宗之未必能固;脱有蹉跌,大事去矣。”道规曰:“苟林愚懦,无他奇计,以吾去未远,必不敢向城。吾今取谦,往至便克;沈疑之间,已自还返。谦败则林破胆,岂暇得来!且宗之独守,何为不支数日?”乃驰往攻谦,水陆齐进。谦等大陈舟师,兼以步骑,战于枝江。檀道济先进陷陈,谦等大败。谦单舸奔苟林,道规追斩之。还,至涌口[⑤],讨林,林走,道规遣咨议参军临淮刘遵帅众追之。初,谦至枝江,江陵士民皆与谦书,言城内虚实,欲为内应;至是检得之,道规悉焚不视,众于是大安。

江州刺史庾悦以鄱阳太守虞丘进为前驱,屡破卢循兵,进据豫章,绝循粮道。九月,刘遵斩苟林于巴陵。

桓石绥因循入寇,起兵洛口[⑥],自号荆州刺史,征阳令王天恩自号梁州刺史[7]，袭据西城[8]。梁州刺史傅韶遣其子魏兴太守弘之讨石绥等，皆斩之，桓氏遂灭。韶，畅之孙也。

西秦王乾归攻秦略阳、南安、陇西诸郡，皆克之，徙民二万五千户于苑川及枹罕。

甲寅，葬魏主珪于盛乐金陵，谥曰宣武，庙号烈祖。

刘毅固求追讨卢循，长史王诞密言于刘裕曰："毅既丧败，不宜复使立功。"裕从之。冬，十月，裕帅兖州刺史刘藩、宁朔将军檀韶、冠军将军刘敬宣等南击卢循，以刘毅监太尉留府[9]，后事皆委焉。癸巳，裕发建康。

【注释】

①天门：郡名，治今湖南石门县。 ②义旧：桓氏世居荆楚，旧恩所结，依道义而不相忘，故称为"义旧"。 ③枝江：县名，治今湖北枝江市西南。 ④江津：地名，在今湖北荆州市东南。 ⑤涌口：地名，在今湖北洪湖市境长江北岸，即古涌水入江之口。 ⑥洛口：地名，即今陕西洋县西涝河口。 ⑦征阳：县名，据胡三省注，当依《晋书·地理志》作"微阳"，微阳治今湖北竹溪县东。 ⑧西城：县名，治今陕西安康市西北汉江北岸。 ⑨监太尉留府：职官名，职责为督察太尉府留守事务。

徐道覆率众三万趣江陵，奄至破冢[1]。时鲁宗之已还襄阳，追召不及，人情大震。或传循已平京邑，遣道覆来为刺史，江、汉士民感刘道规焚书之恩，无复贰志。道规使刘遵别为游军，自拒道覆于豫章口[2]，前驱失利；遵自外横击，大破之，斩首万余级，赴水死者殆尽，道覆单舸走还湓口。初，道规使遵为游军，众咸以为强敌在前，唯患众少，不应分割见力，置无用之地。及破道覆，卒得游军之力，众心乃服。

鲜卑仆浑、羌句岂、输报、邓若等帅户二万降于西秦。

王仲德等闻刘裕大军且至，进攻范崇民于南陵；崇民战舰夹屯西岸[3]。十一月，刘钟自行觇贼，天雾，贼钩得其舸。钟因帅左右攻舰户[4]，贼遽闭户拒之，钟乃徐还，与仲德共攻崇民，崇民走。

癸丑，益州刺史鲍陋卒。谯道福陷巴东，杀守将温祚、时延祖。

卢循兵守广州者不以海道为虞。庚戌，孙处乘海奄至，会大雾，四面攻之，即日拔其城。处抚其旧民，戮循亲党，勒兵谨守，分遣沈田子等击岭表诸郡。

刘裕军雷池[5]。卢循扬声不攻雷池，当乘流径下；裕知其欲战，十二月，己卯，进军大雷[6]。庚辰，卢循、徐道覆帅众数万塞江而下，前后莫见舳舻之际[7]。裕悉出轻舰，帅众军齐力击之；又分步骑屯于西岸，先备火具。裕以劲弩射循军，因风水之势以蹙之。循舰悉泊西岸，岸上军投火焚之，烟炎涨天；循兵大败，走还寻阳。将趣豫章，乃悉力栅断左里[8]；丙申，裕军至左里，不得进。裕麾兵将战，所执麾竿折，幡沉于水，众并怪惧。裕笑曰："往年覆舟之战[9]，幡竿亦折，今者复然，贼必破矣。"即攻栅而进，循兵虽殊死战，弗能禁。循单舸走，所杀及投水死者凡万余人。纳其降附，宥其逼略，遣刘藩、孟怀玉轻军追之。循收散卒，尚有数千人，径还番禺；道覆走保始兴。裕版建威将军褚裕之行广州刺史。裕之，裒之曾孙也。裕还建康。刘毅恶刘穆之，每从容与裕言穆之权太重，裕益亲任之。

燕广川公万泥、上谷公乳陈，自以宗室，有大功，谓当入为公辅。燕王跋以二藩任重[10]，久而弗征，二人皆怨。是岁，乳陈密遣人告万泥曰："乳陈有至谋，愿与叔父图之。"万泥遂奔白狼，与乳陈俱叛，跋遣汲郡公弘与张兴将步骑二万讨之。弘先遣使谕以祸福；万泥欲降，乳陈不可。兴谓弘曰："贼明日出战，今夜必来惊我营，宜为之备。"弘乃密令人课草十束，畜火伏兵以待之。是夜，乳陈果遣壮士千余人来斫营，众火俱起，伏兵邀击，俘斩无遗。万泥、乳陈惧而出降，弘皆斩之。跋以范阳公素弗为大司马，改封辽西公；弘为骠骑大将军，改封中山公。

【注释】

①破冢：地名，在今湖北荆州市东南。 ②豫章口：地名，在今湖北荆州市东南，即古夏水通长江之口。 ③西岸：其他几种版本作"两岸"，似更近史实。 ④舰户：船只的出入口，俗称为马门。 ⑤雷池：地名，在今湖北黄梅县和安徽宿松县以南、望江县西境长江北岸龙感湖、大官湖及泊湖一带。 ⑥大雷：地名，在今安徽望江县。 ⑦舳舻（zhú lú

竹庐）：首尾衔接的船只。舳，船尾；舻，船头。　⑧左里：城名，即左蠡镇，在今江西都昌县西北左蠡山下。　⑨“往年”句：覆舟之战，即刘裕讨伐桓玄的关键一战，见本书卷第一百一十三晋安帝元兴三年（404）。⑩二藩：两个军事要地。冯万泥为幽、平二州牧，镇守肥如；冯乳陈为并、青二州牧，镇守白狼。

资治通鉴卷第一百一十六

晋纪三十八　起重光大渊献，尽阏逢摄提格，凡四年。

安皇帝辛

义熙七年　春，正月，己未，刘裕还建康。

秦广平公弼有宠于秦王兴，为雍州刺史，镇安定。姜纪谄附于弼，劝弼结兴左右以求入朝。兴征弼为尚书令、侍中、大将军。弼遂倾身结纳朝士，收采名势，以倾东宫；国人恶之。会兴以西北多叛乱，欲命重将镇抚之；陇东太守郭播请使弼出镇[①]；兴不从，以太常索稜为太尉、领陇西内史，使招抚西秦。西秦王乾归遣使送所掠守宰，谢罪请降。兴遣鸿胪拜乾归都督陇西、岭北、杂胡诸军事、征西大将军、河州牧、单于、河南王，太子炽磐为镇西将军、左贤王、平昌公。

兴命群臣搜举贤才。右仆射梁喜曰："臣累受诏而未得其人，可谓世之乏才。"兴曰："自古帝王之兴，未尝取相于昔人，待将于将来，随时任才，皆能致治。卿自识拔不明，岂得远诬四海乎？"群臣咸悦。

秦姚详屯杏城，为夏王勃勃所逼，南奔大苏[②]；勃勃遣平东将军鹿弈干追斩之，尽俘其众。勃勃南攻安定，破尚书杨佛嵩于青石北原[③]，降其众四万五千；进攻东乡[④]，下之，徙三千余户于贰城。秦镇北参军王买德奔夏，夏王勃勃问以灭秦之策，买德曰："秦德虽衰，藩镇犹固，愿且蓄力以待之。"勃勃以买德为军师中郎将。

秦王兴遣卫大将军常山公显迎姚详，弗及，遂屯杏城。

刘藩帅孟怀玉等诸将追卢循至岭表，二月，壬午，怀玉克始兴，斩徐道覆。

河南王乾归徙鲜卑仆浑部三千余户于度坚城，以子敕勃为秦兴太守以镇之[⑤]。

焦朗犹据姑臧[⑥]，沮渠蒙逊攻拔其城，执朗而宥之；以其弟挐为秦州刺史，镇姑臧。遂伐南凉，围乐都，三旬不克；南凉王傉檀以子安周为质，乃还。

吐谷浑树洛干伐南凉，败南凉太子虎台。

【注释】

①陇东：郡名，治今陕西陇县东南。 ②大苏：地名，在今陕西黄陵县南。 ③青石北原：地名，在今甘肃泾川县西北。 ④东乡：地名，在今甘肃泾川县境。 ⑤秦兴：郡名，治今甘肃靖远县西。 ⑥"焦朗"句：焦朗占据姑臧，见本书卷第一百一十五晋安帝义熙六年(410)。

南凉王傉檀欲复伐沮渠蒙逊，邯川护军孟恺谏曰[①]："蒙逊新并姑臧，凶势方盛，不可攻也。"傉檀不从，五道俱进，至番禾、苕藋[②]，掠五千余户而还。将军屈右曰："今既获利，宜倍道旋师，早度险厄。蒙逊善用兵，若轻军猝至，大敌外逼，徙户内叛，此危道也。"卫尉伊力延曰："彼步我骑，势不相及。今倍道而归则示弱，且捐弃资财，非计也。"俄而昏雾风雨，蒙逊兵大至，傉檀败走。蒙逊进围乐都，傉檀婴城固守，以子染干为质以请和，蒙逊乃还。

三月，刘裕始受太尉、中书监，以刘穆之为太尉司马，陈郡殷景仁为行参军。裕问穆之曰："孟昶参佐谁堪入我府者？"穆之举前建威中兵参军谢晦。晦，安兄据之曾孙也，裕即命为参军。裕尝讯囚，其旦，刑狱参军有疾，以晦代之；于车中一览讯牒，催促便下。相府多事，狱系殷积，晦随问酬辨，曾无违谬；裕由是奇之，即日署刑狱贼曹[③]。晦美风姿，善言笑，博赡多通，裕深加赏爱。

卢循行收兵至番禺，遂围之，孙处据守二十余日。沈田子言于刘藩曰："番禺城虽险固，本贼之巢穴；今循围之，或有内变。且孙季高众力寡弱[④]，不能持久，若使贼还据广州，凶势复振矣。"夏，四月,田子引兵救番禺,击循,破之,所杀万余人。循走,田子与处共追之,又破循于苍梧、郁林、宁浦[5]。会处病,不能进,循奔交州。

初,九真太守李逊作乱[6],交州刺史交趾杜瑗讨斩之。瑗卒,朝廷以其子慧度为交州刺史。诏书未至,循袭破合浦[7],径向交州;慧度帅州府文武拒循于石碕[8],破之。循余众犹三千人,李逊余党李脱等结集俚獠五千余人以应循[9]。庚子,循晨至龙编南津[10];慧度悉散家财以赏军士,与循合战,掷雉尾炬焚其舰[11],以步兵夹岸射之,循众舰俱然,兵众大溃。循知不免,先鸩妻子,召妓妾问曰:“谁能从我死者?”多云:“雀鼠贪生,就死实难。”或云:“官尚当死[12],某岂愿生!”乃悉杀诸辞死者,因自投于水。慧度取其尸斩之,并其父子及李脱等,函七首送建康。

【注释】

①邯川:城名,在今青海化隆回族自治县西南黄河北岸。 ②番禾:郡名,治今甘肃永昌县。苕藋(tiáo diào 条吊):地名,在今甘肃张掖市东。 ③刑狱贼曹:职官名,属尚书省,负责处理刑狱盗贼之事。 ④孙季高:即孙处,处字季高。 ⑤苍梧:郡名,治今广西梧州市。郁林:郡名,治今广西桂平市西南古城。宁浦:郡名,治今广西横州市西南七里、郁江南岸。 ⑥九真:郡名,治今越南清化省清化西北东山县阳舍村。⑦合浦:郡名,治今广西合浦县东北。 ⑧石碕(qí 奇):地名,在今越南河内市东南。 ⑨俚獠:对当地居民的侮辱性称呼。 ⑩龙编:县名,治今越南北宁省仙游东。 ⑪雉尾炬:雉尾状的火炬。 ⑫官:对君主、尊长的敬称。

初,刘毅在京口,贫困,与知识射于东堂[1]。庾悦为司徒右长史,后至,夺其射堂;众人皆避之,毅独不去。悦厨馔甚盛[2],不以及毅,毅从悦求子鹅炙,悦怒不与,毅由是衔之。至是,毅求兼督江州,诏许之。因奏称:“江州内地,以治民为职,不当置军府雕耗民力,宜罢军府移镇豫章;而寻阳接蛮,可即州府千兵以助郡戍。”于是解悦都督、将军官,以刺史镇豫章。毅以亲将赵恢领千兵守寻阳;悦府文武三千悉入毅府,符摄严峻。悦忿惧,至豫章,疽发背卒。

河南王乾归徙羌句岂等部众五千余户于叠兰城[3]，以兄子阿柴为兴国太守以镇之；五月，复以子木弈干为武威太守，镇嵻峎城。

丁卯，魏主嗣谒金陵，山阳侯奚斤居守。昌黎王慕容伯儿谋反；己巳，奚斤并其党收斩之。

秋，七月，燕王跋以太子永领大单于，置四辅[4]。

柔然可汗斛律遣使献马三千匹于跋，求娶跋女乐浪公主；跋命群臣议之。辽西公素弗曰："前世皆以宗女妻六夷，宜许以妃嫔之女，乐浪公主不宜下降非类[5]。"跋曰："朕方崇信殊俗，奈何欺之？"乃以乐浪公主妻之。

跋勤于政事，劝课农桑，省徭役，薄赋敛；每遣守宰，必亲引见，问为政之要，以观其能。燕人悦之。

河南王乾归遣平昌公炽磐及中军将军审虔伐南凉。审虔，乾归之子也。八月，炽磐兵济河[6]，南凉王傉檀遣太子虎台逆战于岭南[7]；南凉兵败，虏牛马十余万而还。

沮渠蒙逊帅轻骑袭西凉，西凉公暠曰："兵有不战而败敌者，挫其锐也。蒙逊新与吾盟，而遽来袭我，我闭门不与战，待其锐气竭而击之，蔑不克矣。"顷之，蒙逊粮尽而归，暠遣世子歆帅骑七千邀击之，蒙逊大败，获其将沮渠百年。

河南王乾归攻秦略阳太守姚龙于柏阳堡[8]，克之；冬，十一月，进攻南平太守王憬于水洛城[9]，又克之，徙民三千余户于谭郊[10]。遣乞伏审虔帅众二万城谭郊。十二月，西羌彭利发袭据枹罕，自称大将军、河州牧，乾归讨之，不克。

是岁，并州刺史刘道怜为北徐州刺史，移镇彭城。

【注释】

①东堂：东厢的堂屋。古代习射的地方。 ②厨馔（zhuàn 赚）：厨房的食品。 ③叠兰城：城名，在今甘肃临夏回族自治州东南。 ④四辅：即左辅、右辅、前辅、后辅。 ⑤非类：不同族类。语出《左传》僖公十年"神不歆非类，民不祀非族"。 ⑥"炽磐"句：本句中的"河"指黄河金城（今甘肃兰州市西北）地段。 ⑦岭南：地名，指洪池岭以南。洪池岭，在今甘肃武威市东南。 ⑧柏阳堡：地名，确址待考，疑在今甘肃清

水县西南。 ⑨水洛城：城名，在今甘肃庄浪县。 ⑩谭郊：地名，在今甘肃临夏回族自治州西北。

八年 春，正月，河南王乾归复讨彭利发，至奴葵谷[①]。利发弃众南走，乾归遣振威将军乞伏公府追至清水，斩之，收羌户一万三千，以乞伏审虔为河州刺史镇枹罕而还。

二月，丙子，以吴兴太守孔靖为尚书右仆射。

河南王乾归徙都谭郊，命平昌公炽磐镇苑川。乾归击吐谷浑阿若干于赤水[②]，降之。

夏，四月，刘道规以疾求归，许之。道规在荆州累年，秋毫无犯。及归，府库帷幕，俨然若旧。随身甲士二人迁席于舟中，道规刑之于市。

以后将军豫州刺史刘毅为卫将军、都督荆、宁、秦、雍四州诸军事、荆州刺史。毅谓左卫将军刘敬宣曰："吾忝西任，欲屈卿为长史南蛮[③]，岂有见辅意乎？"敬宣惧，以告太尉裕，裕笑曰："但令老兄平安，必无过虑。"

毅性刚愎，自谓建义之功与裕相埒[④]，深自矜伐，虽权事推裕而心不服；及居方岳，常怏怏不得志。裕每柔而顺之，毅骄纵滋甚，尝云："恨不遇刘、项，与之争中原！"及败于桑落[⑤]，知物情已去，弥复愤激。裕素不学，而毅颇涉文雅，故朝士有清望者多归之，与尚书仆射谢混、丹杨尹郗僧施，深相凭结。僧施，超之从子也。毅既据上流，阴有图裕之志，求兼督交、广二州，裕许之。毅又奏以郗僧施为南蛮校尉后军司马，毛修之为南郡太守，裕亦许之，以刘穆之代僧施为丹杨尹。毅表求至京口辞墓，裕往会之于倪塘[⑥]。宁远将军胡藩言于裕曰："公谓刘卫军终能为公下乎[⑦]？"裕默然，久之，曰："卿谓何如？"藩曰："连百万之众，攻必取，战必克，毅以此服公；至于涉猎传记，一谈一咏，自许以为雄豪；以是搢绅白面之士辐凑归之。恐终不为公下，不如因会取之。"裕曰："吾与毅俱有克复之功，其过未彰，不可自相图也。"

【注释】

①奴葵谷：地名，今地不详，疑在今甘肃临夏回族自治州境。 ②赤

水：河流名，即今甘肃陇西县东渭河支流赤亭水。 ③"欲屈"句：本句中"长史南蛮"用法很少见，当是以"长史"为动词。不过，大意是清楚的，即要任用刘敬宣为南蛮校尉府长史。 ④相埒（liè 列）：相等。 ⑤"及败"句：刘毅在桑落洲被卢循打败，见本书卷第一百一十五晋安帝义熙六年（410）。 ⑥倪塘：地名，在今江苏南京市江宁区东南。 ⑦刘卫军：即刘毅。毅为卫将军，故被称为刘卫军。

乞伏炽磐攻南凉三河太守吴阴于白土[①]，克之，以乞伏出累代之。

六月，乞伏公府弑河南王乾归，并杀其诸子十余人，走保大夏[②]。平昌公炽磐遣其弟广武将军智达、扬武将军木弈干帅骑三千讨之；以其弟昙达为镇京将军，镇谭郊，骁骑将军娄机镇苑川。炽磐帅文武及民二万余户迁于枹罕。

秦人多劝秦王兴乘乱取炽磐，兴曰："伐人丧，非礼也。"夏王勃勃欲攻炽磐，军师中郎将王买德谏曰："炽磐，吾之与国，今遭丧乱，吾不能恤，又恃众力而伐之，匹夫犹且耻为，况万乘乎！"勃勃乃止。

闰月，庚子，南郡烈武公刘道规卒。

秋，七月，己巳朔，魏主嗣东巡，置四厢大将、十二小将[③]；以山阳侯斤、元城侯屈行左、右丞相。庚寅，嗣至濡源，巡西北诸部落。

乞伏智达等击破乞伏公府于大夏，公府奔叠兰城，就其弟阿柴；智达等攻拔之，斩阿柴父子五人。公府奔嵻峎南山，追获之，并其四子，轘之于谭郊[④]。

八月，乞伏炽磐自称大将军、河南王，大赦，改元永康；葬乾归于枹罕，谥曰武元王，庙号高祖。

皇后王氏崩。

庚戌，魏主嗣还平城。

九月，河南王炽磐以尚书令武始翟勍为相国，侍中、太子詹事赵景为御史大夫，罢尚书令、仆、尚书六卿、侍中等官。

癸酉，葬僖皇后于休平陵[⑤]。

【注释】

①白土:城名,在今青海化隆回族自治县东南。 ②大夏:县名,治今甘肃广河县西北。 ③四厢:四个方面。厢,边、旁。 ④轘(huàn患):古代用车分裂人体的酷刑。 ⑤僖皇后:晋安帝王皇后的谥号。

刘毅至江陵,多变易守宰,辄割豫州文武、江州兵力万余人以自随。会毅疾笃,郗僧施等恐毅死,其党危,乃劝毅请从弟兖州刺史藩以自副,太尉裕伪许之。藩自广陵入朝,己卯,裕以诏书罪状毅,云与藩及谢混共谋不轨,收藩及混赐死。

初,混与刘毅款昵,混从兄澹常以为忧,渐与之疏;谓弟璞及从子瞻曰:"益寿此性[1],终当破家。"澹,安之孙也。

庚辰,诏大赦。以前会稽内史司马休之为都督荆、雍、梁、秦、宁、益六州诸军事、荆州刺史;北徐州刺史刘道怜为兖、青二州刺史,镇京口。使豫州刺史诸葛长民监太尉留府事。裕疑长民难独任,乃加刘穆之建武将军,置佐吏,配给资力以防之。

壬午,裕帅诸军发建康,参军王镇恶请给百舸为前驱。丙申,至姑孰,以镇恶为振武将军,与龙骧将军蒯恩将百舸前发[2],裕戒之曰:"若贼可击,击之;不可者,烧其船舰,留屯水际以待我。"于是镇恶昼夜兼行,扬声言刘兖州上[3]。

冬,十月,己未,镇恶至豫章口,去江陵城二十里,舍船步上。蒯恩军居前,镇恶次之。舸留一二人,对舸岸上立六七旗,旗下置鼓,语所留人:"计我将至城,便鼓严,令若后有大军状。"又分遣人烧江津船舰。镇恶径前袭城,语前军士:"有问者,但云刘兖州至。"津戍及民间皆晏然不疑。未至城五、六里,逢毅要将朱显之欲出江津,问:"刘兖州何在?"军士曰:"在后。"显之至军后不见藩,而见军人担彭排战具[4],望江津船舰已被烧,鼓严之声甚盛,知非藩上,便跃马驰去告毅,行令闭诸城门。镇恶亦驰进,门未及下关,军人因得入城。卫军长史谢纯入参承毅,出闻兵至,左右欲引车归。纯叱之曰:"我,人吏也,逃将安之!"驰还入府。纯,安兄据之孙也。镇恶与城内兵斗,且攻其金城[5],自食时至中晡[6],城内人败散。镇恶穴其金城而入,遣人以诏及赦文并裕手书示毅,毅皆烧不视，与司马毛修之等督士卒力战。城内人犹未信裕自来，军士从毅自东来者，与台军多中表亲戚[7]，且斗且语，知裕自来，人情离骇。逮夜，听事前兵皆散，斩毅勇将赵蔡，毅左右兵犹闭东西阁拒战。镇恶虑暗中自相伤犯，乃引军出围金城，开其南面。毅虑南有伏兵，夜半，帅左右三百许人开北门突出。毛修之谓谢纯曰："君但随仆去。"纯不从，为人所杀。

毅夜投牛牧佛寺[8]。初，桓蔚之败也，走投牛牧寺僧昌[9]，昌保藏之，毅杀昌。至是，寺僧拒之曰："昔亡师容桓蔚[10]，为刘卫军所杀，今实不敢容异人。"毅叹曰："为法自弊，一至于此[11]！"遂缢而死。明日，居人以告，乃斩首于市，并子侄皆伏诛。毅兄模奔襄阳，鲁宗之斩送之。

初，毅季父镇之闲居京口，不应辟召，常谓毅及藩曰："汝辈才器，足以得志，但恐不久耳。我不就尔求财位，亦不同尔受罪累。"每见毅、藩导从到门，辄诟之。毅甚敬畏，未至宅数百步，悉屏仪卫，与白衣数人俱进。及毅死，太尉裕奏征镇之为散骑常侍、光禄大夫，固辞不至。

【注释】

①益寿：谢混的小字。　②蒯(kuǎi 块上)：姓氏。　③刘兖州：指刘藩，刘藩被赐死前为兖州刺史。　④彭(páng 旁)排：盾牌。　⑤金城：城内的牙城(主将所居之城)。　⑥食时：上午。古时一日两餐，头餐在日出之后，隅中(将近中午的时间)之前，这段时间称为食时或蚤食。中晡：晡时(下午三至五点)的正中时段，即下午四点。　⑦台军：朝廷的军队。台，尚书台的简称，魏晋以后是朝廷的代称。中表：父亲姊妹(姑母)的儿女叫外表，母亲的兄弟(舅父)姊妹(姨母)的儿女叫内表，互称中表。　⑧牛牧佛寺：佛寺名，在今湖北荆州市城北数公里处。　⑨"桓蔚"二句：桓尉之败，见本书卷第一百一十四晋安帝义熙元年(405)。僧昌：和尚名，姓氏不详。　⑩亡师：弟子对已去世的老师、师傅的称呼，现多称"先师"。　⑪"为法"句：这是战国时商鞅在变法失败后逃难途中说过的一段话。刘毅的境况与之正好相同。

仇池公杨盛叛秦，侵扰祁山[1]；秦王兴遣建威将军赵琨为前锋，立节将军姚伯寿继之，前将军姚恢出鹫峡[②]，秦州刺史姚嵩出羊头峡[③]，右卫将军胡翼度出汧城[④]，以讨盛。兴自雍赴之，与诸将会于陇口[⑤]。

天水太守王松忽言于嵩曰："先帝神略无方[⑥]，徐洛生以英武佐命，再入仇池，无功而还；非杨氏智勇能全也，直地势险固耳。今以赵琨之众，使君之威，准之先朝，实未见成功。使君具悉形便，何不表闻？"嵩不从。盛帅众与琨相持，伯寿畏懦不进，琨众寡不敌，为盛所败。兴斩伯寿而还。

兴以杨佛嵩为雍州刺史，帅岭北见兵以击夏[⑦]。行数日，兴谓群臣曰："佛嵩每见敌，勇不自制，吾常节其兵不过五千人。今所将既多，遇敌必败，行已远，追之无及，将若之何？"佛嵩与夏王勃勃战，果败，为勃勃所执，绝亢而死。

秦立昭仪齐氏为后。

沮渠蒙逊迁于姑臧。

十一月，己卯，太尉裕至江陵，杀郗僧施。初，毛修之虽为刘毅僚佐，素自结于裕，故裕特宥之。赐王镇恶爵汉寿子。裕问毅府咨议参军申永曰："今日何施而可？"永曰："除其宿衅，倍其惠泽，贯叙门次[⑧]，显擢才能，如此而已。"裕纳之，下书宽租省调，节役原刑，礼辟名士，荆人悦之。

【注释】

①祁山：山名，在今甘肃西和县东北。 ②鹫峡：地名，在今甘肃西和县东南。 ③羊头峡：地名，确址待考。疑在今甘肃甘谷县左近。④汧城：城名，在今陕西陇县东南。 ⑤陇口：地名，为陇道之口，确址不详，疑指陇关，在今陕西陇县西陇山东坡。 ⑥先帝：指姚苌。 ⑦岭北：指九宗山以北。九宗山，在今陕西礼泉县东北。 ⑧"贯叙"句：魏晋以来，用人讲究门第，申永之意是要严格按门第高下选拔官吏。贯叙，按次序叙录。

诸葛长民骄纵贪侈，所为多不法，为百姓患，常惧太尉裕按之。及刘毅被诛，长民谓所亲曰："'昔年醢彭越，今年杀韩信[①]。'祸其至矣！"乃屏人问刘穆之曰："悠悠之言，皆云太尉与我不平，何以至此?”穆之曰:“公溯流远征,以老母稚子委节下[②];若一豪不尽,岂容如此邪!”长民意乃小安。

长民弟辅国大将军黎民说长民曰:“刘氏之亡,亦诸葛氏之惧也,宜因裕未还而图之。”长民犹豫未发,既而叹曰:“贫贱常思富贵,富贵必履危机。今日欲为丹徒布衣[③],岂可得邪!”因遗冀州刺史刘敬宣书曰:“盘龙狠戾专恣[④],自取夷灭。异端将尽,世路方夷,富贵之事,相与共之。”敬宣报曰:“下官自义熙以来,忝三州、七郡[⑤],常惧福过灾生,思避盈居损。富贵之旨,非所敢当。”且使以书呈裕,裕曰:“阿寿故为不负我也[⑥]。”

刘穆之忧长民为变,屏人问太尉行参军东海何承天曰:“公今行济否?”承天曰:“荆州不忧不时判,别有一虑耳。公昔年自左里还入石头,甚脱尔[⑦];今还,宜加重慎。”穆之曰:“非君,不闻此言。”

裕在江陵,辅国将军王诞白裕求先下,裕曰:“诸葛长民似有自疑心,卿讵宜便去[⑧]!”诞曰:“长民知我蒙公垂盼,今轻身单下,必当以为无虞,乃可以少安其意耳。”裕笑曰:“卿勇过贲、育矣[⑨]。”乃听先还。

沮渠蒙逊即河西王位,大赦,改元玄始,置官僚如凉王光为三河王故事[⑩]。

太尉裕谋伐蜀,择元帅而难其人。以西阳太守朱龄石既有武干,又练吏职,欲用之。众皆以为龄石资名尚轻,难当重任;裕不从。十二月,以龄石为益州刺史,帅宁朔将军臧熹、河间太守蒯恩、下邳太守刘钟等伐蜀,分大军之半二万人以配之。熹,裕之妻弟,位居龄石之右,亦隶焉。

裕与龄石密谋进取,曰:“刘敬宣往年出黄虎,无功而退[⑪]。贼谓我今应从外水往,而料我当出其不意犹从内水来也[⑫]。如此,必以重兵守涪城以备内道。若向黄虎,正堕其计。今以大众自外水取成都,疑兵出内水,此制敌之奇也。”而虑此声先驰,贼审虚实。别有函书封付龄石,署函边曰:“至白帝乃开。”诸军虽进,未知处分所由。

毛修之固请行;裕恐修之至蜀,必多所诛杀,土人与毛氏有嫌,亦当以死自固,不许。

分荆州十郡置湘州。

加太尉裕太傅、扬州牧。

丁巳，魏主嗣北巡，至长城而还。

【注释】

①"昔年"二句：这是西汉初年故楚令尹薛公分析黥布谋反原因时说的一段话，语出《史记·黥布列传》，原文作"往年杀彭越，前年杀韩信"。意在说明黥布与彭、韩是"同功一体之人"，"自疑祸及身故反耳"。②节下：秦汉时对将领的敬称，后来对使臣或地方疆吏也称为节下。③"今日"句：诸葛长民是琅邪阳都（今山东沂南县南）人，侨居丹徒（今江苏镇江市东南丹徒区），故有此言。 ④盘龙：刘毅的小字。 ⑤"忝三州"句：刘敬宣从北方返回后，任晋陵太守，迁江州，镇寻阳，兼领郡事，征拜宣城内史，领襄城太守，迁镇蛮护军、安丰太守，梁国内史，又迁青州刺史，寻改冀州。 ⑥阿寿：刘敬宣字万寿。故刘裕称之为阿寿。⑦"公昔年"句："自左里还"，指410年在左里打败卢循后返回，见本书卷第一百一十五晋安帝义熙六年（410）。脱尔：简慢，轻率。 ⑧讵（jù拒）：岂，表示反问。 ⑨贲、育：传说中古代的二位勇士。 ⑩"置官僚"句：吕光称三河王，见本书卷第一百七晋孝武帝太元十四年（389）。⑪"刘敬宣"二句：刘敬宣兵败黄虎，见本书卷第一百一十四晋安帝义熙四年（408）。黄虎，城名，在今四川绵阳市东南涪江畔。 ⑫"贼谓"二句：外水，河流名，即今四川境内岷江；内水，河流名，即今四川境内涪江。二者之得名，是因为巴郡江州县（治今重庆）对着二水口，左称外水，右称内水。

九年 春，二月，庚戌，魏主嗣如高柳川[①]；甲寅，还宫。

太尉裕自江陵东还，骆驿遣辎重兼行而下，前刻至日，每淹留不进。诸葛长民与公卿频日奉候于新亭，辄差其期。乙丑晦，裕轻舟径进，潜入东府。三月，丙寅朔旦，长民闻之，惊趋至门。裕伏壮士丁旿于幔中[②]，引长民却人间语，凡平生所不尽者皆及之。长民甚悦。丁旿自幔后出，于座拉杀之，舆尸付廷尉。收其弟黎民，黎民素骁勇，格斗而死。并杀其季弟大司马参军幼民、从弟宁朔将军秀之。

庚午，秦王兴遣使至魏修好。

太尉裕上表曰："大司马温以'民无定本，伤治为深'，《庚戌》土断以一其业[3]；于时财阜国丰，实由于此。自兹迄今，渐用颓弛，请申前制。"于是依界土断，唯徐、兖、青三州居晋陵者，不在断例；诸流寓郡县多所并省。

戊寅，加裕豫州刺史。裕固让太傅、州牧。

林邑范胡达寇九真[4]，杜慧度击斩之。

河南王炽磐遣镇东将军昙达、平东将军王松寿将兵东击休官权小郎、吕破胡于白石川[5]，大破之，虏其男女万余口，进据白石城[6]。显亲休官权小成、吕奴迦等二万余户据白坑不服[7]，昙达攻斩之，陇右休官悉降。秦太尉索稜以陇西降炽磐，炽磐以稜为太傅。

【注释】

①高柳川：地名，确址待考，疑在今山西阳高县西北。 ②旿（wǔ午）：光明。幔（màn慢）：帐幕。 ③《庚戌》：晋哀帝兴宁二年（364）某月（月份不详）庚戌日诏令的简称。土断：对由北方流寓到江南的民众，一律依现住地区登记注册，承担赋役。 ④林邑：王国名，故地在今越南中南部。 ⑤"河南王"句：本句下原缺四十六字。 ⑥白石城：城名，在今甘肃清水县西北。 ⑦白坑：地名，在今甘肃临夏回族自治州境。

大夏统万城遗址

夏王勃勃大赦，改元凤翔；以叱干阿利领将作大匠，发岭北夷、夏十万人筑都城于朔方水北、黑水之南[①]。勃勃曰："朕方统一天下，君临万邦，宜名新城曰统万[②]。"阿利性巧而残忍，蒸土筑城，锥入一寸，即杀作者而并筑之。勃勃以为忠，委任之。凡造兵器成，呈之，工人必有死者；射甲不入则斩弓人，入则斩甲匠。又铸铜为一大鼓，飞廉、翁仲、铜驼、龙虎之属[③]，饰以黄金，列于宫殿之前。凡杀工匠数千，由是器物皆精利。

勃勃自谓其祖从母姓为刘[④]，非礼也。古人氏族无常，乃改姓赫连氏，言帝王系天为子，其徽赫与天连也；其非正统者，皆以铁伐为氏[⑤]，言其刚锐如铁，皆堪伐人也。

夏，四月，乙卯，魏主嗣西巡，命郑兵将军奚斤、鸿飞将军尉古真、都将闾大肥等击越勤部于跋那山[⑥]，大肥，柔然人也。

河南王炽磐遣安北将军乌地延、冠军将军翟绍击吐谷浑别统句旁于泣勤川[⑦]，大破之。

河西王蒙逊立子政德为世子，加镇卫大将军、录尚书事。

南凉王傉檀伐河西王蒙逊，蒙逊败之于若厚坞[⑧]，又败之于若凉[⑨]；因进围乐都，二旬不克。南凉湟河太守文支以郡降于蒙逊，蒙逊以文支为广武太守。蒙逊复伐南凉，傉檀以太尉俱延为质，乃还。

蒙逊西如苕藋，遣冠军将军伏恩将骑一万袭卑和、乌啼二部[⑩]，大破之，俘二千余落而还。

蒙逊寝于新台，阉人王怀祖击蒙逊伤足，其妻孟氏禽斩之。

蒙逊母车氏卒。

五月，乙亥，魏主嗣如云中旧宫。丙子，大赦。西河胡张外等聚众为盗；乙卯[⑪]，嗣遣会稽公长乐刘絜等屯西河招讨之。六月，嗣如五原。

【注释】

①朔方水：河流名，一名奢延水，即今陕西北部黄河支流无定河。黑水：河流名，即今陕西榆林市横山区西北长城外无定河北岸支流淖泥河。②统万：城名，即今陕西靖边县东北白城子。　③飞廉：传说中的神禽名，其形似鹿，头如爵，有角而蛇尾，文如豹文。翁仲：传说为秦代巨人之

名,后世所铸高大的铜人因之称为翁仲。铜驼:铜铸的骆驼。 ④“勃勃”句:汉高祖将宗室女子嫁给匈奴单于冒顿,约为兄弟。冒顿子孙因之冒姓刘氏。 ⑤“其非”二句:赫连勃勃的父亲刘卫辰本为铁弗氏,所以赫连勃勃将关系疏远的宗室称为铁伐氏。 ⑥郑兵将军:据《北史》,当作“都兵将军”。跋那山:山名,在今内蒙古乌拉特旗东南。 ⑦别统:别部(聚居区域以外的部落)首领。泣勤川:地名,或以为当作“泾勒川”,今地不详。 ⑧若厚坞:地名,确址待考,疑在今甘肃武威市南。 ⑨若凉:地名,确址待考,疑在今青海门源回族自治县境。 ⑩“蒙逊”句:卑和、乌啼,羌族部落,其时住在居延海(今内蒙古额济纳旗北境)。 ⑪乙卯:五月乙丑朔,无乙卯。胡三省以为,“恐是己卯”(即十五日)。

朱龄石等至白帝发函书,曰:“众军悉从外水取成都,臧熹从中水取广汉[①],老弱乘高舰十余,从内水向黄虎。”于是诸军倍道兼行。谯纵果命谯道福将重兵镇涪城,以备内水。

龄石至平模[②],去成都二百里;纵遣秦州刺史侯晖、尚书仆射谯诜帅众万余屯平模,夹岸筑城以拒之。龄石谓刘钟曰:“今天时盛热,而贼严兵固险,攻之未必可拔,只增疲困;且欲养锐息兵以伺其隙,何如?”钟曰:“不然。前扬声言大众向内水,谯道福不敢舍涪城。今重军猝至,出其不意,侯晖之徒已破胆矣。贼阻兵守险者,是其惧不敢战也。因其凶惧,尽锐攻之,其势必克。克平模之后,自可鼓行而进,成都必不能守矣。若缓兵相守,彼将知人虚实。涪军忽来,并力拒我,人情既安,良将又集[③],此求战不获,军食无资,二万余人悉为蜀子虏矣。”龄石从之。

诸将以水北城地险兵多,欲先攻其南城,龄石曰:“今屠南城,不足以破北,若尽锐以拔北城,则南城不麾自散矣。”秋,七月,龄石帅诸军急攻北城,克之,斩侯晖、谯诜;引兵回趣南城,南城自溃。龄石舍船步进;谯纵大将谯抚之屯牛脾[④],谯小苟塞打鼻[⑤]。臧熹击抚之,斩之,小苟闻之,亦溃。于是纵诸营屯望风相次奔溃。

戊辰,纵弃成都出走,尚书令马耽封府库以待晋师。壬申,龄石入成都,诛纵同祖之亲,余皆按堵,使复其业。纵出成都,先辞墓，其女曰："走必不免，只取辱焉；等死，死于先人之墓可也。"纵不从。谯道福闻平模不守，自涪引兵入赴，纵往投之。道福见纵，怒曰："大丈夫有如此功业而弃之，将安归乎！人谁不死，何怯之甚也？"因投纵以剑，中其马鞍。纵乃去，自缢死，巴西人王志斩其首以送龄石。道福谓其众曰："蜀之存亡，实系于我，不在谯王，今我在，犹足一战。"众皆许诺；道福尽散金帛以赐众，众受之而走。道福逃于獠中[6]，巴民杜瑾执送之，斩于军门。龄石徙马耽于越嶲[7]，耽谓其徒曰："朱侯不送我京师，欲灭口也[8]，吾必不免。"乃盥洗而卧，引绳而死。须臾，龄石使至，戮其尸。诏以龄石进监梁、秦州六郡诸军事，赐爵丰城县侯。

【注释】

①中水：河流名，又名中江，即今四川沱江。　②平模：城名，在今四川眉山市彭山区东。　③良将：指谯道福。　④牛脾：县名，当作"牛鞞"，治今四川简阳市西。　⑤打鼻：山名，在今四川眉山市彭山区南岷江西岸。　⑥獠（lǎo 老）：古籍中对我国少数民族仡佬族的侮辱性称呼。　⑦越嶲（xī 吸）：郡名，治今四川会理市西。　⑧"朱侯"二句：意为朱龄石盗取府库财物甚多，故杀马耽以灭口。

魏奚斤等破越勤于跋那山西，徙二万余家于大宁[1]。

河西胡曹龙等拥部众二万人来入蒲子[2]，张外降之，推龙为大单于。

丙戌，魏主嗣如定襄大洛城[3]。

河南王炽磐击吐谷浑支旁于长柳川[4]，虏旁及其民五千余户而还。

八月，癸卯，魏主嗣还平城。

曹龙请降于魏，执送张外，斩之。

丁丑[5]，魏主嗣如豺山宫；癸未[6]，还。

九月，再命太尉裕为太傅、扬州牧；固辞。

河南王炽磐击吐谷浑别统掘逵于渴浑川[7]，大破之，虏男女二万三千。冬，十月，掘逵帅其余众降于炽磐。

吐京胡与离石胡出以眷叛魏[8]，魏主嗣命元城侯屈督会稽公刘絜、永安侯魏勤以讨之。丁巳，出以眷引夏兵邀击絜，禽之以献于夏；勤战死。嗣以屈亡二将，欲诛之；既而赦之，使摄并州刺史。屈到州，纵酒废事，嗣积其前后罪恶，槛车征还，斩之。

十一月，魏主嗣遣使请昏于秦，秦王兴许之。

是岁，以敦煌索邈为梁州刺史，苻宣乃还仇池⑨。初，邈寓居汉川⑩，与别驾姜显有隙，凡十五年而邈镇汉川；显乃肉袒迎候，邈无愠色，待之弥厚。退而谓人曰："我昔寓此，失志多年，若仇姜显，惧者不少。但服之自佳，何必逞志！"于是阖境闻之皆悦。

【注释】

①大宁：地名，在今河北怀安县东南。 ②蒲子：县名，治今山西隰县，一说即今隰县东北蒲子村。 ③大洛城：城名，在今内蒙古清水河县南。 ④长柳川：地名，在今青海东南境。 ⑤丁丑：八月癸巳朔，无丁丑。 ⑥癸未：八月癸巳朔，无癸未。 ⑦渴浑川：地名，在今甘肃靖远县城西南一百公里处。 ⑧吐京：地名，在今山西石楼县。离石：地名，在今山西吕梁市。 ⑨"苻宣"句：苻宣入汉中，见本书卷第一百一十四晋安帝义熙元年(405)。 ⑩汉川：地域名，指汉水流域。

十年 春，正月，辛酉，魏大赦，改元神瑞。

辛巳，魏主嗣如繁畤；二月，戊戌，还平城。

夏王勃勃侵魏河东蒲子。

庚戌，魏主嗣如豺山宫。

魏并州刺史娄伏连袭杀夏所置吐京护军及其守兵。

司马休之在江陵，颇得江、汉民心。子谯王文思在建康，性凶暴，好通轻侠；太尉裕恶之。三月，有司奏文思擅捶杀国吏，诏诛其党而宥文思。休之上疏谢罪，请解所任，不许。裕执文思送休之，令自训厉，意欲休之杀之；休之但表废文思，并与裕书陈谢。裕由是不悦，以江州刺史孟怀玉兼督豫州六郡以备之①。

夏，五月，辛酉，魏主嗣还平城。

秦后将军敛成讨叛羌，为羌所败，惧罪，出奔夏。

秦王兴有疾。妖贼李弘与氐仇常反于贰城，兴舆疾往讨之，斩常，执弘而还。

秦左将军姚文宗有宠于太子泓，广平公弼恶之，诬文宗有怨言；秦王兴怒，赐文宗死，于是群臣畏弼侧目。弼言于兴，无不从者；以所亲天水尹冲为给事黄门侍郎，唐盛为治书侍御史，兴左右掌机要者，皆其党也。右仆射梁喜、侍中任谦、京兆尹尹昭承间言于兴曰："父子之际，人所难言；然君臣之义，不薄于父子，故臣等不得默然。广平公弼，潜有夺嫡之志[2]，陛下宠之太过，假其威权；倾险无赖之徒辐凑附之。道路皆言陛下将有废立之计，信有之乎?"兴曰："岂有此邪?"喜等曰："苟无之，则陛下爱弼，适所以祸之；愿去其左右，损其威权，如此，非特安弼，乃所以安宗庙、社稷。"兴不应。大司农窦温、司徒左长史王弼皆密疏劝兴立弼为太子，兴虽不从，亦不责也。

兴疾笃，弼潜聚众数千人，谋作乱。姚裕遣使以弼逆状告诸兄在藩镇者，于是姚懿治兵于蒲阪，镇东将军、豫州牧洸治兵于洛阳，平西将军谌治兵于雍，皆欲赴长安讨弼。会兴疾瘳，见群臣，征虏将军刘羌泣以告兴。梁喜、尹昭请诛弼，且曰："苟陛下不忍杀弼，亦当夺其权任。"兴不得已，免弼尚书令，使以将军、公还第[3]。懿等各罢兵。

懿、洸、谌与姚宣皆入朝，使裕入白兴，求见，兴曰："汝等正欲论弼事耳，吾已知之。"裕曰："弼苟有可论，陛下所宜垂听；若懿等言非是，便当置之刑辟，奈何逆拒之!"于是引见懿等于咨议堂。宣流涕极言，兴曰："吾自处之，非汝曹所忧。"抚军东曹属姜虬上疏曰："广平公弼，衅成逆著，道路皆知之。昔文王之化，刑于寡妻[4]；今圣朝之乱，起自爱子，虽欲含忍掩蔽，而逆党扇惑不已，弼之乱心何由可革！宜斥散凶徒，以绝祸端。"兴以虬表示梁喜曰："天下人皆以吾儿为口实，将何以处之?"喜曰："信如虬言，陛下宜早裁决。"兴默然。

【注释】

①豫州六郡：指宣城、襄城、淮南、庐江、安丰、历阳六郡。　②夺嫡：以庶子夺取嫡子的地位，即夺取继承权。　③"使以"句：姚弼还第时为大将军、广平公。　④"昔文王"句：文王，指周文王。"刑于寡妻"，语出《诗经·大雅·思齐篇》。刑，法，这里作动词用，意思为周文王以礼法

对待其妻（从《郑笺》之说）。寡妻，嫡妻。

唾契汗、乙弗等部皆叛南凉，南凉王傉檀欲讨之。邯川护军孟恺谏曰[①]："今连年饥馑，南逼炽磐，北逼蒙逊，百姓不安。远征虽克，必有后患；不如与炽磐结盟通籴，慰抚杂部，足食缮兵，俟时而动。"傉檀不从，谓太子虎台曰："蒙逊近去，不能猝来；旦夕所虑，唯在炽磐。然炽磐兵少易御，汝谨守乐都，吾不过一月必还矣。"乃帅骑七千袭乙弗，大破之，获马牛羊四十余万。

河南王炽磐闻之，欲袭乐都，群臣咸以为不可。太府主簿焦袭曰："傉檀不顾近患而贪远利，我今伐之，绝其西路[②]，使不得还救，则虎台独守穷城，可坐禽也。此天亡之时，必不可失。"炽磐从之，帅步骑二万袭乐都。虎台凭城拒守，炽磐四面攻之。

南凉抚军从事中郎尉肃言于虎台曰："外城广大难守，殿下不若聚国人守内城[③]，肃等帅晋人拒战于外[④]，虽有不捷，犹足自存。"虎台曰："炽磐小贼，旦夕当走，卿何过虑之深！"虎台疑晋人有异心，悉召豪望有谋勇者闭之于内。孟恺泣曰："炽磐乘虚内侮，国家危于累卵。恺等进欲报恩，退顾妻子，人思效死，而殿下乃疑之如是邪！"虎台曰："吾岂不知君之忠笃，惧余人脱生虑表，以君等安之耳。"

一夕，城溃，炽磐入乐都，遣平远将军捷虔帅骑五千追傉檀，以镇南将军谦屯为都督河右诸军事、凉州刺史，镇乐都；秃发赴单为西平太守，镇西平；以赵恢为广武太守，镇广武；曜武将军王基为晋兴太守，镇浩亹[⑤]；徙虎台及其文武百姓万余户于枹罕。赴单，乌孤之子也。

【注释】

①邯川：城名，在今青海化隆回族自治县西南黄河北岸。 ②西路：指乐都（今青海海东市乐都区）的西路，这是秃发傉檀从乙弗部落返回乐都的必经之地。 ③国人：指鲜卑秃发部落中人。他们是秃发氏政权的基本力量，故称"国人"。 ④晋人：指汉人，以这些汉人曾经做过晋国的臣民而得名。 ⑤浩亹（mén 门）：县名，治今甘肃永登县西南大通河东岸。

河间人褚匡言于燕王跋曰："陛下龙飞辽、碣[1]，旧邦族党，倾首朝阳[2]，以日为岁，请往迎之。"跋曰："道路数千里，复隔异国，如何可致？"匡曰："章武临海[3]，舟楫可通，出于辽西临渝[4]，不为难也。"跋许之，以匡为游击将军、中书侍郎，厚资遣之。匡与跋从兄买、从弟睹自长乐帅五千余户归于和龙[5]，契丹、库莫奚皆降于燕。跋署其大人为归善王。跋弟丕避乱在高句丽，跋召之，以为左仆射，封常山公。

柔然可汗斛律将嫁女于燕，斛律兄子步鹿真谓斛律曰："幼女远嫁忧思，请以大臣树黎等女为媵[6]。"斛律不许。步鹿真出，谓树黎等曰："斛律欲以汝女为媵，远适他国。"树黎恐，与步鹿真谋使勇士夜伏于斛律穹庐之后，伺其出而执之，与女皆送于燕，立步鹿真为可汗而相之。

初，社仑之徙高车也[7]，高车人叱洛侯为之乡导以并诸部，社仑德之，以为大人。步鹿真与社仑之子社拔共至叱洛侯家，淫其少妻，妻告步鹿真曰："叱洛侯欲奉大檀为主。"大檀者，社仑季父仆浑之子也，领别部镇西境，素得众心。步鹿真归而发兵围叱洛侯，叱洛侯自杀。遂引兵袭大檀，大檀逆击，破之，执步鹿真及社拔，杀之，自立为可汗，号牟汗纥升盖可汗。

斛律至和龙，燕王跋赐斛律爵上谷侯，馆之辽东，待以客礼，纳其女为昭仪。斛律上书请还其国，跋曰："今弃国万里，又无内应，若以重兵相送，则馈运难继，兵少则不足成功，如何可还？"斛律固请，曰："不烦重兵，愿给三百骑，送至敕勒[8]，国人必欣然来迎。"跋乃遣单于前辅万陵帅骑三百送之。陵惮远役，至黑山[9]，杀斛律而还。大檀亦遣使献马三千匹、羊万口于燕。

六月，泰山太守刘研等帅流民七千余家，河西胡酋刘遮等帅部落万余家，皆降于魏。

戊申，魏主嗣如豺山宫；丁亥[10]，还平城。

【注释】

①辽、碣：指辽山、碣石山。辽山，即今辽宁清原满族自治县东北三通背岭；碣石山，即今河北昌黎县西北仙台山。二者并称，泛指今辽河流

域及其以东地区。 ②“旧邦”二句：冯跋是长乐信都（今河北衡水市冀州区）人，长乐在辽、碣之西，故褚匡称长乐宗族乡党朝着太阳升起的方向翘首远望。 ③章武：郡国名，治今河北大城县。 ④临渝：县名，治今河北秦皇岛市抚宁区东榆关站。 ⑤和龙：城名，在今辽宁朝阳市。 ⑥媵（yìng 映）：陪嫁的人。 ⑦“社仑”句：郁久闾社仑迁到高车部落故地，见本书卷第一百一十二晋安帝元兴元年（402）。 ⑧敕勒：部落名，又称铁勒、高车，其时居住在贝加尔湖南。 ⑨黑山：山名，在今内蒙古包头市西北。 ⑩丁亥：六月己丑朔，无丁亥。

乐都之溃也，南凉安西将军樊尼自西平奔告南凉王傉檀，傉檀谓其众曰：“今妻子皆为炽磐所虏，退无所归，卿等能与吾籍乙弗之资，取契汗以赎妻子乎？”乃引兵西；众多逃还，傉檀遣镇北将军段苟追之，苟亦不还。于是将士皆散，唯樊尼与中军将军纥勃、后军将军洛肱、散骑侍郎阴利鹿不去，傉檀曰：“蒙逊、炽磐昔皆委质于吾[1]，今而归去，不亦鄙乎！四海之广，无所容身，何其痛也！与其聚而同死，不若分而或全。樊尼，吾长兄之子[2]，宗部所寄；吾众在北者户垂一万，蒙逊方招怀士民，存亡继绝，汝其从之；纥勃、洛肱亦与尼俱行。吾年老矣，所适不容，宁见妻子而死！”遂归于炽磐，唯阴利鹿随之。傉檀谓利鹿曰：“吾亲属皆散，卿何独留？”利鹿曰：“臣老母在家，非不思归；然委质为臣，忠孝之道，难以两全。臣不才，不能为陛下泣血求救邻国[3]，敢离左右乎？”傉檀叹曰：“知人固未易。大臣亲戚皆弃我去，今日忠义终始不亏者，唯卿一人而已！”

傉檀诸城皆降于炽磐，独尉贤政屯浩亹，固守不下。炽磐遣人谓之曰：“乐都已溃，卿妻子皆在吾所，独守一城，将何为也？”贤政曰：“受凉王厚恩，为国藩屏。虽知乐都已陷，妻子为禽，先归获赏，后顺受诛；然不知主上存亡，未敢归命；妻子小事，岂足动心！若贪一时之利，忘委付之重者，大王亦安用之！”炽磐乃遣虎台以手书谕之，贤政曰：“汝为储副，不能尽节，面缚于人，弃父忘君，堕万世之业，贤政义士，岂效汝乎！”闻傉檀至左南[4]，乃降。

炽磐闻傉檀至，遣使郊迎，待以上宾之礼。秋，七月，炽磐以傉檀为骠骑大将军，赐爵左南公，南凉文武，依才铨叙。岁余，炽磐使人鸩傉檀；左右请解之，傉檀曰："吾病岂宜疗邪！"遂死，谥曰景王。虎台亦为炽磐所杀。傉檀子保周、贺，俱延子覆龙，利鹿孤孙副周，乌孤孙承钵，皆奔河西王蒙逊，久之，又奔魏。魏以保周为张掖王，覆龙为酒泉公，贺西平公，副周永平公，承钵昌松公。魏主嗣爱贺之才，谓曰："卿之先与朕同源，赐姓源氏。"

【注释】

①"蒙逊"句：沮渠蒙逊向秃发利鹿孤称臣，见本书卷第一百一十二晋安帝隆安五年(401)。乞伏炽磐父子归依秃发利鹿孤，见本书卷第一百一十一晋安帝隆安四年(400)。　②"樊尼"二句：秃发樊尼大概是秃发乌孤的儿子。　③"不能"句：本句暗引春秋时期申包胥之事。申包胥，楚国公族。前506年，吴国攻楚，"五战及郢"(今湖北荆州市北)，申包胥奉命至秦求援，鹄立秦廷，痛哭七日七夜，勺饮不入口，秦终于出车五百乘，援楚复国。　④左南：县名，治今青海民和回族土族自治县西北黄河北岸。

八月，戊子，魏主嗣遣马邑侯陋孙使于秦，辛丑，遣谒者于什门使于燕，悦力延使于柔然。于什门至和龙，不肯入见，曰："大魏皇帝有诏，须冯王出受，然后敢入。"燕王跋使人牵逼令入；什门见跋不拜，跋使人按其项，什门曰："冯王拜受诏，吾自以宾主致敬，何苦见逼邪！"跋怒，留什门不遣，什门数众辱之。左右请杀之，跋曰："彼各为其主耳。"乃幽执什门，欲降之，什门终不降。久之，衣冠弊坏略尽，虮虱流溢[①]；跋遗之衣冠，什门皆不受。

魏主嗣以博士王谅为平南参军，使以平南将军、相州刺史尉太真书与太尉裕相闻[②]。太真，古真之弟也。

九月，丁巳朔，日有食之。

冬，十月，河南王炽磐复称秦王，置百官。

燕主跋与夏连和，夏王勃勃遣御史中丞乌洛孤如燕莅盟[③]。

十一月，壬午，魏主嗣遣使者巡行诸州，校阅守宰资财，非家所赍，悉簿为赃。

西秦王炽磐立妃秃发氏为后。

十二月，丙戌朔，柔然可汗大檀侵魏；丙申，魏主嗣北击之。大檀走，遣奚斤等追之，遇大雪，士卒冻死及堕指者什二三。

河内人司马顺宰自称晋王，魏人讨之，不克。

燕辽西公素弗卒，燕王跋比葬七临之。

是岁，司马国璠兄弟聚众数百潜渡淮，夜入广陵城。青州刺史檀祗领广陵相，国璠兵直上听事，祗惊出，将御之，被射伤而入，谓左右曰："贼乘暗得入，欲掩我不备；但击五鼓[④]，彼惧晓，必走矣。"左右如其言，国璠兵果走。

魏博士祭酒崔浩为魏主嗣讲《易》及《洪范》[⑤]，嗣因问浩天文、术数[⑥]；浩占决多验，由是有宠，凡军国密谋皆预之。

夏王勃勃立夫人梁氏为王后，子璝为太子；封子延为阳平公，昌为太原公，伦为酒泉公，定为平原公，满为河南公，安为中山公。

【注释】

①虮（jǐ 几）：虱子的卵。 ②相州：州名，治今河北临漳县西南邺镇。 ③"夏王"句：按春秋时惯例，列国之间释仇通好，国君不参加会盟，必派使臣参加。赫连勃勃与燕会盟，即循此例。 ④"但击"句：古代都市中，设更夫打更，击鼓一声代表一更天，以下依次类推，直至五更。五更是天快亮的时候，故檀祗派人击鼓五声，使司马国璠误以为天快亮而撤退。 ⑤《洪范》：《尚书》篇名。相传为商末箕子所作，以此向周武王陈述天地间的大法。 ⑥术数：用阴阳五行生克制化的数理，来推断人事吉凶，如占候、卜筮、星命等。

资治通鉴卷第一百一十七

晋纪三十九　起旃蒙单阏，尽柔兆执徐，凡二年。

安皇帝壬

义熙十一年　春，正月，丙辰，魏主嗣还平城。

太尉裕收司马休之次子文宝、兄子文祖，并赐死；发兵击之。诏加裕黄钺，领荆州刺史。庚午，大赦。

丁丑，以吏部尚书谢裕为尚书左仆射。

辛巳，太尉裕发建康。以中军将军刘道怜监留府事，刘穆之兼右仆射；事无大小，皆决于穆之。又以高阳内史刘钟领石头戍事，屯冶亭[①]。休之府司马张裕、南平太守檀范之闻之，皆逃归建康。裕，邵之兄也。雍州刺史鲁宗之自疑不为太尉裕所容，与其子竟陵太守轨起兵应休之。二月，休之上表罪状裕，勒兵拒之。

裕密书招休之府录事参军南阳韩延之，延之复书曰："承亲帅戎马，远履西畿，阖境士庶，莫不惶骇。辱疏，知以谯王前事[②]，良增叹息。司马平西体国忠贞[③]，款怀待物。以公有匡复之勋，家国蒙赖，推德委诚，每事询仰。谯王往以微事见劾，犹自表逊位；况以大过，而当嘿然邪！前已表奏废之，所不尽者命耳。推寄相与，正当如此；而遽兴兵甲，所谓'欲加之罪，其无辞乎[④]！'刘裕足下，海内之人，谁不见足下此心！而复欲欺诳国士！来示云'处怀期物，自有由来'，今伐人之君，啖人以利，真可谓'处怀期物，自有由来'者乎！刘藩死于阊阖之门，诸葛毙于左右之手[⑤]；甘言诧方伯，袭之以轻兵[⑥];遂使席上靡款怀之士,阃外无自信诸侯,以是为得算,良可耻也!贵府将佐及朝廷贤德,寄命过日。吾诚鄙劣,尝闻道于君子,以平西之至德,宁可无授命之臣乎!必未能自投虎口,比迹郗僧施之徒明矣[⑦]。假令天长丧乱,九流浑浊,当与臧洪游于地下[⑧]。不复多言。”裕视书叹息,以示将佐曰:“事人当如此矣!”延之以裕父名翘,字显宗,乃更其字曰显宗,名其子曰翘,以示不臣刘氏。

琅邪太守刘朗帅二千余家降魏。

【注释】

①冶亭:地名,在今江苏南京市东门至蒋山之间。 ②“知以”句:谯王,指司马文思。司马文思之事,见本书卷第一百一十六晋安帝义熙十年(414)。 ③司马平西:指司马休之,司马休之其时担任平西将军。④“所谓”句:这是春秋时晋国大夫里克说过的一句话,语见《左传》僖公十年。 ⑤“刘藩”二句:阊阖(chāng hé 昌合)之门:皇宫的正门。刘藩、诸葛长民之死,分见本书卷第一百一十六晋安帝义熙八年、九年(412、413)。 ⑥“甘言”二句:指袭击刘毅之事,见本书卷第一百一十六晋安帝义熙八年(412)。 ⑦“比迹”句:郗僧施原为丹杨尹,随刘毅西上为南蛮校尉后军司马。其事详见本书卷第一百一十六晋安帝义熙八年(412)。 ⑧“当与”句:臧洪(160—195),东汉末官吏。字子源,广陵射阳(今江苏宝应县东)人。年十五,以父功任童子郎,举孝廉,补即丘长。董卓专权时,他说服兖州刺史刘岱、豫州刺史孔伷等联兵讨卓。后归袁绍,任青州刺史,徙东郡太守。因事与袁绍结怨,被袁绍围困于东郡,城破被杀。臧洪不负旧日长官张超、拒绝投降袁绍之事,详见本书卷第六十一汉献帝兴平二年(195)。

庚子,河西胡刘云等帅数万户降魏。

太尉裕使参军檀道济、朱超石将步骑出襄阳。超石,龄石之弟也。江夏太守刘虔之将兵屯三连,立桥聚粮以待,道济等积日不至。鲁轨袭击虔之,杀之。裕使其婿振威将军东海徐逵之统参军蒯恩、王允之、沈渊子为前锋,出江夏口[①]。逵之等与鲁轨战于破冢,兵败,逵之、允之、渊子皆死,独蒯恩勒兵不动。轨乘胜力攻

檀道济像

之，不能克，乃退。渊子，林子之兄也。

裕军于马头[2]，闻逵之死，怒甚；三月，壬午，帅诸将济江。鲁轨、司马文思将休之兵四万，临峭岸置陈，军士无能登者。裕自被甲欲登，诸将谏，不从，怒愈甚。太尉主簿谢晦前抱持裕，裕抽剑指晦曰："我斩卿！"晦曰："天下可无晦，不可无公！"建武将军胡藩领游兵在江津，裕呼藩使登，藩有疑色。裕命左右录来，欲斩之。藩顾曰："正欲击贼，不得奉教！"乃以刀头穿岸，劣容足指，腾之而上；随之者稍多。既登岸，直前力战。休之兵不能当，稍引却。裕兵因而乘之，休之兵大溃，遂克江陵。休之、宗之俱北走，轨留石城。裕命阆中侯下邳赵伦之、太尉参军沈林子攻之；遣武陵内史王镇恶以舟师追休之等。

有群盗数百夜袭冶亭，京师震骇；刘钟讨平之。

秦广平公弼谮姚宣于秦王兴，宣司马权丕至长安，兴责以不能辅导，将诛之；丕惧，诬宣罪恶以求自免。兴怒，遣使就杏城收宣下狱，命弼将三万人镇秦州。尹昭曰："广平公与皇太子不平，今握强兵于外，陛下一旦不讳，社稷必危。'小不忍，乱大谋[3]'，陛下之谓也。"兴不从。

夏王勃勃攻秦杏城，拔之，执守将姚逵，坑士卒二万人。秦王兴如北地，遣广平公弼及辅国将军敛曼嵬向新平，兴还长安。

河西王蒙逊攻西秦广武郡，拔之。西秦王炽磐遣将军乞伏魋尼寅邀蒙逊于浩亹[4]，蒙逊击斩之；又遣将军折斐等帅骑一万据勒姐岭[5]，蒙逊击禽之。

河西饥胡相聚于上党，推胡人白亚栗斯为单于，改元建平。以司马顺宰为谋主[6]，寇魏河内。夏，四月，魏主嗣命公孙表等五将讨之。

【注释】

①江夏口：地名，在今湖北监利市西，即古夏水通长江之口。 ②马头：城名，在今湖北公安县西北，北与荆州市隔长江相望。 ③"小不忍"二句：语出《论语·卫灵公篇》。大谋，大的计划或决策。二句意为在小问题上不忍耐，会把大局搞乱。 ④魋（tuí 颓）：此处为人名用字。⑤勒姐岭：地名，一作勒且岭，在今青海海东市乐都区西南。 ⑥"以司马"句：司马顺宰起兵事，见本书卷第一百一十六晋安帝义熙十年（414）。

青、冀二州刺史刘敬宣参军司马道赐，宗室之疏属也。闻太尉裕攻司马休之，道赐与同府辟闾道秀、左右小将王猛子谋杀敬宣[1]，据广固以应休之。乙卯，敬宣召道秀，屏人语，左右悉出户。猛子逡巡在后，取敬宣备身刀杀敬宣。文武佐吏即时讨道赐等，皆斩之。

己卯，魏主嗣北巡。

西秦王炽磐子元基自长安逃归，炽磐以为尚书左仆射。

五月，丁亥，魏主嗣如大宁。

赵伦之、沈林子破鲁轨于石城，司马休之、鲁宗之救之不及，遂与轨奔襄阳，宗之参军李应之闭门不纳。甲午，休之、宗之、轨及谯王文思、新蔡王道赐、梁州刺史马敬、南阳太守鲁范俱奔秦[2]。宗之素得士民心，争为之卫送出境。王镇恶等追之，尽境而还。

初，休之等求救于秦、魏，秦征虏将军姚成王及司马国璠引兵至南阳，魏长孙嵩至河东，闻休之等败，皆引还。休之至长安，秦王兴以为扬州刺史，使侵扰襄阳。侍御史唐盛言于兴曰："据符谶之文，司马氏当复得河、洛。今使休之擅兵于外，犹纵鱼于渊也；不如以高爵厚礼；留之京师。"兴曰："昔文王卒免羑里[3]，高祖不毙鸿门[4]，苟天命所在，谁能违之！脱如符谶之言，留之适足为害。"遂遣之。

诏加太尉裕太傅、扬州牧，剑履上殿，入朝不趋，赞拜不名。以兖、青二州刺史刘道怜为都督荆、湘、益、秦、宁、梁、雍七州诸军事、骠骑将军、荆州刺史。道怜贪鄙，无才能，裕以中军长史晋陵太守谢方明为骠骑长史、南郡相，道怜府中众事皆咨决于方明。方明，冲之子也。

益州刺史朱龄石遣使诣河西王蒙逊，谕以朝廷威德。蒙逊遣舍人黄迅诣龄石，且上表言："伏闻车骑将军裕欲清中原，愿为右翼[5]，驱除戎虏。"

夏王勃勃遣御史中丞乌洛孤与蒙逊结盟，蒙逊遣其弟湟河太守汉平莅盟于夏。

【注释】

①同府：司马道赐与辟闾道秀同为刘敬宣的僚属，故称为同府。辟闾：复姓。　②"休之"句：本句中的司马道赐，与前文中的司马道赐不是一人。　③"昔文王"句：文王，指周文王；羑（yǒu 酉）里，地名，在今河南汤阴县一带。周文王曾被商纣王囚禁在羑里，后释放。　④"高祖"句：高祖，指汉高祖刘邦。刘邦在鸿门脱险之事，见本书卷第九汉高帝元年（前206）。　⑤右翼：正面右侧的部队。古代以西为右，右侧即西侧。

西秦王炽磐率众三万袭湟河，沮渠汉平拒之，遣司马隗仁夜出击炽磐，破之。炽磐将引去，汉平长史焦昶、将军段景潜召炽磐，炽磐复攻之；昶、景因说汉平出降。仁勒壮士百余据南门楼，三日不下，力屈，为炽磐所禽。炽磐欲斩之，散骑常侍武威段晖谏曰："仁临难不畏死，忠臣也，宜宥之以厉事君。"乃囚之。炽磐以左卫将军匹达为湟河太守，击乙弗窟乾，降其三千余户而归。以尚书右仆射出连虔为都督岭北诸军事、凉州刺史[1]；以凉州刺史谦屯为镇军大将军、河州牧。隗仁在西秦五年，段晖又为之请，炽磐免之，使还姑臧。

戊午[2]，魏主嗣行如濡源，遂至上谷、涿鹿、广宁[3]；秋，七月，癸未，还平城。

西秦王炽磐以秦州刺史昙达为尚书令，光禄勋王松寿为秦州刺史。

辛亥晦，日有食之。

八月，甲子，太尉裕还建康，固辞太傅、州牧，其余受命。以豫章公世子义符为兖州刺史。

丁未[4]，谢裕卒；以刘穆之为左仆射。

九月，己亥，大赦。

魏比岁霜旱，云、代之民多饥死。太史令王亮、苏坦言于魏主嗣曰："按谶书，魏当都邺，可得丰乐。"嗣以问群臣，博士祭酒崔浩、特进京兆周澹曰："迁都于邺，可以救今年之饥，非久长之计也。山东之人，以国家居广汉之地[5]，谓其民畜无涯，号曰'牛毛之众'。今留兵守旧都，分家南徙，不能满诸州之地，参居郡县[6]，情见事露，恐四方皆有轻侮之心；且百姓不便水土，疾疫死伤者必多。又，旧都守兵既少，屈丐、柔然将有窥窬之心[7]；举国而来，云中、平城必危，朝廷隔恒、代千里之险[8]，难以赴救，此则声实俱损也。今居北方，假令山东有变，我轻骑南下，布濩林薄之间[9]，孰能知其多少！百姓望尘慑服，此国家所以威制诸夏也。来春草生，湩酪将出[10]，兼以菜果，得及秋熟，则事济矣。"嗣曰："今仓廪空竭，既无以待来秋，若来秋又饥，将若之何？"对曰："宜简饥贫之户，使就食山东；若来秋复饥，当更图之，但方今不可迁都耳。"嗣悦曰："唯二人与朕意同。"乃简国人尤贫者诣山东三州就食[11]，遣左部尚书代人周几帅众镇鲁口以安集之[12]。嗣躬耕藉田[13]，且命有司劝课农桑；明年，大熟，民遂富安。

【注释】

①岭北：指洪池岭以北。洪池岭，在今甘肃武威市东南。 ②戊午：五月癸未朔，无戊午。 ③广宁：郡名，治今河北涿鹿县。 ④丁未：八月壬子朔，无丁未。 ⑤"以国家"句：广汉，据《北史·崔浩传》，当作"广漠"。 ⑥参居：搀杂居住。参，义同搀。 ⑦屈丐：北魏对赫连勃勃的称呼。在北方语言中，屈丐是卑下的意思。 ⑧"朝廷"句：从恒山到代郡，有飞狐口（在今河北蔚县东南）、倒马关（在今河北唐县西北）等险阻。 ⑨布濩（hù 户）：散布、遍布。 ⑩湩酪（dòng lào 冻涝）：奶酪。湩，乳汁。 ⑪山东三州：指定州、相州、冀州。 ⑫鲁口：城名，在

今河北饶阳县。⑬藉田：古时帝王在春耕前亲耕农田，以奉祀宗庙，而且含有鼓励农耕的意思。

崔浩像

夏赫连建将兵击秦，执平凉太守姚军都，遂入新平。广平公弼与战于龙尾堡[①]，禽之。

秦王兴药动[②]。广平公弼称疾不朝，聚兵于第。兴闻之，怒，收弼党唐盛、孙玄等，杀之。太子泓请曰："臣不肖，不能缉谐兄弟，使至于此，皆臣之罪也。若臣死而国家安，愿赐臣死；若陛下不忍杀臣，乞退就藩。"兴恻然悯之，召姚赞、梁喜、尹昭、敛曼嵬与之谋，囚弼，将杀之，穷治党与；泓流涕固请，乃并其党赦之。泓待弼如初，无忿恨之色。

魏太史奏："荧惑在匏瓜中[③]，忽亡不知所在，于法当入危亡之国，先为童谣妖言，然后行其祸罚。"魏主嗣召名儒十余人使与太史议荧惑所诣。崔浩对曰："按《春秋左氏传》：'神降于莘[④]'，以其至之日推知其物。庚午之夕[⑤]，辛未之朝[⑥]，天有阴云；荧惑之亡，当在二日。庚之与午，皆主于秦；辛为西夷。今姚兴据长安，荧惑必入秦矣。"众皆怒曰："天上失星，人间安知所诣！"浩笑而不应。后八十余日，荧惑出东井[⑦]，留守句己[⑧]，久之乃去。秦大旱，昆明池竭[⑨]，童谣讹言，国人不安，间一岁而秦亡。众乃服浩之精妙。

冬，十月，壬子，秦王兴使散骑常侍姚敞等送其女西平公主于魏，魏主嗣以后礼纳之；铸金人不成，乃以为夫人[⑩]，而宠遇甚厚。

辛酉，魏主嗣如沮洳城[⑪]；癸亥，还平城。十一月丁亥，复如豺山宫；庚子，还。

西秦王炽磐遣襄武侯昙达等将骑一万击南羌弥姐、康薄于赤水[12]，降之；以王孟保为略阳太守，镇赤水。

燕尚书令孙护之弟伯仁为昌黎尹，与其弟叱支乙拔皆有才勇，从燕王跋起兵有功[13]，求开府不得，有怨言，跋皆杀之。进护开府仪同三司、录尚书事，以慰其心，护怏怏不悦，跋鸩杀之。辽东太守务银提自以有功，出为边郡，怨望，谋外叛，跋亦杀之。

林邑寇交州，州将击败之。

【注释】

①龙尾堡：地名，在今陕西岐山县东。　②药动：因服食寒食散而药性发作。　③荧惑：火星别名。因隐现不定，令人迷惑，故名。匏（páo咆）瓜：星名，一名天鸡，在天津（俗称银河）九星以南。　④"按春秋"二句：这里的《春秋左氏传》，不是目前常为人们引用的左丘明的《春秋传》，而是谶纬书籍中的一种，属神秘预言性质。莘：地名，即莘邑，春秋虢地，在今河南三门峡市陕州区东南。　⑤庚午之夕：指八月十九日晚上。　⑥辛未之朝：指八月二十日早上。　⑦东井：星宿名，即井宿，有主星八颗，属双子座。⑧句（gōu勾）己：指荧惑星（火星）运行时的一种特殊形式，即去而复来，环绕而行如同钩子形状，又可形成己字状，故称句己。　⑨昆明池：池名，西汉武帝元狩三年（前120）开凿，在今陕西西安市西南丰水和潏水之间，周围四十里。一为准备和昆明国作战训练水军，二为解决长安水源不足的困难。　⑩"魏主"二句：按北魏前代的传例，立嗣、立后都要由候选者亲手铸金人，根据铸成与否决定取舍。⑪沮洳城：城名，在今内蒙古兴和县西北。　⑫赤水：河流名，即今甘肃陇西县东渭河支流赤亭水。　⑬"从燕王跋"句：起兵即诛杀慕容熙之事，详见本书卷第一百一十四晋安帝义熙三年（407）。

十二年　春，正月，甲申，魏主嗣如豺山宫；戊子，还平城。

加太尉裕兖州刺史、都督南秦州，凡都督二十二州[1]；以世子义符为豫州刺史。

秦王兴使鲁宗之将兵寇襄阳，未至而卒。其子轨引兵入寇，雍州刺史赵伦之击败之。

西秦王炽磐攻秦洮阳公彭利和于漒川[2]，沮渠蒙逊攻石泉以救之[3]。炽磐至沓中[4]，引还。二月，炽磐遣襄武侯昙达救石泉，蒙逊亦引去。蒙逊遂与炽磐结和亲。

秦王兴如华阴，使太子泓监国，入居西宫。兴疾笃，还长安。黄门侍郎尹冲谋因泓出迎而杀之。兴至，泓将出迎，宫臣谏曰：“主上疾笃，奸臣在侧，殿下今出，进不得见主上，退有不测之祸。”泓曰：“臣子闻君父疾笃而端居不出，何以自安！”对曰：“全身以安社稷，孝之大者也。”泓乃止。尚书姚沙弥谓尹冲曰：“太子不出迎，宜奉乘舆幸广平公第；宿卫将士闻乘舆所在，自当来集，太子谁与守乎！且吾属以广平公之故，已陷名逆节，将何所自容！今奉乘舆以举事，乃杖大顺，不惟救广平之祸，吾属前罪亦尽雪矣。”冲以兴死生未可知，欲随兴入宫作乱，不用沙弥之言。

兴入宫，命太子泓录尚书事，东平公绍及右卫将军胡翼度典兵禁中[5]，防制内外。遣殿中上将军敛曼嵬收弼第中甲仗，内之武库。

兴疾转笃，其妹南安长公主问疾，不应。幼子耕儿出，告其兄南阳公愔曰：“上已崩矣，宜速决计。”愔即与尹冲帅甲士攻端门，敛曼嵬、胡翼度等勒兵闭门拒战。愔等遣壮士登门，缘屋而入，及于马道。泓侍疾在咨议堂，太子右卫率姚和都率东宫兵入屯马道南。愔等不得进，遂烧端门，兴力疾临前殿，赐弼死。禁兵见兴，喜跃，争进赴贼，贼众惊扰；和都以东宫兵自后击之，愔等大败。愔逃于骊山，其党建康公吕隆奔雍，尹冲及弟泓来奔。兴引东平公绍及姚赞、梁喜、尹昭、敛曼嵬入内寝，受遗诏辅政。明日，兴卒。泓秘不发丧，捕南阳公愔及吕隆、大将军尹元等，皆诛之，乃发丧，即皇帝位，大赦，改元永和。泓命齐公恢杀安定太守吕超[6]。恢犹豫久之，乃杀之。泓疑恢有贰心，恢由是惧，阴聚兵谋作乱。泓葬兴于偶陵，谥曰文桓皇帝，庙号高祖。

初，兴徙李闰羌三千户于安定[7]。兴卒，羌酋党容叛，泓遣抚军将军姚赞讨降之，徙其酋豪于长安，余遣还李闰。北地太守毛雍据赵氏坞以叛[8]，东平公绍讨禽之。时姚宣镇李闰，参军韦宗闻毛雍叛，说宣曰：“主上新立，威德未著，国家之难，未可量也，殿下不可不为深虑。邢望险要[9]，宜徙据之，此霸王之资也。”宣从之，帅户三万八千，弃李闰，南保邢望。诸羌据李闰以叛，东平公绍进讨破之。宣诣绍归罪,绍杀之。

【注释】

①二十二州:即徐、南徐、豫、南豫、兖、南兖、青、冀、幽、并、司、郢、荆、江、湘、雍、梁、益、宁、交、广、南秦等二十二州。 ②漒川:地名,一作强川口,在今甘肃南部西倾山南。 ③石泉:地名,在今甘肃临夏回族自治州西北。 ④沓中:地名,在今甘肃舟曲县以西、岷县西南一带。 ⑤"东平"句:姚绍,是姚兴的弟弟。 ⑥"泓命"句:吕超和吕隆是兄弟,故姚泓下令杀死吕超。 ⑦李闰:地名,又作李闰堡、李闰镇,在今陕西蒲城县东北,为后秦重要军事据点。 ⑧赵氏坞:地名,确址待考,疑在今陕西铜川市耀州区境。 ⑨邢望:地名,确址待考,疑在今陕西大荔县境。

二月,加太尉裕中外大都督。裕戒严将伐秦,诏加裕领司、豫二州刺史,以其世子义符为徐、兖二州刺史。琅邪王德文请启行戎路[1],修敬山陵;诏许之。

夏,四月,壬子,魏大赦,改元泰常。

西秦襄武侯昙达等击秦秦州刺史姚艾于上邽,破之,徙其民五千余户于枹罕。

五月,癸巳,加太尉裕领北雍州刺史[2]。

六月,丁巳,魏主嗣北巡。

并州胡数万落叛秦,入于平阳,推匈奴曹弘为大单于,攻立义将军姚成都于匈奴堡[3]。征东将军姚懿自蒲坂讨之,执弘,送长安,徙其豪右万五千落于雍州。

氐王杨盛攻秦祁山,拔之,进逼秦州。秦后将军姚平救之;盛引兵退,平与上邽守将姚嵩追之。夏王勃勃帅骑四万袭上邽,未至,嵩与盛战于竹岭[4],败死。勃勃攻上邽,二旬,克之,杀秦州刺史姚军都及将士五千余人,因毁其城;进攻阴密[5],又杀秦将姚良子及将士万余人;以其子昌为雍州刺史,镇阴密。征北将军姚恢弃安定,奔还长安,安定人胡俨等帅户五万据城降于夏。勃勃使镇东将军羊苟儿将鲜卑五千镇安定,进攻秦镇西将军姚谌于雍城,谌委镇奔长安。勃勃据雍,进掠郿城[6]。秦东平公绍及征虏将军尹昭等将步骑五万击之,勃勃退趋安定,胡俨闭门拒之,杀羊苟儿及所将鲜卑,复以安定降秦。绍进击勃勃于马鞍阪[7],破之,追至朝那,不及而还。勃勃归杏城。杨盛复遣兄子倦击秦,至陈仓,秦敛曼嵬击却之。夏王勃勃复遣兄子提南侵泄阳[8],秦车骑将军姚裕等击却之。

凉司马索承明上书劝凉公暠伐河西王蒙逊,暠引见,谓之曰:"蒙逊为百姓患,孤岂忘之! 顾势力未能除耳。卿有必禽之策,当为孤陈之;直唱大言,使孤东讨,此与言'石虎小竖,宜肆诸市朝'者何异!"承明惭惧而退。

秋,七月,魏主嗣大猎于牛川,临殷繁水而还[9];戊戌,至平城。

八月,丙午,大赦。

【注释】

①启行戎路:语本《诗经·小雅·六月篇》"元戎十乘,以先启行"。行(háng 航),行列。诗句大意为"大型战车有十乘,冲开敌垒勇难挡"。司马德文引用这一诗句,是请求出征之意。 ②"加太尉"句:西晋初置雍州于长安,永嘉之乱后,雍州流民南至樊沔一带,孝武帝时便在襄阳侨立雍州。现在刘裕准备夺取长安,故加授北雍州刺史。 ③匈奴堡:地名,确址待考,疑在今山西临汾市或襄汾县一带。 ④竹岭:地名,在今甘肃天水市西南。 ⑤阴密:县名,治今甘肃灵台县西南。 ⑥郿城:县名,治今陕西眉县东渭河北岸。 ⑦马鞍阪:地名,在今甘肃平凉市境。⑧泄阳:据《晋书·姚泓载记》,当作"池阳"。池阳,县名,治今陕西泾阳县西北。 ⑨殷繁水:河流名,在今内蒙古察哈尔右翼后旗北境一带。

宁州献琥珀枕于太尉裕[1]。裕以琥珀治金创,得之大喜,命碎捣分赐北征将士。

裕以世子义符为中军将军,监太尉留府事。刘穆之为左仆射,领监军、中军二府军司[2],入居东府,总摄内外;以太尉左司马东海徐羡之为穆之之副;左将军朱龄石守卫殿省,徐州刺史刘怀慎守卫京师,扬州别驾从事史张裕任留州事。怀慎,怀敬之弟也。

刘穆之内总朝政,外供军旅,决断如流,事无拥滞。宾客辐凑,求诉百端,内外咨禀,盈阶满室;目览辞讼,手答笺书,耳行听受，口并酬应，不相参涉，悉皆赡举。又喜宾客，言谈赏笑，弥日无倦。裁有闲暇，手自写书，寻览校定。性奢豪，食必方丈，旦辄为十人馔，未尝独餐。尝白裕曰："穆之家本贫贱，赡生多阙。自叨忝以来，虽每存约损，而朝夕所须，微为过丰，自此外一毫不以负公。"中军咨议参军张邵言于裕曰："人生危脆，必当远虑。穆之若邂逅不幸，谁可代之？尊业如此，苟有不讳，处分云何？"裕曰："此自委穆之及卿耳。"

丁巳，裕发建康，遣龙骧将军王镇恶、冠军将军檀道济将步军自淮、淝向许、洛，新野太守朱超石、宁朔将军胡藩趋阳城[3]，振武将军沈田子、建威将军傅弘之趋武关[4]，建武将军沈林子、彭城内史刘遵考将水军出石门[5]，自汴入河，以冀州刺史王仲德督前锋诸军，开巨野入河[6]。遵考，裕之族弟也。刘穆之谓王镇恶曰："公今委卿以伐秦之任，卿其勉之！"镇恶曰："吾不克关中，誓不复济江！"

裕既行，青州刺史檀祗自广陵辄率众至涂中掩讨亡命。刘穆之恐祗为变，议欲遣军。时檀韶为江州刺史，张邵曰："今韶据中流，道济为军首，若有相疑之迹，则大府立危[7]，不如逆遣慰劳以观其意，必无患也。"穆之乃止。

【注释】

①琥珀(hǔ pò 虎破)：古代松柏树脂的化石。可以做装饰品，也可以入药。 ②二府：指刘义符的中军府、监军府。监太尉留府事，当时称作监军。 ③阳城：县名，治今河南登封市东南。 ④武关：地名，在今陕西商洛市西南丹江北岸。 ⑤石门：地名，在今河南荥阳市北。 ⑥巨野：地名，为大沼泽，在今山东巨野县北。 ⑦大府：指太尉留府，代指整个京城。

初，魏主嗣使公孙表讨白亚栗斯，曰："必先与秦洛阳戍将相闻，使备河南岸，然后击之。"表未至，胡人废白亚栗斯，更立刘虎为率善王。表以胡人内自携贰，势必败散，遂不告秦将而击之，大为虎所败，士卒死伤甚众。

嗣谋于群臣曰："胡叛逾年，讨之不克，其众繁多，为患日深。

今盛秋不可复发兵，妨民农务，将若之何？”白马侯崔宏曰：“胡众虽多，无健将御之，终不能成大患。表等诸军，不为不足，但法令不整，处分失宜，以致败耳。得大将素有威望者将数百骑往摄表军，无不克矣。相州刺史叔孙建前在并州，为胡、魏所畏服，诸将莫及，可遣也。”嗣从之，以建为中领军，督表等讨虎。九月，戊午[①]，大破之，斩首万余级，虎及司马顺宰皆死，俘其众十万余口。

太尉裕至彭城，加领徐州刺史；以太原王玄谟为从事史。

初，王廞之败也[②]，沙门昙永匿其幼子华，使提衣襆自随。津逻疑之。昙永呵华曰：“奴子何不速行！”棰之数十，由是得免；遇赦，还吴。以其父存亡不测，布衣蔬食，绝交游不仕，十余年。裕闻华贤，欲用之，乃发廞丧，使华制服[③]。服阕，辟为徐州主簿。

王镇恶、檀道济入秦境，所向皆捷。秦将王苟生以漆丘降镇恶[④]，徐州刺史姚掌以项城降道济[⑤]，诸屯守皆望风款附。惟新蔡太守董遵不下，道济攻拔其城，执遵，杀之。进克许昌，获秦颍川太守姚垣及大将杨业。沈林子自汴入河，襄邑人董神虎聚众千余人来降，太尉裕版为参军。林子与神虎共攻仓垣[⑥]，克之，秦兖州刺史韦华降。神虎擅还襄邑，林子杀之。

【注释】

①戊午：九月乙亥朔，无戊午。 ②“王廞”句：王廞兵败失踪之事，详见本书卷第一百九晋安帝隆安元年（397）。 ③制服：丧服。这里用为动词。 ④漆丘：地名，在今河南商丘市东北。 ⑤项城：城名，在今河南沈丘县。 ⑥仓垣：城名，一名仓垣亭，在今河南开封市西北。

秦东平公绍言于秦主泓曰：“晋兵已过许昌；安定孤远，难以救卫，宜迁其镇户[①]，内实京畿，可得精兵十万，虽晋、夏交侵，犹不亡国。不然，晋攻豫州，夏攻安定，将若之何？事机已至，宜在速决。”左仆射梁喜曰：“齐公恢有威名，为岭北所惮，镇人已与勃勃深仇，理应守死无贰。勃勃终不能越安定远寇京畿；若无安定，虏马必至于鄠。今关中兵足以拒晋，无为豫自损削也。”泓从之。吏部郎懿横密言于泓曰：“恢于广平之难，有忠勋于陛下。自陛下龙飞绍统，未有殊赏以答其意。今外则置之死地，内则不豫朝权，安定人自以孤危逼寇，思南迁者十室而九，若恢拥精兵数万，鼓行而向京师，得不为社稷之累乎！宜征还朝廷以慰其心。”泓曰：“恢若怀不逞之心，征之适所以速祸耳。”又不从。

王仲德水军入河，将逼滑台。魏兖州刺史尉建畏懦，帅众弃城，北渡河。仲德入滑台，宣言曰：“晋本欲以布帛七万匹假道于魏，不谓魏之守将弃城遽去。”魏主嗣闻之，遣叔孙建、公孙表自河内向枋头[②]，因引兵济河，斩尉建于城下，投尸于河。呼仲德军人，问以侵寇之状；仲德使司马竺和之对曰：“刘太尉使王征虏自河入洛[③]，清扫山陵，非敢为寇于魏也。魏之守将自弃滑台去，王征虏借空城以息兵，行当西引，于晋、魏之好无废也；何必扬旗鸣鼓以曜威乎！”嗣使建以问太尉裕。裕逊辞谢之曰：“洛阳，晋之旧都，而羌据之；晋欲修复山陵久矣。诸桓宗族，司马休之、国璠兄弟，鲁宗之父子，皆晋之蠹也，而羌收之以为晋患。今晋将伐之，欲假道于魏，非敢为不利也。”魏河内镇将于栗磾有勇名，筑垒于河上以备侵轶。裕以书与之，题曰“黑矟公麾下[④]”。栗磾好操黑矟以自标，故裕以此目之。魏因拜栗磾为黑矟将军。

【注释】

①镇户：镇守的民户。姚苌之时，以安定为根本；后得关中，以安定为重镇，迁徙民众充实到那里，因之称为镇户。 ②枋头：地名，在今河南浚县西南淇门渡。 ③王征虏：即王仲德，王仲德其时为征虏将军。④矟（shuò 朔）：兵器名，杆子比较长的矛。

冬，十月，壬戌，魏主嗣如豺山宫。

初，燕将库傉官斌降魏[①]，既而复叛归燕。魏主嗣遣骁骑将军延普渡濡水击斌[②]，斩之；遂攻燕幽州刺史库傉官昌、征北将军库傉官提，皆斩之。

秦阳城、荥阳二城皆降，晋兵进至成皋[③]。秦征南将军陈留公洸镇洛阳，遣使求救于长安。秦主泓遣越骑校尉阎生帅骑三千救之，武卫将军姚益男将步卒一万助守洛阳，又遣并州牧姚懿南屯陕津[④]，为之声援。宁朔将军赵玄言于洸曰：“今晋寇益深，人情骇动；众寡不敌，若出战不捷，则大事去矣。宜摄诸戍之兵，固守金墉，以待西师之救。金墉不下，晋必不敢越我而西，是我不战而坐收其弊也。”司马姚禹阴与檀道济通，主簿阎恢、杨虔，皆禹之党也，共嫉玄，言于洸曰：“殿下以英武之略，受任方面；今婴城示弱，得无为朝廷所责乎！”洸以为然，乃遣赵玄将兵千余南守柏谷坞[5]，广武将军石无讳东戍巩城[6]。玄泣谓洸曰：“玄受三帝重恩[7]，所守正有死耳。但明公不用忠臣之言，为奸人所误，后必悔之。”既而成皋、虎牢皆来降[8]，檀道济等长驱而进，无讳至石关[9]，奔还。龙骧司马荥阳毛德祖与玄战于柏谷，玄兵败，被十余创，据地大呼。玄司马蹇鉴冒刃抱玄而泣，玄曰：“吾创已重，君宜速去！”鉴曰：“将军不济，鉴去安之！”与之皆死。姚禹逾城奔道济。甲子，道济进逼洛阳，丙寅，洸出降。道济获秦人四千余人，议者欲尽坑之以为京观[10]。道济曰：“伐罪吊民，正在今日！”皆释而遣之。于是夷、夏感悦，归之者甚众。阎生、姚益男未至，闻洛阳已没，不敢进。

己丑[11]，诏遣兼司空高密王恢之修谒五陵[12]，置守卫。太尉裕以冠军将军毛修之为河南、河内二郡太守，行司州事，戍洛阳。

西秦王炽磐使秦州刺史王松寿镇马头[13]，以逼秦之上邽。

十一月，甲戌，魏主嗣还平城。

太尉裕遣左长史王弘还建康，讽朝廷求九锡。时刘穆之掌留任，而旨从北来，穆之由是愧惧发病。弘，珣之子也。十二月，壬申，诏以裕为相国、总百揆、扬州牧，封十郡为宋公，备九锡之礼，位在诸侯王上，领征西将军、司、豫、北徐、雍四州刺史如故。裕辞不受。

西秦王炽磐遣使诣太尉裕，求击秦以自效。裕拜炽磐平西将军、河南公。

【注释】

①库傉官：三字姓氏。　②濡水：河流名，即今河北东北部滦河。③成皋：县名，治今河南荥阳市西北汜水镇。　④陕津：地名，一名茅津，在今河南三门峡市西黄河上。　⑤柏谷坞：地名，一名钩锁坞，在今河南偃师市东南洛河南岸。　⑥巩城：城名，在今河南巩义市西南。　⑦三帝：指姚苌、姚兴、姚泓。　⑧虎牢：关隘名，在今河南荥阳市西北汜水镇，位于大伾山上，形势险要，历来为兵争之地。　⑨石关：地名，在今河

南偃师市西。 ⑩京观：古代交战，胜者为了炫耀武功，收集敌人尸首，封土成高冢，称为京观。 ⑪己丑：十月乙巳朔，无己丑。 ⑫五陵：指晋宣帝的高原陵、景帝的峻平陵，文帝的崇阳陵，武帝的峻阳陵，惠帝的太阳陵。 ⑬马头：城名，在今甘肃礼县东北。

秦姚懿司马孙畅说懿使袭长安，诛东平公绍，废秦主泓而代之。懿以为然，乃散谷以赐河北夷、夏[①]，欲树私恩。左常侍张敞、侍郎左雅谏曰："殿下以母弟居方面，安危休戚，与国同之。今吴寇内侵，四州倾没[②]，西虏扰边，秦、凉覆败[③]，朝廷之危，有如累卵。谷者，国之本也，而殿下无故散之；虚损国储，将若之何？"懿怒，笞杀之。

泓闻之，召东平公绍密与之谋。绍曰："懿性识鄙浅，从物推移，造此谋者，必孙畅也。但驰使征畅，遣抚军将军赞据陕城，臣向潼关为诸军节度。若畅奉诏而至，臣当遣懿帅河东见兵共御晋师；若不受诏命，便当声其罪而讨之。"泓曰："叔父之言，社稷之计也。"乃遣姚赞及冠军将军司马国璠、建义将军蛇玄屯陕津，武卫将军姚驴屯潼关。

懿遂举兵称帝，传檄州郡，欲运匈奴堡谷以给镇人。宁东将军姚成都拒之，懿卑辞诱之，送佩刀为誓，成都不从。懿遣骁骑将军王国帅甲士数百攻成都，成都击禽之，遣使让懿曰："明公以至亲当重任，国危不能救，而更图非望；三祖之灵[④]，其肯佑明公乎！成都将纠合义兵，往见明公于河上耳。"于是传檄诸城，谕以逆顺，征兵调食以讨懿。懿亦发诸城兵，莫有应者，惟临晋数千户应懿。成都引兵济河，击临晋叛者，破之。镇人安定郭纯等起兵围懿。东平公绍入蒲坂，执懿，诛孙畅等。

是岁，魏卫将军安城孝元王叔孙俊卒。魏主嗣甚惜之，谓其妻桓氏曰："生同其荣，能没同其戚乎？"桓氏乃缢而祔焉[⑤]。

丁零翟猛雀驱掠吏民，入白涧山为乱[⑥]；魏内都大官河内张蒲与冀州刺史长孙道生讨之。道生，嵩之从子也。道生欲进兵击猛雀，蒲曰："吏民非乐为乱，为猛雀所迫胁耳。今不分别，并击之，虽欲返善，其道无由，必同心协力，据险以拒官军，未易猝平也。

不如先遣使谕之,以不与猛雀同谋者皆不坐,则必喜而离散矣。”道生从之,降者数千家,使复旧业。猛雀与其党百余人出走,蒲等追斩猛雀首,左部尚书周几穷讨余党,悉诛之。

【注释】

①河北:郡名,治今山西芮城县西。或以为当为河北县,县治也在今山西芮城县西。 ②四州:指徐州(镇项城)、兖州(镇仓垣)、豫州(镇洛阳)、荆州(当镇上洛)。 ③“秦、凉”句:指赫连勃勃攻下上邽,沮渠蒙逊进入姑臧。 ④三祖:指姚弋仲、姚苌、姚兴,他们的庙号分别为始祖、太祖、高祖。 ⑤祔(fù附):合葬。 ⑥白涧山:山名,又作白涧岭,在今山西阳城县西北。

资治通鉴卷第一百一十八

晋纪四十 起强圉大荒落，尽屠维协洽，凡三年。

安皇帝癸

义熙十三年 春，正月，甲戌朔，日有食之。

秦主泓朝会百官于前殿，以内外危迫，君臣相泣。征北将军齐公恢帅安定镇户三万八千，焚庐舍，自北雍州趋长安，自称大都督、建义大将军，移檄州郡，欲除君侧之恶；扬威将军姜纪帅众归之，建节将军彭完都弃阴密奔还长安。恢至新支，姜纪说恢曰："国家重将、大兵皆在东方，京师空虚，公亟引轻兵袭之，必克。"恢不从，南攻郿城；镇西将军姚谌为恢所败，长安大震。泓驰使征东平公绍，遣姚裕及辅国将军胡翼度屯沣西[①]。扶风太守姚俊等皆降于恢。东平公绍引诸军西还，与恢相持于灵台[②]，姚赞留宁朔将军尹雅为弘农太守，守潼关，亦引兵还。恢众见诸军四集，皆有惧心；其将齐黄等诣大军降。恢进兵逼绍，赞自后击之，恢兵大败，杀恢及其三弟，泓哭之恸，葬以公礼。

太尉裕引水军发彭城，留其子彭城公义隆镇彭城。诏以义隆为监徐、兖、青、冀四州诸军事、徐州刺史。

凉公暠寝疾，遗命长史宋繇曰："吾死之后，世子犹卿子也，善训导之。"二月，暠卒。官属奉世子歆为大都督、大将军、凉公、领凉州牧。大赦，改元嘉兴。尊歆母天水尹氏为太后；以宋繇录三府事[③]。谥暠曰武昭王，庙号太祖。

西秦安东将军木弈干击吐谷浑树洛干，破其弟阿柴于尧杆川[④]，俘五千余口而还。树洛干走保白兰山[⑤]，惭愤发疾，将卒，谓阿柴曰："吾子拾虔幼弱，今以大事付汝。"树洛干卒，阿柴立，自称骠骑将军、沙州刺史。谥树洛干曰武王。阿柴稍用兵侵并其旁小种，地方数千里，遂为强国。

河西王蒙逊遣其将袭乌啼部[⑥]，大破之；又击卑和部[⑦]，降之。

【注释】

①澧西：地名。关中无澧水，据胡三省注，当作"沣西"。　②灵台：地名，在今陕西西安市西北。　③三府：指大都督大将军府、凉公府、州牧府。　④尧杆川：地名，在塞外，今地不详。　⑤白兰山：山名，即今青海黄河源西北布尔汗布达山。　⑥乌啼部：部落名，其时居住在今甘肃山丹县境。　⑦卑和部：部落名，其时居住在今内蒙古额济纳旗东南。

王镇恶进军渑池，遣毛德祖袭尹雅于蠡吾城[①]，禽之；雅杀守者而逃。镇恶引兵径前，抵潼关。

檀道济、沈林子自陕北渡河，拔襄邑堡[②]，秦河北太守薛帛奔河东。又攻秦并州刺史尹昭于蒲阪，不克。别将攻匈奴堡，为姚成都所败。

辛酉，荥阳守将傅洪以虎牢降魏。

秦主泓以东平公绍为太宰、大将军、都督中外诸军事，假黄钺，改封鲁公，使督武卫将军姚鸾等步骑五万守潼关；又遣别将姚驴救蒲阪。

沈林子谓檀道济曰："蒲阪城坚兵多，不可猝拔，攻之伤众，守之引日。王镇恶在潼关，势孤力弱，不如与镇恶合势并力以争潼关；若得之，尹昭不攻自溃矣。"道济从之。

三月，道济、林子至潼关。秦鲁公绍引兵出战，道济、林子奋击，大破之，斩获以千数。绍退屯定城[③]，据险拒守，谓诸将曰："道济等兵力不多，悬军深入，不过坚壁以待继援。吾分军绝其粮道，可坐禽也。"乃遣姚鸾屯大路以绝道济粮道。

鸾遣尹雅将兵与晋战于关南，为晋兵所获，将杀之。雅曰："雅前日已当死，幸得脱至今，死固甘心。然夷、夏虽殊，君臣之义一也。晋以大义行师，独不使秦有守节之臣乎！”乃免之。

丙子夜，沈林子将锐卒袭鸾营，斩鸾，杀其士卒数千人。绍又遣东平公赞屯河上以断水道；沈林子击之，赞败走，还定城。薛帛据河曲来降[4]。

太尉裕将水军自淮、泗入清河，将溯河西上，先遣使假道于魏；秦主泓亦遣使请救于魏。魏主嗣使群臣议之，皆曰：“潼关天险，刘裕以水军攻之甚难；若登岸北侵，其势便易。裕声言伐秦，其志难测。且秦，婚姻之国[5]，不可不救也。宜发兵断河上流，勿使得西。”博士祭酒崔浩曰：“裕图秦久矣。今姚兴死，子泓懦劣，国多内难。裕乘其危而伐之，其志必取。若遏其上流，裕心忿戾，必上岸北侵，是我代秦受敌也。今柔然寇边，民食又乏，若复与裕为敌，发兵南赴则北寇愈深，救北则南州复危[6]，非良计也。不若假之水道，听裕西上，然后屯兵以塞其东。使裕克捷，必德我之假道；不捷，吾不失救秦之名；此策之得者也。且南北异俗，借使国家弃恒山以南，裕必不能以吴、越之兵与吾争守河北之地，安能为吾患乎！夫为国计者，惟社稷是利，岂顾一女子乎！”议者犹曰：“裕西入关，则恐吾断其后，腹背受敌；北上，则姚氏必不出关助我，其势必声西而实北也。”嗣乃以司徒长孙嵩督山东诸军事，又遣振威将军娥清、冀州刺史阿薄干将步骑十万屯河北岸。

【注释】

①蠡吾城：城名，据胡三省注，当作蠡城，在今河南宜阳县西北（蠡吾城在今河北博野县西南）。 ②襄邑堡：地名，在今山西芮城县西北。 ③定城：城名，在今陕西华阴市东。 ④河曲：地名，指今山西芮城县西风陵渡一带黄河曲流处。 ⑤“且秦”二句：姚兴嫁女于魏国君主拓跋嗣，见本书卷第一百一十七晋安帝义熙十一年（415）。 ⑥南州：指魏国南部的相州濒河各郡。

庚辰，裕引军入河，以左将军向弥为北青州刺史，留戍碻磝[1]。

初，裕命王镇恶等：“若克洛阳，须大军到俱进。”镇恶等乘利径趋潼关，为秦兵所拒，不得前。久之，乏食，众心疑惧，或欲弃辎重还赴大军。沈林子按剑怒曰：“相公志清六合，今许、洛已定，关右将平,事之济否,系于前锋。奈何沮乘胜之气,弃垂成之功乎!且大军尚远,贼众方盛,虽欲求还,岂可得乎!下官授命不顾,今日之事,当自为将军办之,未知二三君子将何面以见相公之旗鼓邪[②]?"镇恶等遣使驰告裕,求遣粮援。裕呼使者,开舫北户,指河上魏军以示之曰:"我语令勿进,今轻佻深入。岸上如此,何由得遣军!"镇恶乃亲至弘农,说谕百姓,百姓竞送义租,军食复振。

魏人以数千骑缘河随裕军西行;军人于南岸牵百丈[③],风水迅急,有漂渡北岸者,辄为魏人所杀略。裕遣军击之,裁登岸则走,退则复来。夏,四月,裕遣白直队主丁旿帅仗士七百人、车百乘[④],渡北岸,去水百余步,为却月阵[⑤],两端抱河,车置七仗士,事毕,使竖一白毦[⑥],魏人不解其意,皆未动。裕先命宁朔将军朱超石戒严,白毦既举,超石率二千人驰往赴之,赍大弩百张,一车益二十人,设彭排于辕上[⑦],魏人见营阵既立,乃进围之;长孙嵩帅三万骑助之,四面肉薄攻营,弩不能制。时超石别赍大锤及矟千余张,乃断矟长三四尺,以锤锤之,一矟辄洞贯三四人。魏兵不能当,一时奔溃,死者相积;临陈斩阿薄干,魏人退还畔城[⑧]。超石帅宁朔将军胡藩、宁远将军刘荣祖追击。又破之,杀获千计。魏主嗣闻之,乃恨不用崔浩之言。

秦鲁公绍遣长史姚洽、宁朔将军安鸾、护军姚墨蠡、河东太守唐小方率众二千屯河北之九原[⑨],阻河为固,欲以绝檀道济粮援。沈林子邀击,破之,斩洽、墨蠡、小方,杀获殆尽。林子因启太尉裕曰:"绍气盖关中,今兵屈于外,国危于内,恐其凶命先尽,不得以膏齐斧耳。"绍闻洽等败死,愤恚,发病呕血,以兵属东平公赞而卒。赞既代绍,众力犹盛,引兵袭林子,林子复击破之。

太尉裕至洛阳,行视城堑,嘉毛修之完葺之功,赐衣服玩好,直二千万。

【注释】

①碻磝:地名,在今山东聊城市茌平区西南古黄河边。南岸有碻磝城,为魏晋时军事要地。 ②相公:指刘裕。 ③百丈:用以牵引船只的篾缆。 ④白直队主:刘裕挑选强壮勇敢的白丁(平民)入直左右,称为白直,其统领者称白直队主。 ⑤却月阵:半月形的阵势。 ⑥毦(ěr

耳）：羽毛装饰的物品，这里指羽毛装饰的旗帜。 ⑦彭排：盾牌。彭，意为旁；彭排意为"在旁排敌御攻"。 ⑧畔城：城名，在今山东聊城市西。 ⑨九原：地名，在今山西新绛县北。

丁巳，魏主嗣如高柳[①]；壬戌，还平城。

河西王蒙逊大赦。遣张掖太守沮渠广宗诈降以诱凉公歆，歆发兵应之。蒙逊将兵三万伏于蓼泉[②]，歆觉之，引兵还。蒙逊追之，歆与战于解支涧[③]，大破之，斩首七千余级。蒙逊城建康，置戍而还。

五月，乙未，齐郡太守王懿降于魏，上书言："刘裕在洛，宜发兵绝其归路，可不战而克。"魏主嗣善之。

崔浩侍讲在前，嗣问之曰："刘裕伐姚泓，果能克乎？"对曰："克之。"嗣曰："何故？"对曰："昔姚兴好事虚名而少实用，子泓懦而多病，兄弟乖争。裕乘其危，兵精将勇，何故不克！"嗣曰："裕才何如慕容垂？"对曰："胜之。垂借父兄之资，修复旧业，国人归之，若夜虫之就火，少加倚仗，易以立功。刘裕奋起寒微，不阶尺土，讨灭桓玄，兴复晋室，北禽慕容超，南枭卢循，所向无前，非其才之过人，安能如是乎！"嗣曰："裕既入关，不能进退，我以精骑直捣彭城、寿春，裕将若之何？"对曰："今西有屈丐[④]，北有柔然，窥伺国隙。陛下既不可亲御六师，虽有精兵，未睹良将。长孙嵩长于治国，短于用兵，非刘裕敌也。兴兵远攻，未见其利；不如且安静以待之。裕克秦而归，必篡其主。关中华、戎杂错，风俗劲悍；裕欲以荆、扬之化施之函、秦，此无异解衣包火，张罗捕虎；虽留兵守之，人情未洽，趋尚不同，适足为寇敌之资耳。愿陛下按兵息民以观其变，秦地终为国家之有，可坐而守也。"嗣笑曰："卿料之审矣。"浩曰："臣尝私论近世将相之臣：若王猛之治国，苻坚之管仲也；慕容恪之辅幼主，慕容暐之霍光也；刘裕之平祸乱，司马德宗之曹操也。"嗣曰："屈丐何如？"浩曰："屈丐国破家覆，孤子一身[⑤]，寄食姚氏，受其封殖。不思酬恩报义，而乘时徼利[⑥]，盗有一方[⑦]，结怨四邻，撅竖小人[⑧]，虽能纵暴一时，终当为人所吞食耳。"嗣大悦，语至夜半，赐浩御缥醪十觚、水精盐一两[⑨]，曰："朕味卿言，如此盐、酒，故欲与卿共飨其美。”然犹命长孙嵩、叔孙建各简精兵伺裕西过，自成皋济河，南侵彭、沛；若不时过，则引兵随之。

魏主嗣西巡至云中，遂济河，畋于大漠。

魏置天地四方六部大人，以诸公为之⑩。

秋，七月，太尉裕至陕。沈田子、傅弘之入武关，秦戍将皆委城走。田子等进屯青泥⑪，秦主泓使给事黄门侍郎姚和都屯峣柳以拒之⑫。

西秦相国翟勍卒；八月，以尚书令昙达为左丞相，左仆射元基为右丞相，御史大夫麴景为尚书令，侍中翟绍为左仆射。

【注释】

①高柳：县名，治今山西阳高县西北。 ②蓼（lù 路）泉：地名，在今甘肃张掖市西北约一百公里处。 ③解支涧：地名，据《晋书·安帝纪》，当作“鲜支涧”，鲜支涧在今甘肃高台县西南。 ④屈丐：北魏人对赫连勃勃的称呼。在当时北方语言中，“屈丐”是卑下的意思。 ⑤孤孑（jié 杰）：孤单、单独。 ⑥儌（jiǎo 绞）利：谋求利益。 ⑦“盗有”句：赫连勃勃乘机建国，见本书卷第一百一十四晋安帝义熙三年（407）。 ⑧撅（juē 撅）竖：卑劣。 ⑨缥醪（láo 劳）：没有过滤的青白色的酒。缥，青白色。觚（gū 姑）：古代酒器名，容三升。水精盐：透明如水晶的盐。 ⑩诸公：指三公以及地位相当于三公的官员。 ⑪青泥：地名，在今陕西蓝田县。 ⑫峣（yáo 尧）柳：地名，在今陕西蓝田县南。

太尉裕至阌乡①。沈田子等将攻峣柳，秦主泓欲自将以御裕军，恐田子等袭其后，欲先击灭田子等，然后倾国东出，乃帅步骑数万，奄至青泥。田子本为疑兵，所领裁千余人，闻泓至，欲击之；傅弘之以众寡不敌止之，田子曰：“兵贵用奇，不必在众。且今众寡相悬，势不两立，若彼结围既固，则我无所逃矣。不如乘其始至，营陈未立，先薄之，可以有功。”遂帅所领先进，弘之继之。秦兵合围数重。田子抚慰士卒曰：“诸君冒险远来，正求今日之战，死生一决，封侯之业于此在矣！”士卒皆踊跃鼓噪，执短兵奋击，秦兵大败，斩馘万余级②，得其乘舆服御物。秦主泓奔还灞上。

初，裕以田子等众少，遣沈林子将兵自秦岭往助之，至则秦兵已败,乃相与追之,关中郡县多潜送款于田子。

辛丑,太尉裕至潼关,以朱超石为河东太守,使与振武将军徐猗之会薛帛于河北,共攻蒲阪。秦平原公璞与姚和都共击之,猗之败死,超石奔还潼关。东平公赞遣司马国璠引魏兵以蹑裕后。

王镇恶请帅水军自河入渭以趋长安,裕许之。秦恢武将军姚难自香城引兵而西③,镇恶追之;秦主泓自灞上引兵还屯石桥以为之援④,镇北将军姚强与难合兵屯泾上以拒镇恶。镇恶使毛德祖进击,破之,强死,难奔长安。

东平公赞退屯郑城⑤,太尉裕进军逼之。泓使姚丕守渭桥,胡翼度屯石积⑥,东平公赞屯灞东,泓屯逍遥园⑦。

镇恶溯渭而上,乘蒙冲小舰⑧,行船者皆在舰内;秦人见舰进而无行船者,皆惊以为神。壬戌旦,镇恶至渭桥,令军士食毕,皆持仗登岸,后登者斩。众既登,渭水迅急,舰皆随流,倏忽不知所在⑨。时泓所将尚数万人。镇恶谕士卒曰:"吾属并家在江南,此为长安北门,去家万里,舟楫、衣粮皆已随流。今进战而胜,则功名俱显;不胜,则骸骨不返,无他岐矣。卿等勉之!"乃身先士卒,众腾踊争进,大破姚丕于渭桥。泓引兵救之,为丕败卒所蹂践,不战而溃;姚谌等皆死,泓单马还宫。镇恶入自平朔门⑩,泓与姚裕等数百骑逃奔石桥。东平公赞闻泓败,引兵赴之,众皆溃去;胡翼度降于太尉裕。

泓将出降,其子佛念,年十一,言于泓曰:"晋人将逞其欲,虽降必不免,不如引决。"泓怃然不应⑪。佛念登宫墙自投而死。癸亥,泓将妻子、群臣诣镇恶垒门请降,镇恶以属吏。城中夷、晋六万余户,镇恶以国恩抚慰,号令严肃,百姓安堵。

【注释】

①阌(wén 文)乡:地名,即今河南灵宝市西北文乡。 ②馘(guó 国):古代战争中割取敌人的左耳计数献功。 ③香城:地名,在今陕西大荔县东南朝邑镇东。 ④石桥:桥名,在今陕西渭南市华州区西石堤河上。 ⑤郑城:城名,在今陕西渭南市华州区。 ⑥石积:地名,在今陕西渭南市华州区西南。 ⑦逍遥园:地名,在今陕西西安市西北。 ⑧蒙冲:古代战船。其制以生牛皮蒙船覆背,两厢开掣棹孔,左右前后有

弩窗矛穴，使敌人不能靠近，矢石不能攻入。 ⑨倏(shū 殊)忽：忽然。⑩平朔门：长安城北门。 ⑪怃(wǔ 武)然：形容失望的样子。

九月，太尉裕至长安，镇恶迎于灞上。裕劳之曰："成吾霸业者卿也！"镇恶再拜谢曰："明公之威，诸将之力，镇恶何功之有！"裕笑曰："卿欲学冯异邪①？"镇恶性贪，秦府库盈积，镇恶盗取，不可胜纪；裕以其功大，不问。或谮诸裕曰："镇恶藏姚泓伪辇，将有异志。"裕使人觇之，镇恶剔取其金银，弃辇于垣侧，裕意乃安。

裕收秦彝器、浑仪、土圭、记里鼓、指南车送诣建康②。其余金玉、缯帛、珍宝，皆以颁赐将士③。秦平原公璞、并州刺史尹昭以蒲阪降，东平公赞帅宗族百余人诣裕降，裕皆杀之。送姚泓至建康，斩于市。

裕以薛辩为平阳太守，使镇捍北道。

裕议迁都洛阳。咨议参军王仲德曰："非常之事，固非常人所及，必致骇动。今暴师日久，士卒思归，迁都之计，未可议也。"裕乃止。

羌众十余万口西奔陇上④，沈林子追击至槐里⑤，俘虏万计。

河西王蒙逊闻太尉裕灭秦，怒甚。门下校郎刘祥入言事⑥，蒙逊曰："汝闻刘裕入关，敢研研然也⑦！"遂斩之。

初，夏王勃勃闻太尉裕伐秦，谓群臣曰："姚泓非裕敌也。且其兄弟内叛，安能拒人！裕取关中必矣。然裕不能久留，必将南归；留子弟及诸将守之，吾取之如拾芥耳。"乃秣马砺兵，训养士卒，进据安定，秦岭北郡县镇戍皆降之。裕遣使遗勃勃书，约为兄弟；勃勃使中书侍郎皇甫徽为报书而阴诵之，对裕使者，口授舍人使书之。裕读其文，叹曰："吾不

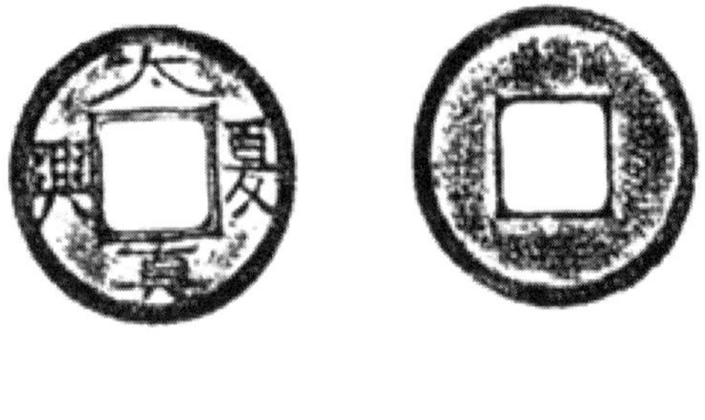

"大夏真兴"铜钱

如也!”

广州刺史谢欣卒;东海人徐道期聚众攻陷州城,进攻始兴,始兴相彭城刘谦之讨诛之。诏以谦之为广州刺史。

癸酉,司马休之、司马文思、司马国璠、司马道赐、鲁轨、韩延之、刁雍、王慧龙及桓温之孙道度、道子、族人桓谧、桓璲、陈郡袁式等皆诣魏长孙嵩降。秦匈奴镇将姚成都及弟和都举镇降魏。魏主嗣诏民间得姚氏子弟送平城者赏之。冬,十月,己酉,嗣召长孙嵩等还。司马休之寻卒于魏。魏赐国璠爵淮南公、道赐爵池阳子、鲁轨爵襄阳公。刁雍表求南鄙自效,嗣以雍为建义将军。雍聚众于河、济之间,扰动徐、兖;太尉裕遣兵讨之,不克。雍进屯固山⑧,众至二万。

诏进宋公爵为王,增封十郡;辞不受。

西秦王炽磐遣左丞相昙达等击秦故将姚艾,艾遣使称藩,炽磐以艾为征东大将军、秦州牧。征王松寿为尚书左仆射。

十一月,魏叔孙建等讨西山丁零翟蜀洛支等⑨,平之。

【注释】

①冯异(?—34):东汉初将领。字公孙,颍川城父(今河南宝丰县东)人。好读书,通《左传》《孙子兵法》。新莽时,以郡掾监五县,对抗起义军。后归刘秀,渐升至偏将军,从刘秀破王郎,封应侯。为人谦退不伐,诸将并坐论功时,冯异常退避树下,军中因之称他为“大树将军”。建武二年(26),封阳夏侯,任征西大将军,击败赤眉军。后进军西北,卒于军中。 ②彝器:古代青铜祭祀器物,如钟鼎之类。土圭:古代用以测量日影、正四时和测度土地的器具。浑仪:古代观察天体位置的仪器,类似现在的天球仪。记里鼓:记录里程的车子。车上二层,皆有木人,车行齿轮转动,每行一里,下层木人击鼓一槌,行十里,上层木人击钟一次。指南车:指示方向的车子。车上安装的罗盘,时刻指着南北方向。③缯(zēng 增):古代对丝织品的统称。 ④陇上:地名,泛指陇山以西地区,约当今甘肃陇山、六盘山以西和黄河以东一带。 ⑤槐里:地名,即今陕西兴平市东南南佐村。 ⑥门下校郎:职官名,职责是监察文武官员,刺探臣民言行,发现可疑之处,直接禀报君主或执政大臣。⑦“敢研研”句:研研,《晋书·沮渠蒙逊传》作“妍妍”,于义为长。妍(yán 炎),美丽。 ⑧固山:地名,在今山东济南市长清区东南。 ⑨西

山：山名，在今河北张家口市宣化区东北。

辛未，刘穆之卒，太尉裕闻之，惊恸哀惋者累日。始，裕欲留长安经略西北，而诸将佐皆久役思归，多不欲留。会穆之卒，裕以根本无托，遂决意东还。

穆之之卒也，朝廷恇惧①，欲发诏，以太尉左司马徐羡之代之。中军咨议参军张邵曰："今诚急病，任终在徐；然世子无专命②，宜须咨之。"裕欲以王弘代穆之。从事中郎谢晦曰："休元轻易③，不若羡之。"乃以羡之为吏部尚书、建威将军、丹杨尹，代管留任。于是朝廷大事常决于穆之者，并悉北咨。

裕以次子桂阳公义真为都督雍、梁、秦三州诸军事、安西将军、领雍、东秦二州刺史④。义真时年十二。以太尉咨议参军京兆王修为长史，王镇恶为司马，领冯翊太守，沈田子、毛德祖皆为中兵参军，仍以田子领始平太守，德祖领秦州刺史、天水太守，傅弘之为雍州治中从事史。

先是，陇上流户寓关中者，望因兵威得复本土；及置东秦州，知裕无复西略之意，皆叹息失望。

关中人素重王猛，裕之克长安，王镇恶功为多，由是南人皆忌之。沈田子自以峣柳之捷，与镇恶争功不平。裕将还，田子及傅弘之屡言于裕曰："镇恶家在关中，不可保信。"裕曰："今留卿文武将士精兵万人，彼若欲为不善，正足自灭耳。勿复多言。"裕私谓田子曰："钟会不得遂其乱者，以有卫瓘故也⑤。语曰：'猛兽不如群狐'，卿等十余人，何惧王镇恶！"

臣光曰：古人有言："疑则勿任，任则勿疑。"裕既委镇恶以关中，而复与田子有后言，是斗之使为乱也。惜乎，百年之寇，千里之土，得之艰难，失之造次，使丰、鄗之都复输寇手⑥。荀子曰："兼并易能也，坚凝之难。"信哉！

【注释】

①恇（kuāng 匡）惧：害怕，惊慌。　②世子：指刘裕的世子刘义符。③休元：王弘的表字。　④"领雍"句：东秦州，治所与雍州设在一起，实际上形同虚设。　⑤"钟会"句：钟会（225—264），三国时魏大臣。字士

季，颍川长社(今河南长葛市东)人。少博学，有才艺。齐王曹芳正始中，为秘书郎，迁尚书中书侍郎。高贵乡公曹髦即位，赐爵关内侯，为司马昭重要谋士。后迁黄门侍郎，以讨诸葛诞有功，迁司隶校尉。景元三年(262)，为镇西将军、都督关中诸军事，次年，与邓艾分兵灭蜀。后因谋叛被杀。卫瓘(220—291)，西晋大臣。字伯玉，河东安邑(今山西夏县西北)人。魏末，任侍中，邓艾、钟会伐蜀，瓘为监军。钟会叛乱，瓘将其平定(详见本书卷第七十八魏元帝咸熙元年，即264年)。入晋后，官至司空，并与汝南王司马亮受武帝遗诏同辅惠帝，得罪惠帝贾皇后，贾后指使楚王司马玮将瓘杀害。 ⑥丰、鄗(hào 号)：周朝国都名，鄗，现通常写作"镐"。丰，即丰邑，在今陕西西安市长安区西北沣河西岸。镐，即镐京，在今陕西西安市长安区西北丰镐村附近，周武王时迁都于此。

三秦父老闻裕将还，诣门流涕诉曰："残民不沾王化，于今百年，始睹衣冠，人人相贺。长安十陵是公家坟墓[①]，咸阳宫殿是公家室宅，舍此欲何之乎！"裕为之愍然，慰谕之曰："受命朝廷，不得擅留。诚多诸君怀本之志，今以次息与文武贤才共镇此境[②]，勉与之居。"十二月，庚子，裕发长安，自洛入河，开汴渠而归[③]。

氐豪徐骇奴、齐元子等拥部落三万在雍，遣使请降于魏。魏主嗣遣将军王洛生、河内太守杨声等西行以应之。

闰月，壬申，魏主嗣如大宁、长川[④]。

秦、雍人千余家推襄邑令上谷冠赞为主以降于魏，魏主嗣拜赞魏郡太守。久之，秦、雍人流入魏之河南、荥阳、河内者，户以万数，嗣乃置南雍州，以赞为刺史，封河南公，治洛阳；立雍州郡县以抚之。赞善于招怀，流民归之者，三倍其初。

夏王勃勃闻太尉裕东还，大喜，问于王买德曰："朕欲取关中，卿试言其方略。"买德曰："关中形胜之地，而裕以幼子守之，狼狈而归，正欲急成篡事耳，不暇复以中原为意。此天以关中赐我，不可失也。青泥、上洛，南北之险要，宜先遣游军断之；东塞潼关，绝其水陆之路；然后传檄三辅，施以威德，则义真在网罟之中[⑤]，不足取也。"勃勃乃以其子抚军大将军璝都督前锋诸军事，帅骑二万向长安，前将军昌屯潼关，以买德为抚军右长史，屯青泥，勃勃将大军为后继。

是岁，魏都坐大官章安侯封懿卒。

【注释】

①长安十陵：指西汉高帝长陵、惠帝安陵、文帝霸陵、景帝阳陵、武帝茂陵、昭帝平陵、宣帝杜陵、元帝渭陵、成帝延陵、哀帝义陵、平帝康陵十一陵，仅称十陵，是举其大数。三秦父老把西汉刘姓统治者称为刘裕的祖先，是企图把刘裕留在关中。 ②次息：次子。息，儿子。 ③汴渠：运河名，自今河南荥阳市东北接黄河，东南经今开封市南、民权县与商丘市北，复东南经今安徽砀山县、萧县北，至江苏徐州市北入泗水。魏晋时为中原通往东南沿海地区的重要水运干道。 ④长川：城名，在今内蒙古兴和县西北。 ⑤罟（gǔ 古）：捕鱼的网。

十四年 春，正月，丁酉朔，魏主嗣至平城，命护高车中郎将薛繁帅高车、丁零北略，至弱水而还[①]。

辛巳[②]，大赦。

夏赫连璝至渭阳，关中民降之者属路。龙骧将军沈田子将兵拒之，畏其众盛，退屯刘回堡[③]，遣使还报王镇恶。镇恶谓王修曰："公以十岁儿付吾属，当共思竭力；而拥兵不进，虏何由得平？"使者还，以告田子。田子与镇恶素有相图之志，由是益忿惧。未几，镇恶与田子俱出北地以拒夏兵，军中讹言："镇恶欲尽杀南人，以数十人送义真南还，因据关中反。"辛亥，田子请镇恶至傅弘之营计事；田子求屏人语，使其宗人沈敬仁斩之幕下，矫称受太尉令诛之。弘之奔告刘义真，义真与王修被甲登横门以察其变[④]。俄而田子帅数十人来，言镇恶反，修执田子，数以专戮，斩之；以冠军将军毛修之代镇恶为安西司马。傅弘之大破赫连璝于池阳，又破之于寡妇渡[⑤]，斩获甚众，夏兵乃退。

壬戌，太尉裕至彭城，解严。琅邪王德文先归建康。

裕闻王镇恶死，表言"沈田子忽发狂易[⑥]，奄害忠勋"。追赠镇恶左将军、青州刺史。

以彭城内史刘遵考为并州刺史、领河东太守，镇蒲阪；征荆州刺史刘道怜为徐、兖二州刺史。

裕欲以世子义符镇荆州，以徐州刺史刘义隆为司州刺史，镇洛阳。中军咨议张邵谏曰："储贰之重，四海所系，不宜处外。"乃更以义隆为都督荆、益、宁、雍、梁、秦六州诸军事、西中郎将、荆州刺史，以南郡太守到彦之为南蛮校尉，张邵为司马、领南郡相，冠军功曹王昙首为长史，北徐州从事王华为西中郎主簿，沈林子为西中郎参军。义隆尚幼，府事皆决于邵。昙首，弘之弟也。裕谓义隆曰："王昙首沉毅有器度，宰相才也，汝每事咨之。"

刘义隆像

以南郡公刘义庆为豫州刺史。义庆，道怜之子也。

裕解司州，领徐、冀二州刺史。

秦王炽磐以乞伏木弈干为沙州刺史⑦，镇乐都。

【注释】

①弱水：河流名，在今蒙古国南境。 ②辛巳：正月丁酉朔，无辛巳。 ③刘回堡：地名，在今陕西兴平市西南。 ④横门：长安城北出东头第一门。 ⑤寡妇渡：地名，在今甘肃庆阳市北。 ⑥狂易：神经失常后性情狂暴，改变了常态。 ⑦"秦王"句：姚氏的后秦已灭，西秦始单称为"秦"。

二月，乙弗乌地延帅户二万降秦。

三月，遣使聘魏。

夏，四月，己巳，魏徙冀、定、幽三州徒河于代都①。

初，和龙有赤气四塞蔽日，自寅至申②，燕太史令张穆言于燕王跋曰："此兵气也。今魏方强盛，而执其使者③，好命不通，臣窃惧焉。”跋曰:“吾方思之。”五月,魏主嗣东巡,至濡源及甘松,遣征东将军长孙道生、安东将军李先、给事黄门侍郎奚观帅精骑二万袭燕,又命骁骑将军延普、幽州刺史尉诺自幽州引兵趋辽西,为之声势,嗣屯突门岭以待之[④]。道生等拔乙连城[⑤],进攻和龙,与燕单于右辅古泥战,破之,杀其将皇甫轨。燕王跋婴城自守,魏人攻之,不克,掠其民万余家而还。

六月,太尉裕始受相国、宋公、九锡之命,赦国中殊死以下,崇继母兰陵萧氏为太妃。以太尉军咨祭酒孔靖为宋国尚书令,左长史王弘为仆射,领选,从事中郎傅亮、蔡廓皆为侍中,谢晦为右卫将军,右长史郑鲜之为奉常,行参军殷景仁为秘书郎,其余百官,悉依天朝之制[⑥]。靖辞不受。亮,咸之孙[⑦],廓,谟之曾孙[⑧];鲜之,浑之玄孙[⑨];景仁,融之曾孙也[⑩]。景仁学不为文,敏有思致;口不谈义,深达理体;至于国典、朝仪、旧章、记注,莫不撰录,识者知其有当世之志。

魏天部大人白马文贞公崔宏疾笃,魏主遣侍臣问病,一夜数返。及卒,诏群臣及附国渠帅皆会葬。

秋,七月,戊午,魏主嗣至平城。

九月,甲寅,魏人命诸州调民租,户五十石,积于定、相、冀三州。

河西王蒙逊复引兵伐凉,凉公歆将拒之,左长史张体顺固谏,乃止。蒙逊芟其秋稼而还。

歆遣使来告袭位。冬,十月,以歆为都督七郡诸军事、镇西大将军、酒泉公[⑪]。

姚艾叛秦,降河西王蒙逊,蒙逊引兵迎之。艾叔父儁言于众曰:“秦王宽仁有雅度,自可安居事之,何为从河西王西迁!”众咸以为然,乃相与逐艾,推儁为主,复归于秦。秦王炽磐征儁为侍中、中书监,赐爵陇西公,以左丞相昙达为都督洮、罕以东诸军事、征东大将军、秦州牧[⑫],镇南安。

【注释】

①徒河:本为地名,在今辽宁锦州市。这里用为种族名,前燕时,徒河人随慕容氏外迁,留居冀、定、幽三州者,魏人遂将其称为徒河。

②寅：时辰名，早晨三至五时为寅时。申：时辰名，下午三至五时为申时。 ③“而执”句：指扣留魏国使者于什门，见本书卷第一百一十六晋安帝义熙十年（414）。 ④突门岭：地名，确址待考，疑在今河北西北部。 ⑤乙连城：城名，确址待考，疑在今辽宁建昌县或河北青龙满族自治县一带。 ⑥天朝：皇帝的朝廷称为天朝，这是相对于分封诸王或藩国而言。本处指晋朝廷。 ⑦傅咸（239—294）：西晋官吏。字长虞，北地泥阳（今陕西铜川市耀州区东南）人。武帝咸宁初（275），袭父傅玄爵为清泉侯，任尚书右丞、冀州刺史等职。后迁司徒左长史，在位多所执正，反对奢侈风尚，认为“奢侈之费，甚于天灾”。又任京兆尹、司隶校尉等职，打击京城一带门阀士族，卒于官。 ⑧蔡谟（281—356）：东晋大臣。字道明，陈留考城（今河南民权县东北）人。东晋初渡江，累迁至侍中。苏峻之乱时，为吴国内史，以官封济阳男。历任太傅、太尉、司空、录尚书事、司徒等职。以除司徒三年不就职，被免为庶人。详见本书卷第九十八晋穆帝永和六年（350）。 ⑨郑浑：三国时魏官吏。字文公，河南开封（今河南开封市南）人。东汉末为下蔡长、邵陵令，所在课使耕桑，无不举赡。曹操辟为丞相掾属，迁左冯翊，又任上党太守等职。魏文帝时，又迁阳平、沛郡等郡太守，曾在萧、相二县兴陂遏，开稻田，百姓号曰“郑陂”。明帝时迁将作大匠，旋卒。 ⑩“殷之”句：殷融事迹，详见本书卷第九十四晋成帝咸和三年（328）。 ⑪七郡：指敦煌、酒泉、晋兴、建康、凉兴、会稽、广夏等七郡（后二郡为李暠所置）。 ⑫洮、罕：指临洮（今甘肃岷县）、枹罕（今甘肃临夏回族自治州西南）。

刘义真年少，赐与左右无节，王修每裁抑之。左右皆怨，谮修于义真曰：“王镇恶欲反，故沈田子杀之。修杀田子，是亦欲反也。”义真信之，使左右刘乞等杀修。

修既死，人情离骇，莫相统壹。义真悉召外军入长安，闭门拒守。关中郡县悉降于夏。赫连璝夜袭长安，不克。夏王勃勃进据咸阳，长安樵采路绝。

宋公裕闻之，使辅国将军蒯恩如长安，召义真东归；以相国右司马朱龄石为都督关中诸军事、右将军、雍州刺史[①]，代镇长安。裕谓龄石曰：“卿至，可敕义真轻装速发，既出关，然可徐行。若关右必不可守，可与义真俱归。”又命中书侍郎朱超石慰劳河、洛。

十一月，龄石至长安。义真将士贪纵，大掠而东，多载宝货、子女，方轨徐行。雍州别驾韦华奔夏[2]。赫连璝帅众三万追义真；建威将军傅弘之曰："公处分亟进；今多将辎重，一日行不过十里，虏追骑且至，何以待之？宜弃车轻行，乃可以免。"义真不从。俄而夏兵大至，傅弘之、蒯恩断后，力战连日。至青泥，晋兵大败，弘之、恩皆为王买德所禽；司马毛修之与义真相失，亦为夏兵所禽。义真行在前，会日暮，夏兵不穷追，故得免；左右尽散，独逃草中。中兵参军段宏单骑追寻，缘道呼之，义真识其声，出就之，曰："君非段中兵邪？身在此[3]，行矣！必不两全，可刎身头以南，使家公望绝[4]。"宏泣曰："死生共之，下官不忍。"乃束义真于背，单马而归。义真谓宏曰："今日之事，诚无算略；然丈夫不经此，何以知艰难？"

【注释】

①"以相国"句：晋国原本已在襄阳设置雍州，本句中的"雍州"为北雍州。　②"雍州"句：韦华原本为后秦臣属，见晋军东归，故投奔夏国。③身：自身，晋人常用作第一人称。　④家公：对自己父亲的称呼，犹今言家父。

夏王勃勃欲降傅弘之，弘之不屈，勃勃裸之，弘之叫骂而死。勃勃积人头为京观，号曰髑髅台。长安百姓逐朱龄石，龄石焚其宫殿，奔潼关。勃勃入长安，大飨将士，举觞谓王买德曰："卿往日之言，一期而验，可谓算无遗策。此觞所集，非卿而谁！"以买德为都官尚书，封河阳侯。

龙骧将军王敬先戍曹公垒[1]，龄石往从之。朱超石至蒲阪，闻龄石所在，亦往从之。赫连昌攻敬先垒，断其水道；众渴，不能战。城且陷，龄石谓超石曰："弟兄俱死异城，使老亲何以为心！尔求间道亡归，我死此，无恨矣。"超石持兄泣曰："人谁不死，宁忍今日辞兄去乎！"遂与敬先及右军参军刘钦之皆被执送长安，勃勃杀之；钦之弟秀之悲泣不欢燕者十年。钦之，穆之之从兄子也。

宋公裕闻青泥败，未知义真存亡，刻日北伐。侍中谢晦谏以"士卒疲弊，请俟他年"；不从。郑鲜之上表，以为："虏闻殿下亲征，必并力守潼关。径往攻之，恐未易可克；若舆驾顿洛，则不足上劳圣躬。且虏虽得志，不敢乘胜过陕者，犹慑服大威，为将来之虑故也。若造洛而返，虏必更有揣量之心，或益生边患。况大军远出，后患甚多。昔岁西征，刘钟狼狈[②]；去年北讨，广州倾覆[③]；既往之效，后来之鉴也。今诸州大水，民食寡乏，三吴群盗攻没诸县，皆由困于征役故也。江南士庶，引领颙颙以望殿下之返旆[④]，闻更北出，不测浅深之谋，往还之期，臣恐返顾之忧更在腹心也。若虑西虏更为河、洛之患者，宜结好北虏[⑤]；北虏亲则河南安，河南安则济、泗静矣。”会得段宏启，知义真得免，裕乃止，但登城北望，慨然流涕而已。降义真为建威将军、司州刺史；以段宏为宋台黄门郎[⑥]、领太子右卫率。裕以天水太守毛德祖为河东太守，代刘遵考守蒲阪。

【注释】

①曹公垒：营垒名，三世纪初曹操所筑，在今陕西潼关县东北。②“昔岁”二句：指农民军袭击冶亭、刘钟仓促应战之事，见本书卷第一百一十七晋安帝义熙十一年(415)。 ③“去年”二句：指徐道期攻陷广州之事，见本卷上年(417)。 ④颙颙(yóng 喁)：仰慕的样子。旆(pèi 配)：旌旗。 ⑤北虏：指魏国。 ⑥宋台：刘裕封国的政权机构，实为刘宋王朝政权机构的雏形。

夏王勃勃筑坛于灞上，即皇帝位，改元昌武。

西秦王炽磐东巡；十二月，徙上邽民五千余户于枹罕。

彗星出天津[①]，入太微[②]，经北斗，络紫微[③]，八十余日而灭。魏主嗣复召诸儒、术士问之曰：“今四海分裂，灾咎之应，果在何国？朕甚畏之。卿辈尽言，勿有所隐！”众推崔浩使对，浩曰：“夫灾异之兴，皆象人事，人苟无衅，又何畏焉？昔王莽将篡汉，彗星出入，正与今同。国家主尊臣卑，民无异望。晋室陵夷，危亡不远；彗之为异，其刘裕将篡之应乎！”众无以易其言。

宋公裕以谶云“昌明之后尚有二帝[④]”，乃使中书侍郎王韶之与帝左右密谋鸩帝而立琅邪王德文。德文常在帝左右，饮食寝处，未尝暂离；韶之伺之经时，不得间。会德文有疾，出居于外。

戊寅，韶之以散衣缢帝于东堂。韶之，廙之曾孙也。裕因称遗诏，奉德文即皇帝位，大赦。

是岁，河西王蒙逊奉表称藩，拜凉州刺史。

尚书右仆射袁湛卒。

【注释】

①“彗星”句：彗星的出现，古人常视为是除旧布新的先兆，故魏国君主对此加以注意。天津，星名，现在一般称为银河。 ②太微：星垣名，有十星，为三垣之一。古代星象学家将其视为“天帝南宫”。 ③紫微：星垣名，有十五星，为三垣之一。古代星象学家将其视为“天帝中宫”。 ④昌明：东晋孝武帝司马曜的表字。

恭 皇 帝[1]

元熙元年 春，正月，壬辰朔，改元。

立琅邪王妃褚氏为皇后；后，裒之曾孙也。

魏主嗣畋于犊渚[2]。

甲午，征宋公裕入朝，进爵为王；裕辞。

癸卯，魏主嗣还平城。

庚申，葬安皇帝于休平陵。

敕刘道怜司空出镇京口[3]。

夏将叱奴侯提帅步骑二万攻毛德祖于蒲阪，德祖不能御，全军归彭城。二月，宋公裕以德祖为荥阳太守，戍虎牢。

夏主勃勃征隐士京兆韦祖思。祖思既至，恭惧过甚，勃勃怒曰：“我以国士征汝，汝乃以非类遇我！汝昔不拜姚兴，今何独拜我？我在，汝犹不以我为帝王；我死，汝曹弄笔，当置我于何地邪！”遂杀之。

群臣请都长安。勃勃曰：“朕岂不知长安历世帝王之都，沃饶险固！然晋人僻远，终不能为吾患。魏与我风俗略同，土壤邻接，自统万距魏境裁百余里[4]，朕在长安，统万必危；若在统万，魏必不敢济河而西。诸卿适未见此耳。”皆曰：“非所及也。”乃于长安置南台，以赫连瓒领大将军、雍州牧、录南台尚书事；勃勃还统万，大赦，改元真兴。

勃勃性骄虐，视民如草芥。常居城上，置弓剑于侧，有所嫌忿，手自杀之。群臣迕视者凿其目⑤，笑者决其唇，谏者先截其舌而后斩之。

【注释】

①恭皇帝：即司马德文(386—421)，字德文，河内温县(今河南温县西)人，东晋孝武帝之子。初封琅邪王，历中军将军、开府仪同三司等职。后加侍中，领司徒、录尚书六条事。安帝元兴初(402)，迁车骑大将军。桓玄执政，进位太宰。玄篡位，以德文为石阳县公。晋室复兴，仍为琅邪王。历任大司马、领司徒等职。刘裕谋杀安帝后，立德文为帝，是为恭帝。在位一年，刘裕篡晋，以恭帝为零陵王，一年后杀之。 ②犊渚：地名，在今内蒙古土默特右旗东南、托克托县附近黄河北岸一带。 ③“刺刘道怜”句：据胡三省注，“刺”当作“敕”，“司空”前脱“以”字。 ④统万：城名，即今陕西靖边县东北白城子。 ⑤迕(wǔ 伍)：相遇。

初，司马楚之奉其父荣期之丧归建康①，会宋公称诛翦宗室之有才望者②，楚之叔父宣期、兄贞之皆死，楚之亡匿竟陵蛮中。及从祖休之自江陵奔秦，楚之亡之汝、颍间，聚众以谋复仇。楚之少有英气，能折节下士，有众万余，屯据长社③。裕使刺客沐谦往刺之。楚之待谦甚厚。谦欲发，未得间，乃夜称疾，知楚之必往问疾，因欲刺之。楚之果自赍汤药往视疾，情意勤笃，谦不忍发，乃出匕首于席下，以状告之曰：“将军深为刘裕所忌，愿勿轻率以自保全。”遂委身事之，为之防卫。

王镇恶之死也，沈田子杀其兄弟七人，唯弟康得免，逃就宋公裕于彭城，裕以为相国行参军。康求还洛阳视母；会长安不守，康纠合关中徙民，得百许人，驱帅侨户七百余家，共保金墉城。时宗室多逃亡在河南，有司马文荣者，帅乞活千余户屯金墉城南④；又有司马道恭，自东垣帅三千人屯城西，司马顺明帅五千人屯陵云台⑤，司马楚之屯柏谷坞。魏河内镇将于栗磾游骑在芒山上⑥，攻逼交至，康坚守六旬。裕以康为河东太守，遣兵救之，平等皆散走[7]。康劝课农桑,百姓甚亲赖之。

司马顺明、司马道恭及平阳太守薛辩皆降于魏,魏以辩为河东太守以拒夏人。

【注释】

①"司马"句:司马荣期被暗杀事,见本书卷第一百一十四晋安帝义熙二年(406)。　②"会宋公"句:据其他版本,"宋公"下"称"字当为"裕"字。　③长社:县名,治今河南长葛市东北。　④乞活:西晋惠帝时,并州饥荒,吏民随东燕王司马腾东下,称为"乞活"。此后,流徙谋食者,也被称为"乞活"。　⑤陵云台:台阁名,在今河南洛阳市东北魏晋洛阳城内。　⑥芒山:山名,在今河南永城市东北。　⑦"平等"句:上文中,没有其名为"平"的人,此处疑有脱误。

夏,四月,秦征西将军孔子帅骑五千讨吐谷浑觅地于弱水南[1],大破之,觅地帅其众六千降于夏,拜弱水护军。

庚辰,魏主嗣有事于东庙[2],助祭者数百国;辛巳,南巡至雁门。五月,庚寅朔,魏主嗣观渔于湰水[3];己亥,还平城。

凉公歆用刑过严,又好治宫室,从事中郎张显上疏,以为:"凉土三分[4],势不支久。兼并之本,在于务农;怀远之略,莫如宽简。今入岁已来,阴阳失序,风雨乖和;是宜减膳彻悬[5],侧身修道,而更繁刑峻法,缮筑不止,殆非所以致兴隆也。昔文王以百里而兴[6],二世以四海而灭,前车之轨,得失昭然。太祖以神圣之姿,为西夏所推[7],左取酒泉,右开西域。殿下不能奉承遗志,混壹凉土,侔踪张后[8],将何以下见先王乎!沮渠蒙逊,胡夷之杰,内修政事,外礼英贤,攻战之际,身先士卒;百姓怀之,乐为之用。臣谓殿下非但不能平殄蒙逊,亦惧蒙逊方为社稷之忧。"歆览之,不悦。

主簿氾称上疏谏曰:"天之子爱人主,殷勤至矣;故政之不修,下灾异以戒告之,改者虽危必昌,不改者虽安必亡。元年,三月,癸卯[9],敦煌谦德堂陷[10];八月,效谷地裂;二年,元日,昏雾四塞;四月,日赤无光;二旬乃复;十一月,狐上南门;今兹春、夏,地频五震;六月,陨星于建康。臣虽学不稽古,行年五十有九,请为殿下略言耳目之所闻见,不复能远论书传之事也。乃者咸安之初[11],西平地裂，狐入谦光殿前；俄而秦师奄至，都城不守。梁熙既为凉州[12]，不抚百姓，专为聚敛，建元十九年[13]，姑臧南门崩，陨石于闲豫堂；明年为吕光所杀。段业称制此方，三年之中，地震五十余所；既而先王龙兴于瓜州[14]，蒙逊篡弑于张掖。此皆目前之成事，殿下所明知也。效谷，先王鸿渐之地[15]，谦德，即尊之室；基陷地裂，大凶之征也。日者，太阳之精，中国之象；赤而无光，中国将衰。谚曰：'野兽入家，主人将去。'狐上南门，亦变异之大者也。今蛮夷益盛，中国益微。愿殿下亟罢宫室之役，止游畋之娱，延礼英俊，爱养百姓，以应天变，防未然。"歆不从。

【注释】

①弱水：河流名，上游为今甘肃山丹河，下游即山丹河与甘州河合流后的黑河，入内蒙古境称额济纳河。　②东庙：太祖拓跋珪的祭庙，建在白登山（在今山西大同市东北）之东。因白登山之西另建有拓跋珪曾祖拓跋郁律、祖拓跋什翼犍、父拓跋寔的三座祭庙，因而分别称为东庙西庙。　③浍水：河流名，即今河北遵化沙河。源自市北长城外，南流经市西，折西南注入庚水（今沽河）。　④"凉土"句：指凉州分别为李氏（西凉）、沮渠氏（北凉）、乞伏氏（西秦）所瓜分。　⑤"是宜"句：按先秦制度，天子膳食为马、牛、羊、犬、豕、鸡六牲，诸侯膳食为三牲。悬，乐悬，天子为宫悬（室中四面悬挂钟磬等乐器），诸侯为轩悬（室中三面悬挂钟磬等乐器）。遇灾年，膳食乐悬的标准降低，而且灾情越严重，降得越厉害。⑥"昔文王"句：文王，指周文王。文王从岐山创业时，疆土不过百里。⑦"太祖"二句：太祖，指李暠。李暠为西夏所推之事，见本书卷第一百一十二晋安帝隆安四年（400）。　⑧张后：指前凉创始者张轨及其子孙。⑨癸卯：西凉李歆嘉兴元年（417）三月癸酉朔，无癸卯。　⑩谦德堂：前凉统治者张骏占据河西，在姑臧建谦光殿，宫殿得名于专制一方仍然敬奉晋国，"虽谦而光"。李暠占据敦煌，也称臣于晋，故殿名仿张氏之例，称谦德堂。　⑪咸安：东晋简文帝年号，共用二年，元年为 371 年。⑫"梁熙"句：前秦任命梁熙为凉州刺史，在建元十二年（376）。　⑬建元：前秦君主苻坚的年号。共用二十一年，元年为 365 年。　⑭瓜州：州名，治今甘肃敦煌市西。李暠起事之初，尚无瓜州。其后迁到姑臧，始在敦煌设置瓜州。　⑮"效谷"二句：鸿渐，语出《周易·渐卦》，意为飞鸿渐进于高位。李暠最初为效谷令，故称作鸿渐之地。

秋，七月，宋公裕始受进爵之命。八月，移镇寿阳①，以度支尚书刘怀慎为督淮北诸军事、徐州刺史，镇彭城。

辛未，魏主嗣东巡；甲申，还平城。

九月，宋王裕自解扬州牧。

秦左卫将军匹达等将兵讨彭利和于漒川，大破之，利和单骑奔仇池；获其妻子，徙羌豪三千户于枹罕，漒川羌三万余户皆安堵如故。冬，十月，以尚书右仆射王松寿为益州刺史，镇漒川。

宋王裕以河南萧条，乙酉，徙司州刺史义真为扬州刺史，镇石头。萧太妃谓裕曰："道怜汝布衣兄弟②，宜用为扬州。"裕曰："寄奴于道怜③，岂有所惜？扬州根本所寄，事务至多，非道怜所了。"太妃曰："道怜年出五十，岂不如汝十岁儿邪？"裕曰："义真虽为刺史，事无大小，悉由寄奴。道怜年长，不亲其事，于听望不足。"太妃乃无言。道怜性愚鄙而贪纵，故裕不肯用。

十一月，丁亥朔，日有食之。

十二月，癸亥，魏主嗣西巡至云中，从君子津西渡河④，大猎于薛林山⑤。

辛卯⑥，宋王裕加殊礼⑦，进王太妃为太后，世子为太子。

【注释】

①"移镇"句：自灭后秦归来，刘裕一直屯驻在彭城，至此始离开彭城。　②"道怜"句：刘道怜为萧太妃所生，故萧太妃为刘道怜求扬州刺史之职。　③寄奴：刘裕的小字。　④君子津：渡口名，在今内蒙古准格尔旗东北黄河上。　⑤薛林山：山名，在今内蒙古河套东北部一带。　⑥辛卯：十二月丁巳朔，无辛卯。　⑦"宋王"句：据《宋书·武帝纪中》，刘裕所受殊礼为"冕十有二旒，建天子旌旗，出警入跸，乘金根车，驾六马，备五时副车，置旄头云罕，乐舞八佾，设钟虡宫悬。"这种礼仪表明，刘裕离正式登基，已只有一步之遥。

资治通鉴卷第一百一十九

宋纪一 起上章涒滩，尽昭阳大渊献，凡四年。

高祖武皇帝[1]

永初元年 春，正月，己亥，魏主还宫[2]。

秦王炽磐立其子乞伏暮末为太子[3]，仍领抚军大将军、都督中外诸军事，大赦，改元建弘。

宋王欲受禅而难于发言，乃集朝臣宴饮，从容言曰："桓玄篡位[4]，鼎命已移。我首唱大义，兴复帝室，南征北伐，平定四海，功成业著，遂荷九锡。今年将衰暮，崇极如此，物忌盛满，非可久安。今欲奉还爵位，归老京师。"群臣惟盛称功德，莫谕其意。日晚，坐散，中书令傅亮还外，乃悟，而宫门已闭，亮叩扉请见，王即开门见之。亮入，但曰："臣暂宜还都。"王解其意，无复他言，直云："须几人自送？"亮曰："数十人可也。"即时奉辞。亮出，已夜，见长星竟天[5]，拊髀叹曰："我常不信天文，今始验矣。"亮至建康[6]，夏，四月，征王入辅。王留子义康为都督豫、司、雍、并四州诸军事、豫州刺史[7]，镇寿阳[8]，义康尚幼，以相国参军南阳刘湛为长史[9]，决府、州事。湛自弱年即有宰物之情，常自比管、葛[10]，博涉书史，不为文章，不喜谈议。王甚重之。

五月，乙酉，魏更谥宣武帝曰道武帝[11]。

魏淮南公司马国璠、池阳子司马道赐谋外叛，司马文思告之[12]。庚戌，魏主杀国璠、道赐，赐文思爵郁林公。国璠等连引平城豪桀[13]，坐族诛者数十人，章安侯封懿之子玄之当坐。魏主以玄之燕朝旧族，欲宥其一子。玄之曰："弟子磨奴早孤，乞全其命。"乃杀玄之四子而宥磨奴。

六月，壬戌，王至建康。傅亮讽晋恭帝禅位于宋[14]，具诏草呈帝，使书之。帝欣然操笔，谓左右曰："桓玄之时，晋氏已无天下，重为刘公所延，将二十载；今日之事，本所甘心。"遂书赤纸为诏。

甲子，帝逊于琅邪第，百官拜辞，秘书监徐广流涕哀恸。

丁卯，王为坛于南郊，即皇帝位。礼毕，自石头备法驾入建康宫[15]。徐广又悲感流涕，侍中谢晦谓之曰："徐公得无小过！"广曰："君为宋朝佐命，身是晋室遗老，悲欢之事，固不可同。"广，邈之弟也。

帝临太极殿，大赦，改元。其犯乡论清议[16]，一皆荡涤，与之更始。

裴子野论曰[17]：昔重华受终，四凶流放；武王克殷，顽民迁洛，天下之恶一也，乡论清议，除之，过矣！

奉晋恭帝为零陵王；优崇之礼，皆仿晋初故事，即宫于故秣陵县[18]，使冠军将军刘遵考将兵防卫。降褚后为王妃。

追尊皇考为孝穆皇帝，皇妣赵氏为孝穆皇后；尊王太后萧氏为皇太后。上事萧太后素谨，及即位，春秋已高，每旦入朝太后，未尝失时刻。

诏晋氏封爵，当随运改，独置始兴、庐陵、始安、长沙、康乐五公[19]，降爵为县公及县侯，以奉王导、谢安、温峤、陶侃、谢玄之祀[20]，其宣力义熙[21]、豫同艰难者，一仍本秩。

庚午，以司空道怜为太尉，封长沙王。追封司徒道规为临川王[22]，以道怜子义庆袭其爵。其余功臣徐羡之等，增位进爵各有差。

追封刘穆之为南康郡公[23]，王镇恶为龙阳县侯[24]。上每叹念穆之，曰："穆之不死，当助我治天下。可谓'人之云亡，邦国殄瘁[25]'！"又曰："穆之死，人轻易我。"

立皇子桂阳公义真为庐陵王，彭城公义隆为宜都王[26]，义康为彭城王[27]。

己卯,改《泰始历》为《永初历》㉘。

【注释】

①高祖武皇帝:即刘裕,他以晋朝宋王身份接受晋恭帝的禅让而登基称帝,为南朝宋的开国皇帝。 ②魏主:北朝魏国第二代皇帝明元帝拓跋嗣,409—424 年在位。 ③秦王炽磐:西秦第三代国王乞伏炽磐,鲜卑人,412—428 年在位。 ④桓玄:人名,东晋大臣,逼晋安帝禅让,自立为帝,刘裕起兵讨伐,桓玄战败被杀。详见本书晋纪三十五,晋安帝元兴二年(404)至三年(403)。 ⑤长星:彗星的一种,古人认为长星出现,预示人间更换帝王和朝代,是除旧布新的象征。 ⑥建康:地名,东晋、宋都建都于此,在今江苏南京市。 ⑦豫州:州名,东晋及宋的豫州,在淮河以西,治所在豫州,即今安徽寿县。司州:州名,宋初的司州治所在虎牢,即今河南荥阳市西北汜水镇。雍州:州名,宋初治所在襄阳,即今湖北襄阳市。并州:州名,宋初治所在蒲阪,即今山西永济市西南蒲州镇。 ⑧寿阳:地名,在今安徽寿县。 ⑨相国参军:刘裕被东晋封为相国,参军为其属官之一,负责谋划或文翰工作。 ⑩管、葛:管仲、诸葛亮,古代著名大臣,分别辅佐齐桓公、刘备建成大业,被视为宰相的典范。⑪道武帝:北朝魏国第一代皇帝拓跋珪,386—408 年在位。 ⑫司马国璠、司马道赐、司马文思:人名。本是东晋王族,因与刘裕有矛盾,先后投降后秦,后秦灭亡后又投降北魏。 ⑬平城:北魏首都,在今山西大同市。 ⑭晋恭帝:东晋最后一任皇帝司马德文,在位仅 419 年一年,即禅让给刘裕。 ⑮石头:城名,位于建康之西,负山临江,为守护建康的军事要塞,在今江苏南京市西面的清凉山。 ⑯乡论清议:社会对于某人某事是否符合名教道德的议论评价。 ⑰裴子野:人名,史学家,著有

南朝青瓷莲花尊

《宋略》20卷,记述南朝宋国一代事迹。 ⑱秣陵县:县名,治所在今江苏南京市中华门外。 ⑲始兴:地名,在今广东韶关市东南。庐陵:地名,在今江西吉水县东北。始安:地名,在今广西桂林市。长沙:地名,在今湖南长沙市。康乐:地名,在今江西万载县。 ⑳王导、谢安、温峤、陶侃、谢玄:晋代著名政治家,其事迹详见本书晋纪。 ㉑义熙:东晋安帝的年号,405—418年,这期间是刘裕势力大发展时期。 ㉒临川:地名,在今江西抚州市临川区西。 ㉓南康:地名,在今江西赣州市东北。 ㉔龙阳:地名,在今湖南汉寿县。 ㉕人之云亡,邦国殄瘁(tiǎn cuì 舔粹):这是《诗经·大雅·瞻卬》里的两句话,意指贤人奔亡之后,国家为之困苦不堪。㉖宜都:地名,在今湖北宜都市。 ㉗彭城:地名,在今江苏徐州市。 ㉘《泰始历》:以西晋武帝泰始年号命名的历法。《永初历》:即把《泰始历》改为以宋武帝永初年号命名的历法。

魏主如翳犊山[①],遂至冯卤池[②]。闻上受禅,驿召崔浩告之曰:"卿往年之言验矣,朕于今日始信天道。"

秋,七月,丁酉,魏主如五原[③]。

甲辰,诏以凉公歆为都督高昌等七郡诸军事、征西大将军、酒泉公[④];秦王炽磐为安西大将军。

交州刺史杜慧度击林邑[⑤],大破之,所杀过半。林邑乞降,前后为所钞掠者皆遣还。慧度在交州,为政纤密,一如治家,吏民畏而爱之;城门夜开,道不拾遗。

丁未[⑥],魏主如云中[⑦]。

河西王蒙逊欲伐凉[⑧],先引兵攻秦浩亹[⑨]。既至,潜师还屯川岩[⑩]。

凉公歆欲乘虚袭张掖[⑪];宋繇、张体顺切谏,不听。太后尹氏谓歆曰:"汝新造之国,地狭民希,自守犹惧不足,何暇伐人!先王临终,殷勤戒汝,深慎用兵,保境宁民,以俟天时。言犹在耳,奈何弃之!蒙逊善用兵,非汝之敌,数年以来,常有兼并之志。汝国虽小,足为善政,修德养民,静以待之。彼若昏暴,民将归汝;若其休明,汝将事之;岂得轻为举动,侥冀非望!以吾观之,非但丧师,殆将亡国!"亦不听。宋繇叹曰:"今兹大事去矣!"

歆将步骑三万东出。蒙逊闻之曰:"歆已入吾术中;然闻吾旋师,必不敢前。"乃露布西境,云已克浩亹,将进攻黄谷[12]。歆闻之,喜,进入都渎涧[13]。蒙逊引兵击之,战于怀城[14],歆大败。或劝歆还保酒泉。歆曰:"吾违老母之言以取败,不杀此胡,何面目复见我母!"遂勒兵战于蓼泉[15],为蒙逊所杀。歆弟酒泉太守翻、新城太守预[16]、领羽林右监密、左将军眺、右将军亮西奔敦煌[17]。

蒙逊入酒泉,禁侵掠,士民安堵。以宋繇为吏部郎中,委之选举;凉之旧臣有才望者,咸礼而用之。以其子牧犍为酒泉太守。敦煌太守李恂,翻之弟也,与翻等弃敦煌奔北山[18]。蒙逊以索嗣之子元绪行敦煌太守[19]。

蒙逊还姑臧[20],见凉太后尹氏而劳之。尹氏曰:"李氏为胡所灭,知复何言!"或谓尹氏曰:"今母子之命在人掌握,奈何傲之!且国亡子死,曾无忧色,何也?"尹氏曰:"存亡死生,皆有天命,奈何更如凡人,为儿女子之悲乎!吾老妇人,国亡家破,岂可复惜余生,为人臣妾乎!惟速死为幸耳。"蒙逊嘉而赦之,娶其女为牧犍妇。

八月,辛未,追谥妃臧氏为敬皇后。癸酉,立王太子义符为皇太子。

闰月,壬午,诏晋帝诸陵悉置守卫。

九月,秦振武将军王基等袭河西王蒙逊胡园戍[21],俘二千余人而还。

李恂在敦煌有惠政;索元绪粗险好杀,大失人和。郡人宋承、张弘密信招恂。冬,恂帅数十骑入敦煌,元绪东奔凉兴[22]。承等推恂为冠军将军、凉州刺史,改元永建。河西王蒙逊遣世子政德攻敦煌,恂闭城不战。

十二月,丁亥,杏城羌酋狄温子帅三千余家降魏[23]。

是岁,魏姚夫人卒,追谥昭哀皇后。

【注释】

①翳犊山:山名,在平城之西,五原之东,在今内蒙古土默特右旗北。②冯卤池:地名,即五原盐池,分为白盐池、黑盐池,分别在今宁夏盐池县北和陕西定边县西北。 ③五原:地名,在今内蒙古包头市西北。

④高昌:郡名,治所在今新疆吐鲁番市东南。酒泉:郡名,治所在今甘肃酒泉市,当时为西凉国都。 ⑤交州:州名,治所在今越南河内市东北。林邑:古国名,又叫占城,故地在今越南中南部。 ⑥丁未:原文作“己未”,据章校应作“丁未”,今改正之。 ⑦云中:郡名,治所在今内蒙古托克托县西北土城子。 ⑧河西王:即北凉国王,晋安帝义熙八年(412)沮渠蒙逊即河西王位,故又称河西王,实际在位时间为401年至433年。凉:西凉,李暠建国,400年至421年存在,在北凉之西。 ⑨秦:指西秦王国,在北凉之东。浩亹(gào mén 告门):县名,治所在今甘肃永登县西南大通河东岸。 ⑩川岩:地名,在今甘肃武威市境内。⑪张掖:郡名,治所在今甘肃张掖市,当时为北凉西部重镇。 ⑫黄谷:地名,在今青海民和回族土族自治县境内。 ⑬都渎涧:地名,在今甘肃张掖市境内。 ⑭怀城:地名,在今甘肃张掖市境内。 ⑮蓼(liǎo 了)泉:地名,在今祁连山西北。⑯新城:郡名,治所在今甘肃嘉裕关市境内。⑰敦煌:郡名,治所在今甘肃敦煌市,当时为西凉所占。 ⑱北山:山名,即今河西走廊北侧诸山的总名。 ⑲行:兼代较低级的官职叫做行。 ⑳姑臧:地名,北凉都城,在今甘肃武威市。 ㉑胡园:地名,今址不详。戍:军事据点。 ㉒凉兴:郡名,治所在今甘肃瓜州县东。 ㉓杏城:镇名,在今陕西黄陵县西南故邑。

二年 春,正月,辛酉,上祀南郊,大赦。

裴子野论曰:夫郊祀天地,修岁事也;赦彼有罪,夫何为哉!

以扬州刺史庐陵王义真为司徒[①],尚书仆射徐羡之为尚书令、扬州刺史,中书令傅亮为尚书仆射。

辛未,魏主嗣行如公阳[②]。

河西王蒙逊帅众二万攻李恂于敦煌。

秦王炽磐遣征北将军木弈干、辅国将军元基攻上邽[③],遇霖雨而还。

三月,甲子,魏阳平王熙卒。

魏主发代都六千人筑苑[④],东包白登[⑤],周三十余里。

河西王蒙逊筑堤壅水以灌敦煌;李恂乞降,不许。恂将宋承等举城降,恂自杀。蒙逊屠其城,获恂弟子宝,囚于姑臧。于是西域诸国皆诣□□称臣朝贡[6]。

夏,四月,己卯朔,诏所在淫祠自蒋子文以下皆除之;其先贤及以勋德立祠者,不在此例。

吐谷浑王阿柴遣使降秦[7],秦王炽磐以阿柴为征西大将军、开府仪同三司、安州牧、白兰王[8]。

六月,乙酉,魏主北巡至蟠羊山[9];秋,七月,西巡至河。

河西王蒙逊遣右卫将军沮渠鄯善、建节将军沮渠苟生帅众七千伐秦。秦王炽磐遣征北将军木弈干等帅步骑五千拒之,败鄯善等于五涧[10],虏苟生,斩首二千而还。

初,帝以毒酒一罂授前琅邪郎中令张伟,使鸩零陵王,伟叹曰:"鸩君以求生,不如死!"乃于道自饮而卒。伟,邵之兄也。太常褚秀之、侍中褚淡之,皆王之妃兄也,王每生男,帝辄令秀之兄弟方便杀之。王自逊位,深虑祸及,与褚妃共处一室,自煮食于床前,饮食所资,皆出褚妃,故宋人莫得伺其隙。九月,帝令淡之与兄右卫将军叔度往视妃,妃出就别室相见。兵人逾垣而入,进药于王。王不肯饮,曰:"佛教,自杀者不复得人身。"兵人以被掩杀之。帝帅百官临于朝堂三日。

庚戌,魏主还宫。

冬,十月,己亥,诏以河西王蒙逊为镇军大将军、开府仪同三司、凉州刺史[11]。

己亥,魏主如代[12]。

十一月,辛亥,葬晋恭帝于冲平陵,帝帅百官瞻送。

十二月,丙申,魏主西巡,至云中。

秦王炽磐遣征西将军孔子等帅骑二万击契汗秃真于罗川[13]。

河西王蒙逊所署晋昌太守唐契据郡叛[14],蒙逊遣世子政德讨之。契,瑶之子也。

【注释】

①扬州:州名,治所在建康,即今江苏南京市。 ②公阳:地名,今址不详。 ③上邽(guī 龟):郡名,治所在今甘肃天水市。 ④代都:地名,在今山西大同市。 ⑤白登:地名,在今山西大同市东北。 ⑥诣□□:据章校"诣□□"当作"诣蒙逊"。 ⑦吐谷(yù 裕)浑:国名,吐谷

浑人建立的王国，在今青海一带。 ⑧开府仪同三司：加衔之一，三司指太尉、司徒、司空，三司皆有官属，开府仪同三司是指与三司体制待遇相同。安州：吐谷浑的领地，西秦称之为安州。白兰：山名，在今青海黄河源西北布尔汗布达山，白兰王之号即以此命名。 ⑨蟠羊山：山名，在今内蒙古兴和县西南。 ⑩五涧：地名，在今甘肃武威市南。 ⑪凉州：州名，治所在姑臧，即今甘肃武威市。 ⑫代：郡名，治所在平城，即今山西大同市。 ⑬罗川：县名，治所在今甘肃正宁县西南。 ⑭晋昌：郡名，治所在今甘肃瓜州县东南。

上之为宋公也，谢瞻为宋台中书侍郎，其弟晦为右卫将军。时晦权遇已重，自彭城还都迎家，宾客辐凑，门巷填咽。瞻在家惊骇，谓晦曰："汝名位未多，而人归趣乃尔！吾家素以恬退为业，不愿干豫时事，交游不过亲朋。而汝遂势倾朝野，此岂门户之福邪！"乃以篱隔门庭曰："吾不忍见此。"及还彭城，言于宋公曰："臣本素士，父祖位不过二千石。弟年始三十，志用凡近，荣冠台府，位任显密。福过灾生，其应无远，特乞降黜，以保衰门。"前后屡陈之。晦或以朝廷密事语瞻，瞻故向亲旧陈说，用为戏笑，以绝其言。及上即位，晦以佐命功，位任益重，瞻愈忧惧。是岁，瞻为豫章太守[1]，遇病不疗。临终，遗晦书曰："吾得启体幸全[2]，亦何所恨！弟思自勉励，为国为家。"

三年 春，正月，甲辰朔，魏主自云中西巡，至屋窦城[3]。

癸丑，以徐羡之为司空、录尚书事，刺史如故，江州刺史王弘为卫将军[4]、开府仪同三司，中领军谢晦为领军将军兼散骑常侍、入直殿省、总统宿卫。徐羡之起自布衣，又无术学，直以志力局度，一旦居廊庙，朝野推服，咸谓有宰臣之望。沉密寡言，不以忧喜见色；颇工弈棋，观戏，常若未解，当世倍以此推之。傅亮、蔡廓常言："徐公晓万事，安异同。"尝与傅亮、谢晦宴聚，亮、晦才学辩博，羡之风度详整，时然后言，郑鲜之叹曰："观徐、傅言论，不复以学问为长。"

秦征西将军孔子等大破契汗秃真，获男女二万口，牛羊五十余万头。秃真帅骑数千西走，其别部树奚帅户五千降秦。

二月，丁丑，诏分豫州淮以东为南豫州，治历阳[⑤]，以彭城王义康为刺史。又分荆州十郡置湘州，治临湘[⑥]，以左卫将军张邵为刺史。

丙戌，魏主还宫。

三月，上不豫，太尉长沙王道怜、司空徐羡之、尚书仆射傅亮、领军将军谢晦、护军将军檀道济并入侍医药。群臣请祈祷神祇，上不许，唯使侍中谢方明以疾告宗庙而已。上性不信奇怪，微时多符瑞，及贵，史官审以所闻，上拒而不答。

檀道济出为镇北将军、南兖州刺史，镇广陵[⑦]，悉监淮南诸军。

皇太子多狎群小，谢晦言于上曰："陛下春秋既高，宜思存万世，神器至重，不可使负荷非才。"上曰："庐陵何如？"晦曰："臣请观焉。"出造庐陵王义真，义真盛欲与谈，晦不甚答。还曰："德轻于才，非人主也。"丁未，出义真为都督南豫、豫、雍、司、秦、并六州诸军事、车骑将军、开府仪同三司、南豫州刺史。是后，大州率加都督，多者或至五十州，不可复详载矣。

【注释】

①豫章：郡名，治所在今江西南昌市。 ②启体：指受之父母的整个身体，要以小心翼翼的态度保全它。 ③屋窦城：地名，在今内蒙古土默特左旗南。 ④江州：州名，治所在今江西九江市。 ⑤南豫州：州名，治所在历阳，在今安徽和县。 ⑥湘州：州名，治所在临湘，在今湖南长沙市。 ⑦南兖州：州名，治所在广陵，即在今江苏扬州市。

帝疾瘳，己未，大赦。

秦、雍流民南入梁州[①]；庚申，遣使送绢万匹，且漕荆、雍之谷以赈之[②]。

刁逵之诛也，其子弥亡命。辛酉，弥帅数十人入京口[③]，太尉留府司马陆仲元击斩之[④]。

乙丑，魏河南王曜卒。

夏，四月，甲戌，魏立皇子焘为太平王，拜相国，加大将军；丕为乐平王，弥为安定王，范为乐安王，健为永昌王，崇为建宁王，俊为新兴王。

乙亥，诏封仇池公杨盛为武都王[5]。

秦王炽磐以折冲将军乞伏是辰为西胡校尉，筑列浑城于汁罗以镇之[6]。

五月，帝疾甚，召太子诫之曰："檀道济虽有干略，而无远志，非如兄韶有难御之气也。徐羡之、傅亮，当无异图。谢晦数从征伐，颇识机变，若有同异，必此人也。"又为手诏曰："后世若有幼主，朝事一委宰相，母后不烦临朝。"司空徐羡之、中书令傅亮、领军将军谢晦、镇北将军檀道济同被顾命。癸亥，帝殂于西殿。帝清简寡欲，严整有法度，被服居处，俭于布素，游宴甚稀，嫔御至少。尝得后秦高祖从女，有盛宠，颇以废事；谢晦微谏，即时遣出。财帛皆在外府，内无私藏。岭南尝献入筒细布[7]，一端八丈，帝恶其精丽劳人，即付有司弹太守，以布还之，并制岭南禁作此布。公主出适，遣送不过二十万，无锦绣之物。内外奉禁，莫敢为侈靡。

太子即皇帝位，年十七，大赦，尊皇太后曰太皇太后，立妃司马氏为皇后。后，晋恭帝女海盐公主也。

魏主服寒食散[8]，频年药发，灾异屡见，颇以自忧。遣中使密问白马公崔浩曰："属者日食赵、代之分。朕疾弥年不愈，恐一旦不讳，诸子并少，将若之何？其为我思身后之计！"浩曰："陛下春秋富盛，行就平愈；必不得已，请陈瞽言。自圣代龙兴，不崇储贰，是以永兴之始，社稷几危。今宜早建东宫，选贤公卿以为师傅，左右信臣以为宾友；入总万机，出抚戎政。如此，则陛下可以优游无为，颐神养寿。万岁之后，国有成主，民有所归，奸宄息望，祸无自生矣。皇子焘年将周星[9]，明睿温和，立子以长，礼之大经，若必待成人然后择之，倒错天伦，则召乱之道也。"魏主复以问南平公长孙嵩，对曰："立长则顺，置贤则人服；焘长且贤，天所命也。"帝从之，立太平王焘为皇太子，使之居正殿临朝，为国副主。以长孙嵩及山阳公奚斤、北新公安同为左辅，坐东厢，西面；崔浩与太尉穆观、散骑常侍代人丘堆为右弼，坐西厢，东面；百官总己以听焉，帝避居西宫，时隐而窥之，听其决断，大悦，谓侍臣曰："嵩宿德旧臣，历事四世，功存社稷；斤辩捷智谋，名闻遐迩；同晓解俗情，明练于事；观达于政要，识吾旨趣；浩博闻强识，精察天人；堆虽无大用，然在公专谨。以此六人辅相太子，吾与汝曹巡行四境，伐叛柔服，足以得志于天下矣。”

嵩实姓拔拔，斤姓达奚，观姓丘穆陵，堆姓丘敦。是时，魏之群臣出于代北者，姓多重复，及高祖迁洛，始皆改之。旧史恶其烦杂难知，故皆从后姓以就简易，今从之。

魏主又以典东西部刘絜、门下奏事代人古弼、直郎徒河卢鲁元忠谨恭勤，使之给侍东宫，分典机要，宣纳辞令。太子聪明，有大度；群臣时奏所疑，帝曰：“此非我所知，当决之汝曹国主也。”

【注释】

①秦：秦州，在今甘肃天水一带，当时为西秦的领土。雍：雍州，当时为夏的领土，在今陕西西安市一带。梁：梁州，在今陕西汉中市一带，当时为刘宋的领土。　②荆：荆州，在今湖北荆州市一带，当时为刘宋的领土，治所在江陵，即今湖北荆州市。雍：雍州，刘宋的雍州治所在襄阳，即今湖北襄阳市。　③京口：地名，在今江苏镇江市，为建康附近军事重镇。　④留府司马：官名，留府即太尉的留守府衙，司马，为太尉手下最高级的官佐。　⑤仇池：郡名，治所在今甘肃西和县西南。武都：郡名，治所在今甘肃陇南市武都区东南。　⑥汁罗：即罗川，在今甘肃正宁县。列浑城：城名，在今甘肃合作市境内。　⑦筒细布：把蜘蛛密闭于竹筒中，以蛛丝织成的细布。　⑧寒食散：道家的一种药方，服用后身体发热，宜吃冷食，故名寒食散。　⑨周星：古人观测木星十二年运行一周天，故以周星代指十二年或十二岁。

六月，壬申，以尚书仆射傅亮为中书监、尚书令，以领军将军谢晦领中书令，侍中谢方明为丹杨尹[①]。方明善治郡，所至有能名；承代前人，不易其政，必宜改者，则以渐移变，使无迹可寻。

戊子，长沙景王道怜卒。

魏建义将军刁雍寇青州[②]，州兵击破之。雍收散卒，走保大乡山[③]。

秋，七月，己酉，葬武皇帝于初宁陵，庙号高祖。

河西王蒙逊遣前将军沮渠成都帅众一万，耀兵岭南[④]，遂屯五涧。九月，秦王炽磐遣征北将军出连虔等帅骑六千击之。

初,魏主闻高祖克长安[⑤],大惧,遣使请和,自是每岁交聘不绝。及高祖殂,殿中将军沈范等奉使在魏,还,及河,魏主遣人追执之,议发兵取洛阳、虎牢、滑台[⑥]。崔浩谏曰:“陛下不以刘裕欻起[⑦],纳其使贡,裕亦敬事陛下。不幸今死,遽乘丧伐之,虽得之不足为美。且国家今日亦未能一举取江南也,而徒有伐丧之名,窃为陛下不取。臣谓宜遣人吊祭,存其孤弱,恤其凶灾,使义声布于天下,则江南不攻自服矣。况裕新死,党与未离,兵临其境,必相帅拒战,功不可必。不如缓之,待其强臣争权,变难必起,然后命将出师,可以兵不疲劳,坐收淮北也。”魏主曰:“刘裕乘姚兴之死而灭之[⑧],今我乘裕丧而伐之,何为不可?”浩曰:“不然。姚兴死,诸子交争,故裕乘舋伐之[⑨]。今江南无舋,不可比也。”魏主不从,假司空奚斤节,加晋兵大将军、行扬州刺史,使督宋兵将军、交州刺史周几、吴兵将军、广州刺史公孙表同入寇。

乙巳,魏主如灅南宫[⑩],遂如广宁[⑪]。

辛亥,魏人筑平城外郭[⑫],周围三十二里。

魏主如乔山[⑬],遂东如幽州[⑭];冬,十月,甲戌,还宫。

【注释】

①丹杨:郡名,治所在今江苏南京市。 ②青州:在今山东淄博市一带。 ③大乡山:地址不详。 ④岭南:指洪池岭之南。洪池岭在今甘肃武威市东南。 ⑤长安:县名,治所在今陕西西安市西北。 ⑥洛阳:县名,治所在今河南洛阳市东北。虎牢:在今河南荥阳市西北的汜水镇,为历代兵争之地。滑台:在今河南滑县,北临古黄河,当时为南北争夺要地。 ⑦欻(xū 虚):忽然。 ⑧姚兴:后秦的文恒帝。 ⑨舋(xìn 信):同“衅”。缝隙,指可被他人利用的内部不和。 ⑩灅(lěi 磊)南宫:在灅水之南修建的宫殿。灅水,即今河北遵化市的沙河。 ⑪广宁:县名,治所在今河北涿鹿县。 ⑫平城:北魏的都城,在今山西大同市东北。 ⑬乔山:在今河北怀来县。 ⑭幽州:在今北京一带。

魏军将发,公卿集议于监国之前,以先攻城与先略地。奚斤欲先攻城,崔浩曰:“南人长于守城。昔苻氏攻襄阳,经年不拔。今以大兵坐攻小城,若不时克,挫伤军势,敌得徐严而来,我怠彼锐,此危道也。不如分军略地,至淮为限,列置守宰,收敛租谷,则洛阳、滑台、虎牢更在军北,绝望南救,必沿河东走;不则为囿中之物,何忧其不获也!”公孙表固请攻城,魏主从之。

于是奚斤等帅步骑二万,济河,营于滑台之东。时司州刺史毛德祖戍虎牢[1],东郡太守王景度告急于德祖[2],德祖遣司马翟广等将步骑三千救之。

先是,司马楚之聚众在陈留之境[3],闻魏兵济河,遣使迎降。魏以楚之为征南将军、荆州刺史,使侵扰北境。德祖遣长社令王法政将五百人戍邵陵[4],将军刘怜将二百骑戍雍丘以备之[5]。楚之引兵袭怜,不克。会台送军资,怜出迎之,酸枣民王玉驰以告魏[6]。丁酉,魏尚书滑稽引兵袭仓垣[7],兵吏悉逾城走,陈留太守冯翊严翊诣斤降。魏以王玉为陈留太守,给兵守仓垣。

奚斤等攻滑台,不拔,求益兵,魏主怒,切责之。壬辰,自将诸国兵五万余人南出天关[8],逾恒岭[9],为斤等声援。

秦出连虔与河西沮渠成都战,禽之。

十一月,魏太子焘将兵出屯塞上,使安定王弥与安同居守。

庚戌,奚斤等急攻滑台,拔之。王景度出走;景度司马阳瓒为魏所执,不降而死。魏主以成皋侯苟儿为兖州刺史,镇滑台。

斤等进击翟广等于土楼[10],破之,乘胜进逼虎牢;毛德祖与战,屡破之。魏主别遣黑矟将军于栗磾将三千人屯河阳[11],谋取金墉[12],德祖遣振威将军窦晃等缘河拒之。十二月,丙戌,魏主至冀州[13],遣楚兵将军、徐州刺史叔孙建将兵自平原济河[14],徇青、兖。豫州刺史刘粹遣治中高道瑾将步骑五百据项城[15],徐州刺史王仲德将兵屯湖陆[16]。于栗磾济河,与奚斤并力攻窦晃等,破之。

魏主遣中领军代人娥清、期思侯柔然闾大肥将兵七千人会周几、叔孙建南渡河,军于碻磝[17]。癸未,兖州刺史徐琰弃尹卯南走[18]。于是泰山、高平、金乡等郡皆没于魏[19]。叔孙建等东入青州,司马爱之、季之先聚众于济东[20],皆降于魏。

戊子,魏兵逼虎牢。青州刺史东莞竺夔镇东阳城[21],遣使告急。己丑,诏南兖州刺史檀道济监征讨诸军事,与王仲德共救之。庐陵王义真遣龙骧将军沈叔貍将三千人就刘粹,量宜赴援。

秦王炽磐征秦州牧昙达为左丞相、征东大将军。

【注释】

①司州:地名,在今河南洛阳市一带。 ②东郡:地名,在今河南滑县一带。 ③陈留:地名,在今河南开封市东。 ④长社:地名,在今河南长葛市东北。邵陵:在今河南漯河市郾城区东。 ⑤雍丘:地名,在今河南杞县。 ⑥酸枣:地名,在今河南延津县西南。 ⑦仓垣:地名,在今河南开封市西北。 ⑧天关:地名,在今河北唐县东北。 ⑨恒岭:即恒山,在今河北曲阳县西北。 ⑩土楼:在今河南荥阳市汜水镇之东。⑪河阳:在今河南孟州市西北。 ⑫金墉:城堡名,在今河南洛阳市北。⑬冀州:地名,在今河北衡水市冀州区。 ⑭平原:地名,在今山东平原县。 ⑮项城:地名,在今河南沈丘县。 ⑯湖陆:地名,在今山东鱼台县东南。 ⑰碻磝(què áo 确熬):城名,在今山东聊城市茌平区。⑱尹卯:在今山东东阿县东南。 ⑲泰山:郡名,在今山东泰安市。高平:地名,在今山东巨野县。金乡:在今山东金乡县。 ⑳济东:济水之东。 ㉑东阳:在今山东青州市。东莞:地名,在今山东沂水县。

营　阳　王

景平元年　春,正月,己亥朔,大赦,改元。

辛丑,帝祀南郊。

魏于栗磾攻金墉,癸卯,河南太守王涓之弃城走[①]。魏主以栗磾为豫州刺史,镇洛阳。

魏主南巡恒岳,丙辰,至邺[②]。

己未,诏征豫章太守蔡廓为吏部尚书[③],廓谓傅亮曰:“选事若悉以见付,不论;不然,不能拜也。”亮以语录事尚书徐羡之[④],羡之曰:“黄、散以下悉以委蔡,吾徒不复措怀;自此以上,故宜共参同异。”廓曰:“我不能为徐干木署纸尾!”遂不拜。干木,羡之小字也。选案黄纸,录尚书与吏部尚书连名,故廓云然。

沈约论曰:蔡廓固辞铨衡,耻为志屈;岂不知选、录同体,义无偏断乎!良以主暗时难,不欲居通塞之任[⑤]。远矣哉!

庚申，檀道济军于彭城[⑥]。

魏叔孙建入临淄[⑦]，所向城邑皆溃。竺夔聚民保东阳城，其不入城者，使各依据山险，芟夷禾稼，魏军至，无所得食。济南太守垣苗帅众依夔[⑧]。

刁雍见魏主于邺，魏主曰："叔孙建等入青州，民皆藏避，攻城不下。彼素服卿威信，今遣卿助之。"乃以雍为青州刺史，给雍骑，使行募兵以取青州。魏兵济河向青州者凡六万骑，刁雍募兵得五千人，抚慰士民，皆送租供军。

柔然寇魏边。二月，戊辰，魏筑长城，自赤城西至五原[⑨]，延袤二千余里，备置戍卒，以备柔然。

丁丑，太皇太后萧氏殂。

河西王蒙逊及吐谷浑王阿柴皆遣使入贡。庚辰，诏以蒙逊为都督凉、秦、河、沙四州诸军事[⑩]、骠骑大将军、凉州牧、河西王；以阿柴为督塞表诸军事、安西将军、沙州刺史、浇河公。

三月，壬子，葬孝懿皇后于兴宁陵[⑪]。

【注释】

①河南：郡名，治所在今河南洛阳市。 ②邺：地名，在今河北临漳县。 ③豫章：郡名，治所在今江西南昌市。 ④录事尚书：据胡三省注，当作"录尚书事"，此为主管朝廷机要的官职。 ⑤通塞：指吏部选拔人才得其人则贤路通达，不得其人则贤路堵塞。古代用人是以任人唯贤为原则的，故以通塞为衡量吏部工作的标准。 ⑥彭城：地名，在今江苏徐州市。 ⑦临淄：地名，在今山东淄博市临淄区。 ⑧济南：郡名，治所在今山东济南市。 ⑨赤城：地名，在今河北赤城县。五原：地名，在今内蒙古包头市西北。 ⑩凉州：地名，范围在今甘肃中部一带，当时的治所在今甘肃武威市。秦州：地名，范围在今甘肃东部一带，当时治所在今甘肃天水市。河州：地名，范围在今甘肃临夏回族自治州一带，治所在今甘肃临夏回族自治州西南。沙州：地名，范围在今甘肃西部一带，治所在今甘肃敦煌市西。 ⑪兴宁陵：陵墓名，在今江苏镇江市丹徒区内。

魏奚斤、公孙表等共攻虎牢，魏主自邺遣兵助之。毛德祖于城内穴地入七丈，分为六道，出魏围外；募敢死之士四百人，使参军范道基等帅之，从穴中出，掩袭其后。魏军惊扰，斩首数百级，焚其攻具而还。魏兵虽退散，随复更合，攻之益急。

奚斤自虎牢将步骑三千攻颍川太守李元德等于许昌[①]，元德等败走。魏以颍川人庾龙为颍川太守，戍许昌。

毛德祖出兵与公孙表大战，从朝至晡，杀魏兵数百，会奚斤自许昌还，合击德祖，大破之，亡甲士千余人，复婴城自守。

魏主又遣万余人从白沙渡河[②]，屯濮阳南[③]。

朝议以项城去魏不远，非轻军所抗，使刘粹召高道瑾还寿阳；若沈叔貍已进，亦宜且追[④]。粹奏："虏攻虎牢，未复南向，若遽摄军舍项城，则淮西诸郡无所凭依；沈叔貍已顿肥口[⑤]，又不宜遽退。"时李元德帅散卒二百至项，刘粹使助高道瑾戍守，请宥其奔败之罪，朝议并许之。

乙巳，魏主畋于韩陵山[⑥]，遂如汲郡[⑦]，至枋头[⑧]。

初，毛德祖在北，与公孙表有旧。表有权略，德祖患之，乃与交通音问；密遣人说奚斤，云表与之连谋。每答表书，多所治定；表以书示斤，斤疑之，以告魏主。先是，表与太史令王亮少同营署，好轻侮亮；亮奏"表置军虎牢东，不得便地[⑨]，故令贼不时灭"。魏主素好术数，以为然，积前后忿，使人夜就帐中缢杀之。

乙卯，魏主济自灵昌津[⑩]，遂如东郡、陈留。

叔孙建将三万骑逼东阳城，城中文武才一千五百人，竺夔、垣苗悉力固守，时出奇兵击魏，破之。魏步骑绕城列陈十余里，大治攻具；夔作四重堑，魏人填其三重，为橦车以攻城[⑪]，夔遣人从地道中出，以大麻絙挽之令折。魏人复作长围，进攻逾急。历时浸久，城转堕坏，战士多死伤，余众困乏，旦暮且陷。檀道济至彭城，以司、青二州并急，而所领兵少，不足分赴；青州道近，竺夔兵弱，乃与王仲德兼行先救之。

甲子，刘粹遣李元德袭许昌，斩庾龙。元德因留绥抚，并上租粮。

魏主至盟津[⑫]。于栗磾造浮桥于冶阪津[⑬]。乙丑，魏主引兵北济，西如河内[⑭]。娥清、周几、闾大肥徇地至湖陆、高平，民屯聚而射之。清等尽攻破高平诸县，灭数千家，虏掠万余口；兖州刺史郑顺之戍湖陆，以兵少不敢出。

魏主又遣并州刺史伊楼拔助奚斤攻虎牢[15]；毛德祖随方抗拒，颇杀魏兵，而将士稍零落。

夏，四月，丁卯，魏主如成皋[16]，绝虎牢汲河之路。停三日，自督众攻城，竟不能下，遂如洛阳观《石经》[17]。遣使祀嵩高[18]。

叔孙建攻东阳，堕其北城三十许步；刁雍请速入，建不许，遂不克。及闻檀道济等将至，雍又谓建曰："贼畏官军突骑，以锁连车为函陈。大岘已南[19]，处处狭隘，车不得方轨，雍请将所募兵五千据险以邀之，破之必矣。"时天暑，魏军多疫。建曰："兵人疫病过半，若相持不休，兵自死尽，何须复战！今全军而返，计之上也。"己巳，道济军于临朐[20]。壬申，建等烧营及器械而遁；道济至东阳，粮尽，不能追。竺夔以东阳城坏，不可守，移镇不其城[21]。

叔孙建自东阳趋滑台，道济分遣王仲德向尹卯。道济停军湖陆，仲德未至尹卯，闻魏兵已远，还就道济。刁雍遂留镇尹卯，招集谯、梁、彭、沛民五千余家[22]，置二十七营以领之。

【注释】

①颍川：郡名，治所在许昌，即今河南许昌市。 ②白沙：黄河渡口之一，在今河北临漳县东南。 ③濮阳：地名，在今河南濮阳市，当时在黄河南岸。 ④追：张敦仁校，当作"退"，可从。 ⑤肥口：地名，即今安徽东肥河北流折向西北进入淮河的地方。 ⑥韩陵山：在今河南安阳市东北。 ⑦汲郡：在今河南卫辉市西南。 ⑧枋头：黄河渡口之一，在今河南浚县西南的淇门渡。 ⑨便地：堪舆学中称有利于己方而不利于敌方的方位，占据这种方位便能克敌制胜。魏主相信堪舆等术数，所以王亮以此来说动魏主。 ⑩灵昌津：黄河渡口之一，古称延津，十六国时，石勒进攻刘曜，由此渡河，恰逢河水结冰，以为有神灵相助，故改名灵昌津，在今河南卫辉市东。 ⑪橦（chōng 冲）车：即攻城的冲撞车。⑫盟津：黄河古渡口之一，又写作孟津，在今河南孟州市西南。 ⑬冶阪津：黄河渡口之一，又名汉祖渡，在今河南孟州市西的黄河北岸。 ⑭河内：在今河南沁阳市。 ⑮并州：在今山西一带。 ⑯成皋：地名，在今河南荥阳市汜水镇西，古代为黄河之南的东西交通要道和战略要地。

⑰《石经》：东汉时蔡邕所写的石刻经书。 ⑱嵩高：即嵩山。 ⑲大岘：山名，在今山东临朐县东南。 ⑳临朐：地名，在今山东临朐县。 ㉑不其城：在今山东青岛市即墨区西南。其（jī 基）。 ㉒谯：谯郡，治所在今安徽亳州市。梁：梁郡，在今河南商丘市。彭：彭城郡，在今江苏徐州市。沛：沛郡，在今江苏沛县。

蛮王梅安帅渠帅数十人入贡于魏。初，诸蛮本居江、淮之间，其后种落滋蔓，布于数州，东连寿春[1]，西通巴、蜀，北接汝、颍[2]，往往有之。在魏世不甚为患；及晋，稍益繁昌，渐为寇暴。及刘、石乱中原[3]，诸蛮无所忌惮，渐复北徙，伊阙以南[4]，满于山谷矣。

河西世子政德攻晋昌[5]，克之。唐契及弟和、甥李宝同奔伊吾[6]，招集遗民，归附者至二千余家，臣于柔然；柔然以契为伊吾王。

秦王炽磐谓其群臣曰："今宋虽奄有江南，夏人雄据关中，皆不足与也。独魏主奕世英武，贤能为用，且谶云：'恒代之北当有真人'，吾将举国而事之。"乃遣尚书郎莫者阿胡等入见于魏，贡黄金二百斤，并陈伐夏方略。

闰月，丁未，魏主如河内，登太行，至高都[7]。

叔孙建自滑台西就奚斤，共攻虎牢。虎牢被围二百日，无日不战，劲兵战死殆尽，而魏增兵转多。魏人毁其外城，毛德祖于其内更筑三重城以拒之，魏人又毁其二重。德祖唯保一城，昼夜相拒，将士眼皆生创；德祖抚之以恩，终无离心。时檀道济军湖陆，刘粹军项城，沈叔貍军高桥[8]，皆畏魏兵强，不敢进。丁巳，魏人作地道以泄虎牢城中井，井深四十丈，山势峻峭，不可得防，城中人马渴乏，被创者不复出血，重以饥疫，魏仍急攻之。己未，城陷。将士欲扶德祖出走，德祖曰："我誓与此城俱毙，义不使城亡而身存也！"魏主命将士："得德祖者，必生致之。"将军代人豆代田执德祖以献。将佐在城中者，皆为魏所虏，唯参军范道基将二百人突围南还。魏士卒疫死者亦什二三。

奚斤等悉定司、兖、豫诸郡县，置守宰以抚之。魏主命周几镇河南[9]，河南人安之。

徐羡之、傅亮、谢晦以亡失境土，上表自劾；诏勿问。

徐羡之兄子吴郡太守珮之颇豫政事[⑩]，与侍中王韶之、程道惠、中书舍人邢安泰、潘盛结为党友。时谢晦久病，不堪见客。珮之等疑其诈疾，有异图，乃称羡之意以告傅亮，欲令亮作诏诛之。亮曰："我等三人同受顾命，岂可自相诛戮！诸君果行此事，亮当角巾步出掖门耳。"珮之等乃止。

五月，魏主还平城。

六月，己亥，魏宜都文成王穆观卒。

丙辰，魏主北巡，至参合陂[⑪]。

秋，七月，尊帝母张夫人为皇太后。

魏主如三会屋侯泉[⑫]；八月，辛丑，如马邑[⑬]，观灅源。

柔然寇河西，河西王蒙逊命世子政德击之。政德轻骑进战，为柔然所杀；蒙逊立次子兴为世子。

九月，乙亥，魏主还宫。召奚斤还平城，留兵守虎牢；使娥清、周几镇枋头；以司马楚之所将户口置汝南、南阳、南顿、新蔡四郡[⑭]，以益豫州。

冬，十月，癸卯，魏人广西宫外垣，周二十里。

秃发傉檀之死也，河西王蒙逊遣人诱其故太子虎台，许以番禾、西安二郡处之[⑮]，且借之兵，使伐秦，报其父仇，复取故地。虎台阴许之，事泄而止。秦王炽磐之后，虎台之妹也，炽磐待之如初。后密与虎台谋曰："秦本我之仇雠，虽以婚姻待之，盖时宜耳。先王之薨，又非天命；遗令不治者，欲全济子孙故也。为人子者，岂可臣妾于仇雠而不思报复乎！"乃与武卫将军越质洛城谋弑炽磐。后妹为炽磐左夫人，知其谋而告之，炽磐杀后及虎台等十余人。

【注释】

①寿春：地名，在今安徽寿县。　②汝、颍：汝水、颍水，均在今河南中部。　③刘、石：刘聪、石勒，晋代少数民族政权首领，先后在中原地区发动战乱，造成很大破坏。　④伊阙：一名龙门，又名阙口，在今河南洛阳市南。　⑤晋昌：在今甘肃瓜州县锁阳城。　⑥伊吾：在今新疆哈密市。　⑦高都：地名，在今山西晋城市东北。　⑧高桥：在今山东沂水县

东北。 ⑨河南：在今河南洛阳市。 ⑩吴郡：在今江苏苏州市。 ⑪参合陂：在今内蒙古凉城县东北岱海。 ⑫三会：地名，在今山西忻州市西北。 ⑬马邑：在今山西朔州市。 ⑭汝南、南阳、南顿、新蔡：在今河南中部南部一带。 ⑮番禾：在今甘肃永昌县一带。西安：在今甘肃张掖市东南。

十一月，魏周几寇许昌，许昌溃，颍川太守李元德奔项。戊辰，魏人围汝阳[①]，汝阳太守王公度亦奔项。刘粹遣其将姚耸夫等将兵助守项城。魏人夷许昌城，毁钟城[②]，以立封疆而还。

己巳，魏太宗殂[③]。壬申，世祖即位[④]，大赦。十二月，庚子，魏葬明元帝于金陵[⑤]。庙号太宗。

魏主追尊其母杜贵嫔为密皇后。自司徒长孙嵩以下普增爵位。以襄城公卢鲁元为中书监，会稽公刘絜为尚书令，司卫监尉眷、散骑侍郎刘库仁等八人分典四部[⑥]。眷，古真之弟子也[⑦]。

以河内镇将代人罗结为侍中、外都大官，总三十六曹事。结时年一百七，精爽不衰，魏主以其忠悫，亲任之，使兼长秋卿，监典后宫，出入卧内，年一百一十，乃听归老，朝廷每有大事，遣骑访焉。又十年乃卒。

左光禄大夫崔浩研精经术，练习制度，凡朝廷礼仪，军国书诏，无不关掌。浩不好老、庄之书，曰："此矫诬之说，不近人情。老聃习礼，仲尼所师，岂肯为败法之书以乱先王之治乎！"尤不信佛法，曰："何为事此胡神！"及世祖即位，左右多毁之；帝不得已，命浩以公归第，然素知其贤，每有疑议，辄召问之。浩纤妍洁白如美妇，常自谓才比张良而稽古过之。既归第，因修服食养性之术[⑧]。

初，嵩山道士寇谦之，赞之弟也，修张道陵之术[⑨]，自言尝遇老子降，命谦之继道陵为天师，授以辟谷轻身之术及《科戒》二十卷[⑩]，使之清整道教。又遇神人李谱文，云老子之玄孙也。授以《图箓真经》六十余卷，使之辅佐北方太平真君；出天宫静轮之法[⑪]，其中数篇，李君之手笔也。谦之奉其书献于魏主。朝野多未之信，崔浩独师事之，从受其术，且上书赞明其事曰："臣闻圣王受命，必有天应，《河图》《洛书》皆寄言于虫兽之文⑫，未若今日人神接对，手笔粲然，辞旨深妙，自古无比；岂可以世俗常虑而忽上灵之命！臣窃惧之。”帝欣然，使谒者奉玉帛、牲牢祭嵩岳，迎致谦之弟子在山中者，以崇奉天师，显扬新法，宣布天下。起天师道场于平城之东南，重坛五层；给道士百二十人衣食，每月设厨会数千人。

臣光曰：老、庄之书，大指欲同死生，轻去就。而为神仙者，服饵修炼以求轻举，炼草石为金银，其为术正相戾矣；是以刘歆《七略》叙道家为诸子⑬，神仙为方技。其后复有符水、禁咒之术⑭，至谦之遂合而为一；至今循之，其讹甚矣！崔浩不喜佛、老之书而信谦之之言，其故何哉！昔臧文仲祀爰居，孔子以为不智⑮；如谦之者，其为爰居亦大矣。《诗》三百，一言以蔽之，曰“思无邪”。君子之于择术，可不慎哉！

【注释】

①汝阳：在今河南商水县西北。 ②钟城：在今河南尉氏县西北，是三国魏太尉钟繇的故乡，故名钟城。 ③魏太宗：即北魏明元帝拓跋嗣。④世祖：即北魏太武帝拓跋焘，小名佛狸。 ⑤金陵：北魏帝王诸陵都称金陵，在北魏故都盛乐，即今内蒙古和林格尔县。 ⑥四部：即东、西、南、北四部。 ⑦古真：尉古真，事见卷一百六晋孝武帝太元十年(385)。⑧服食养性：服食指服用长生不老药，养性指练气功，均为道教求长生的方法。 ⑨张道陵：东汉人，专修五斗米道，俗所谓张天师，为道教旁支之一。 ⑩辟谷轻身：指不食五谷，服药行气，可使身轻举，是道家方术。《科戒》：有关道教的种种戒律科条，是模仿佛教的戒律而来，道教之有戒律，即始于此。 ⑪天宫静轮之法：道家修炼气功以求长生的一种方法，或以为这是一本书名。 ⑫《河图》《洛书》：古代传说，伏羲时有龙马从黄河出现，背上有圆点组成的图案，有神龟从洛水出现，背上有类似的图案，伏羲依二图形画成河图、洛书，成为中国古代神秘文化的源头之一。 ⑬刘歆《七略》：西汉学者刘歆在其父刘向整理皇家藏书的基础上编成的中国第一部图书分类目录，共分六大类，加上一个总类，故名七略。 ⑭符水、禁咒：此即张道陵之术，用画图符的方法使普通水变得有药力，用念咒语的方法禁止鬼神作祟，以此为人祛病消灾，自寇谦之以后，成为道教的道士做法的主要内容之一。 ⑮臧文仲祀爰

居:春秋时,一种海鸟叫爰居,因避风而停在鲁国东门之外。鲁大夫臧文仲让国人祭祀爰居,以求平安。孔子认为这是臧文仲不明智的举动之一。

资治通鉴卷第一百二十

宋纪二　起阏逢困敦，尽强圉单阏，凡四年。

太祖文皇帝上之上[①]

元嘉元年　春，正月，魏改元始光。

丙寅，魏安定殇王弥卒。

营阳王居丧无礼，好与左右狎昵，游戏无度。特进致仕范泰上封事曰[②]："伏闻陛下时在后园，颇习武备，鼓鞞在宫[③]，声闻于外。黩武掖庭之内，喧哗省闼之间，非徒不足以威四夷，只生远近之怪。陛下践祚，委政宰臣，实同高宗谅阍之美[④]；而更亲狎小人，惧非社稷至计，经世之道也。"不听。泰，宁之子也[⑤]。

谢灵运像

南豫州刺史庐陵王义真，警悟爱文义，而性轻易，与太子左卫率谢灵运、员外常侍颜延之、慧琳道人情好款密。尝云："得志之日，以灵运、延之为宰相，慧琳为西豫州都督。"灵运，玄之孙也[⑥]，性褊傲，不遵法度；朝廷但以文义处之，不以为有实用。灵运自谓才能宜参权要，常怀愤邑。延之，含之曾孙也，嗜酒放纵。

徐羡之等恶义真与灵运等游，义真故吏范晏从容戒之，义真曰："灵运空疏，延之隘薄，魏文帝所谓'古今文人类不护细行'者也；但性情所得，未能忘言于悟赏耳。"于是羡之等以为灵运、延之构扇异同，非毁执政，出灵运为永嘉太守[7]，延之为始安太守[8]。

义真至历阳[9]，多所求索，执政每裁量不尽与；义真深怨之，数有不平之言，又表求还都，咨议参军庐江何尚之屡谏，不听。时羡之等已密谋废帝，而次立者应在义真；乃因义真与帝有隙，先奏列其罪恶，废为庶人，徙新安郡[10]。前吉阳令堂邑张约之上疏曰[11]："庐陵王少蒙先皇优慈之遇，长受陛下睦爱之恩，故在心必言，所怀必亮，容犯臣子之道，致招骄恣之愆。至于天姿夙成，实有卓然之美，宜在容养，录善掩瑕，训尽义方，进退以渐。今猥加剥辱，幽徙远郡，上伤陛下常棣之笃[12]，下令远近恇然失图[13]。臣伏思大宋开基造次，根条未繁，宜广树藩戚，敦睦以道。人谁无过，贵能自新；以武皇之爱子，陛下之懿弟，岂可以其一眚，长致沦弃哉！"书奏，以约之为梁州府参军[14]，寻杀之。

夏，四月，甲辰，魏主东巡大宁[15]。

秦王炽磐遣镇南将军吉毗等帅步骑一万南伐白苟、车孚、崔提、旁为四国[16]，皆降之。

【注释】

①太祖文皇帝：为南朝宋第三个皇帝，名刘义隆，小字车儿，为宋武帝刘裕第三子。武帝死后，长子刘义符继位，在位仅两年便被废黜杀死，死时为营阳王，故史书称他为营阳王，而无帝号。 ②特进：对功德突出的大臣赐给的官位。封事：密封的奏章。大臣上书奏事，为防泄露，用皂囊封缄，故称封事，也叫封章。 ③鞞（pí 皮）：鞞鼓，一种小鼓。 ④高宗谅阇（yīn 阴）：高宗，商代第二十三任帝王武丁。他为父王守丧，三年不言，不问政事。 ⑤宁：范宁，晋代儒学家，曾为《春秋穀梁传》作注，留传至今。 ⑥玄：谢玄，在淝水之战中，以精兵八千打败苻坚，以功被晋王朝封为康乐县公。谢灵运是谢玄之子谢瑍的儿子。 ⑦永嘉：郡名，治所在今浙江温州市。 ⑧始安：郡名，治所在今广西桂林市。

⑨历阳:在今安徽和县。 ⑩新安郡:治所在今浙江淳安县西北。 ⑪吉阳:县名,治所在今湖北竹溪县西。堂邑:在今江苏南京市六合区北。 ⑫常棣:《诗·小雅》中的一篇诗的名目,相传为周公宴饮兄弟时的乐歌,所以后人以常棣比喻兄弟手足。 ⑬恇(kuāng 匡)然:恐惧的样子。⑭梁州:在今陕西汉中市一带。 ⑮大宁:在今河北怀安县东南。⑯白苟:白苟等四国,为当时羌人部落,地址不详。

徐羡之等以南兖州刺史檀道济先朝旧将,威服殿省,且有兵众,乃召道济及江州刺史王弘入朝[①];五月,皆至建康,以废立之谋告之。

甲申,谢晦以领军府屋败,悉令家人出外,聚将士于府内;又使中书舍人邢安泰、潘盛为内应。夜,邀檀道济同宿,晦悚动不得眠,道济就寝便熟,晦以此服之。

时帝于华林园为列肆[②],亲自沽卖;又与左右引船为乐,夕,游天渊池,即龙舟而寝。乙酉诘旦,道济引兵居前,羡之等继其后,入自云龙门;安泰等先诫宿卫,莫有御者。帝未兴,军士进杀二侍者,伤帝指,扶出东阁,收玺绶,群臣拜辞,卫送故太子宫。

侍中程道惠劝羡之等立皇弟南豫州刺史义恭。羡之等以宜都王义隆素有令望,又多符瑞,乃称皇太后令,数帝过恶,废为营阳王,以宜都王纂承大统,赦死罪以下。又称皇太后令,奉还玺绂;并废皇后为营阳王妃,迁营阳王于吴[③]。使檀道济入守朝堂。王至吴,止金昌亭[④];六月,癸丑,羡之等使邢安泰就弑之。王多力,突走出昌门[⑤],追者以门关踣而弑之。

> 裴子野论曰:古者人君养子,能言而师授之辞,能行而傅相之礼。宋之教诲,雅异于斯,居中则任仆妾,处外则近趋走。太子、皇子,有帅,有侍,是二职者,皆台皂也。制其行止,授其法则,导达臧否,罔弗由之;言不及于礼义,识不达于今古,谨敕者能劝之以吝啬,狂愚者或诱之以凶慝。虽有师傅,多以耆艾大夫为之;虽有友及文学,多以膏粱年少为之;具位而已,亦弗与游。幼王临州,长史行事,宣传教命,又有典签[⑥];往往专恣,窃弄威权,是以本根虽茂而端良甚寡。嗣

君冲幼，世继奸回，虽恶物丑类，天然自出，然习则生常，其流远矣。降及太宗[7]，举天下而弃之，亦昵比之为也。呜呼！有国有家，其鉴之矣！

傅亮帅行台百官奉法驾迎宜都王于江陵[8]。祠部尚书蔡廓至寻阳[9]，遇疾不堪前；亮与之别。廓曰："营阳在吴，宜厚加供奉；一旦不幸，卿诸人有弑主之名，欲立于世，将可得邪！"时亮已与羡之议害营阳王，乃驰信止之，不及。羡之大怒曰："与人共计议，如何旋背即卖恶于人邪！"羡之等又遣使者杀前庐陵王义真于新安。

羡之以荆州地重[10]，恐宜都王至，或别用人，乃亟以录命除领军将军谢晦行都督荆、湘等七州诸军事、荆州刺史，欲令居外为援，精兵旧将，悉以配之。

秋，七月，行台至江陵，立行门于城南，题曰"大司马门"。傅亮帅百寮诣门上表，进玺绂，仪物甚盛。宜都王时年十八，下教曰："猥以不德，谬降大命，顾己兢悸，何以克堪！辄当暂归朝廷，展哀陵寝，并与贤彦申写所怀。望体其心，勿为辞费。"府州佐史并称臣，请题榜诸门，一依宫省；王皆不许。教州、府、国纲纪[11]，宥所统内见刑，原逋责。

诸将佐闻营阳、庐陵王死，皆以为疑，劝王不可东下。司马王华曰："先帝有大功于天下，四海所服；虽嗣主不纲，人望未改。徐羡之中才寒士，傅亮布衣诸生，非有晋宣帝、王大将军之心明矣[12]；受寄崇重，未容遽敢背德。畏庐陵严断，将来必不自容；以殿下宽睿慈仁，远近所知，且越次奉迎，冀以见德；悠悠之论，殆必不然。又，羡之等五人，同功并位，孰肯相让！就怀不轨，势必不行。废主若存，虑其将来受祸，致此杀害；盖由贪生过深，宁敢一朝顿怀逆志！不过欲握权自固，以少主仰待耳。殿下但当长驱六辔，以副天人之心。"王曰："卿复欲为宋昌邪[13]！"长史王昙首、南蛮校尉到彦之皆劝王行，昙首仍陈天人符应[14]，王乃曰："诸公受遗，不容背义。且劳臣旧将，内外充满，今兵力又足以制物，夫何所疑！"乃命王华总后任，留镇荆州。王欲使到彦之将兵前驱，彦之曰："了彼不反，便应朝服顺流；若使有虞，此师既不足恃，更开嫌隙之端，非所以副远迩之望也。"会雍州刺史褚叔度卒，乃遣彦之权镇襄阳。

甲戌，王发江陵，引见傅亮，号泣，哀动左右。既而问义真及少帝薨废本末，悲哭呜咽，侍侧者莫能仰视。亮流汗沾背，不能对；乃布腹心于到彦之、王华等，深自结纳。王以府州文武严兵自卫，台所遣百官众力不得近部伍。中兵参军朱容子抱刀处王所乘舟户外，不解带者累旬。

【注释】

①江州：治所在今江西南昌市。 ②华林园：晋王朝在建康宫城北角所建御花园。 ③吴：今江苏苏州市。 ④金昌亭：在吴的西门内，因西门名昌门，故名金昌亭。 ⑤昌门：吴城西门，又作阊门，春秋时吴王夫差所建。 ⑥典签：官名，负责为府州长官讨论事务时记录签署。南朝宋多以年幼皇子做大州藩镇，而皇子们又多以左右亲信任典签，故权力甚大。 ⑦太宗：即宋明帝刘彧，465—471 年在位。 ⑧行台：魏晋至隋唐时尚书台（省）的临时分支机构；又叫行尚书台或行台省。江陵：在今湖北荆州市。 ⑨祠部尚书：官名，负责尚书省的祠部、仪曹两个部门，若设右仆射，则不设祠部尚书，故相当于右仆射。寻阳：在今江西九江市。 ⑩荆州：在今湖北北部一带。 ⑪纲纪：长官的下属官吏们。⑫晋宣帝：司马懿，在曹魏时大权在握，实际已控制朝廷大权，但未正式篡位，其后人尊他为晋宣帝。王大将军：王敦，东晋元帝时拥兵自立，起兵反叛，后病死。 ⑬宋昌：西汉代王刘恒的中尉，诸吕之乱后，大臣议立代王为帝，代王疑虑，宋昌为他分析形势，使他下定决心进京登基，即汉文帝。事见本书卷第十三（前 180 年）。 ⑭天人符应：天象和人间各种预示将有新的帝王出现的祥瑞征兆，古人非常迷信这种符应。

魏主还宫。

秦王炽磐遣太子暮末帅征北将军木弈干等步骑三万出貂渠谷[①]，攻河西白草岭、临松郡[②]，皆破之，徙民二万余口而还。

八月，丙申，宜都王至建康，群臣迎拜于新亭[③]。徐羡之问傅亮曰：“王可方谁？”亮曰：“晋文、景以上人[④]。”羡之曰：“必能明我赤心。”亮曰：“不然。”

丁酉，王谒初宁陵，还，止中堂[⑤]。百官奉玺绶，王辞让数四，乃受之，即皇帝位于中堂。备法驾入宫，御太极前殿，大赦，改元，文武赐位二等。

戊戌，谒太庙。诏复庐陵王先封，迎其柩及孙修华、谢妃还建康[⑥]。

庚子，以行荆州刺史谢晦为真。晦将行，与蔡廓别，屏人问曰："吾其免乎？"廓曰："卿受先帝顾命，任以社稷，废昏立明，义无不可。但杀人二兄而以之北面，挟震主之威，据上流之重，以古推今，自免为难。"晦始惧不得去，既发，顾望石头城喜曰[⑦]："今得脱矣！"

癸卯，徐羡之进位司徒，王弘进位司空，傅亮加开府仪同三司，谢晦进号卫将军，檀道济进号征北将军。

有司奏车驾依故事临华林园听讼。诏曰："政刑多所未悉；可如先者，二公推讯。"

帝以王昙首、王华为侍中，昙首领右卫将军，华领骁骑将军，朱容子为右军将军。

甲辰，追尊帝母胡婕妤曰章皇后。封皇弟义恭为江夏王[⑧]，义宣为竟陵王[⑨]，义季为衡阳王[⑩]；仍以义宣为左将军，镇石头。

徐羡之等欲即以到彦之为雍州，帝不许；征彦之为中领军，委以戎政。彦之自襄阳南下，谢晦已至镇，虑彦之不过己。彦之至杨口[⑪]，步往江陵，深布诚款，晦亦厚自结纳；彦之留马及利剑、名刀以与晦，晦由此大安。

柔然纥升盖可汗闻魏太宗殂，将六万骑入云中[⑫]，杀掠吏民，攻拔盛乐宫[⑬]。魏世祖自将轻骑讨之，三日二夜至云中。纥升盖引骑围魏主五十余重，骑逼马首，相次如堵；将士大惧，魏主颜色自若，众情乃安。纥升盖以弟子於陟斤为大将，魏人射杀之；纥升盖惧，遁去。尚书令刘絜言于魏主曰："大檀自恃其众[⑭]，必将复来，请俟收田毕，大发兵为二道，东西并进以讨之。"魏主然之。

九月，丙子，立妃袁氏为皇后；耽之曾孙也[⑮]。

冬，十月，吐谷浑威王阿柴卒。阿柴有子二十人。疾病，召诸子弟谓之曰："先公车骑[⑯]，以大业之故，舍其子拾虔而授孤；孤敢私于纬代而忘先君之志乎！我死，汝曹当奉慕璝为主。"纬代者，阿柴之长子；慕璝者，阿柴之母弟、叔父乌纥提之子也[⑰]。

阿柴又命诸子各献一箭，取一箭授其弟慕利延使折之。慕利延折之。又取十九箭使折之，慕利延不能折。阿柴乃谕之曰："汝曹知之乎？孤则易折，众则难摧。汝曹当戮力一心，然后可以保国宁家。"言终而卒。

慕璝亦有才略，抚秦、凉失业之民及氐、羌杂种至五六百落，部众转盛。

【注释】

①貂渠谷：在今青海门源回族自治县西北。　②白草岭：在今青海门源回族自治县西北。临松郡：治所在今甘肃肃南裕固族自治县东南马蹄镇。　③新亭：在今江苏南京市南。　④晋文、景：晋文公重耳，春秋时晋国国君，经在外国长年流浪后回国，使晋国强盛起来。景，汉景帝刘启，是历史上有名的贤明君主。　⑤中堂：在建康城秦淮河之北，宫城之南，晋时为太学，释奠先圣孔子的所在。　⑥孙修华：刘义真的母亲。谢妃：刘义真的妃子。　⑦石头城：在今江苏南京市西面的清凉山上。楚威王时始建，三国吴孙权重筑并改名为石头城，负山面江，扼守江险，为军事要地。　⑧江夏：郡名，治所在今湖北武汉市。　⑨竟陵：在今湖北钟祥市一带。　⑩衡阳：在今湖南株洲市一带。　⑪杨口：在今湖北潜江市西北，即古代杨水进入沔水之口。　⑫云中：原在今内蒙古托克托县东北，北魏时云中郡治所移到盛乐，即今内蒙古和林格尔县西北的土城子。　⑬盛乐宫：北魏原建都盛乐，即今内蒙古和林格尔县西北土城子，盛乐宫指盛乐城中的王宫。　⑭大檀：纥升盖可汗的名字，其全名为郁久闾大檀。　⑮耽：袁耽，东晋成帝时任历阳太守，事见本书卷第九十五，成帝咸康元年（335）。　⑯先公：指吐谷浑第八代可汗武王慕容树洛干。　⑰乌纥提：吐谷浑第七代可汗，与阿柴为同母异父兄弟，又因他娶第六代可汗之妻，故又是阿柴的叔父。

十二月，魏主命安集将军长孙翰、安北将军尉眷北击柔然，魏主自将屯柞山[①]。柔然北遁，诸军追之，大获而还。翰，肥之子也[②]。

诏拜营阳王母张氏为营阳太妃。

林邑王范阳迈寇日南、九德诸郡[③]。

宕昌王梁弥忽遣子弥黄入见于魏。宕昌，羌之别种也。羌地东接中国，西通西域，长数千里，各有酋帅，部落分地，不相统摄；而宕昌最强，有民二万余落，诸种畏之。

夏主将废太子璝而立少子酒泉公伦。璝闻之，将兵七万北伐伦。伦将骑三万拒之，战于高平[4]，伦败死。伦兄太原公昌将骑一万袭璝，杀之，并其众八万五千，归于统万[5]。夏主大悦，立昌为太子。

夏主好自矜大，名其四门：东曰招魏，南曰朝宋，西曰服凉，北曰平朔。

二年 春，正月，徐羡之、傅亮上表归政；表三上，帝乃许之。丙寅，始亲万机。羡之仍逊位还第；徐佩之、程道惠及吴兴太守王韶之等并谓非宜[6]，敦劝甚苦；乃复奉诏视事。

辛未，帝祀南郊，大赦。

己卯，魏主还平城。

二月，燕有女子化为男；燕主以问群臣。尚书左丞傅权对曰："西汉之末，雌鸡化为雄，犹有王莽之祸。况今女化为男，臣将为君之兆也。"

三月，丙寅，魏主尊保母窦氏为保太后。密后之殂也，世祖尚幼，太宗以窦氏慈良，有操行，使保养之。窦氏抚视有恩，训导有礼，世祖德之，故加以尊号，奉养不异所生。

丁巳，魏以长孙嵩为太尉，长孙翰为司徒，奚斤为司空。

夏，四月，秦王炽磐遣平远将军叱卢犍等袭河西镇南将军沮渠白蹄于临松，擒之，徙其民五千余户于枹罕[7]。

魏主遣龙骧将军步堆等来聘，始复通好。

六月，武都惠文王杨盛卒[8]。初，盛闻晋亡，不改义熙年号，谓世子玄曰："吾老矣，当终为晋臣；汝善事宋帝。"及盛卒，玄自称都督陇右诸军事、征西大将军、开府仪同三司、秦州刺史、武都王，遣使来告丧，始用元嘉年号。

秋，七月，秦王炽磐遣镇南将军吉毗等南击黑水羌酋丘担[9]，大破之。

八月，夏武烈帝殂，葬嘉平陵，庙号世祖；太子昌即皇帝位。大赦，改元承光。

王弘自以始不预定策，不受司空；表让弥年，乃许之。乙酉，以弘为车骑大将军、开府仪同三司。

冬，十月，丘担以其众降秦，秦以担为归善将军；拜折冲将军乞伏信帝为平羌校尉以镇之。

【注释】

①柞山：在今内蒙古呼和浩特市西。 ②长孙肥：北魏道武帝拓跋珪的大将，多有战功。 ③日南：郡名。辖境在今越南中部北起横山南抵大岭地区。九德：郡名。在今越南义静省大部。 ④高平：在今宁夏固原市。 ⑤统万：夏国都城，在今陕西靖边县。 ⑥吴兴：在今浙江湖州市。 ⑦枹罕：西秦都城，在今甘肃临夏市。 ⑧武都：在今甘肃陇南市武都区一带。 ⑨黑水羌：在今甘肃舟曲县西南一带的羌族人。

癸卯，魏主大伐柔然，五道并进；长孙翰等从东道，出黑漠[①]，廷尉卿长孙道生等出白、黑二漠之间[②]，魏主从中道，东平公娥清出栗园[③]，奚斤等从西道，出尔寒山[④]。诸军至漠南，舍辎重，轻骑，赍十五日粮，度漠击之。柔然部落大惊，绝迹北走。

十一月，以武都世子玄为北秦州刺史、武都王。

初，会稽孔宁子为帝镇西咨议参军，及即位，以宁子为步兵校尉；与侍中王华并有富贵之愿，疾徐羡之、傅亮专权，日夜构之于帝。会谢晦二女当适彭城王义康、新野侯义宾，遣其妻曹氏及长子世休送女至建康。帝欲诛羡之、亮，并发兵讨晦，声言当伐魏，又言拜京陵[⑤]，治行装舰。亮与晦书曰："薄伐河朔，事犹未已，朝野之虑，忧惧者多。"又言"朝士多谏北征，上当遣外监万幼宗往相咨访"。时朝廷处分异常，其谋颇泄。

三年 春，正月，谢晦弟黄门侍郎曜驰使告晦，晦犹谓不然，以傅亮书示咨议参军何承天曰："计幼宗一二日必至。傅公虑我好事，故先遣此书。"承天曰："外间所闻，咸谓西讨已定，幼宗岂有上理！"晦尚谓虚妄，使承天豫立答诏启草，言伐虏宜须明年。江夏内史程道惠得寻阳人书，言"朝廷将有大处分，其事已审"，使其辅国府中兵参军乐冏封以示晦。晦问承天曰："若果尔，卿令我云何？"对曰："蒙将军殊顾，常思报德。事变至矣，何敢隐情！然明日戒严，动用军法，区区所怀，惧不得尽。”晦惧曰：“卿岂欲我自裁邪？”承天曰：“尚未至此。以王者之重，举天下以攻一州，大小既殊，逆顺又异。境外求全，上计也。其次，以腹心将兵屯义阳[⑥]，将军自帅大众战于夏口[⑦]；若败，即趋义阳以出北境，其次也。”晦良久曰：“荆州用武之地，兵粮易给，聊且决战，走复何晚！”乃使承天造立表檄；又与卫军咨议参军琅邪颜邵谋举兵，邵饮药而死。

晦立幡戒严，谓司马庾登之曰：“今当自下，欲屈卿以三千人守城，备御刘粹。”登之曰：“下官亲老在都，又素无部众，情计二三，不敢受此旨。”晦仍问诸将佐：“战士三千足守城否？”南蛮司马周超对曰：“非徒守城而已，若有外寇，可以立功。”登之因曰：“超必能辨，下官请解司马、南郡以授之[⑧]。”晦即于坐命超为司马，领南义阳太守[⑨]。转登之为长史，南郡如故。登之，蕴之孙也。

帝以王弘、檀道济始不预废弑之谋，弘弟昙首又为帝所亲委，事将发，密使报弘，且召道济，欲使讨晦。王华等皆以为不可，帝曰：“道济止于胁从，本非创谋，杀害之事，又所不关；吾抚而使之，必将无虑。”乙丑，道济至建康。

丙寅，下诏暴羡之、亮、晦杀营阳、庐陵王之罪，命有司诛之，且曰：“晦据有上流，或不即罪，朕当亲帅六师为其过防。可遣中领军到彦之即日电发，征北将军檀道济骆驿继路，符卫军府州，以时收翦，已命雍州刺史刘粹等断其走伏。罪止元凶，余无所问。”

是日，诏召羡之、亮。羡之行至西明门外，谢嚼正直，遣报亮云：“殿内有异处分。”亮辞以嫂病暂还，遣使报羡之，羡之还西州[⑩]，乘内人问讯车出郭，步走至新林[⑪]，入陶灶中自经死。亮乘车出郭门，乘马奔兄迪墓，屯骑校尉郭泓收之。至广莫门，上遣中书舍人以诏书示亮，并谓曰：“以公江陵之诚，当使诸子无恙。”亮读诏书讫，曰：“亮受先帝布衣之眷，遂蒙顾托。黜昏立明，社稷之计也。欲加之罪，其无辞乎！”于是诛亮而徙其妻子于建安[⑫]；诛羡之二子，而宥其兄子佩之。又诛晦子世休，收系谢嚼。

帝将讨谢晦，问策于檀道济，对曰：“臣昔与晦同从北征，入关十策，晦有其九；才略明练，殆为少敌。然未尝孤军决胜，戎事恐非其长。臣悉晦智，晦悉臣勇。今奉王命以讨之，可未陈而擒也。”丁卯，征王弘为侍中、司徒、录尚书事、扬州刺史，以彭城王义康为都督荆、湘等八州诸军事、荆州刺史。

乐冏复遣使告谢晦以徐、傅及嚼等已诛。晦先举羡之、亮哀，次发子弟凶问，既而自出射堂勒兵。晦从高祖征讨，指麾处分，莫不曲尽其宜，数日间，四远投集，得精兵三万人。乃奉表称羡之、亮等忠贞，横被冤酷。且言：“臣等若志欲执权，不专为国，初废营阳，陛下在远，武皇之子尚有童幼，拥以号令，谁敢非之！岂得溯流三千里，虚馆七旬，仰望鸾旗者哉！故庐陵王，于营阳之世积怨犯上，自贻非命。不有所废，将何以兴！耿弇不以贼遗君父⑬，臣亦何负于宋室邪！此皆王弘、王昙首、王华险躁猜忌，谗构成祸。今当举兵以除君侧之恶。”

【注释】

①黑漠：在今内蒙古兴和县北部一带。 ②白漠：在今内蒙古察哈尔右翼后旗北部一带。 ③栗园：今址不详。 ④尔寒山：今址不详。 ⑤京陵：即兴宁陵，在今江苏镇江市。 ⑥义阳：在今河南信阳市。 ⑦夏口：在今湖北武汉市。 ⑧南郡：治所在今湖北荆州市。 ⑨南义阳：为晋末所置侨郡，属荆州，治所在今湖南安乡县西南。 ⑩西州：当时扬州刺史治所在台城（即宫城）之西，故叫西州，都在建康城内。 ⑪新林：建康以北二十里处。 ⑫建安：在今福建建瓯市南。 ⑬耿弇：东汉光武帝的大将，在讨伐张步与之大战时，闻光武将至，谓手下将士：不能将贼虏遗留给君父，因而大败张步。事见本书卷第四十一汉光武帝建武五年(29)。

秦王炽磐复遣使如魏，请用师于夏。

初，袁皇后生皇子劭，后自详视，使驰白帝曰：“此儿形貌异常，必破国亡家，不可举。”即欲杀之。帝狼狈至后殿户外，手拨幔禁之，乃止。以尚在谅闇，故秘之。闰月，丙戌，始言劭生。

帝下诏戒严，大赦，诸军相次进路以讨谢晦。晦以弟遯为竟陵内史①，将万人总留任，帅众二万发江陵，列舟舰自江津至于破冢②，旌旗蔽日。叹曰：“恨不得以此为勤王之师。”

晦欲遣兵袭湘州刺史张卲③，何承天以卲兄益州刺史茂度与晦善[4],曰:“卲意趣未可知,不宜遽击之。”晦以书招卲,卲不从。

二月,戊午,以金紫光禄大夫王敬弘为尚书左仆射,建安太守郑鲜之为右仆射。敬弘,廙之曾孙也。

庚申,上发建康。命王弘与彭城王义康居守,入居中书下省;侍中殷景仁参掌留任。帝姊会稽长公主留止台内,总摄六宫。

谢晦自江陵东下,何承天留府不从。晦至江口[5],到彦之已至彭城洲[6]。庾登之据巴陵[7],畏懦不敢进;会霖雨连日,参军刘和之曰:“彼此共有雨耳;檀征北寻至,东军方强,惟宜速战。”登之恇怯,使小将陈祐作大囊,贮茅悬于帆樯,云可以焚舰,用火宜须晴,以缓战期。晦然之,停军十五日。乃使中兵参军孔延秀攻将军萧欣于彭城洲,破之。又攻洲口栅,陷之。诸将咸欲退还夏口[8],到彦之不可,乃保隐圻[9]。晦又上表自讼,且自矜其捷,曰:“陛下若枭四凶于庙庭[10],悬三监于绛阙[11],臣便勒众旋旗,还保所任。”

初,晦与徐羡之、傅亮为自全之计:以为晦据上流,而檀道济镇广陵[12],各有强兵,足以制朝廷;羡之、亮居中秉权,可得持久。及闻道济帅众来上,惶惧无计。

道济既至,与到彦之军合,牵舰缘岸。晦始见舰数不多,轻之,不即出战。至晚,因风帆上,前后连咽;西人离沮,无复斗心。戊辰,台军至忌置洲尾[13],列舰过江,晦军一时皆溃。晦夜出,投巴陵,得小船还江陵。

先是,帝遣雍州刺史刘粹自陆道帅步骑袭江陵,至沙桥[14];周超帅万余人逆战,大破之,士卒伤死者过半。俄而晦败问至。初,晦与粹善,以粹子旷之为参军;帝疑之,王弘曰:“粹无私,必无忧也。”及受命南讨,一无所顾,帝以此嘉之。晦亦不杀旷之,遣还粹所。

丙子,帝自芜湖东还[15]。

晦至江陵,无他处分,唯愧谢周超而已。其夜,超舍军单舸诣到彦之降。晦众散略尽,乃携其弟遯等七骑北走。遯肥壮,不能乘马,晦每待之,行不得速。己卯,至安陆延头[16],为戍主光顺之所执[17],槛送建康。

【注释】

①竟陵：在今湖北钟祥市。②江津：在今湖北荆州市东南，又名奉城。破冢：在今湖北荆州市东南。③湘州：治所在今湖南长沙市。④益州：在今四川省中部。⑤江口：即西江口，又名三江口，在今湖南岳阳市北，为洞庭湖水入江处。⑥彭城洲：在今湖南临湘市西北的长江南岸。⑦巴陵：即今湖南岳阳市。⑧夏口：在今湖北武汉市。⑨隐圻：在今湖南临湘市西北的长江南岸，又名隐矶。⑩四凶：古代尧时，舜把共工、驩兜、三苗、鲧称为四凶，一一处罚。⑪三监：西周初年，以管叔、蔡叔、霍叔监管殷朝遗民，称为三监。后三监与殷人共同反叛，周公一一平定他们。绛阙：比喻王都的门阙。四凶三监，都是比喻宋文帝身边的亲信大臣。⑫广陵：在今江苏扬州市。⑬忌置洲：在今湖南岳阳市北。⑭沙桥：在荆州之北。⑮芜湖：在今安徽芜湖市。⑯安陆：在今湖北安陆市。延头：在今湖北大悟县东南。⑰戍主：宋、齐至隋有戍主、戍副官职，为军事据点的长官和副官。

到彦之至马头[①]，何承天自归。彦之因监荆州府事，以周超为参军；刘粹以沙桥之败告，乃执之。于是诛晦、皭、遯及其兄弟之子，并同党孔延秀、周超等。晦女彭城王妃被发徒跣，与晦诀曰："大丈夫当横尸战场，奈何狼藉都市！"庾登之以无任，免官禁锢；何承天及南蛮行参军新兴王玄谟等皆见原[②]。晦之走也，左右皆弃之，唯延陵盖追随不舍，帝以盖为镇军功曹督护[③]。

晦之起兵，引魏南蛮校尉王慧龙为援。慧龙帅众一万拔思陵戍[④]，进围项城，闻晦败，乃退。

益州刺史张茂度受诏袭江陵；晦败，茂度军始至白帝[⑤]。议者疑茂度有贰心，帝以茂度弟邵有诚节，赦不问，代还。

三月，辛巳，帝还建康，征谢灵运为秘书监，颜延之为中书侍郎，赏遇甚厚。

帝以慧琳道人善谈论，因与议朝廷大事，遂参权要，宾客辐凑，门车常有数十两，四方赠赂相系，方筵七八，座上恒满。琳著高屐，披貂裘，置通呈、书佐。会稽孔觊尝诣之，遇宾客填咽，暄凉而已。觊慨然曰："遂有黑衣宰相，可谓冠屦失所矣！"

夏，五月，乙未，以檀道济为征南大将军、开府仪同三司、江州刺史，到彦之为南豫州刺史。遣散骑常侍袁渝等十六人分行诸州郡县，观察吏政，访求民隐；又使郡县各言损益。丙午，上临延贤堂听讼，自是每岁三讯[⑥]。

左仆射王敬弘，性恬淡，有重名；关署文案，初不省读。尝预听讼，上问以疑狱，敬弘不对。上变色，问左右："何故不以讯牒副仆射？"敬弘曰："臣乃得讯牒读之，正自不解。"上甚不悦，虽加礼敬，不复以时务及之。

六月，以右卫将军王华为中护军，侍中如故。华以王弘辅政，王昙首为上所亲任，与己相埒，自谓力用不尽，每叹息曰："宰相顿有数人，天下何由得治！"是时，宰相无常官，唯人主所与议论政事、委以机密者，皆宰相也，故华有是言。亦有任侍中而不为宰相者；然尚书令、仆，中书监、令，侍中，侍郎，给事中，皆当时要官也。

华与刘湛、王昙首、殷景仁俱为侍中，风力局干，冠冕一时。上尝与四人于合殿宴饮，甚悦。既罢出，上目送良久，叹曰："此四贤，一时之秀，同管喉唇，恐后世难继也。"

黄门侍郎谢弘微与华等皆上所重，当时号曰五臣。弘微，琰之从孙也。精神端审，时然后言，婢仆之前不妄语笑，由是尊卑大小，敬之若神。从叔混特重之，常曰："微子异不伤物，同不害正，吾无间然。"

上欲封王昙首、王华等，拊御床曰："此坐非卿兄弟，无复今日。"因出封诏以示之。昙首固辞曰："近日之事，赖陛下英明，罪人斯得；臣等岂可因国之灾以为身幸！"上乃止。

【注释】

①马头：在今湖北公安县东北，北与荆州市隔着长江相望。　②新兴：在今山西忻州市。　③镇军功曹督护：即镇军将军府的功曹兼参军督护，是为二职。　④思陵戍：在今河南周口市淮阳区西北。　⑤白帝：在今重庆奉节县。　⑥三讯：指讯群臣、讯群吏、讯万民，如此才定其罪。

魏主诏问公卿："今当用兵，赫连、蠕蠕[①]，二国何先？"长孙嵩、长孙翰、奚斤皆曰："赫连土著，未能为患。不如先伐蠕蠕，若追而及之,可以大获;不及,则猎于阴山[2],取其禽兽皮角以充军实。"太常崔浩曰:"蠕蠕鸟集兽逃,举大众追之则不能及,轻兵追之又不足以制敌。赫连氏土地不过千里,政刑残虐,人神所弃,宜先伐之。"尚书刘絜、武京侯安原请先伐燕。于是魏主自云中西巡至五原,因畋于阴山,东至和兜山[3];秋,八月,还平城。

诏殿中将军吉恒聘于魏。

燕太子永卒,立次子翼为太子。

秦王炽磐伐河西,至廉川[4],遣太子暮末等步骑三万攻西安[5],不克,又攻番禾[6]。河西王蒙逊发兵御之,且遣使说夏主,使乘虚袭枹罕[7]。夏主遣征南大将军呼卢古将骑二万攻苑川[8],车骑大将军韦伐将骑三万攻南安[9]。炽磐闻之,引归。九月,徙其境内老弱、畜产于浇河及莫河仍寒川[10],留左丞相昙达守枹罕。韦伐攻拔南安,获秦秦州刺史翟爽、南安太守李亮。

吐谷浑握逵等帅部众二万余落叛秦,奔昴川[11],附于吐谷浑王慕璝。

大旱,蝗。

左光禄大夫范泰上表曰:"妇人有三从之义,无自专之道。谢晦妇女犹在尚方,唯陛下留意。"有诏原之。

魏主闻夏世祖殂,诸子相图,国人不安,欲伐之。长孙嵩等皆曰:"彼若城守,以逸待劳,大檀闻之,乘虚入寇,此危道也。"崔浩曰:"往年以来,荧惑再守羽林,钩己而行,其占秦亡;今年五星并出东方,利以西伐。天人相应,不可失也。"嵩固争之,帝大怒,责嵩在官贪污,命武士顿辱之。于是遣司空奚斤帅四万五千人袭蒲阪[12],宋兵将军周几帅万人袭陕城[13],以河东太守薛谨为乡导。谨,辩之子也。

魏主欲以中书博士平棘李顺总前驱之兵[14],访于崔浩,浩曰:"顺诚有筹略;然臣与之婚姻,深知其为人果于去就,不可专委。"帝乃止。浩与顺由是有隙。

冬,十月,丁巳,魏主发平城。

秦左丞相昙达与夏呼卢古战于嵻峎山[15],昙达兵败。十一月,呼卢古、韦伐进攻枹罕。秦王炽磐迁保定连[16]。呼卢古入南城,镇京将军赵寿生率死士三百人力战,却之。呼卢古、韦伐又攻沙州刺史出连虔于湟河[17],虔遣后将军乞伏万年击败之。又攻西平[18],执安西将军库洛干,坑战士五千余人,掠民二万余户而去。

仇池氐杨兴平求内附[19]。梁、南秦二州刺史吉翰遣始平太守庞谘据武兴[20]。氐王杨玄遣其弟难当将兵拒谘,谘击走之。

魏主行至君子津[21],会天暴寒,冰合,戊寅,帅轻骑二万济河袭统万[22]。壬午,冬至,夏主方燕群臣,魏师奄至,上下惊扰。魏主军于黑水,去城三十余里。夏主出战而败,退走入城。门未及闭,内三郎豆代田帅众乘胜入西宫[23],焚其西门;宫门闭,代田逾宫垣而出。魏主拜代田勇武将军。魏军夜宿城北,癸未,分兵四掠,杀获数万,得牛马十余万。魏主谓诸将曰:"统万未可得也,他年当与卿等取之。"乃徙其民万余家而还。

夏弘农太守曹达闻周几将至[24],不战而走;魏师乘胜长驱,遂入三辅[25]。会几卒于军中,蒲阪守将东平公乙斗闻奚斤将至,遣使诣统万告急。使者至统万,魏军已围其城;还,告乙斗曰:"统万已败矣。"乙斗惧[26],弃城西奔长安[27],斤遂克蒲阪。夏主之弟助兴先守长安,乙斗至,与助兴弃长安,西奔安定[28]。十二月,斤入长安,秦、雍氐羌皆诣斤降。河西王蒙逊及氐王杨玄闻之,皆遣使附魏。

前吴郡太守徐佩之聚党百余人,谋以明年正会于殿中作乱,事觉,壬戌,收斩之。

营阳太妃张氏卒。

秦征南将军吉毗镇南漒[29],陇西人辛澹帅户三千据城逐毗,毗走还枹罕,澹南奔仇池。

魏初得中原,民多逃隐。天兴中[30],诏采诸漏户,令输缯帛;于是自占为绸茧罗縠户者甚众,不隶郡县;赋役不均。是岁,始诏一切罢之,以属郡县。

【注释】

①赫连:指夏,其君主姓赫连。蠕(rú 如)蠕:指北朝北境外的部落制汗国柔然。因魏太武帝认为柔然无知,形状类似虫,故蔑称之为蠕蠕。南朝宋、齐两朝则称之为芮芮。 ②阴山:即今内蒙古的阴山山脉。③和兜山:在阴山之东。 ④廉川:在今青海民和回族土族自治县西北。

⑤西安：在今甘肃张掖市东南。⑥番禾：在今甘肃永昌县。⑦枹罕：在今甘肃临夏市西南。西秦乞伏炽磐曾都于此。⑧苑川：在今甘肃榆中县东北。⑨南安：在今甘肃陇西县东北。⑩浇河：在今青海贵德县南。莫河：在今青海同仁市。仍寒川：在今青海同仁市西顷山北。⑪昴川：在今青海西宁市西南。⑫蒲阪：在今山西永济市。⑬陕城：在今河南三门峡市陕州区。⑭平棘：地名，在今河北赵县东南。⑮嵻峎山：在今甘肃榆中县。⑯定连：城名。在今甘肃临夏市东南。西秦乞伏炽磐曾都于此。⑰湟河：在今青海化隆回族自治县南。⑱西平：在今青海西宁市。⑲仇池：在今陕西略阳县西北。⑳梁：梁州，治所设在汉中，即今陕西汉中市。南秦：南秦州，治所也在汉中。当时镇守汉中者都兼此二州刺史。武兴：在今陕西略阳县。㉑君子津：在今内蒙古准格尔旗东北黄河上。㉒统万：在今陕西靖边县。㉓内三郎：北魏设立的宿卫之官，即卫士，由三郎将领之。又北魏道武帝天兴初置幢主、幢将主内三郎。㉔弘农：在今河南灵宝市。㉕三辅：在今陕西关中地区。㉖东平：地名，在今山东东平县。㉗长安：在今陕西西安市。㉘安定：在今甘肃泾川县。㉙南漒：在今甘肃南部西顷山南。㉚天兴：北魏道武帝拓跋珪的年号（398—404）。

四年 春，正月，辛巳，帝祀南郊。

乙酉，魏主还平城，统万徙民在道多死，能至平城者什才六七。

己亥，魏主如幽州[①]。夏主遣平原公定帅众二万向长安。魏主闻之，伐木阴山，大造攻具，再谋伐夏。

山羌叛秦[②]。二月，秦王炽磐遣左丞相昙达招慰武始诸羌[③]，征南将军吉毗招慰洮阳诸羌[④]。羌人执昙达送夏；吉毗为羌所击，奔还，士马死伤者什八九。

魏主还平城。

乙卯，帝如丹徒[⑤]；己巳，谒京陵[⑥]。初，高祖既贵，命藏微时耕具以示子孙。帝至故宫，见之，有惭色。近侍或进曰："大舜躬耕历山，伯禹亲事水土。陛下不睹遗物，安知先帝之至德，稼穑之艰难乎！"

三月[⑦]，丙子，魏主遣高凉王礼镇长安。礼，斤之孙也。又诏执金吾桓贷造桥于君子津。

丁丑，魏广平王连卒。

丁亥，帝还建康。

戊子，尚书右仆射郑鲜之卒。

秦王炽磐以辅国将军段晖为凉州刺史，镇乐都[8]；平西将军麹景为沙州刺史，镇西平[9]；宁朔将军出连辅政为梁州刺史，镇赤水[10]。

夏，四月，丁未，魏员外散骑常侍步堆等来聘。

庚戌，以廷尉王徽之为交州刺史[11]，征前刺史杜弘文。弘文有疾，自舆就路；或劝之待病愈，弘文曰："吾杖节三世，常欲投躯帝庭，况被征乎！"遂行，卒于广州[12]。弘文，慧度之子也。

魏奚斤与夏平原公定相持于长安。魏主欲乘虚伐统万，简兵练士，部分诸将，命司徒长孙翰等将三万骑为前驱，常山王素等将步兵三万为后继，南阳王伏真等将步兵三万部送攻具，将军贺多罗将精骑三千为前候。素，遵之子也。五月，魏主发平城，命龙骧将军代人陆俟督诸军镇大碛以备柔然[13]。辛巳，济君子津。

壬午，中护军王华卒。

魏主至拔邻山[14]，筑城，舍辎重，以轻骑三万倍道先行。群臣咸谏曰："统万城坚，非朝夕可拔。今轻军讨之，进不可克，退无所资，不若与步兵、攻具一时俱往。"帝曰："用兵之术，攻城最下；必不得已，然后用之。今以步兵、攻具皆进，彼必惧而坚守。若攻不时拔，食尽兵疲，外无所掠，进退无地。不如以轻骑直抵其城，彼见步兵未至，意必宽弛；吾羸形以诱之；彼或出战，则成擒矣。所以然者，吾之军士去家二千余里，又隔大河，所谓'置之死地而后生'者也[15]。故以之攻城则不足，决战则有余矣。"遂行。

六月，癸卯朔，日有食之。

【注释】

①幽州：在今北京一带。 ②山羌：居住在武始郡和洮阳南山的羌族人。 ③武始：在今甘肃临洮县。 ④洮阳：在今甘肃临潭县。 ⑤丹徒：在今江苏镇江市。 ⑥京陵：宋文帝祖先的陵墓，在江苏镇江市丹徒区。 ⑦三月：原文作"二月"，今据章校改。 ⑧乐都：在今青海

海东市乐都区。 ⑨西平：在今青海西宁市。 ⑩赤水：在今甘肃临夏市南。 ⑪交州：在今越南北部，治所在今河内。 ⑫广州：在今广东广州市。 ⑬大碛：今地不详。 ⑭拔邻山：在今内蒙古准格尔旗境内。 ⑮置之死地而后生：语出《孙子·九地篇》。

魏主至统万，分军伏于深谷，以少众至城下。夏将狄子玉降魏，言："夏主闻有魏师，遣使召平原公定，定曰：'统万坚峻，未易攻拔。待我擒奚斤，然后徐往，内外击之，蔑不济矣。'故夏主坚守以待之。"魏主患之，乃退军以示弱，遣娥清及永昌王健帅骑五千西掠居民。

魏军士有得罪亡奔夏者，言魏军粮尽，士卒食菜，辎重在后，步兵未至，宜急击之。夏主从之，甲辰，将步骑三万出城。长孙翰等皆言："夏兵步陈难陷，宜避其锋。"魏主曰："吾远来求贼，惟恐不出。今既出矣，乃避而不击，彼奋我弱，非计也。"遂收众伪遁，引而疲之。

夏兵为两翼，鼓噪追之，行五六里，会有风雨从东南来，扬沙晦冥。宦者赵倪，颇晓方术，言于魏主曰："今风雨从贼上来，我向之，彼背之，天不助人；且将士饥渴，愿陛下摄骑避之，更待后日。"崔浩叱之曰："是何言也！吾千里制胜，一日之中，岂得变易！贼贪进不止，后军已绝，宜隐军分出，掩击不意。风道在人，岂有常也！"魏主曰："善！"乃分骑为左右队以掎之。魏主马蹶而坠，几为夏兵所获；拓跋齐以身捍蔽，决死力战，夏兵乃退。魏主腾马得上，刺夏尚书斛黎文，杀之，又杀骑兵十余人，身中流矢，奋击不辍，夏众大溃。齐，翳槐之玄孙也。

魏人乘胜逐夏主至城北，杀夏主之弟河南公满及兄子蒙逊，死者万余人。夏主不及入城，遂奔上邽[①]。魏主微服逐奔者，入其城；拓跋齐固谏，不听。夏人觉之，诸门悉闭；魏主因与齐等入其宫中，得妇人裙，系之槊上，魏主乘之而上，仅乃得免。会日暮，夏尚书仆射问至奉夏主之母出走，长孙翰将八千骑追夏主至高平[②]，不及而还。

乙巳，魏主入城，获夏王、公、卿、将、校及诸母、后妃、姊妹、宫人以万数，马三十余万匹，牛羊数千万头，府库珍宝、车旗、器物不可胜计，颁赐将士有差。

初，夏世祖性豪侈，筑统万城，高十仞，基厚三十步，上广十步，宫墙高五仞，其坚可以厉刀斧。台榭壮大，皆雕镂图画，被以绮绣，穷极文采。魏主顾谓左右曰："蕞尔国而用民如此，欲不亡得乎！"

得夏太史令张渊、徐辩，复以为太史令。得故晋将毛修之、秦将军库洛干，归库洛干于秦，以毛修之善烹调，用为太官令。魏主见夏著作郎天水赵逸所为文，誉夏主太过，怒曰："此竖无道，何敢如是！谁所为邪？当速推之！"崔浩曰："文士褒贬，多过其实，盖非得已，不足罪也。"乃止。魏主纳夏世祖三女为贵人。

奚斤与夏平原公定犹相拒于长安。魏主命宗正娥清、太仆丘堆帅骑五千略地关右[③]。定闻统万已破，遂奔上邽；斤追至雍，不及而还。清、堆攻夏贰城[④]，拔之。

魏主诏斤等班师。斤上疏言："赫连昌亡保上邽，鸠合余烬，未有蟠据之资；今因其危，灭之为易。请益铠马，平昌而还。"魏主不许。斤固请，乃许之，给斤兵万人，遣将军刘拔送马三千匹[⑤]，并留娥清、丘堆使共击夏。

辛酉，魏主自统万东还，以常山王素为征南大将军、假节，与执金吾桓贷、莫云留镇统万。云，题之弟也。

【注释】

①上邽：在今甘肃天水市。　②高平：在今宁夏固原市。　③关右：在函谷关以西的地区。　④贰城：在今陕西黄陵县西北。　⑤千：原作"十"，据甲十六行本、乙十一行本及孔本改。

秦王炽磐还枹罕。

秋，七月，己卯，魏主至柞岭[①]。柔然寇云中，闻魏已克统万，乃遁去。

秦王炽磐谓群臣曰："孤知赫连氏必无成，冒险归魏，今果如孤言。"八月，遣其叔父平远将军渥头等入贡于魏。

壬子，魏主还至平城，以所获颁赐留台百官有差。

魏主为人，壮健鸷勇，临城对陈，亲犯矢石，左右死伤相继，神色自若；由是将士畏服，咸尽死力。性俭率，服御饮膳，取给而已。群臣请增峻京城及修宫室曰：“《易》云：‘王公设险，以守其国。’又萧何云[②]：‘天子以四海为家，不壮不丽，无以重威。’”帝曰：“古人有言：‘在德不在险。’屈丐蒸土筑城而朕灭之[③]，岂在城也？今天下未平，方须民力，土功之事，朕所未为。萧何之对，非雅言也。”每以为财者军国之本，不可轻费。至于赏赐，皆死事勋绩之家，亲戚贵宠未尝横有所及。命将出师，指授节度，违之者多致负败。明于知人，或拔士于卒伍之中，唯其才用所长，不论本末。听察精敏，下无遁情，赏不违贱，罚不避贵，虽所甚爱之人，终无宽假。常曰：“法者，朕与天下共之，何敢轻也。”然性残忍，果于杀戮，往往已杀而复悔之。

九月，丁酉，安定民举城降魏[④]。

氐王杨玄遣将军苻白作围秦梁州刺史出连辅政于赤水[⑤]；城中粮尽，民执辅政以降。辅政至骆谷[⑥]，逃还。冬，十月，秦以骁骑将军吴汉为平南将军、梁州刺史，镇南漒[⑦]。

十一月，魏主遣军司马公孙轨兼大鸿胪，持节策拜杨玄为都督荆、梁等四州诸军事、梁州刺史、南秦王。及境，玄不出迎；轨责让之，欲奉策以还，玄惧而郊迎。魏主善之，以轨为尚书。轨，表之子也。

十二月，秦梁州刺史吴汉为群羌所攻，帅户二千还于枹罕[⑧]。

魏主行如中山[⑨]；癸卯，还平城[⑩]。

【注释】

①柞岭：在今内蒙古土默特左旗北。　②萧何：西汉高祖刘邦的丞相。事见本书卷第十一，汉高祖七年（前200）。　③屈丐：北魏称赫连勃勃为屈丐，是轻蔑的称呼。蒸土筑城：指夏国用蒸过的土筑统万城。④安定：在今甘肃泾川县，当时属夏国。　⑤赤水：在今甘肃临夏市南。⑥骆谷：在今甘肃西和县西南的洛峪集。　⑦南漒：在强川之南，故称南漒，即今甘肃南部的西倾山之南。　⑧枹罕：在甘肃临夏市。　⑨中山：在今河北定州市。　⑩平城：北魏的首都，在今山西大同市。

资治通鉴卷第一百二十一

宋纪三　起著雍执徐，尽上章敦牂，凡三年。

太祖文皇帝上之中

元嘉五年　春，正月，辛未，魏京兆王黎卒。

荆州刺史、彭城王义康，性聪察，在州职事修治。左光禄大夫范泰谓司徒王弘曰："天下事重，权要难居。卿兄弟盛满，当深存降挹。彭城王，帝之次弟，宜征还入朝，共参朝政。"弘纳其言。时大旱，疾疫，弘上表引咎逊位，帝不许。

秦商州刺史领浇河太守姚濬叛[1]，降河西，秦王炽磐以尚书焦嵩代濬，帅骑三千讨之。二月，嵩为吐谷浑元绪所执。

魏改元神䴥[2]。

魏平北将军尉眷攻夏主于上邽，夏主退屯平凉[3]。奚斤进军安定，与丘堆、娥清军合。斤马多疫死，士卒乏粮，乃深垒自固。遣丘堆督租于民间，士卒暴掠，不设儆备，夏主袭之，堆兵败，以数百骑还城。夏主乘胜，日来城下钞掠，不得刍牧，诸将患之，监军侍御史安颉曰："受诏灭贼，今更为贼所困，退守穷城；若不为贼杀，当坐法诛，进退皆无生理。而诸王公晏然曾不为计乎？"斤曰："今军士无马，以步击骑，必无胜理，当须京师救骑至合击之。"颉曰："今猛寇游逸于外，吾兵疲食尽，不一决战，则死在旦夕，救骑何可待乎！等于就死，死战，不亦可乎！"斤又以马少为辞。颉曰："今敛诸将所乘马，可得二百匹，颉请募敢死之士出击之，就不能破敌,亦可以折其锐。且赫连昌狷而无谋,好勇而轻,每自出挑战,众皆识之。若伏兵掩击,昌可擒也。”斤犹难之。颉乃阴与尉眷等谋,选骑待之。既而夏主来攻城,颉出应之。夏主自出陈前搏战,军士识其貌,争赴之。会天大风扬尘,昼昏,夏主败走;颉追之,夏主马蹶而坠,遂擒之。颉,同之子也。

夏大将军、领司徒、平原王定收其余众数万,奔还平凉,即皇帝位,大赦,改元胜光。

三月,辛巳,赫连昌至平城,魏主馆之于西宫,门内器用皆给乘舆之副,又以妹始平公主妻之;假常忠将军,赐爵会稽公。以安颉为建节将军,赐爵西平公;尉眷为宁北将军,进爵渔阳公。

魏主常使赫连昌侍从左右,与之单骑共逐鹿,深入山涧。昌素有勇名,诸将咸以为不可。魏主曰:“天命有在,亦何所惧!”亲遇如初。

奚斤自以为元帅,而昌为偏裨所擒,深耻之。乃舍辎重,赍三日粮,追夏主于平凉。娥清欲循水而往,斤不从,自北道邀其走路。至马髦岭[④],夏军将遁,会魏小将有罪亡归于夏,告以魏军食少无水。夏主乃分兵邀斤,前后夹击之,魏兵大溃,斤及娥清、刘拔皆为夏所擒,士卒死者六七千人。

丘堆守辎重在安定,闻斤败,弃辎重奔长安,与高凉王礼偕奔蒲阪,夏人复取长安。魏主大怒,命安颉斩丘堆,代将其众,镇蒲阪以拒之。

【注释】

①商州:州治在今甘肃敦煌市。浇河:在今青海贵德县南。　②神䴥(jiā 家):䴥,公鹿,因猎获神鹿而改元。　③平凉:在今甘肃平凉市。④马髦岭:又叫马毛山,在今宁夏固原市西南。

夏,四月,夏主遣使请和于魏,魏主以诏谕之使降。

壬子,魏主西巡;戊午,畋于河西;大赦。

五月,秦文昭王炽磐卒,太子暮末即位,大赦,改元永弘。

平陆令河南成粲复劝王弘逊位[①],弘从之,累表陈请。帝不得已,六月,庚戌,以弘为卫将军、开府仪同三司。

甲寅,魏主如长川[②]。

葬秦文昭王于武平陵,庙号太祖。秦王暮末以右丞相元基为侍中、相国、都督中外诸军、录尚书事,以镇军大将军、河州牧谦屯为骠骑大将军[③],征安北将军、凉州刺史段晖为辅国大将军、御史大夫,叔父右禁将军千年为镇北将军、凉州牧,镇湟河[④],以征北将军木弈干为尚书令、车骑大将军,以征南将军吉毗为尚书仆射、卫大将军。

河西王蒙逊因秦丧,伐秦西平[⑤],西平太守麴承谓之曰:"殿下若先取乐都[⑥],则西平必为殿下之有;苟望风请服,亦明主之所疾也。"蒙逊乃释西平,攻乐都。相国元基帅骑三千救乐都,甫入城,而河西兵至,攻其外城,克之;绝其水道,城中饥渴,死者太半。东羌乞提从元基救乐都,阴与河西通谋,下绳引内其兵,登城者百余人,鼓噪烧门;元基帅左右奋击,河西兵乃退。

初,文昭王疾病,谓暮末曰:"吾死之后,汝能保境则善矣。沮渠成都为蒙逊所亲重,汝宜归之。"至是,暮末遣使诣蒙逊,许归成都以求和。蒙逊引兵还,遣使入秦吊祭。暮末厚资送成都,遣将军王伐送之。蒙逊犹疑之,使恢武将军沮渠奇珍伏兵于扪天岭[⑦],执伐并其骑士三百人以归。既而遣尚书郎王杼送伐还秦,并遗暮末马千匹及锦罽银缯。秋,七月,暮末遣记室郎中马艾如河西报聘。

魏主还宫。八月,复如广宁观温泉[⑧]。

柔然纥升盖可汗遣其子将万余骑寇魏边,魏主自广宁还,追之,不及;九月,还宫。

冬,十月,甲辰,魏主北巡;壬子,畋于牛川[⑨]。

秦凉州牧乞伏千年,嗜酒残虐,不恤政事,秦王暮末遣使让之,千年惧,奔河西。暮末以叔父光禄大夫沃陵为凉州牧,镇湟河。

徐州刺史王仲德遣步骑二千伐魏济阳、陈留[⑩]。

魏主还宫。

魏定州丁零鲜于台阳等二千余家叛[⑪],入西山[⑫],州郡不能讨;闰月,魏主遣镇南将军叔孙建讨之。

十一月,乙未朔,日有食之。

魏主如西河校猎[13];十二月,甲申,还宫。

河西王蒙逊伐秦,至磐夷[14],秦相国元基等将骑万五千拒之。蒙逊还攻西平,征虏将军出连辅政等将骑二千救之。

【注释】

①平陆:在今山东汶上县西北。河南:在今河南洛阳市。 ②长川:在今内蒙古兴和县西北。 ③河州:在今甘肃临夏回族自治州。 ④湟河:在今青海化隆回族自治县。 ⑤西平:在今青海西宁市。 ⑥乐都:在今青海海东市乐都区。 ⑦扪天岭:在今甘肃永靖县西。 ⑧广宁:在今河北涿鹿县。 ⑨牛川:在今内蒙古乌兰察布市境内的塔布河。 ⑩徐州:在今江苏徐州市。济阳:在今河南兰考县东北堌阳镇。陈留:在今河南开封市西北。 ⑪定州:在今河北定州市。 ⑫西山:即今太行山。 ⑬西河:黄河的一段,在今山西大同市之西。 ⑭磐夷:确址不详。

秘书监谢灵运,自以名辈才能,应参时政;上唯接以文义,每侍宴谈赏而已。王昙首、王华、殷景仁,名位素出灵运下,并见任遇,灵运意甚不平,多称疾不朝直;或出郭游行,且二百里,经旬不归,既无表闻,又不请急。上不欲伤大臣意,讽令自解。灵运乃上表陈疾,上赐假,令还会稽[1];而灵运游饮自若,为法司所纠,坐免官。

是岁,师子王刹利摩诃及天竺迦毗黎王月爱皆遣使奉表入

北魏伎乐俑和舞俑

贡[2]，表辞皆如浮屠之言[3]。

魏镇远将军平舒侯燕凤卒。

六年 春，正月，王弘上表乞解州、录，以授彭城王义康；帝优诏不许。癸丑，以义康为侍中、都督扬、南徐[4]、兖三州诸军事、司徒、录尚书事、领南徐州刺史。弘与义康二府并置佐领兵，共辅朝政。弘既多疾，且欲委远大权，每事推让义康，由是义康专总内外之务。

又以抚军将军江夏王义恭为都督荆、湘等八州诸军事、荆州刺史，以侍中刘湛为南蛮校尉，行府州事。帝与义恭书，诫之曰："天下艰难，家国事重，虽曰守成，实亦未易。隆替安危，在吾曹耳，岂可不感寻王业，大惧负荷！

"汝性褊急，志之所滞，其欲必行；意所不存，从物回改；此最弊事，宜念裁抑。卫青遇士大夫以礼[5]，与小人有恩；西门、安于[6]，矫性齐美；关羽、张飞[7]，任偏同弊；行己举事，深宜鉴此！

"若事异今日，嗣子幼蒙，司徒当周公之事[8]，"汝不可不尽祗顺之理。尔时天下安危，决汝二人耳。

"汝一月自用钱不可过三十万，若能省此，益美。西楚府舍，略所谙究，计当不须改作，日求新异。凡讯狱多决当时，难可逆虑，此实为难；至讯日，虚怀博尽，慎无以喜怒加人。能择善者而从之，美自归己；不可专意自决，以矜独断之明也！

"名器深宜慎惜，不可妄以假人；昵近爵赐，尤应裁量。吾于左右虽为少恩，如闻外论不以为非也。

"以贵凌物，物不服；以威加人，人不厌；此易达事耳。

"声乐嬉游，不宜令过；蒲酒渔猎，一切勿为。供用奉身，皆有节度，奇服异器，不宜兴长。

"又宜数引见佐史。相见不数，则彼我不亲；不亲，无因得尽人情；人情不尽，复何由知众事也！"

夏酒泉公隽自平凉奔魏。

丁零鲜于台阳等请降于魏，魏主赦之。

秦出连辅政等未至西平，河西王蒙逊拔西平，执太守麴承。

二月，秦王暮末立妃梁氏为王后，子万载为太子。

三月，丁巳，立皇子劭为太子；戊午，大赦。

辛酉，以左卫将军殷景仁为中领军。帝以章太后早亡，奉太后所生苏氏甚谨。苏氏卒，帝往临哭，欲追加封爵，使群臣议之，景仁以为古典无之，乃止。

初，秦尚书陇西辛进从文昭王游陵霄观，弹飞鸟，误中秦王暮末之母，伤其面。及暮末即位，问母面伤之由，母以状告。暮末怒，杀进并其五族二十七人。

夏，四月，癸亥，以尚书左仆射王敬弘为尚书令，临川王义庆为左仆射，吏部尚书济阳江夷为右仆射。

【注释】

①会稽：在今浙江绍兴市。　②师子国：即狮子国，今斯里兰卡。天竺：国名，即今印度。　③浮屠：即梵语佛陀的音译，这里当指佛经。④南徐：南徐州，宋武帝永初二年（421）以设在京口的徐州为南徐州，而淮北的徐州只称徐州。南徐州管辖南东海、南琅邪等郡。　⑤卫青：西汉将领，前后七次出击匈奴，屡立战功，封长平侯，其姊为汉武帝皇后。⑥西门：西门豹，战国时魏国人。他为人性急，为纠正自己，常佩带柔皮以缓抑自己。安于：董安于，性格缓慢，常佩带弓弦以自警。　⑦关羽、张飞：事见本书卷第六十九魏文帝黄初二年（221）。　⑧周公：西周初年政治家，先扶助武王灭殷，又扶助成王巩固政权，为古人一致推崇的丞相典范。

初，魏太祖命尚书邓渊撰《国记》十余卷，未成而止。世祖更命崔浩与中书侍郎邓颖等续成之，为《国书》三十卷。颖，渊之子也。

魏主将击柔然，治兵于南郊，先祭天，然后部勒行陈。内外群臣皆不欲行，保太后固止之；独崔浩劝之。

尚书令刘絜等共推太史令张渊、徐辩使言于魏主曰："今兹己巳，三阴之岁[①]，岁星袭月，太白在西方，不可举兵。北伐必败，虽克，不利于上。"群臣因共赞之曰："渊等少时尝谏苻坚南伐，坚不从而败，所言无不中，不可违也。"魏主意不快，诏浩与渊等论难于前。

浩诘渊、辩曰："阳为德，阴为刑；故日食修德，月食修刑。夫王者用刑，小则肆诸市朝，大则陈诸原野；今出兵以讨有罪，乃所以修刑也。臣窃观天文，比年以来，月行掩昴，至今犹然。其占，三年天子大破旄头之国[2]。蠕蠕、高车[3]，旄头之众也。愿陛下勿疑。"渊、辩复曰："蠕蠕，荒外无用之物，得其地不可耕而食，得其民不可臣而使，轻疾无常，难得而制；有何汲汲，而劳士马以伐之？"浩曰："渊、辩言天道，犹是其职，至于人事形势，尤非其所知。此乃汉世常谈[4]，施之于今，殊不合事宜。何则？蠕蠕本国家北边之臣，中间叛去[5]。今诛其元恶，收其良民，令复旧役，非无用也。世人皆谓渊、辩通解数术，明决成败，臣请试问之：属者统万未亡之前，有无败征？若其不知，是无术也；知而不言，是不忠也。"时赫连昌在坐，渊等自以未尝有言，惭不能对。魏主大悦。

既罢，公卿或尤浩曰："今南寇方伺国隙，而舍之北伐；若蠕蠕远遁，前无所获，后有强寇，将何以待之？"浩曰："不然。今不先破蠕蠕，则无以待南寇。南人闻国家克统万以来，内怀恐惧，故扬声动众以卫淮北。比吾破蠕蠕，往还之间，南寇必不动也。且彼步我骑，彼能北来，我亦南往；在彼甚困，于我未劳。况南北殊俗，水陆异宜，设使国家与之河南，彼亦不能守也。何以言之？以刘裕之雄杰，吞并关中，留其爱子，辅以良将，精兵数万，犹不能守，全军覆没[6]，号哭之声，至今未已。况义隆今日君臣，非裕时之比；主上英武，士马精强，彼若果来，譬如以驹犊斗虎狼也，何惧之有！蠕蠕恃其绝远，谓国家力不能制，自宽日久；故夏则散众放畜，秋肥乃聚，背寒向温，南来寇钞。今掩其不备，必望尘骇散。牡马护牝，牝马恋驹，驱驰难制，不得水草，不过数日，必聚而困弊，可一举而灭也。暂劳永逸，时不可失，患在上无此意。今上意已决，奈何止之！"寇谦之谓浩曰："蠕蠕果可克乎？"浩曰："必克。但恐诸将琐琐，前后顾虑，不能乘胜深入，使不全举耳。"

先是，帝因魏使者还，告魏主曰："汝趣归我河南地[7]！不然，将尽我将士之力。"魏主方议伐柔然，闻之，大笑，谓公卿曰："龟鳖小竖，自救不暇，夫何能为！就使能来，若不先灭蠕蠕，乃是坐待寇至，腹背受敌，非良策也。吾行决矣。"

庚寅，魏主发平城，使北平王长孙嵩、广陵公楼伏连居守。魏主自东道向黑山[8]，使平阳王长孙翰自西道向大娥山[9]，同会柔然之庭。

【注释】

①三阴之岁：这是选择术的说法，天干的甲、丙、戊、庚、壬为阳干，乙、丁、己、辛、癸为阴干，地支的子、寅、辰、午、申、戌为阳支，丑、卯、巳、未、酉、亥为阴支，此年为己巳年，干支皆为阴，这是二阴。而干与支又相合在己巳，这又是一阴，故云三阴之岁，即三阴之年。 ②旄头之国：指北方少数民族国家，古称胡人。古代占星术，以二十八宿的昴宿为旄头，即胡人之星，所以月行掩昴，占卜上就预示天子大破旄头之国。 ③高车：当时北方民族之一，为匈奴的后代，即敕勒（铁勒）族的别称。④汉世常谈：自韩安国、主父偃到严尤，都持这种论调，故称为汉世常谈。⑤中间叛去：事见本书卷第一百八晋孝武帝太元十九年（394）。 ⑥全军覆没：事见本书卷第一百一十八晋安帝义熙十四年（418）。 ⑦河南：指黄河南边。 ⑧黑山：在今内蒙古巴林右旗北罕山。 ⑨大娥山：今地不详。

五月，壬辰朔，日有食之。

王敬弘固让尚书令，表求还东。癸巳，更以敬弘为侍中、特进、左光禄大夫，听其东归。

丁未，魏主至漠南，舍辎重，帅轻骑兼马袭击柔然，至栗水[1]。柔然纥升盖可汗先不设备，民畜满野，惊怖散去，莫相收摄。纥升盖烧庐舍，绝迹西走，莫知所之。其弟匹黎先主东部，闻有魏寇，帅众欲就其兄；遇长孙翰，翰邀击，大破之，杀其大人数百。

夏主欲复取统万，引兵东至侯尼城[2]，不敢进而还。

河西王蒙逊伐秦，秦王暮末留相国元基守枹罕，迁保定连[3]。

南安太守翟承伯等据罕幵谷以应河西[4]，暮末击破之，进至治城[5]。

西安太守莫者幼眷据汧川以叛[6]，暮末讨之，为幼眷所败，还于定连。

蒙逊至枹罕，遣世子兴国进攻定连。六月，暮末逆击兴国于治城，擒之，追击蒙逊至谭郊[7]。

吐谷浑王慕瓒遣其弟没利延将骑五千会蒙逊伐秦，暮末遣辅国大将军段晖等邀击，大破之。

柔然纥升盖可汗既走，部落四散，窜伏山谷，杂畜布野，无人收视。魏主循栗水西行，至菟园水[8]，分军搜讨，东西五千里，南北三千里，俘斩甚众。高车诸部乘魏兵势，钞掠柔然。柔然种类前后降魏者三十余万落，获戎马百余万匹，畜产、车庐，弥漫山泽，亡虑数百万。

魏主循弱水西行[9]，至涿邪山[10]，诸将虑深入有伏兵，劝魏主留止，寇谦之以崔浩之言告魏主，魏主不从。秋，七月，引兵东还；至黑山，以所获班赐将士有差。既而得降人言："可汗先被病，闻魏兵至，不知所为，乃焚穹庐，以车自载，将数百人入南山。民畜窘聚，无人统领，相去百八十里；追兵不至，乃徐西遁，唯此得免。"后闻凉州贾胡言："若复前行二日，则尽灭之矣。"魏主深悔之。

纥升盖可汗愤悒而卒，子吴提立，号敕连可汗。

武都孝昭王杨玄疾病，欲以国授其弟难当。难当固辞，请立玄子保宗而辅之，玄许之。玄卒，保宗立。难当妻姚氏劝难当自立，难当乃废保宗，自称都督雍、凉、秦三州诸军事、征西大将军、开府仪同三司、秦州刺史、武都王。

河西王蒙逊遣使送谷三十万斛以赎世子兴国于秦，秦王暮末不许。蒙逊乃立兴国母弟菩提为世子，暮末以兴国为散骑常侍，以其妹平昌公主妻之。

【注释】

①栗水：今蒙古国境内翁金河。 ②侯尼城：在今甘肃平凉市东部。 ③定连：在今甘肃临夏市东南。 ④罕幵谷：在今甘肃临夏市西部。 ⑤治城：在今甘肃临夏市西北。 ⑥洴川：在今甘肃临夏市境内。 ⑦谭郊：在今甘肃临夏市西北。 ⑧菟园水：即今蒙古国境内图音河。 ⑨弱水：在今蒙古国南部。 ⑩涿邪山：在今蒙古国阿尔泰山脉东南部。

八月，魏主至漠南，闻高车东部屯巳尼陂[1]，人畜甚众，去魏军千余里，遣左仆射安原等将万骑击之。高车诸部迎降者数十万落，获马牛羊百余万。

冬，十月，魏主还平城。徙柔然、高车降附之民于漠南，东至濡源[2]，西暨五原阴山，三千里中，使之耕牧而收其贡赋；命长孙翰、刘絜、安原及侍中代人古弼同镇抚之。自是魏之民间马牛羊及毡皮为之价贱。

魏主加崔浩侍中、特进、抚军大将军，以赏其谋画之功。浩善占天文，常置铜铤于酢器中，夜有所见，即以铤画纸作字以记其异。魏主每如浩家，问以灾异，或仓猝不及束带；奉进疏食，不暇精美，魏主必为之举箸，或立尝而还。魏主尝引浩出入卧内，从容谓浩曰："卿才智渊博，事朕祖考，著忠三世，故朕引卿以自近。卿宜尽忠规谏，勿有所隐。朕虽或时忿恚，不从卿言，然终久深思卿言也。"尝指浩以示新降高车渠帅曰："汝曹视此人尫纤懦弱[3]，不能弯弓持矛，然其胸中所怀，乃过于兵甲。朕虽有征伐之志而不能自决，前后有功，皆此人所教也。"又敕尚书曰："凡军国大计，汝曹所不能决者，皆当咨浩，然后施行。"

秦王暮末之弟轲殊罗烝于文昭王左夫人秃发氏，暮末知而禁之。轲殊罗惧，与叔父什寅谋杀暮末，奉沮渠兴国以奔河西。使秃发氏盗门钥，钥误，门者以告暮末。暮末悉收其党，杀之，而赦轲殊罗。执什寅，鞭之，什寅曰："我负汝死，不负汝鞭！"暮末怒，刳其腹，投尸于河。

夏主少凶暴无赖，不为世祖所知。是月，畋于阴槃[4]，登苛蓝山[5]，望统万城泣曰："先帝若以朕承大业者，岂有今日之事乎！"

十一月，己丑朔，日有食之，不尽如钩；星昼见，至晡方没，河北地暗。

魏主西巡，至柞山[6]。

十二月，河西王蒙逊、吐谷浑王慕璝皆遣使入贡。

是岁，魏内都大官中山文懿公李先、青、冀二州刺史安同皆卒。先年九十五。

秦地震，野草皆自反。

七年 春，正月，癸巳，以吐谷浑王慕璝为征西将军、沙州刺史、陇西公。

庚子，魏主还宫；壬寅，大赦；癸卯，复如广宁[7]，临温泉。

二月，丁卯，魏平阳威王长孙翰卒。

戊辰，魏主还宫。

【注释】

①巳尼陂：今地不详。 ②濡源：今地不详。 ③尫(wāng 汪)：瘦弱。 ④阴槃：在今甘肃平凉市东，又名阴盘。 ⑤苛蓝山：在今甘肃平凉市西南。 ⑥柞山：在今内蒙古土默特左旗北。 ⑦广宁：在今河北涿鹿县。

帝自践位以来，有恢复河南之志。三月，戊子，诏简甲卒五万给右将军到彦之，统安北将军王仲德、兖州刺史竺灵秀舟师入河，又使骁骑将军段宏将精骑八千直指虎牢，豫州刺史刘德武将兵一万继进，后将军长沙王义欣将兵三万监征讨诸军事。义欣，道怜之子也。

先遣殿中将军田奇使于魏，告魏主曰："河南旧是宋土，中为彼所侵，今当修复旧境，不关河北。"魏主大怒曰："我生发未燥，已闻河南是我地。此岂可得！必若进军，今当权敛戍相避，须冬寒地净，河冰坚合，自更取之。"

甲午，以前南广平太守尹冲为司州刺史。

长沙王义欣出镇彭城，为众军声援；以游击将军胡藩戍广陵，行府州事。

壬寅，魏封赫连昌为秦王。

魏有新徙敕勒千余家[1]，苦于将吏侵渔，出怨言，期以草生马肥，亡归漠北。尚书令刘絜、左仆射安原奏请及河冰未解，徙之河西，向春冰解，使不得北遁。魏主曰："此曹习俗，放散日久，譬如囿中之鹿，急则奔突，缓之自定。吾区处自有道，不烦徙也。"絜等固请不已，乃听分徙三万余落于河西，西至白盐池[2]。敕勒皆惊骇，曰："圈我于河西，欲杀我也！"谋西奔凉州。刘絜屯五原河北[3]，安原屯悦拔城以备之[4]。癸卯，敕勒数千骑叛北走，絜追讨之；走者无食，相枕而死。

魏南边诸将表称："宋人大严，将入寇，请兵三万，先其未发，逆击之，足以挫其锐气，使不敢深入。”因请悉诛河北流民在境上者以绝其乡导。魏主使公卿议之，皆以为当然。崔浩曰：“不可。南方下湿，入夏之后，水潦方降，草木蒙密，地气郁蒸，易生疾疠，不可行师。且彼既严备，则城守必固。留屯久攻，则粮运不继；分军四掠，则众力单寡，无以应敌。以今击之，未见其利。彼若果能北来，宜待其劳倦，秋凉马肥，因敌取食，徐往击之，此万全之计也。朝廷群臣及西北守将，从陛下征伐，西平赫连，北破蠕蠕，多获美女、珍宝，牛马成群。南边诸将闻而慕之，亦欲南钞以取资财，皆营私计，为国生事，不可从也。”魏主乃止。

诸将复表：“南寇已至，所部兵少，乞简幽州以南劲兵助己戍守，及就漳水造船严备以拒之。”公卿皆以为宜如所请，并署司马楚之、鲁轨、韩延之等为将帅，使招诱南人。浩曰：“非长策也。楚之等皆彼所畏忌，今闻国家悉发幽州以南精兵，大造舟舰，随以轻骑，谓国家欲存立司马氏，诛除刘宗；必举国震骇，惧于灭亡，当悉发精锐，并心竭力，以死争之，则我南边诸将无以御之。今公卿欲以威力却敌，乃所以速之也。张虚声而召实害，此之谓矣。故楚之之徒，往则彼来，止则彼息，其势然也。且楚之等皆纤利小才，止能招合轻薄无赖而不能成大功，徒使国家兵连祸结而已。昔鲁轨说姚兴以取荆州⑤，至则败散，为蛮人掠卖为奴，终于祸及姚泓⑥，此已然之效也。”魏主未以为然。浩乃复陈天时，以为南方举兵必不利，曰：“今兹害气在扬州，一也；庚午自刑⑦，先发者伤，二也；日食昼晦，宿值斗、牛，三也；荧惑伏于翼、轸，主乱及丧，四也；太白未出，进兵者败，五也。夫兴国之君，先修人事，次尽地利，后观天时，故万举万全。今刘义隆新造之国，人事未洽；灾变屡见，天时不协；舟行水涸，地利不尽。三者无一可，而义隆行之，必败无疑。”魏主不能违众言，乃诏冀、定、相三州造船三千艘，简幽州以南戍兵集河上以备之。

【注释】

①敕勒：即高车，当时北方民族之一。　②白盐池：在今宁夏盐池县北。　③五原河：在今内蒙古包头市西北的黄河。　④悦拔城：在今内蒙古伊金霍洛旗西北。　⑤鲁轨说姚兴：事见本书卷第一百一十七晋安

帝义熙十二年(416)。 ⑥姚泓:姚兴之子,姚兴死后,他即位为后秦国王,不久即被刘裕攻灭。 ⑦庚午自刑:此年为庚午年,按五行学说,庚为金,午为火,火克金,是自相刑克,故庚与午相遇为自刑,即自己刑杀自己的象征,不利用兵,否则将自伤。

秦乞伏什寅母弟前将军白养、镇卫将军去列,以什寅之死,有怨言,秦王暮末皆杀之。

夏,四月,甲子,魏主如云中。

敕勒万余落复叛走,魏主使尚书封铁追讨,灭之。

六月,己卯,以氐王杨难当为冠军将军、秦州刺史、武都王。

魏主使平南大将军、丹杨王大毗屯河上,以司马楚之为安南大将军,封琅邪王,屯颍川以备宋[①]。

吐谷浑王慕璝将其众万八千袭秦定连,秦辅国大将军段晖等击走之。

到彦之自淮入泗,水渗,日行才十里,自四月至秋七月,始至须昌[②]。乃溯河西上。

北魏彩绘陶思维俑

魏主以河南四镇兵少[③],命诸军悉收众北渡。戊子,魏碻磝戍兵弃城去;戊戌,滑台戍兵亦去。庚子,魏主以大鸿胪阳平公杜超为都督冀、定、相三州诸军事、太宰[④],进爵阳平王,镇邺,为诸军节度。超,密太后之兄也。庚戌,魏洛阳、虎牢戍兵皆弃城去。

到彦之留朱修之守滑台,尹冲守虎牢,建武将军杜骥守金墉。骥,预之玄孙也。诸军进屯灵昌津[⑤],列守南岸,至于潼关。于是司、兖既平,诸军皆喜,王仲德独有忧色,曰:“诸贤不谙北土情伪，必堕其计。胡虏虽仁义不足，而凶狡有余，今敛戍北归，必并力完聚。若河冰既合，将复南来，岂可不以为忧乎！”

甲寅，林邑王范阳迈遣使入贡，自陈与交州不睦，乞蒙恕宥。

八月，魏主遣冠军将军安颉督护诸军，击到彦之。丙寅，彦之遣裨将吴兴姚耸夫渡河攻冶坂[⑥]，与颉战；耸夫兵败，死者甚众。戊寅，魏主遣征西大将军长孙道生会丹杨王大毗屯河上以御彦之。

燕太祖寝疾，召中书监申秀、侍中阳哲于内殿，属以后事。九月，病甚，辇而临轩，命太子翼摄国事，勒兵听政，以备非常。

宋夫人欲立其子受居，恶翼听政，谓翼曰：“上疾将瘳，奈何遽欲代父临天下乎！”翼性仁弱，遂还东宫，日三往省疾。宋夫人矫诏绝内外，遣阍寺传问而已，翼及诸子、大臣并不得见，唯中给事胡福独得出入，专掌禁卫。

福虑宋夫人遂成其谋，乃言于司徒、录尚书事、中山公弘，弘与壮士数十人被甲入禁中，宿卫皆不战而散。宋夫人命闭东阁，弘家僮库斗头劲捷有勇力，逾阁而入，至于皇堂，射杀女御一人。太祖惊惧而殂，弘遂即天王位，遣人巡城告曰：“天降凶祸，大行崩背，太子不侍疾，群公不奔丧，疑有逆谋，社稷将危。吾备介弟之亲，遂摄大位以宁国家；百官扣门入者，进陛二等。”

太子翼帅东宫兵出战而败，兵皆溃去，弘遣使赐翼死。太祖有子百余人，弘皆杀之。谥太祖曰文成皇帝，葬长谷陵。

【注释】

①颍川：在今河南许昌市东。　②须昌：在今山东东平县西北。③河南四镇：指金墉、虎牢、滑台、碻磝。　④冀、定、相三州：冀州在今河北衡水市冀州区，定州在今河北定州市，相州在今河北临漳县西南。⑤灵昌津：在今河南卫辉市东的古黄河上。　⑥冶坂：又名汉祖渡，在今河南孟州市西黄河北岸。

己丑，夏主遣其弟谓以代伐魏鄜城[①]，魏平西将军始平公隗归等击之，杀万余人，谓以代遁去。夏主自将数万人邀击隗归于鄜城东，留其弟上谷公社干、广阳公度洛孤守平凉，遣使来求和，约合兵灭魏，遥分河北：自恒山以东属宋，以西属夏。

魏主闻之，治兵将伐夏，群臣咸曰："刘义隆兵犹在河中，舍之西行，前寇未必可克，而义隆乘虚济河，则失山东矣[②]。"魏主以问崔浩，对曰："义隆与赫连定遥相招引，以虚声唱和，共窥大国，义隆望定进，定待义隆前，皆莫敢先入；譬如连鸡，不得俱飞，无能为害也。臣始谓义隆军来，当屯止河中，两道北上，东道向冀州，西道冲邺，如此，则陛下当自讨之，不得徐行。今则不然，东西列兵径二千里，一处不过数千，形分势弱。以此观之，伫儿情见，此不过欲固河自守，无北渡意也。赫连定残根易摧，拟之必仆。克定之后，东出潼关，席卷而前，则威震南极，江、淮以北无立草矣。圣策独发，非愚近所及，愿陛下勿疑。"甲辰，魏主如统万，遂袭平凉，以卫兵将军王斤镇蒲坂。斤，建之子也。

秦自正月不雨，至于九月，民流叛者甚众。

冬，十月，以竟陵王义宣为南徐州刺史，犹戍石头。

戊午，立钱署，铸四铢钱。

到彦之、王仲德沿河置守，还保东平[③]。

乙亥，魏安颉自委粟津济河[④]，攻金墉。金墉城不治既久，又无粮食；杜骥欲弃城走，恐获罪。初，高祖灭秦，迁其钟虡于江南[⑤]，有大钟没于洛水，帝使姚耸夫将千五百人往取之。骥绐之曰："金墉城已修完，粮食亦足，所乏者人耳。今虏骑南渡，当相与并力御之；大功既立，牵钟未晚。"耸夫从之。既至，见城不可守，乃引去，骥遂南遁。丙子，安颉拔洛阳，杀将士五千余人。杜骥归，言于帝曰："本欲以死固守，姚耸夫及城遽走，人情沮败，不可复禁。"上大怒，诛耸夫于寿阳[⑥]。耸夫勇健，诸偏裨莫及也。

魏河北诸军会于七女津[⑦]。到彦之恐其南渡，遣裨将王蟠龙溯流夺其船，杜超等击斩之。安颉与龙骧将军陆俟进攻虎牢，辛巳，拔之；尹冲及荥阳太守清河崔模降魏。

秦王暮末为河西所逼，遣其臣王恺、乌讷阗请迎于魏，魏人许以平凉、安定封之[⑧]。暮末乃焚城邑，毁宝器，帅户万五千，东如上邽。至高田谷[⑨]，给事黄门侍郎郭恒谋劫沮渠兴国以叛；事觉，暮末杀之。夏主闻暮末将至，发兵拒之。暮末留保南安[⑩]，其故地皆入于吐谷浑。

十一月，乙酉，魏主至平凉，夏上谷公社干等婴城固守；魏主使赫连昌招之，不下，乃使安西将军古弼等将兵趣安定。夏主自鄜城还安定，将步骑二万北救平凉，与弼遇，弼伪退以诱之；夏主追之，魏主使高车驰击之，夏兵大败，斩首数千级。夏主还走，登鹑觚原⑪，为方陈以自固，魏兵就围之。

【注释】

①鄜城：在今陕西洛川县东南。 ②山东：指太行山、恒山之东的河北之地。 ③东平：在今山东东平县西北。 ④委粟津：在今河南范县东古黄河上。 ⑤虡（jù 句）：悬挂钟磬的木架的直木。 ⑥寿阳：在今安徽寿县。 ⑦七女津：地址不详，疑在河南范县境内古黄河上。 ⑧安定：在今甘肃泾川县北泾河北岸。 ⑨高田谷：地址不详，疑在今甘肃陇西县东。 ⑩南安：在今甘肃陇西县东南。 ⑪鹑觚原：在今陕西长武县西北。

壬辰，加征南大将军檀道济都督征讨诸军事，帅众伐魏。

甲午，魏寿光侯叔孙建、汝阴公长孙道生济河而南。

到彦之闻洛阳、虎牢不守，诸军相继奔败，欲引兵还。殿中将军垣护之以书谏之，以为宜使竺灵秀助朱修之守滑台，自帅大军进拟河北，且曰："昔人有连年攻战，失众乏粮，犹张胆争前，莫肯轻退。况今青州丰穰①，济漕流通②，士马饱逸，威力无损。若空弃滑台，坐丧成业，岂朝廷受任之旨邪！"彦之不从。护之，苗之子也③。

彦之欲焚舟步走，王仲德曰："洛阳既陷，虎牢不守，自然之势也。今虏去我犹千里，滑台尚有强兵，若遽舍舟南走，士卒必散。当引舟入济，至马耳谷口④，更详所宜。"彦之先有目疾，至是大动；且将士疾疫，乃引兵自清入济⑤。南至历城⑥，焚舟弃甲，步趋彭城。竺灵秀弃须昌，南奔湖陆，青、兖大扰。长沙王义欣在彭城，将佐恐魏兵大至，劝义欣委镇还都，义欣不从。

魏兵攻济南，济南太守武进萧承之帅数百人拒之。魏众大集，承之使偃兵，开城门。众曰："贼众我寡，奈何轻敌之甚！"承之曰:“今悬守穷城,事已危急;若复示弱,必为所屠,唯当见强以待之耳!”魏人疑有伏兵,遂引去。

魏军围夏主数日,断其水草,人马饥渴。丁酉,夏主引众下鹑觚原。魏武卫将军丘眷击之,夏众大溃,死者万余人。夏主中重创,单骑走,收其余众,驱民五万,西保上邽。魏人获夏主之弟丹杨公乌视拔、武陵公秃骨及公侯以下百余人。是日,魏兵乘胜进攻安定,夏东平公乙斗弃城奔长安,驱略数千家,西奔上邽。

戊戌,魏叔孙建攻竺灵秀于湖陆,灵秀大败,死者五千余人。建还屯范城⑦。

己亥,魏主如安定。庚子,还,临平凉,掘堑围之。安慰初附,赦秦、雍之民,赐复七年。夏陇西守将降魏。

辛丑,魏安颉督诸军攻滑台。

河西王蒙逊遣尚书郎宗舒等入贡于魏,魏主与之宴,执崔浩之手以示舒等曰:“汝所闻崔公,此则是也。才略之美,于今无比。朕动止咨之,豫陈成败,若合符契,未尝失也。”

【注释】

①青州:在今山东青州市一带。　②济:济水,源出河南王屋山,流经河南、山东而入海。　③苗之子也:垣苗之子,垣苗,宋武帝刘裕时的边将,镇守黄河与济水会合处,俗称垣苗城,祖孙三代皆著名边将。④马耳谷:即马耳关,在今山东济南市章丘区西南。　⑤清:清水,古代济水下游别名。　⑥历城:在今山东济南市。　⑦范城:在今山东梁山县西北。

魏以叔孙建都督冀、青等四州诸军事。

魏尚书库结帅骑五千迎秦王暮末。秦卫将军吉毗以为不宜内徙,暮末从之,库结引还。

南安诸羌万余人叛秦,推安南将军、督八郡诸军事、广宁太守焦遗为主①,遗不从;乃劫遗族子长城护军亮为主,帅众攻南安。暮末请救于氐王杨难当,难当遣将军苻献帅骑三千救之,暮末与之合击诸羌。诸羌溃,亮奔还广宁,暮末进军攻之。以手令与焦遗使取亮,十二月,遗斩亮首出降,暮末进遗号镇国将军。秦略阳太守弘农杨显以郡降夏[2]。

辛酉，以长沙王义欣为豫州刺史，镇寿阳。寿阳土荒民散，城郭颓败，盗贼公行；义欣随宜经理，境内安业，道不拾遗，城府完实，遂为盛藩。芍陂久废[3]，义欣修治堤防，引河水入陂，溉田万余顷，无复旱灾。

丁卯，夏上谷公社干、广阳公度洛孤出降，魏克平凉。

关中侯豆代田得奚斤、娥清等，献于魏主。魏主以夏主之后赐代田，命斤膝行执酒以奉代田，谓斤曰："全汝生者，代田也。"赐代田爵井陉侯，加散骑常侍、右卫将军，领内都幢将。

夏长安、临晋、武功守将皆走[4]，关中悉入于魏。魏主留巴东公延普镇安定，以镇西将军王斤镇长安。壬申，魏主东还，以奚斤为宰士[5]，使负酒食以从。

王斤骄矜不法，信用左右，调役百姓；民不堪命，南奔汉川者数千家[6]。魏主案治得实，斩斤以徇。

右将军到彦之、安北将军王仲德皆下狱免官，兖州刺史竺灵秀坐弃军伏诛。上见垣护之书而善之，以为北高平太守[7]。

彦之之北伐也，甲兵资实甚盛；及败还，委弃荡尽。府藏、武库为之空虚。他日，上与群臣宴，有荒外降人在坐。上问尚书库部郎顾琛："库中仗犹有几许！"琛诡对："有十万人仗。"上既问而悔之，得琛对，甚喜。琛，和之曾孙也。

彭城王义康与王弘并录尚书，义康意犹怏怏，欲得扬州，形于辞旨；以弘弟昙首居中，为上所亲委，愈不悦。弘以老病，屡乞骸骨，昙首自求吴郡，上皆不许。义康谓人曰："王公久病不起，神州讵宜卧治！"昙首劝弘减府中文武之半以授义康，上听割二千人，义康乃悦。

【注释】

①广宁：治所在今甘肃漳县西南。　②略阳：在今甘肃秦安县。③芍陂：在今安徽寿县南，建于春秋时期，又名龙泉陂。　④长安：在今陕西西安市。临晋：在今陕西大荔县东南。武功：在今陕西扶风县东南。⑤宰士：负责皇上膳饮的职官，奚斤因军败被俘，魏帝让他任此职以羞辱他。　⑥汉川：在今陕西汉中市。　⑦北高平：在今山东邹平市西南。

资治通鉴卷第一百二十二

宋纪四　起重光协洽，尽旃蒙大渊献，凡五年。

太祖文皇帝上之下

元嘉八年　春，正月，壬午朔，燕大赦，改元大兴。

丙申，檀道济等自清水救滑台，魏叔孙建、长孙道生拒之。丁酉，道济至寿张，遇魏安平公乙旃眷[①]，道济帅宁朔将军王仲德、骁骑将军段宏奋击，大破之；转战至高梁亭[②]，斩魏济州刺史悉烦库结[③]。

夏主击秦将姚献，败之；遂遣其叔父北平公韦伐帅众一万攻南安。城中大饥，人相食。秦侍中、征虏将军出连辅政、侍中、右卫将军乞伏延祚、吏部尚书乞伏跋跋逾城奔夏；秦王暮末穷蹙，舆榇出降[④]，并沮渠兴国送于上邽。秦太子司直焦楷奔广宁[⑤]，泣谓其父遗曰："大人荷国宠灵，居藩镇重任。今本朝颠覆，岂得不率见众唱大义以殄寇仇！"遗曰："今主上已陷贼庭，吾非爱死而忘义，顾以大兵追之，是趣绝其命也。不如择王族之贤者，奉以为主而伐之，庶有济也。"楷乃筑坛誓众，二旬之间，赴者万余人。会遗病卒，楷不能独举事，亡奔河西。

二月，戊午，以尚书右仆射江夷为湘州刺史[⑥]。

檀道济等进至济上，二十余日间，前后与魏三十余战，道济多捷。军至历城，叔孙建等纵轻骑邀其前后，焚烧草谷，道济军乏食，不能进；由是安颉、司马楚之等得专力攻滑台，魏主复使楚兵

南朝越窑青釉胡人立柱灯盏

将军王慧龙助之。朱修之坚守数月，粮尽，与士卒熏鼠食之。辛酉，魏克滑台，执修之及东郡太守申谟[⑦]，虏获万余人。谟，钟之曾孙也[⑧]。

癸酉，魏主还平城，大飨，告庙，将帅及百官皆受赏，战士赐复十年。

于是魏南鄙大水，民多饿死。尚书令刘絜言于魏主曰："自顷边寇内侵，戎车屡驾；天赞圣明，所在克殄；方难既平，皆蒙优锡。而郡国之民，虽不征讨，服勤农桑，以供军国，实经世之大本，府库之所资。今自山以东，遍遭水害，应加哀矜，以弘覆育。"魏主从之，复境内一岁租赋。

檀道济等食尽，自历城引还；军士有亡降魏者，具告之。魏人追之，众恼惧，将溃。道济夜唱筹量沙，以所余少米覆其上。及旦，魏军见之，谓道济资粮有余，以降者为妄而斩之。时道济兵少，魏兵甚盛，骑士四合。道济命军士皆被甲，己白服乘舆，引兵徐出。魏人以为有伏兵，不敢逼，稍稍引退，道济全军而返。

青州刺史萧思话闻道济南归，欲委镇保险[⑨]，济南太守萧承之固谏，不从。丁丑，思话弃镇奔平昌[⑩]；参军刘振之戍下邳[⑪]，闻之，亦委城走。魏军竟不至，而东阳积聚已为百姓所焚。思话坐征，系尚方[⑫]。

【注释】

①乙旃眷：魏献帝命其叔父的后裔为乙旃氏，此为乙旃氏之来源。②高梁亭：地址不详，当在今山东东平县或东阿县境。 ③济州：在今山东聊城市茌平区西南。 ④榇(chèn 衬)：棺材。 ⑤太子司直：负责纠劾官僚及统率府兵。 ⑥湘州：在今湖南长沙市。 ⑦东郡：郡治在白马，即滑台地区，在今河南滑县。 ⑧钟：申钟，事见本书卷第九十五晋成帝咸和九年(334)。 ⑨镇：指青州州治所在的东阳城，即今山东青州

市东南。 ⑩平昌:在今山东诸城市。 ⑪下邳:在今江苏睢宁县西北。⑫尚方:负责制办宫廷器物的官职及其机构。

燕王立夫人慕容氏为王后。

庚戌[①],魏安颉等还平城[②]。魏主嘉朱修之守节,妻以宗女。

初,帝之遣到彦之也,戒之曰:"若北国兵动,先其未至,径前入河;若其不动,留彭城勿进[③]。"及安颉得宋俘,魏主始闻其言。谓公卿曰:"卿辈前谓我用崔浩计为谬,惊怖固谏。常胜之家,始皆自谓逾人,至于归终,乃不能及。"

司马楚之上疏,以为诸方已平,请大举伐宋,魏主以兵久劳,不许。征楚之为散骑常侍,以王慧龙为荥阳太守[④]。

慧龙在郡十年,农战并修,大著声绩,归附者万余家。帝纵反间于魏,云:"慧龙自以功高位下,欲引宋人入寇,因执司马楚之以叛。"魏主闻之,赐慧龙玺书曰:"刘义隆畏将军如虎,欲相中害;朕自知之。风尘之言,想不足介意。"帝复遣刺客吕玄伯刺之,曰:"得慧龙首,封二百户男,赏绢千匹。"玄伯诈为降人,求屏人有所论;慧龙疑之,使人探其怀,得尺刀。玄伯叩头请死,慧龙曰:"各为其主耳。"释之。左右谏曰:"宋人为谋未已,不杀玄伯,无以制将来。"慧龙曰:"死生有命,彼亦安能害我!我以仁义为扞蔽,又何忧乎!"遂舍之。

夏,五月,庚寅,魏主如云中[⑤]。

六月,乙丑,大赦。

夏主杀乞伏暮末及其宗族五百人。

夏主畏魏人之逼,拥秦民十余万口,自治城济河[⑥],欲击河西王蒙逊而夺其地。吐谷浑王慕璝遣益州刺史慕利延、宁州刺史拾虔帅骑三万,乘其半济,邀击之,执夏主定以归,沮渠兴国被创而死。拾虔,树洛干之子也。

魏之边吏获柔然逻者二十余人,魏主赐衣服而遣之。柔然感悦。闰月,乙未,柔然敕连可汗遣使诣魏,魏主厚礼之。

魏主遣散骑侍郎周绍来聘,且求昏;帝依违答之。

荆州刺史江夏王义恭[⑦],年寖长,欲专政事,长史刘湛每裁抑之，遂与湛有隙。帝心重湛，使人诘让义恭，且和解之。是时，王华、王昙首皆卒，领军将军殷景仁素与湛善，白帝以时贤零落，征湛为太子詹事，加给事中，共参政事。以雍州刺史张卲代湛为抚军长史[8]、南蛮校尉。

顷之，卲坐在雍州营私蓄聚，赃满二百四十五万，下廷尉，当死。左卫将军谢述上表，陈卲先朝旧勋，宜蒙优贷。帝手诏酬纳，免卲官，削爵土。述谓其子综曰："主上矜卲夙诚，特加曲恕，吾所言谬会，故特见酬纳耳。若此迹宣布，则为侵夺主恩，不可之大者也。"使综对前焚之。帝后谓卲曰："卿之获免，谢述有力焉。"

【注释】

①庚戌：二月无此日，疑有误。 ②平城：在今山西大同市。 ③彭城：在今江苏徐州市。 ④荥阳：在今河南荥阳市。 ⑤云中：在今内蒙古和林格尔县西北土城子。 ⑥冶城：原作"治城"，据甲十一行本改。在今甘肃临夏市西北。 ⑦荆州：州治所在今湖北荆州市。 ⑧雍州：州治所在今湖北襄阳市。

秋，七月，己酉，魏主如河西[1]。

八月，乙酉，河西王蒙逊遣子安周入侍于魏。

吐谷浑王慕璝遣侍郎谢太宁奉表于魏，请送赫连定。己丑，魏以慕璝为大将军、西秦王。

左仆射临川王义庆固求解职；甲辰，以义庆为中书令，丹杨尹如故[2]。

九月，癸丑，魏主还宫。庚申，加太尉长孙嵩柱国大将军[3]，以左光禄大夫崔浩为司徒，征西大将军长孙道生为司空。道生性清俭，一熊皮鄣泥[4]，数十年不易。魏主使歌工历颂群臣曰："智如崔浩，廉若道生。"

魏主欲选使者诣河西，崔浩荐尚书李顺，乃以顺为太常。拜河西王蒙逊为侍中、都督凉州、西域、羌、戎诸军事、太傅、行征西大将军、凉州牧、凉王，王武威、张掖、敦煌、酒泉、西海、金城、西平七郡；册曰："盛衰存亡，与魏升降。北尽穷发，南极庸、岷[5]，西被崐岭，东至河曲[6]，王实征之，以夹辅皇室。置将相、群卿、百官，承制假授;建天子旌旗,出入警跸,如汉初诸侯王故事。"

壬申,魏主诏曰:"今二寇摧殄,将偃武修文,理废职,举逸民。范阳卢玄[7]、博陵崔绰[8]、赵郡李灵[9]、河间邢颖[10]、勃海高允[11]、广平游雅[12]、太原张伟等[13],皆贤隽之胄,冠冕周邦[14]。《易》曰:'我有好爵,吾与尔縻之。'如玄之比者,尽敕州郡以礼发遣。"遂征玄等及州郡所遣至者数百人,差次叙用。崔绰以母老固辞。玄等皆拜中书博士。玄,谌之曾孙[15];灵,顺之从父兄也。

玄舅崔浩,每与玄言,辄叹曰:"对子真使我怀古之情更深[16]。"浩欲大整流品,明辨姓族。玄止之曰:"夫创制立事,各有其时;乐为此者,讵有几人! 宜加三思。"浩不从,由是得罪于众。

初,魏昭成帝始制法令[17]:"反逆者族;其余当死者听入金、马赎罪;杀人者听与死家牛马、葬具以平之;盗官物,一备五;私物,一备十。"四部大人共坐王庭决辞讼,无系讯连逮之苦,境内安之。太祖入中原[18],患前代律令峻密,命三公郎王德删定,务崇简易。季年被疾,刑罚滥酷;太宗承之[19],吏文亦深。冬,十月,戊寅,世祖命崔浩更定律令,除五岁、四岁刑,增一年刑;巫蛊者,负羖羊、抱犬沉诸渊。初令官阶九品者得以官爵除刑。妇人当刑而孕,产后百日乃决。阙左悬登闻鼓,以达冤人。

魏主如漠南[20]。十一月,丙辰,北部敕勒莫弗库若干帅所部数万骑[21],驱鹿数百万头,诣魏主行在[22]。魏主大猎以赐从官。十二月,丁丑,还宫。

是岁,凉王改元义和。

林邑王范阳迈寇九德[23],交州兵击却之[24]。

【注释】

①河西:指今甘肃、青海两省境内的黄河以西地区,即河西走廊和湟水流域一带。 ②丹杨:指刘宋都城建康,即今江苏南京市。 ③柱国大将军:柱国大将军的官号自此开始出现,为最高级别的将军称号。④鄣泥:披在马匹身上的皮制品,起遮挡泥土的作用,古名叫做韂(chàn颤)。 ⑤庸:上庸,在今湖北竹山县西南。岷:岷山,在今四川松潘县境内。 ⑥河曲:指今青海东南部的黄河弯曲地区。 ⑦范阳:在今河北涿州市。 ⑧博陵:在今河北安平县。 ⑨赵郡:在今河北赵县。

⑩河间:在今河北献县。 ⑪勃海:在今河北南皮县。 ⑫广平:在今河北鸡泽县。 ⑬太原:在今山西太原市。 ⑭周邦:即州邦。胡三省注曰,周为州的误字。 ⑮谌:卢谌,人名,活动在东晋前期的后赵境内,冉闵之败时,死于乱兵之中。 ⑯子真:卢玄的字。 ⑰魏昭成帝:北魏前身代国国王拓跋什翼犍,338 年至 376 年在位,谥号为昭成帝。 ⑱太祖:北魏道武帝拓跋珪,386 年至 408 年在位。 ⑲太宗:北魏明元帝拓跋嗣,408 年至 423 年在位。 ⑳漠南:蒙古高原大沙漠之南。 ㉑敕勒:即高车,北方民族之一。莫弗:敕勒人称其酋长为莫弗。库若干:人名,即这位莫弗的名字。 ㉒行在:古时称皇帝离开京城外出时的临时驻扎地叫行在,即出行时所在之地的意思。 ㉓九德:在今越南义安省荣市。 ㉔交州:州治所在今越南河内市。

九年 春,正月,丙午,魏主尊保太后窦氏为皇太后[①],立贵人赫连氏为皇后[②],子晃为皇太子;大赦;改元延和。

燕王立慕容后之子王仁为太子。

三月,庚戌,卫将军王弘进位太保,加中书监。丁巳,征南大将军檀道济进位司空,还镇寻阳[③]。

壬申,吐谷浑王慕璝送赫连定于魏,魏人杀之。慕璝上表曰:"臣俘擒僭逆,献捷王府,爵秩虽崇而土不增廓,车旗既饰而财不周赏;愿垂鉴察。"魏主下其议。公卿以为:"慕璝所致唯定而已,塞外之民皆为己有,而贪求无厌,不可许也。"魏主乃诏曰:"西秦王所得金城、枹罕、陇西之地[④],朕即与之,乃是裂土,何须复廓。西秦款至,绵绢随使疏数,临时增益,非一赐而止也。"自是慕璝贡使至魏者稍简。

魏方士祁纤奏改代为万年[⑤],以代尹为万年尹,代令为万年令。崔浩曰:"昔太祖应天受命,兼称代、魏以法殷商。国家积德,当享年万亿,不待假名以为益也。纤之所闻,皆非正义,宜复旧号。"魏主从之。

夏,五月,壬申,华容文昭公王弘卒。弘明敏有思致,而轻率少威仪。性褊隘,好折辱人,人以此少之。虽贵显,不营财利;及卒,家无余业。帝闻之,特赐钱百万,米千斛。

魏主治兵于南郊，谋伐燕。

帝遣使者赵道生聘于魏。

六月，戊寅，司徒、南徐州刺史彭城王义康改领扬州刺史。

诏分青州置冀州[6]，治历城[7]。

吐谷浑王慕璝遣其司马赵叔入贡，且来告捷。

庚寅，魏主伐燕。命太子晃录尚书事，时晃才五岁。又遣左仆射安原、建宁王崇等屯漠南以备柔然。

辛卯，魏主遣散骑常侍邓颖来聘。

乙未，以吐谷浑王慕璝为都督西秦、河、沙三州诸军事、征西大将军、西秦、河二州刺史，进爵陇西王，且命慕璝悉归南方将士先没于夏者[8]，得百五十余人。

又加北秦州刺史杨难当征西将军。难当以兄子保宗为镇南将军，镇宕昌[9]；以其子顺为秦州刺史，守上邽[10]。保宗谋袭难当，事泄，难当囚之。

壬寅，以江夏王义恭为都督南兖等六州诸军事、开府仪同三司、南兖州刺史，临川王义庆为都督荆、雍等七州诸军事、荆州刺史，竟陵王义宣为中书监，衡阳王义季为南徐州刺史。初，高祖以荆州居上流之重，土地广远，资实兵甲居朝廷之半，故遗诏令诸子居之。上以义庆宗室令美，且烈武王有大功于社稷[11]，故特用之。

秋，七月，己未，魏主至濡水[12]。庚申，遣安东将军奚斤发幽州民及密云丁零万余人[13]，运攻具，出南道[14]，会和龙[15]。魏主至辽西，燕王遣其侍御史崔聘奉牛酒犒师。己巳，魏主至和龙。

庚午，以领军将军殷景仁为尚书仆射，太子詹事刘湛为领军将军。

【注释】

①保太后窦氏：魏世祖的保姆，因幼年时照顾世祖很好，世祖感恩，故尊之为皇太后，但在封建社会这是违背礼仪的举动。 ②赫连氏：夏国君主赫连勃勃的女儿。 ③寻阳：在今江西九江市。 ④西秦王：指慕璝。金城：在今甘肃兰州市。枹罕：在今甘肃临夏市。陇西：在今甘肃陇西县。 ⑤代：在今河北蔚县。 ⑥冀州：本应在今河北一带，南朝宋设为侨置之州，下辖九个郡：广川、平原、清河、乐陵、魏郡、河间、顿丘、高

阳、勃海，实际地区在今黄河、济水之间。 ⑦历城：在今山东济南市。⑧南方将士先没于夏者：指东晋时候夏国夺取关中时俘虏的南方将士，事见本书卷第一百一十八晋安帝义熙十四年(418)。⑨宕昌：在今甘肃宕昌县。 ⑩上邽：在今甘肃天水市。 ⑪烈武王：指前临川王刘道规，刘裕的弟弟，刘义庆的父亲。 ⑫濡水：即今河北省东北部的滦河。⑬密云：在今北京密云区，北魏道武帝皇始二年(397)始置。 ⑭南道：即曹操北征乌桓部落时的卢龙道。 ⑮和龙：北燕的都城，在今辽宁朝阳市。

益州刺史刘道济[1]，粹之弟也，信任长史费谦、别驾张熙等，聚敛兴利，伤政害民，立官冶，禁民鼓铸而贵卖铁器，商贾失业，吁嗟满路。

流民许穆之，变姓名称司马飞龙，自云晋室近亲，往依氐王杨难当。难当因民之怨，资飞龙以兵，使侵扰益州。飞龙招合蜀人，得千余人，攻杀巴兴令[2]，逐阴平太守[3]；道济遣军击斩之。

道济欲以五城人帛氐奴[4]、梁显为参军督护，费谦固执不与。氐奴等与乡人赵广构扇县人，诈言司马殿下犹在阳泉山中[5]，聚众得数千人，引向广汉[6]；道济参军程展会治中李抗之将五百人击之，皆败死。巴西人唐频聚众应之[7]，赵广等进攻涪城[8]，陷之。于是涪陵、江阳、遂宁诸郡守皆弃城走[9]，蜀土侨、旧俱反。

燕石城太守李崇等十郡降于魏[10]。魏主发其民三万穿围堑以守和龙。崇，绩之子也[11]。

八月，燕王使数万人出战，魏昌黎公丘等击破之，死者万余人。燕尚书高绍帅万余家保羌胡固[12]，辛巳，魏主攻绍，斩之。平东将军贺多罗攻带方[13]，抚军大将军永昌王健攻建德[14]，骠骑大将军乐平王丕攻冀阳[15]，皆拔之。

九月，乙卯，魏主引兵西还，徙营丘、成周、辽东、乐浪、带方、玄菟六郡民三万家于幽州[16]。

燕尚书郭渊劝燕王送款献女于魏，乞为附庸。燕王曰："负衅在前，结忿已深，降附取死，不如守志更图也。"

魏主之围和龙也，宿卫之士多在战陈，行宫人少。云中镇将朱修之谋与南人袭杀魏主，因入和龙，浮海南归；以告冠军将军毛修之，毛修之不从，乃止。既而事泄，朱修之逃奔燕。魏人数伐燕，燕王遣修之南归求救。修之泛海至东莱[17]，遂还建康，拜黄门侍郎。

赵广等进攻成都，刘道济婴城自守。贼众屯聚日久，不见司马飞龙，欲散去。广惧，将三千人及羽仪诣阳泉寺[18]，诈云迎飞龙。至，则谓道人枹罕程道养曰："汝但自言是飞龙，则坐享富贵；不则断头！"道养惶怖许诺。广乃推道养为蜀王、车骑大将军、益、梁二州牧，改元泰始，备置百官。以道养弟道助为骠骑将军、长沙王，镇涪城；赵广、帛氏奴、梁显及其党张寻、严遐皆为将军，奉道养还成都，众至十余万，四面围城。使人谓道济曰："但送费谦、张熙来，我辈自解去。"道济遣中兵参军裴方明、任浪之各将千余人出战，皆败还。

冬，十一月，乙巳，魏主还平城。

壬子，以少府中山甄法崇为益州刺史。

【注释】

①益州：治所在今四川成都市。　②巴兴：在今四川蓬溪县。③阴平：在今四川江油市东北。　④五城：在今四川中江县东南。⑤阳泉山：在今四川绵竹市境。　⑥广汉：在今四川广汉市北。　⑦巴西：在今四川阆中市。　⑧涪城：在今四川三台县。　⑨涪陵：在今重庆涪陵区北。江阳：在今四川眉山市彭山区东。遂宁：在今四川射洪市南。⑩石城：在今辽宁凌源市西南。　⑪绩：李绩因直言被贬官，参见本书卷第一百晋穆帝升平四年(360)。　⑫羌胡固：今地不详。　⑬带方：在今辽宁义县北。　⑭建德：在今辽宁锦州市境内。　⑮冀阳：今地不详，疑在今辽宁凌源市一带。　⑯营丘：在今辽宁朝阳市东。成周：在今辽宁西南部。辽东：在今辽宁辽阳市。乐浪：在今辽宁义县北。玄菟：在今辽宁沈阳市东。　⑰东莱：在今山东莱州市。　⑱阳泉寺：在阳泉山中的寺庙。

初，燕王嫡妃王氏，生长乐公崇，崇于兄弟为最长。及即位，立慕容氏为王后，王氏不得立，又黜崇，使镇肥如[1]。崇母弟广平公朗、乐陵公邈相谓曰："今国家将亡，人无愚智皆知之。王复受慕容后之谮，吾兄弟死无日矣。"乃相与亡奔辽西[2]，说崇使降魏，崇从之。会魏主使给事郎王德招崇，十二月，己丑，崇使邈如魏，请举郡降。燕王闻之，使其将封羽围崇于辽西。

魏主征诸名士之未仕者，州郡多逼遣之。魏主闻之，下诏令守宰以礼申谕，任其进退，毋得逼遣。

初，帝以少子绍为庐陵孝献王嗣，以江夏王义恭子朗为营阳王嗣；庚寅，封绍为庐陵王；朗为南丰县王。

裴方明等复出击程道养营，破之，焚其积聚。

贼党江阳杨孟子将千余人屯城南，参军梁俊之统南楼，投书说谕孟子，邀使入城见刘道济，道济版为主簿，克期讨贼。赵广知其谋，孟子惧，将所领奔晋原[3]，晋原太守文仲兴与之同拒守。赵广遣帛氏奴攻晋原，破之，仲兴、孟子皆死。裴方明复出击贼，屡战，破之，贼遂大溃；程道养收众得七千人，还广汉，赵广别将五千余人还涪城。

先是，张熙说道济粜仓谷，故自九月末围城至十二月，粮储俱尽。方明将二千人出城求食，为贼所败，单马独还，贼众复大集。方明夜缒而上，道济为设食，涕泣不能食。道济曰："卿非大丈夫，小败何苦！贼势既衰，台兵垂至，但令卿还，何忧于贼！"即减左右以配之。贼于城外扬言，云"方明已死"，城中大恐。道济夜列炬火，出方明以示众，众乃安。道济悉出财物于北射堂，令方明募人。时城中或传道济已死，莫有应者。梁俊之说道济遣左右给使三十余人出外，且告之曰："吾病小损，各听归家休息。"给使既出，城中乃安，应募者日有千余人。

初，晋谢混尚晋陵公主[4]。混死，诏公主与谢氏绝婚；公主悉以混家事委混从子弘微。混仍世宰辅，僮仆千人，唯有二女，年数岁，弘微为之纪理生业，一钱尺帛有文簿。九年而高祖即位，公主降号东乡君，听还谢氏。入门，室宇仓廪，不异平日，田畴垦辟，有加于旧。东乡君叹曰："仆射平生重此子，可谓知人；仆射为不亡矣！"亲旧见者为之流涕。是岁，东乡君卒，公私咸谓赀财宜归二女，田宅、僮仆应属弘微。弘微一无所取，自以私禄葬东乡君。

混女夫殷睿好樗蒲⑤，闻弘微不取财物，乃夺其妻妹及伯母、两姑之分以还戏责。内人皆化弘微之让，一无所争。或讥之曰："谢氏累世财产，充殷君一朝戏责，理之不允，莫此为大。卿视而不言，譬弃物江海以为廉耳。设使立清名而令家内不足，亦吾所不取也。"弘微曰："亲戚争财，为鄙之甚，今内人尚能无言，岂可导之使争乎！分多共少，不至有乏，身死之后，岂复见关也？"

秃发保周自凉奔魏，魏封保周为张掖公。

【注释】

①肥如：在今河北卢龙县北。　②辽西：在今河北迁安市。　③晋原：在今四川崇州市西北怀远镇。　④谢混：东晋时任尚书左仆射，后被刘裕诬陷杀害，事见本书卷第一百一十六晋安帝义熙八年（412）。晋陵公主：东晋孝武帝的女儿。　⑤樗蒲（chū pú 出仆）：古代一种赌博游戏，类似后代的掷色子。

魏李顺复奉使至凉。凉王蒙逊遣中兵校郎杨定归谓顺曰："年衰多疾，腰髀不随，不堪拜伏；比三五日消息小差，当相见。"顺曰："王之老疾，朝廷所知；岂得自安，不见诏使！"明日，蒙逊延顺入至庭中，蒙逊箕坐隐几，无动起之状。顺正色大言曰："不谓此叟无礼乃至于此！今不忧覆亡而敢陵侮天地；魂魄逝矣，何用见之！"握节将出。凉王使定归追止之，曰："太常既雅恕衰疾，传闻朝廷有不拜之诏，是以敢自安耳。"顺曰："齐桓公九合诸侯，一匡天下；周天子赐胙，命无下拜，桓公犹不敢失臣礼，下拜登受。今王虽功高，未如齐桓；朝廷虽相崇重，未有不拜之诏；而遽自偃蹇，此岂社稷之福邪！"蒙逊乃起，拜受诏。

使还，魏主问以凉事。顺曰："蒙逊控制河右①，逾三十年，经涉艰难，粗识机变，绥集荒裔，群下畏服；虽不能贻厥孙谋，犹足以终其一世。然礼者德之舆，敬者身之基也；蒙逊无礼不敬，以臣观之，不复年矣。"魏主曰："易世之后，何时当灭？"顺曰："蒙逊诸子，臣略见之，皆庸才也。如闻敦煌太守牧犍，器性粗立，继蒙逊者，必此人也。然比之于父，皆云不及。此殆天之所以资圣明也。"魏主曰："朕方有事东方，未暇西略。如卿所言，不过数年之外，不为晚也。”

初，罽宾沙门昙无谶[2]，自云能使鬼治病，且有秘术。凉王蒙逊甚重之，谓之“圣人”，诸女及子妇皆往受术。魏主闻之，使李顺往征之。蒙逊留不遣，仍杀之。魏主由是怒凉。

蒙逊荒淫猜虐，群下苦之。

十年 春，正月，乙卯，魏主遣永昌王健督诸军救辽西。

己未，大赦。

丙寅，魏以乐安王范为都督秦、雍等五州诸军事、卫大将军、开府仪同三司、长安镇都大将。魏主以范年少，更选旧德平西将军崔徽、征北大将军雁门张黎为之副，共镇长安。徽，宏之弟也，范谦恭宽惠，徽务敦大体，黎清约公平，政刑简易，轻徭薄赋，关中遂安。

二月，庚午，魏主以冯崇为都督幽、平、东夷诸军事、车骑大将军、幽、平二州牧，封辽西王，录其国尚书事，食辽西十郡，承制假授尚书、刺史、征虏以下官。

【注释】

①河右：即河西，指河西走廊、湟河流域一带。 ②罽（jì 记）宾：位于克什米尔地区的一个佛教国家。

魏平凉休屠征西将军金崖[1]、羌泾州刺史狄子玉与安定镇将延普争权[2]，崖、子玉举兵攻普，不克，退保胡空谷[3]。魏主以虎牢镇大将陆俟为安定镇大将，击崖等，皆擒之。

魏主征陆俟为散骑常侍，出为怀荒镇大将[4]，未期岁，高车诸莫弗讼俟严急无恩，复请前镇将郎孤。魏主征俟还，以孤代之。俟既至，言于帝曰：“不过期年，郎孤必败，高车必叛。”帝怒，切责之，使以建业公归第。明年，诸莫弗果杀郎孤而叛。帝大惊，立召俟问之曰：“卿何以知其然也？”俟曰：“高车不知上下之礼，故臣临之以威，制之以法，欲以渐训导，使知分限。而诸莫弗恶臣所为，讼臣无恩，称孤之美。臣以罪去，孤获还镇，悦其称誉，益收名声，专用宽恕待之。无礼之人，易生骄慢，不过期年，无复上下，孤所不堪，必将复以法裁之。如此，则众心怨怼，必生祸乱矣。”帝笑曰:“卿身虽短,思虑何长也!”即日复以为散骑常侍。

壬午,魏主如河西,遣兼散骑常侍宋宣来聘,且为太子晃求婚;帝依违答之。

刘道济卒,梁俊之、裴方明等密埋其尸于斋后,诈为道济教命以答签疏,虽其母妻亦不知也。程道养于毁金桥登坛郊天,方明将三千人出击之,道养等大败,退保广汉。

荆州刺史临川王义庆以巴东太守周籍之督巴西等五郡诸军事⑤,将二千人救成都。

三月,亡人司马天助降于魏,自称晋会稽世子元显之子;魏人以为青、徐二州刺史、东海公。

壬子,魏主还宫。

赵广等自广汉至郫⑥,连营百数。周籍之与裴方明等合兵攻郫,克之,进击广等于广汉,广等走还涪及五城。夏,四月,戊寅,始发刘道济丧。

帝闻梁、南秦二州刺史甄法护刑政不治,失氐、羌之和,乃自徒中起萧思话为梁、南秦二州刺史。法护,法崇之兄也。

凉王蒙逊病甚,国人共议,以世子菩提幼弱,立菩提之兄敦煌太守牧犍为世子,加中外都督、大将军、录尚书事。蒙逊卒,谥曰武宣王,庙号太祖。牧犍即河西王位,大赦,改元永和。立子封坛为世子,加抚军大将军、录尚书事。遣使请命于魏。牧犍聪颖好学,和雅有度量,故国人立之。

先是,魏主遣李顺迎武宣王女为夫人,会卒,牧犍称先王遗意,遣左丞宋繇送其妹兴平公主于魏,拜右昭仪。

魏主谓李顺曰:“卿言蒙逊死,今则验矣;又言牧犍立,何其妙哉! 朕克凉州,亦当不远。”于是赐绢千匹,厩马一乘,进号安西将军,宠待弥厚,政事无巨细皆与之参议。

遣顺拜牧犍都督凉沙河三州、西域羌戎诸军事、车骑将军、开府仪同三司、凉州刺史、河西王,以宋繇为河西王右相。牧犍以无功受赏,留顺,上表乞安、平一号;优诏不许。

牧犍尊敦煌刘昞为国师,亲拜之,命官属以下皆北面受业。

【注释】

①平凉：在今甘肃平凉市。休屠：匈奴的休屠部落。　②泾州：治所在临泾城，在今甘肃泾川县境内。安定：泾州所属的郡，治所在安定，即今甘肃泾川县。　③胡空谷：在今陕西彬州市西南。　④怀荒镇：魏对投降的高车族人设置的六镇之一，在今河北张北县。　⑤巴东：在今重庆奉节县。　⑥郫：在今四川成都市郫都区。

五月，己亥，魏主如山北。

林邑王范阳迈遣使入贡，求领交州；诏答以道远，不许。

裴方明进军向涪城，破张寻、唐频，擒程道助，斩严遐，于是赵广等皆奔散。

六月，魏永昌王健、左仆射安原督诸军击和龙，将军楼教别将五千骑围凡城[①]。燕守将封羽以凡城降，收其三千余家而还。

辛巳，魏人发秦、雍兵一万，筑小城于长安城内。

秋，八月，冯崇上表请说降其父；魏主不听。

九月，益州刺史甄法崇至成都，收费谦，诛之。程道养、张寻将二千余家逃入郪山[②]，余党各拥众藏窜山谷，时出为寇不绝。

戊午，魏主遣兼大鸿胪崔赜持节拜氐王杨难当为征南大将军、开府仪同三司、秦、梁二州牧、南秦王。赜，逞之子也。

杨难当因萧思话未至，甄法护将下，举兵袭梁州[③]，破白马[④]，获晋昌太守张范[⑤]，败法护参军鲁安期等；又攻葭萌[⑥]，获晋寿太守范延朗[⑦]。冬，十一月，丁未，法护弃城奔洋川之西城[⑧]。难当遂有汉中之地，以其司马赵温为梁、秦二州刺史。

甲寅，魏主还宫。

十二月，己巳，魏大赦。

辛未，魏主如阴山之北。

魏宁朔将军卢玄来聘。

前秘书监谢灵运，好为山泽之游，穷幽极险，从者数百人，伐木开径；百姓惊扰，以为山贼。会稽太守孟顗与灵运有隙，表其有异志，发兵自防。灵运诣阙自陈，上以为临川内史[⑨]。

灵运游放自若，废弃郡事，为有司所纠。是岁，司徒遣使随州从事郑望生收灵运；灵运执望生，兴兵逃逸，作诗曰："韩亡子房奋，秦帝鲁连耻[10]。"追讨，擒之。廷尉奏灵运率众反叛，论正斩刑。上爱其才，欲免官而已。彭城王义康坚执，谓不宜恕。乃降死一等，徙广州。

久之，或告灵运令人买兵器，结健儿，欲于三江口篡取之[11]，不果。诏于广州弃市。

灵运恃才放逸，多所陵忽，故及于祸。

魏立徐州于外黄[12]，以刁雍为刺史。

【注释】

①凡城：在今河北平泉市南。 ②郪（qī 期）山：在今四川遂宁市境内。 ③梁州：州治所在今陕西汉中市。 ④白马：即阳平关，在今陕西勉县西。 ⑤晋昌：在今陕西石泉县境内。 ⑥葭（jiā 加）萌：在今四川广元市西南。 ⑦晋寿：治所在葭萌。 ⑧洋川：治所在西城，即今陕西西乡县。 ⑨临川：在今江西抚州市临川区。 ⑩鲁连：战国时人，因秦国称帝而以为耻辱，逃到海上，决不生活在秦帝国统治下。 ⑪三江口：在今广西藤县西北。 ⑫外黄：在今河南民权县西北。

十一年 春，正月，戊戌，燕王遣使请和于魏；魏主不许。

杨难当以克汉中告捷于魏，送雍州流民七千家于长安。萧思话至襄阳，遣横野司马萧承之为前驱。承之缘道收兵，得千人，进据磝头[1]。杨难当焚掠汉中，引众西还，留赵温守梁州；又遣其魏兴太守薛健据黄金山[2]。思话遣阴平太守萧坦攻铁城戍[3]，拔之。

二月，赵温、薛健与其冯翊太守蒲甲子合攻坦营，坦击破之，温等退保西水[4]。临川王义庆遣龙骧将军裴方明将三千人助承之，拔黄金戍而据之[5]。温弃州城，退据小城，健、甲子退保下桃城[6]。思话继至，与承之共击赵温等，屡破之。行参军王灵济别将出洋川[7]，攻南城[8]，拔之，擒其守将赵英。南城空无所资，灵济引兵还，与承之合。

魏主以西海公主妻柔然敕连可汗；又纳其妹为夫人，遣颍川王提往逆之。丁卯，敕连遣其异母兄秃鹿傀送妹，并献马二千匹。魏主以其妹为左昭仪。提，曜之子也。

辛卯,魏主还宫;三月,甲寅,复如河西[9]。

杨难当遣其子和将兵与蒲甲子等共击萧承之,相拒四十余日,围承之数十重,短兵接,弓矢无所复施。氐悉衣犀甲,戈矛所不能入。承之断矟长数尺[10],以大斧椎之,一矟辄贯数人。氐不能当,烧营走,据大桃[11]。闰月,承之等追击之,至南城。氐败走,斩获甚众,悉收汉中故地,置戍于葭萌水[12]。

初,桓希既败[13],氐王杨盛据汉中,梁州刺史范元之、傅歆皆治魏兴[14],唯得魏兴、上庸、新城三郡[15]。及索邈为刺史[16],乃治南城。至是,南城为氐所焚,不可复固,萧思话徙镇南郑[17]。

甲戌,赫连昌叛魏西走;丙子,河西候将格杀之[18]。魏人并其群弟诛之。

己卯,魏主还宫。

辛巳,燕王遣尚书高颙上表称藩,请罪于魏,乞以季女充掖庭;魏主乃许之,征其太子王仁入朝。

燕王送魏使者于什门还平城。什门在燕二十一年,不屈节[19]。魏主下诏褒称,以比苏武,拜治书御史,赐羊千口,帛千匹,策告宗庙,颁示天下。

戊子,休屠金当川围魏阴密[20]。夏,四月,乙未,魏征西大将军常山王素击之。丁未,魏主行如河西。壬戌,获当川,斩之。

甄法护坐委镇,赐死于狱。杨难当遣使奉表谢罪,帝下诏赦之。

河西王牧犍遣使上表,告嗣位。戊寅[21],诏以牧犍为都督凉、秦等四州诸军事、征西大将军、凉州刺史、河西王。

六月,甲辰,魏主还宫。

燕王不遣太子质魏,散骑常侍刘滋谏曰:"昔刘禅有重山之险,孙晧有长江之阻,皆为晋擒[22]。何则?强弱之势异也。今吾弱于吴、蜀而魏强于晋,不从其欲,将有危亡之祸。愿亟遣太子,而修政事,抚百姓,收离散,赈饥穷,劝农桑,省赋役,社稷犹庶几可保。"燕王怒,杀之。

辛亥,魏主遣抚军大将军永昌王健等伐燕,收其禾稼,徙民而还。

【注释】

①磝(áo 敖)头:在今陕西石泉县东南汉江东岸。 ②黄金山:在今陕西洋县东北,与铁城相对。 ③铁城戍:在黄金山下。阴平:在今四川德阳市西北。 ④西水:又作酉水,今地不详。 ⑤黄金戍:黄金山上的戍守之城。 ⑥下桃城:在今陕西汉中市南。 ⑦洋川:在今陕西西乡县。 ⑧南城:在今陕西汉中市南。 ⑨河西:指今河西走廊和湟河流域。 ⑩稍(shuò 硕):柄比较长的矛。 ⑪大桃:在今陕西略阳县东。⑫葭萌水:又名白水关,关头,在今陕西宁强县西南。 ⑬桓希:事见本书卷第一百一十三晋安帝元兴三年(404)。 ⑭魏兴:在今陕西安康市。⑮上庸:在今湖北竹山县西南。新城:在今湖北房县。 ⑯索邈:事见本书卷第一百一十六晋安帝义熙九年(413)。 ⑰南郑:在今陕西汉中市。⑱候将:边境侦察巡逻部队的将领。河西:指五原地区的河西。五原在今山西沁县。 ⑲于什门不屈节:于什门使燕在见本书卷第一百一十六晋安帝义熙十年(414)。 ⑳阴密:在今甘肃灵台县西南。 ㉑戊寅:四月无此日,疑有误。 ㉒皆为晋擒:晋灭刘禅,事见本书卷第七十八魏元帝景元四年(263);灭孙皓,事见本书卷七十九晋武帝太康元年(280)。

秋,七月,壬午,魏主如美稷[1],遂至隰城[2],命阳平王它督诸军击山胡白龙于西河[3]。它,熙之子也[4]。

魏主轻山胡,日引数十骑登山临视之。白龙伏壮士十余处掩击之,魏主坠马,几为所擒。内入行长代人陈建以身扞之[5],大呼奋击,杀胡数人,身被十余创,魏主乃免。

九月,戊子,大破胡众,斩白龙,屠其城。冬,十月,甲午,魏人破白龙余党于五原[6],诛数千人,以其妻子赐将士。

十一月,魏主还宫;十二月,甲辰,复如云中。

十二年 春,正月,己未朔,日有食之。

辛酉,大赦。

辛未,上祀南郊。

燕王数为魏所攻,遣使诣建康称藩奉贡。癸酉,诏封为燕王,江南谓之黄龙国[7]。

甲申,魏大赦,改元太延。

有老父投书于敦煌东门,求之,不获。书曰:"凉王三十年若七年。"河西王牧犍以问奉常张慎,对曰:"昔虢之将亡,神降于莘[8]。愿殿下崇德修政,以享三十年之祚;若盘于游田,荒于酒色,臣恐七年将有大变。"牧犍不悦。

二月,丁未,魏主还宫。

三月,癸亥,燕王遣大将汤烛入贡于魏,辞以太子王仁有疾,故未之遣。

领军将军刘湛与仆射殷景仁素善,湛之入也,景仁实引之。湛既至,以景仁位遇本不逾己,而一旦居前,意甚愤愤;俱被时遇,以景仁专管内任,谓为间己,猜隙渐生。知帝信仗景仁,不可移夺,时司徒义康专秉朝权,湛尝为义康上佐,遂委心自结,欲因宰相之力以回上意,倾黜景仁,独当时务。

夏,四月,己巳[9],帝加景仁中书令、中护军,即家为府;湛加太子詹事。湛愈愤怒,使义康毁景仁于帝,帝遇之益隆。景仁对亲旧叹曰:"引之令入,入便噬人!"乃称疾解职,表疏累上;帝不许,使停家养病。

湛议遣人若劫盗者于外杀之,以为帝虽知,当有以解之,不能伤义康至亲之爱。帝微闻之,迁护军府于西掖门外,使近宫禁,故湛谋不行。

义康僚属及诸附丽湛者,潜相约勒,无敢历殷氏之门。彭城王主簿沛郡刘敬文父成,未悟其机,诣景仁求郡。敬文遽往谢湛曰:"老父悖耄,遂就殷铁干禄。由敬文暗浅,上负生成,阖门惭惧,无地自处。"唯后将军司马庾炳之游二人之间,皆得其欢心,而密输忠于朝廷。景仁卧家不朝谒,帝常使炳之衔命往来,湛不疑也。炳之,登之之弟也[10]。

燕王遣右卫将军孙德来乞师。

五月,庚申,魏主进宜都公穆寿爵为王,汝阴公长孙道生为上党王,宜城公奚斤为恒农王,广陵公楼伏连为广陵王;加寿征东大将军。寿辞曰:"臣祖父崇所以得效功前朝,流福于后者,由梁眷之忠也[11]。今眷元勋未录,而臣独奕世受赏,心实愧之。"魏主悦,求眷后,得其孙,赐爵郡公。寿,观之子也[12]。

【注释】

①美稷：在今内蒙古准格尔旗西北。 ②隰城：在今山西柳林县。 ③山胡：即稽胡，又叫步落稽，为匈奴的后裔之一。白龙：山胡的首领。西河：在今山西吕梁市。 ④熙：拓跋熙，事见卷第一百一十九宋武帝永初二年(421)。 ⑤内入行长：北魏的职官之一，选拔勇力之士，进入皇宫值班守卫，其长官就叫行长。 ⑥五原：在今山西沁县。 ⑦黄龙国：因其都城在和龙，故称黄龙国。到宋代北方人仍称和龙为黄龙府。 ⑧虢之将亡，神降于莘：《左传》鲁庄公三十二年，有神降临在莘。虢公让人祭享此神。史嚚说："虢国将要亡了吧！我听说：国将兴盛，听民众的；国将灭亡，听鬼神的。"此后七年，晋国灭了虢国。虢在今河南三门峡市陕州区东南，莘也在今河南三门峡市陕州区东南。 ⑨己巳：四月无此日，疑有误。 ⑩登之：庾登之，事见本书卷第一百二十宋文帝元嘉三年(426)。 ⑪梁眷：梁眷命其部属穆崇救魏道武帝拓跋珪，事见本书卷第一百六晋孝武帝太元十年(385)。 ⑫观：穆观，事见本书卷第一百一十九宋武帝永初三年(422)。

龟兹[①]、疏勒[②]、乌孙[③]、悦般[④]、渴槃陁[⑤]、鄯善[⑥]、焉耆[⑦]、车师[⑧]、粟持九国入贡于魏[⑨]。魏主以汉世虽通西域，有求则卑辞而来，无求则骄慢不服；盖自知去中国绝远，大兵不能至故也。今报使往来，徒为劳费，终无所益，欲不遣使。有司固请，以为："九国不惮险远，慕义入贡，不宜拒绝，以抑将来。"乃遣使者王恩生等二十辈使西域。恩生等始渡流沙，为柔然所执，恩生见敕连可汗，持魏节不屈。魏主闻之，切责敕连，敕连乃遣恩生等还。竟不能达西域。

甲戌，魏主如云中。

六月，甲午，魏主以时和年丰，嘉瑞沓臻，诏大酺五日，遍祭百神，用答天贶[⑩]。

丙午，高句丽王琏遣使入贡于魏[⑪]，且请国讳。魏主使录帝系及讳以与之；拜琏都督辽海诸军事、征东将军、辽东郡公、高句丽王。琏，钊之曾孙也。

戊申，魏主命骠骑大将军乐平王丕、镇东大将军徒河屈垣等帅骑四万伐燕。

扬州诸郡大水，己酉，运徐、豫、南兖谷以赈之。扬州西曹主簿沈亮建议[12]，以为酒糜谷而不足疗饥，请权禁止；诏从之。亮，林子之子也。

秋，七月，魏主畋于稒阳[13]。

己卯，魏乐平王丕等至和龙；燕王以牛酒犒军，献甲三千。屈垣责其不送侍子，掠男女六千口而还。

八月，丙戌，魏主如河西；九月，甲戌，还宫。

魏左仆射河间公安原，恃宠骄恣。或告原谋为逆；冬，十月，癸卯，原坐族诛。

甲辰，魏主如定州[14]；十一月，乙丑，如冀州[15]；己巳，畋于广川[16]；丙子，如邺[17]。

魏人数伐燕，燕日危蹙，上下忧惧。太常杨岷复劝燕王速遣太子入侍。燕王曰："吾未忍为此。若事急，且东依高丽以图后举。"岷曰："魏举天下以击一隅，理无不克。高丽无信，始虽相亲，终恐为变。"燕王不听，密遣尚书阳伊请迎于高丽。

丹杨尹萧摹之上言："佛化被于中国，已历四代，形像塔寺，所在千数。自顷以来，情敬浮末，不以精诚为至，更以奢竞为重，材竹铜彩，糜损无极；无关神祇，有累人事，不为之防，流遁未息。请自今欲铸铜像及造塔寺者，皆当列言，须报乃得为之。"诏从之。摹之，思话从叔也。

魏秦州刺史薛谨击吐没骨，灭之。

杨难当释杨保宗之囚，使镇童亭[18]。

【注释】

①龟兹：在今新疆库车县一带。 ②疏勒：在今新疆喀什市。 ③乌孙：在今新疆阿克苏河上流。 ④悦般：在今中亚细亚巴尔喀什湖东畔。 ⑤渴槃陁：在今新疆塔什库尔干塔吉克自治县。 ⑥鄯善：在今新疆若羌县东。 ⑦焉耆：在今新疆焉耆回族自治县。 ⑧车师：在今新疆吐鲁番市。 ⑨粟持：当从《魏书》《隋书》作"粟特"。粟特国在葱岭之西、当康居之北。在今中亚细亚巴尔喀什湖西北。 ⑩贶(kuàng 况)：赠赐。 ⑪高句丽：朝鲜古国。在今朝鲜北部。 ⑫西曹：

自晋代以来,官府都分东曹、西曹两套办事班子,各有其属员和主簿。
⑬稒(gū 姑)阳:在今内蒙古包头市东古城湾。 ⑭定州:在今河北定州市。 ⑮冀州:在今河北衡水市冀州区。 ⑯广川:在今河北枣强县东南。 ⑰邺:在今河北临漳县。 ⑱童亭:又写作董亭、薰亭,在今甘肃武山县南。

资治通鉴卷第一百二十三

宋纪五　起柔兆困敦，尽重光大荒落，凡六年。

太祖文皇帝中之上

元嘉十三年　春，正月，癸丑朔，上有疾，不朝会。

甲寅，魏主还宫。

二月，戊子，燕王遣使入贡于魏，请送侍子。魏主不许，将举兵讨之；壬辰，遣使者十余辈诣东方高丽等诸国告谕之。

司空、江州刺史、永修公檀道济，立功前朝，威名甚重，左右腹心并经百战，诸子又有才气，朝廷疑畏之。帝久疾不愈，刘湛说司徒义康，以为"宫车一日晏驾[①]，道济不复可制"。会帝疾笃，义康言于帝，召道济入朝。其妻向氏谓道济曰："高世之勋，自古所忌。今无事相召，祸其至矣。"既至，留之累月。帝稍间，将遣还，已下渚，未发；会帝疾动，义康矫诏召道济入祖道，因执之。三月，己未，下诏称："道济潜散金货，招诱剽猾，因朕寝疾，规肆祸心。"收付廷尉，并其子给事黄门侍郎植等十一人诛之，唯宥其孙孺。又杀司空参军薛彤、高进之；二人皆道济腹心，有勇力，时人比之关、张。

道济见收，愤怒，目光如炬，脱帻投地曰："乃坏汝万里长城！"魏人闻之，喜曰："道济死，吴子辈不足复惮。"

庚申，大赦；以中军将军南谯王义宣为江州刺史。

辛未，魏平东将军娥清、安西将军古弼将精骑一万伐燕，平州刺史拓跋婴帅辽西诸军会之[2]。

氐王杨难当自称大秦王，改元建义。立妻为王后，世子为太子，置百官皆如天子之制；然犹贡奉宋、魏不绝。

夏，四月，魏娥清、古弼攻燕白狼城[3]，克之。

高丽遣其将葛卢孟光将众数万随阳伊至和龙迎燕王。高丽屯于临川[4]。燕尚书令郭生因民之惮迁，开城门纳魏兵，魏人疑之，不入。生遂勒兵攻燕王，王引高丽兵入自东门，与生战于阙下，生中流矢死。葛卢孟光入城，命军士脱弊褐，取燕武库精仗以给之，大掠城中。

五月，乙卯，燕王帅龙城见户东徙，焚宫殿，火一旬不灭；令妇人被甲居中，阳伊等勒精兵居外，葛卢孟光帅骑殿后，方轨而进，前后八十余里。古弼部将高苟子帅骑欲追之，弼醉，拔刀止之，故燕王得逃去。魏主闻之，怒，槛车征弼及娥清至平城，皆黜为门卒。

戊午，魏主遣散骑常侍封拨使高丽，令送燕王。

【注释】

①宫车晏驾：指皇帝去世。宫车，皇帝的车子。晏驾，晚驾，指出行时间晚。皇帝活着时准时出行，死了则不能准时，故云晏驾。这是关于皇帝死的婉转说法。　②平州：在今河北迁安市一带。　③白狼城：在今辽宁喀喇沁左翼蒙古族自治县西南，为北燕边防重镇。　④临川：在和龙城之东。

丁卯，魏主如河西。

六月，诏宁朔将军萧汪之将兵讨程道养；军至郪口[1]，帛氐奴请降。道养兵败，还入郪山。

赫连定之西迁也，杨难当遂据上邽[2]。秋，七月，魏主遣骠骑大将军乐平王丕、尚书令刘絜督河西、高平诸军以讨之，先遣平东将军崔赜赍诏书谕难当。

魏散骑侍郎游雅来聘。

己未，零陵王太妃褚氏卒，追谥曰晋恭思皇后，葬以晋礼。

八月，魏主畋于河西。

魏主遣广平公张黎发定州兵一万二千通莎泉道[3]。

九月，庚戌，魏乐平王丕等至略阳[4]；杨难当惧，请奉诏，摄上邽守兵还仇池[5]。诸将议以为："不诛其豪帅，军还之后，必相聚为乱。又，大众远出，不有所掠，无以充军实，赏将士。"丕将从之，中书侍郎高允参丕军事，谏曰："如诸将之谋，是伤其向化之心；大军既还，为乱必速。"丕乃止，抚慰初附，秋毫不犯，秦、陇遂安。难当以其子顺为雍州刺史，镇下辨[6]。

高丽不送燕王于魏，遣使奉表，称"当与冯弘俱奉王化"。魏主以高丽违诏，议击之，将发陇右骑卒，刘絜曰："秦、陇新民，且当优复，俟其饶实，然后用之。"乐平王丕曰："和龙新定，宜广修农桑以丰军实，然后进取，则高丽一举可灭也。"魏主乃止。

癸丑，封皇子濬为始兴王，骏为武陵王。

冬，十一月，己酉，魏主如稒阳[7]，驱野马于云中[8]，置野马苑；闰月，壬子，还宫。

初，高祖克长安，得古铜浑仪[9]，仪状虽举，不缀七曜[10]。是岁，诏太史令钱乐之更铸浑仪，径六尺八分，以水转之，昏明中星与天相应[11]。

柔然与魏绝和亲，犯魏边。

吐谷浑惠王慕璝卒，弟慕利延立。

十四年　春，正月，戊子，魏北平宣王长孙嵩卒。

辛卯，大赦。

二月，乙卯，魏主如幽州。三月，丁丑，魏主以南平王浑为镇东大将军、仪同三司，镇和龙。己卯，还宫。

帝遣散骑常侍刘熙伯如魏议纳币，会帝女亡而止。

夏，四月，赵广、张寻、梁显等各帅众降；别将王道恩斩程道养，送首，余党悉平。丁未，以辅国将军周籍之为益州刺史。

魏主以民官多贪[12]，夏，五月，己丑，诏吏民得举告守令不如法者。于是奸猾专求牧宰之失，迫胁在位，横于闾里；而长吏咸降心待之，贪纵如故。

丙申，魏主如云中。

【注释】

①郪口：郪水注入涪江的入水口，在四川遂宁市西北。 ②上邽：在今甘肃天水市。 ③定州：在今河北定州市。莎泉道：在今山西浑源县东南。 ④略阳：在今甘肃秦安县东南。 ⑤仇池：在今甘肃西和县西南。 ⑥下辨：在今甘肃成县西。 ⑦稒阳：在今内蒙古包头市东古城湾。 ⑧云中：在今内蒙古和林格尔县西北土城子。 ⑨浑仪：古代观察天象的一种仪器，上面有星宿，能转动，表示天象的变化，如自然的变化一样。 ⑩七曜：指天上可见的主要的七颗星曜：太阳、月亮、金星、木星、水星、火星、土星。 ⑪昏明中星：在不同的季节月份，黄昏或天亮时出现在南方天空正中的亮星，古人用来辨别季节或方位。 ⑫民官：胡三省注曰：郡守、县令，亲民之官。

秋，七月，戊子，魏永昌王健等讨山胡白龙余党于西河①，灭之。

八月，甲辰，魏主如河西；九月，甲申，还宫。

丁酉，魏主遣使者拜吐谷浑王慕利延为镇西大将军、仪同三司，改封西平王。

冬，十月，癸卯，魏主如云中；十一月，壬申，还宫。

魏主复遣散骑侍郎董琬、高明等多赍金帛使西域，招抚九国。琬等至乌孙，其王甚喜，曰："破落那、者舌二国②，皆欲称臣致贡于魏，但无路自致耳，今使君宜过抚之。"乃遣导译送琬诣破落那，明诣者舌。旁国闻之，争遣使者随琬等入贡，凡十六国，自是每岁朝贡不绝。

魏主以其妹武威公主妻河西王牧犍，河西王遣宋繇奉表诣平城谢，且问其母及公主所宜称③。魏主使群臣议之，皆曰："母以子贵，妻从夫爵。牧犍母宜称河西国太后，公主于其国称王后，于京师则称公主。"魏主从之。

初，牧犍娶凉武昭王之女，及魏公主至，李氏与其母尹氏迁居酒泉④。顷之，李氏卒，尹氏抚之，不哭，曰："汝国破家亡，今死晚矣。"牧犍之弟无讳镇酒泉，谓尹氏曰："后诸孙在伊吾⑤，后欲就之乎？"尹氏未测其意，绐之曰："吾子孙漂荡，托身异域；余生无几，当死此，不复为毡裘之鬼也。”未几，潜奔伊吾。无讳遣骑追及之，尹氏谓追骑曰：“沮渠酒泉许吾归北，何为复追！汝取吾首以往，吾不复还矣。”追骑不敢逼，引还。尹氏卒于伊吾。

牧犍遣将军沮渠旁周入贡于魏，魏主遣侍中古弼、尚书李顺赐其侍臣衣服，并征世子封坛入侍。是岁，牧犍遣封坛如魏，亦遣使诣建康，献杂书及敦煌赵𢾺所撰《甲寅元历》，并求杂书数十种，帝皆与之。

李顺自河西还，魏主问之曰：“卿往年言取凉州之策，朕以东方有事，未遑也。今和龙已平，吾欲即以此年西征，可乎？”对曰：“臣畴昔所言，以今观之，私谓不谬。然国家戎车屡动，士马疲劳，西征之议，请俟他年。”魏主乃止。

十五年　春，二月，丁未，以吐谷浑王慕利延为都督西秦、河、沙三州诸军事、镇西大将军、西秦、河二州刺史、陇西王。

三月，癸未，魏主诏罢沙门年五十以下者。

初，燕王弘至辽东，高丽王琏遣使劳之曰：“龙城王冯君，爰适野次，士马劳乎？”弘惭怒，称制让之；高丽处之平郭[6]，寻徙北丰。弘素侮高丽，政刑赏罚，犹如其国；高丽乃夺其侍人，取其太子王仁为质。弘怨高丽，遣使上表求迎，上遣使者王白驹等迎之，并令高丽资遣。高丽王不欲使弘南来，遣将孙漱、高仇等杀弘于北丰[7]，并其子孙十余人，谥弘曰昭成皇帝。白驹等帅所领七千余人掩讨漱、仇，杀仇，生擒漱。高丽王以白驹等专杀，遣使执送之。上以远国，不欲违其意，下白驹等狱，已而原之。

夏，四月，纳故黄门侍郎殷淳女为太子劭妃。

五月，戊寅，魏大赦。

【注释】

①西河：指今宁夏和内蒙古之间的黄河地区。　②破落那：即汉代的大宛，在今乌兹别克斯坦卡散赛一带。者舌：即汉代的康居国，在今巴尔喀什湖与咸海之间。　③其母及：此据甲十一行本等补。　④酒泉：在今甘肃酒泉市。　⑤伊吾：在今新疆哈密市。　⑥平郭：在今辽宁营口市鲅鱼圈区熊岳镇东。　⑦北丰：在今辽宁瓦房店市。

南朝大明四铢

丙申，魏主如五原[①]；秋，七月，自五原北伐柔然。命乐平王丕督十五将出东道，永昌王健督十五将出西道，魏主自出中道。至浚稽山[②]，复分中道为二：陈留王崇从大泽向涿邪山[③]，魏主从浚稽北向天山，西登白阜[④]，不见柔然而还。时漠北大旱，无水草，人马多死。

冬，十一月，丁卯朔，日有食之。

十二月，丁巳，魏主至平城。

豫章雷次宗好学，隐居庐山。尝征为散骑侍郎，不就。是岁，以处士征至建康，为开馆于鸡笼山[⑤]，使聚徒教授。帝雅好艺文，使丹杨尹庐江何尚之立玄学，太子率更令何承天立史学，司徒参军谢元立文学，并次宗儒学为四学。元，灵运之从祖弟也。帝数幸次宗学馆，令次宗以巾褠侍讲[⑥]，资给甚厚。又除给事中，不就。久之，还庐山。

臣光曰：《易》曰："君子多识前言往行以畜其德。"孔子曰："辞达而已矣。"然则史者儒之一端，文者儒之余事；至于老、庄虚无，固非所以为教也。夫学者所以求道；天下无二道，安有四学哉！

帝性仁厚恭俭，勤于为政；守法而不峻，容物而不弛。百官皆久于其职，守宰以六期为断；吏不苟免，民有所系。三十年间，四境之内，晏安无事，户口蕃息；出租供徭，止于岁赋，晨出暮归，自事而已。闾阎之间，讲诵相闻；士敦操尚，乡耻轻薄。江左风俗[⑦]，于斯为美，后之言政治者，皆称元嘉焉。

十六年 春，正月，庚寅，司徒义康进位大将军、领司徒，南兖州刺史、江夏王义恭进位司空。

魏主如定州。

初，高祖遗诏，令诸子次第居荆州。临川王义庆在荆州八年，欲为之选代，其次应在南谯王义宣。帝以义宣人才凡鄙，置不用；二月，己亥，以衡阳王义季为都督荆、湘等八州诸军事、荆州刺史。义季尝春月出畋，有老父被苫而耕，左右斥之，老父曰："盘于游畋，古人所戒。今阳和布气，一日不耕，民失其时，奈何以从禽之乐而驱斥老农也！"义季止马曰："贤者也。"命赐之食，辞曰："大王不夺农时，则境内之民皆饱大王之食，老夫何敢独受大王之赐乎！"义季问其名，不告而退。

三月，魏雍州刺史葛那寇上洛⑧，上洛太守镡长生弃郡走。

辛未，魏主还宫。

杨保宗与兄保显自童亭奔魏。庚寅，魏主以保宗为都督陇西诸军事、征西大将军、开府仪同三司、秦州牧、武都王，镇上邽，妻以公主；保显为镇西将军、晋寿公。

【注释】

①五原：在今内蒙古包头市西北。 ②浚稽山：在今蒙古国土拉河、鄂尔浑河上游以南。 ③涿邪山：在今蒙古国阿尔泰山脉东南部一带。④白阜：地址不详。 ⑤鸡笼山：在今江苏南京市北郊。 ⑥褠（gōu 钩）：当时江南人士交际中所穿的盛服，仅次于官服。 ⑦江左：今安徽芜湖市以东的江南地区。 ⑧上洛：在今陕西洛南县东南。

河西王牧犍通于其嫂李氏，兄弟三人传嬖之。李氏与牧犍之姊共毒魏公主，魏主遣解毒医乘传救之，得愈。魏主征李氏，牧犍不遣，厚资给，使居酒泉。

魏每遣使者诣西域，常诏牧犍发导护送出流沙。使者自西域还，至武威，牧犍左右有告魏使者曰："我君承蠕蠕可汗妄言云：'去岁魏天子自来伐我，士马疫死，大败而还；我擒其长弟乐平王丕。'我君大喜，宣言于国。又闻可汗遣使告西域诸国，称：'魏已削弱，今天下唯我为强，若更有魏使，勿复供奉。'西域诸国颇有贰心。"使还，具以状闻。魏主遣尚书贺多罗使凉州观虚实，多罗还，亦言牧犍虽外修臣礼，内实乖悖。

魏主欲讨之，以问崔浩。对曰："牧犍逆心已露，不可不诛。官军往年北伐，虽不克获，实无所损。战马三十万匹，计在道死伤不满八千,常岁羸死亦不减万匹。而远方乘虚,遽谓衰耗不能复振。今出其不意,大军猝至,彼必骇扰,不知所为,擒之必矣。”魏主曰:“善!吾意亦以为然。”于是大集公卿议于西堂。

弘农王奚斤等三十余人皆曰:“牧犍,西垂下国,虽心不纯臣,然继父位以来,职贡不乏。朝廷待以藩臣,妻以公主;今其罪恶未彰,宜加恕宥。国家新征蠕蠕,士马疲弊,未可大举。且闻其土地卤瘠,难得水草,大军既至,彼必婴城固守。攻之不拔,野无所掠,此危道也。”

初,崔浩恶尚书李顺,顺使凉州凡十二返,魏主以为能。凉武宣王数与顺游宴,对其群下时为骄慢之语;恐顺泄之,随以金宝纳于顺怀,顺亦为之隐。浩知之,密以白魏主,魏主未之信。及议伐凉州,顺与尚书古弼皆曰:“自温圉水以西至姑臧[①],地皆枯石,绝无水草。彼人言,姑臧城南天梯山上[②],冬有积雪,深至丈余,春夏消释,下流成川,居民引以溉灌。彼闻军至,决此渠口,水必乏绝。环城百里之内,地不生草,人马饥渴,难以久留。斤等之议是也。”魏主乃命浩与斤等相诘难,众无复他言,但云“彼无水草”。浩曰:“《汉书·地理志》称‘凉州之畜为天下饶’,若无水草,畜何以蕃?又,汉人终不于无水草之地筑城郭,建郡县也。且雪之消释,仅能敛尘,何得通渠溉灌乎!此言大为欺诬矣。”李顺曰:“耳闻不如目见,吾尝目见,何可共辩?”浩曰:“汝受人金钱,欲为之游说,谓我目不见便可欺邪!”帝隐听,闻之,乃出见斤等,辞色严厉,群臣不敢复言,唯唯而已。

群臣既出,振威将军代人伊馛言于帝曰:“凉州若果无水草,彼何以为国?众议皆不可用,宜从浩言。”帝善之。

夏,五月,丁丑,魏主治兵于西郊;六月,甲辰,发平城。使侍中宜都王穆寿辅太子晃监国,决留台事,内外听焉。又使大将军长乐王稽敬、辅国大将军建宁王崇将二万人屯漠南以备柔然。命公卿为书以让河西王牧犍,数其十二罪,且曰:“若亲帅群臣委贽远迎,谒拜马首,上策也。六军既临,面缚舆榇,其次也。若守迷穷城,不时悛悟,身死族灭,为世大戮。宜思厥中,自求多福。”

【注释】

①温圉水:又作温围水,即今甘肃皋兰县附近黄河河段。姑臧:在今甘肃武威市。 ②天梯山:即今甘肃天祝藏族自治县西北天梯山。

己酉,改封陇西王吐谷浑慕利延为河南王。

魏主自云中济河;秋,七月,己巳,至上郡属国城[1]。壬午,留辎重,部分诸军,使抚军大将军永昌王健、尚书令刘絜与常山王素为前锋,两道并进;骠骑大将军乐平王丕、太宰阳平王杜超为后继;以平西将军源贺为乡导。

魏主问贺以取凉州方略,对曰:"姑臧城旁有四部鲜卑,皆臣祖父旧民,臣愿处军前,宣国威信,示以祸福,必相帅归命。外援既服,然后取其孤城,如反掌耳。"魏主曰:"善!"

八月,甲午,永昌王健获河西畜产二十余万。

河西王牧犍闻有魏师,惊曰:"何为乃尔!"用左丞姚定国计,不肯出迎,求救于柔然。遣其弟征南大将军董来将兵万余人出战于城南,望风奔溃。刘絜用卜者言,以为日辰不利,敛兵不追,董来遂得入城。魏主由是怒之。

丙申,魏主至姑臧,遣使谕牧犍令出降。牧犍闻柔然欲入魏边为寇,冀幸魏主东还,遂婴城固守;其兄子祖逾城出降。魏主具知其情,乃分军围之。源贺引兵招慰诸部下三万余落,故魏主得专攻姑臧,无复外虑。

魏主见姑臧城外水草丰饶,由是恨李顺,谓崔浩曰:"卿之昔言,今果验矣。"对曰:"臣之言不敢不实,类皆如此。"

魏主之将伐凉州也,太子晃亦以为疑。至是,魏主赐太子诏曰:"姑臧城西门外,涌泉合于城北,其大如河。自余沟渠流入漠中,其间乃无燥地。故有此敕,以释汝疑。"

庚子,立皇子铄为南平王。

九月,丙戌,河西王牧犍兄子万年帅所领降魏。姑臧城溃,牧犍帅其文武五千人面缚请降;魏主释其缚而礼之。收其城内户口二十余万,仓库珍宝不可胜计。使张掖王秃发保周、龙骧将军穆罴、安远将军源贺分徇诸郡,杂胡降者又数十万。

初，牧犍以其弟无讳为沙州刺史、都督建康以西诸军事、领酒泉太守[2]，宜得为秦州刺史、都督丹岭以西诸军事、领张掖太守[3]，安周为乐都太守，从弟唐儿为敦煌太守。及姑臧破，魏主遣镇南将军代人奚眷击张掖，镇北将军封沓击乐都[4]；宜得烧仓库，西奔酒泉，安周南奔吐谷浑，封沓掠数千户而还。奚眷进攻酒泉，无讳、宜得收遗民奔晋昌[5]，遂就唐儿于敦煌。魏主使弋阳公元絜守酒泉，及武威、张掖皆置将守之。

魏主置酒姑臧，谓群臣曰："崔公智略有余，吾不复以为奇。伊馛弓马之士，而所见乃与崔公同，深可奇也。"馛善射，能曳牛却行，走及奔马，而性忠谨，故魏主特爱之。

魏主之西伐也，穆寿送至河上，魏主敕之曰："吴提与牧犍相结素深[6]，闻朕讨牧犍，吴提必犯塞，朕故留壮兵肥马，使卿辅佐太子。收田既毕，即发兵诣漠南，分伏要害以待虏至，引使深入，然后击之，无不克矣。凉州路远，朕不得救，卿勿违朕言！"寿顿首受命。寿雅信中书博士公孙质，以为谋主。寿、质皆信卜筮，以为柔然必不来，不为之备。质，轨之弟也。

柔然敕连可汗闻魏主向姑臧，乘虚入寇，留其兄乞列归与嵇敬、建宁王崇相拒于北镇[7]。自帅精骑深入，至善无七介山[8]，平城大骇，民争走中城。穆寿不知所为，欲塞西郭门，请太子避保南山，窦太后不听而止。遣司空长孙道生、征北大将军张黎拒之于吐颓山[9]。会嵇敬、建宁王崇击破乞列归于阴山之北，擒之，并其伯父他吾无鹿胡及将帅五百人，斩首万余级。敕连闻之，遁去，追至漠南而还。

冬，十月，辛酉，魏主东还，留乐平王丕及征西将军贺多罗镇凉州，徙沮渠牧犍宗族及吏民三万户于平城。

【注释】

①上郡：在今陕西榆林市东南。属国城：即龟兹县治所在，在今陕西榆林市西北。　②建康：在今甘肃高台县西南。　③丹岭：在姑臧西，即删丹岭。　④乐都：在今青海海东市乐都区。　⑤晋昌：在今甘肃瓜州县东南锁阳城。　⑥吴提：柔然敕连可汗的姓名为郁久闾吴提。　⑦北镇：即怀朔镇，在今内蒙古固阳县西南。　⑧善无：在今山西右玉县东

南。七介山，即在山西右玉县境内。 ⑨吐颓山：在今山西朔州市平鲁区西北。

癸亥，秃发保周帅诸部鲜卑据张掖叛魏[1]。

十二月，乙亥，太子劭加元服，大赦。劭美须眉，好读书，便弓马，喜延宾客；意之所欲，上必从之，东宫置兵与羽林等。

壬午，魏主至平城，以柔然入寇，无大失亡，故穆寿等得不诛。魏主犹以妹婿待沮渠牧犍，征西大将军、河西王如故。牧犍母卒，葬以太妃之礼；武宣王置守冢三十家。

凉州从张氏以来，号为多士。沮渠牧犍尤喜文学，以敦煌阚骃为姑臧太守，张湛为兵部尚书，刘昞、索敞、阴兴为国师助教，金城宋钦为世子洗马[2]，赵柔为金部郎[3]，广平程骏、骏从弟弘为世子侍讲[4]。魏主克凉州，皆礼而用之，以阚骃、刘昞为乐平王丕从事中郎。安定胡叟[5]，少有俊才，往从牧犍，牧犍不甚重之，叟谓程弘曰："贵主居僻陋之国而淫名僭礼，以小事大而心不纯壹，外慕仁义而实无道德，其亡可翘足待也。吾将择木，先集于魏；与子暂违，非久阔也。"遂适魏。岁余而牧犍败。魏主以叟为先识，拜虎威将军，赐爵始复男。河内常爽[6]，世寓凉州，不受礼命，魏主以为宣威将军。河西右相宋繇从魏主至平城而卒。

魏主以索敞为中书博士。时魏朝方尚武功，贵游子弟不以讲学为意。敞为博士十余年，勤于诱导，肃而有礼，贵游皆严惮之，多所成立，前后显达至尚书、牧守者数十人。常爽置馆于温水之右[7]，教授七百余人；爽立赏罚之科，弟子事之如严君。由是魏之儒风始振。高允每称爽训厉有方，曰："文翁柔胜[8]，先生刚克，立教虽殊，成人一也。"

陈留江强[9]，寓居凉州，献经、史、诸子千余卷及书法，亦拜中书博士。魏主命崔浩监秘书事，综理史职；以中书侍郎高允、散骑侍郎张伟参典著作。浩启称："阴仲逵、段承根，凉土美才，请同修国史。"皆除著作郎。仲逵，武威人；承根，晖之子也。

浩集诸历家，考校汉元以来日月薄食、五星行度，并讥前史之失，别为《魏历》，以示高允。允曰："汉元年，十月，五星聚东井，此

南朝宋《双安图》(局部)

乃历术之浅事;今讥汉史而不觉此谬,恐后人之讥今犹今之讥古也。”浩曰:“所谬云何?”允曰:“按《星传》:‘太白、辰星,常附日而行。’十月日在尾、箕,昏没于申南,而东井方出于寅北,二星何得背日而行?是史官欲神其事,不复推之于理也。”浩曰:“天文欲为变者,何所不可邪?”允曰:“此不可以空言争,宜更审之。”坐者咸怪允之言,唯东宫少傅游雅曰:“高君精于历数,当不虚也。”后岁余,浩谓允曰:“先所论者,本不经心;乃更考究,果如君言。五星乃以前三月聚东井,非十月也。”众乃叹服。允虽明历,初不推步及为人论说,唯游雅知之。雅数以灾异问允。允曰:“阴阳灾异,知之甚难;既已知之,复恐漏泄,不如不知也。天下妙理至多,何以问此!”雅乃止。魏主问允:“为政何先?”时魏多封禁良田,允曰:“臣少贱,唯知农事;若国家广田积谷,公私有备,则饥馑不足忧矣。”帝乃命悉除田禁以赋百姓。

【注释】

①张掖:在今甘肃张掖市。 ②金城:在今甘肃兰州市。 ③金部:在曹魏时设置23个郎,金部郎为负责财帛运输的官员。 ④广平:在今河北鸡泽县。 ⑤安定:在今甘肃泾川县。 ⑥河内:在今河南沁阳市。 ⑦温水:在今山西大同市东北。 ⑧文翁:西汉景帝时的蜀郡太守,他选任张叔等人,送到长安留学,又在当地设校招生受业,借以提高当地人民的教化水平,使蜀郡大治。 ⑨陈留:在今河南开封市。

吐谷浑王慕利延闻魏克凉州,大惧,帅众西遁,逾沙漠。魏主以其兄慕璝有擒赫连定之功,遣使抚谕之,慕利延乃还故地。

氐王杨难当将兵数万寇魏上邽,秦州人多应之。东平吕罗汉说镇将拓跋意头曰:“难当众甚,今不出战,示之以弱,众情离沮,不可守也。”意头遣罗汉将精骑千余出冲难当陈,所向披靡,杀其左右骑八人,难当大惊。会魏主以玺书责让难当,难当引还仇池。

南丰太妃司马氏卒,故营阳王之后也。

赵广、张寻等复谋反,伏诛。

十七年 春,正月,己酉,沮渠无讳寇魏酒泉,元絜轻之,出城与语;壬子,无讳执絜以围酒泉。

二月,魏假通直常侍邢颖来聘。

三月,沮渠无讳拔酒泉。

夏,四月,戊午朔,日有食之。

庚辰,沮渠无讳寇魏张掖,秃发保周屯删丹[①];丙戌,魏主遣抚军大将军永昌王健督诸将讨之。

司徒义康专总朝权。上羸疾积年,心劳辄发,屡至危殆;义康尽心营奉,药石非口所亲尝不进,或连夕不寐;内外众事皆专决施行。性好吏职,纠剔文案,莫不精尽。上由是多委以事,凡所陈奏,入无不可;方伯以下,并令义康选用,生杀大事,或以录命断之。势倾远近,朝野辐凑,每旦府门常有车数百乘,义康倾身引接,未尝懈倦。复能强记,耳目所经,终身不忘;好于稠人广席,标题所忆以示聪明。士之干练者,多被意遇。尝谓刘湛曰:“王敬弘、王球之属[②],竟何所堪!坐取富贵,复那可解!”然素无学术,不识大体,朝士有才用者皆引入己府,府僚无施及忤旨者乃斥为台官[③]。自谓兄弟至亲,不复存君臣形迹,率心而行,曾无猜防。私置僮六千余人,不以言台。四方献馈,皆以上品荐义康而以次者供御;上尝冬月啖甘,叹其形味并劣。义康曰:“今年甘殊有佳者。”遣人还东府取甘,大供御者三寸。

领军刘湛与仆射殷景仁有隙,湛欲倚义康之重以倾之。义康权势已盛,湛愈推崇之,无复人臣之礼,上浸不能平。湛初入朝,上恩礼甚厚。湛善论治道,谙前代故事,叙致铨理,听者忘疲。每入云龙门,御者即解驾,左右及羽仪随意分散,不夕不出,以此为常。及晚节驱煽义康,上意虽内离而接遇不改,尝谓所亲曰:“刘班方自西还[4],吾与语,常视日早晚,虑其将去;比入,吾亦视日早晚,苦其不去。”

殷景仁密言于上曰:“相王权重,非社稷计,宜少加裁抑!”上阴然之。

司徒左长史刘斌,湛之宗也;大将军从事中郎王履,谧之孙也;及主簿刘敬文,祭酒鲁郡孔胤秀,皆以倾谄有宠于义康;见上多疾,皆谓“宫车一日晏驾,宜立长君”。上尝疾笃,使义康具顾命诏[5],义康还省,流涕以告湛及景仁。湛曰:“天下艰难,讵是幼主所御!”义康、景仁并不答。而胤秀等辄就尚书议曹索晋咸康末立康帝旧事[6],义康不知也;及上疾瘳,微闻之。而斌等密谋,欲使大业终归义康,遂邀结朋党,伺察禁省,有不与己同者,必百方构陷之,又采拾景仁短长,或虚造异同以告湛。自是主、相之势分矣。

义康欲以刘斌为丹杨尹[7],言次,启上陈其家贫。言未卒,上曰:“以为吴郡[8]。”后会稽太守羊玄保求还,义康又欲以斌代之,启上曰:“羊玄保欲还,不审以谁为会稽?”上时未有所拟,仓猝曰:“我已用王鸿。”自去年秋,上不复往东府。

五月,癸巳,刘湛遭母忧去职。湛自知罪衅已彰,无复全地,谓所亲曰:“今年必败。常日正赖口舌争之,故得推迁耳;今既穷毒,无复此望,祸至其能久乎!”

【注释】

①删丹:在今甘肃山丹县。 ⑦王敬弘、王球之属:二人以清淡虚静和门望高贵获得高位,不关心具体公务。 ③台官:晋、宋以来谓天子朝廷为天台,台官即朝廷官员。 ④刘班:刘湛小名班虎,故简称刘班。⑤谄:据上下文义,当作“诏”。 ⑥晋咸康末立康帝:事见卷第九十七,晋成帝咸康八年(342)。 ⑦丹杨尹:刘宋首都建康的地方长官。⑧吴郡:在今江苏苏州市。

乙巳,沮渠无讳复围张掖,不克,退保临松[1]。魏主不复加讨,但以诏谕之。

六月,丁丑,魏皇孙濬生,大赦,改元太平真君,取寇谦之《神书》云“辅佐北方太平真君”故也。

太子劭诣京口拜京陵[2]，司徒义康、竟陵王诞等并从，南兖州刺史、江夏王义恭自江都会之[3]。

秋，七月，己丑，魏永昌王健击破秃发保周于番禾[4]；保周走，遣安南将军尉眷追之。

丙申，魏太后窦氏殂。

壬子，皇后袁氏殂。

癸丑，秃发保周穷迫自杀。

八月，甲申，沮渠无讳使其中尉梁伟诣魏永昌王健请降，归酒泉郡及所虏将士元絜等。魏主使尉眷留镇凉州。

九月，壬子，葬元皇后。

上以司徒彭城王义康嫌隙已著，将成祸乱，冬，十月，戊申[5]，收刘湛付廷尉，下诏暴其罪恶，就狱诛之，并诛其子黯、亮、俨及其党刘斌、刘敬文、孔胤秀等八人，徙尚书库部郎何默子等五人于广州[6]，因大赦。是日，敕义康入宿，留止中书省。其夕，分收湛等；青州刺史杜骥勒兵殿内以备非常，遣人宣旨告义康以湛等罪状。义康上表逊位，诏以义康为江州刺史，侍中、大将军如故，出镇豫章[7]。

初，殷景仁卧疾五年，虽不见上，而密函去来，日以十数，朝政大小，必以咨之；影迹周密，莫有窥其际者。收湛之日，景仁使拂拭衣冠，左右皆不晓其意。其夜，上出华林园延贤堂，召景仁。景仁犹称脚疾，以小床舆就坐；诛讨处分，一以委之。

初，檀道济荐吴兴沈庆之忠谨晓兵，上使领队防东掖门。刘湛为领军，尝谓之曰："卿在省岁久，比当相论。"庆之正色曰："下官在省十年，自应得转，不复以此仰累！"收湛之夕，上开门召庆之，庆之戎服缚裤而入，上曰："卿何意乃尔急装？"庆之曰："夜半唤队主，不容缓服。"上遣庆之收刘斌，杀之。

骁骑将军徐湛之，逵之之子也，与义康尤亲厚，上深衔之。义康败，湛之被收，罪当死。其母会稽公主，于兄弟为长嫡，素为上所礼，家事大小，必咨而后行。高祖微时，尝自于新洲伐荻[8]，有纳布衫袄，臧皇后手所作也；既贵，以付公主曰："后世有骄奢不节，可以此衣示之。"至是，公主入宫见上，号哭，不复施臣妾之礼，以锦囊盛纳衣掷地，曰："汝家本贫贱，此是我母为汝父所作；今日得一饱餐，遽欲杀我儿邪！"上乃赦之。

吏部尚书王球，履之叔父也，以简淡有美名，为上所重。履性进利，深结义康及湛；球屡戒之，不从。诛湛之夕，履徒跣告球，球命左右为取履，先温酒与之，谓曰："常日语汝云何？"履怖惧不得答，球徐曰："阿父在，汝亦何忧！"上以球故，履得免死，废于家。

【注释】

①临松：在今甘肃肃南裕固族自治县东南马蹄镇。 ②京口：在今江苏镇江市。京陵：宋武帝刘裕的父母、继母的埋葬地。 ③江都：今江苏扬州市。 ④番禾：在今甘肃永昌县。 ⑤戊申：十月无此日，疑有误。 ⑥广州：在今广东广州市。 ⑦豫章：在今江西南昌市。 ⑧新洲：在今江苏南京市北面长江中的小岛。

义康方用事，人争求亲昵，唯司徒主簿江湛早能自疏，求出为武陵内史[1]。檀道济尝为其子求婚于湛，湛固辞；道济因义康以请之，湛拒之愈坚。故不染于二公之难。上闻而嘉之。湛，夷之子也。

彭城王义康停省十余日，见上奉辞，便下渚；上惟对之恸哭，余无所言。上遣沙门慧琳视之，义康曰："弟子有还理不？"慧琳曰："恨公不读数百卷书！"

初，吴兴太守谢述[2]，裕之弟也。累佐义康，数有规益；早卒。义康将南，叹曰："昔谢述惟劝吾退，刘班惟劝吾进；今班存而述死，其败也宜哉！"上亦曰："谢述若存，义康必不至此。"

以征虏司马萧斌为义康咨议参军，领豫章太守，事无大小，皆以委之。斌，摹之之子也。使龙骧将军萧承之将兵防守。义康左右爱念者，并听随从；资奉优厚，信赐相系，朝廷大事皆报示之。

久之，上就会稽公主宴集，甚欢；主起，再拜叩头，悲不自胜。上不晓其意，自起扶之。主曰："车子岁暮必不为陛下所容[3]，今特请其命。"因恸哭。上亦流涕，指蒋山曰："必无此虑。若违今誓，便是负初宁陵[4]。"即封所饮酒赐义康，并书曰："会稽姊饮宴忆弟，所余酒今封送。"故终主之身，义康得无恙。

臣光曰：文帝之于义康，友爱之情，其始非不隆也；终于失兄弟之欢，亏君臣之义。迹其乱阶，正由刘湛权利之心无有厌已。《诗》云："贪人败类"，其是之谓乎！

征南兖州刺史[5]、江夏王义恭为司徒、录尚书事。戊寅，以临川王义庆为南兖州刺史；殷景仁为扬州刺史[6]，仆射、吏部尚书如故。义恭惩彭城之败，虽为总录，奉行文书而已，上乃安之。上年给相府钱二千万，他物称此；而义恭性奢，用常不足，上又别给钱，年至千万。

十一月，丁亥，魏主如山北[7]。

殷景仁既拜扬州，羸疾遂笃，上为之敕西州道上不得有车声[8]。癸丑，卒。

十二月，癸亥，以光禄大夫王球为仆射。戊辰，以始兴王濬为扬州刺史。时濬尚幼，州事悉委后军长史范晔、主簿沈璞。晔，泰之子；璞，林子之子也。晔寻迁左卫将军，以吏部郎沈演之为右卫将军，对掌禁旅；又以庾炳之为吏部郎，俱参机密。演之，劲之曾孙也。

晔有隽才，而薄情浅行，数犯名教，为士流所鄙。性躁竞，自谓才用不尽，常怏怏不得志。吏部尚书何尚之言于帝曰："范晔志趋异常，请出为广州刺史。若在内衅成，不得不加铁钺，铁钺亟行，非国家之美也。"帝曰："始诛刘湛，复迁范晔，人将谓卿等不能容才，朕信受谗言；但共知其如此，无能为害也。"

【注释】

①武陵：今湖南常德市。 ②吴兴：今浙江湖州市。 ③车子：刘义康的小名。 ④初宁陵：宋高祖刘裕的陵墓，在蒋山。 ⑤南兖州：在今江苏扬州市。 ⑥扬州刺史：负责刘宋都城建康安全的长官。 ⑦山北：指今山西大同市西武周山北面。 ⑧西州：扬州刺史官府，在建康皇城西面，故称西州。

是岁，魏宁南将军王慧龙卒，吕玄伯留守其墓[1]，终身不去。

魏主欲以伊馛为尚书，封郡公，馛辞曰："尚书务殷，公爵至重，非臣年少愚近所宜膺受。"帝问其所欲，对曰："中、秘二省多诸文士，若恩矜不已，请参其次。”帝善之，以为中护军将军，秘书监。

大秦王杨难当复称武都王。

十八年 春，正月，癸卯，魏以沮渠无讳为征西大将军、凉州牧、酒泉王。

彭城王义康至豫章，辞刺史。甲辰，以义康为都督江、交、广三州诸军事。前龙骧参军巴东扶令育诣阙上表，称：“昔袁盎谏汉文帝曰：‘淮南王若道路遇霜露死，陛下有杀弟之名。’文帝不用，追悔无及。彭城王义康，先朝之爱子，陛下之次弟，若有迷谬之愆，正可数之以善恶，导之以义方，奈何信疑似之嫌，一旦黜削，远送南垂！草莱黔首，皆为陛下痛之。庐陵往事，足为龟鉴。恐义康年穷命尽，奄忽于南，臣虽微贱，窃为陛下羞之。陛下徒知恶枝之宜伐，岂知伐枝之伤树！伏愿亟召义康返于京甸，兄弟协和，君臣辑睦，则四海之望塞，多言之路绝矣。何必司徒公、扬州牧然后可以置彭城王哉。若臣所言于国为非，请伏重诛以谢陛下。”表奏，即收付建康狱，赐死。

裴子野论曰：夫在上为善，若云行雨施，万物受其赐；及其恶也，若天裂地震，万物所惊骇，其谁弗知，其谁弗见！岂戮一人之身，钳一夫之口，所能攘逃，所能弭灭哉？是皆不胜其忿怒而有增于疾疹也。以太祖之含弘，尚掩耳于彭城之戮；自斯以后，谁易由言！有宋累叶，罕闻直谅，岂骨鲠之气，俗愧前古？抑时王刑政使之然乎？张约陨于权臣②，扶育毙于哲后，宋之鼎镬，吁，可畏哉！

魏新兴王俊荒淫不法，三月，庚戌，降爵为公。俊母先得罪死，俊积怨望，有逆谋；事觉，赐死。

【注释】

①吕玄伯：本为宋国刺客，王慧龙恕他不死，故感恩为之守墓。事见卷第一百二十二宋文帝元嘉八年（431）。 ②张约：事见卷第一百二十宋文帝元嘉元年（424）。张约，全名张约之，为庐陵王刘义真被废为庶人上书而被杀。

辛亥，魏赐郁久闾乞列归爵为朔方王，沮渠万年为张掖王。

夏，四月，沮渠唐儿叛沮渠无讳；无讳留从弟天周守酒泉，与弟宜得引兵击唐儿，唐儿败死。魏以无讳终为边患，庚辰，遣镇南将军奚眷击酒泉。

秋，八月，辛亥，魏遣散骑侍郎张伟来聘。

九月，戊戌，魏永昌王健卒。

冬，十一月，戊子，王球卒。己亥，以丹杨尹孟颢为尚书仆射。

酒泉城中食尽，万余口皆饿死，沮渠天周杀妻以食战士。庚子，魏奚眷拔酒泉，获天周，送平城，杀之。沮渠无讳乏食，且畏魏兵之盛，乃谋西度流沙，遣其弟安周西击鄯善[①]。鄯善王欲降，会魏使者至，劝令拒守；安周不能克，退保东城[②]。

氐王杨难当倾国入寇，谋据蜀土，遣其建忠将军苻冲出东洛以御梁州兵[③]；梁、秦二州刺史刘真道击冲斩之。真道，怀敬之子也。难当攻拔葭萌，获晋寿太守申坦[④]，遂围涪城[⑤]；巴西、梓潼二郡太守刘道锡婴城固守[⑥]，难当攻之十余日，不克，乃还。道锡，道产之弟也。十二月，癸亥，诏龙骧将军裴方明等帅甲士三千人，又发荆、雍二州兵以讨难当，皆受刘真道节度。

晋宁太守爨松子反[⑦]，宁州刺史徐循讨平之[⑧]。

天门蛮田向求等反[⑨]，破溇中[⑩]；荆州刺史衡阳王义季遣行参军曹孙念讨破之。

魏寇谦之言于魏主曰："今陛下以真君御世，建静轮天宫之法，开古以来，未之有也。应登受符书以彰圣德。"帝从之。

【注释】

①鄯善：其都城在今新疆若羌县东米兰。 ②东城：即鄯善都城的东城。 ③东洛：在今四川广元市南。 ④晋寿：郡治所在葭萌，即今四川广元市西南。 ⑤涪城：在今四川三台县西北。 ⑥巴西：在今四川阆中市。梓潼：在今四川梓潼县。 ⑦晋宁：在今云南昆明市晋宁区昆阳镇。 ⑧宁州：在今云南曲靖市西。 ⑨天门：在今湖南石门县。 ⑩溇中：在今湖南慈利县西。

资治通鉴卷第一百二十四

宋纪六　起玄黓敦牂，尽柔兆阉茂，凡五年。

太祖文皇帝中之中

元嘉十九年　春，正月，甲申，魏主备法驾，诣道坛受符箓[①]，旗帜尽青。自是每帝即位皆受箓。谦之又奏作静轮宫[②]，必令其高不闻鸡犬，欲以上接天神。崔浩劝帝为之，功费万计，经年不成。太子晃谏曰："天人道殊，卑高定分，不可相接，理在必然。今虚耗府库，疲弊百姓，为无益之事，将安用之！必如谦之所言，请因东山万仞之高[③]，为功差易。"帝不从。

夏，四月，沮渠无讳将万余家，弃敦煌西就沮渠安周。未至，鄯善王比龙畏之[④]，将其众奔且末[⑤]，其世子降于安周。无讳遂据鄯善，其士卒经流沙，渴死者太半。

李宝自伊吾帅众二千入据敦煌[⑥]，缮修城府，安集故民。

沮渠牧犍之亡也，凉州人阚爽据高昌[⑦]，自称太守。唐契为柔然所逼，拥众西趋高昌，欲夺其地。柔然遣其将阿若追击之，契败死。契弟和收余众奔车师前部王伊洛[⑧]。时沮渠安周屯横截城[⑨]，和攻拔之，又拔高宁、白力二城[⑩]，遣使请降于魏。

甲戌，上以疾愈，大赦。

五月，裴方明等至汉中，与刘真道分兵攻武兴、下辩、白水[⑪]，皆取之。杨难当遣建节将军符弘祖守兰皋[⑫]，使其子抚军大将军和将重兵为后继。方明与弘祖战于浊水[⑬]，大破之，斩弘祖；和退走，追至赤亭[14]，又破之。难当奔上邽[15]；获难当兄子建节将军保炽。难当以其子虎为益州刺史，守阴平[16]，闻难当走，引兵还，至下辩；方明使其子肃之邀击之，擒虎，送建康，斩之；仇池平。以辅国司马胡崇之为北秦州刺史[17]，镇其地；立杨保炽为杨玄后，使守仇池。魏人遣中山王辰迎杨难当诣平城。秋七月，以刘真道为雍州刺史，裴方明为梁、南秦二州刺史；方明辞不拜。

丙寅，魏主使安西将军古弼督陇右诸军及殿中虎贲与武都王杨保宗自祁山南入[18]，征西将军渔阳皮豹子与琅邪王司马楚之督关中诸军自散关西入[19]，俱会仇池。又使谯王司马文思督洛、豫诸军南趋襄阳[20]，征南将军刁雍东趋广陵[21]，移书徐州[22]，称为杨难当报仇。

【注释】

①符箓(lù 录)：道教的神秘符号文字组成的文书。 ②静轮宫：宫殿名，在道坛北面，道坛在魏都平城（今山西大同市东北古城）东面的瀃水之东。 ③东山：指平城境内的东山。 ④鄯善：国名，都城伊循城（在今新疆若羌县东米兰），有时直接称其都城为鄯善。 ⑤且(jú 局)末：地名，在今新疆且末县附近，一说即今且末城。 ⑥李宝：原西凉国敦煌太守李恂的侄儿，伊吾王唐契的外甥，西凉灭亡后，逃到伊吾。事见卷一百一十九。伊吾：在今新疆哈密市。 ⑦阚(kàn 看)爽：人名，后投奔柔然。高昌：郡名，治所在今新疆吐鲁番市东南。 ⑧车师前部王伊洛：车师，国名，国都在今新疆吐鲁番市西北雅尔湖村附近。前部王：北魏对车师首领伊洛的封号。伊洛：人名，车师首领，姓车，名伊洛。 ⑨横截城：地址不详。 ⑩高宁：地址不详。白力：城名，在今新疆鄯善县。 ⑪武兴：县名，治所在今陕西略阳县。下辩：又作下辨，县名，治所在今甘肃成县西。白水：县名，治所在今四川青川县东北白水。 ⑫兰皋：军戍地名，在今甘肃康县境内。 ⑬浊水：城名，在今甘肃成县西南。 ⑭赤亭：地名，在今甘肃成县西北。 ⑮上邽：县名，治所在今甘肃天水市。 ⑯阴平：县名，治所在今四川德阳市西北。 ⑰北秦州：地名，治所在今甘肃天水市。 ⑱祁山：山名，在今甘肃西和县东北。 ⑲散关：在今陕西宝鸡市西南大散岭上，为兵家必争之地。 ⑳襄阳：郡名，治所在今湖北襄阳市。 ㉑广陵：郡名，治所在今江苏扬州市西北蜀冈上。 ㉒徐州：地名，在今江苏徐州市。

甲戌晦，日有食之。

唐契之攻阚爽也，爽遣使诈降于沮渠无讳，欲与之共击契。八月，无讳将其众趋高昌；比至，契已死，爽闭门拒之。九月，无讳将卫兴奴夜袭高昌，屠其城，爽奔柔然。无讳据高昌，遣其常侍氾隽奉表诣建康。诏以无讳都督凉、河、沙三州诸军事、征西大将军、凉州刺史、河西王。

冬，十月，己卯，魏立皇子伏罗为晋王，翰为秦王，谭为燕王，建为楚王，余为吴王。

甲申，柔然遣使诣建康。

十二月，辛巳，魏襄城孝王卢鲁元卒。

丙申，诏鲁郡修孔子庙及学舍[①]，蠲墓侧五户课役以供洒扫[②]。

李宝遣其弟怀达、子承奉表诣平城；魏人以宝为都督西垂诸军事、镇西大将军、开府仪同三司、沙州牧、敦煌公，四品以下听承制假授。

雍州刺史晋安襄侯刘道产卒。道产善为政，民安其业，小大丰赡，由是民间有《襄阳乐歌》。山蛮前后不可制者皆出[③]，缘沔为村落[④]，户口殷盛。及卒，蛮追送至沔口[⑤]。未几，群蛮大动，征西司马朱修之讨之，不利；诏建威将军沈庆之代之，杀虏万余人。

魏主使尚书李顺差次群臣，赐以爵位；顺受贿，品第不平。是岁，凉州人徐桀告之，魏主怒，且以顺保庇沮渠氏，面欺误国，赐顺死。

二十年　春，正月，魏皮豹子进击乐乡[⑥]，将军王奂之等败没。魏军进至下辩，将军强玄明等败死。二月，胡崇之与魏战于浊水，崇之为魏所擒，余众走还汉中。将军姜道祖兵败，降魏，魏遂取仇池。杨保炽走。

丙午[⑦]，魏主如恒山之阳；三月，庚申，还宫。

壬戌，乌洛侯国遣使如魏[⑧]。初，魏之居北荒也，凿石为庙，在乌洛侯西北，以祀其先，高七十尺，深九十步。及乌洛侯使者至魏，言石庙具在，魏主遣中书侍郎李敞诣石庙致祭，刻祝文于壁而还，去平城四千余里。

北魏都城平城遗址

魏河间公齐与武都王杨保宗对镇雒谷[9]，保宗弟文德说保宗，令闭险自固以叛魏。或以告齐，夏，四月，齐诱执保宗，送平城，杀之。前镇东司马苻达[10]、征西从事中郎任朏等遂举兵立杨文德为主，据白崖[11]，分兵取诸戍，进围仇池，自号征西将军、秦、河、梁三州牧、仇池公。

【注释】

①鲁郡：郡名，治所在今山东曲阜市东古城。 ②蠲(juān 捐)：免除。 ③山蛮：指居住在湖北陕西交界山区的山民。 ④沔(miǎn 免)：河流名，即今汉江及其北源。 ⑤沔口：又名汉口，即今湖北汉江入长江之口。 ⑥乐乡：确址不详，当在今甘肃境内。 ⑦丙午：二月无此日。⑧乌洛侯国：确址不详，古书说它在地豆干国之北，离代郡 4500 多里。⑨雒(luò 洛)谷：又名骆谷，城名，在今甘肃西和县西南洛峪集。 ⑩镇东司马：原文作“镇东司”，据章校补上“马”字。 ⑪白崖：地名，在今陕西宁强县东北。

甲午，立皇子诞为广陵王。

丁酉，魏大赦。

己亥，魏主如阴山。

五月，魏古弼发上邽、高平、岍城诸军击杨文德[①]，文德退走。皮豹子督关中诸军至下辩，闻仇池解围，欲还；弼遣人谓豹子曰："宋人耻败，必将复来。军还之后，再举为难，不如练兵蓄力以待之。不出秋冬，宋师必至；以逸待劳，无不克矣。"豹子从之。魏以豹子为仇池镇将。

杨文德遣使来求援。秋，七月，癸丑，诏以文德为都督北秦、雍二州诸军事、征西大将军、北秦州刺史、武都王。文德屯葭芦城[②]，以任朏为左司马；武都、阴平氐多归之[③]。

甲子，前雍州刺史刘真道、梁、南秦二州刺史裴方明坐破仇池减匿金宝及善马，下狱死。

九月，辛巳[④]，魏主如漠南。甲辰，舍辎重，以轻骑袭柔然，分军为四道：乐安王范、建宁王崇各统十五将出东道，乐平王丕督十五将出西道，魏主出中道，中山王辰督十五将为后继。

魏主至鹿浑谷[⑤]，遇敕连可汗。太子晃言于魏主曰："贼不意大军猝至，宜掩其不备，速进击之。"尚书令刘絜固谏，以为"贼营中尘盛，其众必多，出至平地，恐为所围，不如须诸军大集，然后击之"。晃曰："尘之盛者，由军士惊怖扰乱故也，何得营上而有此尘乎！"魏主疑之，不急击。柔然遁去，追至石水[⑥]，不及而还。既而获柔然候骑曰："柔然不觉魏军至，上下惶骇，引众北走，经六七日，知无追者，乃始徐行。"魏主深恨之。自是军国大事，皆与太子谋之。

司马楚之别将兵督军粮，镇北将军封沓亡降柔然，说柔然令击楚之以绝军食。俄而军中有告失驴耳者，诸将莫晓其故[⑦]。楚之曰："此必贼遣奸人入营觇伺，割驴耳以为信耳。贼至不久，宜急为之备。"乃伐柳为城，以水灌之令冻；城立而柔然至，冰坚滑，不可攻，乃散走。

十一月，将军姜道盛与杨文德合众二万攻魏浊水戍，魏皮豹子、河间公齐救之，道盛败死。

甲子，魏主还，至朔方，下诏令皇太子副理万机，总统百揆。且曰："诸功臣勤劳日久，皆当以爵归第，随时朝请，飨宴朕前，论道陈谟而已，不宜复烦以剧职；更举贤俊以备百官。”十二月，丁卯，魏主还平城。

【注释】

①高平：镇名，在今宁夏固原市。岍（qiān 牵）城：地址不详。②葭芦城：在今甘肃陇南市武都区东南白龙江东岸。　③武都：郡名，治所在今甘肃陇南市武都区东南。阴平：郡名，治所在今甘肃文县西白龙江北岸。　④辛巳：九月无辛巳，疑当作“辛丑”，为初三。　⑤鹿浑谷：在今蒙古国后杭爱省沃勒吉特东南鄂尔浑河之东。　⑥石水：河流名，即今蒙古国境内楚鲁特河上源北特尔欣河。

二十一年　春，正月，己亥，帝耕藉田[①]，大赦。

壬寅，魏太子始总百揆，命侍中、中书监穆寿、司徒崔浩、侍中张黎、古弼辅太子决庶政，上书者皆称臣，仪与表同。

古弼为人，忠慎质直；尝以上谷苑囿太广[②]，乞减太半以赐贫民，入见魏主，欲奏其事。帝方与给事中刘树围棋，志不在弼；弼侍坐良久，不获陈闻。忽起，捽树头，掣下床，搏其耳，殴其背，曰：“朝廷不治，实尔之罪！”帝失容，舍棋曰：“不听奏事，朕之过也，树何罪！置之！”弼具以状闻，帝皆可其奏。弼曰：“为人臣无礼至此，其罪大矣。”出诣公车，免冠徒跣请罪。帝召入，谓曰：“吾闻筑社之役，蹇蹶而筑之，端冕而事之，神降之福。然则卿有何罪！其冠履就职。苟可以利社稷，便百姓者，竭力为之，勿顾虑也。”

太子课民稼穑，使无牛者借人牛以耕种，而为之芸田以偿之，凡耕种二十二亩而芸七亩，大略以是为率。使民各标姓名于田首以知其勤惰，禁饮酒游戏者。于是垦田大增。

戊申，魏主诏：“王、公以下至庶人，有私养沙门、巫觋于家者[③]，皆遣诣官曹；过二月十五日不出，沙门、巫觋死，主人门诛。”庚戌，又诏：“王、公、卿、大夫之子皆诣太学，其百工、商贾之子，当各习父兄之业，毋得私立学校；违者，师死，主人门诛。”

二月，辛未，魏中山王辰、内都坐大官薛辨[④]、尚书奚眷等八将坐击柔然后期，斩于都南。

初，魏尚书令刘絜，久典机要，恃宠自专，魏主心恶之。及将袭柔然，絜谏曰："蠕蠕迁徙无常，前者出师，劳而无功⑤，不如广农积谷以待其来。"崔浩固劝魏主行，魏主从之。絜耻其言不用，欲败魏师；魏主与诸将期会鹿浑谷，絜矫诏易其期。帝至鹿浑谷六日，诸将不至，柔然遂远遁，追之不及。军还，经漠中，粮尽，士卒多死。絜阴使人惊魏军，劝帝委军轻还，帝不从。絜以军出无功，请治崔浩之罪。帝曰："诸将失期，遇贼不击，浩何罪也！"浩以絜矫诏事白帝，帝至五原，收絜，囚之。帝之北行也，絜私谓所亲曰："若车驾不返，吾当立乐平王。"絜闻尚书右丞张嵩家有图谶，问曰："刘氏应王，继国家后，吾有姓名否？"嵩曰："有姓无名。"帝闻之，命有司穷治，索嵩家，得谶书。事连南康公狄邻，絜、嵩、邻皆夷三族，死者百余人。絜在势要，好作威福，诸将破敌，所得财物皆与絜分之。既死，籍其家，财巨万。帝每言之则切齿。

癸酉，乐平戾王丕以忧卒。初，魏主筑白台，高二百余尺。丕梦登其上，四顾不见人，命术士董道秀筮之，道秀曰："大吉。"丕默有喜色。及丕卒，道秀亦坐弃市。高允闻之，曰："夫筮者皆当依附爻象，劝以忠孝⑦。王之问道秀也，道秀宜曰：'穷高为亢。《易》曰："亢龙有悔。"又曰："高而无民"⑨，皆不祥也，王不可以不戒。'如此，则王安于上，身全于下矣。道秀反之，宜其死也。"

【注释】

①藉（jí 及）田：皇帝亲自耕种的农田，给天下做表率，劝导人们务农。耕藉田，实际只是一种形式。　②上谷：地名，在今河北怀来县东南。　③巫觋（xí 习）：古代称女巫为巫，男巫为觋，后则泛指巫师，不分男女。　④内都坐大官：北魏官名，与中都大官、外都大官同掌刑狱，称为三都。　⑤前者出师，劳而无功：指太延四年（438）魏帝伐柔然至白阜的那次出兵。　⑥图谶（chèn 衬）：古代用来预示未来事变的迷信图形或隐语。　⑦劝以忠孝：西汉严君平在成都卜筮，与人子言依于孝，与人弟卜则讲顺服，与人臣卜则讲忠，因势以导，高允奉为卜筮术的正宗。⑧亢龙有悔：这是《周易・乾卦》上九爻的爻辞，亢龙指飞升到极高处的龙，极则有悔。　⑨高而无民：是《易传・文言》中的话，即对亢龙有悔的一种解释，指升得太高就失去民众。

庚辰,魏主幸庐[1]。

己丑,江夏王义恭进位太尉,领司徒。

庚寅,以侍中、领右卫将军沈演之为中领军,左卫将军范晔为太子詹事。

辛卯,立皇子宏为建平王。

三月,甲辰,魏主还宫。

癸丑,魏主遣司空长孙道生镇统万。

夏,四月,乙亥,魏侍中、太宰、阳平王杜超为帐下所杀。

六月,魏北部民杀立义将军衡阳公莫孤,帅五千余落北走,遣兵追击之,至漠南,杀其渠帅,余徙冀、相、定三州为营户。

吐谷浑王慕利延兄子纬世与魏使者谋降魏[3],慕利延杀之。是月,纬世弟叱力延等八人奔魏,魏以叱力延为归义王。

沮渠无讳卒,弟安周代立。

魏入中国以来,虽颇用古礼祀天地、宗庙、百神,而犹循其旧俗,所祀胡神甚众。崔浩请存合于祀典者五十七所,其余复重及小神悉罢之。魏主从之。

秋,七月,癸卯,魏东雍州刺史沮渠秉谋反,伏诛。

八月,乙丑,魏主畋于河西,尚书令古弼留守。诏以肥马给猎骑,弼悉以弱者给之。帝大怒曰:"笔头奴敢裁量朕!朕还台,先斩此奴!"弼头锐,故帝常以笔目之。弼官属惶怖,恐并坐诛,弼曰:"吾为人臣,不使人主盘于游畋,其罪小;不备不虞,乏军国之用,其罪大。今蠕蠕方强,南寇未灭,吾以肥马供军,弱马供猎,为国远虑,虽死何伤!且吾自为之,非诸君之忧也。"帝闻之,叹曰:"有臣如此,国之宝也。"赐衣一袭,马二匹,鹿十头。

他日,魏主复畋于山北,获麋鹿数千头。诏尚书发车五百乘以运之。诏使已去,魏主谓左右曰:"笔公必不与我,汝辈不如以马运之。"遂还。行百余里,得弼表曰:"今秋谷悬黄,麻菽布野,猪鹿窃食,鸟雁侵费,风雨所耗,朝夕三倍[4]。乞赐矜缓,使得收载。"帝曰:"果如吾言,笔公可谓社稷之臣矣!"

魏主使员外散骑常侍高济来聘。

戊辰,以荆州刺史衡阳王义季为征北大将军、开府仪同三司、南兖州刺史，以南谯王义宣为荆州刺史。初，帝以义宣不才，故不用，会稽公主屡以为言[5]，帝不得已用之。先赐中诏敕之曰[6]："师护以在西久[7]，比表求还，今欲听许，以汝代之。师护虽无殊绩，絜己节用，通怀期物，不恣群下，声著西土，为士庶所安，论者乃未议迁之。今之回换，更为汝与师护年时一辈，欲各试其能。汝往，脱有一事减之者，既于西夏交有巨碍[8]，迁代之讥，必归责于吾矣。此事亦易勉耳，无为使人复生评论也！"义宣至镇，勤自课厉，事亦修理。

庚辰，会稽长公主卒。

【注释】

①幸：帝王前往某地。庐：地址不详。　②冀：州名，治所在今河北衡水市冀州区。相：相州，治所在今河北临漳县西南邺镇。定：定州，治所在今河北定州市。营户：北魏对不在编的民户或逃散的民户，强令他们负担为国家输送丝茧绵绸等物品的赋役，统称为营户，即营造各种物品的民户之意。　③纬世：又名纬代，《北史》为避唐太宗李世民的讳，改世为代，《通鉴》又改回。　④朝夕三倍：是说黄昏时收获比在朝晨收获要损失三倍，即收获庄稼必须争分夺秒，耽误一天就将损失很多。⑤会稽公主：即长公主，为宋武帝刘裕的长女，宋文帝刘义隆的大姐，文帝对她深为敬重，家事无论大小必要咨询她的意见。　⑥中诏：指直接从皇宫发出而不经由门下省转发的皇帝诏书，即后世所称手诏、手令。⑦师护：刘义季的小名。　⑧西夏：六朝人称荆楚一带为西夏。

吐谷浑吐力延等请师于魏以讨吐谷浑王慕利延，魏主使晋王伏罗督诸军击之。

九月，甲辰，以沮渠安周为都督凉、河、沙三州诸军事、凉州刺史、河西王。

丁未，魏主如漠南，将袭柔然，柔然敕连可汗远遁，乃止。敕连寻卒，子吐贺真立，号处罗可汗。

魏晋王伏罗至乐都，引兵从间道袭吐谷浑，至大母桥[1]。吐谷浑王慕利延大惊，逃奔白兰，慕利延兄子拾寅奔河西；魏军斩首五千余级，慕利延从弟伏念等帅万三千落降于魏。

冬，十月，己卯，以左军将军徐琼为兖州刺史，大将军参军申恬为冀州刺史。徙兖州镇须昌[②]，冀州镇历下[③]。恬，谟之弟也。

十二月，魏主还平城。

是岁，沙州牧李宝入朝于魏，魏人留之，以为外都大官。

太子率更令何承天撰《元嘉新历》，表上之。以月食之冲知日所在[④]。又以中星检之[⑤]，知尧时冬至日在须女十度[⑥]，今在斗十七度。又测景校二至，差三日有余，知今之南至日应在斗十三四度。于是更立新法，冬至徙上三日五时，日之所在，移旧四度。又月有迟疾，前历合朔，月食不在朔望；今皆以赢缩定其小余[⑦]，以正朔望之日。诏付外详之。太史令钱乐之等奏，皆如承天所上，唯月有频三大，频二小，比旧法殊为乖异，谓宜仍旧。诏可。

二十二年 春，正月，辛卯朔，始行新历。初，汉京房以十二律中吕上生黄钟[⑧]，不满九寸，更演为六十律。钱乐之复演为三百六十律，日当一管。何承天立议，以为上下相生，三分损益其一，盖古人简易之法，犹如古历周天三百六十五度四分度之一也。而京房不悟，谬为六十。乃更设新律，林钟长六寸一厘，则从中吕还得黄钟，十二旋宫[⑨]，声韵无失。

壬辰，以武陵王骏为雍州刺史。帝欲经略关、河，故以骏镇襄阳。

魏主使散骑常侍宋愔来聘。

二月，魏主如上党[⑩]，西至吐京[⑪]，讨徙叛胡，出配郡县。

甲戌，立皇子祎为东海王，昶为义阳王。

三月，庚申，魏主还宫。

魏诏："诸疑狱皆付中书，以经义量决。"

夏，四月，庚戌，魏主遣征西大将军高凉王那等击吐谷浑王慕利延于白兰，秦州刺史代人封敕文、安远将军乙乌头击慕利延兄子什归于枹罕。

河西之亡也，鄯善人以其地与魏邻，大惧，曰："通其使人，知我国虚实，取亡必速。"乃闭断魏道，使者往来，辄钞劫之。由是西域不通者数年。魏主使散骑常侍万度归发凉州以西兵击鄯善。

六月，壬辰，魏主北巡。

帝谋伐魏，罢南豫州入豫州，以南豫州刺史南平王铄为豫州刺史。

秋，七月，己未，以尚书仆射孟颉为左仆射，中护军何尚之为右仆射。

武陵王骏将之镇，时缘沔诸蛮犹为寇，水陆梗碍；骏分军遣抚军中兵参军沈庆之掩击，大破之。骏至镇，蛮断驿道，欲攻随郡⑫；随郡太守河东柳元景募得六七百人，邀击，大破之。遂平诸蛮，获七万余口。涢山蛮最强⑬，沈庆之讨平之，获三万余口，徙万余口于建康。

吐谷浑什归闻魏军将至，弃城夜遁。八月，丁亥，封敕文入枹罕，分徙其民千家还上邽，留乙乌头守枹罕。

【注释】

①大母桥：今地不详。 ②须昌：地名，在今山东东平县西北。 ③历城：地名，在今山东济南市。 ④冲：在360度的圆周上，与某一点正相对的一点为冲。 ⑤中星：二十八宿按一定的轨道旋转，顺次每月在天中的星宿为中星。 ⑥须女：二十八宿之一。下文的“斗”也是二十八宿之一。 ⑦赢缩：月亮实际运行比正常速度快，叫做赢，比正常速度慢，叫做缩。小余：历法术语，指周天365度，用六十甲子日除，余5为大余，小余就是不满一天的分数。 ⑧京房：人名，西汉人，精通周易、历法、律学等，为当时著名学者。十二律：古音乐名词，指十二种声调。分为阳律六种、阴吕六种。中吕：阴吕之一。黄钟：阳律之一。每一种律或吕，皆以一种特制音管定其基准音，其长度以黄钟为基始，采取交错增长和缩短的方法，按三分损（或益）一的规律，确定十二律各管长度和基准音。这就是三分损益法。 ⑨十二旋宫：即以宫、商、角、徵、羽五音配十二律，以每一律分别作宫音，而构成不同音高的五声或其他音阶，以此转变为多种调式的音阶。 ⑩上党：地名，在今山西长治市。 ⑪吐京：地名，在今山西石楼县。 ⑫随郡：郡名，在今湖北随州市。 ⑬涢（yún云）山：即今湖北随州市西南大洪山。

万度归至敦煌，留辎重，以轻骑五千度流沙，袭鄯善。壬辰，鄯善王真达面缚出降。度归留军屯守，与真达诣平城，西域复通。

魏主如阴山之北，发诸州兵三分之一，各于其州戒严，以须后命。徙诸种杂民五千余家于北边，令就北畜牧，以饵柔然。

壬寅，魏高凉王那军至宁头城[1]，吐谷浑王慕利延拥其部落西度流沙。吐谷浑慕璝之子被囊逆战，那击破之；被囊遁走，中山公杜丰帅精骑追之，度三危[2]，至雪山[3]，生擒被囊及吐谷浑什归、乞伏炽盘之子成龙，皆送平城。慕利延遂西入于阗[4]，杀其王，据其地，死者数万人。

九月，癸酉，上饯衡阳王义季于武帐冈。上将行，敕诸子且勿食，至会所设馔；日旰，不至，有饥色。上乃谓曰："汝曹少长丰佚，不见百姓艰难。今使汝曹识有饥苦，知以节俭御物耳。"

裴子野论曰：善乎太祖之训也！夫侈兴于有余，俭生于不足。欲其隐约，莫若贫贱！习其险艰，利以任使；为其情伪[6]，易以躬临。太祖若能率此训也，难其志操，卑其礼秩，教成德立，然后授以政事，则无怠无荒，可播之于九服矣[7]。

高祖思固本枝，崇树襁褓；后世遵守，迭据方岳[8]。及乎泰始之初，升明之季，绝咽于衾衽者动数十人。国之存亡，既不是系，早肆民上[9]，非善诲也。

魏民间讹言"灭魏者吴"，卢水胡盖吴聚众反于杏城[10]，诸种胡争应之，有众十余万；遣其党赵绾来，上表自归。冬，十月，戊子，长安镇副将拓跋纥帅众讨吴，纥败死。吴众愈盛，民皆渡渭奔南山[11]。魏主发高平敕勒骑赴长安，将军叔孙拔领摄并、秦、雍三州兵屯渭北。

十一月，魏发冀州民造浮桥于碻磝津[12]。

盖吴遣别部帅白广平西掠新平[13]，安定诸胡皆聚众应之[14]。又分兵东掠临晋巴东[15]，将军章直击破之，溺死于河者三万余人。吴又遣兵西掠，至长安，将军叔孙拔与战于渭北，大破之，斩首三万余级。

河东蜀薛永宗聚众以应吴[16]，袭击闻喜[17]。闻喜县无兵仗，令忧惶无计；县人裴骏帅厉乡豪击之，永宗引去。

魏主命薛谨之子拔纠合宗、乡，壁于河际，以断二寇往来之路。庚午，魏主使殿中尚书拓跋处直等将二万骑讨薛永宗，殿中尚书乙拔将三万骑讨盖吴，西平公寇提将万骑讨白广平。吴自号天台王，署置百官。

辛未，魏主还宫。

魏选六州骁骑二万，使永昌王仁、高凉王那分将之为二道，掠淮、泗以北，徙青、徐之民以实河北。

癸未，魏主西巡。

【注释】

①宁头城：今址不详，疑在今青海乌兰县一带。或以为即曼头城，在今青海共和县西南。 ②三危：山名，在今甘肃敦煌市东南。 ③雪山：即指祁连山。 ④于阗（tián 田）：地名，在今新疆和田县西南。 ⑤武帐冈：即建康广莫门外的宣武场。 ⑥为其情伪："为"字，据章校应作"达"，如此才文从字顺。 ⑦九服：古代指京畿以外的九等地区，即侯服、甸服、男服、采服、卫服、蛮服、夷服、镇服、藩服，各服距京畿中心距离不等，后来则泛指包括极为遥远的地区在内的广大天下。 ⑧方岳：四方的最高大之山，后借指镇管一方的最高地方长官。 ⑨早肆民上：语出《左传》：晋师旷曰："天之爱民甚矣，岂其使一人肆于民上！"肆，纵恣放肆。 ⑩卢水胡：卢水，指石平河，流经甘肃武威市和永昌县。胡，指匈奴人。杏城：地名，在今陕西黄陵县西南。 ⑪南山：即终南山。 ⑫碻磝津：在山东茌平县西南古黄河上的渡口。 ⑬新平：地名，在今陕西彬州市。 ⑭安定：地名，在今甘肃泾川县。 ⑮临晋：地名，在今陕西大荔县东南。巴东：应作"已东"，"已"与"以"通，已东即以东。 ⑯河东蜀：指迁徙到河东郡来定居的巴蜀人，河东郡，治所在今山西永济市西南蒲州镇。 ⑰闻喜：县名，治所在今山西闻喜县。

初，鲁国孔熙先博学文史，兼通数术，有纵横才志；为员外散骑侍郎，不为时所知，愤愤不得志。父默之为广州刺史，以赃获罪，大将军彭城王义康为救解得免。及义康迁豫章，熙先密怀报效。且以为天文、图谶，帝必以非道晏驾，由骨肉相残；江州应出天子。以范晔志意不满，欲引与同谋，而熙先素不为晔所重。太子中舍人谢综，晔之甥也，熙先倾身事之。综引熙先与晔相识。

熙先家饶于财，数与晔博，故为拙行，以物输之。晔既利其财，又爱其文艺，由是情好款洽。熙先乃从容说晔曰："大将军英断聪敏，人神攸属，失职南垂，天下愤怨。小人受先君遗命，以死报大将军之德。顷人情骚动，天文舛错，此所谓时运之至，不可推移者也。若顺天人之心，结英豪之士，表里相应，发于肘腋；然后诛除异我，崇奉明圣，号令天下，谁敢不从！小人请以七尺之躯，三寸之舌，立功立事而归诸君子，丈人以为何如？”晔甚愕然。熙先曰：“昔毛玠竭节于魏武[①]，张温毕议于孙权[②]，彼二人者，皆国之俊乂，岂言行玷缺，然后至于祸辱哉！皆以廉直劲正，不得久容。丈人之于本朝，不深于二主，人间雅誉，过于两臣，谗夫侧目，为日久矣，比肩竞逐，庸可遂乎！近者殷铁一言而刘班碎首[③]，彼岂父兄之仇，百世之怨乎？所争不过荣名势利先后之间耳。及其末也，唯恐陷之不深，发之不早；戮及百口，犹曰未厌。是可为寒心悼惧，岂书籍远事也哉！今建大勋，奉贤哲，图难于易，以安易危，享厚利，收鸿名，一旦苞举而有之，岂可弃置而不取哉！”晔犹疑未决。熙先曰：“又有过于此者，愚则未敢道耳。”晔曰：“何谓也？”熙先曰：“丈人奕叶清通，而不得连姻帝室，人以犬豕相遇，而丈人曾不耻之，欲为之死，不亦惑乎！”晔门无内行，故熙先以此激之。晔默然不应，反意乃决。

晔与沈演之并为帝所知，晔先至，必待演之俱入，演之先至，尝独被引，晔以此为怨。晔累经义康府佐，中间获罪于义康。谢综及父述，皆为义康所厚，综弟约娶义康女。综为义康记室参军，自豫章还，申义康意于晔，求解晚隙，复敦往好。大将军府史仲承祖，有宠于义康，闻熙先有谋，密相结纳。丹杨尹徐湛之，素为义康所爱，承祖因此结事湛之，告以密计。道人法略、尼法静，皆感义康旧恩，并与熙先往来。法静妹夫许曜，领队在台，许为内应。法静之豫章，熙先付以笺书，陈说图谶。于是密相署置，及素所不善者，并入死目。熙先又使弟休先作檄文，称：“贼臣赵伯符肆兵犯跸，祸流储宰，湛之、晔等投命奋戈，即日斩伯符首及其党与。今遣护军将军臧质奉玺绶迎彭城王正位辰极[④]。”熙先以为举大事宜须以义康之旨谕众，晔又诈作义康与湛之书，令诛君侧之恶，宣示同党。

帝之燕武帐冈也，晔等谋以其日作乱。许曜侍帝，扣刀目晔，晔不敢仰视。俄而座散，徐湛之恐事不济，密以其谋白帝。帝使湛之具探取本末，得其檄书，选署姓名，上之。帝乃命有司收掩穷治。其夜，呼晔置客省[5]，先于外收综及熙先兄弟，皆款服。帝遣使诘问晔，晔犹隐拒；熙先闻之，笑曰："凡处分、符檄、书疏，皆范所造，云何于今方作如此抵蹋邪？"帝以晔墨迹示之，乃具陈本末。

明日，仗士送付廷尉。熙先望风吐款，辞气不桡。上奇其才，遣人慰勉之曰："以卿之才而滞于集书省[6]，理应有异志，此乃我负卿也。"又责前吏部尚书何尚之曰："使孔熙先年将三十作散骑郎，那不作贼！"熙先于狱中上书谢恩，且陈图谶，深戒上以骨肉之祸，曰："愿且勿遗弃，存之中书。若囚死之后，或可追录，庶九泉之下，少塞衅责。"

晔在狱为诗曰："虽无嵇生琴，庶同夏侯色[7]。"晔本意谓入狱即死，而上穷治其狱，遂经二旬，晔更有生望。狱吏戏之曰："外传詹事或当长系。"晔闻之，惊喜。综、熙先笑之曰："詹事畴昔攘袂瞋目，跃马顾盼，自以为一世之雄；今扰攘纷纭，畏死乃尔！设令赐以性命，人臣图主，何颜可以生存！"

十二月，乙未，晔、综、熙先及其子弟、党与皆伏诛。晔母至市，涕泣责晔，以手击晔颈，晔颜色不怍；妹及妓妾来别，晔悲涕流涟。综曰："舅殊不及夏侯色。"晔收泪而止。

谢约不预逆谋，见兄综与熙先游，常谏之曰："此人轻事好奇，不近于道，果锐无检，未可与狎。"综不从而败。综母以子弟自蹈逆乱，独不出视。晔语综曰："姊今不来，胜人多矣。"

收籍晔家，乐器服玩，并皆珍丽，妓妾不胜珠翠。母居止单陋，唯有一厨盛樵薪；弟子冬无被，叔父单布衣。

裴子野论曰：夫有逸群之才，必思冲天之据[8]；盖俗之量，则偾常均之下[9]。其能守之以道，将之以礼，殆为鲜乎！刘弘仁[10]、范蔚宗[11]，皆忸志而贪权，矜才以徇逆，累叶风素，一朝而陨。向之所谓智能，翻为亡身之具矣。

【注释】

①毛玠：东汉献帝时尚书仆射，因崔琰死于无辜，内心不悦。有人向曹操进谗陷害毛玠，下狱免官。事见本书卷第六十七，汉献帝建安二十一年。魏武：即曹操，当时为魏公，尚未称帝。　②张温：三国吴王的辅

义中郎将，少有俊才而名气盛，引荐暨艳为选部尚书。二人好清议，弹劾众多官僚，为众人怨恨。后暨艳自杀，张温也斥还本郡以供给厮吏。事见本书卷第七十，魏文帝黄初五年。 ③殷铁：殷景仁。刘班：刘湛。二人事迹见本书卷第一百二十三，宋文帝元嘉十七年。 ④辰极：古人以北极星为天极，故把帝位比做辰极。 ⑤客省：四方来京的客人，在朝见皇帝时居住的地方，归典客令掌管。 ⑥集书省：孔熙先为散骑侍郎，是集书省的官员。集书省即门下省。 ⑦嵇生：嵇康，晋代名士，为晋文王所杀，临刑时，要求弹琴，示无惧意。夏侯：夏侯玄，晋代名士，被晋景王杀死，临刑时面不改色。范晔这二句诗自比嵇康、夏侯玄，表示不怕死。⑧冲天：冲与翀（chōng 冲）通，直飞上天的意思。古语："一飞冲天"，比喻志向高远。 ⑨则偾（fèn 奋）常均之下：偾，激动奋发。常均：即平常、平庸。 ⑩刘弘仁：刘湛，字弘仁。事见本书卷第一百二十三，元嘉十七年。 ⑪范蔚宗：即范晔，蔚宗是他的字。

徐湛之所陈多不尽，为晔等辞所连引，上赦不问。臧质，熹之子也，先为徐、兖二州刺史，与晔厚善，晔败，以为义兴太守[①]。

有司奏削彭城王义康爵，收付廷尉治罪。丁酉，诏免义康及其男女皆为庶人，绝属籍，徙付安成郡[②]；以宁朔将军沈邵为安成相，领兵防守。邵，璞之兄也。义康在安成，读书，见淮南厉王长事[③]，废书叹曰："自古有此，我乃不知，得罪为宜也。"

庚戌，以前豫州刺史赵伯符为护军将军。伯符，孝穆皇后之弟子也。

初，江左二郊无乐[④]，宗庙虽有登歌[⑤]，亦无二舞[⑥]。是岁，南郊始设登歌。

魏安南、平南府移书兖州，以南国侨置诸州多滥北境名号；又欲游猎具区[⑦]。兖州答移曰："必若因土立州，则彼立徐、扬，岂有其地？复知欲游猎具区，观化南国。开馆饰邸，则有司存；呼韩入汉[⑧]，厥仪未泯，馈饩之秩[⑨]，每存丰厚。"

二十三年 春，正月，庚申，尚书左仆射孟顗罢。

戊辰，魏主军至东雍州[⑩]，临薛永宗垒，崔浩曰："永宗未知陛下自来，众心纵弛。今北风迅疾，宜急击之。"魏主从之，庚午，围其垒。永宗出战，大败，与家人皆赴汾水死[11]。其族人安都先据弘农[12]，弃城来奔。

辛未，魏主南如汾阴[13]，济河，至洛水桥[14]。闻盖吴在长安北，帝以渭北地无谷草，欲渡渭南，循渭而西；以问崔浩，对曰："夫击蛇者先击其首，首破则尾不能掉。今盖吴营去此六十里，轻骑趋之，一日可到，到则破之必矣。破吴，南向长安亦不过一日，一日之乏，未至有伤。若从南道，则吴徐入北山，猝未可平。"帝不从，自渭南向长安，庚辰，至戏水[15]。吴众闻之，悉散入北地山[16]，军无所获。帝悔之。二月，丙戌，帝至长安，丙申，如盩厔[17]，历陈仓[18]，还，如雍城[19]，所过诛民、夷与盖吴通谋者。乙拔等诸军大破盖吴于杏城。

吴复遣使上表求援，诏以吴为都督关、陇诸军事、雍州刺史、北地公，使雍、梁二州发兵屯境上，为吴声援；遣使赐吴印一百二十一纽，使吴随宜假授。

初，林邑王范阳迈，虽进使入贡，而寇盗不绝，所贡亦薄陋；帝遣交州刺史檀和之讨之。南阳宗悫，家世儒素，悫独好武事，常言"愿乘长风破万里浪"。及和之伐林邑，悫自奋请从军，诏以悫为振武将军，和之遣悫为前锋。阳迈闻军出，遣使请还所掠日南民[20]，输金一万斤，银十万斤。帝诏和之："若阳迈果有款诚，亦许其归顺。"和之至朱梧戍[21]，遣府户曹参军姜仲基等诣阳迈，阳迈执之；和之乃进军围林邑将范扶龙于区粟城[22]。阳迈遣其将范毗沙达救之，宗悫潜兵迎击毗沙达，破之。

魏主与崔浩皆信重寇谦之，奉其道。浩素不喜佛法，每言于魏主，以为佛法虚诞，为世费害，宜悉除之。及魏主讨盖吴，至长安，入佛寺，沙门饮从官酒；从官入其室，见大有兵器，出以白帝，帝怒曰："此非沙门所用，必与盖吴通谋，欲为乱耳。"命有司按诛阖寺沙门，阅其财产，大得酿具及州郡牧守、富人所寄藏物以万计，又为窟室以匿妇女。浩因说帝悉诛天下沙门，毁诸经像，帝从之。寇谦之与浩固争，浩不从。先尽诛长安沙门，焚毁经像，并敕留台下四方，令一用长安法。诏曰："昔后汉荒君，信惑邪伪以乱天常，自古九州之中，未尝有此。夸诞大言，不本人情，叔季之世，莫不眩焉。由是政教不行，礼义大坏，九服之内，鞠为丘墟。朕承天绪，欲除伪定真，复羲、农之治[23]，其一切荡除，灭其踪迹。自今已后，敢有事胡神及造形像泥人、铜人者门诛。有非常之人，然后能行非常之事，非朕孰能去此历代之伪物！有司宣告征镇诸军、刺史，诸有浮图形像及胡经[24]，皆击破焚烧，沙门无少长悉坑之！"太子晃素好佛法，屡谏不听；乃缓宣诏书，使远近豫闻之，得各为计，沙门多亡匿获免，或收藏经像，唯塔庙在魏境者无复孑遗。

【注释】

①义兴：郡名，治所在今江苏宜兴市。　②安成郡：郡名，治所在今江西安福县东南。　③淮南厉王长：人名，西汉淮南王刘长，谥号为厉，故称淮南厉王。刘长为汉高祖之子，与汉文帝为兄弟。文帝时，刘长作为诸侯王非常骄纵不法，被文帝废为庶人，用辎车载之送往蜀郡，中途愤恚绝食而死。事见本书卷第十四汉文帝前六年（前174）。　④二郊：在京城南郊祭天，北郊祭地，称为二郊。　⑤登歌：一种配乐歌唱形式，歌者在上，乐器在下，据说这是为了尊崇人声。　⑥二舞：指文舞和武舞，各由六十四人舞蹈。　⑦具区：即今江苏太湖，又名震泽。　⑧呼韩入汉：呼韩，即呼韩邪，匈奴单于名号，西汉宣帝和元帝时两次入朝觐见，表示归顺，元帝将王昭君嫁给他。　⑨馈饩（kuì xì 愧戏）：赠送及所赠送的物品。　⑩东雍州：治所在今山西新绛县。　⑪汾水：河流名，即今山西汾水。　⑫弘农：郡名，治所在今河南灵宝市。　⑬汾阴：县名，治所在今山西万荣县西南。　⑭洛水桥：在今陕西大荔县西南洛水上。⑮戏水：河流名，在今陕西西安市临潼区东，源出骊山，北入渭河。⑯北地山：即北山，指陕西关中平原北部诸山。　⑰盩厔（zhōu zhì 周至）：县名，即今陕西周至县。　⑱陈仓：郡名，治所在今陕西宝鸡市。⑲雍城：县名，治所在今陕西宝鸡市凤翔区。　⑳日南：郡名，指今越南广平省地区。　㉑朱梧戍：朱梧，日南郡的治所，在今越南广平省美丽附近。戍，军事据点。　㉒区粟城：城名，在今越南承天省广田县境内。㉓羲、农：指古代传说中的圣贤帝王伏羲氏、神农氏。　㉔浮图：即佛陀、佛，三个名称只是译名的差别，实际是一个意思。

魏主徙长安工巧二千家于平城。还，至洛水，分军诛李闰叛羌[1]。

太原颜白鹿私入魏境[2]，为魏人所得，将杀之，诈云青州刺史杜骥使其归诚。魏人送白鹿诣平城，魏主喜曰："我外家也[3]。"使崔浩作书与骥，且命永昌王仁、高凉王那将兵迎骥，攻冀州刺史申恬于历城；杜骥遣其府司马夏侯祖欢等将兵救历城。魏人遂寇兖、青、冀三州，至清东而还，杀掠甚众，北边骚动。

帝以魏寇为忧，咨访群臣。御史中丞何承天上表，以为："凡备匈奴之策，不过二科：武夫尽征伐之谋，儒生讲和亲之约。今欲追踪卫、霍[4]，自非大田淮、泗，内实青、徐，使民有赢储，野有积谷，然后发精卒十万，一举荡夷，则不足为也。若但欲遣军追讨，报其侵暴，则彼必轻骑奔走，不肯会战；徒兴巨费，不损于彼，报复之役，将遂无已，斯策之最末者也。安边固守，于计为长。臣窃以曹、孙之霸，才均智敌，江、淮之间，不居各数百里。何者？斥候之郊，非耕牧之地，故坚壁清野以俟其来，整甲缮兵以乘其弊；保民全境，不出此涂。要而归之，其策有四：一曰移远就近。今青、兖旧民及冀州新附，在界首者三万余家，可悉徙置大岘之南[5]，以实内地。二曰多筑城邑以居新徙之家，假其经用，春夏佃牧，秋冬入保。寇至之时，一城千家，堪战之士，不下二千，其余羸弱，犹能登陴鼓噪，足抗群虏三万矣。三曰纂偶车牛以载粮械。计千家之资，不下五百耦牛，为车五百两，参合钩连以卫其众；设使城不可固，平行趋险，贼所不能干，有急征发，信宿可聚。四曰计丁课仗。凡战士二千，随其便能，各自有仗，素所服习，铭刻由己，还保输之于库，出行请以自新。弓簳利铁[7]，民不得者，官以渐充之。数年之内，军用粗备矣。近郡之师，远屯清、济，功费既重，嗟怨亦深，以臣料之，未若即用彼众之易也。今因民所利，导而帅之，兵强而敌不戒，国富而民不劳，比于优复队伍，坐食粮廪者，不可同年而校矣。"

魏金城边固[8]、天水梁会，与秦、益杂民万余户据上邽东城反，攻逼西城。秦、益二州刺史封敕文拒却之。氐、羌万余人，休官、屠各二万余人皆起兵应固、会[9]，敕文击固，斩之，余众推会为主，与敕文相攻。

夏，四月，甲申，魏主至长安。

丁未，大赦。

仇池人李洪聚众，自言应王；梁会求救于氐王杨文德，文德曰："两雄不并立，若须我者，宜先杀洪。"会诱洪斩之，送首于文德。五月，癸亥，魏主遣安丰公闾根帅骑赴上邽，未至，会弃东城走。敕文先掘重堑于外，严兵守之，格斗从夜至旦。敕文曰："贼知无生路，致死于我，多杀伤士卒，未易克也。"乃以白虎幡宣告会众，降者赦之，会众遂溃；分兵追讨，悉平之。略阳人王元达聚众屯松多川[10]，敕文又讨平之。

盖吴收兵屯杏城，自号秦地王，声势复振。魏主遣永昌王仁、高凉王那督北道诸军讨之。

【注释】

①李闰：地名，又叫李润堡，李润镇，在今陕西蒲城县东北。 ②太原：宋国设置的侨郡，治所在今山东泰安市境内。 ③外家：魏太武帝拓跋焘的母亲为杜氏，故称杜骥为外家。 ④卫、霍：卫青、霍去病，二人均为西汉时攻击匈奴的著名将领。 ⑤大岘（xiàn 现）：山名，即今山东临朐县东南大岘山。 ⑥陴（pí 皮）：城墙上的女墙，亦泛指城墙。 ⑦簳（gǎn 杆）：箭杆，亦泛指箭。 ⑧金城：郡名，治所在今甘肃兰州市。⑨休官、屠各：匈奴的两支别种。 ⑩松多川：河流名，源出陇山。

檀和之等拔区粟，斩范扶龙，乘胜入象浦[1]；林邑王阳迈倾国来战，以具装被象，前后无际。宗悫曰："吾闻外国有师子，威服百兽。"乃制其形，与象相拒，象果惊走，林邑兵大败。和之遂克林邑[2]，阳迈父子挺身走。所获未名之宝，不可胜计，宗悫一无所取，还家之日，衣栉萧然。

六月，癸未朔，日有食之。

甲申，魏发冀、相、定三州兵二万人屯长安南山诸谷[3]，以备盖吴窜逸。丙戌，又发司、幽、定、冀四州兵十万人筑畿上塞围[4]，起上谷[5]，西至河，广纵千里。

帝筑北堤，立玄武湖，筑景阳山于华林园。

秋，七月，辛未，以散骑常侍杜坦为青州刺史。坦，骥之兄也。初，杜预之子耽，避晋乱，居河西[6]，仕张氏。前秦克凉州，子孙始还关中。高祖灭后秦，坦兄弟从高祖过江。时江东王、谢诸族方盛，北人晚渡者，朝廷悉以伧荒遇之[7]，虽复人才可施，皆不得践清涂。上尝与坦论金日磾[8]，曰："恨今无复此辈人！"坦曰："日磾假生今世，养马不暇，岂办见知！"上变色曰："卿何量朝廷之薄也！"坦曰："请以臣言之：臣本中华高族，晋氏丧乱，播迁凉土，世业相承，不殒其旧；直以南渡不早，便以荒伧赐隔。日磾，胡人，身为牧圉；乃超登内侍，齿列名贤。圣朝虽复拔才，臣恐未必能也。"上默然。

八月，魏高凉王那等破盖吴，获其二叔；诸将欲送诣平城，长安镇将陆俟曰："长安险固，风俗豪忮，平时犹不可忽，况承荒乱之余乎！今不斩吴，则长安之变未已也。吴一身潜窜，非其亲信，谁能获之！若停十万之众以追一人，又非长策。不如私许吴叔，免其妻子，使自追吴，擒之必矣。"诸将咸曰："今贼党众已散，唯吴一身，何所能至？"俟曰："诸君不见毒蛇乎！不断其首，犹能为害。吴天性凶狡，今若得脱，必自称王者不死，以惑愚民，为患愈大。"诸将曰："公言是也。但得贼不杀，而更遣之，若遂往不返，将何以任其罪？"俟曰："此罪，我为诸君任之。"高凉王那亦以俟计为然，遂赦二叔，与刻期而遣之。及期，吴叔不至，诸将皆咎俟，俟曰："彼伺之未得其便耳，必不负也。"后数日，吴叔果以吴首来，传诣平城。永昌王仁讨吴余党白广平、路那罗，悉平之。以陆俟为内都大官。

会安定卢水胡刘超等聚众万余人反[9]，魏主以俟威恩著于关中，复加俟都督秦、雍二州诸军事，镇长安，谓俟曰："关中奉化日浅，恩信未洽，吏民数为逆乱。今朕以重兵授卿，则超等必同心协力，据险拒守，未易攻也；若兵少，则不能制贼；卿当自以方略取之。"俟乃单马之镇。超等闻之，大喜，以俟为无能为也。

俟既至，谕以成败，诱纳超女，与为姻戚以招之；超自恃其众，犹无降意。俟乃帅其帐下亲往见超，超使人逆谓俟曰："从者过三百人，当以弓马相待；不及三百人，当以酒食相供。"俟乃将二百骑诣超。超设备甚严，俟纵酒尽醉而还。顷之，俟复选敢死士五百人出猎，因诣超营；约曰："发机当以醉为限。"既饮，俟阳醉，上马大呼，手斩超首，士卒应声纵击，杀伤千数，遂平之。魏主征俟还，为外都大官。

是岁，吐谷浑复还旧土。

【注释】

①象浦：县名，治所在今越南广南省维川县南茶荞。 ②林邑：城名，在今越南广南省维川县。 ③冀、相、定：北魏冀州治所在信都，即今河北衡水市冀州区，相州治所在邺县，即今河北磁县西南，定州治所在卢奴，即今河北定州市。 ④司、幽：北魏司州治所在洛阳，即今河南洛阳市，幽州治所在蓟县，即今北京。 ⑤上谷：郡名，治所在今北京延庆区。⑥河西：此指今甘肃河西走廊地区。 ⑦伧荒：当时南方人蔑称北方人为伧，荒指他们来自荒外。 ⑧金日磾（dī 低）：人名，本是匈奴休屠王太子，后被俘入汉为奴，在皇宫养马，被西汉武帝赏识，拜为光禄大夫，为人忠谨而有智略，死后谥曰敬侯。《汉书》有传。 ⑨安定：郡名，治所在安定，即今甘肃泾川县。卢水胡：匈奴的一个支系。

资治通鉴卷第一百二十五

宋纪七　起强圉大渊献，尽上章摄提格，凡四年。

太祖文皇帝中之下

元嘉二十四年　春，正月，甲戌，大赦。

魏吐京胡及山胡曹仆浑等反[①]；二月，征东将军武昌王提等讨平之。

癸未，魏主如中山[②]。

魏师之克敦煌也，沮渠牧犍使人斫开府库，取金玉及宝器，因不复闭；小民争入盗取之，有司索盗不获。至是，牧犍所亲及守藏者告之，且言牧犍父子多蓄毒药，潜杀人前后以百数；况复姊妹皆学左道。有司索牧犍家，得所匿物；魏主大怒，赐沮渠昭仪死[③]，并诛其宗族，唯沮渠祖以先降得免。又有告牧犍犹与故臣民交通谋反者，三月，魏主遣崔浩就第赐牧犍死，谥曰哀王。

魏人徙定州丁零三千家于平城。

六月，魏西征诸将扶风公处真等八人，坐盗没军资及虏掠赃各千万计，并斩之。

初，上以货重物轻，改铸四铢钱。民多翦凿古钱，取铜盗铸。上患之。录尚书事江夏王义恭建议，请以大钱一当两。右仆射何尚之议曰："夫泉贝之兴，以估货为本，事存交易，岂假多铸！数少则币重，数多则物重，多少虽异，济用不殊。况复以一当两，徒崇虚价者邪！若今制遂行，富人之资自倍，贫者弥增其困，惧非所以使之均壹也。”上卒从义恭议。

秋，八月，乙未，徐州刺史衡阳文王义季卒。义季自彭城王义康之贬，遂纵酒不事事。帝以书诮责，且戒之；义季犹酣饮自若，以至成疾而终。

魏乐安宣王范卒。

冬，十月，壬午，胡藩之子诞世杀豫章太守桓隆之，据郡反，欲奉前彭城王义康为主；前交州刺史檀和之去官归，过豫章，击斩之。

十一月，甲寅，封皇子浑为汝阴王。

十二月，魏晋王伏罗卒。

杨文德据葭芦城，招诱氐、羌，武都等五郡氐皆附之[④]。

【注释】

①吐京胡：居住在山西石楼县的匈奴人，因石楼原名吐京，故称之吐京胡。 ②中山：县名，治所在今河北定州市。 ③沮渠昭仪：北凉国王沮渠蒙逊的女儿兴平公主，于宋文帝元嘉十年嫁于北魏太武帝拓跋焘为嫔妃，昭仪即其身为嫔妃的称号。 ④武都等五郡：指武都郡，治所在今甘肃陇南市武都区东南，天水郡，治所在今甘肃天水市，汉阳郡，治所在今甘肃天水市南，武阶郡，治所在今甘肃陇南市武都区东南，仇池郡，治所在今甘肃西和县西南。

二十五年 春，正月，魏仇池镇将皮豹子帅诸军击之。文德兵败，弃城奔汉中。豹子收其妻子、僚属、军资及杨保宗所尚魏公主而还。

初，保宗将叛，公主劝之。或曰：“奈何叛父母之国？”公主曰：“事成，为一国之母，岂比小县公主哉！”魏主赐之死。

杨文德坐失守，免官，削爵土。

二月，癸卯，魏主如定州，罢塞围役者；遂如上党[①]，诛潞县叛民二千余家[②]，徙河西离石民五千余家于平城[③]。

闰月，己酉，帝大蒐于宣武场[④]。

初，刘湛既诛，庾炳之遂见宠任，累迁吏部尚书，势倾朝野。炳之无文学，性强急轻浅。既居选部[⑤]，好诟詈宾客，且多纳货赂；

士大夫皆恶之。

炳之留令史二人宿于私宅[⑥]，为有司所纠。上薄其过，欲不问。仆射何尚之因极陈炳之之短曰："炳之见人有烛盘、佳驴，无不乞丐[⑦]；选用不平，不可一二；交结朋党，构扇是非，乱俗伤风，过于范晔，所少，贼一事耳。纵不加罪，故宜出之。"上欲以炳之为丹杨尹[⑧]。尚之曰："炳之蹈罪负恩，方复有尹京赫赫之授，乃更成其形势也。古人云：'无赏无罚，虽尧、舜不能为治[⑨]。'臣昔启范晔，亦惧犯颜，苟白愚怀，九死不悔。历观古今，未有众过藉藉[⑩]，受货数百万，更得高官厚禄如炳之者也。"上乃免炳之官，以徐湛之为丹杨尹。

彭城太守王玄谟上言："彭城要兼水陆，请以皇子抚临州事。"夏四月，乙卯，以武陵王骏为安北将军、徐州刺史。

五月，甲戌，魏以交趾公韩拔为鄯善王，镇鄯善，赋役其民，比之郡县。

当两大钱行之经时，公私不以为便；己卯，罢之。

六月，丙寅，荆州刺史南谯王义宣进位司空。

辛酉，魏主如广德宫[⑪]。

秋，八月，甲子，封皇子彧为淮阳王。

西域般悦国去平城万有余里[⑫]，遣使诣魏，请与魏东西合击柔然；魏主许之，中外戒严。

九月，辛未，以尚书右仆射何尚之为左仆射，领军将军沈演之为吏部尚书。

丙戌，魏主如阴山。

魏成周公万度归击焉耆[⑬]，大破之，焉耆王鸠尸卑那奔龟兹[⑭]。魏主诏唐和与前部王车伊洛帅所部兵会度归讨西域。和说降柳驴等六城[⑮]，因共击波居罗城[⑯]，拔之。

冬，十月，辛丑，魏弘农昭王奚斤卒，子它观袭。魏主曰："斤关西之败，罪固当死；朕以斤佐命先朝，复其爵邑，使得终天年，君臣之分亦足矣。"乃降它观爵为公。

癸亥，魏大赦。

十二月，魏万度归自焉耆西讨龟兹，留唐和镇焉耆。柳驴戍主乙直伽谋叛，和击斩之，由是诸胡咸服，西域复平。

魏太子朝于行宫，遂从伐柔然。至受降城[17]，不见柔然，因积粮于城内，置戍而还。

【注释】

①上党：郡名，治所在今山西长治市潞城区。 ②潞县：治所在今山西黎城县南古城。 ③河西：据胡注“河西”当作“西河”，西河，郡名，治所在今山西汾阳市。离石：镇名，治所在今山西吕梁市离石区。 ④宣武场：宋仿照洛阳在建康皇宫北面修筑的广场。 ⑤选部：指吏部，因吏部负责选拔人才委任官职，故称选部。 ⑥令史：官员，为吏部尚书属下掌管文案的专职官员，不应在尚书私人家中过夜。 ⑦丐（gài 盖）：乞求。 ⑧丹杨尹：宋国丹杨郡的行政长官，丹杨郡治所在建康，故丹杨尹为宋国首都的行政长官，地位非常重要。 ⑨无赏无罚：这二句来自西汉宣帝诏书中的话：“有功不赏，有罪不诛，虽唐、虞不能以化。”唐、虞即是尧、舜。 ⑩藉藉：杂乱众多的样子。 ⑪广德宫：魏帝在阴山之北修建的宫殿，因殿刚修好时，杨难当正好来朝，故名广德宫。 ⑫般悦国：“般悦”当作“悦般”，此国在今哈萨克斯坦巴尔喀什湖之东之南，到新疆准噶尔盆地一带。 ⑬焉耆：国名，治所在今新疆焉耆回族自治县。⑭龟兹（qiūcí 丘慈）：国名，在今新疆阿克苏市到轮台县之间。 ⑮柳驴：今地不详。 ⑯波居罗城：今地不详。 ⑰受降城：在今内蒙古巴彦淖尔市狼山西北，因西汉太初元年公孙敖主持修建，用来接应投降的匈奴人，故名受降城。

二十六年 春，正月，戊辰朔，魏主飨群臣于漠南。甲戌，复伐柔然。高凉王那出东道，略阳王羯儿出西道，魏主与太子出涿邪山[1]，行数千里。柔然处罗可汗恐惧远遁。

二月，己亥，上如丹徒[2]，谒京陵。三月，丁巳，大赦，募诸州乐移者数千家以实京口[3]。

庚寅，魏主还平城。

夏，五月，壬午，帝还建康。

庚寅，魏主如阴山。

帝欲经略中原，群臣争献策以迎合取宠。彭城太守王玄谟尤好进言，帝谓侍臣曰：“观玄谟所陈，令人有封狼居胥意[4]。”御史中丞袁淑言于上曰:“陛下今当席卷赵、魏,检玉岱宗;臣逢千载之会,愿上封禅书。”上悦。淑,耽之曾孙也。

秋,七月,辛未,以广陵王诞为雍州刺史。上以襄阳外接关、河,欲广其资力,乃罢江州军府⑤,文武悉配雍州;湘州入台租税⑥,悉给襄阳。

九月,魏主伐柔然,高凉王那出东道,略阳王羯儿出中道。柔然处罗可汗悉国中精兵围那数十重;那掘堑坚守,处罗数挑战,辄为那所败。以那众少而坚,疑大军将至,解围夜去;那引兵追之,九日九夜。处罗益惧,弃辎重,逾穹隆岭远遁⑦;那收其辎重,引军还,与魏主会于广泽⑧。略阳王羯儿收柔然民畜凡百余万。自是柔然衰弱,屏迹不敢犯魏塞。冬,十二月,戊申,魏主还平城。

沔北诸山蛮寇雍州⑨,建威将军沈庆之帅后军中兵参军柳元景、随郡太守宗悫等二万人讨之,八道俱进。先是,诸将讨蛮者皆营于山下以迫之,蛮得据山发矢石以击,官军多不利。庆之曰:“去岁蛮田大稔,积谷重岩,不可与之旷日相守也。不若出其不意,冲其腹心,破之必矣。”乃命诸军斩木登山,鼓噪而前,群蛮震恐;因其恐而击之,所向奔溃。

【注释】

①涿邪山:山名,约在今蒙古阿尔泰山脉东南部一带。 ②丹徒:县名,治所在今江苏镇江市。 ③京口:城名,即今江苏镇江市。 ④封狼居胥:狼居胥,山名,即今蒙古国境内肯特山,西汉大将霍去病北伐匈奴,曾封狼居胥山以纪功。 ⑤江州:州名,治所在豫章,即今江西南昌市。⑥湘州:州名,治所在长沙,即今湖南长沙市。 ⑦穹隆岭:山名,今地不详。 ⑧广泽:湖泊名,今地不详。 ⑨沔:沔水,即今汉水。

二十七年 春,正月,乙西,魏主如洛阳。

沈庆之自冬至春,屡破雍州蛮,因蛮所聚谷以充军食,前后斩首三千级,虏二万八千余口,降者二万五千余户。幸诸山大羊蛮凭险筑城①,守御甚固。庆之击之,命诸军连营于山中,开门相通,各穿池于营内,朝夕不外汲。顷之,风甚,蛮潜兵夜来烧营,诸军以池水沃火,多出弓弩夹射之,蛮兵散走。蛮所据险固,不可攻,庆之乃置六戍以守之。久之，蛮食尽，稍稍请降，悉迁于建康以为营户。

魏主将入寇，二月，甲午，大猎于梁川[②]。帝闻之，敕淮、泗诸郡："若魏寇小至，则各坚守；大至，则拔民归寿阳[③]。"边戍侦候不明，辛亥，魏主自将步骑十万奄至。南顿太守郑琨、颍川太守郑道隐并弃城走[④]。

是时，豫州刺史南平王铄镇寿阳，遣左军行参军陈宪行汝南郡事[⑤]，守悬瓠[⑥]，城中战士不满千人，魏主围之。

三月，以军兴，减内外百官俸三分之一。

魏人昼夜攻悬瓠，多作高楼，临城以射之，矢下如雨，城中负户以汲，施大钩于冲车之端以牵楼堞[⑦]，坏其南城；陈宪内设女墙[⑧]，外立木栅以拒之。魏人填堑，肉薄登城，宪督厉将士苦战，积尸与城等。魏人乘尸上城，短兵相接，宪锐气愈奋，战士无不一当百，杀伤万计，城中死者亦过半。

魏主遣永昌王仁将步骑万余，驱所掠六郡生口北屯汝阳[⑨]。时徐州刺史武陵王骏镇彭城，帝遣间使命骏发骑，赍三日粮袭之。骏发百里内马得千五百匹，分为五军，遣参军刘泰之帅安北骑兵行参军垣谦之、田曹行参军臧肇之[⑩]，集曹行参军尹定[⑪]、武陵左常侍杜幼文、殿中将军程天祚等将之，直趋汝阳。魏人唯虑救兵自寿阳来，不备彭城。丁酉，泰之等潜进，击之，杀三千余人，烧其辎重，魏人失散，诸生口悉得东走。魏人侦知泰之等兵无继，复引兵击之。垣谦之先退，士卒惊乱，弃仗走。泰之为魏人所杀，肇之溺死，天祚为魏所擒，谦之、定、幼文及士卒免者九百余人，马还者四百匹。

魏主攻悬瓠四十二日，帝遣南平内史臧质诣寿阳，与安蛮司马刘康祖共将兵救悬瓠。魏主遣殿中尚书任城公乞地真将兵逆拒之。质等击斩乞地真。康祖，道锡之从兄也。

夏，四月，魏主引兵还。癸卯，至平城。

壬子，安北将军武陵王骏降号镇军将军，垣谦之伏诛，尹定、杜幼文付尚方；以陈宪为龙骧将军、汝南、新蔡二郡太守[⑫]。

魏主遗帝书曰："前盖吴反逆，扇动关、陇。彼复使人就而诱之，丈夫遗以弓矢，妇人遗以环钏；是曹正欲谲诳取赂，岂有远相服从之理！为大丈夫，何不自来取之，而以货诱我边民？募往者复除七年，是赏奸也。我今来至此土所得多少，孰与彼前后得我民邪？

彼若欲存刘氏血食者，当割江以北输之，摄守南渡，当释江南使彼居之。不然，可善敕方镇、刺史、守宰严供帐之具，来秋当往取扬州。大势已至，终不相纵。彼往日北通蠕蠕，西结赫连、沮渠、吐谷浑，东连冯弘、高丽；凡此数国，我皆灭之。以此而观，彼岂能独立！

蠕蠕吴提、吐贺真皆已死[13]，我今北征，先除有足之寇。彼若不从命，来秋当复往取之；以彼无足，故不先讨耳。我往之日，彼作何计，为掘堑自守，为筑垣以自障也？我当显然往取扬州，不若彼翳行窃步也。彼来侦谍，我已擒之，复纵还。其人目所尽见，委曲善问之。

彼前使裴方明取仇池，既得之，疾其勇功，已不能容；有臣如此尚杀之，乌得与我校邪！彼非我敌也。彼常欲与我一交战，我亦不痴，复非苻坚[14]，何时与彼交战？昼则遣骑围绕，夜则离彼百里外宿；吴人正有斫营伎，彼募人以来，不过行五十里，天已明矣。彼募人之首，岂得不为我有哉！

彼公时旧臣虽老，犹有智策，知今已杀尽，岂非天资我邪！取彼亦不须我兵刃，此有善咒婆罗门[15]，当使鬼缚以来耳。"

【注释】

①幸诸山：今地不详。大羊蛮：蛮族的一支。　②梁川：疑指梁城郡，治所在今河南商丘市南。　③寿阳：宋国豫州的治所，在今安徽寿县。　④南顿：郡名，治所在今河南项城市西南。颍川：郡名，治所在今河南许昌市。　⑤汝南：郡名，治所在今河南汝南县。　⑥悬瓠：城名，即汝南郡治所所在，为当时军事重镇之一，在今河南汝南县。　⑦冲车：古代攻城时用来冲撞城门城墙的战车。楼堞（dié 蝶）：城上的矮墙，又叫女墙。　⑧女墙：即城堞。见注⑦。　⑨汝阳：郡名，治所在今河南商水县西北。　⑩田曹：官名，负责营田事务，为安北将军的下属官吏。⑪集曹：官名，负责安集流散的民户和士兵，亦为安北将军的属官。

⑫新蔡：郡名，当时与汝南郡两郡合为一郡，治所在悬瓠城，即今河南汝南县。 ⑬吴提：柔然敕连可汗郁久闾吴提。吐贺真：柔然处罗可汗郁久闾吐贺真。 ⑭苻坚：前秦第四任国王，曾率大军进攻东晋，在淝水之战中大败。 ⑮婆罗门：古印度婆罗门教的僧侣，善于咒术。

侍中、左卫将军江湛迁吏部尚书。湛性公廉，与仆射徐湛之并为主上所宠信，时称江、徐。

魏司徒崔浩，自恃才略及魏主所宠任，专制朝权，尝荐冀、定、相、幽、并五州之士数十人，皆起家为郡守。太子晃曰："先征之人，亦州郡之选也；在职已久，勤劳未答，宜先补郡县，以新征者代为郎吏。且守令治民，宜得更事者。"浩固争而遣之。中书侍郎、领著作郎高允闻之，谓东宫博士管恬曰："崔公其不免乎！苟遂其非而校胜于上，将何以堪之！"

魏主以浩监秘书事，使与高允等共撰《国记》，曰："务从实录。"著作令史闵湛、郗标，性巧佞，为浩所宠信。浩尝注《易》及《论语》《诗》《书》，湛、标上疏言："马、郑、王、贾不如浩之精微，乞收境内诸书，班浩所注，令天下习业。并求敕浩注《礼传》，令后生得观正义。"浩亦荐湛、标有著述才。湛、标又劝浩刊所撰《国史》于石，以彰直笔。高允闻之，谓著作郎宗钦曰："湛、标所营，分寸之间，恐为崔门万世之祸，吾徒亦无噍类矣！"浩竟用湛、标议，刊石立于郊坛东，方百步，用功三百万。浩书魏之先世，事皆详实，列于衢路，往来见者咸以为言。北人无不忿恚，相与谮浩于帝，以为暴扬国恶。帝大怒，使有司按浩及秘书郎吏等罪状。

初，辽东公翟黑子有宠于帝，奉使并州，受布千匹。事觉，黑子谋于高允曰："主上问我，当以实告，为当讳之？"允曰："公帷幄宠臣，有罪首实，庶或见原，不可重为欺罔也。"中书侍郎崔览、公孙质曰："若首实，罪不可测，不如讳之。"黑子怨允曰："君奈何诱人就死地！"入见帝，不以实对，帝怒，杀之。帝使允授太子经。

及崔浩被收，太子召允至东宫，因留宿。明旦，与俱入朝，至宫门，谓允曰："入见至尊，吾自导卿；脱至尊有问，但依吾语。"允曰："为何等事也？"太子曰："入自知之。"太子见帝，言："高允小心慎密，且微贱；制由崔浩，请赦其死！”帝召允，问曰：“《国书》皆浩所为乎？”对曰：“《太祖记》[①]，前著作郎邓渊所为；《先帝记》及《今记》[②]，臣与浩共为之。然浩所领事多，总裁而已；至于著述，臣多于浩。”帝怒曰：“允罪甚于浩，何以得生！”太子惧，曰：“天威严重，允小臣，迷乱失次耳。臣向问，皆云浩所为。”帝问允：“信如东宫所言乎？”对曰：“臣罪当灭族，不敢虚妄。殿下以臣侍讲日久，哀臣，欲丐其生耳。实不问臣，臣亦无此言，不敢迷乱。”帝顾太子曰：“直哉！此人情所难，而允能为之！临死不易辞，信也；为臣不欺君，贞也。宜特除其罪以旌之。”遂赦之。

于是召浩前，临诘之。浩惶惑不能对。允事事申明，皆有条理。帝命允为诏，诛浩及僚属宗钦、段承根等，下至僮吏，凡百二十八人，皆夷五族[③]；允持疑不为。帝频使催切，允乞更一见，然后为诏。帝引使前，允曰：“浩之所坐，若更有余衅，非臣敢知；若直以触犯，罪不至死。”帝怒，命武士执允。太子为之拜请，帝意解，乃曰：“无斯人，当有数千口死矣。”

六月，己亥，诏诛清河崔氏与浩同宗者无远近，及浩姻家范阳卢氏、太原郭氏、河东柳氏，并夷其族，余皆止诛其身。絷浩置槛内，送城南，卫士数十人溲其上，呼声嗷嗷，闻于行路。宗钦临刑叹曰：“高允其殆圣乎！”

他日，太子让允曰：“人亦当知机。吾欲为卿脱死，既开端绪；而卿终不从，激怒帝如此。每念之，使人心悸。”允曰：“夫史者，所以记人主善恶，为将来劝戒，故人主有所畏忌，慎其举措。崔浩孤负圣恩，以私欲没其廉洁，爱憎蔽其公直，此浩之责也。至于书朝廷起居，言国家得失，此为史之大体，未为多违。臣与浩实同其事，死生荣辱，义无独殊。诚荷殿下再造之慈，违心苟免，非臣所愿也。”太子动容称叹。允退，谓人曰：“我不奉东宫指导者，恐负翟黑子故也。”

初，冀州刺史崔赜，武城男崔模，与浩同宗而别族；浩常轻侮之，由是不睦。及浩诛，二家独得免。赜，逞之子也。

辛丑，魏主北巡阴山。魏主既诛崔浩而悔之。会北部尚书李孝伯病笃，或传已卒，魏主悼之曰：“李宣城可惜[④]！”既而曰：“朕失言;崔司徒可惜,李宣城可哀!”孝伯,顺之从父弟也,自浩之诛,军国谋议皆出孝伯,宠眷亚于浩。

【注释】

①《太祖记》:北魏第一任皇帝道武帝拓跋珪的传记。②《先帝记》:北魏第二任皇帝明元帝拓跋嗣的传记。《今记》:指当时在位的太武帝拓跋焘的传记。③五族:指有直系旁系关系的五种亲族。④李宣城:李孝伯封为宣城公,故称李宣城。

初,车师大帅车伊洛世服于魏[1],魏拜伊洛平西将军,封前部王。伊洛将入朝,沮渠无讳断其路,伊洛屡与无讳战,破之。无讳卒,弟安周夺其子乾寿兵,伊洛遣人说乾寿,乾寿遂帅其民五百余家奔魏;伊洛又说李宝弟钦等五十余人下之,皆送于魏。伊洛西击焉耆,留其子歇守城,沮渠安周引柔然兵间道袭之,攻拔其城。歇走就伊洛,共收余众,保焉耆镇,遣使上书于魏主,言:“为沮渠氏所攻,首尾八年,百姓饥穷,无以自存。臣今弃国出奔,得免者仅三分之一,已至焉耆东境,乞垂赈救!”魏主诏开焉耆仓以赈之。

吐谷浑王慕利延为魏所逼,上表求入保越嶲[2],上许之;慕利延竟不至。

上欲伐魏,丹杨尹徐湛之、吏部尚书江湛、彭城太守王玄谟等并劝之;左军将军刘康祖以为“岁月已晚,请待明年”。上曰:“北方苦虏虐政,义徒并起。顿兵一周,沮向义之心,不可。”

太子步兵校尉沈庆之谏曰:“我步彼骑,其势不敌。檀道济再行无功,到彦之失利而返。今料王玄谟等,未逾两将,六军之盛,不过往时,恐重辱王师。”上曰:“王师再屈,别自有由,道济养寇自资,彦之中途疾动。虏所恃者唯马;今夏水浩汗,河道流通,泛舟北下,碻磝必走,滑台小戍,易可覆拔。克此二城,馆谷吊民,虎牢、洛阳,自然不固。比及冬初,城守相接,虏马过河,即成擒也。”庆之又固陈不可。上使徐湛之、江湛难之。庆之曰:“治国譬如治家,耕当问奴,织当访婢。陛下今欲伐国,而与白面书生辈谋之,事何由济!”上大笑。

太子劭及护军将军萧思话亦谏,上皆不从。

魏主闻上将北伐，复与上书曰："彼此和好日久，而彼志无厌，诱我边民。今春南巡，聊省我民，驱之便还。今闻彼欲自来，设能至中山及桑干川[③]，随意而行，来亦不迎，去亦不送。若厌其区宇者，可来平城居，我亦往扬州，相与易地。彼年已五十，未尝出户，虽自力而来，如三岁婴儿，与我鲜卑生长马上者果如何哉！更无余物，可以相与，今送猎马十二匹并毡、药等物。彼来道远，马力不足，可乘；或不服水土，药可自疗也。"

秋，七月，庚午，诏曰："虏近虽摧挫，兽心靡革。比得河朔、秦、雍华戎表疏，归诉困棘，跂望绥拯，潜相纠结以候王师；芮芮亦遣间使远输诚款[④]，誓为掎角；经略之会，实在兹日。可遣宁朔将军王玄谟帅太子步兵校尉沈庆之、镇军谘议参军申坦水军入河，受督于青、冀二州刺史萧斌；太子左卫率臧质、骁骑将军王方回径造许、洛；徐、兖二州刺史武陵王骏、豫州刺史南平王铄各勒所部，东西齐举；梁、南、北秦三州刺史刘秀之震荡汧、陇[⑤]；太尉、江夏王义恭出次彭城，为众军节度。"坦，钟之曾孙也。

是时军旅大起，王公、妃主及朝士、牧守，下至富民，各献金帛、杂物以助国用。又以兵力不足，悉发青、冀、徐、豫、二兖六州三五民丁[⑥]，倩使暂行，符到十日装束；缘江五郡集广陵[⑦]，缘淮三郡集盱眙[⑧]。又募中外有马步众艺武力之士应科者，皆加厚赏。有司又奏军用不充，扬、南徐、兖、江四州富民家资满五十万[⑨]，僧尼满二十万，并四分借一，事息即还。

【注释】

①车师：国名，在今新疆吐鲁番市西北雅尔湖村附近。 ②越嶲（xī 西）：县名，治所在今四川越西县。 ③中山：郡名，治所在今河北定州市。桑干川：即桑干河，在今山西山阴县至河北阳原县一带。 ④芮芮：指柔然，当时魏人称之为蠕蠕，宋人称之为芮芮，是同音异译。 ⑤汧、陇：汧指汧水，即今陕西西部的渭水支流千水。陇指陇右地区，即今甘肃陇山以西和黄河以东一带。 ⑥二兖：指北兖州、南兖州，二州治所分别在今山东济宁市兖州区和江苏扬州市。三五民丁：指一家有三个男子则抽调一人、家有五个男子则调二人入伍。 ⑦缘江五郡：指南东海、南兰陵、南琅邪、南东莞、晋陵郡。广陵：郡名，治所在今江苏扬州市。 ⑧缘

淮三郡：指临淮、淮陵、下邳郡。盱眙（xū yí 虚移）：郡名，治所在今江苏盱眙县。 ⑨扬、南徐：扬州，治所在建康，即今江苏南京市。南徐州：治所在京口即今江苏镇江市。

建武司马申元吉引兵趋碻磝。乙亥，魏济州刺史王买德弃城走。萧斌遣将军崔猛攻乐安[1]，魏青州刺史张淮之亦弃城走。斌与沈庆之留守碻磝，使王玄谟进围滑台。雍州刺史随王诞遣中兵参军柳元景、振威将军尹显祖、奋武将军曾方平、建武将军薛安都、略阳太守庞法起将兵出弘农。后军外兵参军庞季明，年七十余，自以关中豪右，请入长安招合夷、夏，诞许之；乃自资谷入卢氏[2]，卢氏民赵难纳之。季明遂诱说士民，应之者甚众，安都等因之，自熊耳山出[3]；元景引兵继进。豫州刺史南平王铄遣中兵参军胡盛之出汝南，梁坦出上蔡向长社[4]。魏荆州刺史鲁爽镇长社，弃城走。爽，轨之子也。幢主王阳儿击魏豫州刺史仆兰，破之，仆兰奔虎牢；铄又遣安蛮司马刘康祖将兵助坦，进逼虎牢。

魏群臣初闻有宋师，言于魏主，请遣兵救缘河谷帛。魏主曰："马今未肥，天时尚热，速出必无功。若兵来不止，且还阴山避之。国人本著羊皮袴，何用绵帛！展至十月，吾无忧矣。"

九月，辛卯，魏主引兵南救滑台，命太子晃屯漠南以备柔然，吴王余守平城。庚子，魏发州郡兵五万分给诸军。

王玄谟士众甚盛，器械精严；而玄谟贪愎好杀。初围滑台，城中多茅屋，众请以火箭烧之。玄谟曰："彼，吾财也，何遽烧之！"城中即撤屋穴处。时河、洛之民竞出租谷、操兵来赴者日以千数，玄谟不即其长帅而以配私暱；家付匹布，责大梨八百，由是众心失望。攻城数月不下，闻魏救将至，众请发车为营，玄谟不从。

冬，十月，癸亥，魏主至枋头[5]，使关内侯代人陆真夜与数人犯围，潜入滑台，抚慰城中，且登城视玄谟营曲折还报。乙丑，魏主渡河，众号百万，鞞鼓之声[6]，震动天地；玄谟惧，退走。魏人追击之，死者万余人，麾下散亡略尽，委弃军资器械山积。

先是，玄谟遣钟离太守垣护之以百舸为前锋，据石济[7]，在滑台西南百二十里。护之闻魏兵将至，驰书劝玄谟急攻，曰："昔武皇攻广固,死没者甚众。况今事迫于曩日,岂得计士众伤疲!愿以屠城为急。”玄谟不从;及玄谟败退,不暇报护之。魏人以所得玄谟战舰连以铁锁三重,断河以绝护之还路。河水迅急,护之中流而下,每至铁锁,以长柯斧断之,魏不能禁;唯失一舸,余皆完备而返。

萧斌遣沈庆之将五千人救玄谟,庆之曰:“玄谟士众疲老,寇虏已逼,得数万人乃可进,小军轻往,无益也。”斌固遣之。会玄谟遁还,斌将斩之,庆之固谏曰:“佛狸威震天下⑧,控弦百万,岂玄谟所能当!且杀战将以自弱,非良计也。”斌乃止。

斌欲固守碻磝,庆之曰:“今青、冀虚弱,而坐守穷城,若虏众东过,清东非国家有也。碻磝孤绝,复作朱修之滑台耳⑨。”会诏使至,不听斌等退师。斌复召诸将议之,并谓宜留,庆之曰:“阃外之事⑩,将军得以专之。诏从远来,不知事势。节下有一范增不能用⑪,空议何施!”斌及坐者并笑曰:“沈公乃更学问!”庆之厉声曰:“众人虽知古今,不如下官耳学也⑫。”斌乃使王玄谟戍碻磝,申坦、垣护之据清口⑬,自帅诸军还历城⑭。

【注释】

①乐安:郡名,治所在今山东博兴县。　②货谷:地名,在今河南卢氏县南。卢氏:县名,治所在今河南卢氏县。　③熊耳山:在河南卢氏县南。　④上蔡:县名,治所在今河南上蔡县。长社:县名,治所在今河南长葛市。　⑤枋头:地名,在今河南浚县西南淇门渡。　⑥鞞(pí 皮):一种小鼓,也泛指战鼓。　⑦石济:即石济津,在今河南滑县西南古黄河上。　⑧佛狸:魏太武帝拓跋焘的小名。　⑨朱修之滑台:宋文帝元嘉八年魏宋大战,宋将朱修之坚守滑台数月之久,因无外援,城破被俘。⑩阃(kǔn 捆)外之事:泛指军事职务为阃外,阃外之事即战争之事。⑪范增:楚汉相争时,项羽的谋士,有奇谋而项羽不能用。这是引用刘邦的话。　⑫耳学:指未亲自读书学习,但能听别人讲说而学习其中的知识。　⑬清口:地名,在今山东梁山县东南。　⑭历城:地名,在今山东济南市,为当时宋国冀州治所所在。

闰月,庞法起等诸军入卢氏,斩县令李封,以赵难为卢氏令,使帅其众为乡导。柳元景自百丈崖从诸军于卢氏[①]。法起等进攻弘农[②],辛未,拔之,擒魏弘农太守李初古拔。薛安都留屯弘农;丙戌,庞法起进向潼关[③]。

魏主命诸将分道并进:永昌王仁自洛阳趋寿阳,尚书长孙真趣马头[④],楚王建趣钟离[⑤],高凉王那自青州趣下邳[⑥],魏主自东平趣邹山[⑦]。

十一月,辛卯,魏主至邹山,鲁郡太守崔邪利为魏所擒。魏主见秦始皇石刻[⑧],使人排而仆之,以太牢祠孔子[⑨]。

楚王建自清西进,屯萧城[⑩];步尼公自清东进,屯留城[⑪]。武陵王骏遣参军马文恭将兵向萧城,江夏王义恭遣军主嵇玄敬将兵向留城。文恭为魏所败。步尼公遇玄敬,引兵趣苞桥[⑫];欲渡清西;沛县民烧苞桥[⑬],夜于林中击鼓,魏以为宋兵大至,争渡苞水,溺死者殆半。

诏以柳元景为弘农太守。元景使薛安都、尹显祖先引兵就庞法起等于陕[⑭],元景于后督租。陕城险固,诸军攻之不拔。魏洛州刺史张是连提帅众二万度崤救陕[⑮],安都等与战于城南。魏人纵突骑,诸军不能敌;安都怒,脱兜鍪,解铠,唯著降纳两当衫[⑯],马亦去具装,瞋目横矛,单骑突陈,所向无前,魏人夹射不能中。如是数四,杀伤不可胜数。会日暮,别将鲁元保引兵自函谷关至[⑰],魏兵乃退。元景遣军副柳元怙将步骑二千救安都等[⑱],夜至,魏人不之知。明日,安都等陈于城西南。曾方平谓安都曰:“今勍敌在前,坚城在后,是吾取死之日。卿若不进,我当斩卿;我若不进,卿斩我也!”安都曰:“善,卿言是也!”遂合战。元怙引兵自南门鼓噪直出,旌旗甚盛,魏众惊骇。安都挺身奋击,流血凝肘,矛折,易之更入,诸军齐奋。自旦至日昃,魏众大溃,斩张是连提及将卒三千余级,其余赴河堑死者甚众,生降二千余人。明日,元景至,让降者曰:“汝辈本中国民,今为虏尽力,力屈乃降,何也?”皆曰:“虏驱民使战,后出者灭族,以骑蹙步,未战先死,此将军所亲见也。”诸将欲尽杀之,元景曰:“今王旗北指,当使仁声先路。”尽释而遣之,皆称万岁而去。甲午,克陕城。

庞法起等进攻潼关,魏戍主娄须弃城走,法起等据之。关中豪杰所在蜂起，及四山羌、胡皆来送款[19]。

上以王玄谟败退，魏兵深入，柳元景等不宜独进，皆召还。元景使薛安都断后，引兵归襄阳。诏以元景为襄阳太守。

魏永昌王仁攻悬瓠、项城[20]，拔之。帝恐魏兵至寿阳，召刘康祖使还。癸卯，仁将八万骑追及康祖于尉武[21]。康祖有众八千人，军副胡盛之欲依山险间行取至，康祖怒曰："临河求敌，遂无所见；幸其自送，奈何避之！"乃结车营而进，下令军中曰："顾望者斩首，转步者斩足！"魏人四面攻之，将士皆殊死战。自旦至晡，杀魏兵万余人，流血没踝，康祖身被十创，意气弥厉。魏分其众为三，且休且战。会日暮风急，魏以骑负草烧军营，康祖随补其阙。有流矢贯康祖颈，坠马死，余众不能战，遂溃，魏人掩杀殆尽。

南平王铄使左军行参军王罗汉以三百人戍尉武。魏兵至，众欲依卑林以自固，罗汉以受命居此，不去。魏人攻而擒之，锁其颈，使三郎将掌之[22]；罗汉夜断三郎将首，抱锁亡奔盱眙。

魏永昌王仁进逼寿阳，焚掠马头、钟离；南平王铄婴城固守。

【注释】

①百丈崖：在河南卢氏县境温谷之南。　②弘农：郡名，治所在今河南灵宝市。　③潼关：关塞名，在今陕西潼关县。　④马头：城名，在今安徽怀远县南淮河南岸马头城。　⑤钟离：郡名，治所在今安徽凤阳县东北。　⑥下邳：县名，治所在今江苏睢宁县西北古邳镇东。　⑦邹山：山名，在今山东邹城市境内。东平：郡名，治所在今山东东平县。　⑧秦始皇石刻：秦始皇于前219年在邹山刻石立碑，歌颂统一天下的功德。⑨太牢：最高级的祭祀规格，用猪、牛、羊各一只。　⑩萧城：城名，在今安徽萧县西北。　⑪留城：城名，在今江苏沛县东南。　⑫苞桥：桥名，在今江苏沛县西古苞水上。苞水，流经今江苏沛县西部。　⑬沛县：县名。治所在今江苏沛县。　⑭陕：即陕城，治所在今河南三门峡市陕州区。　⑮崤：山名，在今河南三门峡市陕州区东南。　⑯两当衫：前面挡心后面挡背的一种布衫。⑰函谷关：关塞名，在今河南洛阳市之西。⑱军副：宋制，一军之将谓之军主，其副将称为军副。　⑲四山：指关中地区四周的山峰。　⑳项城：县名，治所在今河南项城市。　㉑尉武：县名，治所在今安徽寿县西北。　㉒三郎将：魏国官名，主管内三郎，亦泛指卫士。

魏兵在萧城，去彭城十余里。彭城兵虽多而食少，太尉江夏王义恭欲弃彭城南归。安北中兵参军沈庆之以为历城兵少食多，欲为函箱车陈，以精兵为外翼，奉二王及妃女直趋历城；分兵配护军萧思话，使留守彭城。太尉长史何勗欲席卷奔郁洲[①]，自海道还京师。义恭去意已判，唯二议弥日未决。安北长史沛郡太守张畅曰："若历城、郁洲有可至之理，下官敢不高赞！今城中乏食，百姓咸有走志，但以关扃严固，欲去莫从耳。一旦动足，则各自逃散，欲至所在，何由可得！今军食虽寡，朝夕犹未窘罄；岂有舍万安之术而就危亡之道！若此计必行，下官请以颈血污公马蹄。"武陵王骏谓义恭曰："阿父既为总统，去留非所敢干，道民忝为城主[②]，而委镇奔逃，实无颜复奉朝廷，必与此城共其存没，张长史言不可异也。"义恭乃止。

壬子，魏主至彭城，立毡屋于戏马台以望城中[③]。

马文恭之败也，队主蒯应没于魏。魏主遣应至小市门求酒及甘蔗；武陵王骏与之，仍就求橐驼。明日，魏主使尚书李孝伯至南门，饷义恭貂裘，饷骏橐驼及骡，且曰："魏主致意安北，可暂出见我；我亦不攻此城，何为劳苦将士，备守如此！"骏使张畅开门出见之曰："安北致意魏主，常迟面写，但以人臣无境外之交，恨不暂悉。备守乃边镇之常，悦以使之，则劳而无怨耳。"魏主求甘橘及借博具，皆与之；复饷毡及九种盐胡豉[④]。又借乐器，义恭应之曰："受任戎行，不赍乐具。"孝伯问畅："何为匆匆闭门绝桥？"畅曰："二王以魏主营垒未立，将士疲劳，此精甲十万，恐轻相陵践，故闭城耳。待休息士马，然后共治战场，刻日交戏。"孝伯曰："宾有礼，主则择之。"畅曰："昨见众宾至门，未为有礼。"魏主使人来言曰："致意太尉、安北，何不遣人来至我所？彼此之情，虽不可尽，要须见我小大，知我老小，观我为人。若诸佐不可遣，亦可使僮干来。"畅以二王命对曰："魏主形状才力，久为来往所具。李尚书亲自衔命，不患彼此不尽，故不复遣使。"孝伯又曰："王玄谟亦常才耳，南国何意作如此任使，以致奔败？自入此境七百余里，主人竟不能一相拒逆。邹山之险，君家所凭，前锋始接，崔邪利遽藏入穴，诸将倒曳出之。魏主赐其余生，今从在此。”畅曰：“王玄谟南土偏将，不谓为才，但以之为前驱。大军未至，河冰向合，玄谟因夜还军，致戎马小乱耳。崔邪利陷没，何损于国！魏主自以数十万众制一崔邪利，乃足言邪！知入境七百里无相拒者，此自太尉神算，镇军圣略，用兵有机，不用相语。”孝伯曰：“魏主当不围此城，自帅众军直造瓜步[⑤]。南事若办，彭城不待围；若其不捷，彭城亦非所须也。我今当南饮江湖以疗渴耳。”畅曰：“去留之事，自适彼怀。若虏马遂得饮江，便为无复天道。”先是童谣云：“虏马饮江水，佛狸死卯年。”故畅云然。畅音容雅丽，孝伯与左右皆叹息。孝伯亦辩赡，且去，谓畅曰：“长史深自爱，相去步武，恨不执手。”畅曰：“君善自爱，冀荡定有期，君若得还宋朝，今为相识之始。”

上起杨文德为辅国将军，引兵自汉中西入，摇动汧、陇。文德宗人杨高帅阴平、平武群氐拒之[⑥]，文德击高，斩之，阴平、平武悉平。梁、南秦二州刺史刘秀之遣文德伐啖提氐[⑦]，不克，执送荆州；使文德从祖兄头戍葭芦。

【注释】

①郁洲：又名田横岛，在今江苏连云港市东云台山一带。古时为海岛，清代始与大陆连在一起。 ②道民：刘骏字道民。 ③戏马台：在彭城城南，高十仞，方百步，是项羽所筑。 ④九种盐胡豉：盐有九种，如白盐、黑盐、胡盐、戎盐、驳盐、马齿盐等，除白盐为食盐外，其余皆可治病。胡豉：胡人制作的豆豉。 ⑤瓜步：山名，在今江苏南京市六合区东南，又名瓜埠山，南临长江，为当时护卫建康的军事要地。 ⑥阴平：郡名，治所在今甘肃文县西白龙江北岸。平武：郡名，治所在今四川平武县东北。 ⑦梁、南秦二州：宋国此二州实为一州，治所在汉中，即今陕西汉中市。啖提：今地不详。

丁未，大赦。

魏主攻彭城，不克。十二月，丙辰朔，引兵南下，使中书郎鲁秀出广陵，高凉王那出山阳[①]，永昌王仁出横江[②]，所过无不残灭，城邑皆望风奔溃。戊午，建康纂严。己未，魏兵至淮上。

上使辅国将军臧质将万人救彭城，至盱眙，魏主已过淮。质使冗从仆射胡崇之、积弩将军臧澄之营东山[3]，建威将军毛熙祚据前浦[4]，质营于城南。乙丑，魏燕王谭攻崇之等，三营皆败没，质按兵不敢救。澄之，焘之孙；熙祚，修之之兄子也。是夕，质军亦溃，质弃辎重器械，单将士百人赴城。

初，盱眙太守沈璞到官，王玄谟犹在滑台，江淮无警。璞以郡当冲要，乃缮城浚隍，积财谷，储矢石，为城守之备。僚属皆非之，朝廷亦以为过。及魏兵南向，守宰多弃城走。或劝璞宜还建康，璞曰："虏若以城小不顾，夫复何惧！若肉薄来攻，此乃吾报国之秋，诸君封侯之日也，奈何去之！诸君尝见数十万人聚于小城之下而不败者乎？昆阳、合肥[5]，前事之明验也。"众心稍定。璞收集得二千精兵，曰："足矣。"及臧质向城，众谓璞曰："虏若不攻城，则无所事众；若其攻城，则城中止可容见力耳，地狭人多，鲜不为患。且敌众我寡，人所共知。若以质众能退敌完城者，则全功不在我；若避罪归都，会资舟楫，必更相蹂践。正足为患，不若闭门勿受。"璞叹曰："虏必不能登城，敢为诸君保之。舟楫之计，固已久息。虏之残害，古今未有，屠剥之苦，众所共见，其中幸者，不过驱还北国作奴婢耳。彼虽乌合，宁不惮此邪！所谓'同舟而济，胡、越一心'者也[6]。今兵多则虏退速，少则退缓。吾宁可欲专功而留虏乎！"乃开门纳质。质见城中丰实，大喜，众皆称万岁；因与璞共守。

魏人之南寇也，不赍粮用，唯以抄掠为资。及过淮，民多窜匿，抄掠无所得，人马饥乏；闻盱眙有积粟，欲以为北归之资。既破崇之等，一攻城不拔，即留其将韩元兴以数千人守盱眙，自帅大众南向。由是盱眙得益完守备。

庚午，魏主至瓜步，坏民庐舍，及伐苇为筏，声言欲渡江。建康震惧，民皆荷担而立。壬午，内外戒严，丹杨统内尽户发丁，王公以下子弟皆从役。命领军将军刘遵考等将兵分守津要，游逻上接于湖[7]，下至蔡洲[8]，陈舰列营，周亘江滨，自采石至于暨阳[9]，六七百里。太子劭出镇石头，总统水军，丹杨尹徐湛之守石头仓城，吏部尚书江湛兼领军，军事处置悉以委焉。

上登石头城，有忧色，谓江湛曰："北伐之计，同议者少。今日士民劳怨，不得无惭，贻大夫之忧，予之过也。”又曰：“檀道济若在，岂使胡马至此！”上又登莫府山[10]，观望形势，购魏主及王公首，许以封爵、金帛；又募人赍野葛酒置空村中，欲以毒魏人，竟不能伤。

魏主凿瓜步山为蟠道，于其上设毡屋，魏主不饮河南水，以橐驼负河北水自随。饷上橐驼、名马，并求和，请婚。上遣奉朝请田奇饷以珍羞、异味。魏主得黄甘，即啖之，并大进酃酒[11]。左右有附耳语者，疑食中有毒。魏主不应，举手指天，以其孙示奇曰：“吾远来至此，非欲为功名，实欲继好息民，永结姻援。宋若能以女妻此孙，我又女妻武陵王，自今匹马不复南顾。”

奇还，上召太子劭及群臣议之。众并谓宜许，江湛曰：“戎狄无亲，许之无益。”劭怒，谓湛曰：“今三王在厄[12]，讵宜苟执异议！”声色甚厉。坐散，俱出，劭使班剑及左右排湛，湛几至僵仆。

劭又言于上曰：“北伐败辱，数州沦破，独有斩江湛、徐湛之可以谢天下。”上曰：“北伐自是我意，江、徐但不异耳。”由是太子与江、徐不平，魏亦竟不成婚。

【注释】

①山阳：郡名，治所在今江苏淮安市。　②横江：地名，在今安徽和县东南长江北岸。　③东山：在今江苏盱眙县东南。　④前浦：地名，在今江苏盱眙县境内。　⑤昆阳、合肥：昆阳，在今河南叶县，23 年，王寻百万大军败于昆阳城下。合肥：在今安徽合肥市，253 年，诸葛恪二十万大军败于合肥城下。皆大军聚于小城之下而最终失败的著名战例。⑥同舟而济：此二句来自王弼的名言：“同舟而济，则胡、越何患乎异心！”意为在同乘一条船渡河时，虽然是毫无关系的人也会自然而然地同心协力起来。　⑦于湖：在今安徽当涂县南。　⑧蔡州：在今江苏南京市西南，原为长江中的沙洲，今已联为陆地。　⑨采石：一名牛渚山，在安徽当涂县西北。暨阳：县名，治所在今江苏江阴市东南。　⑩莫府山：在今江苏南京市西。　⑪酃（líng 灵）酒：用酃湖的水制成的名酒。酃湖，在今湖南衡阳市东。　⑫三王：指江夏王刘义恭、武陵王刘骏、南平王刘铄，前二王在彭城，后一王在寿阳。

资治通鉴卷第一百二十六

宋纪八 起重光单阏，尽玄黓执徐，凡二年。

太祖文皇帝下之上

元嘉二十八年 春，正月，丙戌朔，魏主大会群臣于瓜步山上，班爵行赏有差。魏人缘江举火；太子左卫率尹弘言于上曰："六夷如此[①]，必走。"丁亥，魏掠居民、焚庐舍而去。

胡诞世之反也，江夏王义恭等奏彭城王义康数有怨言，摇动民听，故不逞之族因以生心，请徙义康广州。上将徙义康，先遣使语之；义康曰："人生会死，吾岂爱生！必为乱阶，虽远何益！请死于此，耻复屡迁。"竟未及往。魏师至瓜步，人情恟惧。上虑不逞之人复奉义康为乱；太子劭及武陵王骏、尚书左仆射何尚之屡启宜早为之所；上乃遣中书舍人严龙赍药赐义康死。义康不肯服，曰："佛教不许自杀；愿随宜处分。"使者以被掩杀之[②]。

江夏王义恭以碻磝不可守，召王玄谟还历城；魏人追击败之，遂取碻磝。

初，上闻魏将入寇，命广陵太守刘怀之逆烧城府、船乘，尽帅其民渡江。山阳太守萧僧珍悉敛其民入城，台送粮仗诣盱眙及滑台者，以路不通，皆留山阳；蓄陂水令满，须魏人至，决以灌之。魏人过山阳，不敢留，因攻盱眙。

魏主就臧质求酒，质封溲便与之；魏主怒，筑长围，一夕而合；运东山土石以填堑，作浮桥于君山[③]，绝水陆道。魏主遗质书曰：

"吾今所遣斗兵,尽非我国人,城东北是丁零与胡[4],南是氐、羌。设使丁零死,正可减常山、赵郡贼[5];胡死,减并州贼[6];氐、羌死,减关中贼。卿若杀之,无所不利。"质复书曰:"省示,具悉奸怀。尔自恃四足,屡犯边。王玄谟退于东,申坦散于西,尔知其所以然邪?尔独不闻童谣之言乎?盖卯年未至,故以二军开饮江之路耳;冥期使然,非复人事。寡人受命相灭,期之白登[7],师行未远。尔自送死,岂容复令尔生全,飨有桑干哉!尔有幸得为乱兵所杀,不幸则生相锁缚,载以一驴,直送都市耳。我本不图全,若天地无灵,力屈于尔,齑之[8],粉之,屠之,裂之,犹未足以谢本朝。尔智识及众力,岂能胜苻坚邪!今春雨已降,兵方四集,尔但安意攻城,勿遽走!粮食乏者可见语,当出廪相贻。得所送剑刃,欲令我挥之尔身邪?"魏主大怒,作铁床,于其上施铁镵[9],曰:"破城得质,当坐之此上。"质又与魏众书曰:"尔语虏中诸士庶:佛狸所与书,相待如此。尔等正朔之民[10],何为自取糜灭,岂可不知转祸为福邪!"并写台格以与之云[11]:"斩佛狸首,封万户侯,赐布、绢各万匹。"

魏人以钩车钩城楼[12],城内系以驱絙[13],数百人叫呼引之,车不能退。既夜,缒桶悬卒出,截其钩,获之。明旦,又以冲车攻城,城土坚密,每至,颓落不过数升。魏人乃肉薄登城,分番相代,坠而复升,莫有退者,杀伤万计,尸与城平。凡攻之三旬,不拔。会魏军中多疾疫,或告以建康遣水军自海入淮,又敕彭城断其归路;二月,丙辰朔,魏主烧攻具退走。盱眙人欲追之,沈璞曰:"今兵不多,虽可固守,不可出战,但整舟楫,示若欲北渡者,以速其走,计不须实行也。"

臧质以璞城主,使之上露版[14],璞固辞,归功于质。上闻,益嘉之。

魏师过彭城,江夏王义恭震惧不敢击。或告"虏驱南口万余,夕应宿安王陂[15],去城数十里,今追之,可悉得"。诸将皆请行,义恭禁不许。明日,驿使至,上敕义恭悉力急追。魏师已远,义恭乃遣镇军司马檀和之向萧城。魏人先已闻之,尽杀所驱者而去。程天祚逃归。

魏人凡破南兖、徐、兖、豫、青、冀六州,杀伤不可胜计,丁壮者即加斩截，婴儿贯于槊上，盘舞以为戏。所过郡县，赤地无余，春燕归，巢于林木。魏之士马死伤亦过半，国人皆尤之。

上每命将出师，常授以成律，交战日时，亦待中诏，是以将帅趑趄[16]，莫敢自决。又江南白丁[17]，轻易进退，此其所以败也。自是邑里萧条，元嘉之政衰矣。

癸酉，诏赈恤郡县民遭寇者，蠲其税调。

甲戌，降太尉义恭为骠骑将军、开府仪同三司。

戊寅，魏主济河。

辛巳，降镇军将军武陵王骏为北中郎将。

壬午，上如瓜步。是日，解严。

初，魏中书学生卢度世，玄之子也，坐崔浩事亡命，匿高阳郑罴家[18]。吏囚罴子，掠治之。罴戒其子曰："君子杀身成仁，虽死不可言。"其子奉父命；吏以火爇其体[19]，终不言而死。及魏主临江，上遣殿上将军黄延年使于魏，魏主问曰："卢度世亡命，已应至彼。"延年曰："都下不闻有度世也。"魏主乃赦度世及其族逃亡籍没者，度世自出，魏主以为中书侍郎。度世为其弟娶郑罴妹以报德。

三月，乙酉，帝还宫。

己亥，魏主还平城，饮至告庙[20]，以降民五万余家分置近畿。

初，魏主过彭城，遣人语城中曰："食尽且去，须麦熟更来。"及期，江夏王义恭议欲芟麦翦苗，移民堡聚。镇军录事参军王孝孙曰："虏不能复来，既自可保；如其更至，此议亦不可立。百姓闭在内城，饥馑日久，方春之月，野采自资；一入堡聚，饿死立至，民知必死，何可制邪！虏若必来，芟麦无晚。"四坐默然，莫之敢对。长史张畅曰："孝孙之议，实有可寻。"镇军府典签董元嗣侍武陵王骏之侧，进曰："王录事议不可夺。"别驾王子夏曰："此论诚然。"畅敛版白骏曰[21]："下官欲命孝孙弹子夏[22]。"骏曰："王别驾有何事邪?"畅曰："芟麦移民，可谓大议，一方安危，事系于此。子夏亲为州端[23]，曾无同异；及闻元嗣之言，则欢笑酬答。阿意左右，何以事君！"子夏、元嗣皆大惭，义恭之议遂寝。

【注释】

①六夷：当时南方人泛指北方少数民族为六夷，此名称自西晋末年以来出现。 ②掩：掩盖。 ③君山：又名军山，在今江苏盱眙县东北。④丁零：民族名，又叫丁灵、丁令，又称高车、回纥、铁勒。胡：指匈奴人。⑤常山：郡名，治所在今河北正定县。赵郡：治所在今河北赵县。 ⑥并州：治所在今山西太原市南。 ⑦白登：山名，在今山西大同市东北，此代指魏国首都平城。 ⑧齑（jī 积）：粉碎。 ⑨镵（chán 馋）：刺，锥刺。⑩正朔：正，正月；朔，每月初一。指历法。古代每个王朝必颁布统一历法，天下奉行。故正朔为统一王朝的象征。中原人民本来奉行汉、晋历法，为汉、晋之民，故称正朔之民。 ⑪台格：宋王朝所立的奖赏标准。⑫钩车：即在冲车前装上大铁钩，故叫钩车。 ⑬彄絙（kōu gēng 抠耕）：彄，大环。絙，粗绳。彄絙，指大绳上有大环，以挂住钩车之钩而拉之。 ⑭露版：书写捷报及其战果的手版。 ⑮安王陂：今址不详，当在今江苏徐州市附近。 ⑯趑趄（zī jū 资苴）：犹豫不进。 ⑰白丁：指临时征召入伍的老百姓，缺乏训练和纪律性。 ⑱高阳：县名，治所在今河北蠡县南。 ⑲爇（ruò 若）：火烧。 ⑳饮至告庙：饮至，古代典礼，征伐回来在宗庙饮酒庆贺。告庙，在宗庙向祖先祭祀报告。 ㉑版：大臣随身带的记事木板，即朝笏。敛版，拱手举版，是对上司表示崇敬。㉒弹：弹劾。王孝孙为录事参军，负责纠弹官吏的过失，故张畅命他弹劾王子夏。 ㉓州端：别驾为一州僚属的最高一级，故称州端。

初，鲁宗之奔魏[②]，其子轨为魏荆州刺史、襄阳公，镇长社，常思南归；以昔杀刘康祖及徐湛之父[②]，故不敢来。轨卒，子爽袭父官爵。爽少有武干，与弟秀皆有宠于魏主。既而兄弟各有罪[③]，魏主诘责之。爽、秀惧诛，从魏主自瓜步还，至湖陆[④]，请曰：“奴与南有仇，每兵来，常恐祸及坟墓，乞共迎丧还葬平城。”魏主许之。爽至长社，杀魏戍兵数百人，帅部曲及愿从者千余家奔汝南[⑤]。夏四月，爽遣秀诣寿阳，奉书于南平王铄以请降。上闻之，大喜，以爽为司州刺史[⑥]，镇义阳[⑦]；秀为颍川太守[⑧]，余弟侄并授官爵，赏赐甚厚。魏人毁其坟墓。徐湛之以为庙算远图，特所奖纳，不敢苟申私怨，乞屏居田里；不许。

青州民司马顺则自称晋室近属，聚众号齐王。梁邹戍主崔勋之诣州[9]，五月，乙酉，顺则乘虚袭梁邹城。又有沙门自称司马百年，亦聚众号安定王以应之。

壬寅，魏大赦。

己巳，以江夏王义恭领南兖州刺史，徙镇盱眙，增督十二州诸军事。

戊申，以尚书左仆射何尚之为尚书令，太子詹事徐湛之为仆射、护军将军[10]。尚之以湛之国戚，任遇隆重，每事推之。诏湛之与尚之并受辞诉。尚之虽为令，而朝事悉归湛之。

六月，壬戌，魏改元正平。

魏主命太子少傅游雅、中书侍郎胡方回等更定律令，多所增损，凡三百九十一条。

魏太子晃监国，颇信任左右，又营园田，收其利，高允谏曰："天地无私，故能覆载；王者无私，故能容养。今殿下国之储贰，万方所则；而营立私田，畜养鸡犬，乃至酤贩市廛，与民争利，谤声流布，不可追掩。夫天下者，殿下之天下，富有四海，何求而无，乃与贩夫、贩妇竞此尺寸之利乎！昔虢之将亡，神赐之土田，汉灵帝私立府藏[11]，皆有颠覆之祸；前鉴若此，甚可畏也。武王爱周、邵、齐、毕，所以王天下[12]；殷纣爱飞廉、恶来[13]，所以丧其国。今东宫俊乂不少，顷来侍御左右者，恐非在朝之选。愿殿下斥去佞邪，亲近忠良；所在田园，分给贫下；贩卖之物，以时收散[14]；如此，则休声日至，谤议可除矣。"不听。

太子为政精察，而中常侍宗爱，性险暴，多不法，太子恶之。给事中仇尼道盛、侍郎任平城有宠于太子，颇用事，皆与爱不协。爱恐为道盛等所纠，遂构告其罪。魏主怒，斩道盛等于都街，东宫官属多坐死，帝怒甚。戊辰，太子以忧卒。壬申，葬金陵[15]，谥曰景穆。帝徐知太子无罪，甚悔之。

秋，七月，丁亥，魏主如阴山。

青、冀二州刺史萧斌遣振武将军刘武之等击司马顺则、司马百年，皆斩之。癸亥，梁邹平。

萧斌、王玄谟皆坐退败免官。上问沈庆之曰："斌欲斩玄谟而卿止之，何也？"对曰："诸将奔退，莫不惧罪，自归而死，将至逃散，故止之。”

九月，癸巳，魏主还平城，冬，十月，庚申，复如阴山。

上遣使至魏，魏遣殿中将军郎法祐来修好。

己巳，魏上党靖王长孙道生卒。

十二月，丁丑，魏主封景穆太子之子濬为高阳王；既而以皇孙世嫡，不当为藩王，乃止。时濬生四年，聪达过人，魏主爱之，常置左右。徙秦王翰为东平王，燕王谭为临淮王，楚王建为广阳王，吴王余为南安王。

帝使沈庆之徙彭城流民数千家于瓜步，征北参军程天祚徙江西流民数千家于姑孰[16]。

帝以吏部郎王僧绰为侍中。僧绰，昙首之子也，幼有大成之度，众皆以国器许之。好学，有思理，练悉朝典。尚帝女东阳献公主。在吏部，谙悉人物，举拔咸得其分。及为侍中，年二十九，沉深有局度，不以才能高人。帝颇以后事为念，以其年少，欲大相付托，朝政大小，皆与参焉。帝之始亲政事也，委任王华、王昙首、殷景仁、谢弘微、刘湛，次则范晔、沈演之、庾炳之，最后江湛、徐湛之、何瑀之及僧绰[17]，凡十二人。

唐和入朝于魏，魏主厚礼之。

【注释】

①鲁宗之奔魏：鲁宗之原为东晋雍州刺史，晋安帝义熙十一年(415)投奔后秦，后秦于十一年(417)被魏灭亡，鲁宗之又投降魏国。②杀刘康祖及徐湛之父：事见本书卷第一百一十八，晋安帝义熙十一年。③兄弟各有罪：指鲁爽酗酒生事，鲁秀因检查邺人谋反事，因病而回来迟了，都受到魏帝的责备。 ④湖陆：地名，在今山东鱼台县东南。 ⑤汝南：郡名，治所在今河南汝南县。 ⑥司州：州名，治所在义阳，即今河南信阳市。 ⑦义阳：郡名，治所在今河南信阳市。 ⑧颍川：郡名，治所在今河南漯河市东北。 ⑨梁邹：城名，在今山东邹平市东北。州：指宋国冀州、青州的治所东阳城，在今山东青州市东。 ⑩仆射：宋制，尚书省仆射分左仆射、右仆射，有时不分左右，则只仆射一人。如果尚书令不在，尚书仆射就主持尚书省事务。 ⑪汉灵帝私立府藏：事见本书卷五十七，汉灵帝光和元年。 ⑫“武王”二句：指周武王姬发信任重用周公

姬旦、邵公姬爽、齐公姜尚、毕公姬高四位贤人，得以统一天下。⑬殷纣爱飞廉、恶来：指殷纣王宠信飞廉、恶来两个奸人，此二人为父子，谀媚纣王，陷害忠良。⑭以时收散：指百姓欲出卖时则收购之，欲买进时则散发出去，这样不与民争利。⑮金陵：魏国帝王陵墓，在魏国故都盛乐，即今内蒙古和林格尔县西北土城子。⑯姑孰：城名，在今安徽当涂县。⑰何瑀之：当是何尚之。

二十九年　春，正月，魏所得宋民五千余家在中山者谋叛，州军讨诛之。冀州刺史张掖王沮渠万年坐与叛者通谋，赐死。

魏世祖追悼景穆太子不已，中常侍宗爱惧诛，二月甲寅，弑帝，尚书左仆射兰延、侍中和疋、薛提等秘不发丧。疋以皇孙濬冲幼，欲立长君，征秦王翰，置之秘室；提以濬嫡皇孙，不可废。议久不决。宗爱知之，自以得罪景穆太子，而素恶秦王翰，善南安王余，乃密迎余自中宫便门入禁中，矫称赫连皇后令召延等。延等以爱素贱，不以为疑，皆随入。爱先使宦者三十人持兵伏于禁中，延等入，以次收缚，斩之；杀秦王翰于永巷而立余。大赦，改元承平，尊皇后为皇太后，以爱为大司马、大将军、太师、都督中外诸军事、领中秘书，封冯翊王。

庚午，立皇子休仁为建安王。

三月，辛卯，魏葬太武皇帝于金陵，庙号世祖。

上闻魏世祖殂，更谋北伐，鲁爽等复劝之。上访于群臣，太子中庶子何偃以为："淮、泗数州疮痍未复，不宜轻动"。上不从。偃，尚之之子也。

夏，五月，丙申，诏曰："虐虏穷凶，著于自昔；未劳资斧，已伏天诛。拯溺荡秽，今其会也。可符骠骑、司空二府[①]，各部分所统，东西应接。归义建绩者，随劳酬奖。"于是遣抚军将军萧思话督冀州刺史张永等向碻磝，鲁爽、鲁秀、程天祚将荆州甲士四万出许、洛，雍州刺史臧质帅所领趣潼关。永，茂度之子也[②]。沈庆之固谏北伐；上以其异议，不使行。

青州刺史刘兴祖上言，以为："河南阻饥，野无所掠；脱诸城固守，非旬月可拔。稽留大众，转输方劳；应机乘势，事存急速。今伪帅始死，兼逼暑时，国内猜扰，不暇远赴。愚谓宜长驱中山，据其关要。冀州以北，民人尚丰，兼麦已向熟，因资为易，向义之徒，必应响赴。若中州震动，黄河以南，自当消溃。臣请发青、冀七千兵，遣将领之，直入其心腹。若前驱克胜，张永及河南众军，宜一时济河，使声实兼举，并建司牧，抚柔初附，西拒太行，北塞军都[3]，因事指挥，随宜加授，畏威欣宠，人百其怀。若能成功，清壹可待；若不克捷，不为大伤。并催促装束，伏听敕旨。"上意止存河南，亦不从。上又使员外散骑侍郎琅邪徐爰随军向碻磝，衔中旨授诸将方略，临时宣示。

尚书令何尚之以老请置仕[4]，退居方山[5]。议者咸谓尚之不能固志。既而诏书敦谕者数四，六月，戊申朔，尚之复起视事。御史中丞袁淑录自古隐士有迹无名者为《真隐传》以嗤之[6]。

秋，七月，张永等至碻磝，引兵围之。

壬辰，徙汝阴王浑为武昌王，淮阳王彧为湘东王。

初，潘淑妃生始兴王濬。元皇后性妒，以淑妃有宠于上，恚恨而殂，淑妃专总内政。由是太子劭深恶淑妃及濬。濬惧为将来之祸，乃曲意事劭，劭更与之善。

吴兴巫严道育[7]，自言能辟谷服食[8]，役使鬼物；因东阳公主婢王鹦鹉出入主家。道育谓主曰："神将有符赐主。"主夜卧，见流光若萤，飞入书笥，开视，得二青珠；由是主与劭、濬皆信惑之。劭、濬并多过失，数为上所诘责；使道育祈请，欲令过不上闻。道育曰："我已为上天陈请，必不泄露。"劭等敬事之，号曰天师。其后遂与道育、鹦鹉及东阳主奴陈天与、黄门陈庆国共为巫蛊[9]，琢玉为上形像，埋于含章殿前；劭补天与为队主。

东阳主卒，鹦鹉应出嫁，劭、濬恐语泄，濬府佐吴兴沈怀远，素为濬所厚，以鹦鹉嫁之为妾。

上闻天与领队，以让劭曰："汝所用队主副，并是奴邪?"劭惧，以书告濬。濬复书曰："彼人若所为不已，正可促其余命，或是大庆之渐耳。"劭、濬相与往来书疏，常谓上为"彼人"，或曰"其人"，谓江夏王义恭为"佞人"。

鹦鹉先与天与私通，既适怀远，恐事泄，白劭使密杀之。陈庆国惧，曰："巫蛊事，唯我与天与宣传往来。今天与死，我其危哉！"乃具以其事白上。上大惊，即遣收鹦鹉；封籍其家，得劭、濬书数百纸，皆咒诅巫蛊之言；又得所埋玉人，命有司穷治其事。道育亡命，捕之不获。

先是，濬自扬州出镇京口，及庐陵王绍以疾解扬州，意谓已必复得之。既而上用南谯王义宣，濬殊不乐，乃求镇江陵[⑩]；上许之。濬入朝，遣还京口，为行留处分，至京口数日而巫蛊事发。上惋叹弥日，谓潘淑妃曰："太子图富贵，更是一理，虎头复如此[⑪]，非复思虑所及。汝母子岂可一日无我邪！"遣中使切责劭、濬，劭、濬惶惧无辞，惟陈谢而已。上虽怒甚，犹未忍罪也。

【注释】

①骠骑、司空二府：当时江夏王刘义恭降官号为骠骑将军，镇守盱眙，南谯王刘义宣进位司空，镇守江陵。 ②茂度：张茂度，即张裕，因要避宋武帝刘裕的讳，故以字行，叫张茂度。 ③军都：地名，在今北京昌平区西南。 ④置仕：即致仕，指告老退休。 ⑤方山：在今江苏南京市东北，因山形方如印，故名。 ⑥有迹无名者：指古代不知名的隐者，如晨门、荷蒉、荷蓧、野王二老、汉阴丈人之类，当时人们认为这种人才是真正的隐士。 ⑦吴兴：郡名，治所在今浙江湖州市。 ⑧辟谷服食：辟谷，道家修炼方术之一，据说经练功可不吃食物而生存。服食，亦道家方术之一，即服用专门配炼的药物以长生不老。 ⑨巫蛊（gǔ 古）：巫术之一，制一人形，用针刺和咒语使对应的真人死去。 ⑩江陵：荆州治所，在今湖北荆州市。 ⑪虎头：刘濬的小名。

诸军攻碻磝，治三攻道：张永等当东道，济南太守申坦等当西道，扬武司马崔训当南道。攻之累旬不拔。八月，辛亥夜，魏人自地道潜出，烧崔训营及攻具；癸丑夜，又烧东围及攻具；寻复毁崔训攻道。张永夜撤围退军，不告诸将，士卒惊扰；魏人乘之，死伤涂地。萧思话自往，增兵力攻，旬余不拔。是时，青、徐不稔，军食乏。丁卯，思话命诸军皆退屯历城，斩崔训，系张永、申坦于狱。

鲁爽至长社，魏戍主秃髡幡弃城走[①]。臧质顿兵近郊，不以时发，独遣冠军司马柳元景帅后军行参军薛安都等进据洪关[②]。梁州刺史刘秀之遣司马马汪与左军中兵参军萧道成将兵向长安。道成，承之之子也。魏冠军将军封礼自泹津南渡[3]，赴弘农。九月，司空高平公兒乌干屯潼关，平南将军黎公辽屯河内[4]。

吐谷浑王慕利延卒，树洛干之子拾寅立，始居伏罗川[5]；遣使来请命，亦请命于魏。丁亥，以拾寅为安西将军、西秦、河、沙三州刺史、河南王；魏以拾寅为镇西大将军、沙州刺史、西平王。

庚寅，鲁爽与魏豫州刺史拓跋仆兰战于大索[6]，破之，进攻虎牢。闻碻磝败退，与柳元景皆引兵还。萧道成、马汪等闻魏救兵将至，还趣仇池。己丑，诏解萧思话徐州，更领冀州刺史，镇历城。

上以诸将屡出无功，不可专责张永等，赐思话诏曰："虏既乘利，方向盛冬，若脱敢送死，兄弟父子自共当之耳。言及增愤！可以示张永、申坦。"又与江夏王义恭书曰："早知诸将辈如此，恨不以白刃驱之。今者悔何所及！"义恭寻奏免思话官，从之。

魏南安隐王余自以违次而立，厚赐群下，欲以收众心；旬月之间，府藏虚竭。又好酣饮及声乐、畋猎，不恤政事。宗爱为宰相，录三省，总宿卫，坐召公卿，专恣日甚。余患之，谋夺其权，爱愤怒。冬，十月，丙午朔，余夜祭东庙[7]，爱使小黄门贾周等就弑余，而秘之，惟羽林郎中代人刘尼知之。尼劝爱立皇孙濬，爱惊曰："君大痴人！皇孙若立，岂忘正平时事乎[8]！"尼曰："若尔，今当立谁？"爱曰："待还宫，当择诸王贤者立之。"

尼恐爱为变，密以状告殿中尚书源贺。贺时与尼俱典兵宿卫，乃与南部尚书陆丽谋曰："宗爱既立南安，还复杀之。今又不立皇孙，将不利于社稷。"遂与丽定谋，共立皇孙。丽，俟之子也。

戊申，贺与尚书长孙渴侯严兵守卫宫禁，使尼、丽迎皇孙于苑中。丽抱皇孙于马上，入平城，贺、渴侯开门纳之。尼驰还东庙，大呼曰："宗爱弑南安王，大逆不道，皇孙已登大位，有诏，宿卫之士皆还宫！"众咸呼万岁，遂执宗爱、贾周等，勒兵而入，奉皇孙即皇帝位。登永安殿，大赦，改元兴安。杀爱、周，皆具五刑[9]，夷三族。

西阳五水群蛮反[10]，自淮、汝至于江、沔，咸被其患。诏太尉中兵参军沈庆之督江、豫、荆、雍四州兵讨之。

魏以骠骑大将军拓跋寿乐为太宰、都督中外诸军、录尚书事，长孙渴侯为尚书令，加仪同三司。十一月，寿乐、渴侯坐争权，并赐死。

癸未，魏广阳简王建、临淮宣王谭皆卒。

甲申，魏主母闾氏卒。

魏南安王余之立也，以古弼为司徒，张黎为太尉。及高宗立，弼、黎议不合旨，黜为外都大官；坐有怨言，且家人告其为巫蛊，皆被诛。

壬寅，庐陵昭王绍卒。

魏追尊景穆太子为景穆皇帝，皇妣闾氏为恭皇后，尊乳母常氏为保太后。

陇西屠各王景文叛魏[11]，署置王侯；魏统万镇将南阳王惠寿、外都大官于洛拔督四州之众讨平之，徙其党三千余家于赵、魏[12]。

十二月，戊申，魏葬恭皇后于金陵。

魏世祖晚年，佛禁稍弛，民间往往有私习者。及高宗即位，群臣多请复之。乙卯，诏州郡县众居之所，各听建佛图一区；民欲为沙门者，听出家，大州五十人，小州四十人。于是向所毁佛图，率皆修复。魏主亲为沙门师贤等五人下发，以师贤为道人统[13]。

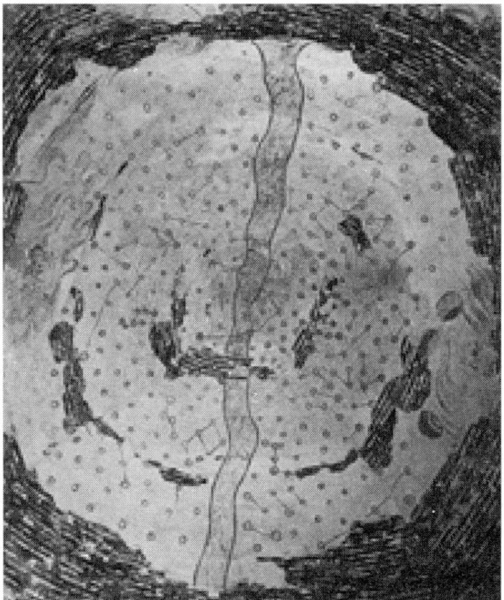

北魏《星象图》

丁巳，魏以乐陵王周忸为太尉，南部尚书陆丽为司徒，镇西将军杜元宝为司空。丽以迎立之功，受心膂之寄，朝臣无出其右者，赐爵平原王，丽辞曰："陛下，国之正统，当承基绪；效顺奉迎，臣子常职,不敢愔天之功以干大赏。”再三不受。魏主不许。丽曰:“臣父奉事先朝,忠勤著效。今年逼桑榆,愿以臣爵授之。”帝曰:“朕为天下主,岂不能使卿父子为二王邪!”戊午,进其父建业公俟爵为东平王。又命丽妻为妃,复其子孙。丽力辞不受,帝益嘉之。

以东安公刘尼为尚书仆射,西平公源贺为征北将军,并进爵为王。帝班赐群臣,谓源贺曰:“卿任意取之。”贺辞曰:“南北未宾,府库不可虚也。”固与之,乃取戎马一匹。

高宗之立也,高允预其谋,陆丽等皆受重赏,而不及允,允终身不言。

甲子,周忸坐事,赐死。时魏法深峻,源贺奏:“谋反之家,男子十三以下本不预谋者,宜免死没官。”从之。

江夏王义恭还朝。辛未,以义恭为大将军、南徐州刺史[⑭],录尚书如故。

初,魏入中原,用《景初历》[⑮],世祖克沮渠氏,得赵敺《玄始历》[⑯],时人以为密,是岁,始行之。

【注释】

①髡:据胡注和章校应作“发”。 ②洪关:又名鸿关,在今河南灵宝市西南。 ③洹津:黄河渡口之一,在今河南灵宝市东北的黄河上。④河内:郡名,治所在野王,在今河南沁阳市。 ⑤伏罗川:河流名,在今青海西宁市西南。 ⑥大索:城名,即荥阳城,在今河南荥阳市。 ⑦东庙:祭祀魏国道武帝拓跋珪的宗庙,因在白登山东,故称东庙。 ⑧正平:魏太武帝拓跋焘的年号,在451年,魏太子拓跋晃死于此时。 ⑨五刑:指墨刑,在脸上刺字;劓刑,割下鼻子;宫刑,割去生殖器;刖,砍去脚趾;大辟,杀头。此泛指各种酷刑。 ⑩西阳:县名,治所在今湖北黄冈市东。五水:指巴水、蕲水、浠水、赤亭水、西归水,分别注入淮水、汉水。⑪陇西:郡名,治所在今甘肃陇西县。 ⑫赵、魏:指古代的赵、魏地区,在今河北南部和河南北部。 ⑬道人统:佛教徒的总领袖。 ⑭南徐州:州名,治所在京口,即今江苏镇江市。 ⑮《景初历》:杨伟编制,曹魏明帝景初元年实行,故名《景初历》。 ⑯赵敺:人名,“敺”字据胡注即“斐”字。《玄始历》,用北凉沮渠蒙逊的玄始年号命名的历法。

资治通鉴卷第一百二十七

宋纪九 昭阳大荒落，一年。

太祖皇帝下之下

元嘉三十年 春，正月，戊寅，以南谯王义宣为司徒、扬州刺史。

萧道成等帅氐、羌攻魏武都[①]，魏高平镇将苟莫于将突骑二千救之[②]。道成等引还南郑[③]。

壬午，以征北将军始兴王濬为荆州刺史。帝怒未解，故濬久留京口；既除荆州，乃听入朝。

戊子，诏江州刺史武陵王骏统诸军讨西阳蛮，军于五洲[④]。

严道育之亡命也，上分遣使者搜捕甚急。道育变服为尼，匿于东宫，又随始兴王濬至京口，或出止民张旿家。濬入朝，复载还东宫，欲与俱往江陵。丁巳，上临轩，濬入受拜。是日，有告道育在张旿家者，上遣掩捕，得其二婢，云道育随征北还都。上谓濬与太子劭已斥遣道育，而闻其犹与往来，惆怅惋骇，乃命京口送二婢，须至检覆，乃治劭、濬之罪。

潘淑妃抱濬泣曰："汝前祝诅事发，犹冀能刻意思愆；何意更藏严道育！上怒甚，我叩头乞恩不能解，今何用生为！可送药来，当先自取尽，不忍见汝祸败也。"濬奋衣起曰："天下事寻自当判，愿小宽虑，必不上累！"

己未，魏京兆王杜元宝坐谋反诛；建宁王崇及其子济南王丽

南朝《爨龙颜碑》拓片（局部）

皆为元宝所引，赐死。

帝欲废太子劭，赐始兴王濬死，先与侍中王僧绰谋之；使僧绰寻汉魏以来废太子、诸王典故，送尚书仆射徐湛之及吏部尚书江湛。

武陵王骏素无宠，故屡出外藩，不得留建康；南平王铄、建平王宏皆为帝所爱。铄妃，江湛之妹；随王诞妃，徐湛之之女也；湛劝帝立铄，湛之意欲立诞。僧绰曰："建立之事，仰由圣怀。臣谓唯宜速断，不可稽缓。'当断不断，反受其乱[5]。'愿以义割恩，略小不忍；不尔，便应坦怀如初，无烦疑论。事机虽密，易致宣广，不可使难生虑表，取笑千载。"帝曰："卿可谓能断大事。然此事至重，不可不殷勤三思[6]。且彭城始亡，人将谓我无复慈爱之道。"僧绰曰："臣恐千载之后，言陛下惟能裁弟，不能裁儿。"帝默然。江湛同侍坐，出阁，谓僧绰曰："卿向言将不太伤切直！"僧绰曰："弟亦恨君不直！"

铄自寿阳入朝，既至，失旨。帝欲立宏，嫌其非次，是以议久不决。每夜与湛之屏人语，或连日累夕。常使湛之自秉烛，绕壁检行，虑有窃听者。帝以其谋告潘淑妃，淑妃以告濬，濬驰报劭。劭乃密与腹心队主陈叔儿、斋帅张超之等谋为逆[7]。

初，帝以宗室强盛，虑有内难，特加东宫兵，使与羽林相若，至有实甲万人。劭性黠而刚猛，帝深倚之。及将作乱，每夜飨将士，或亲自行酒。王僧绰密以启闻。会严道育婢将至，癸亥夜，劭诈为帝诏云:“鲁秀谋反,汝可平明守阙,帅众入。”因使张超之等集素所畜养兵士二千余人,皆被甲;召内外幢队主副,豫加部勒,云有所讨。夜,呼前中庶子右军长史萧斌、左卫率袁淑、中舍人殷仲素、左积弩将军王正见并入宫[⑧]。劭流涕谓曰:“主上信谗,将见罪废。内省无过,不能受枉。明旦当行大事,望相与戮力。”因起,遍拜之。众惊愕,莫能对。淑、斌皆曰:“自古无此。愿加善思。”劭怒,变色。斌惧,与众俱曰:“当竭身奉令。”淑叱之曰:“卿便谓殿下真有是邪? 殿下幼尝患风,或是疾动耳。”劭愈怒,因眄淑曰:“事当克不?”淑曰:“居不疑之地,何患不克! 但恐既克之后,不为天地所容,大祸亦旋至耳。假有此谋,犹将可息。”左右引淑出,曰:“此何事,而云可罢乎!”淑还省,绕床行,至四更乃寝。

甲子,宫门未开,劭以朱衣加戎服上[⑨],乘画轮车[⑩],与萧斌共载,卫从如常入朝之仪。呼袁淑甚急,淑眠不起,劭停车奉化门催之相续[⑪]。淑徐起,至车后;劭使登车,又辞不上,劭命左右杀之。守门开,从万春门入[⑫]。旧制,东宫队不得入城。劭以伪诏示门卫曰:“受敕,有所收讨。”令后队速来。张超之等数十人驰入云龙门及斋阁,拔刀径上合殿[⑬]。帝其夜与徐湛之屏人语至旦,烛犹未灭,门阶户席直卫兵尚寝未起。帝见超之入,举几捍之,五指皆落,遂弑之。湛之惊起,趣北户,未及开,兵人杀之。劭进至合殿中阁,闻帝已殂,出坐东堂。萧斌执刀侍直,呼中书舍人顾嘏,嘏震惧,不时出,既至,问曰:“欲共见废,何不早启?”嘏未及答,即于前斩之。江湛直上省[⑭],闻喧噪声,叹曰:“不用王僧绰言,以至于此!”乃匿傍小屋中,劭遣兵就杀之。宿卫旧将罗训、徐罕皆望风屈附。左细仗主[⑮]、广威将军吴兴卜天与不暇被甲,执刀持弓,疾呼左右出战。徐罕曰:“殿下入,汝欲何为!”天与骂曰:“殿下常来,云何于今乃作此语! 只汝是贼!”手射劭于东堂,几中之。劭党击之,断臂而死。队将张泓之、朱道钦、陈满与天与俱战死。左卫将军尹弘惶怖通启,求受处分。劭使人从东阁入,杀潘淑妃及太祖亲信左右数十人,急召始兴王濬使帅众屯中堂。

濬时在西州[⑯],府舍人朱法瑜奔告濬曰[⑰]:“台内喧噪,宫门皆闭,道上传太子反,未测祸变所至。”濬阳惊曰:“今当奈何?”法瑜劝入据石头。濬未得劭信，不知事之济不，骚扰不知所为。将军王庆曰："今宫内有变，未知主上安危，凡在臣子，当投袂赴难；凭城自守，非臣节也。"濬不听，乃从南门出，径向石头，文武从者千余人。时南平王铄戍石头，兵士亦千余人。俄而劭遣张超之驰马召濬，濬屏人问状，即戎服乘马而去。朱法瑜固止濬，濬不从；出中门，王庆又谏曰："太子反逆，天下怨愤。明公但当坚闭城门，坐食积粟，不过三日，凶党自离。公情事如此，今岂宜去！"濬曰："皇太子令，敢有复言者斩！"既入，见劭，劭曰："潘淑妃遂为乱兵所害。"濬曰："此是下情由来所愿。"

劭诈以太祖诏召大将军义恭、尚书令何尚之入，拘于内；并召百官，至者才数十人。劭遽即位，下诏曰："徐湛之、江湛弑逆无状，吾勒兵入殿，已无所及，号惋崩衄，肝心破裂。今罪人斯得，元凶克殄，可大赦，改元太初。"

即位毕，亟称疾还永福省[18]，不敢临丧；以白刃自守，夜则列灯以防左右。以萧斌为尚书仆射、领军将军，以何尚之为司空，前右卫率檀和之戍石头，征虏将军营道侯义綦镇京口。义綦，义庆之弟也。乙丑，悉收先给诸处兵还武库，杀江、徐亲党尚书左丞荀赤松、右丞臧凝之等。凝之，焘之孙也。以殷仲素为黄门侍郎，王正见为左军将军，张超之、陈叔儿等皆拜官、赏赐有差。辅国将军鲁秀在建康，劭谓秀曰："徐湛之常欲相危，我已为卿除之矣。"使秀与屯骑校尉庞秀之对掌军队。劭不知王僧绰之谋，以僧绰为吏部尚书，司徒左长史何偃为侍中。

武陵王骏屯五洲，沈庆之自巴水来[19]，咨受军略。三月，乙亥，典签董元嗣自建康至五洲，具言太子杀逆，骏使元嗣以告僚佐。沈庆之密谓腹心曰："萧斌妇人，其余将帅，皆易与耳。东宫同恶，不过三十人；此外屈逼，必不为用。今辅顺讨逆，不忧不济也。"

【注释】

①武都：郡名，治所在今甘肃陇南市武都区西北。 ②高平：郡名，治所在今宁夏固原市。 ③南郑：城名，在今陕西汉中市。 ④五洲：在今湖北浠水县西南浠水口与巴河口之间的长江中。 ⑤'当断不断，反受其乱'：古代俗语，《汉书》齐国相召平引自道家之言，谓机会来了，应

当机立断，不然将反而受害。 ⑥殷勤：指认真深切。 ⑦斋帅：主管皇宫内殿仪仗护卫及日常用品事务的长官。 ⑧左积弩将军：官名，晋武帝泰始四年始置左右积弩将军，宋代，东宫亦设左右积弩将军。 ⑨朱衣：太子入宫朝见时穿着的礼服。 ⑩画轮车：以彩漆画车轮毂的牛拉车辆，为太子平时所乘车辆。 ⑪奉化门：宋都东宫的西门。 ⑫万春门：宋都皇宫的东门。 ⑬合殿：东晋以来，皇帝朝见大臣的地点为东、西二堂，宋代称之为合殿。 ⑭上省：官府名，侍中省有上省、下省之分，上省皇宫内，江湛当时为侍中，故在上省值夜班。 ⑮左细仗主：宋代皇宫的卫队军官，有细铠主、细铠将、细仗主等，各分左右，犹如正副。 ⑯西州：指扬州刺史的官府，因在建康皇宫西侧，故称西州。 ⑰府舍人：指刘濬王府中的舍人之官，晋代以来，主府中设舍人十人。 ⑱永福省：太子在皇宫内的住所。 ⑲巴水：在今湖北东部的长江支流巴河。

壬午，魏主尊保太后为皇太后，追赠祖考，官爵兄弟，皆如外戚。

太子劭分浙东五郡为会州[1]，省扬州，立司隶校尉[2]，以其妃父殷冲为司隶校尉。冲，融之曾孙也。以大将军义恭为太保，荆州刺史南谯王义宣为太尉，始兴王濬为骠骑将军，雍州刺史臧质为丹杨尹，会稽太守随王诞为会州刺史。

劭料检文帝巾箱及江湛家书疏，得王僧绰所启飨士并前代故事，甲申，收僧绰，杀之。僧绰弟僧虔为司徒左西属[3]，所亲咸劝之逃，僧虔泣曰："吾兄奉国以忠贞，抚我以慈爱，今日之事，苦不见及耳；若得同归九泉，犹羽化也。"劭因诬北第诸王侯[4]，云与僧绰谋反，杀长沙悼王瑾、瑾弟临川哀王烨、桂阳孝侯觊、新渝怀侯玠，皆劭所恶也。瑾，义欣之子；烨，义庆之子；觊、玠，义庆之弟子也。

劭密与沈庆之手书，令杀武陵王骏。庆之求见王，王惧，辞以疾。庆之突入，以劭书示王，王泣求入内与母诀，庆之曰："下官受先帝厚恩，今日之事，唯力是视；殿下何见疑之深！"王起再拜曰："家国安危，皆在将军。"庆之即命内外勒兵。府主簿颜竣曰："今四方未知义师之举，劭据有天府，若首尾不相应[5]，此危道也。宜待诸镇协谋，然后举事。"庆之厉声曰："今举大事，而黄头小儿皆得参预,何得不败!宜斩以徇!”王令竣拜谢庆之,庆之曰:“君但当知笔札事耳!”于是专委庆之处分。旬日之间,内外整办,人以为神兵。竣,延之之子也。

庚寅,武陵王戒严誓众。以沈庆之领府司马;襄阳太守柳元景、随郡太守宗悫为谘议参军,领中兵[6];江夏内史朱修之行平东将军;记室参军颜竣为谘议参军,领录事,兼总内外[7];谘议参军刘延孙为长史、寻阳太守[8],行留府事。延孙,道产之子也。

南谯王义宣及臧质皆不受劭命,与司州刺史鲁爽同举兵应骏[9]。质、爽俱诣江陵见义宣[10],且遣使劝进于王。辛卯,臧质子敦等在建康者闻质举兵,皆逃亡。劭欲相慰悦,下诏曰:“臧质,国戚勋臣[11],方翼赞京辇[12],而子弟波迸,良可怪叹。可遣宣譬令还,咸复本位。”劭寻录得敦,使大将军义恭行训杖三十[13],厚给赐之。

癸巳,劭葬太祖于长宁陵[14],谥曰景皇帝,庙号中宗。

乙未,武陵王发西阳[15];丁酉,至寻阳。庚子,王命颜竣移檄四方,使共讨劭。州郡承檄,翕然响应。南谯王义宣遣臧质引兵诣寻阳,与骏同下,留鲁爽于江陵。

劭以兖、冀二州刺史萧思话为徐、兖二州刺史,起张永为青州刺史。思话自历城引部曲还平城[16],起兵以应寻阳;建武将军垣护之在历城,亦帅所领赴之。南谯王义宣版张永为冀州刺史。永遣司马崔勋之等将兵赴义宣。义宣虑萧思话与永不释前憾[17],自为书与思话,使长史张畅为书与永,劝使相与坦怀。

随王诞将受劭命,参军事沈正说司马顾琛曰:“国家此祸,开辟未闻。今以江东骁锐之众[18],唱大义于天下,其谁不响应!岂可使殿下北面凶逆,受其伪宠乎!”琛曰:“江东忘战日久,虽逆顺不同,然强弱亦异,当须四方有义举者,然后应之,不为晚也。”正曰:“天下未尝有无父无君之国,宁可自安仇耻而责义于余方乎!今正以弑逆冤酷,义不共戴天,举兵之日,岂求必全邪!冯衍有言[19]:‘大汉之贵臣,将不如荆、齐之贱士乎!’况殿下义兼臣子,事实国家者哉!”琛乃与正共入说诞,诞从之。正,田子之兄子也。

劭自谓素习武事,语朝士曰:“卿等但助我理文书,勿措意戎旅;若有寇难,吾自当之;但恐贼虏不敢动耳。”及闻四方兵起,始忧惧，戒严，悉召下番将吏[20]，迁淮南居民于北岸[21]，尽聚诸王及大臣于城内，移江夏王义恭处尚书下舍，分义恭诸子处侍中下省[22]。

夏，四月，癸卯朔，柳元景统宁朔将军薛安都等十二军发湓口[23]，司空中兵参军徐遗宝以荆州之众继之。丁未，武陵王发寻阳，沈庆之总中军以从。

劭立妃殷氏为皇后。

【注释】

①会州：州名，治所在会稽，即今浙江绍兴市。浙东五郡，原属扬州，指会稽、临海、永嘉、东阳、新安五个郡。 ②司隶校尉：指京都附近地区，魏、晋时设司隶校尉管理京都附近地区，刘劭取消扬州设司隶校尉，是仿效这种制度。 ③司徒左西属：司徒府中有东曹、西曹，曹下又有掾、有属，刘宋又把西曹分为左西曹、右西曹。左西属即左西曹中的属官。 ④北第诸王侯：宋的王侯们的府第在皇宫之北，故称北第。他们都是刘裕的兄弟和子孙。 ⑤首尾：首指武陵王刘骏，尾指各地王侯和军事将领。 ⑥领中兵：指柳元景、宗悫以谘议参军官衔兼任中兵参军。⑦兼总内外：此三句谓颜竣升任谘议参军，兼任录事参军，并总管武陵王府内外事务。 ⑧寻阳：郡名，又为江州的治所，在今江西九江市。⑨司州：州名，治所在义阳，在今河南信阳市。当时，司州、雍州都受南谯王刘义宣督管。 ⑩江陵：郡名，当时荆州的治所，在今湖北荆州市。⑪国戚勋臣：臧质，是刘裕正室臧爱亲的侄儿，与刘义隆是表兄弟，是刘劭的表叔；臧敦，则是刘劭的表兄弟。 ⑫翼赞京辇：指将任命臧质为丹杨尹。 ⑬训仗：对外戚子弟，用打板子的方法进行教训，叫做训仗。⑭长宁陵：在皇宫附近。 ⑮西阳：郡名，治所在今湖北黄冈市东。⑯平城：胡注以为当为“彭城”。 ⑰前憾：指萧思话曾把张永逮捕入狱，事见本书卷第一百二十六。 ⑱江东：指浙江之东，即浙东五郡地区。 ⑲冯衍有言：这几句是冯衍责备田邑的话。荆，指楚国。楚国的申包胥去秦国请来救兵，保存了楚国。王孙贾杀死淖齿，保存住齐国。⑳下番：皇宫宿卫分上下两班，把下班的将吏召来，表示不再分班，一起守备皇宫。 ㉑北岸：指秦淮河北岸。秦淮河南岸为新亭、石头城的来路，北岸即皇宫，把秦淮河南岸的居民迁到北岸，表示要凭借秦淮河进行固守。淮南：有的版本“南”下有“岸”字。淮即指秦淮河。 ㉒侍中下省：即门下省的宫内机构，在皇宫神虎门外。 ㉓湓（pén 盆）口：又名湓

浦口，即今江西九江市西北湓水注入长江的河口。

庚戌，武陵王檄书至建康，劭以示太常颜延之曰："彼谁笔也？"延之曰："竣之笔也。"劭曰："言辞何至于是！"延之曰："竣尚不顾老臣，安能顾陛下！"劭怒稍解。悉拘武陵王子于侍中下省，南谯王义宣子于太仓空舍。劭欲尽杀三镇士民家口[1]，江夏王义恭、何尚之皆曰："凡举大事者不顾家；且多是驱逼，今忽诛其室累，正足坚彼意耳。"劭以为然，乃下书一无所问。

劭疑朝廷旧臣皆不为己用，乃厚抚鲁秀及右军参军王罗汉，悉以军事委之；以萧斌为谋主，殷冲掌文符。萧斌劝劭勒水军自上决战，不尔则保据梁山[2]。江夏王义恭以南军仓猝，船舫陋小，不利水战，乃进策曰："贼骏小年未习军旅，远来疲弊，宜以逸待之。今远出梁山，则京都空弱，东军乘虚，或能为患。若分力两赴，则兵散势离，不如养锐待期，坐而观衅。割弃南岸，栅断石头，此先朝旧法，不忧贼不破也。"劭善之。斌厉色曰："南中郎二十年少[3]，能建如此大事，岂复可量！三方同恶，势据上流；沈庆之甚练军事，柳元景、宗悫屡尝立功，形势如此，实非小敌。唯宜及人情未离，尚可决力一战；端坐台城，何由得久！今主、相咸无战意，岂非天也！"劭不听。或劝劭保石头城。劭曰："昔人所以固石头城者，俟诸侯勤王耳。我若守此，谁当见救！唯应力战决之；不然，不克。"日日自出行军，慰劳将士，亲督都水治船舰[4]。壬子，焚淮南岸室屋、淮内船舫，悉驱民家渡水北。

立子伟之为皇太子。以始兴王濬妃父褚湛之为丹杨尹。湛之，裕之之兄子也，濬为侍中、中书监、司徒、录尚书六条事[5]，加南平王铄开府仪同三司，以南兖州刺史建平王宏为江州刺史。太尉司马庞秀之自石头先众南奔，人情由是大震。以营道侯义綦为湘州刺史，檀和之为雍州刺史。

癸丑，武陵王军于鹊头[6]。宣城太守王僧达得武陵王檄[7]，未知所从。客说之曰："方今衅逆滔天，古今未有。为君计，莫若承义师之檄，移告傍郡。苟在有心，谁不响应！此上策也。如其不能，可躬帅向义之徒，详择水陆之便，致身南归，亦其次也。"僧达乃自候道南奔,逢武陵王于鹊头。王即以为长史。僧达,弘之子也。王初发寻阳,沈庆之谓人曰:"王僧达必来赴义。"人问其故。庆之曰:"吾见其在先帝前议论开张,意向明决;以此言之,其至必也。"

柳元景以舟舰不坚,惮于水战,乃倍道兼行,丙辰,至江宁步上[8],使薛安都帅铁骑曜兵于淮上,移书朝士,为陈逆顺。

劭加吴兴太守汝南周峤冠军将军。随王诞檄亦至,峤素恇怯,回惑不知所从;府司马丘珍孙杀之,举郡应诞。

戊午,武陵王至南洲[9],降者相属;己未,军于溧洲[10]。王自发寻阳,有疾不能见将佐,唯颜竣出入卧内,拥王于膝,亲视起居。疾屡危笃,不任咨禀,竣皆专决。军政之外,间以文教书檄,应接遐迩,昏晓临哭,若出一人。如是累旬,自舟中甲士亦不知王之危疾也。

癸亥,柳元景潜至新亭[11],依山为垒。新降者皆劝元景速进,元景曰:"不然。理顺难恃,同恶相济,轻进无防,实启寇心。"

元景营未立,劭龙骧将军詹叔儿觇知之,劝劭出战,劭不许。甲子,劭使萧斌统步军,褚湛之统水军,与鲁秀、王罗汉、刘简之精兵合万人,攻新亭垒,劭自登朱雀门督战。元景宿令军中曰:"鼓繁气易衰,叫数力易竭;但衔枚疾战,一听吾鼓声。"劭将士怀劭重赏,皆殊死战。元景水陆受敌,意气弥强,麾下勇士,悉遣出斗,左右唯留数人宣传。劭兵势垂克,鲁秀击退鼓,劭众遽止。元景乃开垒鼓噪以乘之,劭众大溃,坠淮死者甚多。劭更帅余众,自来攻垒,元景复大破之,所杀伤过于前战,士卒争赴死马涧[12],涧为之溢;劭手斩退者,不能禁。刘简之死,萧斌被创,劭仅以身免,走还宫。鲁秀、褚湛之、檀和之皆南奔。

丙寅,武陵王至江宁。丁卯,江夏王义恭单骑南奔;劭杀义恭十二子。

劭、濬忧迫无计,以辇迎蒋侯神像置宫中[13],稽颡乞恩,拜为大司马,封钟山王;拜苏侯神为骠骑将军[14]。以濬为南徐州刺史,与南平王铄并录尚书事。

【注释】

①三镇:指起兵反对刘劭的雍州、荆州、江州。 ②梁山:在今安徽和县南的长江西岸。 ③南中郎:指刘骏,当时刘骏为南中郎将、江州刺史、武陵王。 ④都水:官名,即都水台,掌舟航及水运。 ⑤录尚书六条事:即总管尚书省六部事务的意思,为当时的加衔之一,权力甚重。⑥鹊头:山名,在今安徽铜陵市西南。 ⑦宣城:郡名,治所在今安徽宣城市宣州区。 ⑧江宁:县名,治所在今江苏南京市江宁区西南江宁镇。⑨南洲:地名,在今安徽当涂县境内。 ⑩溧洲:地名,在今江苏南京市江宁区西南江宁镇西长江中。 ⑪新亭:地名,在今江苏南京市西南。⑫死马涧:地名,今地不详。 ⑬蒋侯:蒋子文,东汉人,常自称骨青,死后当为神。后为秣陵尉,追贼到钟山,伤额而死。到三国吴孙权封为中都侯,为他立庙。 ⑭苏侯:苏峻,西晋人,以讨伐王敦有功,拥精兵数万,后举兵谋反,被陶侃等人击败而死。

戊辰,武陵王军于新亭,大将军义恭上表劝进。散骑侍郎徐爰在殿中诳劭,云自追义恭,遂归武陵王。时王军府草创,不晓朝章;爰素所谙练。乃以爰兼太常丞,撰即位仪注。己巳,王即皇帝位,大赦。文武赐爵一等,从军者二等。改谥大行皇帝曰文,庙号太祖。以大将军义恭为太尉、录尚书六条事、南徐州刺史。是日,劭亦临轩拜太子伟之,大赦,唯刘骏、义恭、义宣、诞不在原例。庚子,以南谯王义宣为中书监、丞相、录尚书六条事、扬州刺史,随王诞为卫将军、开府仪同三司、荆州刺史,臧质为车骑将军、开府仪同三司、江州刺史,沈庆之为领军将军,萧思话为尚书左仆射。壬申,以王僧达为右仆射,柳元景为侍中、左卫将军,宗悫为右卫将军,张畅为吏部尚书,刘延孙、颜竣并为侍中。

五月,癸酉朔,臧质以雍州兵二万至新亭。豫州刺史刘遵考遣其将夏侯献之帅步骑五千军于瓜步[①]。

先是,世祖遣宁朔将军顾彬之将兵东入,受随王诞节度。诞遣参军刘季之将兵与彬之俱向建康,诞自顿西陵[②],为之后继。劭遣殿中将军燕钦等拒之,相遇于曲阿奔牛塘[③],钦等大败。劭于是缘淮树栅以自守,又决破岗、方山埭以绝东军[④]。时男丁既尽,召妇女供役。

甲戌,鲁秀等募勇士攻大航[5],克之。王罗汉闻官军已渡,即放仗降,缘渚幢队以次奔散,器仗鼓盖,充塞路衢。是夜,劭闭守六门,于门内凿堑立栅;城中沸乱,丹杨尹尹弘等文武将吏争逾城出降。劭烧辇及兖冕服于宫庭。萧斌宣令所统,使皆解甲,自石头戴白幡来降;诏斩斌于军门。濬劝劭载宝货逃入海,劭以人情离散,不果行。

乙亥,辅国将军朱修之克东府,丙子,诸军克台城,各由诸门入会于殿庭,获王正见,斩之。张超之走至合殿御床之所,为军士所杀,刳肠割心,诸将脔其肉,生噉之。建平等七王号哭俱出。劭穿西垣,入武库井中,队副高禽执之。劭曰:“天子何在?”禽曰:“近在新亭。”至殿前,臧质见之恸哭,劭曰:“天地所不覆载,丈人何为见哭?”又谓质曰:“劭可启得远徙不?”质曰:“主上近在航南,自当有处分。”缚劭于马上,防送军门。时不见传国玺,以问劭,劭曰:“在严道育处。”就取,得之。斩劭及四子于牙下。濬帅左右数十人挟南平王铄南走,遇江夏王义恭于越城[6]。濬下马曰:“南中郎今何所作?”义恭曰:“上已君临万国。”又曰:“虎头来得无晚乎?”义恭曰:“殊当恨晚。”又曰:“故当不死邪?”义恭曰:“可诣行阙请罪[7]。”又曰:“未审能赐一职自效不?”义恭又曰:“此未可量。”勒与俱归,于道斩之,及其三子。劭、濬父子首并枭于大航,暴尸于市。劭妃殷氏及劭、濬诸女、妾媵,皆赐死于狱。污潴劭所居斋[8]。殷氏且死,谓狱丞江恪曰:“汝家骨肉相残,何以枉杀无罪人?”恪曰:“受拜皇后,非罪而何?”殷氏曰:“此权时耳,当以鹦鹉为后。”褚湛之之南奔也,濬即与褚妃离绝,故免于诛。严道育、王鹦鹉并都街鞭杀,焚尸,扬灰于江。殷冲、尹弘、王罗汉及淮南太守沈璞皆伏诛。

庚辰,解严。辛巳,帝如东府,百官请罪,诏释之。甲申,尊帝母路淑媛为皇太后[9]。太后,丹杨人也。乙酉,立妃王氏为皇后。后父偃,导之玄孙也。戊子,以柳元景为雍州刺史。辛卯,追赠袁淑为太尉,谥忠宪公;徐湛之为司空,谥忠烈公;江湛为开府仪同三司,谥忠简公;王僧绰为金紫光禄大夫,谥简侯。壬辰,以太尉义恭为扬、南徐二州刺史，进位太傅，领大司马。

初，劭以尚书令何尚之为司空、领尚书令，子征北长史偃为侍中，父子并居权要。及劭败，尚之左右皆散，自洗黄阁⑩。殷冲等既诛，人为之寒心。帝以尚之、偃素有令誉，且居劭朝用智将迎，时有全脱，故特免之；复以尚之为尚书令，偃为大司马长史，位遇无改。

甲午，帝谒初宁、长宁陵。追赠卜天与益州刺史，谥壮侯，与袁淑等四家，长给禀禄。张泓之等各赠郡守。戊戌，以南平王铄为司空，建平王宏为尚书左仆射，萧思话为中书令、丹杨尹。六月，丙午，帝还宫。

初，帝之讨西阳蛮也，臧质使柳元景将兵会之。及质起兵，欲奉南谯王义宣为主，潜使元景帅所领西还，元景即以质书呈帝，语其信曰："臧冠军当是未知殿下义举耳。方应伐逆，不容西还。"质以此恨之。及元景为雍州，质虑其为荆、江后患，建议元景当为爪牙，不宜远出。帝重违其言，戊申，以元景为护军将军，领石头戍事。

【注释】

①瓜步：即今江苏南京市六合区东南的瓜埠山。 ②西陵：又名固陵，在今浙江杭州市萧山区西北西兴镇。 ③曲阿奔牛塘：曲阿，县名，在今江苏丹阳市，奔牛塘，村名，在曲阿境内。 ④破岗：水渠名，三国吴时凿，西起江苏句容市东南，东至丹阳市，沟通赤山湖与秦淮河。方山：堤名，在今江苏南京市江宁区南秦淮河上。 ⑤大航：即朱雀航，航，本指浮桥，此即指桥。在秦淮河上。 ⑥越城：在今江苏南京市南。 ⑦行阙：即行宫的旌门。 ⑧污潴：对弑君弑父之人的住所，毁其房屋，积聚污水，以示惩戒。 ⑨路淑媛：路氏为刘骏的生母，淑媛为嫔妃的第五级。 ⑩黄阁：指司徒、司空、太尉的听事之殿。

己酉，以司州刺史鲁爽为南豫州刺史①。庚戌，以卫军司马徐遗宝为兖州刺史②。

庚申，诏有司论功行赏，封颜竣等为公、侯。

辛未，徙南谯王义宣为南郡王，随王诞为竟陵王，立义宣次子宜阳侯恺为南谯王。

闰月,壬申,以领军将军沈庆之为南兖州刺史,镇盱眙。癸酉,以柳元景为领军将军。

乙亥,魏太皇太后赫连氏殂。

丞相义宣固辞内任及子恺王爵。甲午,更以义宣为荆、湘二州刺史,恺为宜阳县王,将佐以下并加赏秩。以竟陵王诞为扬州刺史。

秋,七月,辛酉朔[3],日有食之。甲寅,诏求直言。辛酉,诏省细作并尚方雕文涂饰[4];贵戚竞利,悉皆禁绝。

中军录事参军周朗上疏,以为:“毒之在体,必割其缓处。历下、泗间[5],不足戍守。议者必以为胡衰不足避,而不知我之病甚于胡矣。今空守孤城,徒费财役。使虏但发轻骑三千,更互出入,春来犯麦,秋至侵禾,水陆漕输,居然复绝;于贼不劳而边已困,不至二年,卒散民尽,可跻足而待也。今人知不以羊追狼、蟹捕鼠,而令重车弱卒与肥马悍胡相逐,其不能济固宜矣。又,三年之丧,天下之达丧;汉氏节其臣则可矣,薄其子则乱也。凡法有变于古而刻于情,则莫能顺焉;至乎败于礼而安于身,必遽而奉之。今陛下以大孝始基,宜反斯谬。又,举天下以奉一君,何患不给?一体炫金,不及百两,一岁美衣,不过数袭;而必收宝连椟,集服累笥,目岂常视,身未时亲,是椟带宝、笥著衣也,何糜蠹之剧,惑鄙之甚邪!且细作始并,以为俭节;而市造华怪,即传于民。如此,则迁也,非罢也。凡厥庶民,制度日侈,见车马不辨贵贱,视冠服不知尊卑。尚方今造一物,小民明已睥睨[6];宫中朝制一衣,庶家晚已裁学。侈丽之源,实先宫阃。又,设官者宜官称事立,人称官置。王侯识未堪务,不应强仕。且帝子未官,人谁谓贱?但宜详置宾友,茂择正人,亦何必列长史、参军、别驾从事,然后为贵哉!又,俗好以毁沈人,不知察其所以致毁;以誉进人,不察其所以致誉。毁徒皆鄙,则宜擢其毁者;誉党悉庸,则宜退其誉者。如此,则毁誉不妄,善恶分矣。凡无世不有言事,无时不有下令。然升平不至,昏危相继,何哉?设令之本非实故也。”书奏,忤旨,自解去职。朗,峤之弟也。

侍中谢庄上言："诏云：'贵戚竞利，悉皆禁绝。'此实允惬民听。若有犯违，则应依制裁纠；若废法申恩，便为明诏既下而声实乖爽也。臣愚谓大臣在禄位者，尤不宜与民争利。不审可得在此诏不？"庄，弘微之子也。

上多变易太祖之制，郡县以三周为满，宋之善政，于是乎衰。

乙丑，魏濮阳王闾若文、征西大将军永昌王仁皆坐谋叛，仁赐死于长安，若文伏诛。

南平穆王铄素负才能，意常轻上；又为太子劭所任，出降最晚。上潜使人毒之，己巳，铄卒，赠司徒，以商臣之谥谥之⑦。

南海太守萧简据广州反⑧。简，斌之弟也。诏新南海太守南昌邓琬、始兴太守沈法系讨之⑨。法系，庆之之从弟也。简诳其众曰："台军是贼劭所遣。"众信之，为之固守。琬先至，止为一攻道；法系至，曰："宜四面并攻；若守一道，何时可拔！"琬不从。法系曰："更相申五十日。"日尽又不克，乃从之。八道俱攻，一日即破之。九月，丁卯，斩简，广州平。法系封府库付琬而还。

冬，十一月，丙午，以左军将军鲁秀为司州刺史。

辛酉，魏主如信都、中山。

十二月，癸未，以将置东宫，省太子率更令等官，中庶子等各减旧员之半⑩。

甲午，魏主还平城。

【注释】

①南豫州：治所在寿阳，即今安徽寿县。 ②兖州：治所在湖陆，在今山东鱼台县东南。 ③辛酉：据章校"辛酉"当作"辛丑"才是。 ④细作：官署名，负责为宫廷制作物品。尚方：官署名，也是为宫廷制作物品的官署，多以有罪之人及其家属为工人。 ⑤历下：指历城，即今山东济南市。泗：泗水，河流名，在山东西南部。 ⑥睥睨（pì nì 币腻）：窥察，看到。 ⑦商臣：人名，春秋时人，楚国世子，杀了父亲自立为楚王，死后谥号为穆。 ⑧广州：州名，治所在番禺，即今广东广州市。南海：郡名，治所在今广东广州市。 ⑨始兴：郡名，治所在今广东韶关市。 ⑩减旧员之半：因太子刘劭作乱，故减少太子东宫的官员人数，原来东宫中庶子四人，中舍人四人，庶子四人，舍人十六人，洗马八人，现各减少一半。

资治通鉴卷第一百二十八

宋纪十　起阏逢敦牂，尽著雍阉茂，凡五年。

世祖孝武皇帝上[1]

孝建元年　春，正月，己亥朔，上祀南郊，改元，大赦。甲辰，以尚书令何尚之为左光禄大夫、护军将军，以左卫将军颜竣为吏部尚书、领骁骑将军。

壬戌，更铸孝建四铢钱。

乙丑，魏以侍中伊馛为司空。

丙子[2]，立皇子子业为太子。

初，江州刺史臧质，自谓人才足为一世英雄；太子劭之乱，质潜有异图，以荆州刺史南郡王义宣庸闇易制，欲外相推奉，因而覆之。质于义宣为内兄[3]，既至江陵，即称名拜义宣。义宣惊愕问故。质曰："事中宜然。"时义宣已奉帝为主，故其计不行。及至新亭，又拜江夏王义恭，曰："天下屯危，礼异常日。"

劭既诛，义宣与质功皆第一，由是骄恣，事多专行，凡所求欲，无不必从。义宣在荆州十年，财富兵强；朝廷所下制度，意有不同，一不遵承。质自建康之江州，舫千余乘，部伍前后百余里。帝方自揽威权，而质以少主遇之，政刑庆赏，一不咨禀。擅用湓口、钩圻米[4]，台符屡加检诘，渐致猜惧。

帝淫义宣诸女，义宣由是恨怒。质乃遣密信说义宣，以为"负不赏之功，挟震主之威，自古能全者有几？今万物系心于公，声迹已著；见几不作，将为他人所先。若命徐遗宝、鲁爽驱西北精兵来屯江上，质帅九江楼船为公前驱[⑤]，已为得天下之半。公以八州之众[⑥]，徐进而临之，虽韩、白更生[⑦]，不能为建康计矣。且少主失德，闻于道路；沈、柳诸将，亦我之故人，谁肯为少主尽力者！夫不可留者年也，不可失者时也。质常恐溘先朝露，不得展其旅力，为公扫除，于时悔之何及！”义宣腹心将佐谘议参军蔡超、司马竺超民等咸有富贵之望，欲倚质威名以成其业，共劝义宣从其计。质女为义宣子采之妇。义宣谓质无复异同，遂许之。超民，夔之子也。臧敦时为黄门侍郎，帝使敦至义宣所，道经寻阳，质更令敦说诱义宣，义宣意遂定。

豫州刺史鲁爽有勇力，义宣素与之相结。义宣密使人报爽及兖州刺史徐遗宝，期以今秋同举兵。使者至寿阳，爽方饮醉，失义宣指，即日举兵。爽弟瑜在建康，闻之，逃叛。爽使其众戴黄标，窃造法服，登坛，自号建平元年；疑长史韦处穆、中兵参军杨元驹、治中庾腾之不与己同，皆杀之。徐遗宝亦勒兵向彭城。

二月，义宣闻爽已反，狼狈举兵。鲁瑜弟弘为质府佐，帝敕质收之，质即执台使，举兵。

义宣与质皆上表，言为左右所谗疾，欲诛君侧之恶。义宣进爽号征北将军。爽于是送所造舆服诣江陵，使征北府户曹版义宣等[⑧]，文曰：“丞相刘，今补天子，名义宣；车骑臧，今补丞相，名质；平西朱，今补车骑，名修之：皆版到奉行。”义宣骇愕，爽所送法物并留竟陵，不听进。质加鲁弘辅国将军，下戍大雷。义宣遣谘议参军刘谌之将万人就弘，召司州刺史鲁秀，欲使为谌之后继。秀至江陵见义宣，出，拊膺曰：“吾兄误我，乃与痴人作贼，今年败矣！”

义宣兼荆、江、兖、豫四州之力，威震远近。帝欲奉乘舆法物迎之[⑩]，竟陵王诞固执不可，曰：“奈何持此座与人！”乃止。

己卯，以领军将军柳元景为抚军将军；辛卯，以左卫将军王玄谟为豫州刺史。命元景统玄谟等诸将以讨义宣。癸巳，进据梁山洲，于两岸筑偃月垒，水陆待之。义宣自称都督中外诸军事，命僚佐悉称名。

【注释】

①世祖孝武皇帝：刘骏，字休龙，小名道民，宋文帝刘义隆的第三个儿子。孝武，为他的谥号，世祖则是他的庙号，454—464 年在位。　②丙子：当做“丙寅”。　③内兄：臧质为宋武帝刘裕敬皇后的侄儿，与刘裕的儿子刘义宣为表兄弟。臧质年长，故为兄。　④钩圻：地名，在今江西都昌县西南。湓口、钩圻，为当时储存粮米的要地。　⑤九江：郡名，治所在今江西九江市。　⑥八州：指荆、雍、梁、益、湘、交、广、宁八州。⑦韩、白：韩信，白起，秦汉时的著名军事家。　⑧版：版授，当时在外的藩王临时授官叫做版授。　⑨大雷：地名，在今安徽望江县。　⑩法物：指皇帝车驾及其仪仗器物。

甲午，魏主诣道坛受图箓。

丙申，以安北司马夏侯祖欢为兖州刺史。三月，己亥，内外戒严。辛丑，以徐州刺史萧思话为江州刺史，柳元景为雍州刺史。癸卯，以太子左卫率庞秀之为徐州刺史。

义宣移檄州郡，加进位号，使同发兵。雍州刺史朱修之伪许之，而遣使陈诚于帝。益州刺史刘秀之斩义宣使者，遣中兵参军韦崧将万人袭江陵。

戊申，义宣帅众十万发江津[①]，舳舻数百里。以子慆为辅国将军，与左司马竺超民留镇江陵。檄朱修之使发兵万人继进，修之不从。义宣知修之贰于己，乃以鲁秀为雍州刺史，使将万余人击之。王玄谟闻秀不来，喜曰：“臧质易与耳。”

冀州刺史垣护之妻，徐遗宝之姊也，遗宝邀护之同反，护之不从，发兵击之。遗宝遣兵袭徐州长史明胤于彭城，不克。胤与夏侯祖欢、垣护之共击遗宝于湖陆，遗宝弃众焚城，奔鲁爽。

义宣至寻阳，以质为前锋而进，爽亦引兵直趣历阳[②]，与质水陆俱下。殿中将军沈灵赐将百舸，破质前军于南陵[③]，擒军主徐庆安等。质至梁山，夹陈两岸，与官军相拒。

夏，四月，戊辰，以后将军刘义綦为湘州刺史；甲申，以朱修之为荆州刺史。

上遣左军将军薛安都、龙骧将军南阳宗越等戍历阳，与鲁爽前锋杨胡兴等战，斩之。爽不能进，留军大岘，使鲁瑜屯小岘[4]。上复遣镇军将军沈庆之济江，督诸将讨爽，爽食少，引兵稍退，自留断后；庆之使薛安都帅轻骑追之，丙戌，及爽于小岘。爽将战，饮酒过醉，安都望见爽，即跃马大呼，直往刺之，应手而倒，左右范双斩其首。爽众奔散，瑜亦为部下所杀，遂进攻寿阳，克之。徐遗宝奔东海[5]，东海人杀之。

李延寿论曰：凶人之济其身，非世乱莫由焉。鲁爽以乱世之情，而行之于平日，其取败也宜哉！

南郡王义宣至鹊头，庆之送爽首示之，并与书曰："仆荷任一方，而衅生所统。近聊帅轻师，指往翦扑，军锋裁及，贼爽授首。公情契异常，或欲相见，及其可识，指送相呈。"爽累世将家，骁猛善战，号万人敌；义宣与质闻其死，皆骇惧。

柳元景军于采石[6]；王玄谟以臧质众盛，遣使来求益兵，上使元景进屯姑孰[7]。

太傅义恭与义宣书曰："往时仲堪假兵，灵宝寻害其族[8]；孝伯推诚，牢之旋踵而败[9]。臧质少无美行，弟所具悉。今藉西楚之强力，图济其私；凶谋若果，恐非复池中物也。"义宣由此疑之。五月，甲辰，义宣至芜湖，质进计曰："今以万人取南州，则梁山中绝；万人缀梁山，则玄谟必不敢动。下官中流鼓棹，直趣石头，此上策也。"义宣将从之。刘谌之密言于义宣曰："质求前驱，此志难测。不如尽锐攻梁山，事克然后长驱，此万安之计也。"义宣乃止。

冗从仆射胡子反等守梁山西垒，会西南风急，质遣其将尹周之攻西垒；子反方渡东岸就玄谟计事，闻之，驰归。偏将刘季之帅水军殊死战，求救于玄谟，玄谟不遣；大司马参军崔勋之固争，乃遣勋之与积弩将军垣询之救之。比至，城已陷，勋之、询之皆战死。询之，护之之弟也。子反等奔还东岸。质又遣其将庞法起将数千兵趋南浦[10]，欲自后掩玄谟，游击将军垣护之引水军与战，破之。

朱修之断马鞍山道[11]，据险自守。鲁秀攻之，不克，屡为修之所败，乃还江陵，修之引兵蹑之。或劝修之急追，修之曰："鲁秀，骁将也；兽穷则攫，不可迫也。"

王玄谟使垣护之告急于柳元景曰："西城不守，唯余东城万人。贼军数倍，强弱不敌，欲退还姑孰，就节下协力当之，更议进取。"元景不许，曰："贼势方盛，不可先退，吾当卷甲赴之。"护之曰："贼谓南州有三万人，而将军麾下裁十分之一，若往造贼垒，则虚实露矣。王豫州必不可来，不如分兵援之。"元景曰："善！"乃留羸弱自守，悉遣精兵助玄谟，多张旗帜。梁山望之如数万人，皆以为建康兵悉至，众心乃安。

质自请攻东城。谘议参军颜乐之说义宣曰："质若复克东城，则大功尽归之矣；宜遣麾下自行。"义宣乃遣刘谌之与质俱进。甲寅，义宣至梁山，顿兵西岸，质与刘谌之进攻东城。玄谟督诸军大战，薛安都帅突骑先冲其陈之东南，陷之，斩谌之首，刘季之、宗越又陷其西北，质等兵大败。垣护之烧江中舟舰，烟焰覆水，延及西岸营垒殆尽；诸军乘势攻之，义宣兵亦溃。义宣单舸迸走，闭户而泣，荆州人随之者犹百余舸。质欲见义宣计事，而义宣已去，质不知所为，亦走，其众皆降散。己未，解严。

【注释】

①江津：即江津戍，在今湖北荆州市沙市区东南。 ②历阳：郡名，治所在今安徽和县。 ③南陵：地名，在今安徽池州市贵池区西南。 ④小岘：地名，在今安徽含山县北。 ⑤东海：郡名，治所在今山东郯城县。 ⑥采石：山名，在今安徽当涂县西北。 ⑦姑孰：县名，治所在今安徽当涂县。 ⑧仲堪：殷仲堪。灵宝：桓玄。二人皆东晋时人，事详见本书卷第一百一十卷，晋安帝隆安二年至三年。 ⑨孝伯：王恭。牢之：刘牢之。事亦见卷第一百一十卷，隆安二年。 ⑩南浦：地名，在今安徽当涂县西南大信河口。 ⑪马鞍山：山名，在今湖北襄阳市南。

癸亥，以吴兴太守刘延孙为尚书右仆射。

六月，丙寅，魏主如阴山。

臧质至寻阳，焚烧府舍，载妓妾西走；使嬖人何文敬领余兵居前，至西阳[①]。西阳太守鲁方平绐文敬曰："诏书唯捕元恶，余无所问，不如逃之。"文敬弃众亡去。质先以妹夫羊冲为武昌郡[②]，质往投之；冲已为郡丞胡庇之所杀，质无所归，乃逃于南湖[③]，掇莲实啖之。追兵至，以荷覆头，自沉于水，出其鼻。戊辰，军主郑俱儿望见，射之，中心，兵刃乱至，肠胃萦水草，斩首送建康，子孙皆弃市，并诛其党乐安太守任荟之[4]、临川内史刘怀之、鄱阳太守杜仲儒[5]。仲儒，骥之兄子也。功臣柳元景等封赏各有差。

丞相义宣走至江夏[6]，闻巴陵有军[7]，回向江陵，众散且尽，与左右十许人徒步，脚痛不能前，僦民露车自载，缘道求食。至江陵郭外，遣人报竺超民，超民具羽仪兵众迎之。时荆州带甲尚万余人，左右翟灵宝诫义宣使抚慰将佐，以："臧质违指授之宜，用致失利。今治兵缮甲，更为后图。昔汉高百败，终成大业……"，而义宣忘灵宝之言，误云"项羽千败"，众咸掩口。鲁秀、竺超民等犹欲收余兵更图一决；而义宣惛沮，无复神守，入内不复出，左右腹心稍稍离叛。鲁秀北走，义宣不能自立，欲从秀去，乃携息慆及所爱妾五人，著男子服相随。城内扰乱，白刃交横，义宣惧，坠马，遂步进；竺超民送至城外，更以马与之，归而城守。义宣求秀不得，左右尽弃之，夜，复还南郡空廨[8]；旦日，超民收送刺奸[9]。义宣止狱户，坐地叹曰："臧质老奴误我！"五妾寻被遣出，义宣号泣，语狱吏曰："常日非苦，今日分别始是苦。"鲁秀众散，不能去，还向江陵，城上人射之，秀赴水死，就取其首。

诏右仆射刘孝孙使荆、江二州[10]，旌别枉直，就行诛赏；且分割二州之地，议更置新州。

初，晋氏南迁，以扬州为京畿，谷帛所资皆出焉；以荆、江为重镇，甲兵所聚尽在焉；常使大将居之。三州户口，居江南之半，上恶其强大，故欲分之。癸未，分扬州浙东五郡置东扬州[11]，治会稽；分荆、湘、江、豫州之八郡置郢州[12]，治江夏；罢南蛮校尉，迁其营于建康[13]。太傅义恭议使郢州治巴陵，尚书令何尚之曰："夏口在荆、江之中[14]，正对沔口，通接雍、梁，实为津要。由来旧镇，根基不易，既有见城，浦大容舫，于事为便。"上从之。既而荆、扬因此虚耗，尚之请复合二州，上不许。

戊子，省录尚书事。上恶宗室强盛，不欲权在臣下；太傅义恭知其指，故请省之。

上使王公、八座与荆州刺史朱修之书[15]，令丞相义宣自为计。

书未达,庚寅,修之入江陵,杀义宣,并诛其子十六人,及同党竺超民、从事中郎蔡超、谘议参军颜乐之等。超民兄弟应从诛,何尚之上言:“贼既遁走,一夫可擒。若超民反复昧利,即当取之,非唯免愆,亦可要不义之赏。而超民曾无此意,微足观过知仁。且为官保全城府,谨守库藏,端坐待缚。今戮及兄弟,则与其余逆党无异,于事为重。”上乃原之。

秋,七月,丙申朔,日有食之。

庚子,魏皇子弘生;辛丑,大赦,改元兴光。

丙辰,大赦。

八月,甲戌,魏赵王深卒。

乙亥,魏主还平城。

冬,十一月,戊戌,魏主如中山,遂如信都;十二月,丙子,还,幸灵丘⑯,至温泉宫;庚辰,还平城。

【注释】

①西阳:郡名,治所在今湖北黄冈市东。 ②武昌:郡名,治所在今湖北鄂州市。 ③南湖:湖名,即今湖北武汉市南湖。 ④乐安:郡名,治所在今山东广饶县北。 ⑤临川:郡名,治所在今江西抚州市临川区。鄱阳:郡名,治所在今江西景德镇市。 ⑥江夏:郡名,治所在今湖北武汉市。 ⑦巴陵:郡名,治所在今湖南岳阳市。 ⑧南郡:郡名,治所在今湖北荆州市。 ⑨刺奸:官员,汉代以来,公府就设有刺奸掾。 ⑩刘孝孙:据章校“孝”当作“延”。 ⑪东扬州:把原属扬州的浙东五郡:会稽、东阳、永嘉、临海、新安划出为东扬州,即今浙江绍兴市、金华市、温州市、临海市、淳安县一带,治所在会稽郡,即在今浙江绍兴市。 ⑫郢州:把原属荆、湘、江、豫四州的八个郡:江夏、竟陵、随、武陵、天门、巴陵、武昌、西阳划出成立郢州,治所在江夏郡,即今湖北武汉市。 ⑬南蛮校尉:军府名,晋代始置,治所原在襄阳,后迁江陵,此时迁到建康。 ⑭夏口:即江夏。 ⑮八座:指尚书省的五个曹的尚书加上尚书令和尚书左右仆射。 ⑯灵丘:县名,治所在今山西灵丘县。

二年 春,正月,魏车骑大将军乐平王拔有罪赐死。

镇北大将军、南兖州刺史沈庆之请老;二月,丙寅,以为左光禄大夫、开府仪同三司。庆之固让，表疏数十上，又面自陈，乃至稽颡泣涕。上不能夺，听以始兴公就第，厚加给奉。顷之，上复欲用庆之，使何尚之往起之。尚之累陈上意，庆之笑曰："沈公不效何公，往而复返。"尚之惭而止。辛巳，以尚书右仆射刘延孙为南兖州刺史。

夏，五月，戊戌，以湘州刺史刘遵考为尚书右仆射。

六月，壬戌，魏改元太安。

甲子，大赦。

甲申，魏主还平城。

秋，七月，癸巳，立皇弟休祐为山阳王，休茂为海陵王，休业为鄱阳王。

丙辰，魏主如河西。

雍州刺史武昌王浑与左右作檄文，自号楚王，改元永光，备置百官，以为戏笑。长史王翼之封呈其手迹。八月，庚申，废浑为庶人，徙始安郡。上遣员外散骑侍郎东海戴明宝诘责浑，因逼令自杀，时年十七。

丁亥，魏主还平城。

诏祀郊庙，初设备乐[①]，从前殿中曹郎荀万秋之议也。

上欲削弱王侯。冬，十月，己未，江夏王义恭、竟陵王诞奏裁王、侯车服、器用、乐舞制度，凡九事；上因讽有司奏增广为二十四条：听事不得南向坐；剑不得为鹿卢形[②]；内史、相及封内官长止称下官，不得称臣，罢官则不复追敬。诏可。

庚午，魏以辽西王常英为太宰。

壬午，以太傅义恭领扬州刺史，竟陵王诞为司空、领南徐州刺史，建平王宏为尚书令。

是岁，以故氐王杨保宗子元和为征虏将军，杨头为辅国将军。头，文德之从祖兄也。元和虽杨氏正统，朝廷以其年幼才弱，未正位号；部落无定主。头先戍葭芦，母妻子弟并为魏所执，而头为宋坚守无贰心。雍州刺史王玄谟上言："请以头为假节、西秦州刺史，用安辑其众。俟数年之后，元和稍长，使嗣故业。若元和才用不称，便应归头。头能藩扞汉川[③]，使无虏患，彼四千户荒州殆不足惜。若葭芦不守,汉川亦无立理。”上不从。

【注释】

①备乐:朝廷祭祀时的音乐。东晋以来,朝廷祭祀都无音乐,到宋文帝时始设登歌,这时的备乐,也不是正规的雅乐,而是魏、晋以来的世俗音乐。 ②鹿卢形:即辘轳形,弯曲九十度的摇把形。 ③汉川:指今陕西省南部。

三年 春,正月,庚寅,立皇弟休范为顺阳王,休若为巴陵王。戊戌,立皇子子尚为西阳王。

壬子,纳右卫将军何瑀女为太子妃。瑀,澄之曾孙也。甲寅,大赦。

乙卯,魏立贵人冯氏为皇后。后,辽西郡公朗之女也;朗为秦、雍二州刺史,坐事诛,后由是没入宫。

二月,丁巳,魏主立子弘为皇太子,先使其母李贵人条记所付托兄弟,然后依故事赐死。

甲子,以广州刺史宗悫为豫州刺史。故事,府州部内论事,皆签前直叙所论之事,置典签以主之。宋世诸皇子为方镇者多幼,时主皆以亲近左右领典签,典签之权稍重。至是,虽长王临藩,素族出镇,典签皆出纳教命,执其枢要,刺史不得专其职任。及悫为豫州,临安吴喜为典签。悫刑政所施,喜每多违执,悫大怒,曰:“宗悫年将六十,为国竭命,正得一州如斗大,不能复与典签共临之!”喜稽颡流血,乃止。

丁零数千家匿井陉山中为盗[①],魏选部尚书陆真与州郡合兵讨灭之。

闰月,戊午,以尚书左仆射刘遵考为丹杨尹。

癸酉,鄱阳哀王休业卒。

太傅义恭以南兖州刺史西阳王子尚有宠,将避之,乃辞扬州。秋,七月,解义恭扬州;丙子,以子尚为扬州刺史。时荧惑守南斗[②],上废西州旧馆,使子尚移治东城以厌之[③]。扬州别驾从事沈怀文曰:“天道示变,宜应之以德。今虽空西州,恐无益也。”不从。怀文,怀远之兄也。

八月，魏平西将军渔阳公尉眷击伊吾[④]，克其城，大获而还。

九月，壬戌，以丹杨尹刘遵考为尚书右仆射。

冬，十月，甲申，魏主还平城。

丙午，太傅义恭进位太宰，领司徒。

十一月，魏以尚书西平王源贺为冀州刺史，更赐爵陇西王。贺上言："今北虏游魂，南寇负险，疆场之间，犹须防戍。臣愚以为，自非大逆、赤手杀人，其坐赃盗及过误应入死者，皆可原宥，谪使守边；则是已断之体受更生之恩，徭役之家蒙休息之惠。"魏高宗从之。久之，谓群臣曰："吾用贺言，一岁所活不少，增戍兵亦多。卿等人人如贺，朕何忧哉！"会武邑人石华告贺谋反[⑤]，有司以闻，帝曰："贺竭诚事国，朕为卿等保之，无此，明矣。"命精加讯验；华果引诬，帝诛之，因谓左右曰："以贺忠诚，犹不免诬谤，不及贺者可无慎哉？"

十二月，濮阳太守姜龙驹[⑥]，新平太守杨自伦弃郡奔魏。

刘宋孝建四铢钱

【注释】

①井陉山：山名，在今河北井陉县西北。　②荧惑：五大行星之一的火星。南斗：二十八宿之一的斗宿。守：行星停留在某一星宿不走叫做守。火星守在斗宿，古人认为是灾异的征兆。③西州：扬州官署，在皇城之西，故称西州。厌：化解灾异叫做厌。火星守斗宿，因分野上扬州属斗宿，故表示灾将降在扬州，故要转移扬州官署来化解它。　④伊吾：地名，在今新疆哈密市西。⑤武邑：县名，治所在今河北武强县西南。　⑥濮阳：郡名，治所在

今河南濮阳县西南。 ⑦新平:郡名,治所在今陕西彬州市。

上欲移青、冀二州并镇历城[1],议者多不同。青、冀二州刺史垣护之曰:"青州北有河、济,又多陂泽,非虏所向;每来寇掠,必由历城。二州并镇,此经远之略也。北又近河,归顺者易。近息民患,远申王威,安边之上计也。"由是遂定。

元嘉中,官铸四铢钱,轮郭、形制与五铢同,用费无利,故民不盗铸。及上即位,又铸孝建四铢,形式薄小,轮郭不成。于是盗铸者众,杂以铅、锡;翦凿古钱,钱转薄小。守宰不能禁,坐死、免者相继。盗铸益甚,物价踊贵,朝廷患之。去岁春,诏钱薄小无轮郭者悉不得行,民间喧扰。是岁,始兴郡公沈庆之建议,以为"宜听民铸钱,郡县置钱署,乐铸之家皆居署内,平其准式,去其杂伪。去春所禁新品,一时施用,今铸悉依此格。万税三千,严检盗铸。"丹杨尹颜竣驳之,以为"五铢轻重,定于汉世,魏、晋以降,莫之能改;诚以物货既均,改之伪生故也。今云去春所禁一时施用;若巨细总行而不从公铸,利己既深,情伪无极,私铸、翦凿尽不可禁,财货未赡,大钱已竭,数岁之间,悉为尘土矣。今新禁初行,品式未一,须臾自止,不足以垂圣虑;唯府藏空匮,实为重忧。今纵行细钱,官无益赋之理;百姓虽赡,无解官乏。唯简费去华,专在节俭,求赡之道,莫此为贵耳"。议者又以为"铜转难得,欲铸二铢钱"。竣曰:"议者以为官藏空虚,宜更改铸;天下铜少,宜减钱式以救交弊,赈国舒民。愚以为不然。今铸二铢,恣行新细,于官无解于乏,而民间奸巧大兴,天下之货将糜碎至尽;空严立禁,而利深难绝,不一二年,其弊不可复救。民惩大钱之改,兼畏近日新禁,市井之间,必生纷扰。远利未闻,切患猥及,富商得志,贫民困窘,此皆甚不可者也。"乃止。

魏定州刺史高阳许宗之求取不节[2],深泽民马超谤毁宗之[3],宗之殴杀超,恐其家人告状,上超诋讪朝政。魏高宗曰:"此必妄也。朕为天下主,何恶于超而有此言!必宗之惧罪诬超。"案验,果然。斩宗之于都南。

金紫光禄大夫颜延之卒。延之子竣贵重,凡所资供,延之一无所受，布衣茅屋，萧然如故。常乘羸牛笨车，逢竣卤簿[4]，即屏住道侧。常语竣曰："吾平生不憙见要人，今不幸见汝！"竣起宅，延之谓曰："善为之，无令后人笑汝拙也。"延之尝早诣竣，见宾客盈门，竣尚未起，延之怒曰："汝出粪土之中，升云霞之上，遽骄傲如此，其能久乎！"竣丁父忧，裁逾月，起为右将军，丹杨尹如故。竣固辞，表十上；上不许，遣中书舍人戴明宝抱竣登车，载之郡舍，赐以布衣一袭，絮以彩纶，遣主衣就衣诸体[5]。

【注释】

①青、冀二州：宋国青州、冀州实际上合并为一州，治所在东阳城，即今山东青州市。历城：在今山东济南市。 ②定州：州名，治所在今河北定州市。高阳：县名，治所在今河北蠡县南。 ③深泽：县名，治所在今河北深泽县东南。 ④卤簿：官员出行时的前驱仪仗队。 ⑤主衣：官名，主管皇帝御衣。

大明元年 春，正月，辛亥朔，改元，大赦。

壬戌，魏主畋于崞山[1]，戊辰，还平城。

魏以渔阳王尉眷为太尉、录尚书事。

二月，魏人寇兖州，向无盐[2]，败东平太守南阳刘胡[3]。诏遣太子左卫率薛安都将骑兵，东阳太守沈法系将水军[4]，向彭城以御之，并受徐州刺史申坦节度。比至，魏兵已去。先是，群盗聚任城荆榛中[5]，累世为患，谓之任榛。申坦请回军讨之。上许之。任榛闻之，皆逃散。时天旱，人马渴乏，无功而还。安都、法系坐白衣领职。坦当诛，群臣为请，莫能得。沈庆之抱坦哭于市曰："汝无罪而死。我哭汝于市，行当就汝矣！"有司以闻，上乃免之。

三月，庚申，魏主畋于松山[6]；己巳，还平城。

魏主立其弟新成为阳平王。

上自既吉之后[7]，奢淫自恣，多所兴造。丹杨尹颜竣以藩朝旧臣，数恳切谏争，无所回避，上浸不悦。竣自谓才足干时，恩旧莫比，当居中永执朝政，而所陈多不纳，疑上欲疏之，乃求外出以占上意。夏，六月，丁亥，诏以竣为东扬州刺史，竣始大惧。

癸卯，魏主如阴山。

雍州所统多侨郡县[⑧]，刺史王玄谟上言：“侨郡县无有境土，新旧错乱，租课不时，请皆土断。”秋，七月，辛未，诏并雍州三郡十六县为一郡。郡县流民不愿属籍，讹言玄谟欲反。时柳元景宗强[⑨]，群从多为雍部二千石，乘声皆欲讨玄谟。玄谟令内外晏然以解众惑，驰使启上，具陈本末。上知其虚，遣主书吴喜抚慰之[⑩]，且报曰：“七十老公，反欲可求！君臣之际，足以相保，聊复为笑，伸卿眉头耳。”玄谟性严，未尝妄笑，故上以此戏之。

八月，己亥，魏主还平城。

甲辰，徙司空、南徐州刺史竟陵王诞为南兖州刺史，以太子詹事刘延孙为南徐州刺史。初，高祖遗诏，以京口要地，去建康密迩，自非宗室近亲，不得居之。延孙之先虽与高祖同源，而高祖属彭城，延孙属莒县[⑪]，从来不序昭穆[⑫]。上既命延孙镇京口，仍诏与延孙合族，使诸王皆序长幼。

上闺门无礼，不择亲疏、尊卑，流闻民间，无所不至。诞宽而有礼，又诛太子劭、丞相义宣，皆有大功，人心窃向之。诞多聚才力之士，蓄精甲利兵，上由是畏而忌之，不欲诞居中，使出镇京口[⑬]；犹嫌其逼，更徙之广陵[⑭]。以延孙腹心之臣，使镇京口以防之。

魏主将东巡，冬，十月，诏太宰常英起行宫于辽西黄山[⑮]。

十二月，丁亥，更以顺阳王休范为桂阳王。

【注释】

①崞山：山名，在今山西浑源县西北。 ②无盐：县名，治所在今山东东平县东领城。 ③东平：郡名，治所在今山东东平县东。 ④东阳：郡名，治所在今山东青州市。 ⑤任城：县名，治所在今山东济宁市南。 ⑥松山：山名，在今河北围场满族蒙古族自治县东大松树沟一带。 ⑦既吉：为父亲服丧三年期满叫既吉。 ⑧侨郡县：东晋以来，把失去控制的中原地区的郡县虚名设在南方地区，叫做侨置郡县，实无相应境域。 ⑨柳元景宗强：柳元景，原为河东郡解县人，向南迁徙到雍州地区，成为当地豪强宗族。 ⑩主书：官名，即从东汉尚书令史演变而来的官职，宋在中书省设主书官职。 ⑪莒县：县名，治所在今山东莒县。 ⑫昭穆：古代宗法制度中，排列始祖以下的列代父子关系的方法，左为昭，右为

穆。后泛指同一宗族的亲缘关系。 ⑬京口：南徐州的治所，在今江苏镇江市。 ⑭广陵：郡名，治所在今江苏扬州市。 ⑮黄山：在今河北迁安市西。辽西：郡名，治所在今河北迁安市。

二年 春，正月，丙午朔，魏设酒禁，酿、酤、饮者皆斩之；吉凶之会，听开禁，有程日。魏主以士民多因酒致斗及议国政，故禁之。增置内外候官，伺察诸曹及州、镇，或微服杂乱于府寺间，以求百官过失，有司穷治，讯掠取服；百官赃满二丈者皆斩。又增律七十九章。

乙卯，魏主如广宁温泉宫[①]，遂巡平州[②]；庚午，至黄山宫；二月，丙子，登碣石山[③]，观沧海；戊寅，南如信都[④]，畋于广川[⑤]。

乙酉，以金紫光禄大夫褚湛之为尚书左仆射。

丙戌，建平宣简王宏以疾解尚书令；三月，丁未，卒。

丙辰，魏高宗还平城，起太华殿。是时，给事中郭善明，性倾巧，说帝大起宫室，中书侍郎高允谏曰："太祖始建都邑，其所营立，必因农隙。况建国已久，永安前殿足以朝会，西堂、温室足以宴息，紫楼足以临望；纵有修广，亦宜驯致，不可仓猝。今计所当役凡二万人，老弱供饷又当倍之，期半年可毕。一夫不耕，或受之饥，况四万人之劳费，可胜道乎！此陛下所宜留心也。"帝纳之。

允好切谏，朝廷事有不便，允辄求见，帝常屏左右以待之。或自朝至暮，或连日不出；群臣莫知其所言。语或痛切，帝所不忍闻，命左右扶出，然终善遇之。时有上事为激讦者，帝省之，谓群臣曰："君、父一也。父有过，子何不作书于众中谏之？而于私室屏处谏者，岂非不欲其父之恶彰于外邪！至于事君，何独不然。君有得失，不能面陈，而上表显谏，欲以彰君之短，明己之直，此岂忠臣所为乎！如高允者，乃忠臣也[⑥]。朕有过，未尝不面言，至有朕所不堪闻者，允皆无所避。朕知其过而天下不知，可不谓忠乎！"

允所与同征者游雅等皆至大官，封侯，部下吏至刺史、二千石者亦数十百人，而允为郎二十七年不徙官。帝谓群臣曰："汝等虽执弓刀在朕左右，徒立耳，未尝有一言规正；唯伺朕喜悦之际，祈官乞爵，今皆无功而至王公。允执笔佐我国家数十年，为益不少，不过为郎，汝等不自愧乎！”乃拜允中书令。

时魏百官无禄，允常使诸子樵采以自给。司徒陆丽言于帝曰：“高允虽蒙宠待，而家贫，妻子不立。”帝曰：“公何不先言，今见朕用之，乃言其贫乎！”即日，至允第，惟草屋数间，布被，缊袍，厨中盐菜而已。帝叹息，赐帛五百匹，粟千斛，拜长子悦为长乐太守[7]。允固辞，不许。帝重允，常呼为令公而不名。

游雅常曰：“前史称卓子康、刘文饶之为人[8]，褊心者或不之信。余与高子游处四十年，未尝见其喜愠之色，乃知古人为不诬耳。高子内文明而外柔顺，其言呐呐不能出口。昔崔司徒尝谓余云：‘高生丰才博学，一代佳士，所乏者，矫矫风节耳。’余亦以为然。及司徒得罪，起于纤微，诏指临责，司徒声嘶股栗，殆不能言；宗钦已下，伏地流汗，皆无人色。高子独敷陈事理，申释是非，辞义清辩，音韵高亮。人主为之动容，听者无不神耸，此非所谓矫矫者乎！宗爱方用事，威振四海。尝召百官于都坐[9]，王公已下皆趋庭望拜，高子独升阶长揖。由此观之，汲长孺可以卧见卫青[10]，何抗礼之有！此非所谓风节者乎！夫人固未易知；吾既失之于心，崔又漏之于外，此乃管仲所以致恸于鲍叔也[11]。”

乙丑，魏东平成王陆俟卒。

夏，四月，甲申，立皇子子绥为安陆王。

帝不欲权在臣下，六月，戊寅，分吏部尚书置二人，以都官尚书谢庄、度支尚书吴郡顾觊之为之[12]。又省五兵尚书[13]。

初，晋世，散骑常侍选望甚重[14]，与侍中不异；其后职任闲散，用人渐轻。上欲重其选，乃用当时名士临海太守孔觊[15]、司徒长史王彧为之。侍中蔡兴宗谓人曰：“选曹要重[16]，常侍闲淡，改之以名而不以实，虽主意欲为轻重，人心岂可变邪！”既而常侍之选复卑，选部之贵不异。觊，琳之之孙；彧，谧之兄孙；兴宗，廓之子也。

裴子野论曰：官人之难，先王言之，尚矣。周礼，始于学校，论之州里，告诸六事，而后贡于王庭。其在汉家，州郡积其功能，五府举为掾属，三公参其得失，尚书奏之天子；一人之身，所阅者众，故能官得其才，鲜有败事。魏、晋易是，所失弘多。夫厚貌深衷，险如溪壑，择言观行，犹惧弗周。况今万品千群，俄折乎一面；庶僚百位，专断于一司。于是嚣风遂行，不可抑止。干进务得，兼加谄渎；无复廉耻之风，谨厚之操；官邪国败，不可纪纲。假使龙作纳言[17]，舜居南面，而治致平章，不可必也，况后之官人者哉！孝武虽分曹为两，不能反之于周、汉，朝三暮四，其庸愈乎！

【注释】

①广宁：郡名，治所在今河北涿鹿县。　②平州：州名，治所在今河北卢龙县北。　③碣石山：山名，在今河北昌黎县北。　④信都：县名，治所在今河北衡水市冀州区。　⑤广川：县名，治所在今河北枣强县东北。　⑥乃忠臣也：据章校“乃”字下当有“真”字，文义始足。　⑦长乐：郡名，治所在今河北衡水市冀州区。　⑧卓子康：人名，卓茂，东汉人，字子康。刘文饶：东汉人，名宽，字子饶。二人都是著名的宽厚诚实之人。　⑨都坐：指朝廷的政事大堂。　⑩汲长孺：西汉人，名黯，其卧见卫青的事，见本书卷十九，汉武帝元朔五年。　⑪管仲致恸于鲍叔：管仲说：“生我者父母，知我者鲍子”，故鲍叔死时管仲极为悲恸，因为没人再能像鲍叔那样了解管仲了。　⑫都官尚书：都官，尚书省六部之一，都官尚书为都官部的首长，相当于后代的刑部尚书。度支尚书：尚书省六部之一度支部的首长，相当于后代的民部尚书。　⑬五兵尚书：尚书省六部之一五兵部的首长，相当于后代的兵部尚书。　⑭选望：皇帝的选拔叫做选，时人共同推崇瞻望叫做望。　⑮临海：郡名，治所在今浙江临海市。　⑯选曹：即吏部曹。当时部下分曹，曹之长官亦称曹。　⑰龙：人名，舜时的大臣。纳言：舜时的官名，相当于后代的尚书。

丙申，魏主畋于松山；庚午[1]，如河西。

南彭城民高阇[2]、沙门昙标以妖妄相扇，与殿中将军苗允等谋作乱，立阇为帝。事觉，甲辰，皆伏诛，死者数十人。于是下诏沙汰诸沙门，设诸科禁，严其诛坐；自非戒行精苦，并使还俗。而诸尼多出入宫掖，此制竟不能行。

中书令王僧达，幼聪警能文，而跌荡不拘。帝初践阼，擢为仆射，居颜、刘之右。自负才地，谓当时莫及，一二年间，即望宰相。既而迁护军，怏怏不得志，累启求出。上不悦，由是稍稍下迁，五岁七徙，再被弹削。僧达既耻且怨，所上表奏，辞旨抑扬，又好非议时政，上已积愤怒。路太后兄子尝诣僧达，趋升其榻，僧达令舁弃之。太后大怒，固邀上令必杀僧达。会高阇反，上因诬僧达与阇通谋，八月，丙戌，收付廷尉，赐死。

沈约论曰：夫君子、小人，类物之通称，蹈道则为君子，违之则为小人。是以太公起屠钓为周师[3]，傅说去板筑为殷相[4]，明扬幽仄，唯才是与。逮于二汉，兹道未革：胡广累世农夫，致位公相[5]；黄宪牛医之子，名重京师[6]；非若晚代分为二途也。魏武始立九品[7]，盖以论人才优劣，非谓世族高卑。而都正俗士，随时俯仰，凭藉世资，用相陵驾；因此相沿，遂为成法。周、汉之道，以智役愚；魏、晋以来，以贵役贱；士庶之科，较然有辨矣。

裴子野论曰：古者，德义可尊，无择负贩；苟非其人，何取世族！名公子孙，还齐布衣之伍；士庶虽分，本无华素之隔。自晋以来，其流稍改，草泽之士，犹显清途；降及季年，专限阀阅[8]。自是三公之子，傲九棘之家[9]，黄散之孙，蔑令长之室；转相骄矜，互争铢两，唯论门户，不问贤能。以谢灵运、王僧达之才华轻躁，使其生自寒宗，犹将覆折；重以怙其庇荫，召祸宜哉。

九月，乙巳，魏主还平城。

丙寅，魏大赦。

冬，十月，甲戌，魏主北巡，欲伐柔然，至阴山，会雨雪，魏主欲还，太尉尉眷曰："今动大众以威北狄，去都不远而车驾遽还，虏必疑我有内难。将士虽寒，不可不进。"魏主从之，辛卯，军于车仑山[10]。

积射将军殷孝祖筑两城于清水之东[11]。魏镇西将军封敕文攻之，清口戍主、振威将军傅乾爱拒破之[12]。孝祖，羡之曾孙也。上遣虎贲主庞孟虬救清口，青、冀二州刺史颜师伯遣中兵参军苟思达助之，败魏兵于沙沟[13]。师伯，竣之族兄也。上遣司空参军卜天生将兵会傅乾爱及中兵参军江方兴共击魏兵，屡破之，斩魏将窟瑰公等数人。十一月，魏征西将军皮豹子等将三万骑助封敕文寇青州，颜师伯御之，辅国将军焦度刺豹子坠马[14]，获其铠矟具装，手杀数十人。度，本南安氐也。

魏主自将骑十万、车十五万两击柔然，度大漠，旍旗千里。柔然处罗可汗远遁，其别部乌朱驾颓等帅数千落降于魏。魏主刻石纪功而还。

初，上在江州，山阴戴法兴、戴明宝、蔡闲为典签；及即位，皆以为南台侍御史兼中书通事舍人[15]。是岁，三典签并以初举兵预密谋，赐爵县男；闲已卒，追赐之。

时上亲览朝政，不任大臣；而腹心耳目，不得无所委寄。法兴颇知古今，素见亲待。鲁郡巢尚之[16]，人士之末，涉猎文史，为上所知，亦以为中书通事舍人。凡选授诛赏大处分[17]，上皆与法兴、尚之参怀[18]；内外杂事，多委明宝。三人权重当时；而法兴、明宝大纳货贿，凡所荐达，言无不行，天下辐凑，门外成市，家产并累千金。

吏部尚书顾觊之独不降意于法兴等。蔡兴宗与觊之善，嫌其风节太峻，觊之曰："辛毗有言[19]：'孙、刘不过使吾不为三公耳。[20]'"觊之常以为："人禀命有定分，非智力可移，唯应恭己守道；而闇者不达，妄意侥倖，徒亏雅道，无关得丧。"乃以其意命弟子原著《定命论》以释之。

【注释】

①庚午：据章校，"庚午"上应有"秋七月。" ②南彭城：郡名，治所在今江苏常州市。阇（dū 督）。 ③太公：人名，姜太公，姜子牙，隐居民间，混同于屠夫渔父，被周文王姬昌发现是杰出人才，任命为国师。④傅说：人名，在傅岩之野筑墙，被殷高宗武丁发现，任命为丞相。⑤胡广：人名，东汉人，从农夫官至丞相。 ⑥黄宪：东汉人，出身低微，后成为一代名士。 ⑦九品：九品官人法，曹操时设立的选拔人才任命官职的制度，详见本书卷第八十一，晋武帝太康五年。 ⑧阀阅：本义明其等级为阀，积其功劳为阅，后泛指门第宗族的贵贱。 ⑨九棘：即九卿，位在三公之下，亦属高级官员。 ⑩车仑山：今地不详。 ⑪清水：济水的下游，古称清水。 ⑫清口：古代汶水注入济河的河口，在今山东梁山县东南。 ⑬沙沟：又名中川水，即今山东济南市长清区沙河。⑭辅国将军：据章校"将"当作"参"。 ⑮南台：即御史台。中书通事舍

人:中书省的通事舍人,掌管通报章表,发布诏命。 ⑯鲁郡:郡名,治所在今山东曲阜市。 ⑰选授诛赏:据章校,“选授”下应有“迁徙”二字。⑱参怀:宋代凡是参与机密政务的,均叫做参怀。 ⑲辛毗:三国曹魏时人,以风操遒劲著称。 ⑳孙、刘:孙资,刘放,魏明帝时两位权臣,大臣都与之交好,只有辛毗不去巴结,说:“就与孙、刘不平,不过不为三公。大丈夫欲为公而毁其高节邪!”

资治通鉴卷第一百二十九

宋纪十一　起屠维大渊献，尽阏逢执徐，凡六年。

世祖孝武皇帝下

大明三年　春，正月，己巳朔，兖州兵与魏皮豹子战于高平[1]，兖州兵不利。

己丑，以骠骑将军柳元景为尚书令，右仆射刘遵考为领军将军。

己酉，魏河南公伊馛卒。

三月，乙卯，以扬州六郡为王畿[2]；更以东扬州为扬州，徙治会稽，犹以星变故也。

三月，庚寅，以义兴太守垣阆为兖州刺史[3]。阆，遵之子也。

夏，四月，乙巳，魏主立其弟子推为京兆王。

竟陵王诞知上意忌之，亦潜为之备；因魏人入寇，修城浚隍，聚粮治仗。诞记室参军江智渊知诞有异志，请假先还建康，上以为中书侍郎。智渊，夷之弟子也，少有操行，沈怀文每称之曰："人所应有尽有，人所应无尽无者，其唯江智渊乎！"

是时，道路皆云诞反。会吴郡民刘成上书称："息道龙昔事诞，见诞在石头城修乘舆法物，习唱警跸。道龙忧惧，私与伴侣言之，诞杀道龙。"又豫章民陈谈之上书称："弟咏之在诞左右，见诞书陛下年纪姓讳，往巫郑师怜家祝诅。咏之密以启闻，诞诬咏之乘酒骂詈，杀之。"上乃令有司奏诞罪恶，请收付廷尉治罪。乙卯，诏贬诞爵为侯，遣之国。诏书未下，先以羽林禁兵配兖州刺史垣阆，使以之镇为名，与给事中戴明宝袭诞。

阆至广陵，诞未悟也。明宝夜报诞典签蒋成，使明晨开门为内应。成以告府舍人许宗之，宗之入告诞；诞惊起，呼左右及素所畜养数百人执蒋成，勒兵自卫。天将晓，明宝与阆帅精兵数百人猝至，而门不开；诞已列兵登陴，自在门上斩蒋成，赦作徒、系囚，开门击阆，杀之，明宝从间道逃还。诏内外纂严。以始兴公沈庆之为车骑大将军、开府仪同三司、南兖州刺史，将兵讨诞。甲子，上亲总禁兵顿宣武堂。

司州刺史刘季之，诞故将也，素与都督宗悫有隙，闻诞反，恐为悫所害，委官，间道自归朝廷。至盱眙，盱眙太守郑瑗疑季之与诞同谋，邀杀之。

沈庆之至欧阳[④]，诞遣庆之宗人沈道愍赍书说庆之，饷以玉环刀。庆之遣道愍反，数以罪恶。诞焚郭邑，驱居民悉使入城，闭门自守，分遣书檄，邀结远近。时山阳内史梁旷[⑤]，家在广陵，诞执其妻子，遣使邀旷，旷斩使拒之；诞怒，灭其家。

诞奉表投之城外曰："陛下信用谗言，遂令无名小人来相掩袭；不任枉酷，即加诛翦。雀鼠贪生，仰违诏敕。今亲勒部曲，镇扞徐、兖。先经何福，同生皇家？今有何愆，便成胡、越？陵锋蹈戈，万没岂顾；荡定之期，冀在旦夕。"又曰："陛下宫帷之丑，岂可三缄！"上大怒，凡诞左右、腹心、同籍、期亲在建康者并诛之[⑥]，死者以千数，或有家人已死，方自城内出奔者。

庆之至城下，诞登楼谓之曰："沈公垂白之年，何苦来此！"庆之曰："朝廷以君狂愚，不足劳少壮故耳。"

上虑诞奔魏，使庆之断其走路。庆之移营白土[⑦]，去城十八里，又进军新亭[⑧]。豫州刺史宗悫、徐州刺史刘道隆并帅众来会；兖州刺史沈僧明，庆之兄子也，亦遣兵助庆之。先是诞诳其众，云"宗悫助我"；悫至，绕城跃马呼曰："我，宗悫也！"

诞见诸军大集，欲弃城北走，留中兵参军申灵赐守广陵；自将步骑数百人，亲信并自随，声云出战，邪趋海陵道[⑨]，庆之遣龙骧将军武念追之。诞行十余里，众皆不欲去，互请诞还城，诞曰："我还易耳,卿能为我尽力乎?"众皆许诺。诞乃复还,筑坛歃血以誓众,凡府州文武皆加秩。以主簿刘琨之为中兵参军;琨之,遵考之子也,辞曰:"忠孝不得并。琨之老父在,不敢承命。"诞囚之十余日,终不受,乃杀之。

右卫将军垣护之、虎贲中郎将殷孝祖等击魏还,至广陵,上并使受庆之节度。庆之进营,逼广陵城。诞饷庆之食,提挈者百余人,出自北门;庆之不开视,悉焚之。诞于城上授函表,请庆之为送,庆之曰:"我受诏讨贼,不得为汝送表。汝必欲归死朝廷,自应开门遣使,吾为汝护送。"

【注释】

①高平:郡名,治所在今山东巨野县南。 ②扬州六郡:指丹杨、淮南、宣城、吴郡、吴兴、义兴六个郡。 ③义兴:郡名,治所在今江苏宜兴市。 ④欧阳:地名,在今江苏仪征市东古运河上,距广陵六十里。 ⑤山阳:郡名,治所在今江苏淮安市。 ⑥同籍:指在同一宗属之籍的人。期亲:指要服一年丧的亲属。 ⑦白土:地名,距广陵十八里,今地不详。 ⑧新亭:地名,在广陵城外,今地不详。 ⑨海陵:县名,治所在今江苏泰州市。

东扬州刺史颜竣遭母忧,送丧还都,上恩待犹厚,竣时对亲旧有怨言,或语及朝廷得失。会王僧达得罪,疑竣谮之;将死,具陈竣前后怨望诽谤之语。上乃使御史中丞庾徽之劾奏,免竣官。竣愈惧,上启陈谢,且请生命;上益怒,诏答曰:"卿讪讦怨愤,已孤本望;乃复过烦思虑,惧不自全,岂为下事上诚节之至邪!"及竟陵王诞反,上遂诬竣与诞通谋,五月,收竣付廷尉,先折其足,然后赐死。妻子徙交州,至宫亭湖[①],复沉其男口。

六月,戊申,魏主如阴山。

上命沈庆之为三烽于桑里[②],若克外城,举一烽,克内城,举两烽,擒刘诞,举三烽;玺书督趣,前后相继。庆之焚其东门,塞堑,造攻道,立行楼、土山并诸攻具[③],值久雨,不得攻城。上使御史中丞庾徽之奏免庆之官,诏勿问,以激之。自四月至于秋七月,雨止,城犹未拔。上怒,命太史择日,将自济江讨诞,太宰义恭固谏,乃止。

诞初闭城拒使者，记室参军山阴贺弼固谏，诞怒，抽刀向之，乃止。诞遣兵出战屡败，将佐多逾城出降。或劝弼宜早出，弼曰："公举兵向朝廷，此事既不可从；荷公厚恩，又义无违背，唯当以死明心耳！"乃饮药自杀。参军何康之谋开门纳官军，不果，斩关出降。诞为高楼，置康之母于其上，暴露之，不与食，母呼康之，数日而死。诞以中军长史濮阳范义为左司马。义母妻子皆在城内，或谓义曰："事必不振，子其行乎！"义曰："吾，人吏也；子不可以弃母，吏不可以叛君。必若何康之而活，吾弗为也。"

沈庆之帅众攻城，身先士卒，亲犯矢石，乙巳，克其外城；乘胜而进，又克小城。诞闻兵入，走趋后园，队主沈胤之等追及之，击伤诞，坠水，引出，斩之。诞母、妻皆自杀。

上闻广陵平，出宣阳门，敕左右皆呼万岁。侍中蔡兴宗陪辇，上顾曰："卿何独不呼？"兴宗正色曰："陛下今日正应涕泣行诛，岂得皆称万岁！"上不悦。

诏贬诞姓留氏；广陵城中士民，无大小悉命杀之。沈庆之请自五尺以下全之，其余男子皆死，女子以为军赏；犹杀三千余口。长水校尉宗越临决，皆先刳肠抉眼，或笞面鞭腹，苦酒灌创，然后斩之，越对之，欣欣若有所得。上聚其首于石头南岸为京观，侍中沈怀文谏，不听。

初，诞自知将败，使黄门吕昙济与左右素所信者将世子景粹匿于民间，谓曰："事若不济，思相全脱；如其不免，可深埋之。"各分以金宝赍送。既出门，并散走；唯昙济不去，携负景粹十余日，捕得，斩之。

临川内史羊璿坐与诞素善，下狱死。

擢梁旷为后将军，赠刘琨之给事黄门侍郎。

蔡兴宗奉旨慰劳广陵。兴宗与范义素善，收敛其尸，送丧归豫章。上谓曰："卿何敢故触王宪？"兴宗抗言对曰："陛下自杀贼，臣自葬故交，何不可之有！"上有惭色。

宗越治军严，善为营陈。每数万人止顿，越自骑马前行，使军人随其后，马止营合，未尝参差。

辛未，大赦。

丙子，以丹杨尹刘秀之为尚书右仆射。

丙戌，以南兖州刺史沈庆之为司空，刺史如故。

八月，庚戌，魏主如云中；壬戌，还平城。

九月，壬辰，筑上林苑于玄武湖北。

初，晋人筑南郊坛于巳位[4]，尚书右丞徐爰以为非礼。诏徙于牛头山西[5]，直宫城之午位。及废帝即位[6]，以旧地为吉，复还故处。帝又命尚书左丞荀万秋造五路[7]，依金根车[8]，加羽葆盖。

【注释】

①宫亭湖：即今江西鄱阳湖。　②桑里：在今江苏扬州市东南。③行楼：攻城器械名，能移动的木制高台，上载兵士来攻城。　④巳位：古人以十二地支划分方位，子为正北方，按顺时针顺序，巳为东南方。按古代礼制，南郊祭坛应在正南方的午位，故徐爰认为坛在巳位非礼。⑤牛头山：山名，在今江苏南京江宁区西南。　⑥废帝：指宋国第六代皇帝刘子业，464 年至 465 年在位。　⑦五路：五种帝王所乘车辆。　⑧金根车：秦始皇仿照殷代制度制造的帝王用车。

四年　春，正月，甲子朔，魏大赦，改元和平。

乙亥，上耕籍田，大赦。

乙卯，诏祀郊庙，初乘玉路[1]。

庚寅，立皇子子勋为晋安王，子房为寻阳王，子顼为历阳王，子鸾为襄阳王。

魏散骑侍郎冯阐来聘。

二月，魏卫将军乐安王良讨河西叛胡[2]。

三月，魏人寇北阴平[3]，朱提太守杨归子击破之[4]。

甲申，皇后亲桑于西郊，皇太后观礼。

夏，四月，魏太后常氏殂[5]。五月，癸丑，魏葬昭太后于鸣鸡山[6]。

丙戌，尚书左仆射褚湛之卒。

吐谷浑王拾寅两受宋、魏爵命，居止出入，拟于王者，魏人忿之。定阳侯曹安表言："拾寅今保白兰[7]，若分军出其左右，必走保南山，不过十日，人畜乏食，可一举而定。”六月，甲午，魏遣征西大将军阳平王新成等督统万、高平诸军出南道，南郡公中山李惠等督凉州诸军出北道，以击吐谷浑。

魏崔浩之诛也，史官遂废，至是复置。

河西叛胡诣长安首罪，魏遣使者安慰之。

秋，七月，遣使如魏。

甲戌，开府仪同三司何尚之卒。

壬午，魏主如河西。

魏军至西平[8]，吐谷浑王拾寅走保南山。九月，魏军济河追之，会疾疫，引还，获杂畜三十余万。

庚午，魏主还平城。

丁亥，徙襄阳王子鸾为新安王。

冬，十月，庚寅，诏沈庆之讨缘江蛮。

前庐陵内史周朗，言事切直，上衔之，使有司奏朗居母丧不如礼，传送宁州[9]，于道杀之。朗之行也，侍中蔡兴宗方在直，请与朗别；坐白衣领职。

十一月，魏散骑侍郎卢度世等来聘。

是岁，上征青、冀二州刺史颜师伯为侍中。师伯以谄佞被亲任，群臣莫及，多纳货贿，家累千金。上尝与之樗蒲[10]，上掷得雉，自谓必胜；师伯次掷，得卢，上失色。师伯遂敛子曰：“几作卢！”是日，师伯一输百万。

柔然攻高昌[11]，杀沮渠安周，灭沮渠氏，以阚伯周为高昌王。高昌称王自此始。

【注释】

①玉路：五路之一，以玉装饰的御用乘车。　②河西：指自龙门向东到华阴一段黄河西岸，即今山西河津市到陕西华阴市一段黄河西岸。③北阴平：郡名，治所在今四川江油市东北。　④朱提：郡名，治所在今云南昭通市。　⑤太后常氏：本为保太后，尊奉为太后，见卷第一百二十七，宋文帝元嘉三年。　⑥鸣鸡山：山名，在今河北涿鹿县境内。　⑦白兰：山名，即今青海黄河源头西北的布尔汗达布山。　⑧西平：郡名，治所在今青海西宁市。　⑨宁州：州名，治所在今云南曲靖市西。　⑩樗

蒲:古代游戏之一,棋子一面黑,一面白,每人每次掷五枚,全为黑面为卢,二白三黑为雉,得卢者为胜。 ⑪高昌:西域国名,治所在今新疆吐鲁番市东高昌旧址。

五年 春,正月,戊午朔,朝贺。雪落太宰义恭衣,有六出[①],义恭奏以为瑞;上悦。义恭以上猜暴,惧不自容,每卑辞逊色,曲意祇奉;由是终上之世,得免于祸。

二月,辛卯,魏主如中山;丙午,至邺,遂如信都。

三月,遣始如魏。

魏主发并、肆州民五千人治河西猎道[②];辛巳,还平城。

夏,四月,癸巳,更以西阳王子尚为豫章王。

庚子,诏经始明堂,直作大殿于丙、己之地[③],制如太庙,唯十有二间为异。

雍州刺史海陵王休茂,年十七,司马新野庾深之行府事。休茂性急,欲自专处决,深之及主帅每禁之[④],常怀忿恨。左右张伯超有宠,多罪恶,主帅屡责之。伯超惧,说休茂曰:"主帅密疏官过失,欲以启闻,如此恐无好。"休茂曰:"为之奈何?"伯超曰:"唯有杀行事及主帅[⑤],举兵自卫。此去都数千里,纵大事不成,不失入虏中为王。"休茂从之。

丙午夜,休茂与伯超等帅夹毂队[⑥],杀典签杨庆于城中,出金城[⑦],杀深之及典签戴双;征集兵众,建牙驰檄,使佐吏上己为车骑大将军、开府仪同三司,加黄钺。侍读博士荀诜谏,休茂杀之。伯超专任军政,生杀在己,休茂左右曹万期挺身斫休茂,不克而死。

休茂出城行营,谘议参军沈畅之等帅众闭门拒之。休茂驰还,不得入。义成太守薛继考为休茂尽力攻城[⑧],克之,斩畅之及同谋数十人。其日,参军尹玄庆复起兵攻休茂,生擒,斩之,母、妻皆自杀,同党伏诛。城中扰乱,莫相统摄。中兵参军刘恭之,秀之之弟也,众共推行府州事。继考以兵胁恭之,使作启事,言"继考立义",自乘驿还都;上以为北中郎谘议参军,赐爵冠军侯;事寻泄,伏诛。以玄庆为射声校尉。

上自即位以来,抑黜诸弟;既克广陵,欲更峻其科。沈怀文曰："汉明不使其子比光武之子，前史以为美谈。陛下既明管、蔡之诛[9]，愿崇唐、卫之寄[10]。"及襄阳平，太宰义恭探知上指，请裁抑诸王，不使任边州，及悉输器甲，禁绝宾客，沈怀文固谏以为不可，乃止。

上畋游无度，尝出，夜还，敕开门。侍中谢庄居守，以棨信或虚[11]，执不奉旨，须墨敕乃开。上后因燕饮，从容曰："卿欲效郅君章邪[12]？"对曰："臣闻王者祭祀、畋游，出入有节。今陛下晨往宵归，臣恐不逞之徒，妄生矫诈，是以伏须神笔，乃敢开门耳。"

魏大旱，诏："州郡境内，神无大小，悉洒扫致祷；俟丰登，各以其秩祭之。"于是群祀之废者皆复其旧。

秋，七月，戊寅，魏主立其弟小新成为济阳王，加征东大将军，镇平原[13]；天赐为汝阴王，加征南大将军，镇虎牢；万寿为乐浪王，加征北大将军，镇和龙[14]；洛侯为广平王。

壬午，魏主巡山北；八月，丁丑，还平城。

戊子，立皇子子仁为永嘉王，子真为始安王。

九月，甲寅朔，日有食之。

沈庆之固让司空，柳元景固让开府仪同三司，诏许之；仍命庆之朝会位次司空，俸禄依三司，元景在从公之上。

庆之目不知书，家素富，产业累万金，童奴千计；再献钱千万，谷万斛。先有四宅，又有园舍在娄湖[15]；庆之一夕携子孙及中表亲戚徙居娄湖，以四宅输官。庆之多蓄妓妾，优游无事，尽意欢娱，非朝贺不出门；车马率素，从者不过三五人，遇之者不知其三公也。

甲戌，移南豫州治于湖[16]。丁丑，以浔阳王子房为南豫州刺史。

闰月，戊子，皇太子妃何氏卒，谥曰献妃。

壬寅，更以历阳王子顼为临海王。

冬，十月，甲寅，以南徐州刺史刘延孙为尚书左仆射，右仆射刘秀之为雍州刺史。

乙卯，以新安王子鸾为南徐州刺史。子鸾母殷淑仪，宠倾后宫，子鸾爱冠诸子，凡为上所眄遇者，莫不入子鸾之府。及为南徐州，割吴郡以属之。

初，巴陵王休若为北徐州刺史，以山阴张岱为谘议参军[17]，行府、州、国事。后临海王子顼为广州，豫章王子尚为扬州，晋安王子勋为南兖州，岱历为三府谘议，三王行事，与典签、主帅共事，事举而情不相失。或谓岱曰："主王既幼，执事多门，而每能缉和公私，云何致此?"岱曰："古人言：'一心可以事百君。'我为政端平，待物以礼，悔吝之事，无由而及；明闇短长，更是才用之多少耳。"及子鸾为南徐州，复以岱为别驾、行事。岱，永之弟也。

魏员外散骑常侍游明根等来聘。明根，雅之从祖弟也。

魏广平王洛侯卒。

十二月，壬申，以领军将军刘遵考为尚书右仆射。

甲戌，制民户岁输布四匹。

是岁，诏士族杂婚者皆补将吏[18]。士族多避役逃亡，乃严为之制，捕得即斩之，往往奔窜湖山为盗贼。沈怀文谏，不听。

【注释】

①六出：雪花六个瓣，叫做六出。 ②肆州：州名，治所在今山西忻州市北。并州：州名，治所在晋阳，在今山西太原市西南。 ③丙、己之地：古人以十天干划分方位，丙为正南方位，己为正中方位。 ④主帅：即典签官。 ⑤行事：即行府事的简称。行府事，指代行王府政务。⑥夹毂队：指宋国诸王的亲随卫兵，诸王出行时则左右夹护车子为警卫。⑦金城：指襄阳内城。 ⑧义成：郡名，治所在今湖北襄阳市。 ⑨管、蔡之诛：管叔、蔡叔，周武王的弟弟，封在管、蔡二地，武王死后，周公摄政，管叔、蔡叔联合反对周公，周公以周成王名义杀死管叔，流放蔡叔，即所谓管、蔡之诛。后借指帝王诛杀反叛的弟弟。 ⑩唐、卫之寄：周公除掉管叔、蔡叔，又把其弟叔虞、康叔分封在唐、卫为诸侯，以藩卫王室。后借指分封皇子皇弟为诸侯，各守一地为朝廷护卫。 ⑪棨信：指用为证明的符信证物，与守门者的信物可以合并验证，才可以放行。 ⑫郅君章：指西汉人郅恽，字君章，曾拒绝东汉光武帝刘秀入城，事见本书卷第四十三，东汉光武建武十三年。 ⑬平原：郡名，治所在今山东聊城市东北。 ⑭和龙：城名，在今辽宁朝阳市。 ⑮娄湖：在建康南面。 ⑯于湖：地名，在今安徽当涂县。 ⑰山阴张岱：据章校"山阴"下当有"令"字。 ⑱杂婚：指与工商杂户通婚。士族，指世代读书做官的宗族。

六年 春,正月,癸未,魏乐浪王万寿卒。

辛卯,上初祀五帝于明堂,大赦。

丁未,策秀、孝于中堂。扬州秀才顾法对策曰:“源清则流洁,神圣则刑全。躬化易于上风,体训速于草偃。”上览之,恶其谅也,投策于地。

二月,乙卯,复百官禄。

三月,庚寅,立皇子子元为邵陵王。

初,侍中沈怀文,数以直谏忤旨。怀文素与颜竣、周朗善,上谓怀文曰:“竣若知我杀之,亦当不敢如此。”怀文嘿然。侍中王彧,言次称竣、朗人才之美,怀文与相酬和,颜师伯以白上,上益不悦。上尝出射雉,风雨骤至,怀文与王彧、江智渊约相与谏。会召入雉场,怀文曰:“风雨如此,非圣躬所宜冒。”彧曰:“怀文所启,宜从。”智渊未及言,上注弩作色曰:“卿俗效颜竣邪,何以恒知人事!”又曰:“颜竣小子,恨不先鞭其面!”每上燕集,在坐者皆令沉醉,嘲谑无度。怀文素不饮酒,又不好戏调,上谓故欲异己。谢庄尝戒怀文曰:“卿每与人异,亦何可久!”怀文曰:“吾少来如此,岂可一朝而变!非欲异物,性所得耳。”上乃出怀文为晋安王子勋征虏长史,领广陵太守。

怀文诣建康朝正[①],事毕遣还,以女病求申期,至是犹未发;免官[②],禁锢十年。怀文卖宅,欲还东,上闻,大怒,收付廷尉,丁未,赐怀文死。怀文三子,澹、渊、冲,行哭为怀文请命,见者伤之。柳元景欲救怀文,言于上曰:“沈怀文三子,涂炭不可见;愿陛下速正其罪。”上竟杀之。

夏,四月,淑仪殷氏卒。追拜贵妃,谥曰宣。上痛悼不已,精神为之罔罔,颇废政事。

五月,壬寅,太宰义恭解领司徒。

六月,辛酉,东昌文穆公刘延孙卒。

庚午,魏主如阴山。

魏石楼胡贺略孙反[③],长安镇将陆真讨平之。魏主命真城长蛇镇[④]。氐豪仇傉檀反,真讨平之,卒城而还。

秋，七月，壬寅，魏主如河西。

乙未，立皇子子云为晋陵王；是日卒，谥曰孝。

初，晋庾冰议使沙门敬王者，桓玄复述其议，并不果行。至是，上使有司奏曰："儒、法枝派，名、墨条分，至于崇亲严上，厥猷靡爽。唯浮图为教，反经提传，拘文蔽道，在末弥扇。夫佛以谦卑自牧，忠虔为道，宁有屈膝四辈而简礼二亲[5]，稽颡耆腊而直体万乘者哉！臣等参议，以为沙门接见，比当尽虔；礼敬之容，依其本俗。"九月，戊寅，制沙门致敬人主。及废帝即位，复旧。

乙未，以尚书右仆射刘遵考为左仆射，丹杨尹王僧朗为右仆射。僧朗，彧之父也。

冬，十月，壬申，葬宣贵妃于龙山[6]。凿冈通道数十里，民不堪役，死亡甚众；自江南葬埋之盛，未之有也。又为之别立庙。

魏员外散骑常侍游明根等来聘。

辛巳，加尚书令柳元景司空。

壬寅，魏主还平城。

南徐州从事史范阳祖冲之上言[7]，何承天历疏舛犹多，更造新历，以为："旧法，冬至日有定处，未盈百载，辄差二度。今令冬至日度，岁岁微差，将来久用，无烦屡改。又，子为辰首，位在正北；虚为北方列宿之中。今历，上元日度，发自虚一。又，日辰之号，甲子为先；今历，上元岁在甲子。又，承天法，日、月、五星各自有元。今法，交会、迟疾，悉以上元岁首为始。"上令善历者难之，不能屈。会上晏驾，不果施行。

【注释】

①朝正：指正月元旦的朝廷聚会。　②免官：据章校"免官"上应有"为有司所纠"五字。　③石楼胡：即吐京胡，在今山西石楼县的匈奴人。　④长蛇镇：地名，在今陕西宝鸡市西北县功镇附近。　⑤四辈：佛教所崇拜的佛、菩萨、圆觉、声闻四种神。　⑥龙山：又名岩山，在今江苏南京市江宁区南。　⑦范阳：地名，治所在今河北涿州市。

七年　春，正月，丁亥，以尚书右仆射王僧朗为太常，卫将军颜师伯为尚书仆射。

上每因宴集,使群臣自相嘲讦以为乐[1]。吏部郎江智渊素恬雅,渐不会旨。尝使智渊以王僧朗戏其子彧。智渊正色曰:“恐不宜有此戏!”上怒曰:“江僧安痴人,痴人自相惜。”僧安,智渊之父也。智渊伏席流涕,由此恩宠大衰。又议殷贵妃谥曰怀,上以为不尽美,甚衔之。他日与群臣乘马至贵妃墓,举鞭指墓前石柱,谓智渊曰:“此上不容有‘怀’字。”智渊益惧,竟以忧卒。

己丑,以尚书令柳元景为骠骑大将军,开府仪同三司。

二月,甲寅,上巡南豫、南兖二州;丁卯[2],校猎于乌江[3];壬戌,大赦;甲子,如瓜步山;壬申,还建康。

夏,四月,甲子,诏:“自非临军战陈,并不得专杀;其罪应重辟者,皆先上须报;违犯者以杀人论。”

五月,丙子,诏曰:“自今刺史、守宰,动民兴军,皆须手诏施行;唯边隅外警及奸衅内发,变起仓猝者,不从此例。”

戊辰[4],以左民尚书蔡兴宗、左卫将军袁粲为吏部尚书。粲,淑之兄子也。

上好狎侮群臣,自太宰义恭以下,不免秽辱。常呼金紫光禄大夫王玄谟为老伧[5],仆射刘秀之为老悭[6],颜师伯为齴[7];其余短、长、肥、瘦,皆有称目。黄门侍郎宗灵秀体肥,拜起不便,每至集会,多所赐与,欲其瞻谢倾踣,以为欢笑。又宠一昆仑奴[8],令以杖击群臣,尚书令柳元景以下皆不能免;唯惮蔡兴宗方严,不敢侵媟。颜师伯谓仪曹郎王耽之曰:“蔡尚书常免昵戏,去人实远。”耽之曰:“蔡豫章昔在相府[9],亦以方严不狎,武帝宴私之日,未尝相召。蔡尚书今日可谓能负荷矣[10]。”

壬寅,魏主如阴山。

六月,戊辰,以秦郡太守刘德愿为豫州刺史。德愿,怀慎之子也。

上既葬殷贵妃,数与群臣至其墓,谓德愿曰:“卿哭贵妃,悲者当厚赏。”德愿应声恸哭,抚膺擗踊[11],涕泗交流。上甚悦,故用豫州刺史以赏之。上又令医术人羊志哭贵妃,志亦呜咽极悲。他日有问志者曰:“卿那得此副急泪?”志曰:“我尔日自哭亡妾耳。”

上为人,机警勇决,学问博洽,文章华敏;省读书奏,能七行俱下。又善骑射，而奢欲无度。自晋氏渡江以来，宫室草创，朝宴所临，东、西二堂而已。晋孝武末，始作清暑殿。宋兴，无所增改。上始大修宫室，土木被锦绣，嬖妾幸臣，赏赐倾府藏。坏高祖所居阴室⑫，于其处起玉烛殿。与群臣观之，床头有土障，壁上挂葛灯笼、麻蝇拂。侍中袁觊因盛称高祖俭素之德。上不答，独曰："田舍公得此，已为过矣。"觊，淑之兄子也。

秋，八月，乙丑，立皇子子孟为淮南王，子产为临贺王。

丙寅，魏主畋于河西；九月，辛巳，还平城。

庚寅，以新安王子鸾兼司徒。

丙申，立皇子子嗣为东平王。

冬，十月，癸亥，以东海王祎为司空。

己巳，上校猎姑孰。

魏员外散骑常侍游明根等来聘。明根奉使三返，上以其长者，礼之有加。

十一月，癸巳，上习水军于梁山。

十二月，丙午，如历阳。

甲寅，大赦。

己未，太宰义恭加尚书令。

癸亥，上还建康。

【注释】

①使：据章校"使"字上应有"好"字。 ②丁卯：据严校，"卯"当改作"巳"。 ③乌江：县名，治所在今安徽和县东北。 ④戊辰：据严校"辰"当改作"寅"。 ⑤老伧：当时江南人瞧不起中原人，故蔑称为"伧"，意为粗野、鄙陋之人。 ⑥悭（qiān 牵）：小气，吝啬。 ⑦齴（yǎn 眼）：牙齿暴露在唇外。 ⑧昆仑奴：是说那人状貌像昆仑国的人。 ⑨蔡豫章昔在相府：指蔡兴宗的父亲蔡廓，曾为豫章太守。蔡廓在宋武帝刘裕当东晋朝丞相时，曾为刘裕府中的左长史。 ⑩能负荷：语出《左传》，子产说："其父析薪，其子不克负荷"。原义指子不能继承父业，王耽之借用则是说蔡兴宗能继承父亲的秉性节操。 ⑪擗（pǐ 匹）踊：擗，手拍胸口。踊，用脚顿地。 ⑫阴室：帝王刚死时的停尸之殿，葬后又收藏该帝所穿服装所用器具。

八年 春,正月,丁亥,魏主立其弟云为任城王。

戊子,以徐州刺史新安王子鸾领司徒。

夏,闰五月,壬寅,太宰义恭领太尉。

上末年尤贪财利,刺史、二千石罢还,必限使献奉,又以蒲戏取之,要令罄尽乃止。终日酣饮,少有醒时。常凭几昏睡,或外有奏事,即肃然整容,无复酒态。由是内外畏之,莫敢弛惰。庚申,上殂于玉烛殿。遗诏:“太宰义恭解尚书令,加中书监;以骠骑将军、南兖州刺史柳元景领尚书令,入居城内。事无巨细,悉关二公,大事与始兴公沈庆之参决;若有军旅,悉委庆之;尚书中事,委仆射颜师伯;外监所统,委领军将军王玄谟。”是日,太子即皇帝位,年十六;大赦。吏部尚书蔡兴宗亲奉玺绶,太子受之,傲惰无戚容。兴宗出,告人曰:“昔鲁昭不戚,叔孙知其不终①。家国之祸,其在此乎!”

甲子,诏复以太宰义恭录尚书事,柳元景加开府仪同三司,领丹杨尹,解南兖州。

六月,丁亥,魏主如阴山。

秋,七月,己亥,以晋安王子勋为江州刺史。

柔然处罗可汗卒,子予成立,号受罗部真可汗,改元永康。部真帅众侵魏;辛丑,魏北镇游军击破之。

壬寅,魏主如河西。高车五部相聚祭天,众至数万。魏主亲往临视之,高车大喜。

丙午,葬孝武皇帝于景宁陵,庙号世祖。

庚戌,尊皇太后曰太

宋废帝刘子业像

皇太后，皇后曰皇太后。

乙卯，罢南北二驰道[2]，及孝建以来所改制度，还依元嘉。尚书蔡兴宗于都座慨然谓颜师伯曰[3]："先帝虽非盛德之主，要以道始终。三年无改[4]，古典所贵。今殡宫始撤，山陵未远，而凡诸制度兴造，不论是非，一皆刊削，虽复禅代，亦不至尔。天下有识，当以此窥人。"师伯不从。

太宰义恭素畏戴法兴、巢尚之等，虽受遗辅政，而引身避事，由是政归近习。法兴等专制朝权，威行近远，诏敕皆出其手；尚书事无大小，咸取决焉，义恭与颜师伯但守空名而已。

蔡兴宗自以职管铨衡[5]，每至上朝，辄为义恭陈登贤进士之意，又箴规得失，博论朝政。义恭性恇挠，阿顺法兴，恒虑失旨，闻兴宗言，辄战惧无答。兴宗每奏选事，法兴、尚之等辄点定回换，仅有在者。兴宗于朝堂谓义恭、师伯曰："主上谅闇，不亲万机；而选举密事，多被删改，复非公笔，亦不知是何天子意！"数与义恭等争选事，往复论执。义恭、法兴皆恶之，左迁兴宗新昌太守；既而以其人望，复留之建康。

丙辰，追立何妃曰献皇后。

乙丑，新安王子鸾解领司徒。戴法兴等恶王玄谟刚严，八月，丁卯，以玄谟为南徐州刺史。

王太后疾笃，使呼废帝。帝曰："病人间多鬼，那可往！"太后怒，谓侍者："取刀来，剖我腹，那得生宁馨儿！"己丑，太后殂。

九月，辛丑，魏主还平城。

癸卯，以尚书左仆射刘遵考为特进、右光禄大夫。

乙卯，葬文穆皇后于景宁陵。

冬，十二月，壬辰，以王畿诸郡为扬州[6]，以扬州为东扬州。癸巳，以豫章王子尚为司徒、扬州刺史。

是岁，青州移治东阳。

宋之境内，凡有州二十二，郡二百七十四，县千二百九十九，户九十四万有奇。东方诸郡连岁旱饥[7]，米一升钱数百，建康亦至百余钱，饿死者什六七。

【注释】

①鲁昭公不戚,叔孙知其不终:据《左传》记载,鲁襄公逝世,昭公继位,叔孙穆子说:"这个人,父王逝世而不哀伤,应当悲伤却有高兴脸色,"因此断定鲁昭公的结局不好。蔡兴宗借用这个典故,说明废帝刘子业将招致祸难。 ②南北二驰道:驰道,皇帝专用道路。宋建康南驰道是从皇宫南门阊阖门到朱雀门,北驰道是从皇宫北门承明门到玄武湖。 ③都座:指尚书省八位长官会坐之堂。 ④三年无改:《论语》"三年无改于父之道",此指子不应改变父亲的习惯准则,是儒家信条之一。 ⑤铨衡:指吏部尚书评价选拔任命官职的工作。 ⑥王畿诸郡:指丹杨、淮南、宣城、吴郡、吴兴、义兴六郡,原为扬州六郡,孝武帝大明三年改为王畿,而把原来的东扬州改为扬州,到这年又全部改回。 ⑦东方诸郡:指建康之东的各郡,包括东扬州五郡以及南徐州的吴郡、王畿的吴兴郡等。

资治通鉴卷第一百三十

宋纪十二 旃蒙大荒落，一年。

太宗明皇帝上之上

泰始元年 春，正月，乙未朔，废帝改元永光，大赦。

丙申，魏大赦。

二月，丁丑，魏主如楼烦宫①。

自孝建以来，民间盗铸滥钱，商货不行。庚寅，更铸二铢钱，形式转细。官钱每出，民间即模效之，而更薄小，无轮郭，不磨鑢，谓之"耒子"。

三月，乙巳，魏主还平城。

夏，五月，癸卯，魏高宗殂。初，魏世祖经营四方，国颇虚耗，重以内难，朝野楚楚。高宗嗣之，与时消息，静以镇之，怀集中外，民心复安。甲辰，太子弘即皇帝位，大赦，尊皇后曰皇太后。

显祖时年十二，侍中、车骑大将军乙浑专权，矫诏杀尚书杨保年、平阳公贾爱仁、南阳公张天度于禁中。侍中、司徒、平原王陆丽治疾于代郡温泉，乙浑使司卫监穆多侯召之。多侯谓丽曰："浑有无君之心。今宫车晏驾，王德望素重，奸臣所忌，宜少淹留以观之；朝廷安静，然后入，未晚也。"丽曰："安有闻君父之丧，虑患而不赴者乎！"即驰赴平城。乙浑所为多不法，丽数争之。戊申，浑又杀丽及穆多侯。多侯，寿之弟也。己酉，魏以浑为太尉、录尚书事，东安王刘尼为司徒，尚书左仆射代人和其奴为司空。殿中尚书顺阳公郁谋诛乙浑，浑杀之。

壬子，魏以淮南王它为镇西大将军、仪同三司，镇凉州。

魏开酒禁[2]。

壬午，加柳元景南豫州刺史，加颜师伯丹杨尹。

秋，七月，癸巳，魏以太尉乙浑为丞相，位居诸王上；事无大小，皆决于浑。

刘宋永光、景和钱

废帝幼而狷暴。及即位，始犹难太后、大臣及戴法兴等，未敢自恣。太后既殂，帝年渐长，欲有所为，法兴辄抑制之，谓帝曰："官所为如此，欲作营阳邪[3]！"帝稍不能平。所幸阉人华愿儿，赐与无算，法兴常加裁减，愿儿恨之。帝使愿儿于外察听风谣，愿儿言于帝曰："道路皆言'宫中有二天子：法兴真天子，官为赝天子[4]。'且官居深宫，与人物不接，法兴与太宰、颜、柳共为一体，往来门客恒有数百，内外士庶莫不畏服。法兴是孝武左右，久在宫闱；今与他人作一家，深恐此坐席非复官有。"帝遂发诏免法兴，遣还田里，仍徙远郡。八月，辛酉，赐法兴死，解巢尚之舍人。

员外散骑侍郎东海奚显度，亦有宠于世祖。常典作役，课督苛虐，捶扑惨毒，人皆苦之。帝常戏曰："显度为百姓患，比当除之。"左右因唱诺，即宣旨杀之。

尚书右仆射、领卫尉卿、丹杨尹颜师伯居权日久，骄奢淫恣，为衣冠所疾。帝欲亲朝政，庚午，以师伯为尚书左仆射，解卿、尹，以吏部尚书王彧为右仆射，分其权任。师伯始惧。

初，世祖多猜忌，王公、大臣，重足屏息，莫敢妄相过从。世祖殂，太宰义恭等皆相贺曰："今日始免横死矣。"甫过山陵[5]，义恭与柳元景、颜师伯等声乐酣饮，不舍昼夜；帝内不能平。既杀戴法兴，诸大臣无不震慑，各不自安；于是元景、师伯密谋废帝，立义恭，日夜聚谋，而持疑不能决。元景以其谋告沈庆之；庆之与义恭素不厚，又师伯常专断朝事，不与庆之参怀，谓令史曰："沈公，爪牙耳，安得预政事！"庆之恨之，乃发其事。

癸酉，帝自帅羽林兵讨义恭，杀之，并其四子。断绝义恭支体，分裂肠胃，挑取眼睛，以蜜渍之，谓之"鬼目粽"。别遣使者称诏召柳元景，以兵随之。左右奔告"兵刃非常"。元景知祸至，入辞其母，整朝服乘车应召。弟车骑司马叔仁戎服，帅左右壮士欲拒命，元景苦禁之。既出巷，军士大至。元景下车受戮，容色恬然；并其八子、六弟及诸侄。获颜师伯于道，杀之，并其六子。又杀廷尉刘德愿。改元景和，文武进位二等。遣使诛湘州刺史江夏世子伯禽。自是公卿以下，皆被捶曳如奴隶矣。

初，帝在东宫，多过失，世祖欲废之而立新安王子鸾，侍中袁顗盛称"太子好学，有日新之美"，世祖乃止，帝由是德之。既诛群公，欲引进顗，任以朝政，迁为吏部尚书，与尚书右丞徐爰皆以诛义恭等功，赐爵县子。

徐爰便僻善事人，颇涉书传，自元嘉初，入侍左右，豫参顾问；既长于附会，又饰以典文，故为太祖所任遇；大明之世，委寄尤重。时殿省旧人多见诛逐，唯爰巧于将迎，始终无迕；废帝待之益厚，群臣莫及。帝每出，常与沈庆之及山阴公主同辇，爰亦预焉。

山阴公主，帝姊也，适驸马都尉何戢。戢，偃之子也。公主尤淫恣，尝谓帝曰："妾与陛下，男女虽殊，俱托体先帝。陛下六宫万数，而妾唯驸马一人，事太不均。"帝乃为公主置面首左右三十人[⑥]；进爵会稽郡长公主，秩同郡王。吏部郎褚渊貌美，公主就帝请以自侍，帝许之。渊侍公主十余日，备见逼迫，以死自誓，乃得免。渊，湛之之子也。

帝令太庙别画祖考之像，帝入庙，指高祖像曰："渠大英雄，生擒数天子。"指太祖像曰："渠亦不恶，但末年不免儿斫去头。"指世祖像曰："渠大齄鼻[⑦]，如何不齄？"立召画工令齄之。

【注释】

①楼烦宫：魏主行宫之一，在今山西静乐县西南楼烦。 ②魏开酒禁：据章校“魏”上应有“六月”二字。 ③营阳：营阳王，宋武帝死后即位，因无德行，很快被废，事见本书卷第一百二十，宋文帝元嘉元年。④官：当时人当面称呼皇帝及诸侯时，都用“官”这个名称。 ⑤过山陵：指为孝武帝下葬。 ⑥面首：男妾。面，指面貌美；首，指头发美。⑦皻（zhā 渣）：鼻上起红疱。

以建安王休仁为雍州刺史，湘东王彧为南豫州刺史，皆留不遣。

甲戌，以司徒、扬州刺史豫章王子尚领尚书令。以始兴公沈庆之为侍中、太尉；庆之固辞。征青、冀二州刺史王玄谟为领军将军。

魏葬文成皇帝于金陵，庙号高宗。

九月，癸巳，帝如湖熟[1]；戊戌，还建康。

新安王子鸾有宠于世祖，帝疾之。辛丑，遣使赐子鸾死，又杀其母弟南海王子师及其母妹，发殷贵妃墓，又欲掘景宁陵，太史以为不利于帝，乃止。

初，金紫光禄大夫谢庄为殷贵妃《诔》曰：“赞轨尧门[2]。”帝以庄比贵妃于钩弋夫人[3]，欲杀之。或说帝曰：“死者人之所同，一往之苦，不足为困。庄生长富贵，今系之尚方，使知天下苦剧，然后杀之，未晚也。”帝从之。

徐州刺史义阳王昶，素为世祖所恶，民间每讹言昶当反；是岁，讹言尤甚，废帝常谓左右曰：“我即大位以来，遂未尝戒严，使人邑邑！”昶使典签蘧法生奉表诣建康，求入朝，帝谓法生曰：“义阳与太宰谋反，我正欲讨之。今知求还，甚善！”又屡诘问法生：“义阳谋反，何故不启？”法生惧，逃还彭城；帝因此用兵。己酉，下诏讨昶，内外戒严。帝自将兵渡江，命沈庆之统诸军前驱。

法生至彭城，昶即聚兵反；移檄统内诸郡，皆不受命，斩昶使；将佐文武悉怀异心。昶知事不成，弃母、妻，携爱妾，夜与数十骑开北门奔魏。昶颇涉学，能属文，魏人重之，使尚公主，拜侍中、征南将军、驸马都尉，赐爵丹杨王。

吏部尚书袁顗，始为帝所宠任，俄而失指，待遇顿衰，使有司纠奏其罪，白衣领职。顗惧，诡辞求出。甲寅，以顗督雍、梁诸军事、雍州刺史。顗舅蔡兴宗谓之曰："襄阳星恶，何可往？"顗曰："白刃交前，不救流矢。今者之行，唯愿生出虎口耳。且天道辽远，何必皆验！"

是时，临海王子顼为都督荆、湘等八州诸军事、荆州刺史，朝廷以兴宗为子顼长史、南郡太守，行府、州事，兴宗辞不行。顗说兴宗曰："朝廷形势，人所共见。在内大臣，朝不保夕，舅今出居陕西，为八州行事，顗在襄、沔，地胜兵强，去江陵咫尺，水陆流通。若朝廷有事，可以共立桓、文之功[4]，岂比受制凶狂、临不测之祸乎！今得间不去，后复求出，岂可得邪！"兴宗曰："吾素门平进，与主上甚疏，未容有患。宫省内外，人不自保，会应有变。若内难得弭，外衅未必可量。汝欲在外求全，我欲居中免祸，各行其志，不亦善乎！"

顗于是狼狈上路，犹虑见追；行至寻阳，喜曰："今始免矣。"邓琬为晋安王子勋镇军长史、寻阳内史，行江州事。顗与之款狎过常，每清闲，必尽日穷夜。顗与琬人地本殊，见者知其有异志矣。寻复以蔡兴宗为吏部尚书。

戊午，解严。帝因自白下济江至瓜步[5]。

沈庆之复启听民私铸钱，由是钱货乱败。千钱长不盈三寸，大小称此，谓之"鹅眼钱"；劣于此者，谓之"綖环钱"；贯之以缕，入水不沉，随手破碎。市井不复料数，十万钱不盈一掬，斗米一万，商货不行。

冬，十月，丙寅，帝还建康。

【注释】

①湖熟：地名，在今江苏南京市江宁区东南湖熟镇。　②赞轨尧门：赞，赞助，协助。轨，法度，仪范。尧门，指尧母门。见注③。　③钩弋夫人：人名，汉武帝的赵倢伃，因住在钩弋宫，故又名钩弋夫人。她怀孕十四个月生下皇子刘弗陵，汉武帝因尧也是怀胎十四个月才出生，故命名她的宫门为尧母门。因尧是上古圣贤帝王，故这种称号是一种很高的荣

誉。谢庄称殷贵妃“赞轨尧门”，所以废帝认为这是把殷贵妃比做钩弋夫人，并加以赞颂，因此而愤怒。 ④桓、文之功：指春秋时期齐桓公、晋文公两个霸主的大事业。 ⑤白下：地名，在今江苏南京市北金川门外，幕府山南麓，北临长江，为当时军事要地。

帝舅东阳太守王藻尚世祖女临川长公主。公主妒，谮藻于帝。己卯，藻下狱死。

会稽太守孔灵符，所至有政绩；以忤犯近臣，近臣谮之，帝遣使鞭杀灵符，并诛其二子。

宁朔将军何迈，瑀之子也，尚帝姑新蔡长公主。帝纳于后宫，谓之谢贵嫔；诈言公主薨，杀宫婢，送迈第殡葬，行丧礼。庚辰，拜贵嫔为夫人。加鸾辂龙旗，出警入跸。迈素豪侠，多养死士，谋因帝出游，废之，立晋安王子勋。事泄，十一月，壬辰，帝自将兵诛迈。

初，沈庆之既发颜、柳之谋，遂自昵于帝，数尽言规谏，帝浸不悦。庆之惧，杜门不接宾客。尝遣左右范羡至吏部尚书蔡兴宗所。兴宗使羡谓庆之曰：“公闭门绝客，以避悠悠请托者耳。如兴宗，非有求于公者也，何为见拒？”庆之使羡邀兴宗。

兴宗往见庆之，因说之曰：“主上比者所行，人伦道尽；率德改行，无可复望。今所忌惮，唯在于公；百姓喁喁，所瞻赖者，亦在公一人而已。公威名素著，天下所服。今举朝遑遑，人怀危怖。指麾之日，谁不响应！如犹豫不断，欲坐观成败，岂惟旦夕及祸，四海重责将有所归！仆蒙眷异常，故敢尽言，愿公详思其计。”庆之曰：“仆诚知今日忧危，不复自保，但尽忠奉国，始终以之，当委任天命耳。加老退私门，兵力顿阙，虽欲为之，事亦无成。”兴宗曰：“当今怀谋思奋者，非欲邀功赏富贵，正求脱朝夕之死耳。殿中将帅，唯听外间消息；若一人唱首，则俯仰可定。况公统戎累朝，旧日部曲，布在宫省，受恩者多，沈攸之辈皆公家子弟耳，何患不从！且公门徒、义附，并三吴勇士。殿中将军陆攸之，公之乡人，今入东讨贼，大有铠仗，在青溪未发[①]。公取其器仗以配衣麾下，使陆攸之帅以前驱，仆在尚书中，自当帅百僚按前代故事，更简贤明以奉社稷,天下之事立定矣。又,朝廷诸所施为,民间传言公悉豫之。公今不决,当有先公起事者,公亦不免附从之祸。闻车驾屡幸贵第,酣醉淹留;又闻屏左右,独入阁内;此万世一时,不可失也。"庆之曰:"感君至言。然此大事,非仆所能行;事至,固当抱忠以没耳。"

青州刺史沈文秀,庆之弟子也,将之镇,帅部曲出屯白下,亦说庆之曰:"主上狂暴如此,祸乱不久,而一门受其宠任,万物皆谓与之同心。且若人爱憎无常,猜忍特甚,不测之祸,进退难免。今因此众力,图之易如反掌。机会难值,不可失也。"再三言之,至于流涕。庆之终不从。文秀遂行。

及帝诛何迈,量庆之必当入谏。先闭青溪诸桥以绝之。庆之闻之,果往,不得进而还。帝乃使庆之从父兄子直阁将军攸之赐庆之药。庆之不肯饮,攸之以被揜杀之,时年八十。庆之子侍中文叔欲亡,恐如太宰义恭被支解,谓其弟中书郎文季曰:"我能死,尔能报。"遂饮庆之之药而死。弟秘书郎昭明亦自经死。文季挥刀驰马而去,追者不敢逼,遂得免。帝诈言庆之病薨,赠侍中、太尉,谥曰忠武公,葬礼甚厚。

领军将军王玄谟数流涕谏帝以刑杀过差,帝大怒。玄谟宿将,有威名,道路讹言玄谟已见诛。蔡兴宗尝为东阳太守,玄谟典签包法荣家在东阳,玄谟使法荣至兴宗所。兴宗谓法荣曰:"领军殊当忧惧。"法荣曰:"领军比日殆不复食,夜亦不眠,恒言收己在门,不保俄顷。"兴宗曰:"领军忧惧,当为方略,那得坐待祸至!"因使法荣劝玄谟举事,玄谟使法荣谢曰:"此亦未易可行,期当不泄君言。"

右卫将军刘道隆,为帝所宠任,专典禁兵。兴宗尝与之俱从帝夜出,道隆过兴宗车后,兴宗曰:"刘君!比日思一闲写。"道隆解其意,掐兴宗手曰:"蔡公勿多言!"

【注释】

①青溪:渠名,三国东吴时凿建,源起今江苏南京市钟山西南,穿过城区流入秦淮河,长十余里。

壬寅，立皇后路氏，太皇太后弟道庆之女也。

帝畏忌诸父，恐其在外为患，皆聚之建康，拘于殿内，殴捶陵曳，无复人理。湘东王彧、建安王休仁、山阳王休祐，皆肥壮，帝为竹笼，盛而称之，以彧尤肥，谓之“猪王”，谓休仁为“杀王”，休祐为“贼王”。以三王年长，尤恶之，常录以自随，不离左右。东海王祎性凡劣，谓之“驴王”；桂阳王休范、巴陵王休若年尚少，故并得从容。尝以木槽盛饭，并杂食搅之，掘地为坑，实以泥水，裸彧内坑中，使以口就槽食之，用为欢笑。前后欲杀三王以十数；休仁多智数，每以谈笑佞谀说之，故得推迁。

少府刘蠓妾孕临月，帝迎入后宫，俟其生男，欲立为太子。彧尝忤旨，帝裸之，缚其手足，贯之以杖，使人担付太官。曰：“今日屠猪！”休仁笑曰：“猪未应死。”帝问其故。休仁曰：“待皇子生，杀猪取其肝肺。”帝怒乃解，曰：“且付廷尉。”一宿，释之。丁未，蠓妾生子，名曰皇子，为之大赦，赐为父后者爵一级。

帝又以太祖、世祖在兄弟数皆第三，江州刺史晋安王子勋亦第三，故恶之，因何迈之谋，使左右朱景云送药赐子勋死。景云至湓口[①]，停不进。子勋典签谢道迈、主帅潘欣之、侍书褚灵嗣闻之[②]，驰以告长史邓琬，泣涕请计。琬曰：“身南土寒士，蒙先帝殊恩，以爱子见托，岂得惜门户百口，期当以死报效。幼主昏暴，社稷危殆，虽曰天子，事犹独夫。今便指帅文武，直造京邑，与群公卿士，废昏立明耳。”戊申，琬称子勋教，令所部戒严。子勋戎服出听事，集僚佐，使潘欣之口宣旨谕之。四座未对，录事参军陶亮首请效死前驱，众皆奉旨。乃以亮为谘议参军，领中兵，总统军事；功曹张沈为谘议参军，统作舟舰；南阳太守沈怀宝、岷山太守薛常宝[③]、彭泽令陈绍宗等并为将帅[④]。初，帝使荆州录送前军长史、荆州行事张悦至湓口，琬称子勋命，释其桎梏，迎以所乘车，以为司马。悦，畅之弟也。琬、悦二人共掌内外众事，遣将军俞伯奇帅五百人断大雷[⑤]，禁绝商旅及公私使命。遣使上诸郡民丁，收敛器械；旬日之内，得甲士五千人，出顿大雷，于两岸筑垒。又以巴东[⑥]、建平二郡太守孙冲之为谘议参军[⑦]，领中兵，与陶亮并统前军。移檄远近。

【注释】

①湓口：湓水进入长江之口，又名湓浦口，在今江西九江市西北。②侍书：官名，负责教授诸侯王书法。③岷山：郡名，治所在今四川都江堰市。④彭泽：县名，治所在今江西湖口县东。⑤大雷：地名，在今安徽望江县。⑥巴东：郡名，治所在今重庆奉节县。⑦建平：郡名，治所在今重庆巫山县。

戊午，帝召诸妃、主列于前，强左右使辱之。南平王铄妃江氏不从。帝怒，杀妃三子南平王敬猷、庐陵王敬先、安南侯敬渊，鞭江妃一百。

先是，民间讹言湘中出天子，帝将南巡荆、湘二州以厌之。明旦，欲先诛湘东王彧，然后发。

初，帝既杀诸公，恐群下谋己，以直阁将军宗越、谭金、童太一、沈攸之等有勇力，引为爪牙，赏赐美人、金帛，充牣其家。越等久在殿省，众所畏服，皆为帝尽力；帝恃之，益无所顾惮，恣为不道，中外骚然。左右宿卫之士皆有异志，而畏越等不敢发。时三王久幽，不知所为。湘东王彧主衣会稽阮佃夫、内监始兴王道隆、学官令临淮李道儿与直阁将军柳光世及帝左右琅邪淳于文祖等谋弑帝。帝以立后故，假诸王阉人。彧左右钱蓝生亦在中，彧密使候帝动止。

先是帝游华林园竹林堂，使宫人倮相逐，一人不从命，斩之，夜，梦在竹林堂，有女子骂曰："帝悖虐不道，明年不及熟矣！"帝于宫中求得一人似所梦者斩之。又梦所杀者骂曰："我已诉上帝矣！"于是巫觋言竹林堂有鬼。是日晡时，帝出华林园。建安王休仁、山阳王休祐、会稽公主并从，湘东王彧独在秘书省，不被召，益忧惧。

帝素恶主衣吴兴寿寂之，见辄切齿，阮佃夫以其谋告寂之及外监典事东阳朱幼、细铠主南彭城姜产之、细铠将晋陵王敬则、中书舍人戴明宝，寂之等闻之，皆响应。幼豫约勒内外，使钱蓝生密报休仁、休祐。时帝欲南巡，腹心宗越等并听出外装束，唯队主樊僧整防华林阁。柳光世与僧整，乡人，因密邀之；僧整即受命。凡同谋十余人。阮佃夫虑力少不济，更欲招合，寿寂之曰："谋广或泄，不烦多人。"其夕，帝悉屏侍卫，与群巫及彩女数百人射鬼于竹林堂。事毕，将奏乐，寿寂之抽刀前入，姜产之次之，淳于文祖等皆随其后。休仁闻行声甚疾，谓休祐曰："事作矣！"相随奔景阳山。帝见寂之至，引弓射之，不中。彩女皆迸走，帝亦走，大呼"寂寂"者三。寂之追而弑之。宣令宿卫曰："湘东王受太皇太后令，除狂主，今已平定。"殿省惶惑，未知所为。

休仁就秘书省见湘东王，即称臣，引升西堂，登御座，召见诸大臣。于时事起仓猝，王失履，跣至西堂，犹著乌帽。坐定，休仁呼主衣以白帽代之①。令备羽仪，虽未即位，凡事悉称令书施行。宣太皇太后令，数废帝罪恶，命湘东王纂承皇极。及明，宗越等始入，湘东王抚接甚厚。废帝母弟司徒、扬州刺史豫章王子尚，顽悖有兄风，己未，湘东王以太皇太后令，赐子尚及会稽公主死。建安王休仁等始得出居外舍。释谢庄之囚。废帝犹横尸太医阁口。蔡兴宗谓尚书右仆射王彧曰："此虽凶悖，要是天下之主，宜使丧礼粗足；若直如此，四海必将乘人。"乃葬之秣陵县南②。

初，湘东王母沈婕妤早卒，路太后养之。王事太后甚谨，太后爱王亦笃。王既弑废帝，欲慰太后心，下令以太后弟子休之为黄门侍郎，茂之为中书侍郎。

论功行赏，寿寂之等十四人皆封县侯、县子。

十二月，庚申朔，以东海王祎为中书监、太尉。进镇军将军、江州刺史晋安王子勋为车骑将军、开府仪同三司。癸亥，以建安王休仁为司徒、尚书令、扬州刺史，以山阳王休祐为荆州刺史，桂阳王休范为南徐州刺史。乙丑，徙安陆王子绥为江夏王。

【注释】

①白帽：当时的习惯，天子不上朝的日常时候，都带白纱帽。　②秣陵县：治所在今江苏南京市江宁区南秣陵镇。

丙寅，湘东王即皇帝位，大赦，改元。其废帝时昏制谬封，并皆刊削。

庚午，以右卫将军刘道隆为中护军。道隆昵于废帝，尝无礼于建安太妃;至是,建安王休仁求解职,明帝乃赐道隆死。

宗越、谭金、童太一等虽为上所抚接,内不自安;上亦不欲使居中,从容谓之曰:"卿等遭罹暴朝,勤劳日久,应得自养之地;兵马大郡,随卿等所择。"越等素已自疑,闻之,皆相顾失色,因谋作乱;以告沈攸之,攸之以闻。上收越等,下狱死。攸之复入直阁。

辛未,徙临贺王子产为南平王,晋熙王子舆为庐陵王。

壬申,以尚书右仆射王景文为尚书仆射。景文,即彧也,避上名,以字行。

乙亥,追尊沈太妃曰宣太后,陵曰崇宁。

初,豫州刺史山阳王休祐入朝,以长史、南梁郡太守殷琰行府州事[①]。及休祐徙荆州,即以琰为督豫、司二州诸军事、豫州刺史。

有司奏路太后宜即前号,移居外宫;上不许。戊寅,尊路太后为崇宪皇太后,居崇宪宫,供奉礼仪,不异旧日。立妃王氏为皇后。后,景文之妹也。

南朝青釉博山炉

罢二铢钱,禁鹅眼、綖环钱,余皆通用。

江州佐吏得上所下令书,皆喜,共造邓琬,曰:"暴乱既除,殿下又开黄阁[②],实为公私大庆。"琬以晋安王子勋次第居三,又以寻阳起事与世祖同符,谓事必有成。取令书投地曰:"殿下当开端门[③],黄阁是吾徒事耳!"众皆骇愕。琬更与陶亮等缮治器甲,征兵四方。

袁顗既至襄阳,即与谘议参军刘胡缮修兵械,简集士卒,诈称被太皇太后令,使其起兵,即建牙驰檄,奉表劝子勋即大位。

辛巳，更以山阳王休祐为江州刺史，荆州刺史临海王子顼即留本任。

先是，废帝以邵陵王子元为湘州刺史，中兵参军沈仲玉为道路行事[4]，至鹊头，闻寻阳兵起，不敢进。琬遣数百人劫迎之，令子勋建牙于桑尾[5]，传檄建康，称："孤志遵前典，黜幽陟明。"又谓上"矫害明茂[6]，篡窃大宝，干我昭穆，寡我兄弟。藐孤同气，犹有十三[7]，圣灵何辜，而当乏飨。"

郢州刺史安陆王子绥承子勋初檄，欲攻废帝；闻废帝已陨，即解甲下标。既而闻江、雍犹治兵，郢府行事荀卞之大惧[8]，即遣谘议、领中兵参军郑景玄帅众驰下，并送军粮。荆州行事孔道存奉刺史临海王子顼，会稽将佐奉太守寻阳王子房，皆举兵以应子勋。

【注释】

①南梁郡：郡名，治所在今安徽寿县。 ②开黄阁：指开府仪同三司。 ③端门：皇宫正南门为端门，开端门意为当做天子。 ④道路行事：未到达州的治所之前，在路上即已开始代行州刺史的职权，叫做道路行事。 ⑤桑尾：指桑落洲尾，桑落洲在今江西九江市东北长江中。 ⑥明茂：本义指有贤明之德的皇家之人，此指豫章王刘子尚，即废帝刘子业之弟，已被赐死。 ⑦藐孤同气，犹有十三：据《左传》记载，晋献公说："以是藐诸孤。"藐是幼小之意。同气，指同父兄弟，即孝武帝刘骏的儿子们。犹有十三，指刘骏的儿子当时生存者还有十三个。 ⑧荀卞之：据严校，"荀"字当作"荀"。

资治通鉴卷第一百三十一

宋纪十三 柔兆敦牂，一年。

太宗明皇帝上之下

泰始二年 春，正月，己丑朔，魏大赦，改元天安。

癸巳，征会稽太守寻阳王子房为抚军将军，以巴陵王休若代之。

甲午，中外戒严。以司徒建安王休仁都督征讨诸军事，车骑将军、江州刺史王玄谟副之。休仁军于南州[①]，以沈攸之为寻阳太守，将兵屯虎槛[②]。时玄谟未发，前锋凡十军，络绎继至，每夜各立姓号，不相禀受。攸之谓诸将曰："今众军姓号不同，若有耕夫、渔父夜相呵叱，便致骇乱，取败之道也。请就一军取号。"众咸从之。

邓琬称说符瑞，诈称受路太后玺书，帅将佐上尊号于晋安王子勋。乙未，子勋即皇帝位于寻阳，改元义嘉。以安陆王子绥为司徒、扬州刺史；寻阳王子房、临海王子顼并加开府仪同三司；以邓琬为尚书右仆射，张悦为吏部尚书，袁顗加尚书左仆射；自余将佐及诸州郡，除官进爵号各有差。

丙申，以征虏司马申令孙为徐州刺史。令孙，坦之子也。置司州于义阳[③]；以义阳内史庞孟虬为司州刺史。

徐州刺史薛安都、冀州刺史清河崔道固皆举兵应寻阳。上征兵于青州刺史沈文秀，文秀遣其将刘弥之等将兵赴建康。会薛安都遣使邀文秀，文秀更令弥之等应安都。济阴太守申阐据睢陵应建康[4],安都遣其从子直阁将军索儿、太原太守清河傅灵越等攻之。阐,令孙之弟也。安都婿裴祖隆守下邳,刘弥之至下邳,更以所领应建康,袭击祖隆。祖隆兵败,与征北参军垣崇祖奔彭城。崇祖,护之之从子也。弥之族人北海太守怀恭[5]、从子善明皆举兵以应弥之,薛索儿闻之,释睢陵,引兵击弥之。弥之战败,走保北海。申令孙进据淮阳[6],请降于索儿。庞孟虬亦不受命,举兵应寻阳。

帝召寻阳王长史行会稽郡事孔觊为太子詹事,以平西司马庾业代之;又遣都水使者孔璪入东慰劳。璪说觊以"建康虚弱,不如拥五郡以应袁、邓。"觊遂发兵,驰檄奉寻阳。吴郡太守顾琛、吴兴太守王昙生、义兴太守刘延熙、晋陵太守袁标皆据郡应之[7]。上又以庾业代延熙为义兴,业至长塘湖[8],即与延熙合。

益州刺史萧惠开,闻晋安王子勋举兵,集将佐谓之曰:"湘东,太祖之昭;晋安,世祖之穆,其于当璧,并无不可[9]。但景和虽昏[10],本是世祖之嗣;不任社稷,其次犹多。吾荷世祖之眷,当推奉九江[11]。"乃遣巴郡太守费欣寿将五千人东下。于是湘州行事何慧文、广州刺史袁昙远、梁州刺史柳元怙、山阳太守程天祚皆附于子勋[12]。元怙,元景之从兄也。

是岁,四方贡计皆归寻阳,朝廷所保,唯丹杨、淮南等数郡,其间诸县或应子勋,东兵已至永世[13],宫省危惧。上集群臣以谋成败。蔡兴宗曰:"今普天同叛,宜镇之以静,至信待人。叛者亲戚布在宫省,若绳之以法,则土崩立至,宜明罪不相及之义。物情既定,人有战心,六军精勇,器甲犀利,以待不习之兵,其势相万耳。愿陛下勿忧。"上善之。

【注释】

①南州:地名,在今安徽当涂县。 ②虎槛:又名虎槛州,在今安徽芜湖市繁昌区东北的长江中。 ③义阳:郡名,治所在今河南信阳市。④睢陵:县名,治所在今江苏睢宁县。 ⑤北海:郡名,治所在今山东昌乐县西。 ⑥淮阳:县名,治所在今江苏淮安市西古泗水西岸。 ⑦晋陵:郡名,治所在今江苏常州市武进区。 ⑧长塘湖:又名洮湖,即今江苏溧阳市、常州市金坛区之间的长荡湖。 ⑨当璧:据《左传》,楚共王

在神前埋一玉璧，向神祈祷，请神在五个儿子中选择一人立为太子，以向玉璧下拜者为准，结果选定楚平王为太子，继承楚国。故指继承帝位为当璧。　⑩景和：为废帝刘子业的年号，此指刘子业。　⑪九江：即江州寻阳，在今江西九江市，此指晋安王刘子勋。　⑫山阳：郡名，治所在今江苏淮安市。　⑬永世：地名，在今江苏溧阳市南古县桥。

建武司马刘顺说豫州刺史殷琰使应寻阳；琰以家在建康，未许。右卫将军柳光世自省内出奔彭城，过寿阳，言建康必不能守。琰信之，且素无部曲，为土豪前右军参军杜叔宝等所制，不得已而从之。琰以叔宝为长史，内外军事，皆叔宝专之。上谓蔡兴宗曰："诸处未平，殷琰已复同逆；顷日人情云何？事当济不？"兴宗曰："逆之与顺，臣无以辨。今商旅断绝，米甚丰贱，四方云合，而人情更安，以此卜之，清荡可必。但臣之所忧，更在事后，犹羊公言：'既平之后，方当劳圣虑耳。'"上曰："诚如卿言。"上知琰附寻阳非本意，乃厚抚其家以招之。

汝南、新蔡二郡太守周矜起兵于悬瓠以应建康[①]。袁颉诱矜司马汝南常珍奇执矜，斩之，以珍奇代为太守。

上使冗从仆射垣荣祖还徐州说薛安都，安都曰："今京都无百里地，不论攻围取胜，自可拍手笑杀；且我不欲负孝武。"荣祖曰："孝武之行，足致余殃。今虽天下雷同，正是速死，无能为也。"安都不从，因留荣祖使为将。荣祖，崇祖之从父兄也。

兖州刺史殷孝祖之甥司法参军葛僧韶请征孝祖入朝，上遣之。时薛索儿屯据津径。僧韶间行得至，说孝祖曰："景和凶狂，开辟未有；朝野危极，假命漏刻。主上夷凶翦暴，更造天地，国乱朝危，宜立长君。而群迷相煽，构造无端，贪利幼弱，竞怀希望。使天道助逆，群凶事申，则主幼时艰，权柄不一，兵难互起，岂有自容之地！舅少有立功之志，若能控济义勇，还奉朝廷，非唯匡主静乱，乃可以垂名竹帛。"孝祖具问朝廷消息，僧韶随方酬譬，并陈兵甲精强，主上欲委以前驱之任。孝祖即日委妻子于瑕丘[②]，帅文武二千人，随僧韶还建康。时四方皆附寻阳，朝廷唯保丹杨一郡；而永世令孔景宣复叛，义兴兵垂至延陵[③]，内外忧危，咸欲奔散。孝祖忽至,众力不少,并伧楚壮士[4];人情大安。甲辰,进孝祖号抚军将军,假节、督前锋诸军事,遣向虎槛,宠赉甚厚。

初,上遣东平毕众敬诣兖州募人,至彭城,薛安都以利害说之,矫上命以众敬行兖州事,众敬从之。殷孝祖使司马刘文石守瑕丘,众敬引兵击杀之。安都素与孝祖有隙,使众敬杀孝祖诸子。州境皆附之,唯东平太守申纂据无盐[5],不从。纂,钟之曾孙也。

丙午,上亲总兵,出顿中堂。辛亥,以山阳王休祐为豫州刺史,督辅国将军彭城刘勔、宁朔将军广陵吕安国等诸军西讨殷琰。巴陵王休若督建威将军吴兴沈怀明、尚书张永、辅国将军萧道成等诸军东讨孔觊。时将士多东方人,父兄子弟皆已附觊。上因送军,普加宣示曰:"朕方务德简刑,使父子兄弟罪不相及,将顺同逆者,一以所从为断。卿等当深达此怀,勿以亲戚为虑也。"众于是大悦,凡叛者亲党在建康者,皆使居职如故。

壬子,路太后殂。

【注释】

①汝南、新蔡二郡:此二郡实为一郡,治所在悬瓠,即今河南汝南县。②瑕丘:县名,治所在今山东济宁市兖州区。 ③延陵:地名,在今江苏丹阳市西南延陵镇。 ④伧楚:当时江南人称中原人为伧,称荆州人为楚。 ⑤无盐:县名,治所在今山东东平县东无盐村。

孔觊遣其将孙昙瓘等军于晋陵九里[1],部陈甚盛。沈怀明至奔牛[2],所领寡弱,乃筑垒自固。张永至曲阿[3],未知怀明安否;百姓惊扰,永退还延陵[4],就巴陵王休若,诸将帅咸劝休若退保破冈[5]。其日,大寒,风雪甚猛,塘埭决坏,众无固心。休若宣令:"敢有言退者斩!"众小定,乃筑垒息甲。寻得怀明书,贼定未进,军主刘亮又至,兵力转盛,人情乃安。亮,怀慎之从孙也。

殿中御史吴喜以主书事世祖,稍迁河东太守[6]。至是,请得精兵三百,致死于东。上假喜建武将军,简羽林勇士配之。议者以"喜刀笔主者,未尝为将,不可遣。"中书舍人巢尚之曰:"喜昔随沈庆之,屡经军旅,性既勇决,又习战陈;若能任之,必有成绩。诸人纷纭,皆是不别才耳。"乃遣之。喜先时数奉使东吴,性宽厚,所至人并怀之。百姓闻吴河东来，皆望风降散，故喜所至克捷。

永世人徐崇之攻孔景宣，斩之，喜版崇之领县事。喜至国山⑦，遇东军，进击，大破之。自国山进屯吴城⑧，刘延熙遣其将杨玄等拒战。喜兵力甚弱，玄等众盛，喜奋击，斩之，进逼义兴。延熙栅断长桥，保郡自守，喜筑垒与之相持。

庾业于长塘湖口夹岸筑城，有众七千人，与延熙遥相应接。沈怀明、张永与晋陵军相持，久不决。外监朱幼举司徒参军督护任农夫骁勇有胆力，上以四百人配之，使助东讨。农夫自延陵出长塘，庾业筑城犹未合，农夫驰往攻之，力战，大破之，庾业弃城走义兴。农夫收其船仗，进向义兴，助吴喜。二月，己未朔，喜渡水攻郡城，分兵击诸垒，登高指麾，若令四面俱进者。义兴人大惧，诸垒皆溃，延熙赴水死，遂克义兴。

魏丞相太原王乙浑专制朝权，多所诛杀。安远将军贾秀掌吏曹事，浑屡言于秀，为其妻求称公主，秀曰："公主岂庶姓所宜称！秀宁取死今日，不可取笑后世！"浑怒，骂曰："老奴官，悭！"会侍中拓跋丕告浑谋反，庚申，冯太后收浑，诛之。秀，彝之子；丕，烈帝之玄孙也。太后临朝称制，引中书令高允、中书侍郎高闾及贾秀共参大政。

沈怀明、张永、萧道成等军于九里西，与东军相持。东军闻义兴败，皆震恐。上遣积射将军济阳江方兴、御史王道隆至晋陵视东军形势。孔觊将孙昙瓘、程扞宗等列五城，互相连带。扞宗城犹未固，王道隆与诸将谋曰："扞宗城既未立，可以藉手，上副圣旨，下成众气。"辛酉，道隆帅所领急攻，拔之，斩扞宗首。永等因乘胜进击昙瓘等，壬戌，昙瓘等兵败，与袁标俱弃城走，遂克晋陵。

吴喜军至义乡⑨。孔璪屯吴兴南亭，太守王昙生诣璪计事；闻台军已近，璪大惧，堕床，曰："悬赏所购，唯我而已；今不遽走，将为人擒！"遂与昙生奔钱唐⑩。喜入吴兴，任农夫引兵向吴郡，顾琛弃郡奔会稽。上以四郡既平，乃留吴喜使统沈怀明等诸将东击会稽，召张永等北击彭城，江方兴等南击寻阳。

以吏部尚书蔡兴宗为左仆射，侍中褚渊为吏部尚书。

丁卯，吴喜军至钱唐，孔璪、王昙生奔浙东。喜遣强弩将军任农夫等引兵向黄山浦[11]，东军据岸结寨，农夫等击破之。喜自柳浦渡[12]，取西陵[13]，击斩庾业。会稽人大惧，将士多奔亡，孔觊不能制。戊寅，上虞令王晏起兵攻郡[14]，觊逃奔嵴山[15]；车骑从事中郎张绥封府库以待吴喜。己卯，王晏入城，杀绥，执寻阳王子房于别署。纵兵大掠，府库皆空；获孔璪，杀之。庚辰，嵴山民缚孔觊送晏，晏谓之曰："此事孔璪所为，无预卿事，可作首辞，当相为申上。"觊曰："江东处分，莫不由身；委罪求活，便是君辈行意耳。"晏乃斩之。顾琛、王昙生、袁标等诣吴喜归罪，喜皆宥之。东军主凡七十六人，临陈斩十七人，其余皆原宥。

【注释】

①晋陵：郡名，治所在今江苏常州市。九里：地名，即今江苏常州市西北九里村。　②奔牛：地名，在今江苏常州市武进区西北奔牛镇。③曲阿：县名，治所在今江苏丹阳市。　④延陵：地名，在今江苏丹阳市西南延陵镇。　⑤破冈：水渠名，西起今江苏句容市东南，东到丹阳市西南延陵镇。　⑥河东：郡名，治所在今湖北松滋市西北。　⑦国山：地名，在今江苏宜兴市西南。　⑧吴城：地名，在今江苏宜兴市西南。⑨义乡：地名，在今浙江长兴县西北。　⑩钱唐：郡名，治所在今浙江杭州市。　⑪黄山浦：地名，在今浙江杭州市余杭区西南。　⑫柳浦：地名，在今浙江杭州市城南凤凰山东麓。　⑬西陵：地名，在今浙江杭州市萧山区西北西兴镇。　⑭上虞：县名，治所在今浙江绍兴市上虞区。⑮嵴山：山名，在今浙江绍兴市境内。

薛索儿攻申阐，久不下；使申令孙入睢陵说阐，阐出降，索儿并令孙杀之。

山阳王休祐在历阳[1]，辅国将军刘勔进军小岘[2]。殷琰所署南汝阴太守裴季之以合肥来降[3]。

邓琬性鄙阍贪吝，既执大权，父子卖官鬻爵，使婢仆出市道贩卖；酣歌博弈，日夜不休；大自矜遇，宾客到门者，历旬不得前；内事悉委褚灵嗣等三人，群小横恣，竞为威福。于是士民忿怨，内外离心。

琬遣孙冲之帅龙骧将军薛常宝、陈绍宗、焦度等兵一万为前锋,据赭圻[4]。冲之于道与晋安王子勋书曰:“舟楫已办,粮仗亦整,三军踊跃,人争效命;便欲沿流挂帆,直取白下[5]。愿速遣陶亮众军兼行相接,分据新亭[6]、南州[7],则一麾定矣。”子勋加冲之左卫将军;以陶亮为右卫将军,统郢、湘、荆、梁、雍五州兵,合二万人,一时俱下。陶亮本无干略,闻建安王休仁自上,殷孝祖又至,不敢进,屯军鹊洲[8]。

殷孝祖负其诚节,陵轹诸将,台军有父子兄弟在南者,孝祖悉欲推治。由是人情乖离,莫乐为用。宁朔将军沈攸之,内抚将士,外谐群帅,众并赖之。孝祖每战,常以鼓盖自随,军中人相谓:“殷统军可谓死将矣!今与贼交锋,而以羽仪自标显,若善射者十人共射之,欲不毙,得乎?”三月,庚寅,众军水陆并进;攻赭圻;陶亮等引兵救之,孝祖于陈为流矢所中,死。军主范潜帅五百人降于亮。人情震骇,并谓沈攸之宜代孝祖为统。

时建安王休仁屯虎槛,遣宁朔将军江方兴、龙骧将军襄阳刘灵遗各将三千人赴赭圻。攸之以为孝祖既死,亮等有乘胜之心,明日若不更攻,则示之以弱。方兴名位相亚,必不为己下;军政不壹,致败之由也。乃帅诸军主诣方兴曰:“今四方并反,国家所保,无复百里之地。唯有殷孝祖为朝廷所委赖,锋镝裁交,舆尸而反,文武丧气,朝野危心。事之济否,唯在明旦一战;战若不捷,大事去矣。诘朝之事,诸人或谓吾应统之,自卜懦薄,干略不如卿。今辄相推为统,但当相与戮力耳。”方兴甚悦,许诺。攸之既出,诸军主并尤之,攸之曰:“吾本以济国活家,岂计此之升降!且我能下彼,彼必不能下我,岂可自措同异也!”

孙冲之谓陶亮曰:“孝祖枭将,一战便死,天下事定矣,不须复战,便当直取京都。”亮不从。

辛卯,方兴帅诸军进战,建安王休仁又遣军主郭季之、步兵校尉杜幼文、屯骑校尉垣恭祖、龙骧将军济地顿生京兆段佛荣等三万人往会战[9],自寅及午,大破之,追北至姥山而还[10]。幼文,骥之子也。

孙冲之于湖、白口筑二城[11],军主竟陵张兴世攻拔之。

壬辰,诏以沈攸之为辅国将军、假节,代殷孝祖督前锋诸军事。

陶亮闻湖、白二城不守，大惧，急召孙冲之还鹊尾[12]，留薛常宝等守赭圻；先于姥山及诸冈分立营寨，亦各散还，共保浓湖[13]。

时军旅大起，国用不足，募民上钱谷者，赐以荒县、荒郡，或五品至三品散官有差。

军中食少，建安王休仁抚循将士，均其丰俭，吊死问伤，身自隐恤；故十万之众，莫有离心。

邓琬遣其豫州刺史刘胡帅众三万，铁骑二千，东屯鹊尾，并旧兵凡十余万。胡，宿将，勇健多权略，屡有战功，将士畏之。司徒中兵参军冠军蔡那[14]，子弟在襄阳，胡每战，悬之城外；那进战不顾。吴喜既定三吴，帅所领五千人，并运资实，至于赭圻。

【注释】

①历阳：郡名，治所在今安徽和县。 ②小岘：地名，在今安徽含山县北。 ③合肥：县名，治所在今安徽合肥市。 ④赭圻：地名，在今安徽芜湖市繁昌区西北长江南岸。 ⑤白下：地名，在今江苏南京市北金川门外。 ⑥新亭：地名，在今江苏南京市南。 ⑦南州：地名，在今安徽当涂县。 ⑧鹊洲：地名，在今安徽铜陵市、芜湖市繁昌区之间的长江中。 ⑨济地顿生：此四字必有误字，但已无法校正。 ⑩姥山：今地不详。 ⑪湖、白口：指巢湖口、白水口。 ⑫鹊尾：山名，在今安徽芜湖市繁昌区东北三山。 ⑬浓湖：湖名，在今安徽芜湖市繁昌区西，今已消失。 ⑭冠军：县名，治所在今河南邓州市西北。

薛索儿将马步万余人自睢陵渡淮，进逼青、冀二州刺史张永营。丙申，诏南徐州刺史桂阳王休范统北讨诸军事，进据广陵；又诏萧道成将兵救永。

戊戌，寻阳王子房至建康，上宥之，贬爵为松滋侯。

庚子，魏以陇西王源贺为太尉。

上遣宁朔将军刘怀珍帅龙骧将军王敬则等步骑五千，助刘勔讨寿阳，斩庐江太守刘道蔚[1]。怀珍，善明之从子也。

中书舍人戴明宝启上，遣军主竟陵黄回募兵击斩寻阳所署马头太守王广元[2]。

刘宋四铢钱

前奉朝请寿阳郑黑，起兵于淮上以应建康，东扞殷琰，西拒常珍奇；乙巳，以黑为司州刺史。

殷琰将刘顺、柳伦、皇甫道烈、庞天生等马步八千人东据宛唐[3]；刘勔帅众军并进，去顺数里立营。时琰所遣诸军，并受顺节度，而以皇甫道烈土豪，柳伦台之所遣，顺本卑微，唯不使统督二军。勔始至，堑垒未立；顺欲击之，道烈、伦不同，顺不能独进，乃止。勔营既立，不可复攻，因相持守。

壬子，断新钱，专用古钱。

沈攸之帅诸军围赭圻。薛常宝等粮尽，告刘胡求救；胡以囊盛米，系流查及船腹[4]，阳覆船，顺风流下以饷之。沈攸之疑其有异，遣人取船及流查，大得囊米。丙辰，刘胡帅步卒一万，夜，斫山开道，以布囊运米饷赭圻。平旦，至城下，犹隔小堑，未能入。沈攸之帅诸军邀之，殊死战，胡众大败，舍粮弃甲，缘山走，斩获甚众。胡被创，仅得还营；常宝等惶惧，夏，四月，辛酉，开城突围，走还胡军。攸之拔赭圻城，斩其宁朔将军沈怀宝等，纳降数千人。陈绍宗单舸奔鹊尾。建安王休仁自虎槛进屯赭圻。

刘胡等兵犹盛。上欲绥慰人情，遣吏部尚书褚渊至虎槛，选用将士。时以军功除官者众，版不能供，始用黄纸。

邓琬以晋安王子勋之命，征袁顗下寻阳，顗悉雍州之众驰下。琬以黄门侍郎刘道宪行荆州事，侍中孔道存行雍州事。上庸太守柳世隆乘虚袭襄阳[5]，不克。世隆，元景之弟子也。

散骑侍郎明僧暠起兵，攻沈文秀以应建康。壬午，以僧暠为青州刺史。平原、乐安二郡太守王玄默据琅邪[6]，清河、广川二郡太守王玄邈据盘阳城[7]，高阳、勃海二郡太守刘乘民据临济城[8]，并起兵以应建康。玄邈，玄谟之从弟；乘民，弥之之从子也。沈文秀遣军主解彦士攻北海[9]，拔之，杀刘弥之。乘民从弟伯宗，合帅乡党，复取北海，因引兵向青州所治东阳城。文秀拒之，伯宗战死。僧暠、玄默、玄邈、乘民合兵攻东阳城，每战辄为文秀所破，离而复合，如此者十余，卒不能克。

杜叔宝谓台军住历阳，不能遽进；及刘劻等至，上下震恐。刘顺等始行，唯赍一月粮，既与劻相持，粮尽。叔宝发车千五百乘，载米饷顺，自将五千精兵送之。吕安国闻之，言于刘劻曰："刘顺精甲八千，我众不能居半。相持既久，强弱势殊，更复推迁，则无以自立；所赖者，彼粮行竭，我食有余耳。若使叔宝米至，非唯难可复图，我亦不能持久。今唯有间道袭其米车，出彼不意，若能制之，当不战走矣。"劻以为然，以疲弱守营，简精兵千人配安国及龙骧将军黄回，使从间道出顺后，于横塘抄之[10]。

安国始行，赍二日熟食；食尽，叔宝不至，将士欲还，安国曰："卿等旦已一食。今晚米车不容不至；若其不至，夜去不晚。"叔宝果至，以米车为函箱陈，叔宝于外为游军。幢主杨仲怀将五百人居前，安国、回等击斩之，及其士卒皆尽。叔宝至，回欲乘胜击之，安国曰："彼将自走，不假复击。"退三十里，止宿，夜遣骑参候，叔宝果弃米车走。安国复夜往烧米车，驱牛二千余头而还。

五月，丁亥朔，夜，刘顺众溃，走淮西就常珍奇。于是刘劻鼓行，进向寿阳。叔宝敛居民及散卒，婴城自守，劻与诸军分营城外。

山阳王休祐与殷琰书，为陈利害，上又遣御史王道隆赍诏宥琰罪。劻与琰书，并以琰兄瑗子邈书与之。琰与叔宝等皆有降意，而众心不壹，复婴城固守。

弋阳西山蛮田益之起兵应建康[11]，诏以益之为辅国将军，督弋阳西蛮事。壬辰，以辅国将军沈攸之为雍州刺史。丁未，以尚书左仆射王景文为中军将军。庚戌，以宁朔将军刘乘民为冀州刺史。

【注释】

①庐江：郡名，治所在今安徽舒城县。 ②马头：郡名，治所在今安徽怀远县南淮河南岸马头城。 ③宛唐：地名，在今安徽寿县东南。④流查：水中飘浮的木材。 ⑤上庸：郡名，治所在今湖北竹山县西南。⑥平原：郡名，治所在今山东平原县。乐安：郡名，治所在今山东广饶县北。琅邪：郡名，治所在今山东诸城市。 ⑦清河：郡名，治所在今山东临清市东北。广川：郡名，治所在今山东邹平市东长山。盘阳城：在今山东临朐县东南。 ⑧高阳：郡名，治所在今山东淄博市西北。勃海：郡名，治所在今山东高青县东南。临济城：在今山东高青县东南。 ⑨北海：郡名，治所在今山东昌乐县西。 ⑩横塘：地名，在今安徽寿县东。⑪弋阳：郡名，治所在今河南潢川县西。

甲寅，葬昭太后于修宁陵。

张永、萧道成等与薛索儿战，大破之，索儿退保石梁[①]；食尽而溃，走向乐平[②]，为申令孙子孝叔所斩。薛安都子道智走向合肥，诣裴季之降。傅灵越走至淮西，武卫将军沛郡王广之生获之，送诣刘勔。勔诘其叛逆，灵越曰："九州唱义，岂独在我！薛公不能专任智勇，委付子侄，此其所以败也。人生归于一死，实无面求活。"勔送诣建康。上欲赦之，灵越辞终不改，乃杀之。

邓琬以刘胡与沈攸之等相持久不决，乃加袁𫖮督征讨诸军事。六月，甲戌，𫖮帅楼船千艘，战士二万，来入鹊尾。𫖮本无将略，性又怯桡，在军中未尝戎服，语不及战陈，唯赋诗谈义而已，不复抚接诸将；刘胡每论事，酬对甚简。由此大失人情，胡常切齿恚恨。胡以南运米未至，军士匮乏，就𫖮借襄阳之资，𫖮不许，曰："都下两宅未成，方应经理。"又信往来之言，云"建康米贵，斗至数百"，以为将不攻自溃，拥甲以待之。

田益之帅蛮众万余人围义阳，邓琬使司州刺史庞孟虬帅精兵五千救之，益之不战溃去。

安成太守刘袭[③]，始安内史王识之[④]，建安内史赵道生[⑤]，并举郡来降。袭，道怜之孙也。

萧道成世子赜为南康赣令[⑥]，邓琬遣使收系之。门客兰陵桓康担赜妻裴氏及其子长懋、子良逃于山中，与赜族人萧欣祖等结客得百余人，攻郡，破狱出赜。南康相沈肃之帅将吏追赜，赜与战，擒之。赜自号宁朔将军，据郡起兵，与刘袭等相应。琬以中护军殷孚为豫章太守，督上流五郡，以防袭等。

衡阳内史王应之起兵应建康[7]，袭击湘州行事何慧文于长沙。应之与慧文舍军身战，斫慧文八创，慧文斫应之断足，杀之。

始兴人刘嗣祖等据郡起兵应建康[9]，广州刺史袁昙远遣其将李万周等讨之。嗣祖诳万周云“寻阳已平”。万周还袭番禺[10]，擒昙远，斩之。上以万周行广州事。

初，武都王杨元和治白水[11]，微弱不能自立，弃国奔魏。元和从弟僧嗣复自立，屯葭芦。

费欣寿至巴东[12]，巴东人任叔儿据白帝，自号辅国将军，击欣寿，斩之，叔儿遂阻守三峡。萧惠开复遣治中程法度将兵三千出梁州，杨僧嗣帅群氐断其道，间使以闻。秋，七月，丁酉，以僧嗣为北秦州刺史、武都王。

诸军与袁觊相拒于浓湖，久未决。龙骧将军张兴世建议曰：“贼据上流，兵强地胜，我虽持之有余而制之不足。若以奇兵数千潜出其上，因险而壁，见利而动，使其首尾周遑，进退疑阻，中流既梗，粮运自艰，此制贼之奇也。钱溪江岸最狭[13]，去大军不远，下临洄洑，船下必来泊岸，又有横浦可以藏船，千人守险，万夫不能过。冲要之地，莫出于此。”沈攸之、吴喜并赞其策。会庞孟虬引兵来助殷琰，刘勔遣使求援甚急，建安王休仁欲遣兴世救之。沈攸之曰：“孟虬蚁聚，必无能为，遣别将马步数千，足以相制。兴世之行，是安危大机，必不可辍。”乃遣段佛荣将兵救勔，而选战士七千、轻舸二百配兴世。

兴世帅其众溯流稍上，寻复退归，如是者累日。刘胡闻之，笑曰：“我尚不敢越彼下取扬州，张兴世何物人，欲轻据我上！”不为之备。一夕，四更，值便风，兴世举帆直前，渡湖、白，过鹊尾。胡既觉，乃遣其将胡灵秀将兵于东岸，翼之而进。戊戌夕，兴世宿景洪浦[14]，灵秀亦留。兴世潜遣其将黄道标帅七十舸径趣钱溪，立营寨；己亥，兴世引兵进据之，灵秀不能禁。庚子，刘胡自将水步二十六军来攻钱溪。将士欲迎击之,兴世禁之曰:"贼来尚远,气盛而矢骤;骤既易尽,盛亦易衰,不如待之。"令将士治城如故。俄而胡来转近,船入洄洑;兴世命寿寂之、任农夫帅壮士数百击之,众军相继并进,胡败走,斩首数百,胡收兵而下。时兴世城寨未固,建安王休仁虑袁颛并力更攻钱溪,欲分其势。辛丑,命沈攸之、吴喜等以皮舰进攻浓湖,斩获千数。是日,刘胡帅步卒二万、铁马一千,欲更攻兴世。未至钱溪数十里,袁颛以浓湖之急,遽追之,钱溪城由此得立。胡遣人传唱,"钱溪已平",众并惧,沈攸之曰:"不然。若钱溪实败,万人中应有一人逃亡得还者,必是彼战失利,唱空声以惑众耳。"勒军中不得妄动;钱溪捷报寻至。攸之以钱溪所送胡军耳鼻示浓湖,袁颛骇惧。攸之日暮引归。

【注释】

①石梁:地名,在今安徽天长市西北石梁。 ②乐平:郡名,治所在今安徽凤阳县东。 ③安成:郡名,治所在今江西安福县东南。 ④始安:郡名,治所在今广西桂林市。 ⑤建安:郡名,治所在今福建建瓯市南。 ⑥南康:郡名,治所在今江西赣州市。赣,县名,治所在今江西赣州市。 ⑦上流五郡:指豫章、庐陵、临川、安成、南康五郡。 ⑧衡阳:郡名,治所在今湖南株洲市西南。 ⑨始兴:郡名,治所在今广东韶关市东南。 ⑩番禺:县名,治所在今广东广州市。 ⑪白水:地名,在今甘肃陇南市武都区北。 ⑫巴东:郡名,治所在今重庆奉节县。 ⑬钱溪:地名,在今安徽池州市贵池区东北梅埂圩。 ⑭景洪浦:地名,今地不详。

龙骧将军刘道符攻山阳[①],程天祚请降。

庞孟虬进至弋阳[②],刘勔遣吕安国等迎击于蓼谭[③],大破之。孟虬走向义阳。王玄谟之子昙善起兵据义阳以应建康,孟虬走死蛮中。

刘胡遣辅国将军薛道标袭合肥,杀汝阴太守裴季之[④],刘勔遣辅国将军垣闳击之。闳,阆之弟;道标,安都之子也。

淮西人郑叔举起兵击常珍奇以应郑黑;辛亥,以叔举为北豫州刺史[⑤]。

崔道固为土人所攻，闭门自守。上遣使宣慰，道固请降。甲寅，复以道固为徐州刺史。

八月，皇甫道烈等闻庞孟虬败，并开门出降。

张兴世既据钱溪，浓湖军乏食。邓琬大送资粮，畏兴世，不敢进。刘胡帅轻舸四百，由鹊头内路欲攻钱溪，既而谓长史王念叔曰："吾少习步战，未闲水斗。若步战，恒在数万人中；水战在一舸之上，舸舸各进，不复相关，正在三十人中，此非万全之计，吾不为也。"乃托疟疾，住鹊头不进，遣龙骧将军陈庆将三百舸向钱溪，戒庆不须战："张兴世吾之所悉，自当走耳。"陈庆至钱溪，军于梅根[6]。

胡遣别将王起将百舸攻兴世，兴世击起，大破之。胡帅其余舸驰还，谓颉曰："兴世营寨已立，不可猝攻；昨日小战，未足为损。陈庆已与南陵[7]、大雷诸军共遏其上，大军在此，鹊头诸将又断其下流；已堕围中，不足复虑。"颉怒胡不战，谓曰："粮运鲠塞，当如此何？"胡曰："彼尚得溯流越我而上，此运何以不得沿流越彼而下邪！"乃遣安北府司马沈仲玉将千人步趣南陵迎粮。

仲玉至南陵，载米三十万斛，钱布数十舫，竖榜为城，规欲突过。行至贵口[8]，不敢进，遣间信报胡，令遣重军援接。张兴世遣寿寂之、任农夫等将三千人至贵口击之，仲玉走还颉营，悉虏其资实；胡众骇惧，胡将张喜来降。

镇东中兵参军刘亮进兵逼胡营，胡不能制。袁颉惧曰："贼入人肝脾里，何由得活！"胡阴谋遁去，己卯，诳颉曰："欲更帅步骑二万，上取钱溪，兼下大雷余运。"令颉悉选马配之。其日，胡委颉去，径趣梅根。先令薛常宝办船，悉发南陵诸军，烧大雷诸城而走。至夜，颉方知之，大怒，骂曰："今年为小子所误！"呼取常所乘善马"飞燕"，谓其众曰："我当自追之！"因亦走。

庚辰，建安王休仁勒兵入颉营，纳降卒十万，遣沈攸之等追颉。颉走至鹊头，与戍主薛伯珍并所领数千人偕去，欲向寻阳。夜，止山间，杀马以劳将士，顾谓伯珍曰："我非不能死；且欲一至寻阳，谢罪主上，然后自刎耳。"因慷慨叱左右索节，无复应者。及旦，伯珍请屏人言事，遂斩颉首，诣钱溪军主襄阳俞湛之。湛之因斩伯珍，并送首以为己功。

刘胡帅二万人向寻阳，诈晋安王子勋云：“袁顗已降，军皆散，唯己帅所领独返；宜速处分，为一战之资。当停据溢城[9]，誓死不贰。”乃于江外夜趣沔口。

邓琬闻胡去，忧惶无计，呼中书舍人褚灵嗣等谋之，并不知所出。张悦诈称疾，呼琬计事，令左右伏甲帐后，戒之：“若闻索酒，便出。”琬既至，悦曰：“卿首唱此谋，今事已急，计将安出！”琬曰：“正当斩晋安王，封府库，以谢罪耳。”悦曰：“今日宁可卖殿下求活邪！”因呼酒。子洵提刀出斩琬。中书舍人潘欣之闻琬死，勒兵而至。悦使人语之曰：“邓琬谋反，今已枭戮。”欣之乃还。取琬子，并杀之。悦因单舸赍琬首驰下，诣建安王休仁降。

寻阳乱。蔡那之子道渊在寻阳被系作部[10]，脱锁入城，执子勋，囚之。沈攸之诸军至寻阳，斩晋安王子勋，传首建康，时年十一。

初，邓琬遣临川内史张淹自鄱阳峤道入三吴[11]，军于上饶[12]，闻刘胡败，军副鄱阳太守费晔斩淹以降。淹，畅之子也。

废帝之世，衣冠惧祸，咸欲远出。至是流离外难，百不一存，众乃服蔡兴宗之先见。

九月，壬辰，以山阳王休祐为荆州刺史。

癸巳，解严，大赦。

庚子，司徒休仁至寻阳，遣吴喜、张兴世向荆州，沈怀明向郢州，刘亮及宁朔将军南阳张敬兒向雍州，孙超之向湘州，沈思仁、任农夫向豫章，平定余寇。

刘胡逃至石城[13]，捕得，斩之。郢州行事张沈变形为沙门，潜走，追获，杀之。荆州行事刘道宪闻浓湖平，散兵，遣使归罪。荆州治中宗景等勒兵入城，杀道宪，执临海王子顼以降。孔道存知寻阳已平，遣使请降；寻闻柳世隆、刘亮当至，道存及三子皆自杀。上以何慧文才兼将吏，使吴喜宣旨赦之。慧文曰：“既陷逆节，手害忠义[14]，何面见天下之士！”遂自杀。安陆王子绥、临海王子顼、邵陵王子元并赐死，刘顺及余党在荆州者皆伏诛。诏追赠诸死节之臣，及封赏有功者各有差。

【注释】

①山阳：郡名，治所在今江苏淮安市。 ②弋阳：郡名，治所在今河南潢川县西。 ③蓼潭：地名，在今河南固始县东南。 ④汝阴：郡名，治所在今安徽阜阳市。 ⑤北豫州：州名，治所在今安徽寿县。 ⑥梅根：地名，在今安徽池州市贵池区东北梅埂镇。 ⑦南陵：地名，在今安徽池州市贵池区西南。 ⑧贵口：地名，在今安徽池州市贵池区西北贵口镇。 ⑨湓城：地名，即湓口，在湓水入长江口处。 ⑩作部：官署名，专门制作兵器等，在寻阳城外。 ⑪临川：郡名，治所在今江西抚州市临川区。鄱阳：郡名，治所在今江西鄱阳县。三吴：指东扬州、南徐州，即今江苏南部及浙江一带。 ⑫上饶：县名，治所在今江西上饶市。 ⑬石城：地名，在今湖北钟祥市。⑭手害忠义：指杀死王应之。

己酉，魏初立郡学，置博士、助教、生员，从中书令高允、相州刺史李䜣之请也。䜣，崇之子也。

上既诛晋安王子勋等，待世祖诸子犹如平日。司徒休仁还自寻阳，言于上曰："松滋侯兄弟尚在，将来非社稷计，宜早为之所。"冬，十月，乙卯，松滋侯子房、永嘉王子仁、始安王子真、淮南王子孟、南平王子产、庐陵王子舆、子趋、子期、东平王子嗣、子悦并赐死，及镇北谘议参军路休之、司徒从事中郎路茂之[1]、兖州刺史刘祗、中书舍人严龙皆坐诛。世祖二十八子于此尽矣。祗，义欣之子也。

刘勔围寿阳，垣闳攻合肥，俱未下。勔患之，召诸将会议。马队主王广之曰："得将军所乘马，判能平合肥。"幢主皇甫肃怒曰："广之敢夺节下马，可斩！"勔笑曰："观其意，必能立功。"即推鞍下马与之。广之往攻合肥，三日，克之；薛道标突围奔淮西归常珍奇。勔擢广之为军主。广之谓肃曰："节下若从卿言，何以平贼？卿不赏才，乃至于此！"肃有学术，及勔卒，更依广之，广之荐于齐世祖为东海太守[2]。

沈灵宝自庐江引兵攻晋熙[3]，晋熙太守阎湛之弃城走。

徐州刺史薛安都、益州刺史萧惠开、梁州刺史柳元怙、兖州刺史毕众敬、豫章太守殷孚、汝南太守常珍奇，并遣使乞降。上以南方已平，欲示威淮北，乙亥，命镇军将军张永、中领军沈攸之将甲士五万迎薛安都。蔡兴宗曰："安都归顺，此诚非虚，正须单使尺书。今以重兵迎之，势必疑惧；或能招引北虏，为患方深。若以叛臣罪重，不可不诛，则向之所宥亦已多矣。况安都外据大镇，密迩边陲，地险兵强，攻围难克，考之国计，尤宜驯养；如其外叛，将为朝廷旰食之忧。"上不从，谓征北司马行南徐州事萧道成曰："吾今因此北讨，卿意以为何如？"对曰："安都狡猾有余，今以兵逼之，恐非国之利。"上曰："诸军猛锐，何往不克！卿勿多言！"安都闻大兵北上，惧，遣使乞降于魏，常珍奇亦以悬瓠降魏，皆请兵自救。

戊寅，立皇子昱为太子。

薛安都以其子为质于魏，魏遣镇东大将军代人尉元、镇东将军魏郡孔伯恭等帅骑一万出东道，救彭城；镇西大将军西河公石、都督荆、豫、南雍州诸军事张穷奇出西道，救悬瓠。以安都为都督徐、雍等五州诸军事、镇南大将军、徐州刺史、河东公；常珍奇为平南将军、豫州刺史、河内公。

兖州刺史申纂诈降于魏，尉元受之而阴为之备。魏师至无盐[4]，纂闭门拒守。

薛安都之召魏兵也，毕众敬不与之同，遣使来请降；上以众敬为兖州刺史。众敬子元宾在建康，先坐他罪诛。众敬闻之，怒，拔刀斫柱曰："吾皓首唯一子，不能全，安用独生！"十一月，壬子，魏师至瑕丘[5]，众敬请降于魏。尉元遣部将先据其城，众敬悔恨，数日不食。元长驱而进，十二月，己未，军于秺[6]。

西河公石至上蔡[7]，常珍奇帅文武出迎。石欲顿军汝北[8]，未即入城，中书博士郑羲曰："今珍奇虽来，意未可量。不如直入其城，夺其管籥，据有府库，制其腹心，策之全者也。"石遂策马入城，因置酒嬉戏。羲曰："观珍奇之色甚不平，不可不为之备。"乃严兵设备。其夕，珍奇使人烧府屋，欲为变，以石有备而止。羲，豁之曾孙也。

淮西七郡民多不愿属魏，连营南奔。魏遣建安王陆馛宣慰新附。民有陷军为奴婢者，馛悉免之，新民乃悦。

【注释】

①路休之、路茂之：二人为路太后的侄儿。 ②东海：郡名，治所在今江苏涟水县。 ③庐江：郡名，治所在今安徽舒城县。晋熙：郡名，治所在今安徽潜山县。 ④无盐：县名，治所在今山东东平县东浜城。⑤瑕丘：县名，治所在今山东济宁市兖州区。 ⑥秺：县名，治所在今山东成武县。 ⑦上蔡：县名，治所在今河南上蔡县。 ⑧汝：汝水，在今河南南部，流入淮河。

乙丑，诏坐依附寻阳削官爵禁锢者，皆从原荡，随才铨用。

刘勔围寿阳，自首春至于末冬，内攻外御，战无不捷，以宽厚得将士心。寻阳既平，上使中书为诏谕殷琰，蔡兴宗曰："天下既定，是琰思过之日。陛下宜赐手诏数行以相慰引。今直中书为诏，彼必疑谓非真，非所以速清方难也。"不从。琰得诏，谓刘勔诈为之，不敢降。杜叔宝闭绝寻阳败问，有传者即杀之，守备益固。凡有降者，上辄送寿阳城下，使与城中人语，由是众情离沮。

琰欲请降于魏，主簿谯郡夏侯详说琰曰："今日之举，本效忠节。若社稷有奉，便当归身朝廷，何可北面左衽乎！且今魏军近在淮次，官军未测吾之去就，若建使归款，必厚相慰纳，岂止免罪而已。"琰乃使详出见刘勔。详说勔曰："今城中士民知困而犹固守者，畏将军之诛，皆欲自归于魏。愿将军缓而赦之，则莫不相帅而至矣。"勔许诺，使详至城下，呼城中人，谕以勔意。丙寅，琰帅将佐面缚出降，勔悉加慰抚，不戮一人。入城，约勒将士，士民资财，秋毫无所失。寿阳人大悦。魏兵至师水[①]，将救寿阳；闻琰已降，乃掠义阳数千人而去。久之，琰复仕至少府而卒。

萧惠开在益州，多任刑诛，蜀人猜怨。闻费欣寿败没，程法度不得前，于是晋原一郡反[②]，诸郡皆应之，合兵围成都。城中东兵不满二千，惠开悉遣蜀人出，独与东兵拒守。蜀人闻寻阳已平，争欲屠城，众至十余万人。惠开每遣兵出战，未尝不捷。

上遣其弟惠基自陆道使成都，赦惠开罪。惠基至涪[③]，蜀人遏留惠基，不听进。惠基帅部曲击之，斩其渠帅，然后得前。惠开奉旨归降，城围得解。

上遣惠开宗人宝首自水道慰劳益州。宝首欲以平蜀为己功，更奖说蜀人，使攻惠开。于是处处蜂起，凡诸离散者一时还合，与宝首进逼成都，众号二十万。惠开欲击之，将佐皆曰："今慰劳使至而拒之，何以自明？"惠开曰："今表启路绝，不战则何以得通使京师？"乃遣宋宁太守萧惠训等将万兵与战[4]，大破之，生擒宝首，囚于成都，遣使言状。上使执送宝首，召惠开还建康。上问以举兵状[5]。惠开曰："臣唯知逆顺，不识天命；且非臣不乱，非臣不平。"上释之。

是岁，侨立兖州，治淮阴[6]；徐州治钟离[7]；青、冀二州共一刺史，治郁洲[8]。郁洲在海中，周数百里，累石为城，高八九尺，虚置郡县，荒民无几。

张永、沈攸之进兵逼彭城，军于下磕[9]，分遣羽林监王穆之将卒五千守辎重于武原[10]。

魏尉元至彭城，薛安都出迎。元遣李璨与安都先入城，收其管籥；别遣孔伯恭以精甲二千安抚内外，然后入。其夜，张永攻南门，不克而退。

元不礼于薛安都，安都悔降，复谋叛魏，元知之，不果发。安都重赂元等，委罪于女婿裴祖隆而杀之。元使李珠与安都守彭城，自将兵击张永，绝其粮道，又破王穆之于武原。穆之帅余众就永，元进攻之。

【注释】

①师水：河名，即今河南南部淮河支流浉河。 ②晋原：郡名，治所在今四川崇州市西北怀远镇。 ③涪：地名，在今四川三台县西北。 ④宋宁：郡名，治所在今四川成都市。 ⑤上问：据章校“上问”二字上当有“既至”二字。 ⑥淮阴：县名，治所在今江苏淮安市淮阴区。 ⑦钟离：郡名，治所在今安徽凤阳县东北临淮关。 ⑧郁洲：又名田横岛，在今江苏连云港市东云台山一带。 ⑨下磕：地名，在今江苏徐州市东南。 ⑩武原：县名，治所在今江苏邳州市西北。

资治通鉴卷第一百三十二

宋纪十四　起强圉协洽，尽上章阉茂，凡四年。

太宗明皇帝中

泰始三年　春，正月，张永等弃城夜遁。会天大雪，泗水冰合，永等弃船步走，士卒冻死者太半，手足断者什七八。尉元邀其前，薛安都乘其后，大破永等于吕梁之东[①]，死者以万数，枕尸六十余里，委弃军资器械不可胜计；永足指亦堕，与沈攸之仅以身免，梁、南秦二州刺史垣恭祖等为魏所虏。上闻之，召蔡兴宗，以败书示之曰："我愧卿甚！"永降号左将军；攸之免官，以贞阳公领职，还屯淮阴。由是失淮北四州及豫州淮西之地[②]。

裴子野论曰：昔齐桓矜于葵丘而九国叛[③]；曹公不礼张松而天下分[④]。一失毫厘，其差远矣。太宗之初，威令所被，不满百里，卒有离心，士无固色，而能开诚心，布款实，莫不感恩服德，致命效死，故西摧北荡，寓内褰开。既而六军献捷，方隅束手，天子欲贾其余威，师出无名，长淮以北，倏忽为戎。惜乎！若以向之虚怀，不骄不伐，则三叛奚为而起哉[⑤]！高祖虮虱生介胄，经启疆埸；后之子孙，日蹙百里。播获堂构[⑥]，岂云易哉！

魏尉元以彭城兵荒之后，公私困竭，请发冀、相、济、兖四州粟，取张永所弃船九百艘，沿清运载，以赈新民；魏朝从之。

魏东平王道符反于长安，杀副将驸马都尉万古真等，丙午，司空和其奴等将殿中兵讨之。丁未，道符司马段太阳攻道符，斩之；以安西将军陆真为长安镇将以抚之。道符，翰之子也。

闰月，魏以顿丘王李峻为太宰。

沈文秀、崔道固为土人所攻，遣使乞降于魏，且请兵自救。

二月，魏西河公石自悬瓠引兵攻汝阴太守张超，不克；退屯陈项[7]，议还长社[8]，待秋击之。郑羲曰："张超蚁聚穷命，粮食已尽，不降当走，可翘足而待也。今弃之远去，超修城浚隍，积薪储谷，更来恐难图矣。"石不从，遂还长社。

初，寻阳既平，帝遣沈文秀弟文炳以诏书谕文秀，又遣辅国将军刘怀珍将马步三千人与文炳偕行。未至，值张永等败退，怀珍还镇山阳[9]。文秀攻青州刺史明僧暠[10]，帝使怀珍帅龙骧将军王广之将五百骑、步卒二千人浮海救之，至东海[11]，僧暠已退保东莱[12]。怀珍进据朐城[13]，众心凶惧，欲且保郁洲，怀珍曰："文秀欲以青州归索虏，计齐之士民，安肯甘心左衽邪！今扬兵直前，宣布威德，诸城可飞书而下；奈何守此不进，自为沮挠乎！"遂进，至黔陬[14]，文秀所署高密、平昌二郡太守弃城走[15]。怀珍送致文炳，达朝廷意，文秀犹不降；百姓闻怀珍至，皆喜。文秀所署长广太守刘桃根将数千人戍不其城[16]。怀珍军于洋水[17]，众谓且宜坚壁伺隙，怀珍曰："今众少粮竭，悬军深入，正当以精兵速进，掩其不备耳。"乃遣王广之将百骑袭不其城，拔之。文秀闻诸城皆败，乃遣使请降，帝复以为青州刺史。崔道固亦请降，复以为冀州刺史。怀珍引还。

【注释】

①吕梁：石桥名，在今江苏徐州市南泗水上，因当时在吕县境，故称吕梁。　②淮北四州：指青、冀、徐、兖四州，相当于今山东省及江苏北部一带。豫州淮西之地：指当时的汝南、新蔡、谯、梁、陈、南顿、颍川、汝阴各郡。　③齐桓矜于葵丘而九国叛：春秋时齐桓公在葵丘（今河南民权县东北）与诸侯盟会，态度骄傲，导致九个诸侯国的背叛。　④曹公：曹操。张松：三国时的名士。因曹操对他无礼，愤而劝说刘备据蜀称帝，天下三分。　⑤三叛：指薛安都、毕众敬、常珍奇三人叛宋降魏。　⑥播获堂构：语出《尚书·大诰》："若考作室，既底法，厥子乃弗肯堂，矧肯构！厥父灾，厥子乃弗肯播，矧肯获！"大意谓父辈已打好基础，而后辈不肯继

续完成,甚至不能维持住。 ⑦陈项:陈与项本是二城,当时陈郡的治所在项,故称陈项。项,在今河南项城市。 ⑧长社:县名,治所在今河南长葛市。 ⑨山阳:郡名,治所在今江苏淮安市。 ⑩青州:州名,治所在东阳,即今山东青州市。 ⑪东海:郡名,治所在今山东兰陵县南。 ⑫东莱:郡名,治所在今山东莱州市。 ⑬朐城:城名,在今江苏连云港市海州镇西南。 ⑭黔陬:地名,在今山东胶州市西南。 ⑮高密:郡名,治所在今山东高密市。平昌:郡名,治所在今山东临邑县东北。 ⑯长广:郡名,治所在不其城。不其城:城名,在今山东青岛市崂山区西北。 ⑰洋水:河名,源出山东临朐县东泰山北,流经寿光市。

魏济阴王小新成卒。

沈攸之之自彭城还也,留长水校尉王玄载守下邳[①],积射将军沈韶守宿豫[②],睢陵、淮阳皆留兵戍之[③]。玄载,玄谟之从弟也。时东平太守申纂守无盐[④],幽州刺史刘休宾守梁邹[⑤],并州刺史清河房崇吉守升城[⑥],辅国将军清河张谠守团城[⑦],及兖州刺史王整、兰陵太守桓忻[⑧],肥城、糜沟、垣苗等戍皆不附于魏[⑨]。休宾,乘民之兄子也。

魏遣平东将军长孙陵等将兵赴青州,征南大将军慕容白曜将骑五万为之继援。白曜,燕太祖之玄孙也。白曜至无盐,欲攻之,将佐皆以为攻具未备,不宜遽进。左司马范阳郦范曰:"今轻军远袭,深入敌境,岂宜淹缓!且申纂必谓我军来速,不暇攻围,将不为备;今若出其不意,可一鼓而克。"白曜曰:"司马策是也。"乃引兵伪退。申纂不复设备,白曜夜中部分,三月,甲寅旦,攻城,食时,克之;纂走,追擒,杀之。白曜欲尽以无盐人为军赏,郦范曰:"齐,形胜之地,宜远为经略。今王师始入其境,人心未洽,连城相望,咸有拒守之志,苟非以德信怀之,未易平也。"白曜曰:"善!"皆免之。

白曜将攻肥城,郦范曰:"肥城虽小,攻之引日;胜之不能益军势,不胜足以挫军威。彼见无盐之破,死伤涂地,不敢不惧;若飞书告谕,纵使不降,亦当逃散。"白曜从之,肥城果溃,获粟三十万斛。白曜谓范曰:"此行得卿,三齐不足定也。"遂取垣苗、糜沟二戍，一旬中连拔四城，威震齐土。

丙子，以尚书左仆射蔡兴宗为郢州刺史。

房崇吉守升城，胜兵者不过七百人。慕容白曜筑长围以攻之，自二月至于夏四月，乃克之。白曜忿其不降，欲尽坑城中人，参军事昌黎韩麒麟谏曰："今勍敌在前而坑其民，自此以东，诸城人自为守，不可克也。师老粮尽，外寇乘之，此危道也。"白曜乃慰抚其民，各使复业。

崇吉脱身走。崇吉母傅氏，申纂妻贾氏，与济州刺史卢度世有中表亲，然已疏远。及为魏所虏，度世奉事甚恭，赡给优厚。度世闺门之内，和而有礼。虽世有屯夷，家有贫富，百口怡怡，丰俭同之。

崔道固闭门拒魏。沈文秀遣使迎降于魏，请兵援接，白曜欲遣兵赴之。郦范曰："文秀室家坟墓皆在江南，拥兵数万，城固甲坚，强则拒战，屈则遁去。我师未逼其城，无朝夕之急，何所畏忌而遽求援军！且观其使者，视下而色愧，语烦而志怯，此必挟诈以诱我，不可从也。不若先取历城，克盘阳[⑩]，下梁邹，平乐陵[⑪]，然后按兵徐进，不患其不服也。"白曜曰："崔道固等兵力单弱，不敢出战；吾通行无碍，直抵东阳，彼自知必亡，故望风求服，夫又何疑！"范曰："历城兵多粮足，非朝夕可拔。文秀坐据东阳，为诸城根本。今多遣兵则无以攻历城，少遣兵则不足以制东阳；若进为文秀所拒，退为诸城所邀，腹背受敌，必无全理。愿更审计，无堕贼彀中。"白曜乃止。文秀果不降。

魏尉元上表称："彭城贼之要藩，不有重兵积粟，则不可固守；若资储既广，虽刘彧师徒悉起，不敢窥淮北之地。"又言："若贼向彭城，必由清、泗过宿豫，历下邳；趋青州，亦由下邳、沂水经东安[⑫]；此数者，皆为贼用师之要。今若先定下邳，平宿豫，镇淮阳，戍东安，则青、冀诸镇可不攻而克；若四城不服，青、冀虽拔，百姓狼顾，犹怀侥幸之心。臣愚以为，宜释青、冀之师，先定东南之地，断刘彧北顾之意，绝愚民南望之心；夏水虽盛，无津途可由，冬路虽通，无高城可固。如此，则淮北自举，暂劳永逸。兵贵神速，久则生变；若天雨既降，彼或因水通，运粮益众，规为进取，恐近淮之民翻然改图，青、冀二州猝未可拔也。”

【注释】

①下邳：郡名，治所在今江苏睢宁县西北。 ②宿豫：县名，治所在今江苏宿迁市东南。 ③睢陵：县名，治所在今江苏睢宁县。淮阳：郡名，治所在今江苏淮安市淮阴区西古泗水西岸。 ④东平：郡名，治所在无盐。无盐：在今山东东平县东无盐村。 ⑤幽州：宋之幽州并无其地，刺史驻守在梁邹，即今山东邹平县东北。 ⑥并州：州名，治所在升城，即今山东济南市长清区西南。 ⑦团城：地名，在今山东沂水县。⑧兰陵：郡名，治所在今山东枣庄市西北。 ⑨肥城：县名，治所在今山东肥城市。麋沟：地名，在今山东济南市长清区境内。垣苗：地名，又叫络当城，在今山东济南市长清区西南。 ⑩盘阳：城名，在今山东临朐县东南。 ⑪乐陵：郡名，治所在今山东乐陵市东南。 ⑫东安：县名，治所在今山东沂水县东北。

五月，壬戌，以太子詹事袁粲为尚书右仆射。

沈攸之自送运米至下邳，魏人遣清、泗间人诈攸之云：“薛安都欲降，求军迎接。”军副吴喜请遣千人赴之，攸之不许。既而来者益多，喜固请不已，攸之乃集来者告之曰：“君诸人既有诚心，若能与薛徐州子弟俱来者，皆即假君以本乡县，唯意所欲；如其不尔，无为空劳往还。”自是一去不返。攸之使军主彭城陈显达将千人助戍下邳而还。

薛安都子令伯亡命梁、雍之间[①]，聚党数千人，攻陷郡县。秋，七月，雍州刺史巴陵王休若遣南阳太守张敬兒等击斩之。

上复遣中领军沈攸之等击彭城。攸之以为清、泗方涸，粮运不继，固执以为不可。使者七返，上怒，强遣之。八月，壬寅，以攸之行南兖州刺史[②]，将兵北出；使行徐州事萧道成将千人镇淮阴[③]。道成收养豪俊，宾客始盛。

魏之入彭城也，垣崇祖将部曲奔朐山[④]，据之，遣使来降；萧道成以为朐山戍主。朐山濒海孤绝，人情未安，崇祖浮舟水侧，欲有急则逃入海。魏东徐州刺史成固公戍圂城[⑤]，崇祖部将有罪，亡降魏。成固公遣步骑二万袭朐山，去城二十里；崇祖方出送客，城中人惊惧，皆下船欲去，崇祖还，谓腹心曰："虏非有宿谋，承叛者之言而来耳，易诳也。今得百余人还，事必济矣。但人情一骇，不可敛集，卿等可亟去此一里外，大呼而来云：'艾塘义人已得破虏⑥，须戍军速往，相助逐之。'"舟中人果喜，争上岸。崇祖引入，据城；遣羸弱入岛，人持两炬火，登山鼓噪。魏参骑以为军备甚盛，乃退。上以崇祖为北琅邪、兰陵二郡太守。

垣荣祖亦自彭城奔朐山，以奉使不效，畏罪不敢出，往依萧道成于淮阴。荣祖少学骑射，或谓之曰："武事可畏，何不学书！"荣祖曰："昔曹公父子上马横槊，下马谈咏，此于天下，可不负饮食矣。君辈无自全之伎，何异犬羊乎！"刘善明从弟僧副将部曲二千人避魏居海岛，道成亦召而抚之。

魏于天宫寺作大像，高四十三尺，用铜十万斤，黄金六百斤。

魏尉元遣孔伯恭帅步骑一万拒沈攸之，又以攸之前败所丧士卒瘃堕膝行者悉还攸之，以沮其气。上寻悔遣攸之等，复召使还。攸之至焦墟，去下邳五十余里，陈显达引兵迎攸之至睢清口⑧，伯恭击破之。攸之引兵退，伯恭追击之，攸之大败，龙骧将军姜彦〔产〕之等战没。攸之创重，入保显达营；丁酉夜，众溃，攸之轻骑南走，委弃军资器械以万计，还屯淮阴。

北魏造像石

尉元以书谕徐州刺史王玄载，玄载弃下邳走，魏以陇西辛绍先为下邳太守。绍先不尚苛察，务举大纲，教民治生御寇而已；由是下邳安之。

孔伯恭进攻宿豫，宿豫戍将鲁僧遵亦弃城走。魏将孔大恒等将千骑南攻淮阳，淮阳太守崔武仲焚城走。

慕容白曜进屯瑕丘。崔道固之未降也，绥边将军房法寿为王玄邈司马，屡破道固军，历城人畏之。及道固降，皆罢兵。道固畏法寿扇动百姓，迫遣法寿使还建康。会从弟崇吉自升城来，以母妻为魏所获，谋于法寿。法寿雅不欲南行，怨道固迫之。时道固遣兼治中房灵宾督清河、广川二郡事，戍磐阳[9]，法寿乃与崇吉谋袭磐阳，据之，降于慕容白曜，以赎崇吉母妻。道固遣兵攻之，白曜自瑕丘遣将军长孙观救磐阳，道固兵退。白曜表冠军将军韩麒麟与法寿对为冀州刺史，以法寿从弟灵民、思顺、灵悦、伯怜、伯玉、叔玉、思安、幼安等八人皆为郡守。

白曜自瑕丘引兵攻崔道固于历城，遣平东将军长孙陵等攻沈文秀于东阳。道固拒守不降，白曜筑长围守之。陵等至东阳，文秀请降；陵等入其西郭，纵士卒暴掠。文秀悔怒，闭城拒守，击陵等，破之。陵等退屯清西，屡进攻城，不克。

癸卯，大赦。

戊申，魏主李夫人生子宏。夫人，惠之女也。冯太后自抚养宏；顷之，还政于魏主。魏主始亲国事，勤于为治，赏罚严明，拔清节，黜贪污，于是魏之牧守始有以廉洁著闻者。

太中大夫徐爰，自太祖时用事，素不礼于上。上衔之，诏数其奸佞之罪，徙交州。

冬，十月，辛巳，诏徙义阳王昶为晋熙王，使员外郎李丰以金千两赎昶于魏。魏人弗许，使昶与上书，为兄弟之仪；上责其不称臣，不答。魏主复使昶与上书，昶辞曰："臣本实彧兄，未经为臣。若改前书，事为二敬[10]；苟或不改，彼所不纳。臣不敢奉诏。"乃止。魏人爱重昶，凡三尚公主。

十一月，乙卯，分徐州置东徐州[11]，以辅国将军张谠为刺史。

十二月，庚戌，以幽州刺史刘休宾为兖州刺史。休宾之妻，崔邪利之女也，生子文晔，与邪利皆没于魏。慕容白曜将其妻子至梁邹城下示之。休宾密遣主簿尹文达至历城见白曜，且视其妻子；休宾欲降，而兄子闻慰不可。白曜使人至城下呼曰："刘休宾数遣人来见仆射约降，何故违期不至！"由是城中皆知之，共禁制休宾不得降，魏兵围之。

魏西河公石复攻汝阴[12]，汝阴有备，无功而还。常珍奇虽降于魏，实怀贰心；刘勔复以书招之。会西河公石攻汝阴，珍奇乘虚烧劫悬瓠，驱掠上蔡、安成、平舆三县民[13]，屯于灌水[14]。

【注释】

①梁、雍：梁州、雍州，在今陕西汉中市、四川达州市达川区到湖北襄阳市、河南南阳市一带。 ②南兖州：治所在今江苏扬州市，当时称广陵。 ③淮阴：郡名，治所在今江苏淮安市淮阴区。 ④朐山：即今江苏连云港市西南锦屏山。 ⑤东徐州：魏所设州，治所在圂城，在今山东沂水县境内。 ⑥艾塘：地名，在今江苏连云港市西北。 ⑦焦墟：地名，在今江苏宿迁市西北。 ⑧睢清口：指睢水进入清水的河口。 ⑨磐阳：即盘阳，在今山东临朐县东南。 ⑩二敬：指既向魏称臣，又向宋称臣。 ⑪东徐州：治所在张谠驻守的团城，即今山东沂水县。 ⑫汝阴：郡名，治所在今安徽阜阳市。 ⑬上蔡：县名，治所在今河南上蔡县。安成：县名，治所在今河南汝南县东南。平舆：县名，治所在今河南平舆县西南。 ⑭灌水：河名，即今河南南部史河的支流灌河。

四年 春，正月，己未，上祀南郊，大赦。

魏汝阳司马赵怀仁帅众寇武津[1]，豫州刺史刘勔遣龙骧将军申元德击破之，又斩魏于都公阏于拔于汝阳台东[2]，获运车千三百乘。魏复寇义阳，勔使司徒参军孙台瓘击破之[3]。

淮西民贾元友上书，陈伐魏取陈、蔡之策[4]，上以其书示刘勔。勔上言："元友称'虏主幼弱，内外多难，天亡有期'。臣以为虏自去冬蹈藉王土，磐据数郡，百姓残亡；今春以来，连城围逼，国家未能复境，何暇灭虏！元友所陈，率多夸诞狂谋，皆无事实，言之甚易，行之甚难。臣窃寻元嘉以来，伧荒远人，多干国议，负担归阙，皆劝讨虏，从来信纳，皆贻后悔。境上之人，唯视强弱：王师至彼，必壶浆候涂；裁见退军，便抄截蜂起。此前后所见，明验非一也。"上乃止。

魏尉元遣使说东徐州刺史张谠，谠以团城降魏。魏以中书侍郎高闾与谠对为东徐州刺史，李璨与毕众敬对为东兖州刺史。元又说兖州刺史王整、兰陵太守桓忻,整、忻皆降于魏。魏以元为开府仪同三司、都督徐、南、北兖三州诸军事、徐州刺史,镇彭城。召薛安都、毕众敬入朝,至平城,魏以上客待之,群从皆封侯,赐第宅,资给甚厚。

慕容白曜围历城经年,二月,庚寅,拔其东郭;癸巳,崔道固面缚出降。白曜遣道固之子景业与刘文晔同至梁邹,刘休宾亦出降。白曜送道固、休宾及其僚属于平城。

辛丑,以前龙骧将军常珍奇为都督司、北豫二州诸军事、司州刺史。魏西河公石攻之,珍奇单骑奔寿阳。

乙巳,车骑大将军、曲江庄公王玄谟卒。

三月,魏慕容白曜进围东阳。

上以崔道固兄子僧祐为辅国将军,将兵数千从海道救历城;至不其,闻历城已没,遂降于魏。

交州刺史刘牧卒,州人李长仁杀牧北来部曲,据州反,自称刺史。

广州刺史羊希使晋康太守沛郡刘思道伐俚[5]。思道违节度失利,希遣收之;思道帅所领攻州,希兵败而死。龙骧将军陈伯绍将兵伐俚,还击思道,擒斩之。希,玄保之兄子也。

夏,四月,己卯,复减郡县田租之半。

徙东海王祎为庐江王,山阳王休祐为晋平王。上以废帝谓祎为驴王,故以庐江封之。

刘勔败魏兵于许昌[6]。

魏以南郡公李惠为征南大将军、仪同三司、都督关右诸军事、雍州刺史,进爵为王。

五月,乙卯,魏主畋于崞山[7],遂如繁畤[8];辛酉,还宫。

六月,魏以昌黎王冯熙为太傅。熙,太后之兄也。

秋,七月,庚申,以骁骑将军萧道成为南兖州刺史。

八月,戊子,以南康相刘勃为交州刺史。

上以沈文秀之弟征北中兵参军文静为辅国将军,统高密等五郡军事,自海道救东阳。至不其城,为魏所断,因保城自固;魏人攻之,不克。辛卯,分青州置东青州,以文静为刺史。

九月，辛亥，魏立皇叔桢为南安王，长寿为城阳王，太洛为章武王，休为安定王。

冬，十月，癸酉朔，日有食之。发诸州兵北伐。

十一月，李长仁遣使请降，自贬行州事；许之。

十二月，魏人拔不其城，杀沈文静，入东阳西郭。

义嘉之乱，巫师请发修宁陵，戮玄宫为厌胜。是岁，改葬昭太后。

先是，中书侍郎、舍人皆以名流为之，太祖始用寒士秋当，世祖犹杂选士庶，巢尚之、戴法兴皆用事[9]。及上即位，尽用左右细人，游击将军阮佃夫、中书通事舍人王道隆、员外散骑侍郎杨运长等，并参预政事，权亚人主，巢、戴所不及也。佃夫尤恣横，人有顺迕，祸福立至。大纳货赂，所饷减二百匹绢，则不报书。园宅饮馔，过于诸王；妓乐服饰，宫掖不如也。朝士贵贱，莫不自结。仆隶皆不次除官，捉车人至虎贲中郎将，马士至员外郎。

【注释】

①汝阳：郡名，治所在今河南商水县西北。武津：地名，在今河南上蔡县东。　②汝阳台：指汝阳郡汝阳县的章华台。　③孙台瓘："台"当作"昙"。　④陈、蔡：指宋国豫州淮西地区，为春秋时期的陈国、蔡国。⑤晋康：郡名，治所在今广东德庆县。　⑥许昌：郡名，治所在今河南许昌市。　⑦崞（guō 锅）山：在今山西浑源县西南。　⑧繁畤：地名，在今山西浑源县西南。　⑨巢尚之、戴法兴皆用事：巢尚之为士族，戴法兴为庶族，二人同时受到重用，故说杂选士庶。

五年　春，正月，癸亥，上耕籍田，大赦。

沈文秀守东阳，魏人围之三年，外无救援，士卒昼夜拒战，甲胄生虮虱，无离叛之志。乙丑，魏人拔东阳，文秀解戎服，正衣冠，取所持节坐斋内。魏兵交至，问："沈文秀何在？"文秀厉声曰："身是！"魏人执之，去其衣，缚送慕容白曜，使之拜，文秀曰："各两国大臣，何拜之有！"白曜还其衣，为之设馔，锁送平城。魏主数其罪而宥之，待为下客，给恶衣、疏食；既而重其不屈，稍嘉礼之，拜外都下大夫。于是青、冀之地尽入于魏矣。

戊辰，魏平昌宣王和其奴卒。

二月，己卯，魏以慕容白曜为都督青、齐、东徐三州诸军事、征南大将军、开府仪同三司、青州刺史，进爵济南王。白曜抚御有方，东人安之。

魏自天安以来[①]，比岁旱饥，重以青、徐用兵，山东之民疲于赋役。显祖命因民贫富为三等输租之法，等为三品：上三品输平城，中输他州，下输本州。又，魏旧制：常赋之外，有杂调十五；至是悉罢之，由是民稍赡给。

河东柳欣慰等谋反，欲立太尉庐江王祎。祎自以于帝为兄，而帝及诸兄弟皆轻之，遂与欣慰等通谋相酬和。征北谘议参军杜幼文告之，丙申，诏降祎为车骑将军、开府仪同三司、南豫州刺史，出镇宣城，帝遣腹心杨运长领兵防卫。欣慰等并伏诛。

三月，魏人寇汝阴，太守杨文苌击却之。

夏，四月，丙申，魏大赦。

五月，魏徙青、齐民于平城，置升城、历城民望于桑干，立平齐郡以居之；自余悉为奴婢，分赐百官。

魏沙门统昙曜奏："平齐户及诸民有能岁输谷六十斛入僧曹者[②]，即为僧祇户[③]，粟为僧祇粟，遇凶岁，赈给饥民。"又请"民犯重罪及官奴，以为佛图户[④]，以供诸寺洒扫"。魏主并许之。于是僧祇户、粟及寺户遍于州镇矣。

六月，魏立皇子宏为太子。

癸酉，以左卫将军沈攸之为郢州刺史。

上又令有司奏庐江王祎忿怼有怨言，请穷治；不许。丁丑，免祎官爵，遣大鸿胪持节奉诏责祎，因逼令自杀；子辅国将军充明废徙新安[⑤]。

冬，十月，丁卯朔，日有食之。

魏顿丘王李峻卒。

十一月，丁未，魏复遣使来修和亲，自是信使岁通。

闰月，戊子，以辅师将军孟阳为兖州刺史，始治淮阴。

十二月，戊戌，司徒建安王休仁解扬州。休仁年与上邻亚，素相友爱，景和之世，上赖其力以脱祸。及泰始初，四方兵起，休仁亲当矢石，克成大功，任总百揆，亲寄甚隆；由是朝野辐凑，上渐不悦。休仁悟其旨，故表解扬州。己未，以桂阳王休范为扬州刺史。

分荆州之巴东、建平[⑥]，益州之巴西、梓潼郡[⑦]，置三巴校尉，治白帝[⑧]。先是，三峡蛮、獠岁为抄暴，故立府以镇之。上以司徒参军东莞孙谦为巴东、建平二郡太守。谦将之官，敕募千人自随，谦曰："蛮夷不宾，盖待之失节耳，何烦兵役以为国费！"固辞不受。至郡，开布恩信，蛮、獠翕然怀之，竞饷金宝；谦皆慰谕，不受。

临海贼帅田流自称东海王[⑨]，剽掠海盐[⑩]，杀鄞令[⑪]，东土大震。

【注释】

①天安：魏献文帝拓跋弘的年号，仅466年一年。　②平齐户：指由宋国青州等地迁移到平齐郡的民户。　③僧祇户：指专门为佛教管理部门（僧曹）输租的民户，另外则不承担赋役。　④佛图户：指专门为佛寺服杂役的民户，又称寺户。　⑤新安：郡名，治所在今浙江淳安县西北。⑥巴东：郡名，治所在今重庆奉节县。建平：郡名，治所在今重庆巫山县。⑦巴西：郡名，治所在今四川阆中市。梓潼：郡名，治所在今四川梓潼县。⑧白帝：县名，治所在今重庆奉节县境内。　⑨临海：郡名，治所在今浙江临海市。　⑩海盐：县名，治所在今浙江海盐县。　⑪鄞：县名，治所在今浙江宁波市奉化区东北。

六年　春，正月，乙亥，初制间二年一祭南郊，间一年一祭明堂[①]。

二月，壬寅，以司徒休仁为太尉，领司徒；固辞。

癸丑，纳江智渊孙女为太子妃。甲寅，大赦。令百官皆献物；始兴太守孙奉伯止献琴、书[②]，上大怒，封药赐死，既而原之。

魏以东郡王陆定国为司空。定国，丽之子也。

魏主遣征西大将军上党王长孙观击吐谷浑。

夏，四月，辛丑，魏大赦。

戊申，魏长孙观与吐谷浑王拾寅战于曼头山[③]，拾寅败走，遣别驾康盘龙入贡，魏主囚之。

癸亥，立皇子燮为晋熙王，奉晋熙王昶后。

五月，魏立皇弟长乐为建昌王。

六月，癸卯，以江州刺史王景文为尚书左仆射、扬州刺史，以尚书仆射袁粲为右仆射。

上宫中大宴，裸妇人而观之，王后以扇障面。上怒曰："外舍寒乞！今共为乐，何独不视！"后曰："为乐之事，其方自多；岂有姑姊妹集而裸妇人以为笑！外舍之乐，雅异于此。"上大怒，遣后起。后兄景文闻之曰："后在家劣弱，今段遂能刚正如此！"

南兖州刺史萧道成在军中久，民间或言道成有异相，当为天子。上疑之，征为黄门侍郎、越骑校尉。道成惧，不欲内迁，而无计得留。冠军参军广陵荀伯玉劝道成遣数十骑入魏境，安置标榜，魏果遣游骑数百履行境上；道成以闻，上使道成复本任。秋，九月，命道成迁镇淮阴。以侍中、中领军刘勔为都督南徐、兖等五州诸军事，镇广陵。

戊寅，立总明观，置祭酒一人，儒、玄、文、史学士各十人。

柔然部真可汗侵魏，魏主引群臣议之。尚书右仪射南平公目辰曰："若车驾亲征，京师危惧，不如持重固守。虏悬军深入，粮运无继，不久自退；遣将追击，破之必矣。"给事中张白泽曰："蠢尔荒愚，轻犯王略，若銮舆亲行，必望麾崩散，岂可坐而纵敌！以万乘之尊，婴城自守，非所以威服四夷也。"魏主从之。白泽，衮之孙也。

魏主使京兆王子推等督诸军出西道，任城王云等督诸军出东道，汝阴王天赐等督诸军为前锋，陇西王源贺等督诸军为后继，镇西将军吕罗汉等掌留台事。诸将会魏主于女水之滨④，与柔然战，柔然大败。乘胜逐北，斩首五万级，降者万余人，获戎马器械不可胜计。旬有九日，往返六千余里。改女水曰武川。司徒东安王刘尼坐昏醉，军陈不整，免官。壬申，还至平城。

是时，魏百官不给禄，少能以廉白自立者。魏主诏："吏受所监临羊一口、酒一斛者，死；与者以从坐论；有能纠告尚书已下罪状者，随所纠官轻重授之。"张白泽谏曰："昔周之下士，尚有代耕之禄。今皇朝贵臣，服勤无报；若使受礼者刑身，纠之者代职，臣恐奸人窥望，忠臣懈节，如此而求事简民安，不亦难乎！请依律令旧法，仍班禄以酬廉吏。”魏主乃为之罢新法。

冬，十月，辛卯，诏以世祖继体，陷宪无遗，以皇子智随为世祖子，立为武陵王。

初，魏乙浑专政，慕容白曜颇附之。魏主追以为憾，遂称白曜谋反，诛之，及其弟如意。

初，魏南部尚书李敷，仪曹尚书李䜣，少相亲善，与中书侍郎卢度世皆以才能为世祖、显祖所宠任，参豫机密，出纳诏命。其后䜣出为相州刺史，受纳货赂，为人所告，敷掩蔽之。显祖闻之，槛车征䜣，案验服罪，当死。是时敷弟奕得幸于冯太后，帝意已疏之。有司以中旨讽䜣告敷兄弟阴事，可以得免。䜣谓其婿裴攸曰：“吾与敷族世虽远，恩逾同生，今在事劝吾为此，吾情所不忍。每引簪自刺，解带自绞，终不得死。且吾安能知其阴事！将若之何？”攸曰：“何为为人死也！有冯阐者，先为敷所败，其家深怨之。今询其弟，敷之阴事可得也。”䜣从之。又赵郡范檦条列敷兄弟事状凡三十余条[⑤]。有司以闻。帝大怒，诛敷兄弟。䜣得减死，鞭髡配役。未几，复为太仓尚书[⑥]，摄南部事。敷，顺之子也。

魏阳平王新成卒。

是岁，命龙骧将军义兴周山图将兵屯浃口讨田流[⑦]，平之。

柔然攻于阗[⑧]，于阗遣使者素目伽奉表诣魏求救。魏主命公卿议之，皆曰：“于阗去京师几万里，蠕蠕唯习野掠，不能攻城；若其可攻，寻已亡矣。虽欲遣师，势无所及。”魏主以议示使者，使者亦以为然。乃诏之曰：“朕应急敕诸军以拯汝难。但去汝遐阻，必不能救当时之急。汝宜知之！朕今练甲养士，一二岁间，当躬帅猛将，为汝除患。汝其谨修警候以待大举！”

【注释】

①明堂：帝王举行祭祀、朝会、庆赏的建筑。　②始兴：郡名，治所在今广东韶关市东南。　③曼头山：山名，在今青海共和县西南。　④女水：河名，流经今内蒙古武川县东北。　⑤范檦：檦，与标字同。　⑥太仓尚书：官名，掌管国库存粮事务。　⑦浃口：在今浙江宁波市镇海区甬江河口。　⑧于阗：国名，在今新疆和田县。

资治通鉴卷第一百三十三

宋纪十五　起重光大渊献，尽旃蒙单阏，凡五年。

太宗明皇帝下

泰始七年　春，二月，戊戌，分交、广置越州，治临漳[①]。

初，上为诸王，宽和有令誉，独为世祖所亲。即位之初，义嘉之党多蒙全宥[②]，随才引用，有如旧臣。及晚年，更猜忌忍虐，好鬼神，多忌讳，言语、文书，有祸败、凶丧及疑似之言应回避者数百千品，有犯必加罪戮。改"騧"字为"䯄"[③]，以其似祸字故也。左右忤意，往往有刳斫者。

时淮、泗用兵，府藏空竭，内外百官，并断俸禄。而奢费过度，每所造器用，必为正御、副御、次副各三十枚。嬖幸用事，货赂公行。

上素无子，密取诸王姬有孕者内宫中，生男则杀其母，使宠姬子之。

至是寝疾，以太子幼弱，深忌诸弟。南徐州刺史晋平剌王休祐，前镇江陵，贪虐无度，上不使之镇，留之建康，遣上佐行府州事。休祐性刚狠，前后忤上非一，上积不能平；且虑将来难制，欲方便除之。甲寅，休祐从上于岩山射雉[④]，左右从者并在仗后。日欲闇，上遣左右寿寂之等数人，逼休祐令坠马，因共殴，拉杀之，传呼"骠骑落马！"上阳惊，遣御医络驿就视，比其左右至，休祐已绝，去车轮，舆还第。追赠司空，葬之如礼。

建康民间讹言,荆州刺史巴陵王休若有至贵之相,上以此言报之,休若忧惧。戊午,以休若代休祐为南徐州刺史。休若腹心将佐,皆谓休若还朝,必不免祸,中兵参军京兆王敬先说休若曰:“今主上弥留,政成省阁,群竖恟恟,欲悉去宗支以便其私。殿下声著海内,受诏入朝,必往而不返。荆州带甲十余万,地方数千里,上可以匡天子,除奸臣,下可以保境土,全一身;孰与赐剑邸第,使臣妾饮泣而不敢葬乎!”休若素谨畏,伪许之。敬先出,使人执之,以白于上而诛之。

三月,辛酉,魏假员外散骑常侍邢祐来聘。

魏主使殿中尚书胡莫寒简西部敕勒为殿中武士。莫寒大纳货赂,众怒,杀莫寒及高平假镇将奚陵。夏,四月,诸部敕勒皆叛。魏主使汝阴王天赐将兵讨之,以给事中罗云为前锋;敕勒诈降,袭云,杀之,天赐仅以身免。

晋平剌王既死,建安王休仁益不自安。上与嬖臣杨运长等为身后之计,运长等亦虑上晏驾后,休仁秉政,己辈不得专权,弥赞成之。上疾尝暴甚,内外莫不属意于休仁,主书以下皆往东府访休仁所亲信,豫自结纳;其或在直不得出者,皆恐惧。上闻,愈恶

北齐陶俑

之。五月，戊午，召休仁入见，既而谓曰："今夕停尚书下省宿，明可早来。"其夜，遣人赍药赐死。休仁骂曰："上得天下，谁之力邪！孝武以诛锄兄弟，子孙灭绝。今复为尔，宋祚其能久乎！"上虑有变，力疾乘舆出端门，休仁死，乃入。下诏称："休仁规结禁兵，谋为乱逆，朕未忍明法，申诏诘厉。休仁惭恩惧罪，遽自引决。可宥其二子，降为始安县王，听其子伯融袭封。"

上虑人情不悦，乃与诸大臣及方镇诏，称："休仁与休祐深相亲结，语休祐云：'汝但作佞，此法自足安身；我从来颇得此力。'休祐之陨，本欲为民除患，而休仁从此日生娆惧。吾每呼令入省，便入辞杨太妃[5]。吾春中多与之射雉，或阴雨不出，休仁辄语左右云：'我已复得今一日。'休仁既经南讨，与宿卫将帅经习狎共事。吾前者积日失适，休仁出入殿省，无不和颜，厚相抚劳。如其意趣，人莫能测。事不获已，反复思惟，不得不有近日处分。恐当不必即解，故相报知。"

上与休仁素厚，虽杀之，每谓人曰："我与建安年时相邻，少便款狎。景和、泰始之间，勋诚实重；事计交切，不得不相除，痛念之至，不能自已。"因流涕不自胜。

初，上在藩与褚渊以风素相善；及即位，深相委仗。上寝疾，渊为吴郡太守，急召之。既至，入见，上流涕曰："吾近危笃，故召卿，欲使著黄𧜿耳[6]。"黄𧜿者，乳母服也。上与渊谋诛建安王休仁，渊以为不可，上怒曰："卿痴人！不足与计事！"渊惧而从命。复以渊为吏部尚书。庚午，以尚书右仆射袁粲为尚书令，褚渊为左仆射。

【注释】

①临漳：郡名，治所在今广西合浦县东北旧州东。临漳，为当时新设越州的治所。　②义嘉之党：晋安王刘子勋的年号为义嘉，其部下官员统称义嘉之党。　③騧(guā 瓜)：黑嘴的黄马。驷(guā 瓜)：特意把騧字改作驷字，实为一字。　④岩山：山名，在今江苏南京市江宁区南。　⑤杨太妃：刘休仁的生母。　⑥黄𧜿：皇室乳母的衣服，让大臣穿上黄𧜿，表示向该大臣托孤，如乳母一样照顾扶助幼小帝王。

上恶太子屯骑校尉寿寂之勇健；会有司奏寂之擅杀逻尉，徙越州，于道杀之。

丙戌，追废晋平王休祐为庶人。

巴陵王休若至京口，闻建安王死，益惧。上以休若和厚，能谐缉物情，恐将来倾夺幼主，欲遣使杀之，虑不奉诏；欲征入朝，又恐猜骇。六月，丁酉，以江州刺史桂阳王休范为南徐州刺史，以休若为江州刺史。手书殷勤，召休若使赴七月七日宴。

丁未，魏主如河西。

秋，七月，巴陵哀王休若至建康；乙丑，赐死于第，赠侍中、司空。复以桂阳王休范为江州刺史。时上诸弟俱尽，唯休范以人才凡劣，不为上所忌，故得全。

沈约论曰：圣人立法垂制，所以必称先王，盖由遗训余风，足以贻之来世也。太祖经国之义虽弘，隆家之道不足。彭城王照不窥古，徒见昆弟之义，未识君臣之礼，冀以家情行之国道，主猜而犹犯，恩薄而未悟，致以呵训之微行，遂成灭亲之大祸。开端树隙，垂之后人。太宗因易隙之情，据已行之典，翦落洪枝，不待顾虑。既而本根无庇，幼主孤立，神器以势弱倾移，灵命随乐推回改，斯盖履霜有渐，坚冰自至[①]，所由远矣。

裴子野论曰：夫噬虎之兽，知爱己子；搏狸之鸟，非护异巢。太宗保字螟蛉[②]，剿拉同气，既迷在原之天属[③]，未识父子之自然。宋德告终，非天废也。夫危亡之君，未尝不先弃本枝，妪煦旁孽；推诚嬖狎，疾恶父兄。前乘覆车，后来并辔。借使叔仲有国，犹不失配天；而他人入室，将七庙绝祀；曾是莫怀，甘心揃落。晋武背文明之托[④]，而覆中州者贾后[⑤]；太祖弃初宁之誓[⑥]，而登台殿者元凶。祸福无门，奚其豫择！友于兄弟，不亦安乎！

丙寅，魏主至阴山。

初，吴喜之讨会稽也，言于上曰："得寻阳王子房及诸贼帅，皆即于东戮之。"既而生送子房，释顾琛等。上以其新立大功，不问，而心衔之。及克荆州，剽掠，赃以万计。寿寂之死，喜为淮陵太守[⑦],督豫州诸军事,闻之,内惧,启乞中散大夫[⑧],上尤疑骇。或谮萧道成在淮阴有贰心于魏,上封银壶酒,使喜自持赐道成。道成惧,欲逃,喜以情告道成,且先为之饮,道成即饮之。喜还朝,保证道成。或密以启上,上以喜多计数,素得人情,恐其不能事幼主;乃召喜入内殿,与共言谑甚款,既出,赐以名馔。寻赐死,然犹发诏赙赐。

又与刘勔等诏曰:"吴喜轻狡万端,苟取物情。昔大明中,黟、歙有亡命数千人[⑨],攻县邑,杀官长,刘子尚遣三千精甲讨之,再往失利。孝武以喜将数十人至县,说诱群贼,贼即归降。诡数幻惑,乃能如此。及泰始初东讨,止有三百人,直造三吴,凡再经薄战,而自破冈以东[⑩],至海十郡[⑪],无不清荡。百姓闻吴河东来,便望风自退,若非积取三吴人情,何以得弭伏如此!寻喜心迹,岂可奉守文之主,遭国家可乘之会邪!譬如饵药,当人羸冷,资散石以全身,及热势发动,去坚积以止患,非忘其功,势不获已耳。"

戊寅,以淮阴为北兖州,征萧道成入朝。道成所亲以朝廷方诛大臣,劝勿就征,道成曰:"诸卿殊不见事!主上自以太子稚弱,剪除诸弟,何预他人!今唯应速发;淹留顾望,必将见疑。且骨肉相残,自非灵长之祚,祸难将兴,方与卿等戮力耳。"既至,拜散骑常侍、太子左卫率。

【注释】

①履霜有渐,坚冰自至:此用《周易·坤卦》的"履霜坚冰至"的卦辞,谓事情的发展是从小到大,逐渐形成,如从刚下霜开始,逐渐发展到坚冰形成一样。 ②螟蛉:比喻抱养别人的儿子为自己的儿子。螟蛉,虫名,古人认为其幼虫由另一种虫蜾蠃养大,故以为喻。见《诗经·小雅·小宛》:"螟蛉有子,蜾蠃负之。" ③在原:《诗经·小雅·常棣》:"脊令在原,兄弟急难。"脊令,鸟名。在原,指失巢有难。此以在原指兄弟。 ④文明之托:文明皇后为晋武帝之母,她临死把次子司马攸托付给晋武帝司马炎,但她死后,司马炎仍把司马攸赶出京师。 ⑤贾后:西晋第二任皇帝司马衷的皇后,相对而言,她不是司马氏的人,比司马氏的兄弟在亲缘关系上要疏远一层。 ⑥初宁之誓:指宋文帝元嘉十八年时,宋文帝当着姐姐会稽公主的面,指着蒋山的初宁陵(刘裕之墓)发的

誓言:不杀其弟刘义康。但后来仍违背了自己的誓言。 ⑦淮陵:郡名,治所在今江苏盱眙县。 ⑧中散大夫:当时为一种闲散无职权的官。 ⑨黟(yī 衣):县名,治所在今安徽黟县。歙(shè 摄):县名,治所在今安徽歙县。 ⑩破冈:地名,在今江苏句容市东南。 ⑪至海十郡:指晋陵、义兴、吴郡、吴兴、南东海、会稽、东阳、临海、永嘉、新安等郡。

八月,丁亥,魏主还平城。

戊子,以皇子跻继江夏文献王义恭。

庚寅,上疾有间,大赦。

戊戌,立皇子准为安成王,实桂阳王休范之子也。

魏显祖聪睿夙成,刚毅有断;而好黄、老、浮屠之学,每引朝士及沙门共谈玄理,雅薄富贵,常有遗世之心。以叔父中都大官京兆王子推沉雅仁厚,素有时誉,欲禅以帝位。时太尉源贺督诸军屯漠南,驰传召之。既至,会公卿大议,皆莫敢先言。任城王云,子推之弟也,对曰:"陛下方隆太平,临覆四海,岂得上违宗庙,下弃兆民。且父子相传,其来久矣。陛下必欲委弃尘务,则皇太子宜承正统。夫天下者,祖宗之天下;陛下若更授旁支,恐非先圣之意,启奸乱之心,斯乃祸福之原,不可不慎也。"源贺曰:"陛下今欲禅位皇叔,臣恐紊乱昭穆,后世必有逆祀之讥。愿深思任城之言。"东阳公丕等曰:"皇太子虽圣德早彰,然实冲幼。陛下富于春秋,始览万机,奈何欲隆独善,不以天下为心,其若宗庙何!其若亿兆何!"尚书陆馛曰:"陛下若舍太子,更议诸王,臣请刎颈殿庭,不敢奉诏!"帝怒,变色;以问宦者选部尚书酒泉赵黑,黑曰:"臣以死奉戴皇太子,不知其他!"帝默然。时太子宏生五年矣,帝以其幼,故欲传位子推。中书令高允曰:"臣不敢多言,愿陛下上思宗庙托付之重,追念周公抱成王之事。"帝乃曰:"然则立太子,群公辅之,有何不可!"又曰:"陆馛,直臣也,必能保吾子。"乃以馛为太保,与源贺持节奉皇帝玺绂传位于太子。丙午,高祖即皇帝位,大赦,改元延兴。

高祖幼有至性,前年,显祖病痈[1],高祖亲吮。及受禅,悲泣不自胜。显祖问其故,对曰:"代亲之感,内切于心。"

丁未，显祖下诏曰："朕希心玄古，志存淡泊，爰命储宫践升大位，朕得优游恭己，栖心浩然。"

群臣奏曰："昔汉高祖称皇帝，尊其父为太上皇，明不统天下也。今皇帝幼冲，万机大政，犹宜陛下总之。谨上尊号曰太上皇帝。"显祖从之。

己酉，上皇徙居崇光宫，采椽不斫[2]，土阶而已；国之大事咸以闻。崇光宫在北苑中，又建鹿野浮图于苑中之西山，与禅僧居之。

冬，十月，魏沃野、统万二镇敕勒叛[3]，遣太尉源贺帅众讨之；降二千余落，追击余党至枹罕、金城，大破之，斩首八千余级，虏男女万余口，杂畜三万余头。诏贺都督三道诸军，屯于漠南。

先是，魏每岁秋、冬发军，三道并出以备柔然，春中乃还。贺以为"往来疲劳，不可支久；请募诸州镇武健者三万余人，筑三城以处之，使冬则讲武，春则耕种"。不从。

庚寅，魏以南安王桢为都督凉州及西戎诸军事，领护西域校尉，镇凉州。

上命北琅邪、兰陵二郡太守垣崇祖经略淮北，崇祖自郁洲将数百人入魏境七百里，据蒙山[4]。十一月，魏东兖州刺史于洛侯击之，崇祖引还。

上以故第为湘宫寺，备极壮丽；欲造十级浮图而不能，乃分为二。新安太守巢尚之罢郡入见，上谓曰："卿至湘宫寺未？此是我大功德，用钱不少。"通直散骑侍郎会稽虞愿侍侧，曰："此皆百姓卖儿贴妇钱所为，佛若有知，当慈悲嗟愍；罪高浮图，何功德之有！"侍坐者失色；上怒，使人驱下殿。愿徐去，无异容。

上好围棋，棋甚拙，与第一品彭城丞王抗围棋，抗每假借之，曰："皇帝飞棋，臣抗不能断。"上终不悟，好之愈笃。愿又曰："尧以此教丹朱，非人主所宜好也。"上虽怒甚，以愿王国旧臣，每优容之。

王景文常以盛满为忧，屡辞位任，上不许。然中心以景文外戚贵盛，张永累经军旅，疑其将来难信，乃自为谣言曰："一士不可亲[5]，弓长射杀人[6]。"景文弥惧，自表解扬州，情甚切至。诏报曰："人居贵要，但问心若为耳。大明之世，巢、徐、二戴，位不过执戟，权亢人主。今袁粲作仆射领选，而人往往不知有粲，粲迁为令，居之不疑；人情向粲，淡然亦复不改常日。以此居贵位要任，当有致忧竞不[7]？夫贵高有危殆之惧，卑贱有填壑之忧，有心于避祸，不如无心于任运，存亡之要，巨细一揆耳。"

【注释】

①痈（yōng 拥）：病名，即化脓性毒疮。 ②采椽不斫：采椽，指木头不经雕饰做成的椽子。不斫，指不对木头进行雕饰。 ③沃野、统万二镇：沃野镇，治所在今内蒙古巴彦淖尔市临河区西南布隆淖东北巴拉亥附近。统万镇，治所在今陕西靖边县东北白城子。 ④蒙山：山名，在今山东蒙阴县西南。 ⑤一士：指王，即王景文。 ⑥弓长：指张，即张永。⑦忧竞：据胡三省注，竞当作兢。

泰豫元年 春，正月，甲寅朔，上以疾久不平，改元。戊午，皇太子会四方朝贺者于东宫，并受贡计。

大阳蛮酋桓诞拥沔水以北、滍、叶以南八万余落降于魏[1]，自云桓玄之子，亡匿蛮中，以智略为群蛮所宗。魏以诞为征南将军、东荆州刺史、襄阳王，听自选郡县吏；使起部郎京兆韦珍与诞安集新民，区置诸事，皆得其所。

二月，柔然侵魏，上皇遣将击之；柔然走。东部敕勒叛奔柔然，上皇自将追之，至石碛[2]，不及而还。

上疾笃，虑晏驾之后，皇后临朝，江安懿侯王景文以元舅之势，必为宰相，门族强盛，或有异图。己未，遣使赍药赐景文死，手敕曰："与卿周旋，欲全卿门户，故有此处分。"敕至，景文正与客棋，叩函看已，复置局下，神色不变，方与客思行争劫。局竟，敛子内奁毕，徐曰："奉敕见赐以死。"方以敕示客。中直兵焦度赵智略愤怒[3]，曰："大丈夫安能坐受死！州中文武数百，足以一奋。"景文曰："知卿至心；若见念者，为我百口计。"乃作墨启答敕致谢，饮药而卒。赠开府仪同三司。

上梦有人告曰："豫章太守刘愔反。"既寤，遣人就郡杀之。

魏显祖还平城。

庚午，魏主耕籍田。

夏，四月，以垣崇祖行徐州事，徙戍龙沮[④]。

己亥，上大渐[⑤]，以江州刺史桂阳王休范为司空，又以尚书右仆射褚渊为护军将军，加中领军刘勔右仆射，诏渊、勔与尚书令袁粲、荆州刺史蔡兴宗、郢州刺史沈攸之并受顾命。褚渊素与萧道成善，引荐于上，诏又以道成为右卫将军，领卫尉，与袁粲等共掌机事。是夕，上殂。庚子，太子即皇帝位，大赦。时苍梧王方十岁，袁粲、褚渊秉政，承太宗奢侈之后，务弘节俭，欲救其弊；而阮佃夫、王道隆等用事，货赂公行，不能禁也。

乙巳，以安成王准为扬州刺史。

五月，戊寅，葬明皇帝于高宁陵，庙号太宗。六月，乙巳，尊皇后曰皇太后，立妃江氏为皇后。

秋，七月，柔然部帅无卢真将三万骑寇魏敦煌，镇将尉多侯击走之。多侯，眷之子也。又寇晋昌，守将薛奴击走之。

戊午，魏主如阴山。

戊辰，尊帝母陈贵妃为皇太妃，更以诸国太妃为太姬。

右军将军王道隆以蔡兴宗强直，不欲使居上流，闰月，甲辰，以兴宗为中书监；更以沈攸之为都督荆、襄等八州诸军事、荆州刺史。兴宗辞中书监不拜。王道隆每诣兴宗，蹑履到前，不敢就席，良久去，竟不呼坐。

沈攸之自以材略过人，自至夏口以来，阴蓄异志；及徙荆州，择郢州士马、器仗精者，多以自随。到官，以讨蛮为名，大发兵力，招聚才勇，部勒严整，常如敌至。重赋敛以缮器甲，旧应供台者皆割留之，养马至二千余匹，治战舰近千艘，仓廪、府库莫不充积。士子、商旅过荆州者，多为所羁留；四方亡命，归之者皆蔽匿拥护；所部或有逃亡，无远近穷追，必得而止。举错专恣，不复承用符敕，朝廷疑而惮之。为政刻暴，或鞭挞士大夫；上佐以下，面加詈辱。然吏事精明，人不敢欺，境内盗贼屏息，夜户不闭。

攸之赕罚群蛮太甚[⑥]，又禁五溪鱼盐[⑦]，蛮怨叛。西溪蛮王田头拟死[⑧]，弟娄侯篡立，其子田都走入獠中。于是群蛮大乱，掠抄至武陵城下[⑨]。武陵内史萧嶷遣队主张英儿击破之，诛娄侯，立田都，群蛮乃定。嶷，赜之弟也。

八月,戊午,乐安宣穆公蔡兴宗卒。

九月,辛巳,魏主还平城。

冬,十月,柔然侵魏,及五原,十一月,上皇自将讨之。将度漠,柔然北走数千里,上皇乃还。

丁亥,魏封上皇之弟略为广川王。

己亥,以郢州刺史刘秉为尚书左仆射。秉,道怜之孙也,和弱无干能,以宗室清令,故袁、褚引之。

中书通事舍人阮佃夫加给事中、辅国将军,权任转重。欲用其所亲吴郡张澹为武陵郡;袁粲等皆不同,佃夫称敕施行,粲等不敢执。

魏有司奏诸祠祀合一千七十五所,岁用牲七万五千五百。上皇恶其多杀,诏:"自今非天地、宗庙、社稷,皆勿用牲,荐以酒脯而已。"

【注释】

①大阳蛮:指大阳山的蛮族人,大阳山即今湖北京山市北大洪山的南支。大阳蛮又称五水蛮。滍:滍水,即今河南舞阳县境内沙河。叶:叶县,治所在今河南叶县西南旧县镇。 ②石碛:地名,在今内蒙古四子王旗和察哈尔右翼后旗北部一带。 ③中直兵:官名,负责掌管亲兵。 ④龙沮:地名,在今山东临沂市西。 ⑤大渐:指疾病急剧恶化濒临死亡。 ⑥赕(tǎn 坦)罚:指用财物赎罪。 ⑦五溪:指五溪蛮。五溪指辰溪、酉溪、巫溪、武溪、沅溪,在今湖南西部一带。 ⑧酉溪:酉溪,又名酉水,为今湖南西部沅江的支流。 ⑨武陵:郡名,治所在今湖南常德市。

苍梧王上①

元徽元年 春,正月,戊寅朔,改元,大赦。

庚辰,魏员外散骑常侍崔演来聘。

戊戌,魏上皇还,至云中。

癸丑,魏诏守令劝课农事,同部之内,贫富相通,家有兼牛,通借无者;若不从诏,一门终身不仕。

戊午，魏上皇至平城。

甲戌，魏诏："县令能静一县劫盗者，兼治二县，即食其禄；如静二县者，兼治三县，三年迁为郡守。二千石能静二郡上至三郡亦如之，三年迁为刺史。"

桂阳王休范，素凡讷，少知解，不为诸兄所齿遇，物情亦不向之，故太宗之末得免于祸。及帝即位，年在冲幼，素族秉政，近习用权。休范自谓尊亲莫二，应入为宰辅；既不如志，怨愤颇甚。典签新蔡许公舆为之谋主，令休范折节下士，厚相资给，于是远近赴之，岁中万计；收养勇士，缮治器械。朝廷知其有异志，亦阴为之备。会夏口阙镇，朝廷以其地居寻阳上流，欲使腹心居之。二月，乙亥，以晋熙王燮为郢州刺史。燮始四岁，以黄门郎王奂为长史，行府州事，配以资力，使镇夏口；复恐其过寻阳为休范所劫留，使自太洑径去[②]。休范闻之，大怒，密与许公舆谋袭建康；表治城隍，多解材板而蓄之。奂，景文之兄子也。

吐谷浑王拾寅寇魏浇河[③]。夏，四月，戊申，魏以司空长孙观为大都督，发兵讨之。

魏以孔子二十八世孙乘为崇圣大夫，给十户以供洒扫。

秋，七月，魏诏"河南六州之民[④]，户收绢一匹，绵一斤，租三十石"。

乙亥，魏主如阴山。

八月，庚申，魏上皇如河西。

长孙观入吐谷浑境，刍其秋稼。吐谷浑王拾寅窘急请降，遣子斤入侍。自是岁修职贡。

九月，辛巳，上皇还平城。

遣使如魏。

冬，十月，癸酉，割南兖、豫州之境置徐州，治钟离[⑤]。

魏上皇将入寇，诏州郡之民十丁取一以充行，户收租五十石以备军粮。

魏武都氐反，攻仇池，诏长孙观回师讨之。

武都王杨僧嗣卒于葭芦，从弟文度自立为武兴王，遣使降魏，魏以文度为武兴镇将。

十一月，丁丑，尚书令袁粲以母忧去职。

癸巳，魏上皇南巡，至怀州[6]。枋头镇将代人薛虎子[7]，先为冯太后所黜，为门士[8]。时山东饥，盗贼竞起，相州民孙海等五百人称虎子在镇，境内清晏，乞还虎子。上皇复以虎子为枋头镇将；即日之官，数州盗贼皆息。

十二月，癸卯朔，日有食之。

乙巳，江州刺史桂阳王休范进位太尉。

诏起袁粲，以卫军将军摄职；粲固辞。

壬子，柔然侵魏，柔玄镇二部敕勒应之[9]。

魏州镇十一水旱，相州民饿死者二千八百余人。

是岁，魏妖人刘举聚众自称天子。齐州刺史武昌王平原讨斩之[10]。平原，提之子也。

【注释】

①苍梧王：即此前即位的刘昱，到 477 年被杀，死后称苍梧王，又称后废帝，与前废帝刘子业相对而言。 ②太洑（fú 伏）：地名，在今湖北黄梅县南长江南岸。 ③浇河：郡名，治所在今青海黄河南岸贵德县南。④河南六州：指黄河之南的青、徐、兖、豫、齐、东徐六个州。 ⑤钟离：郡名，治所在今安徽凤阳县东北临淮关。 ⑥怀州：州名，治所在河内，即今河南沁阳市。 ⑦枋头：镇名，治所在今河南浚县西南淇门渡。⑧门士：守卫宫廷门户的士兵。 ⑨柔玄镇：治所在今内蒙古兴和县西北。 ⑩齐州：治所在今山东济南市。

二年　春，正月，丁丑，魏太尉源贺以疾罢。

二月，甲辰，魏上皇还平城。

三月，丁亥，魏员外散骑常侍许赤虎来聘。

夏，五月，壬午，桂阳王休范反。掠民船，使军队称力请受，付以材板，合手装治，数日即办。丙戌，休范帅众二万、骑五百发寻阳，昼夜取道；以书与诸执政，称："杨运长、王道隆蛊惑先帝，使建安、巴陵二王无罪被戮，望执录二竖，以谢冤魂。"

庚寅，大雷戍主杜道欣驰下告变，朝廷惶骇。护军褚渊、征北将军张永、领军刘勔、仆射刘秉、右卫将军萧道成、游击将军戴明宝、骁骑将军阮佃夫、右军将军王道隆、中书舍人孙千龄、员外郎杨运长集中书省计事,莫有言者。道成曰:“昔上流谋逆,皆因淹缓致败,休范必远惩前失,轻兵急下,乘我无备。今应变之术,不宜远出;若偏师失律,则大沮众心。宜顿新亭、白下,坚守宫城、东府、石头,以待贼至。千里孤军,后无委积,求战不得,自然瓦解。我请顿新亭以当其锋,征北守白下,领军屯宣阳门为诸军节度;诸贵安坐殿中,不须竞出,我自破贼必矣。”因索笔下议。众并注“同”。孙千龄阴与休范通谋,独曰:“宜依旧遣军据梁山。”道成正色曰:“贼今已近,梁山岂可得至!新亭既是兵冲,所欲以死报国耳。常时乃可屈曲相从,今不得也!”坐起,道成顾谓刘勔曰:“领军已同鄙议,不可改易!”袁粲闻难,扶曳入殿,即日,内外戒严。

道成将前锋兵出屯新亭,张永屯白下,前南兖州刺史沈怀明戍石头,袁粲、褚渊入卫殿省。时仓猝不暇授甲,开南北二武库,随将士意所取。

萧道成至新亭,治城垒未毕;辛卯,休范前军已至新林[①]。道成方解衣高卧以安众心,徐索白虎幡,登西垣,使宁朔将军高道庆、羽林监陈显达、员外郎王敬则帅舟师与休范战,颇有杀获。壬辰,休范自新林舍舟步上,其将丁文豪请休范直攻台城。休范遣文豪别将兵趣台城,自以大众攻新亭垒。道成帅将士悉力拒战,自巳至午,外势愈盛,众皆失色,道成曰:“贼虽多而乱,寻当破矣。”

休范白服,乘肩舆,自登城南临沧观[②],以数十人自卫。屯骑校尉黄回与越骑校尉张敬兒谋诈降以取之。回谓敬兒曰:“卿可取之,我誓不杀诸王。”敬兒以白道成。道成曰:“卿能办事,当以本州相赏。”乃与回出城南,放仗走,大呼称降。休范喜,召至舆侧,回阳致道成密意,休范信之,以二子德宣、德嗣付道成为质。二子至,道成即斩之。休范置回、敬兒于左右,所亲李恒、钟爽谏,不听。时休范日饮醇酒,回见休范无备,目敬兒;敬兒夺休范防身刀,斩休范首,左右皆散走。敬兒驰马持首归新亭。

道成遣队主陈灵宝送休范首还台。灵宝道逢休范兵,弃首于水,挺身得达,唱云“已平”,而无以为验,众莫之信。休范将士亦不之知，其将杜黑骡攻新亭甚急。萧道成在射堂，司空主簿萧惠朗帅敢死士数十人突入东门，至射堂下。道成上马，帅麾下搏战，惠朗乃退，道成复得保城。惠朗，惠开之弟也，其姊为休范妃。惠朗兄黄门郎惠明，时为道成军副，在城内，了不自疑。

道成与黑骡拒战，自晡达旦，矢石不息；其夜，大雨，鼓叫不复相闻。将士积日不得寝食，军中马夜惊，城内乱走。道成秉烛正坐，厉声呵之，如是者数四。

丁文豪破台军于皂荚桥[3]，直至朱雀桁南[4]；杜黑骡亦舍新亭北趣朱雀桁。右军将军王道隆将羽林精兵在朱雀门内，急召鄱阳忠昭公刘勔于石头。勔至，命撤桁以折南军之势，道隆怒曰："贼至，但当急击，宁可开桁自弱邪！"勔不敢复言。道隆趣勔进战，勔渡桁南，战败而死。黑骡等乘胜渡淮，道隆弃众走还台，黑骡兵追杀之。黄门侍郎王蕴重伤，踣于御沟之侧，或扶之以免。蕴，景文之兄子也。于是中外大震，道路皆云"台城已陷"，白下、石头之众皆溃，张永、沈怀明逃还。宫中传新亭亦陷，太后执帝手泣曰："天下败矣！"

先是，月犯右执法[5]，太白犯上将，或劝刘勔解职。勔曰："吾执心行己，无愧幽明，若灾眚必至，避岂得免！"勔晚年颇慕高尚，立园宅，名为东山，遗落世务，罢遣部曲。萧道成谓勔曰："将军受顾命，辅幼主，当此艰难之日，而深尚从容，废省羽翼，一朝事至，悔可追乎！"勔不从而败。

甲午，抚军长史褚澄开东府门纳南军，拥安成王准据东府，称桂阳王教曰："安成王，吾子也，勿得侵犯。"澄，渊之弟也。杜黑骡径进至杜姥宅[6]，中书舍人孙千龄开承明门出降。宫省恇扰。时府藏已竭，皇太后、太妃剔取宫中金银器物以充赏，众莫有斗志。

俄而丁文豪之众知休范已死，稍欲退散。文豪厉声曰："我独不能定天下邪！"许公舆诈称桂阳王在新亭，士民惶惑，诣萧道成垒投刺者以千数。道成得，皆焚之，登北城谓曰："刘休范父子昨已就戮，尸在南冈下。身是萧平南，诸君谛视之，名刺皆已焚，勿忧惧也。"

道成遣陈显达、张敬兒及辅师将军任农夫、马军主东平周盘龙等将兵自石头济淮，从承明门入卫宫省。袁粲慷慨谓诸将曰："今寇贼已逼而众情离沮，孤子受先帝付托，不能绥靖国家，请与诸君同死社稷！"被甲上马，将驱之。于是陈显达等引兵出战，大破杜黑骡于杜姥宅，飞矢贯显达目。丙申，张敬兒等又破黑骡等于宣阳门，斩黑骡及丁文豪，进克东府，余党悉平。萧道成振旅还建康，百姓缘道聚观，曰："全国家者此公也！"道成与袁粲、褚渊、刘秉皆上表引咎解职，不许。丁酉，解严，大赦。

【注释】

①新林：地名，在今江苏南京市西南西善桥镇，濒临大江。 ②临沧观：在江苏南京市南的劳山之上，又称劳劳亭。 ③皂荚桥：在今江苏南京市南。 ④朱雀桁（héng 横）：即朱雀桥，在江苏南京市南的秦淮河上。 ⑤右执法：星名，月亮偏离正常轨道侵犯其他星叫做犯，月犯右执法星，太白金星犯上将星，均是将有大将阵亡的星象，古人迷信这种说法。 ⑥杜姥宅：在建康皇宫南掖门外，为晋成帝为杜皇后的母亲修建的府邸，故名杜姥宅。

柔然遣使来聘。

六月，庚子，以平南将军萧道成为中领军、南兖州刺史，留卫建康，与袁粲、褚渊、刘秉更日入直决事，号为四贵。

桂阳王休范之反也，使道士陈公昭作《天公书》，题云："沈丞相"，付荆州刺史沈攸之门者。攸之不开视，推得公昭，送之朝廷。及休范反，攸之以僚佐曰："桂阳必声言我与之同。若不颠沛勤王，必增朝野之惑。"乃与南徐州刺史建平王景素、郢州刺史晋熙王燮、湘州刺史王僧虔、雍州刺史张兴世同举兵讨休范。休范留中兵参军毛惠连等守寻阳，燮遣中兵参军冯景祖袭之。癸卯，惠连等开门请降，杀休范二子，诸镇皆罢兵。景素，宏之子也。

乙卯，魏诏曰："下民凶戾，不顾亲戚，一人为恶，殃及阖门，朕为民父母，深所愍悼。自今非谋反大逆外叛，罪止其身。"于是始罢门、房之诛①。

魏显祖勤于为治，赏罚严明，慎择牧守，进廉退贪。诸曹疑事，旧多奏决，又口传诏敕，或致矫擅。上皇命事无大小，皆据律正名，不得为疑奏；合则制可，违则弹诘，尽用墨诏，由是事皆精审。尤重刑罚，大刑多令覆鞫，或囚系积年。群臣颇以为言，上皇曰："滞狱诚非善治，不犹愈于仓猝而滥乎！夫人幽苦则思善，故智者以囹圄为福堂，朕特苦之，欲其改悔而加矜恕尔。"由是囚系虽滞，而所刑多得其宜。又以赦令长奸，故自延兴以后，不复有赦。

秋，七月，庚辰，立皇弟友为邵陵王。

乙酉，加荆州刺史沈攸之开府仪同三司，攸之固辞。执政欲征攸之而惮于发命，乃以太后令遣中使谓曰："公久劳于外，宜还京师。任寄实重，未欲轻之；进退可否，在公所择。"攸之曰："臣无廊庙之资，居中实非其才。至于扑讨蛮、蜑②，克清江、汉，不敢有辞。虽自上如此，去留伏听朝旨。"乃止。

癸巳，柔然寇魏敦煌，尉多侯击破之。尚书奏："敦煌僻远，介居西、北强寇之间，恐不能自固，请内徙就凉州。"群臣集议，皆以为然。给事中昌黎韩秀，独以为："敦煌之置，为日已久。虽逼强寇，人习战斗，纵有草窃，不为大害。循常置戍，足以自全；而能隔阂西、北二虏，使不得相通。今徙就凉州，不唯有蹙国之名，且姑臧去敦煌千有余里，防逻甚难，二虏必有交通窥阚之志；若骚动凉州，则关中不得安枕。又，士民或安土重迁，招引外寇，为国深患，不可不虑也。"乃止。

九月，丁酉，以尚书令袁粲为中书监、领司徒，加褚渊尚书令，刘秉丹杨尹。粲固辞，求反居墓所；不许。

渊以褚澄为吴郡太守，司徒左长史萧惠明言于朝曰："褚澄开门纳贼，更为股肱大郡；王蕴力战几死，弃而不收；赏罚如此，何忧不乱！"渊甚惭。冬，十月，庚申，以侍中王蕴为湘州刺史。

十一月，丙戌，帝加元服，大赦。

十二月，癸亥，立皇弟跻为江夏王，赞为武陵王。

是岁，魏建安贞王陆馥卒。

【注释】

①门、房之诛：门，指一门，一个家族的全部直系旁支都包括在内。房，则指一个家族的一个支系，如兄弟分家后，即各为一房。门诛即全家族全部诛杀，房诛即只诛杀这一支系的成员。　②蜑（dàn 淡）：蛮族的

一种，以船为家，在水上生活。

三年 春，正月，辛巳，帝祀南郊、明堂。

萧道成以襄阳重镇，张敬兒人位俱轻，不欲使居之；而敬兒求之不已，谓道成曰："沈攸之在荆州，公知其欲何所作；不出敬兒，以表里制之，恐非公之利。"道成笑而无言。三月，己巳，以骁骑将军张敬兒为都督雍、梁二州诸军事、雍州刺史。

沈攸之闻敬兒上，恐其见袭，阴为之备。敬兒既至，奉事攸之，亲敬甚至，动辄咨禀，信馈不绝。攸之以为诚然，酬报款厚。累书欲因游猎会境上，敬兒报以为"心期有在，影迹不宜过敦"。攸之益信之。敬兒得其事迹，皆密白道成。道成与攸之书，问："张雍州迁代之日，将欲谁拟？"攸之即以示敬兒，欲以间之。

夏，五月，丙午，魏主使员外散骑常侍许赤虎来聘。

丁未，魏主如武州山①；辛酉，如车轮山②。

六月，庚午，魏初禁杀牛马。

袁粲、褚渊皆固让新官。秋，七月，庚戌，复以粲为尚书令，八月，庚子，加护军将军褚渊中书监。

冬，十二月，丙寅，魏徙建昌王长乐为安乐王。

乙丑，魏城阳王长寿卒。

南徐州刺史建平王景素，孝友清令，服用俭素，又好文学，礼接士大夫，由是有美誉；太宗特爱之，异其礼秩。时太祖诸子俱尽，诸孙唯景素为长；帝凶狂失德，朝野皆属意于景素。帝外家陈氏深恶之；杨运长、阮佃夫等欲专权势，不利立长君，亦欲除之。其腹心将佐多劝景素举兵，镇军参军济阳江淹独谏之，景素不悦。是岁，防阁将军王季符得罪于景素，单骑亡奔建康，告景素谋反。运长等即欲发兵讨之，袁粲、萧道成以为不可；景素亦遣世子延龄诣阙自陈。乃徙季符于梁州，夺景素征北将军③、开府仪同三司。

【注释】

①武州山：山名，在今山西大同市西。 ②车轮山：山名，在今陕西洛川县境内。 ③征北：据胡注"征北"当为"镇北"。

资治通鉴卷第一百三十四

宋纪十六　起柔兆执徐，尽著雍敦牂，凡三年。

苍梧王下

元徽四年　春，正月，己亥，帝耕籍田，大赦。

二月，魏司空东郡王陆定国坐恃恩不法，免官爵为兵。

魏冯太后内行不正，以李奕之死怨显祖，密行鸩毒，夏，六月，辛未，显祖殂。壬申，大赦，改元承明。葬显祖于金陵，谥曰献文皇帝。

魏大司马、大将军代人万安国坐矫诏杀神部长奚买奴，赐死。

戊寅，魏以征西大将军、安乐王长乐为太尉，尚书左仆射、宜都王目辰为司徒，南部尚书李䜣为司空。尊皇太后曰太皇太后，复临朝称制。以冯熙为侍中、太师、中书监。熙自以外戚，固辞内任；乃除都督、洛州刺史[1]，侍中、太师如故。

显祖神主祔太庙，有司奏庙中执事之官，请依故事皆赐爵。秘书令广平程骏上言："建侯裂地，帝王所重，或以亲贤，或因功伐，未闻神主祔庙而百司受封者也。皇家故事，盖一时之恩，岂可为长世之法乎！"太后善而从之，谓群臣曰："凡议事，当依古典正言，岂得但修故事！"而赐骏衣一袭，帛二百匹。

太后性聪察，知书计，晓政事，被服俭素，膳羞减于故事什七八；而猜忍多权数。高祖性至孝，能承颜顺志，事无大小，皆仰成于太后。太后往往专决，不复关白于帝。所幸宦者高平王琚、安定张祐、杞嶷、冯翊王遇、略阳苻承祖、高阳王质，皆依势用事；祐官至尚书左仆射，爵新平王；琚官至征南将军，爵高平王；嶷等官亦至侍中、吏部尚书、刺史，爵为公、侯，赏赐巨万，赐铁券，许以不死。又，太卜令姑臧王叡得幸于太后，超迁至侍中、吏部尚书，爵太原公。秘书令李冲，虽以才进，亦由私宠，赏赐皆不可胜纪。又外礼人望东阳王丕、游明根等，皆极其优厚，每褒赏叡等，辄以丕等参之，以示不私。丕，烈帝之玄孙；冲，宝之子也。

太后自以失行，畏人议己，群下语言小涉疑忌，辄杀之。然所宠幸左右，苟有小过，必加笞棰，或至百余；而无宿憾，寻复待之如初，或因此更富贵。故左右虽被罚，终无离心。

【注释】

①洛州：州名，治所在今河南洛阳市。

乙亥，加萧道成尚书左仆射，刘秉中书令。

杨运长、阮佃夫等忌建平王景素益甚，景素乃与录事参军陈郡殷沵[①]、中兵参军略阳垣庆延[②]、参军沈颙、左暄等谋为自全之计。遣人往来建康，要结才力之士，冠军将军黄回、游击将军高道庆、辅国将军曹欣之、前军将军韩道清、长水校尉郭兰之、羽林监垣祗祖，皆阴与通谋；武人不得志者，无不归之。时帝好独出游走郊野，欣之谋据石头城，伺帝出作乱。道清、兰之欲说萧道成因帝夜出，执帝迎景素，道成不从者，即图之；景素每禁使缓之。杨、阮微闻其事，遣伧人周天赐伪投景素，劝令举兵。景素知之，斩天赐首送台。

秋，七月，祗祖率数百人自建康奔京口，云京师已溃乱，劝令速入。景素信之，戊子，据京口起兵，士民赴之者以千数。杨、阮闻祗祖叛走，即命纂严。己丑，遣骁骑将军任农夫、领军将军黄回、左军将军兰陵李安民将步军，右军将军张保将水军，以讨之；辛卯，又命南豫州刺史段佛荣为都统。萧道成知黄回有异志，故使安民、佛荣与之偕行。回私戒其士卒，“道逢京口兵，勿得战”。道成屯玄武湖，冠军将军萧赜镇东府。

始安王伯融，都乡侯伯猷，皆建安王休仁之子也，杨、阮忌其年长，悉称诏赐死。

景素欲断竹里以拒台军[3]。垣庆延、垣祗祖、沈颙皆曰："今天时旱热，台军远来疲困，引之使至，以逸待劳，可一战而克。"殷沵等固争，不能得。农夫等既至，纵火烧市邑。庆延等各相顾望，莫有斗志；景素本乏威略，恇扰不知所为。黄回迫于段佛荣，且见京口军弱，遂不发。

张保泊西渚[4]，景素左右勇士数十人，自相要结，进击水军。甲午，张保败死，而诸将不相应赴，复为台军所破。台军既薄城下，颙先帅众走，祗祖次之，其余诸军相继奔退，独左暄与台军力战于万岁楼下；而所配兵力甚弱，不能敌而散。乙未，拔京口。黄回军先入，自以有誓不杀诸王，乃以景素让殿中将军张倪奴，倪奴擒景素，斩之，并其三子，同党垣祗祖等数十人皆伏诛。萧道成释黄回、高道庆不问，抚之如旧。是日，解严。丙申，大赦。

初，巴东建平蛮反[5]，沈攸之遣军讨之。及景素反，攸之急追峡中军以赴建康。巴东太守刘攘兵、建平太守刘道欣疑攸之有异谋，勒兵断峡，不听军下。攘兵子天赐为荆州西曹，攸之遣天赐往谕之。攘兵知景素实反，乃释甲谢愆，攸之待之如故。刘道欣坚守建平，攘兵譬说不回，乃与伐蛮军攻斩之。

甲辰，魏主追尊其母李贵人曰思皇后。

八月，丁卯，立皇弟翙为南阳王，嵩为新兴王，禧为始建王。

庚午，以给事黄门侍郎阮佃夫为南豫州刺史，留镇京师。

九月，戊子，赐骁骑将军高道庆死。

冬，十月，辛酉，以吏部尚书王僧虔为尚书左仆射。

十一月，戊子，魏以太尉、安乐王长乐为定州刺史，司空李䜣为徐州刺史。

【注释】

①陈郡：郡名，治所在今河南周口市淮阳区。殷沵(米)：人名。②略阳：郡名，治所在今甘肃秦安县。 ③竹里：地名，在今江苏句容市北，为从京口到建康的必由之路。 ④西渚：地名，在今江苏镇江市西北，又名西津渡、京口渡。 ⑤巴东：郡名，治所在今重庆奉节县。建平蛮：居住在建平郡即今重庆巫山县的蛮族人。

顺皇帝[①]

升明元年 春，正月，乙酉朔，魏改元太和。

己酉，略阳民王元寿聚众五千余家，自称冲天王；二月，辛未，魏秦、益二州刺史尉洛侯击破之[②]。

三月，庚子，魏以东阳王丕为司徒。

夏，四月，丁卯，魏主如白登[③]，壬申，如崞山[④]。

初，苍梧王在东宫，好缘漆帐竿，去地丈余；喜怒乖节，主帅不能禁。太宗屡敕陈太妃痛捶之。及即帝位，内畏太后、太妃，外惮诸大臣，未敢纵逸。自加元服，内外稍无以制，数出游行。始出宫，犹整仪卫。俄而弃车骑，帅左右数人，或出郊野，或入市廛。太妃每乘青犊车，随相检摄。既而轻骑远走一二十里，太妃不复能追；仪卫亦惧祸不敢追寻，唯整部伍别在一处，瞻望而已。

初，太宗尝以陈太妃赐嬖人李道儿，已复迎还，生帝。故帝每微行，自称"刘统"，或称"李将军"。常著小袴衫，营署巷陌，无不贯穿；或夜宿客舍，或昼卧道旁，排突厮养，与之交易，或遭慢辱，悦而受之。凡诸鄙事，裁衣、作帽，过目则能；未尝吹篪[⑤]，执管便韵。及京口既平，骄恣尤甚，无日不出，夕去晨返，晨出暮归。从者并执铤矛[⑥]，行人男女及犬马牛驴，逢无免者。民间扰惧，商贩皆息，门户昼闭，行人殆绝。针、椎、凿、锯，不离左右，小有忤意，即加屠剖，一日不杀，则惨然不乐；殿省忧惶，食息不保。阮佃夫与直阁将军申伯宗等，谋因帝出江乘射雉[⑦]，称太后令，唤队仗还，闭城门，遣人执帝废之，立安成王准。事觉，甲戌，帝收佃夫等杀之。

太后数训戒帝，帝不悦。会端午，太后赐帝毛扇。帝嫌其不华，令太医煮药，欲鸩太后。左右止之曰："若行此事，官便应作孝子，岂复得出入狡狯！"帝曰："汝语大有理！"乃止。

六月，甲戌，有告散骑常侍杜幼文、司徒左长史沈勃、游击将军孙超之与阮佃夫同谋者，帝登帅卫士，自掩三家，悉诛之，刳解脔割，婴孩不免。沈勃时居丧在庐，左右未至，帝挥刀独前。勃知不免，手搏帝耳，唾骂之曰："汝罪逾桀、纣，屠戮无日。"遂死。是日，大赦。

帝尝直入领军府。时盛热，萧道成昼卧裸袒。帝立道成于室内，画腹为的，自引满，将射之。道成敛版曰："老臣无罪。"左右王天恩曰："领军腹大，是佳射堋⑧；一箭便死，后无复射；不如以骲箭射之⑨。"帝乃更以骲箭射，正中其齐。投弓大笑曰："此手何如！"帝忌道成威名，尝自磨鋋，曰："明日杀萧道成。"陈太妃骂之曰："萧道成有功于国，若害之，谁复为汝尽力邪！"帝乃止。

道成忧惧，密与袁粲、褚渊谋废立。粲曰："主上幼年，微过易改。伊、霍之事⑩，非季世所行；纵使功成，亦终无全地。"渊默然。领军功曹丹阳纪僧真言于道成曰："今朝廷猖狂，人不自保；天下之望，不在袁、褚，明公岂得坐受夷灭！存亡之机，仰希熟虑。"道成然之。

或劝道成奔广陵起兵。道成世子赜，时为晋熙王长史，行郢州事，欲使赜将郢州兵东下会京口。道成密遣所亲刘僧副告其从兄行青、冀二州刺史刘善明曰："人多见劝北固广陵，恐未为长算。今秋风行起，卿若能与垣东海微共动虏⑪，则我诸计可立。"亦告东海太守垣荣祖。善明曰："宋氏将亡，愚智共知。北虏若动，反为公患。公神武高世，唯当静以待之，因机奋发，功业自定，不可远去根本，自贻猖蹶。"荣祖亦曰："领府去台百步，公走，人岂不知！若单骑轻行，广陵人闭门不受，公欲何之！公今动足下床，恐即有叩台门者，公事去矣。"纪僧真曰："主上虽无道，国家累世之基犹为安固。公百口，北度必不得俱。纵得广陵城，天子居深宫，施号令，目公为逆，何以避之！此非万全策也。"道成族弟镇军长史顺之及次子骠骑从事中郎嶷，皆以为："帝好单行道路，于此立计，易以成功；外州起兵，鲜有克捷，徒先人受祸耳。"道成乃止。

东中郎司马、行会稽郡事李安民欲奉江夏王跻起兵于东方，道成止之。

越骑校尉王敬则潜自结于道成，夜著青衣，扶匐道路，为道成听察帝之往来。道成命敬则阴结帝左右杨玉夫、杨万年、陈奉伯等一十五人于殿中，诇伺机便。

秋，七月，丁亥夜，帝微行至领军府门。左右曰：“一府皆眠，何不缘墙入？”帝曰：“我今夕欲于一处作适[12]，宜待明夕。”员外郎桓康等于道成门间听闻之。

戊子，帝乘露车，与左右于台冈赌跳[13]。仍往青园尼寺，晚，至新安寺偷狗，就昙度道人煮之，饮酒醉，还仁寿殿寝。杨玉夫常得帝意，至是忽憎之，见辄切齿曰：“明日当杀小子取肝肺！”是夜，令玉夫伺织女渡河，曰：“见当报我；不见，将杀汝！”时帝出入无常，省内诸阁，夜皆不闭，厢下畏相逢值，无敢出者；宿卫并逃避，内外莫相禁摄。是夕，王敬则出外。玉夫伺帝熟寝，与杨万年取帝防身刀刎之。敕厢下奏伎陈奉伯袖其首，依常行法，称敕开承明门出，以首与敬则，敬则驰诣领军府，叩门大呼，萧道成虑苍梧王诳之，不敢开门，敬则于墙上投其首，道成洗视，乃戎服乘马而出，敬则、桓康等皆从。入宫。至承明门，诈为行还。敬则恐内人觇见，以刀环塞窐孔[14]，呼门甚急，门开而入。他夕，苍梧王每开门，门者震慑，不敢仰视，至是弗之疑。道成入殿，殿中惊怖；既而闻苍梧王死，咸称万岁。

南北朝陆探微《五岳图卷》(局部)

己丑旦，道成戎服出殿庭槐树下，以太后令召袁粲、褚渊、刘秉入会议。道成谓秉曰："此使君家事，何以断之？"秉未答。道成须髯尽张，目光如电。秉曰："尚书众事，可以见付；军旅处分，一委领军。"道成次让袁粲，粲亦不敢当。王敬则拔白刃，在床侧跳跃曰："天下事皆应关萧公！敢有开一言者，血染敬则刀！"仍手取白纱帽加道成首，令即位，曰："今日谁敢复动！事须及热！"道成正色呵之曰："卿都自不解！"粲欲有言，敬则叱之，乃止。褚渊曰："非萧公无以了此。"手取事授道成[15]。道成曰："相与不肯；我安得辞！"乃下议，备法驾诣东城，迎立安成王。于是长刀遮粲、秉等，各失色而去。秉出，于路逢从弟韫，韫开车迎问曰："今日之事，当归兄邪？"秉曰："吾等已让领军矣。"韫拊膺曰："兄肉中讵有血邪！今年族矣！"

是日，以太后令，数苍梧王罪恶，曰："吾密令萧领军潜运明略。安成王准，宜临万国。"追封昱为苍梧王。仪卫至东府门，安成王令门者勿开，以待袁司徒。粲至，王乃入居朝堂。壬辰，王即皇帝位，时年十一，改元，大赦。葬苍梧王于郊坛西。

魏京兆康王子推卒。

甲午，萧道成出镇东府。丙申，以道成为司空、录尚书事、骠骑大将军；袁粲迁中书监，褚渊加开府仪同三司；刘秉迁尚书令，加中领军；以晋熙王燮为扬州刺史。刘秉始谓尚书万机，本以宗室居之，则天下无变；既而萧道成兼总军国，布置心膂，与夺自专，褚渊素相凭附，秉与袁粲阁手仰成矣。辛丑，以尚书右仆射王僧虔为仆射。丙午，以武陵王赞为郢州刺史；萧道成改领南徐州刺史。

八月，壬子，魏大赦。

癸亥，诏袁粲镇石头。粲性冲静，每有朝命，常固辞；逼切不得已，乃就职。至是知萧道成有不臣之志，阴欲图之，即时受命。

初，太宗使陈昭华母养顺帝；戊辰，尊昭华为皇太妃。

丙子，魏诏曰："工商皂隶，各有厥分；而有司纵滥，或染流俗。自今户内有工役者，唯止本部丞；若有勋劳者，不从此制。"

萧道成固让司空；庚辰，以为骠骑大将军、开府仪同三司。

九月，乙酉，魏更定律令。

戊申，封杨玉夫等二十五人为侯、伯、子、男。

冬，十月，氐帅杨文度遣其弟文弘袭魏仇池，陷之。

【注释】

①顺皇帝：刘準，宋明帝刘彧的第三个儿子，实为桂阳王刘休范的儿子。 ②秦、益二州：魏秦州治所在天水郡，即今甘肃天水市。益州有名无实，与秦州实仅一个刺史。 ③白登：山名，在今山西大同市东北。④崞（guō 郭）山：山名，在今山西浑源县西南。 ⑤篪（chí 驰）：竹制乐器，如箫。 ⑥鋋（chán 蝉）：小矛。 ⑦江乘：地名，在今江苏句容市北。 ⑧射堋（péng 朋）：箭靶。 ⑨骲（pāo 抛）箭：圆头骨制箭。⑩伊、霍之事：伊尹，商代大臣，废黜太甲；霍光，西汉大臣，废黜刘贺。伊、霍之事，即废黜昏君，扶立明君之事。 ⑪垣东海：即东海太守垣荣祖。 ⑫作适：指适意游戏，任意玩耍。 ⑬台冈：指皇城内的来冈。⑭窒孔：门上的窥视孔。 ⑮事：指朝廷奏章及其他政务文件等。

初，魏徐州刺史李䜣[①]，事显祖为仓部尚书，信用卢奴令范标[②]。䜣弟左将军瑛谏曰："标能降人以色，假人以财，轻德义而重势利；听其言也甘，察其行也贼，不早绝之，后悔无及。"䜣不从，腹心之事，皆以语标。

尚书赵黑，与䜣皆有宠于显祖，对掌选部[③]。䜣以其私用人为方州，黑对显祖发之，由是有隙。顷之，䜣发黑前为监藏，盗用官物，黑坐黜为门士。黑恨之，寝食为之衰少；逾年，复入为侍中、尚书左仆射，领选。

及显祖殂，黑白冯太后，称䜣专恣，出为徐州。范标知太后怨䜣，乃告䜣谋外叛。太后征䜣至平城问状，䜣对无之，太后引标使证之。䜣谓标曰："汝今诬我，我复何言！然汝受我恩如此之厚，乃忍为尔乎？"标曰："标受公恩，何如公受李敷恩？公忍之于敷，标何为不忍于公！"䜣慨然叹曰："吾不用瑛言，悔之何及！"赵黑复于中构成其罪，丙子，诛䜣及其子令和、令度；黑然后寝食如故。

十一月，癸未，魏征西将军皮欢喜等三将军率众四万击杨文弘。

丁亥，魏怀州民伊祁苟自称尧后[4]，聚众于重山作乱[5]；洛州刺史冯熙讨灭之[6]。冯太后欲尽诛阖城之民，雍州刺史张白泽谏曰[7]："凶渠逆党，尽已枭夷；城中岂无忠良仁信之士，奈何不问白黑，一切诛之！"乃止。

十二月，魏皮欢喜军至建安[8]，杨文弘弃城走。

初，沈攸之与萧道成于大明、景和之间同直殿省，深相亲善，道成女为攸之子中书侍郎文和妇。攸之在荆州，直阁将军高道庆，家在华容[9]，假还，过江陵，与攸之争戏槊。驰还建康，言攸之反状已成，请以三千人袭之。执政皆以为不可，道成仍保证其不然。杨运长等恶攸之，密与道庆谋遣刺客杀攸之，不克。会苍梧王遇弑，主簿宗俨之、功曹臧寅劝攸之因此起兵[10]。攸之以其长子元琰在建康为司徒左长史，故未发。寅，凝之之子也。

时杨运长等已不在内，萧道成遣元琰以苍梧王刳斫之具示攸之。攸之以道成名位素出己下，一旦专制朝权，心不平，谓元琰曰："吾宁为王凌死，不为贾充生[11]。"然亦未暇举兵。乃上表称庆，因留元琰。

雍州刺史张敬兒，素与攸之司马刘攘兵善，疑攸之将起事，密以问攘兵，攘兵无所言，寄敬兒马镫一只，敬兒乃为之备。

攸之有素书十数行，常韬在裲裆角[12]，云是明帝与己约誓。攸之将举兵，其妾崔氏谏曰："官年已老，那不为百口计！"攸之指裲裆角示之，且称太后使至，赐攸之烛，割之，得太后手令云："社稷之事，一以委公。"于是勒兵移檄，遣使邀张敬兒及豫州刺史刘怀珍[13]、梁州刺史梓潼范柏年[14]、司州刺史姚道和[15]、湘州行事庾佩玉[16]、巴陵内史王文和同举兵[17]。敬兒、怀珍、文和并斩其使，驰表以闻；文和寻弃州奔夏口。柏年，道和、佩玉皆怀两端。道和，后秦高祖之孙也。

辛酉，攸之遣辅国将军孙同等相继东下。攸之遗道成书，以为："少帝昏狂，宜与诸公密议，共白太后，下令废之；奈何交结左右，亲行弑逆；乃至不殡，流虫在户？凡在臣下，谁不惋骇！又，移易朝旧，布置亲党，宫阁管籥，悉关家人。吾不知子孟、孔明遗训固如此乎[18]！足下既有贼宋之心，吾宁敢捐包胥之节邪[19]！"朝廷闻之，恼惧。

丁卯，道成入守朝堂，命侍中萧嶷代镇东府，抚军行参军萧映镇京口。映，嶷之弟也。戊辰，内外纂严。己巳，以郢州刺史武陵王赞为荆州刺史。庚午，以右卫将军黄回为郢州刺史，督前锋诸军以讨攸之。

初，道成以世子赜为晋熙王燮长史，行郢州事，修治器械以备攸之。及征燮为扬州，以赜为左卫将军，与燮俱下。刘怀珍言于道成曰："夏口冲要[20]，宜得其人。"道成与赜书曰："汝既入朝，当须文武兼资与汝意合者，委以后事。"赜乃荐燮司马柳世隆自代。道成以世隆为武陵王赞长史，行郢州事。赜将行，谓世隆曰："攸之一旦为变，焚夏口舟舰，沿流而东，不可制也。若得攸之留攻郢城[21]，必未能猝拔。君为其内，我为其外，破之必矣。"及攸之起兵，赜行至寻阳，未得朝廷处分，众欲倍道趋建康，赜曰："寻阳地居中流，密迩畿甸。若留屯湓口，内藩朝廷，外援夏首[22]，保据形胜，控制西南，今日会此，天所置也。"或以为湓口城小难固，左中郎将周山图曰："今据中流，为四方势援，不可以小事难之；苟众心齐一，江山皆城隍也。"庚午，赜奉燮镇湓口；赜悉以事委山图。山图断取行旅船板以造楼橹，立水栅，旬日皆办。道成闻之，喜曰："赜真我子也！"以赜为西讨都督，赜启山图为军副。时江州刺史邵陵王友镇寻阳，赜以为寻阳城不足固，表移友同镇湓口，留江州别驾豫章胡谐之守寻阳。

湘州刺史王蕴遭母丧罢归，至巴陵，与沈攸之深相结。时攸之未举兵，蕴过郢州，欲因萧赜出吊作难，据郢城。赜知之，不出。还，至东府，又欲因萧道成出吊作难，道成又不出。蕴乃与袁粲、刘秉密谋诛道成，将帅黄回、任侯伯、孙昙瓘、王宜兴、卜伯兴等皆与通谋。伯兴，天与之子也。

道成初闻攸之事起，自往诣粲，粲辞不见。通直郎袁达谓粲[23]："不宜示异同。"粲曰："彼若以主幼时艰，与桂阳时不异，劫我入台，我何辞以拒之！一朝同止，欲异得乎！"道成乃召褚渊，与之连席，每事必引渊共之。时刘韫为领军将军，入直门下省；卜伯兴为直阁，黄回等诸将皆出屯新亭。

初，褚渊为卫将军，遭母忧去职，朝廷敦迫，不起。粲素有重名，自往譬说，渊乃从之。及粲为尚书令，遭母忧，渊譬说恳至，粲遂不起，渊由是恨之。及沈攸之事起，道成与渊议之。渊曰："西夏衅难，事必无成，公当先备其内耳。"粲谋既定，将以告渊；众谓渊与道成素善，不可告。粲曰："渊与彼虽善，岂容大作同异！今若不告，事定便应除之。"乃以谋告渊，渊即以告道成。

道成亦先闻其谋，遣军主苏烈、薛渊、太原王天生将兵助粲守石头。薛渊固辞，道成强之，渊不得已，涕泣拜辞。道成曰："卿近在石头，日夕去来，何悲如是，且又何辞？"渊曰："不审公能保袁公共为一家否？今渊往，与之同则负公，不同则立受祸，何得不悲！"道成曰："所以遣卿，正为能尽临事之宜，使我无西顾之忧耳。但当努力，无所多言。"渊，安都之从子也。道成又以骁骑将军王敬则为直阁，与伯兴共总禁兵。

粲谋矫太后令，使韫、伯兴帅宿卫兵攻道成于朝堂，回等帅所领为应。刘秉、任候伯等并赴石头，本期壬申夜发，秉恇扰不知所为，晡后即束装；临去，啜羹，写胸上，手振不自禁。未暗，载妇女，尽室奔石头，部曲数百，赫奕满道。既至，见粲，粲惊曰："何事遽来？今败矣！"秉曰："得见公，万死何恨！"孙昙瓘闻之，亦奔石头。丹阳丞王逊等走告道成，事乃大露。逊，僧绰之子也。

道成密使人告王敬则。时阁已闭，敬则欲开阁出，卜伯兴严兵为备，敬则乃锯所止屋壁得出，至中书省收韫。韫已成严，列烛自照。见敬则猝至，惊起迎之，曰："兄何能夜顾？"敬则呵之曰："小子那敢作贼！"韫抱敬则，敬则拳殴其颊仆地而杀之，又杀伯兴。苏烈等据仓城拒粲。王蕴闻秉已走，叹曰："事不成矣！"狼狈帅部曲数百向石头。本期开南门，时暗夜，薛渊据门射之。蕴谓粲已败，即散走。

道成遣军主会稽戴僧静帅数百人向石头助烈等，自仓门得入，与之并力攻粲。孙昙瓘骁勇善战，台军死者百余人。王天生殊死战，故得相持。自亥至丑，戴僧静分兵攻府西门，焚之。粲与秉在城东门，见火起，欲还赴府。秉与二子俣、陔逾城走。粲下城，烈烛自照，谓其子最曰："本知一木不能止大厦之崩，但以名义至此耳。"僧静乘暗逾城独进,最觉有异人,以身卫粲,僧静直前斫之。粲谓最曰:"我不失忠臣,汝不失孝子!"遂父子俱死。百姓哀之,谣曰:"可怜石头城,宁为袁粲死,不作褚渊生!"刘秉父子走至额檐湖[24],追执,斩之。任候伯等并乘船赴石头,既至,台军已集,不得入,乃驰还。

黄回严兵,期诘旦帅所领从御道直向台门攻道成。闻事泄,不敢发。道成抚之如旧。王蕴、孙昙瓘皆逃窜,先捕得蕴。斩之,其余粲党皆无所问。

粲典签莫嗣祖为粲、秉宣通密谋,道成召诘之,曰:"袁粲谋反,何不启闻?"嗣祖曰:"小人无识,但知报恩,何敢泄其大事!今袁公已死,义不求生。"蕴嬖人张承伯藏匿蕴,道成并赦而用之。

粲简淡平素,而无经世之才;好饮酒,喜吟讽,身居剧任,不肯当事;主事每往谘决,或高咏对之,闲居高卧,门无杂宾,物情不接,故及于败。

> 裴子野论曰:袁景倩,民望国华,受付托之重;智不足以除奸,权不足以处变,萧条散落,危而不扶。及九鼎既轻,三才将换[25],区区斗城之里,出万死而不辞,盖蹈匹夫之节而无栋梁之具矣。

【注释】

①徐州:州名,治所在今江苏徐州市。 ②卢奴:县名,治所在今河北定州市。 ③选部:即吏部,因负责选拔任命官吏,故名选部。 ④怀州:州名,治所在今河南沁阳市。 ⑤重山:山名,在今河南辉县市北。 ⑥洛州:州名,治所在今河南洛阳市。 ⑦雍州:州名,治所在今陕西西安市。 ⑧建安:县名,治所在今宁夏银川市兴庆区。 ⑨华容:县名,治所在今湖北监利市。 ⑩刳斫(zhuó 酌)之具:指刘昱杀人剖腹砍成肉块的用具。 ⑪王凌:三国魏人,以起兵反叛被俘而死。贾充:三国魏人,在高贵乡公带兵去杀司马昭时,贾充命人杀死高贵乡公。 ⑫裲(liǎng 两)裆:即坎肩。 ⑬豫州:州名,治所在今安徽寿县。 ⑭梁州:州名,治所在今陕西汉中市。 ⑮司州:州名,治所在今河南信阳市。 ⑯湘州:州名,治所在今湖南长沙市。 ⑰巴陵:郡名,治所在今湖南岳阳市。 ⑱子孟:西汉霍光的字。孔明:三国蜀人,即诸葛亮,二人皆受

遗诏辅助幼主。 ⑲包胥：即申包胥，春秋时人，因吴人灭楚，他去秦国哭请救兵，而恢复楚国。 ⑳夏口：郢州的治所，在今湖北武汉市武昌区。 ㉑郢城：即夏口，因是郢州治所，故又称郢城。 ㉒夏首：即夏口。 ㉓通直郎：官名，即通直散骑侍郎。 ㉔额檐湖：湖名，在今江苏南京市西北。 ㉕三才将换：三人指天地人，三才将换，指朝代将改换，如同天地人都随之一变一样。

甲戌，大赦。

乙亥，以尚书仆射王僧虔为左仆射，新除中书令王延之为右仆射，度支尚书张岱为吏部尚书，吏部尚书王奂为丹杨尹。延之，裕之孙也。

刘秉弟遐为吴郡太守。司徒右长史张瓌，永之子也，遭父丧在吴，家素豪盛，萧道成使瓌伺间取遐。会遐召瓌诣府，瓌帅部曲十余人直入斋中，执遐，斩之，郡中莫敢动。道成闻之，以告瓌从父领军冲，冲曰："瓌以百口一掷，出手得卢矣[①]。"道成即以瓌为吴郡太守。

道成移屯阅武堂，犹以重兵付黄回使西上，而配以腹心。回素与王宜兴不协，恐宜兴反告其谋，闰月，辛巳，因事收宜兴，斩之。诸将皆言回握强兵必反，宁朔将军桓康请独往刺之，道成曰："卿等何疑！彼无能为也。"

沈攸之遣中兵参军孙同等五将以三万人为前驱，司马刘攘兵等五将以二万人次之；又遣中兵参军王灵秀等四将分兵出夏口，据鲁山[②]。癸巳，攸之至夏口，自恃兵强，有骄色。以郢城弱小，不足攻，云"欲问讯安西"，暂泊黄金浦[③]，遣人告柳世隆曰："被太后令，当暂还都。卿既相与奉国，想得此意。"世隆曰："东下之师，久承声问。郢城小镇，自守而已。"宗俨之劝攸之攻郢城；臧寅以为："郢城兵虽少而地险，攻守势异，非旬日可拔。若不时举，挫锐损威。今顺流长驱，计日可捷。既倾根本，郢城岂能自固！"攸之从其计，欲留偏师守郢城，自将大众东下。乙未，将发，柳世隆遣人于西渚挑战[④]，前军中兵参军焦度于城楼上肆言骂攸之，且秽辱之。攸之怒，改计攻城，令诸军登岸烧郭邑，筑长围，昼夜攻战。

世隆随宜拒应，攸之不能克。

道成命吴兴太守沈文秀督吴、钱唐军事⑤。文秀收攸之弟新安太守登之，诛其宗族。

乙未，以后军将军杨运长为宣城太守；于是太宗嬖臣无在禁省者矣。

沈约论曰：夫人君南面，九重奥绝，陪奉朝夕，义隔卿士，阶闼之任，宜有司存。既而恩以狎生，信由恩固，无可惮之姿，有易亲之色。孝建、泰始，主威独运，而刑政纠杂，理难遍通，耳目所寄，事归近习。及觇欢愠，候惨舒，动中主情，举无谬旨；人主谓其身卑位薄，以为权不得重。曾不知鼠凭社贵，狐藉虎威，外无逼主之嫌，内有专用之效，势倾天下，未之或悟。及太宗晚运，虑经盛衰，权幸之徒，慑惮宗戚，欲使幼主孤立，永窃国权，构造同异，兴树祸隙，帝弟宗王，相继屠剿。宝祚夙倾，实由于此矣。

辛丑，尚书左丞济阳江谧建议假萧道成黄钺，从之。

加北秦州刺史武都王杨文度都督北秦、雍二州诸军事，以龙骧将军杨文弘为略阳太守。壬寅，魏皮欢喜拔葭芦，斩文度。魏以杨难当族弟广香为阴平公、葭芦戍主，仍诏欢喜筑骆谷城⑥。文弘奉表谢罪于魏，遣子苟奴入侍。魏以文弘为南秦州刺史、武都王。

乙巳，萧道成出顿新亭，谓骠骑参军江淹曰："天下纷纷，君谓何如?"淹曰："成败在德，不在众寡。公雄武有奇略，一胜也；宽容而仁恕，二胜也；贤能毕力，三胜也；民望所归，四胜也；奉天子以伐叛逆，五胜也。彼志锐而器小，一败也；有威而无恩，二败也；士卒解体，三败也；搢绅不怀，四败也；悬兵数千里而无同恶相济，五败也；虽豺狼十万，终为我获。"道成笑曰："君谈过矣。"南徐州行事刘善明言于道成曰："攸之收众聚骑，造舟治械，苞藏祸心，于今十年。性既险躁，才非持重；而起逆累旬，迟回不进。一则暗于兵机，二则人情离怨，三则有掣肘之患，四则天夺其魄。本虑其剽勇轻速，掩袭未备，决于一战；今六师齐奋，诸侯同举，此笼中之鸟耳。"萧赜问攸之于周山图，山图曰："攸之相与邻乡，数共征伐，颇悉其人,性度险刻,士心不附。今顿兵坚城之下,适所以为离散之渐耳。"

【注释】

①得卢:当时一种赌博游戏樗蒲,掷骰子以得到全黑者为卢,得卢为最大的胜利。此处比喻张瓌的行动如赌博一样,掷一次就得胜。 ②鲁山:地名,在今湖北武汉市汉阳区东北。 ③黄金浦:即鹦鹉洲,在湖北武汉市境内长江中。 ④西渚:即鹦鹉洲的西部沙渚。 ⑤吴、钱唐:吴,指吴兴、吴郡一带,钱唐在今浙江杭州市。 ⑥骆谷城:今地不详。

二年 春,正月,己酉朔,百官戎服入朝。

沈攸之尽锐攻郢城,柳世隆乘间屡破之。萧赜遣军主桓敬等八军据西塞[①],为世隆声援。

攸之获郢府法曹南乡范云,使送书入城,饷武陵王赞犊一羫,柳世隆鱼三十尾,皆去其首。城中欲杀之,云曰:"老母弱弟,悬命沈氏,若违其命,祸必及亲;今日就戮,甘心如荠[②]。"乃赦之。

攸之遣其将皇甫仲贤向武昌[③],中兵参军公孙方平向西阳[④]。武昌太守臧涣降于攸之,西阳太守王毓奔湓城。方平据西阳,豫州刺史刘怀珍遣建宁太守张谟等将万人击之,辛酉,方平败走。平西将军黄回等军至西阳,溯流而进。

攸之素失人情,但劫以威力。初发江陵,已有逃者;及攻郢城,三十余日不拔,逃者稍多;攸之日夕乘马历营抚慰,而去者不息。攸之大怒,召诸军主曰:"我被太后令,建义下都。大事若克,白纱帽共著耳;如其不振,朝廷自诛我百口,不关余人。比军人叛散,皆卿等不以为意。我亦不能问叛身,自今军中有叛者,军主任其罪。"于是一人叛,遣人追之,亦去不返,莫敢发觉,咸有异计。

刘攘兵射书入城请降,柳世隆开门纳之;丁卯夜,攘兵烧营而去。军中见火起,争弃甲走,将帅不能禁。攸之闻之,怒,衔须咀之,收攘兵兄子天赐、女婿张平虏,斩之。向旦,攸之帅众过江,至鲁山,军遂大散,诸将皆走。臧寅曰:"幸其成而弃其败,吾不忍为也!"乃投水死。攸之犹有数十骑自随,宣令军中曰:"荆州城中大有钱,可相与还取以为资粮。"郢城未有追军,而散军畏蛮抄,更相聚结，可二万人，随攸之还江陵。

张敬兒既斩攸之使者，即勒兵；侦攸之下，遂袭江陵。攸之使子元琰与兼长史江乂、别驾傅宣共守江陵城。敬兒至沙桥[5]，观望未进。城中夜闻鹤唳，谓为军来，乂、宣开门出走，吏民崩溃。元琰奔宠洲[6]，为人所杀。敬兒至江陵，诛攸之二子、四孙。

攸之将至江陵百余里，闻城已为敬兒所据，士卒随之者皆散。攸之无所归，与其子文和走至华容界，皆缢于栎林；己巳，村民斩首送江陵。敬兒擎之以楯，覆以青伞，徇诸市郭，乃送建康。敬兒诛攸之亲党，收其财物数十万，皆以入私。

初，仓曹参军金城边荣，为府录事所辱，攸之为荣鞭杀录事。及敬兒将至，荣为留府司马，或说之使诣敬兒降，荣曰："受沈公厚恩，共如此大事，一朝缓急，便易本心，吾不能也。"城溃，军士执以见敬兒，敬兒曰："边公何不早来！"荣曰："沈公见留守城，不忍委去；本不祈生，何须见问！"敬兒曰："死何难得！"命斩之。荣欢笑而去。荣客太山程邕之抱荣曰："与边公周游，不忍见边公死，乞先见杀。"兵人不得行戮，以白敬兒，敬兒曰："求死甚易，何为不许！"先杀邕之，然后及荣，军人莫不垂泣。孙同、宗俨之等皆伏诛。

丙子，解严，以侍中柳世隆为尚书右仆射，萧道成还镇东府。丁丑，以右卫将军萧赜为江州刺史，侍中萧嶷为中领军。二月，庚辰，以尚书左仆射王僧虔为尚书令，右仆射王延之为左仆射。癸未，加萧道成太尉、都督南徐等十六州诸军事，以卫将军褚渊为中书监、司空。道成表送黄钺。

吏部郎王俭，僧绰之子也，神彩渊旷，好学博闻，少有宰相之志，时论亦推许之。道成以俭为太尉右长史，待遇隆密，事无大小专委之。

丁亥，魏主如代汤泉[7]；癸卯，还。

宕昌王弥机初立[8]。三月丙子，魏遣使拜弥机征南大将军、梁、益二州牧、河南公、宕昌王。

黄回不乐在郢州，固求南兖，遂帅部曲辄还；辛卯[9]，改都督南兖等五州诸军事、南兖州刺史。

【注释】

①西塞:地名,在今湖北黄石市东。 ②甘心如荠:《诗经·谷风》:“谁谓荼苦?其甘如荠。”这里指甘心就死,如吃甘甜的荠一样。荠(jì剂),荠菜。 ③武昌:郡名,治所在今湖北鄂州市。 ④西阳:郡名,治所在今湖北黄冈市东。 ⑤沙桥:今地不详。 ⑥宠洲:沙洲名,在今湖北荆州市西南长江中。 ⑦代:郡名,治所在今河北蔚县。 ⑧宕昌:地名,在今甘肃宕昌县西南,为当时羌族集居地区之一。 ⑨辛卯:据严校“辛”当作“己”。

初,王蕴去湘州,湘州刺史南阳王翙未之镇,长沙内史庾佩玉行府事。翙先遣中兵参军韩幼宗将兵戍湘州,与佩玉不相能。及沈攸之反,两人互相疑,佩玉袭杀幼宗。黄回至郢州,遣辅国将军任候伯行湘州事;候伯辄杀佩玉,冀以自免。湘州刺史吕安国之镇,萧道成使安国诛候伯。

夏,四月,甲申,魏主如崞山;丁亥,还。

萧道成以黄回终为祸乱;回有部曲数千人,欲遣收,恐为乱。辛卯,召回入东府。至,停外斋,使桓康将数十人,数回罪而杀之,并其子竟陵相僧念。

甲午,以淮南、宣城二郡太守萧映行南兖州事,仍以其弟晃代之。

五月,魏禁皇族、贵戚及士民之家不顾氏族,下与非类婚偶;犯者以违制论。

魏主与太后临虎圈,有虎逸,登阁道,几至御座,侍卫皆惊靡;吏部尚书王叡执戟御之,太后称以为忠,亲任愈重。

六月,丁酉,以辅国将军杨文弘为北秦州刺史、武都王。

庚子,魏皇叔若卒。

萧道成以大明以来,公私奢侈,秋,八月,奏罢御府,省二尚方雕饰器玩;辛卯,又奏禁民间华伪杂物,凡十七条。

乙未,以萧赜为领军将军,萧嶷为江州刺史。

九月,乙巳朔,日有食之。

萧道成欲引时贤参赞大业,夜,召骠骑长史谢朏,屏人与语,久之，朏无言；唯二小儿捉烛，道成虑朏难之，仍取烛遣儿，朏又无言：道成乃呼左右。朏，庄之子也。

太尉右长史王俭知其指，他日，请间言于道成曰："功高不赏，古今非一。以公今日位地，欲终北面，可乎?"道成正色裁之，而神采内和。俭因曰："俭蒙公殊盼，所以吐所难吐；何赐拒之深！宋氏失德，非公岂复宁济！但人情浇薄，不能持久；公若小复推迁，则人望去矣。岂唯大业永沦，七尺亦不可得保。"道成曰："卿言不无理。"俭曰："公今名位，故是经常宰相，宜礼绝群后，微示变革。当先令褚公知之，俭请衔命。"道成曰："我当自往。"经少日，道成自造褚渊，款言移晷，乃谓曰："我梦应得官。"渊曰："今授始尔，恐一二年间未容便移；且吉梦未必应在旦夕。"道成还，以告俭。俭曰："褚是未达理耳。"俭乃唱议加道成太傅，假黄钺，使中书舍人虞整作诏。

道成所亲任遐曰："此大事，应报褚公。"道成曰："褚公不从，奈何?"遐曰："彦回惜身保妻子①，非有奇才异节；遐能制之。"渊果无违异。

丙午，诏进道成假黄钺、大都督中外诸军事、太傅、领扬州牧，剑履上殿，入朝不趋，赞拜不名，使持节、太尉、骠骑大将军、录尚书、南徐州刺史如故。道成固辞殊礼。

以扬州刺史晋熙王燮为司徒。

戊申，太傅道成以萧映为南兖州刺史。冬，十月，丁丑，以萧晃为豫州刺史。

己卯，获孙昙瓘，杀之。

魏员外散骑常侍郑羲来聘。

壬寅，立皇后谢氏。后，庄之孙也。

十一月，癸亥，临澧侯刘晃坐谋反，与其党皆伏诛。晃，秉之从子也。

甲子，徙南阳王翙为随郡王。

魏冯太后忌青州刺史南郡王李惠，诬云惠将南叛；十二月，癸巳，诛惠及妻并其子弟。太后以猜嫌所夷灭者十余家，而惠所历皆有善政，魏人尤冤惜之。

尚书令王僧虔奏以“朝廷礼乐，多违正典。大明中即以宫县合和鞞拂[2]，节数虽会，虑乖雅体。又，今之清商[3]，实由铜爵[4]，三祖风流[5]，遗音盈耳，京、洛相高，江左弥贵，中庸和雅，莫近于斯。而情变听移，稍复销落，十数年间，亡者将半，民间竞造新声杂曲，烦淫无极，宜命有司悉加补缀。”朝廷从之。

是岁，魏怀州刺史高允以老疾告归乡里[6]，寻复以安车征至平城，拜镇军大将军、中书监；固辞，不许。乘车入殿，朝贺不拜。

【注释】

①彦回：褚渊的字。　②宫县：指悬挂在木架上的磬，泛指宫廷乐器。鞞拂：鞞舞、拂舞，两种舞蹈，皆在宫廷中演出。　③清商：指宫廷音乐。　④铜爵：台名，魏武帝曹操时修建于邺城。此处意指宋时使用的宫廷音乐是由曹操开始创作的。　⑤三祖：指三国魏的太祖曹操、高祖曹丕、烈祖曹叡，三人对宫廷音乐都有造诣。　⑥怀州：州名，治所在今河南沁阳市。

资治通鉴卷第一百三十五

齐纪一　起屠维协洽，尽昭阳大渊献，凡五年。

太祖高皇帝

建元元年　春，正月，甲辰，以江州刺史萧嶷为都督荆、湘等八州诸军事、荆州刺史，尚书左仆射王延之为江州刺史，安南长史萧子良为督会稽等五郡诸军事、会稽太守。

初，沈攸之欲聚众，开民相告，士民坐执役者甚众；嶷至镇，一日罢遣三千余人。府州仪物，务存俭约，轻刑薄敛，所部大悦。

辛亥，以竟陵世子赜为尚书仆射[①]，进号中军大将军、开府仪同三司。

太傅道成以谢朏有重名，必欲引参佐命，以为左长史。尝置酒与论魏、晋故事，因曰："石苞不早劝晋文，死方恸哭，方之冯异，非知机也。"朏曰："晋文世事魏室，必将身终北面；借使魏依唐、虞故事，亦当三让弥高。"道成不悦。甲寅，以朏为侍中，更以王俭为左长史。

丙辰，以给事黄门侍郎萧长懋为雍州刺史。

二月，丙子，邵陵殇王友卒。

辛巳，魏太皇太后及魏主如代郡温泉。

甲午，诏申前命，命太傅赞拜不名。

己亥，魏太皇太后及魏主如西宫。

三月，癸卯朔，日有食之。

萧道成像

甲辰，以太傅为相国，总百揆，封十郡②，为齐公，加九锡；其骠骑大将军、扬州牧、南徐州刺史如故。己巳，诏齐国官爵礼仪，并仿天朝。丙午，以世子赜领南豫州刺史。

杨运长去宣城郡还家，齐公遣人杀之。凌源令潘智与运长厚善；临川王绰，义庆之孙也，绰遣腹心陈赞说智曰："君先帝旧人，身是宗室近属，如此形势，岂得久全！若招合内外，计多有从者。台城内人常有此心，苦无人建意耳。"智即以告齐公。庚戌，诛绰兄弟及其党与。

甲寅，齐公受策命，赦其境内，以石头为世子宫③，一如东宫。褚渊引何曾自魏司徒为晋丞相故事，求为齐官，齐公不许。以王俭为齐尚书右仆射，领吏部；俭时年二十八。

夏，四月，壬申朔，进齐公爵为王，增封十郡④。

甲戌，武陵王赞卒，非疾也。

丙戌，加齐王殊礼，进世子为太子。

辛卯，宋顺帝下诏禅位于齐。壬辰，帝当临轩，不肯出，逃于佛盖之下，王敬则勒兵殿庭，以板舆入迎帝。太后惧，自帅阉人索得之，敬则启譬令出，引令升车。帝收泪谓敬则曰："欲见杀乎？"敬则曰："出居别宫耳。官先取司马家亦如此。"帝泣而弹指曰："愿后身世世勿复生天王家！"宫中皆哭。帝拍敬则手曰："必无过虑，当饷辅国十万钱。"是日，百僚陪位。侍中谢朏在直，当解玺绶，阳为不知，曰："有何公事？"传诏云："解玺绶授齐王。"朏曰：

"齐自应有侍中。"乃引枕卧。传诏惧,使朏称疾,欲取兼人,朏曰:"我无疾,何所道!"遂朝服步出东掖门,仍登车还宅。乃以王俭为侍中,解玺绶。礼毕,帝乘画轮车,出东掖门就东邸。问:"今日何不奏鼓吹?"左右莫有应者。右光禄大夫王琨,华之从父弟也,在晋世已为郎中,至是,攀车獭尾恸哭曰:"人以寿为欢,老臣以寿为戚。既不能先驱蝼蚁,乃复频见此事!"呜咽不自胜,百官雨泣。

司空兼太保褚渊等奉玺绶,帅百官诣齐宫劝进;王辞让未受。渊从弟前安成太守炤谓渊子贲曰:"司空今日何在?"贲曰:"奉玺绶在齐大司马门。"炤曰:"不知汝家司空将一家物与一家,亦复何谓!"甲午,王即皇帝位于南郊。还宫,大赦,改元。奉宋顺帝为汝阴王,优崇之礼,皆仿宋初。筑宫丹杨,置兵守卫之。宋神主迁汝阴庙,诸王皆降为公;自非宣力齐室,余皆除国,独置南康、华容、萍乡三国,以奉刘穆之、王弘、何无忌之后,除国者凡百二十人。二台官僚,依任摄职,名号不同、员限盈长者,别更详议。

以褚渊为司徒。宾客贺者满座。褚炤叹曰:"彦回少立名行,何意披猖至此!门户不幸,乃复有今日之拜。使彦回作中书郎而死,不当为一名士邪!名德不昌,乃复有期颐之寿!"渊固辞不拜。

奉朝请河东裴顗上表,数帝过恶,挂冠径去;帝怒,杀之。太子赜请杀谢朏,帝曰:"杀之遂成其名,正应容之度外耳。"久之,因事废于家。

帝问为政于前抚军行参军沛国刘瓛,对曰:"政在《孝经》。凡宋氏所以亡,陛下所以得者,皆是也。陛下若戒前车之失,加之以宽厚,虽危可安;若循其覆辙,虽安必危矣。"帝叹曰:"儒者之言,可宝万世!"

【注释】

①竟陵世子:齐高帝萧道成曾晋爵为竟陵郡公,因称其子萧赜为竟陵世子。 ②封十郡:当时以青州(治所在今江苏连云港市)之齐郡、徐州(治所在今江苏徐州市)之梁郡、南徐州(治所在今江苏镇江市)之兰陵、鲁郡、琅邪、东海、晋陵、义兴、扬州(治所在今江苏南京市)之吴郡、会稽十郡封。 ③石头:即石头城,今江苏南京市江宁区西石头山后。④增封十郡:当时又增封徐州之南梁、陈、颍川、陈留,南兖州(治所在今

江苏扬州市西北）之盱眙、山阳、秦、广陵、海陵、南沛等十郡。

丙申，魏主如崞山。

丁酉，以太子詹事张绪为中书令，齐国左卫将军陈显达为中护军，右卫将军李安民为中领军。绪，岱之兄子也。

戊戌，以荆州刺史嶷为尚书令、骠骑大将军、开府仪同三司、扬州刺史，南兖州刺史映为荆州刺史。

帝命群臣各言得失。淮南、宣城二郡太守刘善明"请除宋氏大明、泰始以来诸苛政细制，以崇简易"。又以为："交州险远，宋末政苛，遂至怨叛，今大化创始，宜怀以恩德。且彼土所出，唯有珠宝，实非圣朝所须之急，讨伐之事，谓宜且停。"给事黄门郎清河崔祖思亦上言，以为："人不学则不知道[①]，此悖逆祸乱所由生也。今无员之官，空受禄力，雕耗民财。宜开文武二学，课台、府、州、国限外之人各从所乐，依方习业。若有废惰者，遣还故郡；经艺优殊者，待以不次。又，今陛下虽躬履节俭，而群下犹安习侈靡。宜褒进朝士之约素清修者，贬退其骄奢荒淫者，则风俗可移矣。"宋元嘉之世，凡事皆责成郡县。世祖征求急速，以郡县迟缓，始遣台使督之。自是使者所在旁午，竞作威福，营私纳赂，公私劳扰。会稽太守闻喜公子良上表极陈其弊，以为："台有求须，但明下诏敕，为之期会，则人思自竭；若有稽迟，自依纠坐之科。今虽台使盈凑，会取正属所办，徒相疑愤，反更淹懈，宜悉停台使。"员外散骑郎刘思效上言："宋自大明以来，渐见凋弊，征赋有加而天府尤贫。小民嗷嗷，殆无生意；而贵族富室，以侈丽相高，乃至山泽之民，不敢采食其水草，陛下宜一新王度，革正其失。"上皆加褒赏，或以表付外，使有司详择所宜，奏行之。己亥，诏："二宫诸王，悉不得营立屯邸，封略山湖。"

魏主还平城。

魏秦州刺史尉洛侯、雍州刺史宜都王目辰、长安镇将陈提等皆坐贪残不法，洛侯、目辰伏诛，提徙边。

又诏以"候官千数，重罪受赇不列，轻罪吹毛发举，宜悉罢之。"更置谨直者数百人，使防逻街术，执喧斗者而已。自是吏民始得安业。

自泰始以来，内外多虞，将帅各募部曲，屯聚建康。李安民上表，以为："自非淮北常备外，余军悉皆输遣；若亲近宜立随身者，听限人数。"上从之；五月，辛亥，诏断众募。

壬子，上赏佐命之功，褚渊、王俭等进爵、增户各有差。处士何点谓人曰："我作《齐书》已竟，赞云：'渊既世族，俭亦国华；不赖舅氏，遑恤国家！'"点，尚之孙也。渊母宋始安公主，继母吴郡公主；又尚巴西公主。俭母武康公主；又尚阳羡公主。故点云然。

己未，或走马过汝阴王之门，卫士恐。有为乱者奔入杀王，而以疾闻，上不罪而赏之。辛酉，杀宋宗室阴安公燮等，无少长皆死。前豫州刺史刘澄之，遵考之子也，与褚渊善，渊为之固请曰："澄之兄弟不武，且于刘宗又疏。"故遵考之族独得免。

丙寅，追尊皇考曰宣皇帝，皇妣陈氏曰孝皇后。

丁卯，封皇子钧为衡阳王。

【注释】

①"人不学"句：此句出自《礼记·学记》篇。

上谓兖州刺史垣崇祖曰"吾新得天下，索虏必以纳刘昶为辞①，侵犯边鄙。寿阳当虏之冲，非卿无以制此虏也"。乃徙崇祖为豫州刺史。

六月，丙子，诛游击将军姚道和，以其贰于沈攸之也。

甲子，立太子赜为皇太子，皇子嶷为豫章王，映为临川王，晃为长沙王，晔为武陵王，暠为安成王，锵为鄱阳王，铄为桂阳王，鉴为广陵王；皇孙长懋为南郡王。

乙酉，葬宋顺帝于遂宁陵。

帝以建康居民舛杂，多奸盗，欲立符伍以相检括，右仆射王俭谏曰："京师之地，四方辐凑，必也持符，于事既烦，理成不旷；谢安所谓'不尔何以为京师'也。"乃止。

初，交州刺史李长仁卒，从弟叔献代领州事，以号令未行，遣使求刺史于宋。宋以南海太守沈焕为交州刺史，以叔献为焕宁远司马、武平、新昌二郡太守。叔献既得朝命，人情服从，遂发兵守险，不纳焕。焕停郁林，病卒。

秋，七月，丁未，诏曰："交趾、比景独隔书朔[2]，斯乃前运方季，因迷遂往。宜曲赦交州，即以叔献为刺史，抚安南土。"

魏葭芦镇主杨广香请降，丙辰，以广香为沙州刺史[3]。

八月，乙亥，魏主如方山[4]；丁丑，还宫。

上闻魏将入寇，九月，乙巳，复以豫章王嶷为荆、湘二州刺史，都督如故；以临川王映为扬州刺史。

丙午，以司空褚渊领尚书令。

壬子，魏以侍中、司徒、东阳王丕为太尉，侍中、尚书右仆射陈建为司徒，侍中、尚书代人苟颓为司空。

己未，魏安乐厉王长乐谋反，赐死。

庚申，魏陇西宣王源贺卒。

冬，十月，己巳朔，魏大赦。

癸未，汝阴太妃王氏卒，谥曰宋恭皇后。

初，晋寿民李乌奴与白水氐杨成等寇梁州，梁州刺史范柏年说降乌奴，击成，破之。及沈攸之事起，柏年遣兵出魏兴，声云入援，实候望形势。事平，朝廷遣王玄邈代之。诏柏年与乌奴俱下，乌奴劝柏年不受代；柏年计未决，玄邈已至，柏年乃留乌奴于汉中，还至魏兴，盘桓不进。左卫率豫章胡谐之尝就柏年求马，柏年曰："马非狗也，安能应无已之求！"待使者甚薄；使者还，语谐之曰："柏年云：'胡谐之何物狗！所求无厌！'"谐之恨之，谮于上曰："柏年恃险聚众，欲专据一州。"上使雍州刺史南郡王长懋诱柏年，启为府长史。柏年至襄阳，上欲不问，谐之曰："见虎格得，而纵上山乎？"甲午，赐柏年死。李乌奴叛入氐，依杨文弘，引氐兵千余人寇梁州，陷白马戍。王玄邈使人诈降诱乌奴，乌奴轻兵袭州城，玄邈伏兵邀击，大破之，乌奴挺身复走入氐。

初，玄邈为青州刺史，上在淮阴，为宋太宗所疑，欲北附魏，遣书结玄邈。玄邈长史清河房叔安曰："将军居方州之重，无故举忠孝而弃之，三齐之士，宁蹈东海而死耳，不敢随将军也。"玄邈乃不答上书。及罢州还，至淮阴，严军直过；至建康，启太宗，称上有异志。及上为骠骑，引为司马，玄邈甚惧，而上待之如初。及破乌奴，上曰："玄邈果不负吾意遇也。"叔安为宁蜀太守，上赏其忠正，欲用为梁州，会病卒。

【注释】

①索虏：南北朝时南朝对北朝的辱称。 ②隔书朔：隔，断。隔书朔，即拒命不受天子所颁之朔（历法），有叛逆朝廷之意。 ③沙州：胡三省原注说当在唐利州景谷县一带，即今甘肃敦煌市及附近一带，治所在今甘肃敦煌市西。 ④方山：在北魏都平城北的如浑河边，北魏孝文帝和冯太后将建寿陵于此，所以常到其地。

十一月，辛亥，立皇太子妃裴氏。

癸丑，魏遣假梁郡王嘉督二将出淮阴，陇西公琛督三将出广陵，河东公薛虎子督三将出寿阳，奉丹杨王刘昶入寇；许昶以克复旧业，世胙江南[①]，称藩于魏。蛮酋桓诞请为前驱，以诞为南征西道大都督。义阳民谢天盖自称司州刺史[②]，欲以州附魏，魏乐陵镇将韦珍引兵渡淮应接[③]。豫章王嶷遣中兵参军萧惠朗将二千人助司州刺史萧景先讨天盖，韦珍略七千余户而去。景先，上之从子也。南兖州刺史王敬则闻魏将济淮，委镇还建康，士民惊散，既而魏竟不至。上以其功臣，不问。

上之辅宋也，遣骁骑将军王洪范使柔然，约与共攻魏。洪范自蜀出吐谷浑历西域乃得达。至是，柔然十余万骑寇魏，至塞上而还。

是岁，魏诏中书监高允议定律令。允虽笃老，而志识不衰。诏以允家贫养薄，令乐部丝竹十人五日一诣允以娱其志，朝晡给膳，朔望致牛酒，月给衣服绵绢；入见则备几杖，问以政治。

契丹莫贺弗勿干帅部落万余口入附于魏，居白狼水东[④]。

【注释】

①胙（zuò 座）：建置国家，世代传袭叫"胙"。 ②义阳：治所在今河南信阳市。司州：治所在平阳（今河南信阳市）。 ③乐陵镇：在今山东西部。 ④白狼水：即大陵河，在今辽宁西部，亦称白狼河。

二年 春，正月，戊戌朔，大赦。

以司空褚渊为司徒，尚书右仆射王俭为左仆射；渊不受。

辛丑，上祀南郊。

魏陇西公琛等攻拔马头戍[①]，杀太守刘从。乙卯，诏内外纂严，发兵拒魏，征南郡王长懋为中军将军，镇石头。

魏广川庄王略卒。

魏师攻钟离[②]，徐州刺史崔文仲击破之。文仲遣军主崔孝伯渡淮，攻魏茌眉戍主龙得侯等，杀之。文仲，祖思之族人也。

群蛮依阻山谷，连带荆、湘、雍、郢、司五州之境，闻魏师入寇，□尽发民丁[③]，南襄城蛮秦远乘虚寇潼阳[④]，杀县令。司州蛮引魏兵寇平昌[⑤]，平昌戍主苟元宾击破之。北上黄蛮文勉德寇汶阳，汶阳太守戴元宾弃城奔江陵；豫章王嶷遣中兵参军刘伾绪将千人讨之，至当阳，勉德请降，秦远遁去。

魏将薛道标引兵趣寿阳，上使齐郡太守刘怀慰作冠军将军薛渊书以招道标；魏人闻之，召道标还，使梁郡王嘉代之。怀慰，乘民之子也。二月，丁卯朔，嘉与刘昶寇寿阳。将战，昶四向拜将士，流涕纵横，曰："愿同戮力，以雪仇耻！"

魏步骑号二十万，豫州刺史垣崇祖集文武议之，欲治外城，堰肥水以自固。皆曰："昔佛狸入寇，南平王士卒完盛，数倍于今，犹以郭大难守，退保内城。且自有肥水，未尝堰也，恐劳而无益。"崇祖曰："若弃外城，虏必据之，外修楼橹，内筑长围，则坐成擒矣。守郭筑堰，是吾不谏之策也。"乃于城西北堰肥水，堰北筑小城，周为深堑，使数千人守之，曰："虏见城小，以为一举可取，必悉力攻之，以谋破堰；吾纵水冲之，皆为流尸矣。"魏人果蚁附攻小城，崇祖著白纱帽，肩舆上城。晡时，决堰下水，魏攻城之众漂坠堑中，人马溺死以千数。魏师退走。

谢天盖部曲杀天盖以降。

【注释】

①马头戍：古城名。故址在今湖北公安县北，与长江中的江津戍相对，为江防要地。 ②钟离：治所在燕县（今安徽凤阳县东北）。③□：宋刊本《资治通鉴》甲、乙十一行本均作"官"字。 ④南襄城：在今湖北境内。潼阳：辖境在今湖北境内。 ⑤平昌：在四川东北部。

宋自孝建以来，政纲弛紊，簿籍讹谬。上诏黄门郎会稽虞玩之等更加检定，曰："黄籍[1]，民之大纪，国之治端。自顷巧伪日甚，何以厘革？"玩之上表，以为："元嘉中，故光禄大夫傅隆年出七十，犹手自书籍，躬加隐校。今欲求治取正，必在勤明令长。愚谓宜以元嘉二十七年籍为正，更立明科，一听首悔；迷而不返，依制必戮；若有虚昧，州县同科。"上从之。

上以群蛮数为叛乱，分荆、益置巴州以镇之。壬申，以三巴校尉明慧昭为巴州刺史，领巴东太守。是时，齐之境内，有州二十三，郡三百九十，县千四百八十五[2]。

乙酉，崔文仲遣军主陈靖拔魏竹邑，杀戍主白仲都；崔叔延破魏睢陵，杀淮阳太守梁恶。

三月，丁酉朔，以侍中西昌侯鸾为郢州刺史。鸾，帝兄始安贞王道生之子也；早孤，为帝所养，恩过诸子。

魏刘昶以雨水方降，表请还师，魏人许之；丙午，遣车骑大将军冯熙将兵迎之。

夏，四月，辛巳，魏主如白登山；五月，丙申朔，如火山；壬寅，还平城。

自晋以来，建康宫之外城唯设竹篱，而有六门。会有发白虎樽者[3]，言"白门三重关，竹篱穿不完"。上感其言，命改立都墙。

李乌奴数乘间出寇梁州，豫章王嶷遣中兵参军王图南将益州兵从剑阁掩击之；梁、南秦二州刺史崔慧景发梁州兵屯白马，与图南覆背击乌奴，大破之，乌奴走保武兴。慧景，祖思之族人也。

【注释】

①黄籍：晋代和南朝用黄纸书写的户籍总册。 ②州二十三：为扬、南徐、豫、南豫、南兖、北兖、北徐、青、冀、江、广、交、越、荆、巴、郢、司、雍、湘、梁、秦、益、宁州。郡三百九十：有寄治的，有新置的，还有是少数民族地区的，无人烟地区，建置虽多，很多是名存实亡的。 ③白虎樽：一种盛酒器，盖上雕有白虎，以示忌惮。如果有进献直言给皇帝的，就拿白虎樽盛酒喝，表示无所顾忌。

秋，七月，辛亥，魏主如火山。

戊午，皇太子穆妃裴氏卒。

诏南郡王长懋移镇西州。

角城戍主举城降魏；秋，八月，丁酉[①]，魏遣徐州刺史梁郡王嘉迎之。又遣平南将军郎大檀等三将出朐城，将军白吐头等二将出海西，将军元泰等二将出连口，将军封延等三将出角城，镇南将军贺罗出下蔡，同入寇。

甲辰，魏主如方山；戊申，游武州山石窟寺。庚戌，还平城。

崔慧景遣长史裴叔保攻李乌奴于武兴，为氐王杨文弘所败。

九月，甲午朔，日有食之。

丙午，柔然遣使来聘。

汝南太守常元真、龙骧将军胡青苟降于魏。

闰月，辛巳，遣领军李安民循行清、泗诸戍以备魏。

魏梁郡王嘉帅众十万围朐山，朐山戍主玄元度婴城固守，青、冀二州刺史范阳卢绍之遣子奂将兵助之。庚寅，元度大破魏师。台遣军主崔灵建等将万余人自淮入海，夜至，各举两炬；魏师望见，遁去。

冬，十月，王俭固请解选职，许之；加俭侍中，以太子詹事何戢领选。上以戢资重，欲加常侍，褚渊曰："圣旨每以蝉冕不宜过多。臣与王俭既已左珥，若复加戢，则八座遂有三貂[②]；若帖以骁、游，亦为不少。"乃以戢为吏部尚书，加骁骑将军。

甲辰，以沙州刺史杨广香为西秦州刺史，又以其子炅为武都太守。

丁未，魏以昌黎王冯熙为西道都督，与征南将军桓诞出义阳，镇南将军贺罗出钟离，同入寇。

淮北四州民不乐属魏，常思归江南，上多遣间谍诱之。于是徐州民桓标之、兖州民徐猛子等所在蜂起为寇盗，聚众保五固，推司马朗之为主。魏遣淮阳王尉元、平南将军薛虎子等讨之。

十一月，戊寅，丹杨尹王僧虔上言："郡县狱相承有上汤杀囚，名为救疾，实行冤暴。岂有死生大命，而潜制下邑！愚谓囚病必先刺郡[③]，求职司与医对共诊验，远县家人省视，然后处治。"上从之。

戊子，以杨难当之孙后起为北秦州刺史、武都王④，镇武兴。

十二月，戊戌，以司空褚渊为司徒。渊入朝，以腰扇障日，征虏功曹刘祥从侧过，曰："作如此举止，羞面见人，扇障何益！"渊曰："寒士不逊！"祥曰："不能杀袁、刘，安得免寒士！"祥，穆之之孙也。祥好文学，而性韵刚疏，撰《宋书》，讥斥禅代；王俭密以闻，坐徙广州而卒。

太子宴朝臣于玄圃，右卫率沈文季与褚渊语相失，文季怒曰："渊自谓忠臣，不知死之日何面目见宋明帝！"太子笑曰："沈率醉矣。"

壬子，以豫章王嶷为中书监、司空、扬州刺史，以临川王映为都督荆、雍等九州诸军事、荆州刺史。

是岁，魏尚书令王叡进爵中山王，加镇东大将军；置王官二十二人，以中书侍郎郑羲为傅，郎中令以下皆当时名士。又拜叡妻丁氏为妃。

【注释】

①丁酉：八月无丁酉日，疑原文误。下文"甲辰"，"戊申"，"庚戌"同。 ②八座：东汉至唐，以尚书令、仆射与列曹（部）尚书为八座。貂：自汉以来，侍中、中常侍冠上的装饰物。士人任侍中、中常侍，则银珰左貂，宦者为之，则金珰右貂。此代指为侍中、中常侍官职。 ③刺：把病囚姓名登记后上报郡县，叫做"刺"。 ④北秦州：州名。相当今甘肃成县西北。武都：古县名。治所在今甘肃西和县西南。

三年 春，正月，封皇子锋为江夏王。

魏人寇淮阳，围军主成买于甬城①，上遣领军将军李安民为都督，与军主周盘龙等救之。魏人缘淮大掠，江北民皆惊走渡江，成买力战而死。盘龙之子奉叔以二百人陷陈深入，魏以万余骑张左右翼围之。或告盘龙云，"奉叔已没"，盘龙驰马奋矟，直突魏陈，所向披靡。奉叔已出，复入求盘龙。父子两骑萦扰，魏数万之众莫敢当者；魏师遂败，杀伤万计。魏师退，李安民等引兵追之，战于孙溪渚，又破之。

己卯，魏主南巡，司空苟颓留守；丁亥，魏主至中山。

二月，丁卯朔[2]，魏大赦。

丁酉，游击将军桓康复败魏师于淮阳，进攻樊谐城，拔之。

魏主自中山如信都；癸卯，复如中山；庚戌，还，至肆州[3]。

沙门法秀以妖术惑众，谋作乱于平城；苟颓帅禁兵收掩，悉擒之。魏主还平城，有司囚法秀，加以笼头，铁锁无故自解。魏人穿其颈骨，祝之曰："若果有神，当令穿肉不入。"遂穿以徇，三日乃死。议者或欲尽杀道人，冯太后不可，乃止。

垣崇祖之败魏师也，恐魏复寇淮北，乃徙下蔡戍于淮东。既而魏师果至，欲攻下蔡；闻其内徙，欲夷其故城。己酉，崇祖引兵渡淮击魏，大破之，杀获千计。

晋、宋之际，荆州刺史多不领南蛮校尉，别以重人居之。豫章王嶷为荆、湘二州刺史，领南蛮。嶷罢，更以侍中王奂为之，奂固辞，曰："西土戎烬之后，痍毁难复。今复割撤太府，制置偏校，崇望不足助强，语实交能相弊。且资力既分，职司增广，众劳务倍，文案滋烦，窃以为国计非允。"癸丑，罢南蛮校尉官。

三月，辛酉朔，魏主如肆州；乙巳，还平城。

魏法秀之乱，事连兰台御史张求等百余人，皆以反法当族。尚书令王叡请诛首恶，宥其余党。乃诏："应诛五族者，降为三族；三族者，门诛；门诛，止其身。"所免千余人。

夏，四月，己亥，魏主如方山。冯太后乐其山川，曰："他日必葬我于是，不必祔山陵也。"乃为太后作寿陵，又建永固石室于山上，欲以为庙。

桓标之等有众数万，寨险求援；庚子，诏李安民督诸将往迎之，又使兖州刺史周山图自淮入清，倍道应接。淮北民桓磊魄破魏师于抱犊固。李安民赴救迟留，标之等皆为魏所灭，余众得南归者尚数千家；魏人亦掠三万余口归平城。

魏任城康王云卒。

五月，壬戌，邓至王像舒遣使入贡于魏。邓至者，羌之别种，国于宕昌之南。

六月，壬子，大赦。

甲辰，魏中山宣王王叡卒。叡疾病，太皇太后、魏主屡至其家视疾。及卒，赠太宰，立庙于平城南。文士为叡作哀诗及诔者百余人，及葬，自称亲姻、义旧，缞绖哭送者千余人[4]。魏主以叡子中散大夫袭代叡为尚书令，领吏部曹。

戊午，魏封皇叔简为齐郡王，猛为安丰王。

【注释】

①甬城：当作“角城”，今江苏淮安市淮阴区南。 ②丁卯朔：“丁”，宋刊通鉴甲、乙十一行本作“辛”，建元三年二月，为辛卯朔，当作“辛”。③肆州：治所在今山西忻州市西北。 ④缞（cuī 催）：亦作“衰”，古时丧服，用粗麻布制成，披在胸前。绖（dié 迭）：古代丧服中的麻带，在首为首绖，在腰为腰绖，也专指腰带。

秋，七月，己未朔，日有食之。

上使后军参军车僧朗使于魏。甲子，僧朗至平城。魏主问曰：“齐辅宋日浅，何故遽登大位？”对曰：“虞、夏登庸，身陟元后，魏、晋匡辅，贻厥子孙[1]，时宜各异耳。”

辛酉，柔然别帅他稽帅众降魏。

杨文弘遣使请降，诏复以为北秦州刺史。先是，杨广香卒，其众半奔文弘，半奔梁州。文弘遣杨后起进据白水。上虽授以官爵，而阴敕晋寿太守杨公则使伺便图之。

宋升明中，遣使者殷灵诞、苟昭先如魏，闻上受禅，灵诞谓魏典客曰：“宋、魏通好，忧患是同。宋今灭亡，魏不相救，何用和亲！”及刘昶入寇，灵诞请为昶司马，不许。九月，庚午，魏阅武于南郊，因宴群臣；置车僧朗于灵诞下，僧朗不肯就席，曰：“灵诞昔为宋使，今为齐民。乞魏主以礼见处。”灵诞遂与相忿詈。刘昶赂宋降人解奉君于会刺杀僧朗，魏人收奉君，诛之；厚送僧朗之丧，放灵诞等南归。及世祖即位，昭先具以灵诞之语启闻，灵诞坐下狱死。

辛未，柔然主遣使来聘，与上书，谓上为“足下”，自称曰“吾”，遗上师子皮袴褶[2]，约共伐魏。

魏尉元、薛虎子克五固，斩司马朗之，东南诸州皆平[3]。尉元入为侍中、都曹尚书，薛虎子为彭城镇将，迁徐州刺史。时州镇戍兵，资绢自随，不入公库。虎子上表，以为："国家欲取江东，先须积谷彭城。切惟在镇之兵，不减数万，资粮之绢，人十二匹；用度无准，未及代下，不免饥寒，公私损费。今徐州良田十万余顷，水陆肥沃，清、汴通流，足以溉灌。若以兵绢市牛，可得万头，兴置屯田，一岁之中，且给官食。半兵芸殖，余兵屯戍，且耕且守，不妨捍边。一年之收，过于十倍之绢；暂时之耕，足充数载之食。于后兵资皆贮公库，五稔之后[④]，谷帛俱溢，非直戍卒丰饱，亦有吞敌之势。"魏人从之。虎子为政有惠爱，兵民怀之。会沛郡太守邵安、下邳太守张攀以赃污为虎子所按，各遣子上书，告虎子与江南通，魏主曰："虎子必不然。"推按，果虚，诏安、攀皆赐死，二子各鞭一百。

吐谷浑王拾寅卒，世子度易侯立。冬，十月，戊子朔，以度易侯为西秦、河二州刺史、河南王。

魏中书令高闾等更定新律成，凡八百三十二章；门房之诛十有六，大辟二百三十五，杂刑三百七十七。

初，高昌王阚伯周卒，子义成立；是岁，其从兄首归杀义成自立。高车王可至罗杀首归兄弟，以敦煌张明为高昌王，国人杀明，立马儒为王。

【注释】

①贻厥：亦做"诒厥"。贻，遗留给；厥，犹"其"。后因以为子孙的代称。 ②袴褶（kùzhě 库者）：袴，本作"绔"，古时指套裤；褶，夹衣。后以袴褶代指戎衣。 ③东南诸州：指淮北四州，淮北四州位于北魏东南。④稔（rěn 忍）：庄稼成熟。谷一熟为一年，所以也称年为"稔"。

四年　春，正月，壬戌，诏置学生二百人，以中书令张绪为国子祭酒。

甲戌，魏大赦。

三月，庚申，上召司徒褚渊、尚书左仆射王俭受遗诏辅太子；壬戌，殂于临光殿。太子即位，大赦。

高帝沉深有大量，博学能文。性清俭，主衣中有玉导[①]，上敕中书曰："留此正是兴长病源！"即命击碎，仍检按有何异物，皆随此例。每曰："使我治天下十年，当使黄金与土同价。"

乙丑，以褚渊录尚书事，王俭为侍中、尚书令，车骑将军张敬兒开府仪同三司。丁卯，以前将军王奂为尚书左仆射。庚午，以豫章王嶷为太尉。

庚辰，魏主临虎圈，诏曰："虎狼猛暴，取捕之日，每多伤害；既无所益，损费良多，从今勿复捕贡。"

夏，四月，庚寅，上大行谥曰高皇帝[②]，庙号太祖。丙午，葬泰安陵。

辛卯，追尊穆妃为皇后。六月，甲申朔，立南郡王长懋为皇太子。丙申，立太子妃王氏。妃，琅邪人也。封皇子闻喜公子良为竟陵王，临汝公子卿为庐陵王，应城公子敬为安陆王，江陵公子懋为晋安王，枝江公子隆为随郡王，子真为建安王，皇孙昭业为南郡王。

司徒褚渊寝疾，自表逊位，世祖不许。渊固请恳切，癸卯，以渊为司空，领骠骑将军，侍中、录尚书如故。

秋，七月，魏发州郡五万人治灵丘道。

吏部尚书济阳江谧，性谄躁，太祖殂，谧恨不豫顾命；上即位，谧又不迁官；以此怨望、诽谤。会上不豫，谧诣豫章王嶷请间，曰："至尊非起疾，东宫又非才，公今欲作何计？"上知之，使御史中丞沈冲奏谧前后罪恶，庚寅[③]，赐谧死。

癸卯[④]，南康文简公褚渊卒，世子侍中贲耻其父失节，服除，遂不仕，以爵让其弟蓁，屏居墓下终身。

九月，丁巳，以国哀罢国子学。

氐王杨文弘卒，诸子皆幼，乃以兄子后起为嗣。九月，辛酉，魏以后起为武都王，文弘子集始为白水太守。既而集始自立为王，后起击破之。

魏以荆州巴、氐扰乱[⑤]，以镇西大将军李崇为荆州刺史。崇，显祖之舅子也。将之镇，敕发陕、秦二州兵送之，崇辞曰："边人失和，本怨刺史。今奉诏代之，自然安靖；但须一诏而已，不烦发兵自防，使之怀惧也。"魏朝从之。崇遂轻将数十骑驰至上洛，宣诏慰谕，民夷帖然。崇命边戍掠得齐人者悉还之，由是齐人亦还其生口二百许人，二境交和，无复烽燧之警。久之，徙兖州刺史。兖土旧多劫盗，崇命村置一楼，楼皆悬鼓，盗发之处，乱击之；旁村始闻者，以一击为节，次二，次三，俄顷之间，声布百里，皆发人守险要。由是盗发，无不擒获。其后诸州皆效之，自崇始也。

辛未，以征南将军王僧虔为左光禄大夫、开府仪同三司，以尚书右仆射王奂为湘州刺史。

宋故建平王景素主簿何昌寓、记室王摛及所举秀才刘琎，前后上书陈景素德美，为之讼冤。冬，十月，辛丑，诏听以士礼还葬旧茔。琎，瓛之弟也。

十一月，魏高祖将亲祠七庙⑥，命有司具仪法，依古制备牲牢、器服及乐章；自是四时常祀皆举之。

【注释】

①主衣：宫廷中主管皇帝等穿着衣服的人。宫廷中专设有主衣库，存放皇帝衣服、饰物，此处当指主衣库。 ②大行（xìng 幸）：古代以称初死的皇帝。 ③庚寅：七月无此日。 ④癸卯：七月无此日。 ⑤荆州：地名。北魏置，治所在上洛（今陕西商洛市商州区）。 ⑥七庙：古代宗法制度，天子祭祀祭七庙，以太祖庙居中，左右三昭三穆，共七庙。

世祖武皇帝上之上

永明元年 春，正月，辛亥，上祀南郊，大赦，改元。

诏以边境宁晏，治民之官，普复田秩①。

以太尉豫章王嶷领太子太傅。嶷不参朝务，而常密献谋划，上多从之。

壬戌，立皇弟锐为南平王，铿为宜都王，皇子子明为武昌王，子罕为南海王。

二月，辛巳，以征虏将军杨炅为沙州刺史、阴平王。

辛丑，以宕昌王梁弥机为河、凉二州刺史，邓至王像舒为西凉州刺史。

宋末，以治民之官六年过久，乃以三年为断，谓之小满；而迁换去来，又不能依三年之制。三月，癸丑，诏，自今一以小满为限。

有司以天文失度，请禳之[②]。上曰："应天以实不以文。我克己求治，思隆惠政；若灾眚在我[③]，禳之何益！"

夏，四月，壬午，诏："袁粲、刘秉、沈攸之，虽末节不终，而始诚可录。"皆命以礼改葬。

上之为太子也，自以年长，与太祖同创大业，朝事大小，率皆专断，多违制度。信任左右张景真，景真骄侈，被服什物，僭拟乘舆；内外畏之，莫敢言者。

司空谘议荀伯玉，素为太祖所亲厚，叹曰："太子所为，官终不知，岂得畏死，蔽官耳目！我不启闻，谁当启者！"因太子拜陵，密以启太祖。太祖怒，命检校东宫。

太子拜陵还，至方山，晚，将泊舟，豫章王嶷自东府乘飞燕东迎太子，告以上怒之意。太子夜归，入宫，太祖亦停门籥待之[④]。明日，太祖使南郡王长懋、闻喜公子良宣敕诘责，并示以景真罪状，使以太子令收景真，杀之。太子忧惧，称疾。

月余，太祖怒不解，昼卧太阳殿，王敬则直入，叩头启太祖曰："官有天下日浅，太子无事被责，人情恐惧；愿官往东宫解释之。"太祖无言。敬则因大声宣旨，装束往东宫，又敕太官设馔，呼左右索舆，太祖了无动意。敬则索衣被太祖，乃牵强登舆。太祖不得已至东宫，召诸王宴于玄圃。长沙王晃捉华盖，临川王映执雉尾扇，闻喜公子良持酒铊[⑤]，南郡王长懋行酒，太子及豫章王嶷、王敬则自捧酒馔，至暮，尽醉乃还。

太祖嘉伯玉忠荩[⑥]，愈见亲信，军国密事，多委使之，权动朝右。遭母忧，去宅二里许，冠盖已塞路。左率萧景先，侍中王晏共吊之，自旦至暮，始得前。比出，饥乏，气息惙然，愤悒形于声貌。明日，言于太祖曰："臣等所见二宫门庭，比荀伯玉宅可张雀罗矣。"晏，敬弘之从子也。

骁骑将军陈胤叔，先亦白景真及太子得失，而语太子皆云"伯玉以闻"。太子由是深怨伯玉。

太祖阴有以豫章王嶷代太子之意，而嶷事太子愈谨，故太子友爱不衰。

豫州刺史垣崇祖不亲附太子，会崇祖破魏兵，太祖召还朝，与之密谋。太子疑之，曲加礼待，谓曰："世间流言，我已豁怀；自今以富贵相付。"崇祖拜谢。会太祖复遣荀伯玉，敕以边事，受旨夜发，不得辞东宫，太子以为不尽诚，益衔之⑦。

太祖临终，指伯玉以属太子。上即位，崇祖累迁五兵尚书，伯玉累迁散骑常侍。伯玉内怀忧惧，上以伯玉与崇祖善，恐其为变，加意抚之。丁亥，下诏诬崇祖招结江北荒人，欲与伯玉作乱，皆收杀之。

庚子，魏主如崞山；壬寅，还宫。

闰月，癸丑，魏主后宫平凉林氏生子恂，大赦。文明太后以恂当为太子，赐林氏死，自抚养恂。

【注释】

①田秩：指百官俸禄。 ②禳（ráng 瓤）：祭祀消灾。 ③眚（shěng 省）：过错。 ④籥（yuè 跃）：同"钥"，锁钥。 ⑤铛：通"铛"（chēng 撑），温器。 ⑥荩（jìn 尽）：通"进"，忠诚。 ⑦衔（xián 咸）：记在心里，怀恨。

五月，戊寅朔，魏主如武州山石窟佛寺。

车骑将军张敬兒好信梦；初为南阳太守，其妻尚氏梦一手热如火；及为雍州，梦一胛热；为开府，梦半身热。敬兒意欲无限，常谓所亲曰："吾妻复梦举体热矣。"又自言梦旧村社树高至天，上闻而恶之。垣崇祖死，敬兒内自疑，会有人告敬兒遣人至蛮中货易，上疑其有异志。会上于华林园设八关斋①，朝臣皆预，于坐收敬兒。敬兒脱冠貂投地曰："此物误我！"丁酉，杀敬兒，并其四子。

敬兒弟恭儿，常虑为兄祸所及，居于冠军，未常出襄阳，村落深阻，墙垣重复。敬兒每遣信，辄上马属鞬，然后见之。敬兒败问至，席卷入蛮；后自出，上恕之。

敬兒女为征北谘议参军谢超宗子妇，超宗谓丹杨尹李安民曰："'往年杀韩信，今年杀彭越，'尹欲何计！"安民具启之。上素恶超宗轻慢，使兼御史中丞袁彖奏弹超宗，丁巳，收付廷尉，徙越隽，于道赐死。以象语不刻切，又使左丞王逡之奏弹象轻文略奏，挠法容非，象坐免官，禁锢十年。超宗，灵运之孙；象，颉之弟子也。

秋，七月，丁丑，魏主及太后如神渊池；甲申，如方山。

魏使假员外散骑常侍顿丘李彪来聘。

侍中、左光禄大夫、开府仪同三司王僧虔固辞开府，谓兄子俭曰："汝任重于朝，行登三事；我若复有此授，乃是一门有二台司，吾实惧焉。"累年不拜，上乃许之，戊戌，加僧虔特进。俭作长梁斋，制度小过，僧虔视之，不悦，竟不入户；俭即日毁之。

初，王弘与兄弟集会，任子孙戏适。僧达跳下地作虎子；僧绰正坐，采蜡烛珠为凤皇，僧达夺取打坏，亦复不惜；僧虔累十二博棋，既不坠落，亦不重作。弘叹曰："僧达俊爽，当不减人，然恐终危吾家；僧绰当以名义见美；僧虔必为长者，位至公台。"已而皆如其言。

八月，庚申，骁骑将军王洪范自柔然还，经涂三万余里。

冬，十月，丙寅，遣骁骑将军刘缵聘于魏，魏主客令李安世主之。魏人出内藏之宝，使贾人鬻之于市。缵曰："魏金玉大贱，当由山川所出。"安世曰："圣朝不贵金玉，故贱同瓦砾。"缵初欲多市，闻其言，内惭而止。缵屡奉使至魏，冯太后遂私幸之。

十二月，乙巳朔，日有食之。

癸丑，魏始禁同姓为婚。

王俭进号卫将军，参掌选事。

是岁，省巴州。

魏秦州刺史於洛侯，性残酷，刑人必断腕，拔舌，分悬四体。合州惊骇，州民王元寿等一时俱反。有司劾奏之，魏主遣使至州，於洛侯常刑人处宣告吏民，然后斩之。

齐州刺史韩麒麟，为政尚宽，从事刘普庆说麒麟曰："公杖节方夏，而无所诛斩，何以示威！"麒麟曰："刑罚所以止恶，仁者不得已而用之。今民不犯法，又何诛乎？若必断斩然后可以立威，当以卿应之！"普庆惭惧而起。

【注释】

①八关斋:全称“八关斋戒”,佛教名词。佛教在家男女于一日一夜中所受的八种斋戒法:(1)不杀生;(2)不偷盗;(3)不淫;(4)不妄语;(5)不饮酒;(6)不眠坐高广华丽床座;(7)不涂饰香发及歌舞视听;(8)不食非时食。

资治通鉴卷第一百三十六

齐纪二 起阏逢困敦，尽屠维大荒落，凡六年。

世祖武皇帝上之下

永明二年 春，正月，乙亥，以后将军柳世隆为尚书右仆射；竟陵王子良为护军将军兼司徒，领兵置佐，镇西州。子良少有清尚，倾意宾客，才隽之士，皆游集其门。开西邸，多聚古人器服以充之。记室参军范云、萧琛、乐安任昉、法曹参军王融、卫军东阁祭酒萧衍、镇西功曹谢朓、步兵校尉沈约、扬州秀才吴郡陆倕，并以文学，尤见亲待，号曰八友。法曹参军柳恽、太学博士王僧孺、南徐州秀才济阳江革、尚书殿中郎范缜、会稽孔休源亦预焉。琛，惠开之从子；恽，元景之从孙；融，僧达之孙；衍，顺之之子；朓，述之孙；约，璞之子；僧孺，雅之

北齐骑马俑

曾孙；缜，云之从兄也。

子良笃好释氏，招致名僧，讲论佛法，道俗之盛，江左未有。或亲为众僧赋食、行水，世颇以为失宰相体。

范缜盛称无佛。子良曰："君不信因果，何得有富贵、贫贱？"缜曰："人生如树花同发，随风而散：或拂帘幌坠茵席之上，或关篱墙落粪溷之中。坠茵席者，殿下是也；落粪溷者，下官是也。贵贱虽复殊途，因果竟在何处！"子良无以难。缜又著《神灭论》，以为："形者神之质，神者形之用也。神之于形，犹利之于刀；未闻刀没而利存，岂容形亡而神在哉！"此论出，朝野喧哗，难之终不能屈。太原王琰著论讥缜曰："呜呼范子！曾不知其先祖神灵所在！"欲以杜缜后对。缜对曰："呜呼王子！知其先祖神灵所在而不能杀身以从之！"子良使王融谓之曰："以卿才美，何患不至中书郎；而故乖剌为此论，甚可惜也！宜急毁弃之。"缜大笑曰："使范缜卖论取官，已至令、仆矣，何但中书郎邪！"

萧衍好筹略，有文武才干，王俭深器异之，曰："萧郎出三十，贵不可言。"

壬寅，以柳世隆为尚书左仆射，丹杨尹李安民为右仆射，王俭领丹杨尹。

夏，四月，甲寅，魏主如方山；戊午，还宫；庚申，如鸿池；丁卯，还宫。

五月，甲申，魏遣员外散骑常侍李彪等来聘。

六月，壬寅朔，中书舍人吴兴茹法亮封望蔡男[①]。时中书舍人四人，各住一省，谓之"四户"，以法亮及临海吕文显等为之；既总重权，势倾朝廷，守宰数迁换去来，四方饷遗，岁数百万。法亮尝于众中语人曰："何须求外禄！此一户中，年办百万。"盖约言之也。后因天文有变，王俭极言"文显等专权徇私，上天见异，祸由四户"。上手诏酬答，而不能改也。

魏旧制：户调帛二匹，絮二斤，丝一斤，谷二十斛；又入帛一匹二丈，委之州库，以供调外之费；所调各随土之所出。丁卯，诏曰："置官班禄，行之尚矣；自中原丧乱，兹制中绝。朕宪章旧典，始班俸禄。户增调帛三匹，谷二斛九斗，以为官司之禄；增调外帛二匹。禄行之后，赃满一匹者死。变法改度，宜为更始，其大赦天下。”

秋，七月，甲申，立皇子子伦为巴陵王。

乙未，魏主如武州山石窟寺。

【注释】

①望蔡：县名。东汉置，原名上蔡，晋武帝太康元年（280）改名为望蔡，治所在今江西上高县西。

九月，魏诏，班禄以十月为始，季别受之。旧律，枉法十匹，义赃二十匹，罪死；至是，义赃一匹，枉法无多少，皆死。仍分命使者，纠按守宰之贪者。

秦、益二州刺史恒农李洪之以外戚贵显[1]，为治贪暴，班禄之后，洪之首以赃败。魏主命锁赴平城，集百官亲临数之；犹以其大臣，听在家自裁。自余守宰坐赃死者四十余人。受禄者无不局蹐[2]，赇赂殆绝。然吏民犯他罪者，魏主率宽之，疑罪奏谳多减死徙边，岁以千计。都下决大辟，岁不过五六人；州镇亦简。

久之，淮南王佗奏请依旧断禄，文明太后召群臣议之。中书监高闾以为：“饥寒切身，慈母不能保其子。今给禄，则廉者足以无滥，贪者足以劝慕；不给，则贪者得肆其奸，廉者不能自保。淮南之议，不亦谬乎！”诏从闾议。

闾又上表，以为：“北狄悍愚[3]，同于禽兽。所长者野战，所短者攻城。若以狄之所短夺其所长，则虽众不能成患，虽来不能深入。又，狄散居野泽，随逐水草，战则与家业并至，奔则与畜牧俱逃，不赍资粮而饮食自足，是以历代能为边患。六镇势分，倍众不斗，互相围逼，难以制之。请依秦、汉故事，于六镇之北筑长城[4]，择要害之地，往往开门，造小城于其侧，置兵捍守。狄既不攻城，野掠无获，草尽则走，终必惩艾。计六镇东西不过千里，一夫一月之功可城三步之地，强弱相兼，不过用十万人，一月可就；虽有暂劳，可以永逸。凡长城有五利：罢游防之苦，一也；北部放牧无抄掠之患，二也；登城观敌，以逸待劳，三也；息无时之备，四也；岁常游运，永得不匮，五也。”魏主优诏答之。

冬，十月，丁巳，以南徐州刺史长沙王晃为中书监。初，太祖临终，以晃属帝，使处于辇下或近藩，勿令远出。且曰："宋氏若非骨肉相残，他族岂得乘其弊！汝深诫之！"旧制：诸王在都，唯得置捉刀左右四十人。晃好武饰，及罢南徐州，私载数百人仗还建康，为禁司所觉，投之江水。帝闻之，大怒，将纠以法，豫章王嶷叩头流涕曰："晃罪诚不足宥，陛下当忆先朝念晃。"帝亦垂泣，由是终无异意，然亦不被亲宠。论者谓帝优于魏文[5]，减于汉明[6]。

武陵王晔多才艺而疏悻，亦无宠于帝。尝侍宴，醉伏地，貂抄肉柈。帝笑曰："肉污貂。"对曰："陛下爱羽毛而疏骨肉。"帝不悦。晔轻财好施，故无畜积；名后堂山曰"首阳"，盖怨贫薄也。

高丽王琏遣使入贡于魏，亦入贡于齐。时高丽方强，魏置诸国使邸，齐使第一，高丽次之。

【注释】

①恒农：即弘农，郡名。治所在今河南灵宝市北。北魏避北魏献文帝拓跋弘讳，改名为恒农。 ②局蹐（jí 瘠）：畏缩不安的样子。 ③北狄：秦汉以后，中原人对北方各族的泛称。此处指柔然。 ④六镇：北魏初年，为防柔然侵扰，在京都平城（今山西大同市东）以北，阴山南北，自西而东设置沃野（今内蒙古五原县北）、怀朔（今内蒙古固阳县西南）、武川（今内蒙古武川县西土城）、抚宴（今内蒙古四子王旗东南土城子）、柔玄（今内蒙古兴和台基庙东北）、怀荒（今河北张北县境）六个军镇，合称"六镇"。 ⑤魏文：即魏文帝曹丕（187—226）。字子桓，谯（今安徽亳州市）人，曹操次子。 ⑥汉明：即东汉明帝刘庄。刘秀第四子，58—75年在位。

益州大度獠恃险骄恣[1]，前后刺史不能制。及陈显达为刺史，遣使责其租赕[2]。獠帅曰："两眼刺史尚不敢调我，况一眼乎！"遂杀其使。显达分部将吏，声言出猎，夜，往袭之，男女无少长皆斩之。

晋氏以来，益州刺史皆以名将为之。十一月，丁亥，帝始以始兴王鉴为督益、宁诸军事、益州刺史，征显达为中护军。先是，劫帅韩武方聚党千余人断流为暴，郡县不能禁。鉴行至上明，武方出降,长史虞悰等咸请杀之。鉴曰:"杀之失信,且无以劝善。"乃启台而宥之,于是巴西蛮夷为寇暴者皆望风降附。鉴时年十四,行至新城,道路籍籍,云"陈显达大选士马,不肯就征。"乃停新城,遣典签张昙皙往观形势。俄而显达遣使诣鉴,咸劝鉴执之。鉴曰:"显达立节本朝,必自无此。"居二日,昙皙还,具言"显达已迁家出城,日夕望殿下至。"于是乃前。鉴喜文学,器服如素士,蜀人悦之。

乙未,魏员外散骑常侍李彪等来聘。

是岁,诏增豫章王嶷封邑为四千户。宋元嘉之世,诸王入斋阁,得白服、裙帽见人主[4];唯出太极四厢[5],乃备朝服。自后此制遂绝。上于嶷友爱,宫中典宴,听依元嘉故事。嶷固辞不敢,唯车驾至其第,乃白服、乌纱帽以侍宴。至于衣服、器用制度,动皆陈启,事无专制,务从减省。上并不许。嶷常虑盛满,求解扬州,以授竞陵王子良。上终不许,曰:"毕汝一世,无所多言。"嶷长七尺八寸,善修容范,文物卫从,礼冠百寮,每出入殿省,瞻望者无不肃然。

交州刺史李叔献既受命,而断割外国贡献;上欲讨之。

三年 春,正月,丙辰[6],以大司农刘楷为交州刺史,发南康、庐陵、始兴兵以讨叔献。叔献闻之,遣使乞更申数年,献十二队纯银兜鍪及孔雀毦;上不许。叔献惧为楷所袭,间道自湘州还朝。

戊寅,魏诏曰:"图谶之兴,出于三季,既非经国之典,徒为妖邪所凭。自今图谶、秘纬,一皆焚之,留者以大辟论!"又严禁诸巫觋及委巷卜筮非经典所载者。

魏冯太后作《皇诰》十八篇,癸未,大飨群臣于太华殿,班《皇诰》。

辛卯,上祀南郊,大赦。

诏复立国学;释奠先师用上公礼。

二月,己亥,魏制皇子皇孙有封爵者,岁禄各有差。

辛丑,上祭北郊。

三月,丙申,魏封皇弟禧为咸阳王,干为河南王,羽为广陵王,雍为颍川王,勰为始平王,详为北海王。文明太后令置学馆,选师傅以教诸王。勰于兄弟最贤，敏而好学，善属文，魏主尤奇爱之。

夏，四月，癸丑，魏主如方山；甲寅，还宫。

【注释】

①大度：古水名，即大渡水，亦作大度水。《水经·若水注》以旄牛徼外的鲜水为大度水，即今四川康定市西的坝拉河。 ②赕（tǎn 坦）：我国古代西南地区某些少数民族语的音译字，意为以财赎罪。 ③斋阁：天子的书房。 ④裙帽：南朝宋、齐之间，王室所用有别于官帽的一种便帽。 ⑤太极：此处指太极殿，宋齐朝廷宫殿的前殿，有四厢，为接见群臣处。 ⑥丙辰：正月无此日，疑有误。

初，宋太宗置总明观以集学士[①]，亦谓之东观。上以国学既立，五月，乙未，省总明观。时王俭领国子祭酒，诏于俭宅开学士馆，以总明四部书充之[②]。又诏俭以家为府。

自宋世祖好文章，士大夫悉以文章相尚，无以专经为业者。俭少好《礼》学及《春秋》，言论造次必于儒者，由是衣冠翕然，更尚儒术。俭撰次朝仪、国典，自晋、宋以来故事，无不谙忆，故当朝理事，断决如流。每博议引证，八坐、丞、郎无能异者[③]。令史谘事常数十人，宾客满席，俭应接辩析，傍无留滞，发言下笔，皆有音彩。十日一还学监试诸生，巾卷在庭，剑卫、令史，仪容甚盛。作解散髻，斜插簪；朝野慕之，相与仿效。俭常谓人曰："江左风流宰相，唯有谢安[④]。"意以自比也。上深委仗之，士流选用，奏无不可。

六月，庚戌，（魏）进河南王度易侯为车骑将军，遣给事中吴兴丘冠先使河南，并送柔然使。

辛亥，魏主如方山；丁巳，还宫。

秋，七月，癸未，魏遣使拜宕昌王梁弥机兄子弥承为宕昌王。初，弥机死，子弥博立，为吐谷浑所逼，奔仇池。仇池镇将穆亮以弥机事魏素厚，矜其灭亡；弥博凶悖，所部恶之；弥承为众所附，表请纳之。诏许之。亮帅骑三万军于龙鹄[⑤]，击走吐谷浑，立弥承而还。亮，崇之曾孙也。

戊子，魏主如鱼池，登青原冈；甲午，还宫；八月，己亥，如弥泽；甲寅，登牛头山；甲子，还宫。

魏初，民多荫附[6]；荫附者皆无官役，而豪强征敛倍于公赋。给事中李安世上言："岁饥民流，田业多为豪右所占夺；虽桑井难复[7]，宜更均量，使力业相称。又，所争之田，宜限年断，事久难明，悉归今主，以绝诈妄。"魏主善之，由是始议均田。冬，十月，丁未，诏遣使者循行州郡，与牧守均给天下之田：诸男夫十五以上受露田四十亩，妇人二十亩，奴婢依良丁；牛一头，受田三十亩，限止四牛。所授之田，率倍之；三易之田，再倍之；以供耕作及还受之盈缩。人年及课则受田，老免及身没则还田。奴婢、牛随有无以还受。初受田者，男夫给二十亩，课种桑五十株；桑田皆为世业，身终不还。恒计见口，有盈者无受无还，不足者受种如法，盈者得卖其盈。诸宰民之官，各随近给公田有差，更代相付；卖者坐如律。

辛酉，魏魏郡王陈建卒。

魏员外散骑常侍李彪等来聘。

十二月，乙卯，魏以侍中淮南王佗为司徒。

柔然犯魏塞，魏任城王澄帅众拒之，柔然遁去。澄，云之子也。氐、羌反，诏以澄为都督梁、益、荆三州诸军事、梁州刺史。澄至州，讨叛柔服，氐、羌皆平。

初，太祖命黄门郎虞玩之等检定黄籍。上即位，别立校籍官，置令史，限人一日得数巧[8]。既连年不已，民愁怨不安。外监会稽吕文度启上[9]，籍被却者悉充远戍，民多逃亡避罪。富阳民唐寓之因以妖术惑众作乱[10]，攻陷富阳，三吴却籍者奔之，众至三万。

文度与茹法亮、吕文显皆以奸谄有宠于上。文度为外监，专制兵权，领军守虚位而已。法亮为中书通事舍人，权势尤盛。王俭常曰："我虽有大位，权寄岂及茹公邪！"

是岁，柔然部真可汗卒，子豆仑立，号伏名敦可汗，改元太平。

【注释】

①总明观：据《宋书》，南朝宋明帝刘彧泰始六年（470）设，推举士人二十人，分为儒、道、文、史、阴阳五部学。 ②四部书：时分经、史、子、集书为甲、乙、丙、丁四部。总明观原设儒、道、文、史、阴阳五部学，后因无人研究阴阳学，则只有儒、道、文、史，所以称"总明四部书"，是指儒、道、文、史书。 ③八坐：即"八座"。东汉至唐一般以尚书令、仆射、五曹或

六曹(部)尚书为八座。 ④谢安(320—385):东晋政治家,字安石,陈郡阳夏(今河南太康县)人。出身士族,孝武帝时任宰相,曾指挥获得著名的淝水之战胜利,并乘机北伐收复洛阳及青、兖、徐、豫等州,名声大振。后被司马道子排挤,出镇广陵,不久病死。 ⑤龙鹄:即“龙涸”。古城名。故址在今四川松潘县。 ⑥荫附:封建社会农民为躲避官府沉重赋役而投靠依附豪强地主门下以求荫庇,成为荫户,为豪强地主所控制。 ⑦桑井:指殷周时代的井田制。 ⑧巧:此处指奸诈虚伪之事。⑨外监:官名,属中领军。南朝时多由皇帝指派亲信担任,权力有时比领军还大。 ⑩富阳:即“富春”,县名,秦置,治所在今浙江杭州市富阳区。晋太元中避郑太后讳改名“富阳”。唐寓之:富阳人,侨居桐庐,父祖相传以图墓为业。永明三年(485),唐寓之自称在山中得了金印,联络四百人起义,攻占富阳,当时不堪南齐“却籍”沉重赋役之苦的农民纷纷投奔,起义队伍至三万人,但在南齐朝廷镇压下,起义很快失败,唐寓之也被杀死。

四年 春,正月,癸亥朔,魏高祖朝会,始服衮冕[①]。

壬午,柔然寇魏边。

唐寓之攻陷钱唐,吴郡诸县令多弃城走。寓之称帝于钱唐,立太子,置百官;遣其将高道度等攻陷东阳,杀东阳太守萧崇之。崇之,太祖族弟也。又遣其将孙泓寇山阴,至浦阳江;浃口戍主汤休武击破之。上发禁兵数千人,马数百匹,东击寓之。台军至钱塘,寓之众乌合,畏骑兵,一战而溃,擒斩寓之,进平诸郡县。

台军乘胜,颇纵抄掠。军还,上闻之,收军主前军将军陈天福弃市;左军将军刘明彻免官、削爵,付东冶[②]。天福,上宠将也,既伏诛,内外莫不震肃。使通事舍人丹阳刘系宗随军慰劳,遍至遭贼郡县,百姓被驱逼者悉无所问。

闰月,癸巳,立皇子子贞为邵陵王,皇孙昭文为临汝公。

氐王杨后起卒,丁未,诏以白水太守杨集始为北秦州刺史、武都王。集始,文弘之子也。后起弟后明为白水太守。魏亦以集始为武都王。集始入朝于魏,魏以为南秦州刺史。

辛亥,帝耕籍田。

二月，己未[3]，立皇弟銶为晋熙王，铉为河东王。

魏无乡党之法，唯立宗主督护[4]；民多隐冒，三五十家始为一户。内秘书令李冲上言："宜准古法：五家立邻长，五邻立里长，五里立党长，取乡人强谨者为之。邻长复一夫，里长二夫，党长三夫，三载无过，则升一等。其民调，一夫一妇，帛一匹，粟二石。大率十匹为公调，二匹为调外费，三匹为百官俸。此外复有杂调。民年八十已上，听一子不从役。孤独、癃老[5]、笃疾、贫穷不能自存者，三长内迭养食之。"书奏，诏百官通议。中书令郑羲等皆以为不可。太尉丕曰："臣谓此法若行，于公私有益。但方有事之月，校比户口，民必劳怨。请过今秋，至冬乃遣使者，于事为宜。"冲曰："'民可使由之，不可使知之。'若不因调时，民徒知立长校户之勤，未见均徭省赋之益，心必生怨。宜及调课之月，令知赋税之均，既识其事，又得其利，行之差易。"群臣多言："九品差调[6]，为日已久，一旦改法，恐成扰乱。"文明太后曰："立三长则课调有常准[7]，苞荫之户可出，侥幸之人可止，何为不可！"甲戌，初立党、里、邻三长，定民户籍。民始皆愁苦，豪强者尤不愿。既而课调省费十余倍，上下安之。

三月，丙申，柔然遣使者牟提如魏。时敕勒叛柔然，柔然伏名敦可汗自将讨之，追奔至西漠。魏左仆射穆亮等请乘虚击之，中书监高闾曰："秦、汉之世，海内一统，故可远征匈奴。今南有吴寇[8]，何可舍之深入虏庭！"魏主曰："'兵者凶器，圣人不得已而用之。'先帝屡出征伐者，以有未宾之虏故也。今朕承太平之业，奈何无故动兵革乎！"厚礼其使者而归之。

夏，四月，辛酉朔，魏始制五等公服[9]；甲子，初以法服、御辇祀南郊。

癸酉，魏主如灵泉池；戊寅，还宫。

湘州蛮反，刺史吕安国有疾不能讨；丁亥，以尚书左仆射柳世隆为湘州刺史，讨平之。

六月，辛酉，魏主如方山。

己卯，魏文明太后赐皇子恂名，大赦。

秋，七月，戊戌，魏主如方山。

八月，乙亥，魏给尚书五等爵已上朱衣，玉佩，大小组绶。

九月，辛卯，魏作明堂、辟雍⑩。

冬，十一月，魏议定民官依户给俸。

十二月，柔然寇魏边。

是岁，魏改中书学曰国子学。分置州郡，凡三十八州，二十五在河南，十三在河北⑪。

【注释】

①衮冕（gǔn miǎn 滚免）：衮衣和冕。古代皇帝及上公的礼服。衮衣，画有龙的图样的衣服。冕，礼帽，后专指皇冠。 ②东冶：县名，治所在今福建福州市。其地滨海，为通交趾的主要港口。 ③己未：二月无此日，疑有误。 ④宗主督护：北魏初期的地方基层组织。十六国时，黄河流域的豪强地主多据坞壁自守，聚族而居。北魏建立，即倚之为地方基层政权，任命豪强为宗主，督护百姓，称为宗主督护。 ⑤癃（lóng 龙）老：衰弱多病的老人。 ⑥九品差调：即“九品混通”制，北魏初年实行的赋税制。把当时中原地区每一地区的民户，分成九等（九品），政府征收赋税时，先定下平均每户出绢数量，然后按一定的比差来征收各等户的赋税。叫“九品混通”。 ⑦三长：即“三长制”。北魏孝文帝改革的一项内容。太和十年（486）废除宗主督护制，于五家立一邻长，五邻立一里长，五里立一党长，其职责是检查户口，监督耕作，征收租调，征发徭役和兵役。三长享有一定的优待，得免除一人到三人的官役。三长制是以抑制豪强隐匿户口和逃避租调徭役，并直接控制基层的政权组织。 ⑧吴寇：指南朝政权。 ⑨五等：朱、紫、绯、绿、青。 ⑩辟雍：为西周天子所设大学。东汉以后，历代皆有辟雍，除北宋末年为太学之预备学校（亦称“外学”）外，均仅为祭祀之所。 ⑪河南二十五州：青、南青、兖、齐、济、光、豫、洛、徐、东徐、雍、秦、南秦、梁、益、荆、凉、河、沙州，时又置华、陕、夏、岐、班、郢等州，共二十五州，在黄河以南；河北十三州，司、并、肆、定、相、冀、幽、燕、营、平、安州，时又置瀛、汾等州，共十三州，在黄河以北。

五年　春，正月，丁亥朔，魏主诏定乐章，非雅者除之。

戊子，以豫章王嶷为大司马，竟陵王子良为司徒，临川王映、卫将军王俭、中军将军王敬则并加开府仪同三司。子良启记室范云为郡，上曰："闻其常相卖弄，朕不复穷法，当宥之以远。"子良曰："不然。云动相规诲，谏书具存。"遂取以奏，凡百余纸，辞皆切直。上叹息，谓子良曰："不谓云能尔；方使弼汝，何宜出守！"文惠太子尝出东田观获，顾谓众宾曰："刈此亦殊可观。"众皆曰："唯唯。"云独曰："三时之务[①]，实为长勤。伏愿殿下知稼穑之艰难，无徇一朝之宴逸！"

荒人桓天生自称桓玄宗族，与雍、司二州蛮相扇动，据南阳故城，请兵于魏，将入寇。丁酉，诏假丹杨尹萧景先节，总帅步骑，直指义阳，司州诸军皆受节度；又假护军将军陈显达节，帅征虏将军戴僧静等水军向宛、叶，雍、司诸军皆受显达节度，以讨之。

魏光禄大夫咸阳文公高允，历事五帝[②]，出入三省[③]，五十余年，未尝有谴；冯太后及魏主甚重之，常命中黄门苏兴寿扶侍。允仁恕简静，虽处贵重，情同寒素；执书吟览，昼夜不去手；诲人以善，恂恂不倦；笃亲念故，无所遗弃。显祖平青、徐，悉徙其望族于代，其人多允之婚媾，流离饥寒；允倾家赈施，咸得其所，又随其才行，荐之于朝。议者多以初附间之，允曰："任贤使能，何有新旧！必若有用，岂可以此抑之！"允体素无疾，至是微有不适，犹起居如常，数日而卒，年九十八；赠侍中、司空，赙襚甚厚[④]。魏初以来，存亡蒙赉，皆莫及也。

桓天生引魏兵万余人至沘阳，陈显达遣戴僧静等与战于深桥，大破之，杀获万计。天生退保沘阳，僧静围之，不克而还。荒人胡丘生起兵悬瓠以应齐，魏人击破之，丘生来奔。天生又引魏兵寇舞阴，舞阴戍主殷公愍拒击，破之，杀其副张麒麟，天生被创退走。三月，丁未，以陈显达为雍州刺史。显达进据舞阳城。

夏，五月，壬辰，魏主如灵泉池。

癸巳，魏南平王浑卒。

甲午，魏主还平城。诏复七庙子孙及外戚缌麻服已上[⑤]，赋役无所与。

【注释】

①三时之务：指春耕、夏耘、秋获。　②五帝：指北魏太武帝拓跋焘、南安王拓跋余、文成帝拓跋濬、献文帝拓跋弘、孝文帝元宏。　③三省：

指尚书省、中书省、秘书省。 ④赙(fù 付):以财物助人办丧事。赠送布帛办丧事也叫"赙"。襚(suì 遂):赠送死人的衣服和被褥。 ⑤缌(sī 思)麻:旧时丧服名,五服中最轻的一种。其服用细麻布制成。服期三月。凡本宗为高祖父母、曾伯叔祖父母,族伯叔父母、族兄弟及未嫁族姐妹,又外姓中为中表兄弟,岳父母等都服之。

魏南部尚书公孙邃、上谷公张儵帅众与桓天生复寇舞阴,殷公愍击破之;天生还窜荒中。邃,表之孙也。

魏春夏大旱,代地尤甚;加以牛疫,民馁死者多。六月,癸未,诏内外之臣极言无隐。齐州刺史韩麒麟上表曰:"古先哲王,储积九稔[①];逮于中代[②],亦崇斯业,入粟者与斩敌同爵,力田者与孝悌均赏[③]。今京师民庶,不田者多,游食之口,参分居二。自承平日久,丰穰积年,竞相矜夸,遂成侈俗。贵富之家,童妾袨服[④],工商之族,仆隶玉食;而农夫阙糟糠,蚕妇乏短褐。故令耕者日少,田有荒芜;谷帛罄于府库,宝货盈于市里;衣食匮于室,丽服溢于路。饥寒之本,实在于斯。愚谓凡珍异之物,皆宜禁断;吉凶之礼,备为格式;劝课农桑,严加赏罚。数年之中,必有盈赡。往年校比户贯,租赋轻少。臣所统齐州,租粟才可给俸,略无入仓,虽于民为利而不可长久,脱有戎役,或遭天灾,恐供给之方,无所取济。可减绢布,增益谷租;年丰多积,岁俭出赈[⑤]。所谓私民之谷,寄积于官,官有宿积,则民无荒年矣。"秋,七月,己丑,诏有司开仓赈贷,听民出关就食。遣使者造籍,分遣去留,所过给粮廪,所至三长赡养之。

柔然伏名敦可汗残暴,其臣侯医垔石洛候数谏止之,且劝其与魏和亲。伏名敦怒,族诛之,由是部众离心。八月,柔然寇魏边,魏以尚书陆叡为都督,击柔然,大破之。叡,丽之子也。

初,高车阿伏至罗有部落十余万,役属柔然。伏名敦之侵魏也,阿伏至罗谏,不听。阿伏至罗怒,与从弟穷奇帅部落西走,至前部西北,自立为王。国人号曰"候娄匐勒",夏言天子也;号穷奇曰"候倍",夏言太子也[⑥]。二人甚亲睦,分部而立,阿伏至罗居北,穷奇居南。伏名敦追击之,屡为阿伏至罗所败,乃引众东徙。

九月，辛未，魏诏罢起部无益之作，出宫人不执机杼者。冬，十月，丁未，又诏罢尚方锦绣、绫罗之工；四民欲造⑦，任之无禁。是时，魏久无事，府藏盈积。诏尽出御府衣服珍宝、太官杂器、太仆乘具、内库弓矢刀铃十分之八，外府衣物、缯布、丝纩，非供国用者，以其太半班赉百司，下至工、商、皂隶，逮于六镇边戍，畿内鳏、寡、孤、独、贫、癃，皆有差。

魏秘书令高祐、丞李彪奏请改《国书》编年为纪、传、表、志；魏主从之。祐，允之从祖弟也。十二月，诏彪与著作郎崔光改修《国书》。光，道固之从孙也。

魏主问高祐曰："何以止盗？"对曰："昔宋均立德，猛虎渡河；卓茂行化，蝗不入境⑧。况盗贼，人也，苟守宰得人，治化有方，止之易矣。"祐又上疏言："今之选举，不采识治之优劣，专简年劳之多少，斯非尽才之谓。宜停此薄艺，弃彼朽劳，唯才是举，则官方斯穆⑨。又勋旧之臣，虽年勤可录而才非抚民者，可加之以爵赏，不宜委之以方任，所谓王者可私人以财，不私人以官者也。"帝善之。

祐出为西兖州刺史，镇滑台。以郡国虽有学，县、党亦宜有之，乃命县立讲学，党立小学。

【注释】

①九稔（rěn 忍）：我国古代一般民户三年耕种所获可储备一年吃用粮食，九年可储备三年吃用粮食，则为丰足。国家以三十年为通制，要有九年的粮食储备，称"九稔"。稔，庄稼成熟。 ②中代：指西汉时期。 ③两汉时诏令百姓进献粮食，可封爵位；又设有孝悌力田之科，作为推荐官吏的依据。 ④袨（xuàn 绚）服：炫目的盛服，指漂亮的衣服。 ⑤岁俭：年收入比常年略少称"俭"。 ⑥夏言：即中华之言。当时周边少数民族对中原汉族称为"夏"。 ⑦四民：指士、农、工、商。 ⑧"昔宋均"句：宋均事见本书卷第四十五汉明帝永平七年记述。卓茂，西汉人，汉平帝时任密县县令，施行仁政教化，县内治安良好，民众各勤其业。据说有一年发生蝗灾，蝗虫独不入密县境内。 ⑨方：道路。穆：清和。

六年 春，正月，乙未，魏诏："犯死刑者，父母、祖父母年老，更无成人子孙，旁无期亲者[1]，具状以闻。”

初，皇子右卫将军子响出继豫章王嶷；嶷后有子，表留为世子。子响每入朝，以车服异于诸王，每拳击车壁。上闻之，诏车服与皇子同。于是有司奏子响宜还本。三月，己亥，立子响为巴东王。

角城戍将张蒲[2]，因大雾乘船入清中采樵，潜纳魏兵。戍主皇甫仲贤觉之，帅众拒战于门中，仅能却之。魏步骑三千余人已至堑外，淮阴军主王僧庆等引兵救之，魏人乃退。

夏，四月，桓天生复引魏兵出据隔城，诏游击将军下邳曹虎督诸军讨之。辅国将军朱公恩将兵踰伏，遇天生游军，与战，破之，遂进围隔城。天生引魏兵步骑万余人来战，虎奋击，大破之，俘斩二千余人。明日，攻拔隔城，斩其襄城太守帛乌祝，复俘斩二千余人，天生弃平氏城走。

陈显达侵魏；甲寅，魏遣豫州刺史拓跋斤将兵拒之。

甲子，魏大赦。

乙丑，魏主如灵泉池；丁卯，如方山；己巳，还宫。

魏筑城于醴阳，陈显达攻拔之，进攻沘阳。城中将士皆欲出战，镇将韦珍曰：“彼初至气锐，未可与争，且共坚守，待其力攻疲弊，然后击之。”乃凭城拒战，旬有二日，珍夜开门掩击，显达还。

五月，甲午，以宕昌王梁弥承为河、凉二州刺史。

秋，七月，己丑，魏主如灵泉池，遂如方山；己亥，还宫。

九月，壬寅，上如琅邪城讲武。

癸卯，魏淮南靖王佗卒。魏主方享宗庙，始荐，闻之，为废祭，临视哀恸。

冬，十月，庚申，立冬，初临太极殿读时令[3]。

闰月，辛酉[4]，以尚书仆射王奂为领军将军。

辛未[5]，魏主如灵泉池；癸酉，还宫。

十二月，柔然伊吾戍主高羔子帅众三千以城附魏。

【注释】

①期亲：为其服期服的亲人。期(jī)服，丧服名，也简称“期”，即齐衰为期一年之服。旧制，凡为长辈如祖父母、伯叔父母、在室姑等，平辈

如兄弟、姊妹、妻，小辈如侄、嫡孙等，均服之。又子之丧，其父反服，亦为期服。此外如已嫁之女为祖父母、父母服丧，也服期服。 ②角城：县名，晋置，故城在今江苏淮安市淮阴区南。 ③"初临"句：汉时礼仪制度，太史每年制定年历，先定下立春、立夏、大暑、立秋、立冬五个时令，每个时令到来时，朝廷常举行宣读礼。魏晋南北朝时相沿承袭。 ④辛酉：闰月无此日，疑有误。 ⑤辛未：闰月无此日，疑有误。

上以中外谷帛至贱，用尚书右丞江夏李珪之议，出上库钱五千万及出诸州钱，皆令籴买。

西陵戍主杜元懿建言："吴兴无秋，会稽丰登，商旅往来，倍多常岁。西陵牛埭税[1]，官格日三千五百；如臣所见，日可增倍。并浦阳南北津、柳浦四埭，乞为官领摄一年，格外可长四百许万。西陵戍前检税，无妨戍事；余三埭自举腹心。"上以其事下会稽，会稽行事吴郡顾宪之议以为："始立牛埭之意，非苟逼蹴以取税也；乃以风涛迅险，济急利物耳。后之监领者不达其本，各务己功，或禁遏他道，或空税江行。按吴兴频岁失稔，今兹尤甚，去之从丰，良田饥棘。埭司责税，依格弗降，旧格新减，尚未议登，格外加倍，将以何术！皇慈恤隐，振廪蠲调；而元懿幸灾榷利，重增困瘼，人而不仁，古今共疾！若事不副言，惧贻谴诘，必百方侵苦，为公贾怨。元懿禀性苛刻，已彰往效；任以物土，譬以狼将羊[2]，其所欲举腹心，亦当虎而冠耳[3]。书云：'与其有聚敛之臣，宁有盗臣，'此言盗公为损盖微，敛民所害乃大也。愚又以便宜者，盖谓便于公，宜于民也。窃见顷之言便宜者，非能于民力之外，用天分地；率皆即日不宜于民，方来不便于公。名与实反，有乖政体。凡如此等，诚宜深察。"上纳之而止。

魏主访群臣以安民之术。秘书丞李彪上封事，以为："豪贵之家，奢僭过度，第宅车服，宜为之等制。

又，国之兴亡，在冢嗣之善恶，冢嗣之善恶，在教谕之得失。高宗文成皇帝尝谓群臣曰：'朕始学之日，年尚幼冲，情未能专；既临万机，不遑温习。今日思之，岂唯予咎，抑亦师傅之不勤。'尚书李䜣免冠谢。此近事之可鉴者也。臣谓宜准古立师傅之官，以训导太子。

又，汉置常平仓以救匮乏。去岁京师不稔，移民就丰，既废营生，困而后达，又于国体，实有虚损。曷若豫储仓粟，安而给之，岂不愈于驱督老弱糊口千里之外哉！宜析州郡常调九分之二，京师度支岁用之余，各立官司，年丰籴粟积之于仓，俭则加私之二粜之于人。如此，民必力田以取官绢，积财以取官粟。年登则常积，岁凶则直给。数年之中，谷积而人足，虽灾不为害矣。

又，宜于河表七州人中，擢其门才，引令赴阙，依中州官比，随能序之。一可以广圣朝均新旧之义，二可以怀江、汉归有道之情。

又，父子兄弟，异体同气，罪不相及，乃君上之厚恩，至于忧惧相连，固自然之恒理也。无情之人，父兄系狱，子弟无惨惕之容；子弟逃刑，父兄无愧恧之色，宴安荣位，游从自若，车马衣冠，不变华饰；骨肉之恩，岂当然也！臣愚以为父兄有犯，宜令子弟素服肉袒，诣阙请罪。子弟有坐，宜令父兄露版引咎，乞解所司；若职任必要，不宜许者，慰勉留之。如此，足以敦厉凡薄，使人知所耻矣。

又，朝臣遭亲丧者，假满赴职。衣锦乘轩，从郊庙之祀；鸣玉垂緌，同庆赐之燕，伤人子之道，亏天地之经。愚谓凡遭大父母、父母丧者，皆听终服；若无其人，职业有旷者，则优旨慰谕，起令视事，但综司出纳，敷奏而已，国之吉庆，一令无预。其军旅之警，墨缞从役④，虽愆于礼，事所宜行也。"魏主皆从之。由是公私丰赡，虽时有水旱，而民不困穷。

魏遣兵击百济，为百济所败。

【注释】

①西陵：地名。春秋越国置，旧名固陵，又名敦兵城。魏晋南北朝时名"西陵牛埭"，其地在今浙江杭州市萧山区西二十里。牛埭：堰名，用牛挽船，固称。 ②譬以狼将羊：语出《汉书》。以狼去带领羊群，羊必被狼吃掉。 ③虎而冠耳：语出《汉书》。形容人非常凶狠暴戾，像戴着帽的老虎。 ④缞：古代丧服，用白色粗麻布制作，披于胸前。

七年 春，正月，辛亥，上祀南郊，大赦。

魏主祀南郊，始备大驾。

壬戌，临川献王映卒。

初，上为镇西长史，主簿王晏以倾谄为上所亲，自是常在上府。上为太子，晏为中庶子。上之得罪于太祖也，晏称疾自疏。及即位，为丹杨尹，意任如旧，朝夕一见，议论朝事；自豫章王嶷及王俭皆降意接之。二月，壬寅，出为江州刺史，晏不愿外出，复留为吏部尚书。

三月，甲寅，立皇子子岳为临贺王，子峻为广汉王，子琳为宣城王，子珉为义安王。

夏，四月，丁丑，魏主诏曰："升楼散物以赉百姓，至使人马腾践，多有伤毁，今可断之，以本所费之物，赐老疾贫独者。"

丁亥，魏主如灵泉池，遂如方山；己丑，还宫。

上优礼南昌文宪公王俭，诏三日一还朝，尚书令史出外谘事。上犹以往来烦数，复诏俭还尚书下省，月听十日出外。俭固求解选。诏改中书监，参掌选事。

五月，乙巳，俭卒。王晏既领选，权行台阁，与俭颇不平。礼官欲依王导，谥俭为文献。晏启上曰："导乃得此谥；但宋氏以来，不加异姓。"出，谓亲人曰："'平头宪'事已行矣[①]。"

徐湛之之死也，其孙孝嗣在孕得免，八岁，袭爵枝江县公，尚宋康乐公主。及上即位，孝嗣为御史中丞，风仪端简。王俭谓人曰："徐孝嗣将来必为宰相。"上尝问俭："谁可继卿者？"俭曰："臣东都之日[②]，其在徐孝嗣乎！"俭卒，孝嗣时为吴兴太守，征为五兵尚书。

庚戌，魏主祭方泽[③]。

上欲用领军王奂为尚书令，以问王晏。晏与奂不相能，对曰："柳世隆有勋望，恐不宜在奂后。"甲子，以尚书左仆射柳世隆为尚书令，王奂为左仆射。

六月，丁亥，上如琅邪城。

【注释】

①平头宪：平头，即王字，指王俭。王晏不同意谥王俭为"文献"，主张谥"宪"，固称王俭为"平头宪"。 ②东都之日：解除职务之日。西周初年，周公任宰相，辅助成王灭商平叛，营造东都洛邑，洛邑成而周公请

求辞相位。后世的“东都之日”形容功成身退,辞相位之意。 ③方泽:古时于沼泽地中筑一方形小丘,作祭地用,称“方泽”。

魏怀朔镇将汝阴灵王天赐,长安镇都大将、雍州刺史南安惠王桢,皆坐赃当死。冯太后及魏主临皇信堂①,引见王公,太后令曰:“卿等以为当存亲以毁令邪,当灭亲以明法邪?”群臣皆言:“二王,景穆皇帝之子②,宜蒙矜恕。”太后不应。魏主乃下诏,称:“二王所犯难恕,而太皇太后追惟高宗孔怀之恩③;且南安王事母孝谨,闻于中外,并特免死,削夺官爵,禁锢终身。”初,魏朝闻桢贪暴,遣中散闾文祖诣长安察之,文祖受桢赂,为之隐;事觉,文祖亦抵罪。冯太后谓群臣曰:“文祖前自谓廉,今竟犯法。以此言之,人心信不可知。”魏主曰:“古有待放之臣④。卿等自审不胜贪心者,听辞位归第。”宰官、中散慕容契进曰:“小人之心无常而帝王之法有常,以无常之心奉有常之法,非所克堪,乞从退黜。”魏主曰:“契知心不可常,则知贪之可恶矣,何必求退!”迁宰官令。契,白曜之弟子也。

秋,七月,丙寅,魏主如灵泉池。

魏主使群臣议,“久与齐绝,今欲通使,何如?”尚书游明根曰:“朝廷不遣使者,又筑醴阳深入彼境,皆直在萧赜。今复遣使,不亦可乎!”魏主从之。八月,乙亥,遣兼员外散骑常侍邢产等来聘。

九月,魏出宫人以赐北镇人贫无妻者。

冬,十一月,己未,魏安丰匡王猛卒。

十二月,丙子,魏河东王苟颓卒。

平南参军颜幼明等聘于魏。

魏以尚书令尉元为司徒,左仆射穆亮为司空。

豫章王嶷自以地位隆重,深怀退素,是岁,启求还第;上令其世子子廉代镇东府。

太子詹事张绪领扬州中正,长沙王晃属用吴兴闻人邕为州议曹,绪不许。晃使书佐固请,绪正色曰:“此是身家州乡⑤,殿下何得见逼!”

侍中江敩为都官尚书。中书舍人纪僧真得幸于上,容表有士风,请于上曰:“臣出自本县武吏,邀逢圣时,阶荣至此,为儿昏得荀昭光女,即时无复所须,唯就陛下乞作士大夫。”上曰:“此由江敩、谢瀹,我不得措意,可自诣之。”僧真承旨诣敩,登榻坐定,敩顾命左右曰:“移吾床远客!”僧真丧气而退,告上曰:“士大夫故非天子所命!”敩,湛之孙;瀹,朏之弟也。

柔然别帅叱吕勤帅众降魏。

【注释】

①皇信堂:北魏王朝的寝宫,建于太和七年(483)。 ②景穆皇帝:北魏太武帝拓跋焘的儿子,未及即皇帝位去世,谥号“景穆皇帝”。其二子拓跋天赐、拓跋桢按辈分为北魏孝文帝拓跋宏的叔祖。 ③高宗:即北魏文成帝拓跋濬,二王论辈分为其兄弟。孔怀之恩:兄弟之情。《诗经》:“兄弟孔怀”,后以“孔怀”代称兄弟。 ④待放之臣:古制,朝臣有三年等待放遣期,由君主放遣,不合规制,由臣子自己要求待放,才合乎规范。 ⑤“此是”句:自魏晋以来,州郡中正均由本州郡籍人担任。

资治通鉴卷第一百三十七

齐纪三　起上章敦牂，尽玄黓涒滩，凡三年。

世祖武皇帝中

永明八年　春，正月，诏放隔城俘二千余人还魏。

乙丑，魏主如方山；二月，辛未，如灵泉；壬申，还宫。

地豆干频寇魏边[①]，夏，四月，甲戌，魏征西大将军阳平王颐击走之。颐，新城之子也[②]。

甲午，魏遣兼员外散骑常侍邢产等来聘。

五月，己酉，库莫奚寇魏边[③]，安州都将楼龙儿击走之[④]。

秋，七月，辛丑，以会稽太守安陆侯缅为雍州刺史。缅，鸾之弟也。缅留心狱讼，得劫，皆赦遣，许以自新，再犯乃加诛；民畏而爱之。

癸卯，大赦。

丙午，魏主如方山；丙辰，遂如灵泉池；八月，丙寅朔，还宫。

河南王度易侯卒；乙酉，以其世子伏连筹为秦、河二州刺史，遣振武将军丘冠先拜授，且吊之。伏连筹逼冠先使拜，冠先不从，伏连筹推冠先坠崖而死。上厚赐其子雄；敕以丧委绝域，不可复寻，仕进无嫌。

荆州刺史巴东王子响，有勇力，善骑射，好武事，自选带仗左右六十人[⑤]，皆有胆干；至镇，数于内斋以牛酒犒之。又私作锦袍、绛袄，欲以饷蛮，交易器仗。长史高平刘寅、司马安定席恭穆连名密启。上敕精检。子响闻台使至，不见敕，召寅、恭穆及谘议参军江悆、典签吴修之、魏景渊等诘之，寅等秘而不言，修之曰："既已降敕，政应方便答塞。"景渊曰："应先检校。"子响大怒，执寅等八人于后堂，杀之，具以启闻。上欲赦江悆，闻皆已死，怒，壬辰，以随王子隆为荆州刺史。

上欲遣淮南太守戴僧静将兵讨子响，僧静面启曰："巴东王年少，长史执之太急，忿不思难故耳。天子儿过误杀人，有何大罪！官忽遣军西上，人情惶惧，无所不至。僧静不敢奉敕。"上不答而心善之。乃遣卫尉胡谐之、游击将军尹略、中书舍人茹法亮帅斋仗数百人诣江陵⑥，检捕群小，敕之曰："子响若束手自归，可全其命。"以平南内史张欣泰为谐之副。欣泰谓谐之曰："今段之行，胜既无名，负成奇耻。彼凶狡相聚，所以为其用者，或利赏逼威，无由自溃。若顿军夏口，宣示祸福，可不战而擒也。"谐之不从。欣泰，兴世之子也。

谐之等至江津，筑城燕尾洲。子响白服登城，频遣使与相闻，曰："天下岂有儿反！身不作贼，直是粗疏。今便单舸还阙，受杀人之罪，何筑城见捉邪？"尹略独答曰："谁将汝反父人共语！"子响唯洒泣⑦，乃杀牛，具酒馔，饷台军，略弃之江流。子响呼茹法亮；法亮疑畏，不肯往。又求见传诏；法亮亦不遣，且执录其使。子响怒，遣所养勇士收集州、府兵二千人，从灵溪西渡；子响自与百余人操万钧弩，宿江堤上。明日，府州兵与台军战，子响于堤上发弩射之，台军大败；尹略死，谐之等单艇逃去。

上又遣丹杨尹萧顺之将兵继至，子响即日将白衣左右三十人，乘舴艋沿流赴建康⑧。太子长懋素忌子响，顺之之发建康也，太子密谕顺之，使早为之所，勿令得还。子响见顺之，欲自申明；顺之不许，于射堂缢杀之。

子响临死，启上曰："臣罪逾山海，分甘斧钺。敕遣谐之等至，竟无宣旨，便建旗入津，对城南岸筑城守。臣累遣书信呼法亮，乞白服相见；法亮终不肯。群小怖惧，遂致攻战，此臣之罪也。臣此月二十五日，束身投军，希还天阙，停宅一月⑨，臣自取尽，可使齐代无杀子之讥，臣免逆父之谤。既不遂心，今便命尽。临启哽塞，知复何陈!”

有司奏绝子响属籍[10],削爵土,易姓蛸氏;诸所连坐,别下考论。

久之,上游华林园,见一猿透掷悲鸣,问左右,曰:“猿子前日坠崖死。”上思子响,因呜咽流涕。茹法亮颇为上所责怒,萧顺之惭惧,发疾而卒。豫章王嶷表请收葬子响;不许,贬为鱼复侯。

子响之乱,方镇皆启子响为逆,兖州刺史垣荣祖曰:“此非所宜言。正应云:‘刘寅等孤负恩奖,逼迫巴东,使至于此。’”上省之,以荣祖为知言。

台军焚烧江陵府舍,官曹文书,一时荡尽。上以大司马记室南阳乐蔼屡为本州僚佐,引见,问以西事。蔼应对详敏,上悦,用为荆州治中,敕付以修复府州事。蔼缮修廨舍数百区,顷之咸毕,而役不及民,荆部称之。

【注释】

①地豆干:北魏时北方少数民族所建小国,游牧生活,所地约相当于今黑龙江流域西部一带。　②新城:应为“新成”,即拓跋新成,事见本书卷第一百二十八宋孝武帝大明元年。　③库莫奚:古族名,分布在今内蒙古西拉木伦河流域,游牧生活,经常向中原王朝进贡,也经常侵扰中原。亦称“奚”。　④安州:县名。北魏置,州治方城(今北京密云区境),领密云、庆阳、安乐等郡。　⑤带仗左右:侍从名。萧子响让一些武术高强的武士佩戴武器在左右护卫,因而名为“带仗左右”。仗,武器。⑥斋仗:皇宫内任护卫的武士,以武艺高强的武林高手担任。　⑦洒泣:挥泪、掉泪。　⑧舴艋(zé měng 责猛):一种小船。　⑨宅:指萧子响在建康城内的住宅。　⑩属籍:即玉牒,皇族的谱牒。

九月,癸丑,魏太皇太后冯氏殂;高祖勺饮不入口者五日,哀毁过礼。中部曹华阴杨椿谏曰:“陛下荷祖宗之业,临万国之重,岂可同匹夫之节以取僵仆!群下惶灼,莫知所言。且圣人之礼,毁不灭性[1];纵陛下欲自贤于万代,其若宗庙何!”帝感其言,为之一进粥。

于是诸王公等皆诣阙上表,“请时定兆域[2],及依汉、魏故事,并太皇太后终制，既葬，公除[3]。”诏曰：“自遭祸罚，慌惚如昨，奉侍梓宫，犹希仿佛。山陵迁厝，所未忍闻。”冬，十月，王公复上表固请。诏曰：“山陵可依典册；衰服之宜，情所未忍。”帝欲亲至陵所，戊辰，诏：“诸常从之具，悉可停之；其武卫之官，防侍如法。”癸酉，葬文明太皇太后于永固陵。甲戌，帝谒陵，王公固请公除。诏曰：“比当别叙在心。”己卯，又谒陵。

庚辰，帝出至思贤门右，与群臣相慰劳。太尉丕等进言曰：“臣等以老朽之年，历奉累圣，国家旧事，颇所知闻。伏惟远祖有大讳之日，唯侍从梓宫者凶服，左右尽皆从吉；四祖三宗[4]，因而无改。陛下以至孝之性，哀毁过礼，伏闻所御三食不满半溢[5]，昼夜不释绖带，臣等叩心绝气，坐不安席。愿少抑至慕之情，奉行先朝旧典。”帝曰：“哀毁常事，岂足关言！朝夕食粥，粗可支任，诸公何足忧怖！祖宗情专武略，未修文教；朕今仰禀圣训，庶习古道，论时比事，又与先世不同。太尉等国老，政之所寄，于典记旧式或所未悉，且可知朕大意。其余古今丧礼，朕且以所怀别问尚书游明根、高闾等，公可听之。”

北魏冯太后永固陵遗址

【注释】

①毁不灭性：谓哀伤不能过度而失去本性，见《孝经·丧亲》："三日而食，教民无以伤生，毁不灭性，此圣人之政也。" ②兆域：谓葬地，坟墓的界址。 ③公除：此处指皇帝为天下着想而除丧服处理朝政。 ④四祖：高祖昭成帝拓跋什翼犍，太祖道武帝拓跋珪，世祖太武帝拓跋焘；显祖献文帝拓跋弘。三宗，太宗明元帝拓跋嗣；恭宗景穆帝拓跋余；高宗文成帝拓跋濬。 ⑤溢：即"镒"，古代重量单位，一镒大约为二十两。

帝因谓明根等曰："圣人制卒哭之礼[①]，授服之变[②]，皆夺情以渐。今则旬日之间，言及即吉，特成伤理。"对曰："臣等伏寻金册遗旨[③]，逾月而葬，葬而即吉；故于下葬之初，奏练除之事。"帝曰："朕惟中代所以不遂三年之丧[④]，盖由君上违世，继主初立，君德未流，臣义不洽，故身袭衮冕，行即位之礼。朕诚不德，在位过纪[⑤]，足令亿兆知有君矣。于此之时而不遂哀慕之心，使情礼俱失，深可痛恨！"高闾曰："杜预，晋之硕学，论自古天子无有行三年之丧者，以为汉文之制，暗与古合，虽叔世所行，事可承踵。是以臣等偻偻干请[⑥]。"帝曰："窃寻金册之旨，所以夺臣子之心，令早即吉者，虑废绝政事故也。群公所请，其志亦然。朕今仰奉册令，俯顺群心，不敢暗默不言以荒庶政；唯欲衰麻废吉礼，朔望尽哀诚，情在可许，故专欲行之。如杜预之论，于孺慕之君[⑦]，谅暗之主[⑧]，盖亦诬矣。"秘书丞李彪曰："汉明德马后保养章帝，母子之道，无可间然；及后之崩，葬不淹旬，寻已从吉。然汉章不受讥，明德不损名。愿陛下遵金册遗令，割哀从议。"帝曰："朕所以眷恋衰绖，不从所议者，实情不能忍，岂徒苟免嗤嫌而已哉！今奉终俭素，一已仰遵遗册；但痛慕之心，事系于予，庶圣灵不夺至愿耳。"高闾曰："陛下既不除服于上，臣等独除服于下，则为臣之道不足。又亲御衰麻，复听朝政，吉凶事杂，臣窃为疑。"帝曰："先后抚念群下，卿等哀慕，犹不忍除，奈何令朕独忍之于至亲乎！今朕逼于遗册，唯望至期；虽不尽礼，蕴结差申。群臣各以亲疏、贵贱、远近为除服之差，庶几稍近于古，易行于今。"高闾曰："昔王孙裸葬[⑨]，士安去棺[⑩]，其子皆从而不违。今亲奉遗令而有所不从，臣等所以频烦干奏。”李彪曰：“三年不改其父之道，可谓大孝[11]。今不遵册令，恐涉改道之嫌。”帝曰：“王孙、士安皆诲子以俭，及其遵也，岂异今日！改父之道，殆与此殊。纵有所涉，甘受后代之讥，未忍今日之请。”群臣又言：“春秋烝尝[12]，事难废阙[13]。”帝曰：“自先朝以来，恒有司行事；朕赖蒙慈训，常亲致敬。今昊天降罚，人神丧恃[14]，赖宗庙之灵[15]，亦辍歆祀。脱行飨荐，恐乖冥旨。”群臣又言：“古者葬而即吉，不必终礼，此乃二汉所以经纶治道，魏、晋所以纲理庶政也。”帝曰：“既葬即吉，盖季俗多乱，权宜救世耳。二汉之盛，魏、晋之兴，岂由简略丧礼、遗忘仁孝哉！平日之时，公卿每称当今四海晏然，礼乐日新，可以参美唐、虞，比盛夏、商。及至今日，即欲苦夺朕志，使不逾于魏、晋。如此之意，未解所由。”李彪曰：“今虽治化清晏，然江南有未宾之吴，漠北有不臣之虏，是以臣等犹怀不虞之虑。”帝曰：“鲁公带绖从戎[16]，晋侯墨衰败敌，固圣贤所许。如有不虞，虽越绋无嫌[17]，而况衰麻乎！岂可于晏安之辰豫念军旅之事，以废丧纪哉！古人亦有称王者除衰而谅闇终丧者，若不许朕衰服，则当除衰拱默，委政冢宰。二事之中，唯公卿所择。”游明根曰：“渊默不言，则大政将旷；仰顺圣心，请从衰服。”太尉丕曰：“臣与尉元历事五帝，魏家故事，尤讳之后三月，必迎神于西，禳恶于北，具行吉礼，自皇始以来[18]，未之或改。”帝曰：“若能以道事神，不迎自至；苟失仁义，虽迎不来，此乃平日所不当行，况居丧乎！朕在不言之地[19]，不应如此喋喋；但公卿执夺朕情，遂成往复，追用悲绝。”遂号恸，群官亦哭而辞出。

初，太后忌帝英敏，恐不利于己，欲废之，盛寒，闭于空室，绝其食三日；召咸阳王禧，将立之。太尉东阳王丕、尚书右仆射穆泰、尚书李冲固谏，乃止，帝初无憾意，唯深德丕等。泰，崇之玄孙也[20]。

又有宦者谮帝于太后，太后杖帝数十；帝默然受之，不自申理；及太后殂，亦不复追问。

甲申，魏主谒永固陵。辛卯，诏曰：“群官以万机事重，屡求听政。但哀慕缠绵，未堪自力。近侍先掌机衡者，皆谋猷所寄，且可委之；如有疑事，当时与论决。”

【注释】

①卒哭之礼:“卒”,终止。古代礼制,亲人刚去世,哭可随时,安葬以后,就终止不定时号哭,规定只有早晚号哭。 ②授服之变:古代礼制,双亲亡,要守三年丧,着三年丧服,但有变化。第一年服斩衰,即用最粗的麻布做成,不缉边,断处外露的丧服,周年后为小祥,祭祀后可脱下斩衰,穿上用练过的布帛制成的丧服;再周年后为大祥,即行“禫”祭,又过三个月,就可卸除丧服。 ③金册:指文明太后的遗书。 ④中代:北魏对东汉之称。 ⑤在位过纪:古人以十二年为一“纪”,北魏孝文帝于宋泰始七年(471)即位,至此(490)共有19年,故曰:“过纪”。 ⑥偻(lóu 楼)偻:恭敬、谨慎的样子。 ⑦孺慕:如孺子对父母的依恋、思念。⑧谅(liàng 亮)暗:又作“谅阴”,指帝王居丧。 ⑨王孙裸葬:王孙即杨王孙,汉武帝时人,家中富有,物品无所不备,他病重临终时,对儿子说:“我想裸葬,以返归真朴,一定不能违反我的心意,到时候用布袋装我的尸体下葬,下葬后,把布袋从脚部脱出来,使我的身体接触土壤。”儿子不忍心这样做,去请教杨王孙的朋友祁侯,祁侯百般劝说,杨王孙仍坚持裸葬,祁侯只好答应,后来杨王孙真的裸葬了。 ⑩士安去棺:士安为晋代医学家皇甫谧的字。皇甫谧曾写有文章说:“生不能得七尺之躯,死何故隔一棺之土!然则衣衾所以秽身,棺槨所以隔真。吾乞绝之后,便即时服幅巾故衣,以籧篨裹尸,择不毛之土,穿坑下尸,籧篨之外,便以亲土。若不如此,是冤悲没世。”他的儿子听从他的话,死后按他要求安葬。⑪此句为引用《论语》中孔子的言论。 ⑫烝尝:古代祭祀之称。春、冬天举行的祭祀为烝;秋天举行的祭祀为尝。 ⑬古代礼制:居丧三年内不参与举行祭祀。这里是说如果皇帝要行三年丧期,则宗庙之祭将至废阙。 ⑭人神丧恃:《诗经》:“无母何恃。”此处指母亲去世后,失去依恃。 ⑮赖:此“赖”字当作“想”字。 ⑯鲁公带绖从戎:事见《史记》:周武王死后,成王年幼,管叔、蔡叔叛乱,淮、徐一带少数民族起兵,周公旦长子伯禽率军东征平定叛乱。因为当时居周武王之丧,所以伯禽带绖从军出征。 ⑰越绋(fú 佛):越,即躐,超越。绋,牵引灵柩车的绳索。古代礼制,未下葬前,以绳索系灵柩车以防火灾。安葬前祭祀天地、社稷,须超越这牵引灵柩车的绳索而往祭祀,称“越绋”。 ⑱皇始:北魏道武帝拓跋珪的年号。 ⑲不言之地:帝王居丧谅阴,三年不言。⑳穆崇:北魏的开国功臣。

交州刺史清河房法乘，专好读书，常属疾不治事，由是长史伏登之得擅权，改易将吏，不令法乘知。录事房季文白之，法乘大怒，系登之于狱，十余日。登之厚赂法乘妹夫崔景叔，得出，因将部曲袭州，执法乘，谓之曰："使君既有疾，不宜烦劳。"囚之别室。法乘无事，复就登之求书读之，登之曰："使君静处，犹恐动疾，岂可看书！"遂不与。乃启法乘心疾动，不任视事。十一月，乙卯，以登之为交州刺史。法乘还，至岭而卒[①]。

十二月，己卯，立皇子子建为湘东王。

初，太祖以南方钱少，更欲铸钱。建元末，奉朝请孔觊上言，以为："食货相通，理势自然。李悝云：'籴甚贵伤民，甚贱伤农；'甚贱甚贵，其伤一也。三吴，国之关奥，比岁时被水潦而籴不贵，是天下钱少，非谷贱，此不可不察也。铸钱之弊，在轻重屡变。重钱患难用，而难用为累轻；轻钱弊盗铸，而盗铸为祸深。民所以盗铸，严法不能禁者，由上铸钱惜铜爱工也。惜铜爱工者，意谓钱为无用之器，以通交易，务欲令质轻而数多，使省工而易成，不详虑其为患也。夫民之趋利，如水走下。今开其利端，从以重刑，是导其为非而陷之于死，岂为政欤！汉兴，铸轻钱，民巧伪者多。至元狩中，始惩其弊，乃铸五铢钱，周郭其上下，令不可磨取鋊[②]，而计其费不能相偿，私铸益少，此不惜铜不爱工之效也。王者不患无铜乏工，每令民不能竞，则盗铸绝矣。宋文帝铸四铢，至景和，钱益轻，虽有周郭，而熔冶不精，于是盗铸纷纭而起，不可复禁。此惜铜爱工之验也。凡铸钱，与其不衷，宁重无轻。自汉铸五铢至宋文帝，历五百余年，制度世有废兴，而不变五铢者，明其轻重可法、得货之宜故也。按今钱文率皆五铢，异钱时有耳。自文帝铸四铢，又不禁民翦凿，为祸既博，钟弊于今，岂不悲哉！晋氏不铸钱，后经寇戎水火，耗散沈铄，所失岁多，譬犹磨砻砥砺，不见其损，有时而尽，天下钱何得不竭！钱竭则士、农、工、商皆丧其业，民何以自存！愚以为宜如旧制，大兴熔铸，钱重五铢，一依汉法。若官铸者已布于民，便严断翦凿，轻小破缺无周郭者，悉不得行。官钱细小者，称合铢两，销以为大，利贫良之民，塞奸巧之路。钱货既均，远近若一，百姓乐业，市道无争，衣食滋殖矣。"太祖然之，使诸州郡大市铜炭。会晏驾,事寝。

是岁,益州行事刘悛上言:"蒙山下有严道铜山[3],旧铸钱处,可以经略。"上从之,遣使入蜀铸钱。顷之,以功费多而止。

自太祖治黄籍,至上,谪巧者戍缘淮各十年,百姓怨望。乃下诏:"自宋升明以前,皆听复注[4];其有谪役边疆,各许还本;此后有犯,严加翦治。"

长沙威王晃卒。

吏部尚书王晏陈疾自解,上欲以西昌侯鸾代晏领选,手敕问之。晏启曰:"鸾清干有余;然不谙百氏,恐不可居此职。"上乃止。

以百济王牟大为镇东大将军、百济王。

高车阿伏至罗及穷奇遣使如魏,请为天子讨除蠕蠕,魏主赐以绣袴褶及杂彩百匹。

【注释】

①岭:指大庾岭。五岭之一。在今江西大余县、广东南雄市交界处。②汉初行半两钱及荚钱,一面有花纹,一面为平面无花纹。人们偷偷磨削平面,取其铜屑私铸钱。汉武帝元狩年间铸五铢钱,钱的两面周边都镂铸花纹,使人不能偷磨取铜屑私铸钱。鋊(yù 浴):铜屑。 ③蒙山:山名,在今四川雅安市境内,盛产铜,为汉代邓通铸钱处。 ④复注:重新登记入黄籍。

九年 春,正月,辛丑,上祀南郊。

丁卯[1],魏主始听政于皇信东室。

诏太庙四时之祭:荐宣皇帝,起面饼、鸭臛[2];孝皇后,笋、鸭卵;高皇帝,肉脍、菹羹[3];昭皇帝,茗、粣、炙鱼[4];皆所嗜也。上梦太祖谓己:"宋氏诸帝常在太庙从我求食,可别为吾致祠。"乃命豫章王妃庾氏四时祠二帝、二后于清溪故宅。牲牢、服章,皆用家人礼。

臣光曰:昔屈到嗜芰,屈建去之,以为不可以私欲干国之典[5],况子为天子,而以庶人之礼祭其父,违礼甚矣!卫成公欲祀相,宁武子犹非之[6];而况降祀祖考于私室,使庶妇尸之乎[7]!

初，魏主召吐谷浑王伏连筹入朝，伏连筹辞疾不至，辄修洮阳、泥和二城，置戍兵焉。二月，乙亥，魏枹罕镇将长孙百年请击二戍，魏主许之。

散骑常侍裴昭明、散骑侍郎谢竣如魏吊，欲以朝服行事，魏主客曰："吊有常礼，何得以朱衣入凶庭！"昭明等曰："受命本朝，不敢辄易。"往返数四，昭明等固执不可。魏主命尚书李冲选学识之士与之言，冲奏遣著作郎上谷成淹。昭明等曰："魏朝不听使者朝服，出何典礼？"淹曰："吉凶不相厌。羔裘玄冠不以吊[8]，此童稚所知也。昔季孙如晋，求遭丧之礼以行[9]。今卿自江南远来吊魏，方问出何典礼；行人得失，何其远哉！"昭明曰："二国之礼，应相准望。齐高皇帝之丧，魏遣李彪来吊，初不素服，齐朝亦不以为疑；何至今日独见要逼！"淹曰："齐不能行亮阴之礼，逾月即吉。彪奉使之日，齐之君臣，鸣玉盈庭，貂珰曜目[10]。彪不得主人之命，敢独以素服厕其间乎！皇帝仁孝，侔于有虞，执亲之丧，居庐食粥，岂得以此方彼乎！"昭明曰："三王不同礼，孰能知其得失！"淹曰："然则虞舜、高宗皆非邪？"昭明、竣相顾而笑曰："非孝者无亲，何可当也！"乃曰："使人之来，唯赍袴褶，此既戎服，不可以吊，唯主人裁其吊服！然违本朝之命，返必获罪。"淹曰："使彼有君子，卿将命得宜，且有厚赏。若无君子，卿出而光国，得罪何伤！自当有良史书之。"乃以衣、帢给昭明等[11]，使服以致命。己丑，引昭明等入见，文武皆哭尽哀。魏主嘉淹之敏，迁侍郎，赐绢百匹。昭明，骃之子也。

始兴简王鉴卒。

【注释】

①正月无此日，疑误。　②起面饼：即发面饼。膗（huò 霍）：肉羹。③脍（kuài 快）：细切鱼肉。菹（zū 租）：酢菜，腌菜。　④茗（míng 名）：茶。糤（sǎn 散）：同"馓"，馓子，油炸的面食，细条相连扭成花样。⑤"昔屈到"三句：事见《国语》。屈到，春秋时楚国人，楚康王时为莫敖。喜欢吃菱角，有病将亡，召集宗族老人嘱咐说："我死了以后，祭祀我时一定要用菱角做供品。"屈到死后，到了周年祭祀日，宗族老者准备按他的吩咐用菱角作供品。他的儿子屈建命令撤去，说："祭祀典礼规定：'国

君用牛做供品,大夫以羊作供品,士人以猪狗做供品,平民百姓用鱼和烤肉作供品,其他干果酱菜和盛供品的礼器可以上下同样。'不进献奇珍异品,不铺陈浪费,不能因为个人的私欲干扰国家的典制。"于是没有用菱角做供品。 ⑥"卫成公"二句:事见《左传》。僖公三十一年(前629)狄人围攻卫国,卫国迁都到帝丘(在今河南濮阳市西南)。卫成公梦见康叔对自己说:"相来抢我的供品。"卫成公命人祭祀相。宁武子认为不可以这样做,说:"鬼神非其族类祭祀,就不享用那种祭品。杞国、鄫国为何不祭祀?相在杞国和鄫国不享用祭祀很久了,这不是卫国的罪过,不能违背成王、周公规定的祭祀。请求您改变祭祀相的命令。" ⑦"而况"二句:豫章王萧嶷与齐武帝萧赜同母,齐武帝为嫡子,因此《通鉴》以萧嶷的妃子为庶妇。尸,主持。 ⑧"羔裘"句:《论语》记载孔子的容貌行止有这样的话。 ⑨"昔季孙"句:事见《左传·文公六年》。鲁文公六年(前621)季文子将出访晋国,派人向学者请问遇到丧事的礼节,学者问:"问这事来做什么?"季文子说:"有备无患,这是古人的教诲。访求没有范例是实在难处,如果访求过细有什么害处?" ⑩"彪奉"四句:汉代礼制,常侍、侍中等官员的帽子,用黄金做的玲琼、貂尾装饰,晋、南朝宋以后,王公大臣都以貂尾饰帽。 ⑪帢:即"帢(qià 洽)"的古体字。古代士人的帽子,用布做成。

三月,甲辰,魏主谒永固陵。夏,四月,癸亥朔,设荐于太和庙[①]。魏主始进蔬食,追感哀哭,终日不饭;侍中冯诞等谏,经宿乃饭。甲子,罢朝夕哭。乙丑,复谒永固陵。

魏自正月不雨至于癸酉,有司请祈百神,帝曰:"成汤遭旱,以至诚致雨,固不在曲祷山川。今普天丧恃,幽显同哀,何宜四气未周,遽行祀事!唯当责躬以待天谴。"

甲戌,魏员外散骑常侍李彪等来聘,为之置燕设乐。彪辞乐,且曰:"主上孝思罔极,兴坠正失。去三月晦,朝臣始除衰绖,犹以素服从事,是以使臣不敢承奏乐之赐。"朝廷从之。彪凡六奉使,上甚重之。将还,上亲送至琅邪城,命群臣赋诗以宠之[②]。

己卯,魏作明堂,改营太庙。

五月,己亥,魏主更定律令于东明观,亲决疑狱;命李冲议定轻重,润色辞旨,帝执笔书之。李冲忠勤明断,加以慎密,为帝所委，情义无间；旧臣贵戚，莫不心服，中外推之。

乙卯，魏长孙百年攻洮阳、泥和二戍，克之，俘三千余人。

丙辰，魏初造五辂[3]。

六月，甲戌，以尚书左仆射王奂为雍州刺史。

丁未，魏济阴王郁以贪残赐死。

秋，闰七月，乙丑，魏主谒永固陵。

己卯，魏主诏曰："烈祖有创业之功，世祖有开拓之德，宜为祖宗，百世不迁。平文之功少于昭成，而庙号太祖，道武之功高于平文，而庙号烈祖[4]，于义未允。朕今奉尊烈祖为太祖，以世祖、显祖为二祧[5]，余皆以次而迁。"

八月，壬辰，又诏议养老及禋于六宗之礼[6]。先是，魏常以正月吉日于朝廷设幕，中置松柏树，设五帝座而祠之。又有探策之祭。帝皆以为非礼，罢之。戊戌，移道坛于桑干之阴，改曰崇虚寺。

乙巳，帝引见群臣，问以"'禘祫[7]'，王、郑之义，是非安在？"尚书游明根等从郑，中书监高闾等从王。诏："圜丘、宗庙皆有禘名，从郑：禘祫并为一祭，从王：著之于令。"戊午，又诏："国家飨祀诸神，凡一千二百余处；今欲减省群祀，务从简约。"又诏："明堂、太庙，配祭、配享，于斯备矣。白登、崞山、鸡鸣山庙，唯遣有司行事。冯宣王庙在长安，宜敕雍州以时供祭。"又诏："先有水火之神四十余名及城北星神，今圜丘之下既祭风伯、雨师、司中、司命，明堂祭门、户、井、灶、中霤，四十神悉可罢之。"甲寅，诏曰："近论朝日、夕月，皆欲以二分之日于东、西郊行礼。然月有余闰，行无常准。若一依分日，或值月于东而行礼于西，序情即理，不可施行。昔秘书监薛谓等以为朝日以朔，夕月以朏。卿等意谓朔朏、二分，何者为是？"尚书游明根等请用朔朏，从之。

丙辰，魏有司上言，求卜祥日。诏曰："筮日求吉，既乖敬事之志，又违永慕之心；今直用晦日。"九月，丁丑夜，帝宿于庙，帅群臣哭已，帝易服缟冠、革带、黑屦，侍臣易服黑介帻、白绢单衣、革带、乌履，遂哭尽乙夜。戊子晦，帝易祭服，缟冠素纰、白布深衣、麻绳履，侍臣去帻易帢。既祭，出庙，帝立哭；久之，乃还。

冬，十月，魏明堂、太庙成。

【注释】

①太和庙：《北史》作"太和殿"，《魏书》记："太和元年，起太和、安昌二殿"，当为太和殿。　②此典故出自《左传》。春秋时，晋国大夫赵武从宋国回国经过郑国，郑国国君郑伯在垂陇（今河南郑州市西北）设宴招待他，七个儿子都跟着郑伯出席接待。赵武说："七个公子都跟随君王您来招待我，这是对赵武的恩宠，请他们都赋诗来表示君王您对我的恩赐之意吧。"　③五辂（lù 路）：即用玉、金、象、革、木五种材料造成的五种车子。　④烈祖：北魏明元帝拓跋嗣追尊道武帝为烈祖。　⑤祧（tiāo 佻）：远祖庙。　⑥禋（yīn 因）于六宗：见《尚书·舜典》。禋，升烟以祭，古代祭天的典礼。六宗，各家说法不一，孔安国注为四时、寒暑、日、月、星、水旱六种神。禋于六宗，引申为诚心祭祀之意。北魏孝文帝以天皇太帝、五帝为六宗。　⑦禘（dì 帝）：古代祭名。帝王立始祖之庙犹谓未尽其追远尊先之意，故又推寻始祖所自出之帝而追祀之，为大禘之祭。也称宗庙四时祭之一为"禘"，夏天举行。祫（xiá 侠）：古时天子诸侯宗庙祭礼之一。集合远近祖先的神主于太祖庙大合祭。三年丧毕举行一次，次年禘祭后又举行一次，以后每五年一次。禘祫：殷祭，合高祖之父以上的神主祭于太祖庙，高祖以下分祭本庙。三年丧毕之次年一禘，此后三年祫，五年禘，禘祫各自相距五年。

庚寅，魏主谒永固陵，毁瘠犹甚。穆亮谏曰："陛下祥练已阕，号慕如始。王者为天地所子，为万民父母；未有子过哀而父母不戚，父母忧而子独悦豫者也。今和气不应，风旱为灾，愿陛下袭轻服，御常膳，銮舆时动，咸秩百神，庶使天人交庆。"诏曰："孝悌之至，无所不通。今飘风、旱气，皆诚慕未浓，幽显无感也。所言过哀之咎，谅为未衷。"十一月，己未朔，魏主禫于太和庙，衮冕以祭。既而服黑介帻，素纱深衣，拜陵而还。癸亥，冬至，魏主祀圜丘，遂祀明堂，还，至太和庙，乃入。甲子，临太华殿，服通天冠，绛纱袍，以飨群臣。乐县而不作。丁卯，服衮冕，辞太和庙，帅百官奉神主迁于新庙。

乙亥，魏大定官品。戊戌，考诸牧守。

魏假通直散骑常侍李彪等来聘。

魏旧制，群臣季冬朝贺，服袴褶行事①，谓之小岁；丙戌，诏罢之。

十二月，壬辰，魏迁社于内城之西。

魏以安定王休为太傅，齐郡王简为太保。

高丽王琏卒，寿百余岁。魏主为之制素委貌，布深衣，举哀于东郊；遣谒者仆射李安上策赠太傅，谥曰康。孙云嗣立。

乙酉，魏主始迎春于东郊。自是四时迎气皆亲之。

初，魏世祖克统万及姑臧，获雅乐器服工人，并存之。其后累朝无留意者，乐工浸尽，音制多亡。高祖始命有司访民间晓音律者议定雅乐，当时无能知者。然金、石、羽旄之饰，稍壮丽于往时矣。辛亥，诏简置乐官，使修其职；又命中书监高闾参定。

初，晋张斐、杜预共注《律》三十卷，自泰始以来用之，《律》文简约，或一章之中，两家所处，生杀顿异，临时斟酌，吏得为奸。上留心法令，诏狱官详正旧注。七年，尚书删定郎王植集定二注，表奏之。诏公卿、八座参议考正，竟陵王子良总其事；众议异同不能壹者，制旨平决。是岁，书成。廷尉山阴孔稚珪上表，以为："《律》文虽定，苟用失其平，则法书徒明于帙里，冤魂犹结于狱中。窃寻古之名流，多有法学；今之士子，莫肯为业。纵有习者，世议所轻，将恐此书永沦走吏之手矣。今若置《律》助教，依《五经》例，国子生有欲读者，策试高第，即加擢用，以补内外之官，庶几士流有所劝慕。"诏从其请。事竟不行。

【注释】

①袴褶：戎衣。

初，林邑王范阳迈，世相承袭，夷人范当根纯攻夺其国，遣使献金簟等物。诏以当根纯为都督缘海诸军事、林邑王。

魏冀州刺史咸阳王禧入朝。有司奏："冀州民三千人称禧清明有惠政，请世胙冀州。"魏主诏曰："利建虽古①，未必今宜；经野由君，理非下请。"以禧为司州牧、都督司、豫等六州诸军事。

初，魏文明太后宠任宦者略阳苻承祖，官至侍中，知都曹事，赐以不死之诏。太后殂，承祖坐赃应死，魏主原之，削职禁锢于家，仍除悖义将军，封佞浊子，月余而卒。承祖方用事，亲姻争趋附以求利。其从母杨氏为姚氏妇独否[2]，常谓承祖之母曰："姊虽有一时之荣，不若妹有无忧之乐。"姊与之衣服，多不受；强与之，则曰："我夫家世贫，美衣服使人不安。"不得已，或受而埋之。与之奴婢，则曰："我家无食，不能饲也。"常著弊衣，自执劳苦。承祖遣车迎之，不肯起；强使人抱置车上，则大哭曰："尔欲杀我！"由是苻氏内外号为"痴姨"。及承祖败，有司执其二姨至殿庭。其一姨伏法。帝见姚氏姨贫弊，特赦之。

李惠之诛也，思皇后之昆弟皆死[3]。惠从弟凤为安乐王长乐主簿，长乐坐不轨，诛，凤亦坐死。凤子安祖等四人逃匿获免，遇赦乃出。既而魏主访舅氏存者，得安祖等，皆封侯，加将军。既而引见，谓曰："卿之先世[4]，再获罪于时。王者设官以待贤才，由外戚而举者，季世之法也。卿等既无异能，且可还家。自今外戚无能者视此。"后又例降爵为伯，去其军号[5]。时人皆以为帝待冯氏太厚，待李氏太薄，太常高闾曾以为言，帝不听。及世宗尊宠外家，乃以安祖弟兴祖为中山太守，追赠李惠开府仪同三司、中山公，谥曰庄。

【注释】

①利建：《易》有"利建侯"之说。　②从母：即姨、姨妈。　③思皇后：北魏孝文帝谥其母李贵人号为思皇后。　④先世：指李惠、李凤。⑤去军号：去掉将军号。

十年　春，正月，戊午朔，魏主朝飨群臣于太华殿，悬而不乐。

己未，魏主宗祀显祖于明堂以配上帝，遂登灵台以观云物，降居青阳左个[1]，布政事。自是每朔依以为常。

散骑常侍庾荜等聘于魏，魏主使侍郎成淹引荜等于馆南，瞻望行礼。

辛酉，魏始以太祖配南郊。

魏主命群臣议行次。中书监高闾议，以为："帝王莫不以中原为正统，不以世数为与夺，善恶为是非。故桀、纣至虐，不废夏、商之历；厉、惠至昏，无害周、晋之录。晋承魏为金，赵承晋为水，燕承赵为木，秦承燕为火。秦之既亡，魏乃称制玄朔；且魏之得姓，出于轩辕；臣愚以为宜为土德。”秘书丞李彪、著作郎崔光等议，以为：“神元与晋武往来通好②，至于桓、穆，志辅晋室③，是则司马祚终于郏鄏④，而拓跋受命于云代。昔秦并天下，汉犹比之共工，卒继周为火德⑤；况刘、石、苻氏，地褊世促，魏承其弊，岂可舍晋而为土邪？”司空穆亮等皆请从彪等议。壬戌，诏承晋为水德，祖申、腊辰。

甲子，魏罢租课⑥。

魏宗室及功臣子孙封王者众，乙丑，诏：“自非烈祖之胄，余王皆降为公，公降为侯，而品如旧。”蛮王桓诞亦降为公；唯上党王长孙观，以其祖有大功，特不降。丹杨王刘昶封齐郡公，加号宋王。

魏旧制，四时祭庙皆用中节，丙子，诏始用孟月，择日而祭。

以竟陵王子良领尚书令。

魏主毁太华殿为太极殿。戊子，徙居永乐宫。以尚书李冲领将作大匠，与司空穆亮共营之。

辛卯，魏罢寒食飨⑦。

甲午，魏主始朝日于东郊。自是朝日、夕月皆亲之。

丁酉，诏祀尧于平阳，舜于广宁，禹于安邑，周公于洛阳，皆令牧守执事；其宣尼之庙，祀于中书省。丁未，改谥宣尼曰文圣尼父，帝亲行拜祭。

魏旧制，每岁祀天于西郊，魏主与公卿从二千余骑，戎服绕坛，谓之蹋坛⑧。明日，复戎服登坛致祀，已又绕坛，谓之绕天⑨。三月，癸酉，诏尽省之。

辛巳，魏以高丽王云为督辽海诸军事、辽东公、高句丽王，诏云遣其世子入朝。云辞以疾，遣其从叔升干随使者诣平城。

夏，四月，丁亥朔，魏班新《律令》，大赦。

【注释】

①青阳左个：指宗庙后殿东堂北偏的房间。　②神元：指拓跋力微。③桓、穆：桓帝，指拓跋猗㐌，穆帝，指拓跋猗卢。　④郏鄏（jiá rǔ 夹辱）：古地名。周王城所在，今河南洛阳市西。　⑤此处引《汉书·律历志》说法。《汉书·律历志》记载：《祭典》曰：共工氏霸九域。言虽有水德，

在火林之间,非其序也;任智刑以强,故霸而不王。秦以水德在周、汉木火之间,周人迁其行序,故易不载。 ⑥租课:李延寿《魏纪》作"租裸",从之。因为"租课"为较先进赋税制,北魏才推行不久,不可能罢去,"祖裸"为鲜卑拓跋氏的旧有习惯,从孝文帝改革各项措施看,有可能会去掉这一陋习,所以作"祖裸"较合事实,原书作"租课",误。 ⑦寒食:节令名,清明前一天(一说清明前两天),相传起于晋文公悼念介子推事,以介子推抱木焚死,就定是日禁火寒食。北魏初以寒食节祭祀祖先,此时认为是非礼,所以废止。 ⑧蹹(tà 踏)坛:穿着戎服绕坛走,魏主一周,公卿大臣七周,叫"蹹坛",是鲜卑拓跋氏祭祀天的仪式之一。 ⑨绕天:鲜卑拓跋氏祭祀天的仪式,在蹹坛后的第二天,又穿戎服登坛祭天,魏主绕三周,公卿大夫绕七周。

辛丑,豫章文献王嶷卒,赠假黄钺、都督中外诸军事、丞相,丧礼皆如汉东平献王故事。嶷性仁谨廉俭,不以财贿为事。斋库失火[①],烧荆州还资,评直三千余万,主局各杖数十而已。疾笃,遗令诸子曰:"才有优劣,位有通塞,运有贫富,此自然之理,无足以相陵侮也。"上哀痛特甚,久之,语及嶷,犹欷歔流涕。嶷卒之日,第库无见钱,上敕月给嶷第钱百万,终上之世乃省。

五月,己巳,以竟陵王子良为扬州刺史。

魏文明太后之丧,使人告于吐谷浑。吐谷浑王伏连筹拜命不恭,群臣请讨之;魏主不许。又请还其贡物。帝曰:"贡物乃人臣之礼。今而不受,是弃绝之,彼虽欲自新,其路无由矣。"因命归洮阳、泥和之俘。

秋,七月,庚申,吐谷浑遣其世子贺虏头入朝于魏。诏以伏连筹为都督西垂诸军事、西海公、吐谷浑王,遣兼员外散骑常侍张礼使于吐谷浑。伏连筹谓礼曰:"曩者宕昌常自称名而见谓为大王,今忽称仆,又拘执使人;欲使偏师往问,何如?"礼曰:"君与宕昌皆为魏藩,比辄兴兵攻之,殊违臣节。离京师之日,宰辅有言,以为君能自知其过,则藩业可保;若其不悛,祸难将至矣。"伏连筹默然。

甲戌,魏遣兼员外散骑常侍广平宋弁等来聘。及还,魏主问弁:"江南何如?"弁曰:"萧氏父子无大功于天下,既以逆取,不能顺守;政令苛碎,赋役繁重;朝无股肱之臣,野有愁怨之民:其得没身幸矣,非贻厥孙谋之道也。"

八月,乙未,魏以怀朔镇将阳平王颐、镇北大将军陆叡皆为都督,督十二将,步骑十万,分为三道以击柔然:中道出黑山,东道趣士卢河,西道趣侯延河。军过大碛,大破柔然而还。

初,柔然伏名敦可汗与其叔父那盖分道击高车阿伏至罗,伏名敦屡败,那盖屡胜。国人以那盖为得天助,乃杀伏名敦而立那盖,号候其伏代库者可汗,改元太安。

【注释】

①斋库:指豫章王萧嶷府第中的库房。

魏司徒尉元、大鸿胪卿游明根累表请老,魏主许之。引见,赐元玄冠、素衣,明根委貌、青纱单衣,及被服杂物等而遣之。魏主亲养三老、五更于明堂[①]。己酉,诏以元为三老,明根为五更。帝再拜三老,亲袒割牲,执爵而馈;肃拜五更[②];且乞言焉,元、明根劝以孝友化民。又养庶老、国老于阶下。礼毕,各赐元、明根以步挽车及衣服,禄三老以上公,五更以元卿。

九月,甲寅,魏主序昭穆于明堂,祀文明太后于玄室。辛未,魏主以文明太后再期,哭于永固陵左,终日不辍声,凡二日不食。甲戌,辞陵,还永乐宫。

武兴氐王杨集始寇汉中,至白马。梁州刺史阴智伯遣军主桓卢奴、阴冲昌等击破之,俘斩数千人。集始走还武兴,请降于魏;辛巳,入朝于魏。魏以集始为南秦州刺史、汉中郡侯、武兴王。

冬,十月,甲午,上殷祭太庙。

庚戌,魏以安定王休为大司马,特进冯诞为司徒。诞,熙之子也。

魏太极殿成。

十二月,司徒参军萧琛、范云聘于魏。魏主甚重齐人,亲与谈论。顾谓群臣曰:"江南多好臣。"侍臣李元凯对曰:"江南多好臣,岁一易主;江北无好臣,百年一易主。"魏主甚惭。

上使太子家令沈约撰《宋书》，疑立《袁粲传》，审之于上。上曰："袁粲自是宋室忠臣。"约又多载宋世祖、太宗诸鄙渎事。上曰："孝武事迹，不容顿尔。我昔经事明帝，卿可思讳恶之义[③]。"于是多所删除。

是岁，林邑王范阳迈之孙诸农，帅种人攻范当根纯，复得其国。诏以诸农为都督缘海诸军事、林邑王。

魏南阳公郑羲与李冲婚姻，冲引为中书令。出为西兖州刺史，在州贪鄙。文明太后为魏主纳其女为嫔，征为秘书监。及卒，尚书奏谥曰宣。诏曰："盖棺定谥，激扬清浊。故何曾虽孝，良史载其缪丑；贾充有劳，直士谓之荒公。羲虽宿有文业，而治阙廉清。尚书何乃情违至公，愆违明典！依《谥法》：'博闻多见曰文；不勤成名曰灵。'可赠以本官，加谥文灵。"

【注释】

①三老五更：相传古代设三老五更以尊养老人，后成为制，自汉始，尊设三老、五更各一人，以年老更事致仕的官员任之，皇帝当作父兄养之，以示天下孝悌。　②肃拜：《周礼》定拜礼为拜九次，九拜叫做肃拜。③讳恶之义：《春秋》之义，为尊者讳。

资治通鉴卷第一百三十八

齐纪四 昭阳作噩，一年。

世祖武皇帝下

永明十一年 春，正月，以骠骑大将军王敬则为司空，镇军大将军陈显达为江州刺史。显达自以门寒位重，每迁官，常有愧惧之色，戒其子勿以富贵陵人；而诸子多事豪侈，显达闻之，不悦。子休尚为郢府主簿，过九江。显达曰："麈尾蝇拂是王、谢家物，汝不须捉此！"即取于前烧之。

初，上于石头造露车三千乘，欲步道取彭城，魏人知之。刘昶数泣诉于魏主，乞处边戍，招集遗民，以雪私耻。魏主大会公卿于经武殿，以议南伐，于淮、泗间大积马刍。上闻之，以右卫将军崔慧景为豫州刺史以备之。

魏遣员外散骑侍郎邢峦等来聘。峦，颖之孙也。

丙子，文惠太子长懋卒。太子风韵甚和，上晚年好游宴，尚书曹事分送太子省之，由是威加内外。

太子性奢靡，治堂殿、园囿过于上宫，费以千万计，恐上望见之，乃傍门列修竹；凡诸服玩，率多僭侈。启于东田起小苑，使东宫将吏更番筑役，营城包巷，弥亘华远。上性虽严，多布耳目，太子所为，人莫敢以闻。上尝过太子东田，见其壮丽，大怒，收监作主帅；太子皆藏之，由是大被诮责。

又使嬖人徐文景造辇及乘舆御物；上尝幸东宫，匆匆不暇藏辇,文景乃以佛像内辇中,故上不疑。文景父陶仁谓文景曰:“我正当扫墓待丧耳!”仍移家避之。后文景竟赐死,陶仁遂不哭。

及太子卒,上履行东宫,见其服玩,大怒,敕有司随事毁除。以竟陵王子良与太子善,而不启闻;并责之。

太子素恶西昌侯鸾,尝谓子良曰:“我意中殊不喜此人,不解其故,当由其福薄故也。”子良为之救解。及鸾得政,太子子孙无遗焉。

二月,魏主始耕藉田于平城南。

雍州刺史王奂恶宁蛮长史刘兴祖[①],收系狱,诬其构扇山蛮,欲为乱。敕送兴祖下建康;奂于狱中杀之,诈云自经。上大怒,遣中书舍人吕文显、直阁将军曹道刚将斋仗五百人收奂,敕镇西司马曹虎从江陵步道会襄阳[②]。

奂子彪,素凶险,奂不能制。长史殷叡,奂之婿也,谓奂曰:“曹、吕来,既不见真敕,恐为奸变,正宜录取,驰启闻耳。”奂纳之。彪辄发州兵千余人,开库配甲仗,出南堂,陈兵,闭门拒守。奂门生郑羽叩头启奂,乞出城迎台使,奂曰:“我不作贼,欲先遣启自申;正恐曹、吕辈小人相陵藉,故且闭门自守耳。”彪遂出,与虎军战,兵败,走归。三月,乙亥,司马黄瑶起、宁蛮长史河东裴叔业于城内起兵,攻奂,斩之,执彪及弟爽、弼、殷叡,皆伏诛。彪兄融、琛死于建康,琛弟秘书丞肃独得脱,奔魏。

【注释】

①宁蛮:府名,属雍州,在今湖北西北部地区。　②襄阳:雍州治襄阳,今湖北襄阳市。

夏,四月,甲午,立南郡王昭业为皇太孙,东宫文武悉改为太孙官属,以太子妃琅邪王氏为皇太孙太妃,南郡王妃何氏为皇太孙妃。妃,戢之女也。

魏太尉丕等请建中宫,戊戌,立皇后冯氏。后,熙之女也。魏主以《白虎通》云:“王者不臣妻之父母。”下诏令太师上书不称臣,入朝不拜,熙固辞。

光城蛮帅征虏将军田益宗帅部落四千余户叛,降于魏。

五月，壬戌，魏主宴四庙子孙于宣文堂①，亲与之齿，用家人礼。

甲子，魏主临朝堂，引公卿以下决疑政，录囚徒。帝谓司空穆亮曰："自今朝廷政事，日中以前，卿等先自论议；日中以后，朕与卿等共决之。"

丙子，以宜都王铿为南豫州刺史。先是庐陵王子卿为南豫州刺史，之镇，道中戏部伍为水军，上闻之，大怒，杀其典签；以铿代之。子卿还第，上终身不与相见。

襄阳蛮酋雷婆思等帅户千余求内徙于魏，魏人处之沔北。

魏主以平城地寒，六月雨雪，风沙常起，将迁都洛阳；恐群臣不从，乃议大举伐齐，欲以协众。斋于明堂左个，使太常卿王谌筮之，遇《革》，帝曰："'汤、武革命，应乎天而顺乎人。'吉孰大焉！"群臣莫敢言。尚书任城王澄曰："陛下奕叶重光，帝有中土；今出师以征未服，而得汤、武革命之象，未为全吉也。"帝厉声曰："繇云：'大人虎变③，'何言不吉！"澄曰："陛下龙兴已久，何得今乃虎变！"帝作色曰："社稷我之社稷，任城欲沮众邪！"澄曰："社稷虽为陛下之有，臣为社稷之臣，安可知危而不言！"帝久之乃解，曰："各言其志，夫亦何伤！"

既还宫，召澄入见，逆谓之曰："向者《革卦》，今当更与卿论之。明堂之忿，恐人人竞言，沮我大计，故以声色怖文武耳。想识朕意。"因屏人谓澄曰："今日之举，诚为不易。但国家兴自朔土，徙居平城；此乃用武之地，非可文治。今将移风易俗，其道诚难，朕欲因此迁宅中原，卿以为何如？"澄曰："陛下欲卜宅中土以经略四海，此周、汉所以兴隆也。"帝曰："北人习常恋故，必将惊扰，奈何？"澄曰："非常之事，故非常人之所及。陛下断自圣心，彼亦何所能为！"帝曰："任城，吾之子房也！"

六月，丙戌，命作河桥，欲以济师。秘书监卢渊上表，以为："前世承平之主，未尝亲御六军，决胜行陈之间；岂非胜之不足为武，不胜有亏威望乎！昔魏武以弊卒一万破袁绍，谢玄以步兵三千摧苻秦，胜负之变，决于须臾，不在众寡也。"诏报曰："承平之主，所以不亲戎事，或以同轨无敌，或以懦劣偷安。今谓之同轨则未然,比之懦劣则可耻,必若王者不当亲戎,则先王制革辂,何所施也?”魏武之胜,盖由仗顺;苻氏之败,亦由失政;岂寡必能胜众,弱必能制强邪!”丁未,魏主讲武,命尚书李冲典武选。

建康僧法智与徐州民周盘龙等作乱,夜,攻徐州城,入之,刺史王玄邈讨诛之。

秋,七月,癸丑,魏立皇子恂为太子。

【注释】

①四庙子孙:指北魏世祖太武帝拓跋焘,恭宗景穆帝拓跋余,高宗文成帝拓跋濬、显祖献文帝拓跋弘的子孙。 ②沔(miǎn 免)北:沔水即汉水,汉水以北当时仍为南朝各境,雷婆思等原居汉水以南,迁往北边,更近北魏边境。 ③大人虎变:《革卦》九五爻辞,九五,为君位。虎变,老虎身上花纹的变化。大人虎变,比喻居上位者出处行动变化莫测。后也指由贫贱而显达。亦作“大贤虎变”。

戊子,魏中外戒严,发露布及移书[1],称当南伐。诏发扬、徐州民丁,广设召募以备之。

中书郎王融,自恃人地,三十内望为公辅。尝夜直省中,抚案叹曰:“为尔寂寂,邓禹笑人[2]!”行逢朱雀桁开,喧湫不得进,槌车壁叹曰:“车前无八驺,何得称丈夫!”竟陵王子良爱其文学,特亲厚之。

融见上有北伐之志,数上书奖劝,因大习骑射。及魏将入寇,子良于东府募兵,版融宁朔将军,使典其事。融倾意招纳,得江西伧楚数百人,并有干用。

会上不豫,诏子良甲仗入延昌殿侍医药,子良以萧衍、范云等皆为帐内军主。戊辰,遣江州刺史陈显达镇樊城。上虑朝野忧遑,力疾召乐府奏正声伎[3]。子良日夜在内,太孙间日参承。

戊寅,上疾亟,暂绝[4];太孙未入,内外惶惧,百寮皆已变服。王融欲矫诏立子良,诏草已立。萧衍谓范云曰:“道路籍籍,皆云将有非常之举。王元长非济世才,视其败也。”云曰:“忧国家者,惟有王中书耳。”衍曰:“忧国,欲为周、召邪,欲为竖刁邪[5]?”云不敢答。及太孙来,王融戎服绛衫,于中书省阁口断东宫仗不得进。

顷之，上复苏，问太孙所在，因召东宫器甲皆入，以朝事委尚书左仆射西昌侯鸾。俄而上殂，融处分以子良兵禁诸门。鸾闻之，急驰云龙门，不得进，鸾曰："有敕召我！"排之而入，奉太孙登殿，命左右扶出子良，指麾部署，音响如钟，殿中无不从命。融知不遂，释服还省，叹曰："公误我！"由是郁林王深怨之。

遗诏曰："太孙进德日茂，社稷有寄。子良善相毗辅，思弘治道，内外众事，无大小悉与鸾参怀，共下意！尚书中事，职务根本，悉委右仆射王晏、吏部尚书徐孝嗣；军旅之略，委王敬则、陈显达、王广之、王玄邈、沈文季、张瓌、薛渊等。"

世祖留心政事，务总大体，严明有断，郡县久于其职，长吏犯法，封刃行诛。故永明之世，百姓丰乐，贼盗屏息。然颇好游宴，华靡之事，常言恨之，未能顿遣。

郁林王之未立也，众皆疑立子良，口语喧腾。武陵王晔于众中大言曰："若立长，则应在我；立嫡，则应在太孙。"由是帝深凭赖之[⑥]。直阁周奉叔、曹道刚素为帝心膂，并使监殿中直卫；少日，复以道刚为黄门郎。

初，西昌侯鸾为太祖所爱，鸾性俭素，车服仪从，同于素士，所居官名为严能，故世祖亦重之。世祖遗诏，使竟陵王子良辅政，鸾知尚书事。子良素仁厚，不乐世务，乃更推鸾，故遗诏云"事无大小，悉与鸾参怀"，子良之志也。

帝少养于子良妃袁氏，慈爱甚著。及王融有谋，遂深忌子良。大行出太极殿，子良居中书省，帝使虎贲中郎将潘敞领二百人仗屯太极殿西阶以防之。既成服，诸王皆出，子良乞停至山陵，不许。

壬午，称遗诏，以武陵王晔为卫将军，与征南大将军陈显达并开府仪同三司；尚书左仆射、西昌侯鸾为尚书令；太孙詹事沈文季为护军。癸未，以竟陵王子良为太傅；蠲除三调及众逋[⑦]，省御府及无用池田、邸治，减关市征税。先是，蠲原之诏，多无事实，督责如故。是时西昌侯鸾知政，恩信两行，众皆悦之。

【注释】

①露布：古代称檄文、捷报及其他紧急文书，亦称"露版""露板"。

②邓禹(2—58):东汉初南阳新野(今河南新野县南)人,字仲华。从刘秀镇压农民起义军,刘秀即位,他任大司徒,时年才二十四岁。王融此时年已过二十四岁,所以他说:"邓禹笑人!" ③正声伎:当时江南以清商为正声伎。 ④暂绝:气暂绝而未停止呼吸。 ⑤"欲为"句:典故出自《左传》,春秋时,齐桓公立其子昭为太子。其妃子卫姬生儿子无亏。大夫易牙受宠于卫姬。易牙通过桓公近臣竖刁得以献美食给桓公,桓公渐宠幸易牙,并答应易牙改立无亏为太子。齐桓公去世,易牙进入宫内,与竖刁杀众官吏而立无亏为王。昭奔逃到宋国。宋襄公派兵讨伐齐国,杀了无亏而扶立昭,是为齐孝公。 ⑥帝:此外指萧昭业,他已即位,所以史书作帝。 ⑦三调:指租庸调中的粟、帛调及杂调。逋,欠负的债。

魏山阳景桓公尉元卒。

魏主使录尚书事广陵王羽持节安抚六镇,发其突骑。丁亥,魏主辞永固陵;己丑,发平城,南伐,步骑三十余万;使太尉丕与广陵王羽留守平城,并加使持节[①]。羽曰:"太尉宜专节度,臣正可为副。"魏主曰:"老者之智,少者之决,汝无辞也。"以河南王幹为车骑大将军、都督关右诸军事,又以司空穆亮、安南将军卢渊、平南将军薛胤皆为幹副,众合七万出子午谷。胤,辩之曾孙也。

郁林王性辩慧,美容止,善应对,哀乐过人;世祖由是爱之。而矫情饰诈,阴怀鄙慝,与左右群小共衣食,同卧起。

始为南郡王,从竟陵王子良在西州[②],文惠太子每禁其起居,节其用度。王密就富人求钱,无敢不与。别作钥钩,夜开西州后阁,与左右至诸营署中淫宴。师史仁祖、侍书胡天翼相谓曰:"若言之二宫[③],则其事未易;若于营署为异人所殴及犬物所伤,岂直罪止一身,亦当尽室及祸。年各七十,余生岂足吝邪!"数日间,二人相继自杀,二宫不知也。所爱左右,皆逆加官爵,疏于黄纸,使囊盛带之,许南面之日,依此施行。

侍太子疾及居丧,忧容号毁,见者呜咽;裁还私室,即欢笑酣饮。常令女巫杨氏祷祀,速求天位。及太子卒,谓由杨氏之力,倍加敬信。既为太孙,世祖有疾,又令杨氏祷祀。时何妃犹在西州,世祖疾稍危,太孙与何妃书,纸中央作一大喜字,而作三十六小喜字绕之。

侍世祖疾，言发泪下。世祖以为必能负荷大业，谓曰："五年中一委宰相，汝勿措意；五年外勿复委人。若自作无成，无所多恨。"临终，执其手曰："若忆翁，当好作！"遂殂。大敛始毕，悉呼世祖诸伎，备奏众乐。

即位十余日，即收王融下廷尉，使中丞孔稚珪奏融险躁轻狡，招纳不逞，诽谤朝政。融求援于竟陵王子良，子良忧惧，不敢救，遂于狱赐死，时年二十七。

初，融欲与东海徐勉相识，每托人召之。勉谓人曰："王君名高望促，难可轻襒衣裾。"俄而融及祸。勉由是知名。太学生会稽魏准，以才学为融所赏；融欲立子良，准鼓成其事。太学生虞羲、丘国宾窃相谓曰："竟陵才弱，王中书无断，败在眼中矣。"及融诛，召准入舍人省诘问，惶惧而死，举体皆青，时人以为胆破。

【注释】

①使持节：古代官号。晋朝制定，加使持节官号，有可诛杀二千石官职以下官员的大权。　②郁林王从小由竟陵王萧子良的妃子袁氏抚养，当时萧子良为扬州刺史，所以他跟随在西州。　③二宫：指皇帝及太子。

壬寅，魏主至肆州，见道路民有跛眇者，停驾慰劳，给衣食终身。

大司马安定王休执军士为盗者三人以徇于军，将斩之。魏主行军遇之，命赦之，休不可，曰："陛下亲御六师，将远清江表，今始行至此，而小人已为攘盗，不斩之，何以禁奸！"帝曰："诚如卿言。然王者之体，时有非常之泽。三人罪虽应死，而因缘遇朕，虽违军法，可特赦之。"既而谓司徒冯诞曰："大司马执法严，诸君不可不慎。"于是军中肃然。

臣光曰：人主之于其国，譬犹一身，视远如视迩，在境如在庭。举贤才以任百官，修政事以利百姓，则封域之内无不得其所矣。是以先王黈纩塞耳[①]，前旒蔽明[②]，欲其废耳目之近用，推聪明于四远也。彼废疾者宜养，当命有司均之于境内；今独施于道路之所遇，则所遗者多矣，其为仁也，不亦微乎！况赦罪人以桡有司之法[3]，尤非人君之体也。惜也！孝文，魏之贤君，而犹有是乎！

戊申，魏主至并州。并州刺史王袭，治有声迹，境内安静，帝嘉之。袭教民多立铭置道侧，虚称其美，帝闻而问之，袭对不以实。帝怒，降袭号二等[4]。

九月，壬子，魏遣兼员外散骑常侍勃海高聪等来聘。

丁巳，魏主诏车驾所经，伤民秋稼者，亩给谷五斛。

辛酉，追尊文惠太子为文皇帝，庙号世宗。

世祖梓宫下渚[5]，帝于端门内奉辞。辒辌车未出端门[6]，亟称疾还内。裁入阁，即于内奏胡伎，鞞铎之声[7]，响震内外。丙寅，葬武皇帝于景安陵，庙号世祖。

戊辰，魏主济河；庚午，至洛阳；壬申，诣故太学观《石经》。

乙亥，邓至王像舒彭遣其子旧朝于魏，且请传位于旧；魏主许之。

【注释】

①黈纩（tǒu kuàng）：黄色的丝棉。黈，黄色；纩，丝棉。　②旒（liú流）：古代冕冠前后悬垂的玉串。　③桡（náo 挠）：扰乱。　④号：指王袭原所领的将军号。　⑤渚（zhǔ 主）：水中的小块陆地，即河洲。在东府前，是秦淮河的沙洲。⑥辒辌（wēn liáng 温良）车：古代的卧车，有窗，闭之则温，开之则凉，因名。后用作丧车。　⑦鞞铎（pí duó 皮夺）：鞞，一种鼓，亦作“鼙”；铎，古代乐器，是大铃的一种。

南朝辟邪石刻

魏主自发平城至洛阳，霖雨不止。丙子，诏诸军前发。丁丑，帝戎服，执鞭乘马而出。群臣稽颡于马前[1]。帝曰：“庙算已定[2]，大军将进，诸公更欲何云?"尚书李冲等曰:"今者之举,天下所不愿,唯陛下欲之;臣不知陛下独行,竟何之也!臣等有其意而无其辞,敢以死请!"帝大怒曰:"吾方经营天下,期于混壹,而卿等儒生,屡疑大计;斧钺有常,卿勿复言!"策马将出。于是安定王休等并殷勤泣谏。帝乃谕群臣曰:"今者兴发不小,动而无成,何以示后!朕世居幽朔,欲南迁中土;苟不南伐,当迁都于此,王公以为何如?欲迁者左,不欲者右。"南安王桢进曰:"'成大功者不谋于众[③]。'今陛下苟辍南伐之谋,迁都洛邑,此臣等之愿,苍生之幸也。"群臣皆呼万岁。时旧人虽不愿内徙[④],而惮于南伐,无敢言者,遂定迁都之计。

李冲言于上曰:"陛下将定鼎洛邑,宗庙宫室,非可马上游行以待之。愿陛下暂还代都,俟群臣经营毕功,然后备文物、鸣和鸾而临之。"帝曰:"朕将巡省州郡,至邺小停,春首即还,未宜归北。"乃遣任城王澄还平城,谕留司百官以迁都之事,曰:"今日真所谓革也[⑤]。王其勉之!"

帝以群臣意多异同,谓卫尉卿、镇南将军于烈曰:"卿意如何?"烈曰:"陛下圣略渊远,非愚浅所测。若隐心而言,乐迁之与恋旧,适中半耳。"帝曰:"卿既不唱异,即是肯同,深感不言之益。"使还镇平城,曰:"留台庶政,一以相委。"烈,栗磾之孙也。

先是,北地民支酉聚众数千[⑥],起兵于长安城北石山,遣使告梁州刺史阴智伯;秦州民王广亦起兵应之,攻执魏刺史刘藻,秦、雍间七州民皆响震,众至十万,各守堡壁以待齐救。魏河南王幹引兵击之,幹兵大败;支酉进至咸阳北浊谷,穆亮与战,又败;阴智伯遣军主席德仁等将兵数千与相应接。酉等进向长安,卢渊、薛胤等拒击,大破之,降者数万口。渊唯诛首恶,余悉不问,获酉、广,并斩之。

冬,十月,戊寅朔,魏主如金墉城,征穆亮,使与尚书李冲、将作大匠董尔经营洛都。己卯,如河南城;乙酉,如豫州;癸巳,舍于石济。乙未,魏解严,设坛于滑台城东,告行庙以迁都之意。大赦。起滑台宫。任城王澄至平城,众始闻迁都,莫不惊骇。澄援引古今,徐以晓之,众乃开伏。澄还报于滑台,魏主喜曰:"非任城,朕事不成。"

壬寅，尊皇太孙太妃为皇太后；立妃为皇后。

癸卯，魏主如邺城。王肃见魏主于邺，陈伐齐之策。魏主与之言，不觉促席移晷。自是器遇日隆，亲旧贵臣莫能间也。魏主或屏左右与肃语，至夜分不罢，自谓君臣相得之晚。寻除辅国将军、大将军长史。时魏主方议兴礼乐，变华风，凡威仪文物，多肃所定。

乙巳，魏主遣安定王休帅从官迎家于平城。

辛亥，封皇弟昭文为新安王，昭秀为临海王，昭粲为永嘉王。

魏主筑宫于邺西，十一月，癸亥，徙居之。

御史中丞江淹劾奏前益州刺史刘悛、梁州刺史阴智伯赃货巨万，皆抵罪。初，悛罢广、司二州，倾赀以献世祖，家无留储。在益州，作金浴盆，余物称是。及郁林王即位，悛所献减少。帝怒，收悛付廷尉，欲杀之；西昌侯鸾救之，得免，犹禁锢终身。悛，勔之子也。

【注释】

①稽颡（qǐ sǎng 启嗓）：古时一种跪拜礼。屈膝下拜，以额触地，居丧答谢宾客时行之，表示极度的悲痛和感谢。颡，额头。 ②庙算：庙堂的策划，指朝廷的重大决策。古代将兴师动兵，进行重大战争时，均先斋敬于庙，进行卜算，然后才决定是否派出军队，所以称“庙算”。 ③此句引用秦商鞅之言。 ④旧人：指与拓跋氏同兴起在北方的氏族后裔，即所谓国人。 ⑤革：《易·说卦》：革，去故也。这句话意思是说，前次占卜得“革卦”，现在迁都真的革北方之俗。 ⑥北地：郡名，东汉末置，北魏改置班州，又改邠州，相当今陕西富平县、铜川市耀州区。

资治通鉴卷第一百三十九

齐纪五　阏逢阉茂，一年。

高宗明皇帝上

建武元年　春，正月，丁未，改元隆昌；大赦。

雍州刺史晋安王子懋，以主幼时艰，密为自全之计，令作部造仗[①]；征南大将军陈显达屯襄阳，子懋欲胁取以为将。显达密启西昌侯鸾，鸾征显达为车骑大将军；徙子懋为江州刺史，仍令留部曲助镇襄阳，单将白直、侠毂自随[②]。显达过襄阳，子懋谓曰："朝廷令身单身而返，身是天王[③]，岂可过尔轻率！今犹欲将二三千人自随，公意何如？"显达曰："殿下若不留部曲，乃是大违敕旨，其事不轻；且此间人亦难可收用[④]。"子懋默然。显达因辞出，即发去。子懋计未立，乃之寻阳。

西昌侯鸾将谋废立，引前镇西谘议参军萧衍与同谋。荆州刺史、随王子隆，性温和，有文才；鸾欲征之，恐其不从。衍曰："随王虽有美名，其实庸劣。既无智谋之士，爪牙唯仗司马垣历生、武陵太守卞白龙耳。二人唯利是从，若啖以显职，无有不来；随王止须折简耳。"鸾从之。征历生为太子左卫率，白龙为游击将军；二人并至。续召子隆为侍中、抚军将军。豫州刺史崔慧景，高、武旧将，鸾疑之，以萧衍为宁朔将军，戍寿阳。慧景惧，白服出迎[⑤]；衍抚安之。

辛亥，郁林王祀南郊；戊午，拜崇安陵[⑥]。

癸亥，魏主南巡；戊辰，过比干墓，祭以太牢，魏主自为祝文曰：“乌呼介士，胡不我臣！”

【注释】

①作部：南朝时各州设置有作部，是制造武器的部门。 ②白直、侠毂：南朝时宗室诸王的自卫亲兵。 ③天王：萧子懋自称天王，是指自己是天子家诸王。 ④此间人：指襄阳人。 ⑤白服：当时官员获罪叙职须穿白服。 ⑥崇安陵：郁林王萧昭业即位后，追尊其父文惠太子为文帝，陵曰崇安陵，庙号世宗。

帝宠幸中书舍人綦母珍之、朱隆之、直阁将军曹道刚、周奉叔、宦者徐龙驹等。珍之所论荐，事无不允；内外要职，皆先论价，旬月之间，家累千金；擅取官物及役作，不俟诏旨。有司至相语云：“宁拒至尊敕，不可违舍人命。”帝以龙驹为后阁舍人[①]，常居含章殿，著黄纶帽，被貂裘，南面向案，代帝画敕；左右侍直，与帝不异。

帝自山陵之后，即与左右微服游走市里，好于世宗崇安陵隧中掷涂、赌跳[②]，作诸鄙戏，极意赏赐左右，动至百数十万。每见钱，曰：“我昔思汝十枚不得[③]，今日得用汝未？”世祖聚钱上库五亿万，斋库亦出三亿万，金银布帛不可胜计[④]；郁林王即位未期岁，所用垂尽。入主衣库，令何后及宠姬以诸宝器相投击破碎之，用为笑乐。蒸于世祖幸姬霍氏[⑤]，更其姓曰徐。朝事大小，皆决于西昌侯鸾。鸾数谏争，帝多不从；心忌鸾，欲除之。以尚书右仆射鄱阳王锵为世祖所厚，私谓锵曰：“公闻鸾于法身如何[⑥]？”锵素和谨，对曰：“臣鸾于宗戚最长，且受寄先帝；臣等皆年少，朝廷所赖，唯鸾一人，愿陛下无以为虑。”帝退，谓徐龙驹曰：“我欲与公共计取鸾，公既不同[⑦]，我不能独办，且复小听[⑧]。”

卫尉萧谌，世祖之族子也，自世祖在郢州，谌已为腹心。及即位，常典宿卫，机密之事，无不预闻。征南谘议萧坦之，谌之族人也，尝为东宫直阁，为世宗所知。帝以二人祖父旧人，甚亲信之。谌每请急出宿，帝通夕不寐，谌还乃安。坦之得出入后宫，帝亵狎宴游，坦之皆在侧。帝醉后，常裸袒，坦之辄扶持谏谕。西昌侯鸾欲有所谏，帝在后宫不出，唯遣谌、坦之径进，乃得闻达。

何后亦淫泆，私于帝左右杨珉，与同寝处如伉俪；又与帝相爱狎，故帝恣之。迎后亲戚入宫，以耀灵殿处之。斋阁通夜洞开，外内淆杂，无复分别。西昌侯鸾遣坦之入奏诛珉，何后流涕覆面曰："杨郎好年少，无罪，何可枉杀！"坦之附耳语帝曰："外间并云杨珉与皇后有情，事彰遐迩，不可不诛。"帝不得已许之；俄敕原之，已行刑矣。鸾又启诛徐龙驹，帝亦不能违，而心忌鸾益甚。萧谌、萧坦之见帝狂纵日甚，无复悛改，恐祸及己；乃更回意附鸾，劝其废立，阴为鸾耳目，帝不之觉也。

周奉叔恃勇挟势，陵轹公卿。常翼单刀二十口自随，出入禁闼，门卫不敢诃。每语人曰："周郎刀不识君！"鸾忌之，使萧谌、萧坦之说帝出奉叔为外援，己巳，以奉叔为青州刺史⑨，曹道刚为中军司马。奉叔就帝求千户侯；许之。鸾以为不可，封曲江县男，食三百户。奉叔大怒，于众中攘刀厉色；鸾说谕之，乃受。奉叔辞毕，将之镇，部伍已出。鸾与萧谌称敕，召奉叔于省中，殴杀之，启云："奉叔慢朝廷。"帝不获已，可其奏。

溧阳令钱唐杜文谦⑩，尝为南郡王侍读⑪，前此说綦毋珍之曰："天下事可知，灰尽粉灭，匪朝伊夕；不早为计，吾徒无类矣。"珍之曰："计将安出？"文谦曰："先帝旧人，多见摈斥，今召而使之，谁不慷慨！近闻王洪范与宿卫将万灵会等共语，皆攘袂槌床；君其密报周奉叔，使万灵会等杀萧谌，则宫内之兵皆我用也。即勒兵入尚书，斩萧令，两都伯力耳。今举大事亦死，不举事亦死；二死等耳，死社稷可乎！若迟疑不断，复少日，录君称敕赐死⑫，父母为殉，在眼中矣。"珍之不能用。及鸾杀奉叔，并收珍之、文谦，杀之。

【注释】

①后阁：指内宫中的后阁，皇帝书房。　②赌跳：南朝王室贵族中一种游戏，赛跳高，跳得高者为胜。　③十枚：其余版本均作"一枚"。④上库：皇宫中的仓库，其储备用作军事储备。斋库：皇帝的仓库，所储备供皇帝及家人使用。　⑤蒸：同"烝"，古代指子辈与母辈通奸。⑥法身：为郁林王萧昭业的字。　⑦公：指鄱阳王萧锵。　⑧且复小听：指郁林王年幼即位时，由萧鸾专权局面。　⑨青州：南朝宋于郁洲（今江

苏连云港市东云台山一带）侨置，齐时徙治朐山（今江苏连云港市西）。⑩溧阳：县名，汉以来属丹杨郡，在今江苏南京市东南。 ⑪南郡王：指郁林王萧昭业，即位前曾为南郡王。 ⑫录君：指西昌侯萧鸾，时鸾录尚书事。

乙亥，魏主如洛阳西宫。中书侍郎韩显宗上书陈四事，其一以为："窃闻舆驾今夏不巡三齐，当幸中山。往冬舆驾停邺，当农隙之时，犹比屋供奉，不胜劳费。况今蚕麦方急，将何以堪命！且六军涉暑，恐生疠疫。臣愿早还北京[①]，以省诸州供张之苦，成洛都营缮之役。"其二以为："洛阳宫殿故基，皆魏明帝所造，前世已讥其奢。今兹营缮，宜加裁损。又，顷来北都富室[②]，竞以第舍相尚；宜因迁徙，为之制度。及端广衢路，通利沟渠。"其三以为："陛下之还洛阳，轻将从骑。王者于闱闼之内犹施警跸[③]，况涉履山河而不加三思乎！"其四以为："陛下耳听法音[④]，目玩坟典[⑤]，口对百辟，心虞万机，景昃而食，夜分而寝；加以孝思之至，随时而深；文章之业，日成篇卷；虽睿明所用，未足为烦，然非所以啬神养性，保无疆之祚也。伏愿陛下垂拱司契而天下治矣。"帝颇纳之。显宗，麒麟之子也。

显宗又上言，以为："州郡贡察[⑥]，徒有秀、孝之名而无秀、孝之实；朝廷但检其门望，不复弹坐。如此，则可令别贡门望以叙士人，何假冒秀、孝之名也！夫门望者，乃其父祖之遗烈，亦何益于皇家！益于时者，贤才而已。苟有其才，虽屠钓奴虏，圣王不耻以为臣[⑦]；苟非其才，虽三后之胤[⑧]，坠于皂隶矣。议者或云，'今世等无奇才，不若取士于门'，此亦失矣。岂可以世无周、邵，遂废宰相邪！但当校其寸长铢重者先叙之，则贤才无遗矣。

又，刑罚之要，在于明当，不在于重。苟不失有罪，虽捶挞之薄，人莫敢犯；若容可侥幸，虽参夷之严[⑨]，不足惩禁。今内外之官，欲邀当时之名，争以深刻为无私，迭相敦厉，遂成风俗。陛下居九重之内，视人如赤子；百司分万务之任，遇下如仇雠。是则尧、舜止一人，则桀、纣以千百；和气不至，盖由于此。谓宜敕示百寮，以惠元元之命。

又,昔周居洛邑,犹存宗周;汉迁东都,京兆置尹。察《春秋》之义,有宗庙曰都,无曰邑。况代京,宗庙山陵所托,王业所基,其为神乡福地,实亦远矣,今便同之郡国,臣窃不安。谓宜建畿置尹,一如故事[10],崇本重旧,光示万叶。

又,古者四民异居,欲其业专志定也[11]。太祖道武皇帝创基拨乱,日不暇给,然犹分别士庶,不令杂居,工伎屠沽,各有攸处;但不设科禁,久而混淆。今闻洛邑居民之制,专以官位相从,不分族类。夫官位无常,朝荣夕悴,则是衣冠、皂隶不日同处矣。借使一里之内,或调习歌舞,或构肄诗书,纵群儿随其所之,则必不弃歌舞而从诗书矣。然则使工伎之家习士人风礼,百年难成;士人之子效工伎容态,一朝而就。是以仲尼称里仁之美[12],孟母勤三徙之训[13]。此乃风俗之原,不可不察。朝廷每选人士,校其一婚一宦以为升降,何其密也!至于度地居民,则清浊连甍,何其略也!今因迁徙之初,皆是空地,分别工伎,在于一言,有何可疑而阙盛美!

又,南人昔有淮北之地,自比中华,侨置郡县。自归附圣化,仍而不改,名实交错,文书难辨。宜依地理旧名,一皆厘革,小者并合,大者分置,及中州郡县,昔以户少并省。今民口既多,亦可复旧。

又,君人者以天下为家,不可有所私。仓库之储,以供军国之用,自非有功德者不可加赐。在朝诸贵,受禄不轻;比来赐赉,动以千计。若分以赐鳏寡孤独之民,所济实多;今直以与亲近之臣,殆非周急不继富之谓也[14]。"帝览奏,甚善之。

二月,乙丑,魏主如河阴,规方泽。

辛卯,帝祀明堂。

【注释】

①北京:此处指平城,今山西大同市,为北魏南迁前的都城。　②北都:亦指平城。　③闱闼(wéi tà 韦榻):闱,宫殿中的小门。闼,亦指宫廷里的小门,又指门屏风。　④法音:即法曲,原指含有外来音乐成分的西域音乐,至南北朝时指以清商乐为主的中原音乐,亦称雅乐。　⑤坟典:指三坟五典。传说中我国最古的书籍。三坟指伏羲、神农、黄帝之书;五典指少昊、颛顼、高辛、唐、虞之书。　⑥贡察:指察举秀才、孝廉等

人才贡进于朝廷，为汉以来选拔官吏制度之一。 ⑦屠钓奴虏，圣王不耻以为臣：姜太公吕尚曾在朝歌当过屠夫，又曾垂钓于渭水；箕子曾为奴隶，周文王、周武王都以很郑重的礼节对待他们，任用他们为要臣。 ⑧三后：指夏、商、周三代君主。 ⑨参夷：指夷三族。 ⑩一如故事：北魏初建都平城时，分划甸畿置司州，于平城置代尹。此处指应按当时做法建畿置尹。 ⑪指春秋时管仲为国相，使士、农、工商各分类而聚居，他说，四民不要使他们杂居，杂居了语言杂乱，所从事的职业会变易。古代圣王把士人安置在学宫旁边，工匠安置在官府附近居住，商人在市井居住，农民在田野居住，这样长久安定，不会见异思迁。 ⑫里仁之美：出自《论语》，孔子曰：里仁为美，择不处仁，焉得知！ ⑬孟母勤三徙之训：孟子的母亲曾经三次搬家，选择良好的环境，用来教育孟子。典出刘向《列女传·母仪》。孟轲的母亲曾住在墓地附近，孟子小时作游戏，都是仿出殡送葬等事，孟母说这里不适宜教育我儿子，就迁移到街市附近居住。孟子平时游戏，遂仿商人买卖之事，孟母又说这里不适宜教育我的孩子，又迁移到学校附近。孟子作游戏，即仿学人设祭祀，拜揖礼让等，孟母说这里环境适宜教育我儿子，就长住不搬迁了。 ⑭“殆非”句：见《论语》，孔子曰：君子周急不继富。

司徒参军刘敩等聘于魏。

丙申，魏徙河南王干为赵郡王，颍川王雍为高阳王。

壬寅，魏主北巡；癸卯，济河；三月壬申，至平城。使群臣更论迁都利害，各言其志。燕州刺史穆罴曰[①]：“今四方未定，未宜迁都。且征伐无马，将何以克？”帝曰：“厩牧在代，何患无马！今代在恒山之北，九州之外，非帝王之都也。”尚书于果曰：“臣非以代地为胜伊、洛之美也。但自先帝以来，久居于此，百姓安之；一旦南迁，众情不乐。”平阳公丕曰：“迁都大事，当讯之卜筮。”帝曰：“昔周、召圣贤，乃能卜宅。今无其人，卜之何益！且‘卜以决疑，不疑何卜？’黄帝卜而龟焦[②]，天老曰‘吉’，黄帝从之。然则至人之知未然，审于龟矣。王者以四海为家，或南或北，何常之有！朕之远祖，世居北荒。平文皇帝始都东木根山[③]。昭成皇帝更营盛乐[④]，道武皇帝迁于平城。朕幸属胜残之运，而独不得迁乎！”群臣不敢复言。罴，寿之孙；果，烈之弟也。癸酉，魏主临朝堂，部分迁留。

夏，四月，庚辰，魏罢西郊祭天。

辛巳，武陵昭王晔卒。

戊子，竟陵文宣王子良以忧卒。帝常忧子良为变，闻其卒，甚喜。

臣光曰：孔子称“鄙夫不可与事君，未得之，患得之；既得之，患失之。苟患失之，无所不至”。王融乘危徼幸，谋易嗣君。子良当时贤王，虽素以忠慎自居，不免忧死。迹其所以然，正由融速求富贵而已。轻躁之士，乌可近哉！

己亥，魏罢五月五日、七月七日飨祖考。

魏录尚书事广陵王羽奏：“令文：每岁终，州镇列属官治状，及再考，则行黜陟。去十五年京官尽经考为三等，今已三载。臣辄准外考，以定京官治行。”魏主曰：“考绩事重，应关朕听，不可轻发；且俟至秋。”

闰月，丁卯，镇军将军鸾即本号⑤，开府仪同三司。

戊辰，以新安王昭文为扬州刺史。

五月，甲戌朔，日有食之。

六月，己巳，魏遣兼员外散骑常侍卢昶、兼员外散骑侍郎王清石来聘。昶，度世之子也。清石世仕江南，魏主谓清石曰：“卿勿以南人自嫌。彼有知识，欲见则见，欲言则言。凡使人以和为贵，勿迭相矜夸，见于辞色，失将命之体也⑥。”

秋，七月，乙亥，魏以宋王刘昶为使持节、都督吴、越、楚诸军事、大将军，镇彭城。魏主亲饯之。以王肃为昶府长史。昶至镇，不能抚接义故⑦，卒无成功。

壬午，魏安定靖王休卒。自卒至殡，魏主三临其第，葬之如尉元之礼，送之出郊，恸哭而返。

壬戌，魏主北巡。

【注释】

①燕州：北魏迁都洛邑，以洛邑为司州，改平城的司州为恒州，分恒州东部置燕州，治昌平（今北京西部）。　②龟焦：古人灼龟甲以占吉凶，其裂痕谓之兆，根据兆象预测吉凶，龟甲烧糊了，就没有裂痕，不成兆

象,叫龟焦。 ③平文皇帝:拓跋郁律谥号。 ④昭成皇帝:拓跋什翼犍谥号。盛乐:什翼犍于341年营建盛乐城,故城不知所指,有说是在今内蒙古和林格尔县西北。 ⑤本号:指镇军将军号。 ⑥将命:奉命而行称"将命"。 ⑦义故:刘昶为宋将时曾镇守彭城,后弃镇降魏,过去的部下仍在彭城。

西昌侯鸾既诛徐龙驹、周奉叔,而尼媪外入者,颇传异语。中书令何胤,以后之从叔,为帝所亲,使直殿省。帝与胤谋诛鸾,令胤受事;胤不敢当,依违谏说[1],帝意复止。乃谋出鸾于西州,中敕用事,不复关咨于鸾。

是时,萧谌、萧坦之握兵权,左仆射王晏总尚书事。谌密召诸王典签,约语之,不许诸王外接人物。谌亲要日久,众皆惮而从之。

鸾以其谋告王晏,晏闻之,响应,又告丹杨尹徐孝嗣,孝嗣亦从之。骠骑录事南阳乐豫谓孝嗣曰:"外传籍籍,似有伊、周之事。君蒙武帝殊常之恩,荷托付之重,恐不得同人此举。人笑褚公[2],至今齿冷。"孝嗣心然之而不能从。

帝谓萧坦之曰:"人言镇军与王晏、萧谌欲共废我[3],似非虚传。卿所闻云何?"坦之曰:"天下宁当有此,谁乐无事废天子邪!朝贵不容造此论,当是诸尼媪言耳,岂可信耶!官若无事除此三人,谁敢自保!"直阁将军曹道刚疑外间有异,密有处分,谋未能发。

时始兴内史萧季敞、南阳太守萧颖基皆内迁,谌欲待二人至,藉其势力以举事。鸾虑事变,以告坦之,坦之驰谓谌曰:"废天子,古来大事。比闻曹道刚、朱隆之等转已猜疑,卫尉明日若不就事,无所复及。弟有百岁母,岂能坐听祸败,正应作余计耳!"谌惶遽从之。

壬辰,鸾使萧谌先入宫,遇曹道刚及中书舍人朱隆之,皆杀之。直后徐僧亮盛怒[4],大言于众曰:"吾等荷恩,今日应死报!"又杀之。鸾引兵自尚书入云龙门,戎服加朱衣于上,比入门,三失履。王晏、徐孝嗣、萧坦之、陈显达、王广之、沈文季皆随其后。帝在寿昌殿，闻外有变，犹密为手敕呼萧谌，又使闭内殿诸房阁。俄而谌引兵入寿昌阁，帝走趋徐姬房，拔剑自刺，不入，以帛缠颈，舆接出延德殿。谌初入殿，宿卫将士皆操弓楯欲拒战。谌谓之曰："所取自有人，卿等不须动！"宿卫素隶服于谌，皆信之；及见帝出，各欲自奋，帝竟无一言。行至西弄，弑之。舆尸出殡徐龙驹宅，葬以王礼。徐姬及诸嬖幸皆伏诛。鸾既执帝，欲作太后令；徐孝嗣于袖中出而进之，鸾大悦。癸巳，以太后令追废帝为郁林王，又废何后为王妃，迎立新安王昭文。

吏部尚书谢瀹方与客围棋，左右闻有变，惊走报瀹。瀹每下子，辄云"其当有意"，竟局，乃还斋卧，竟不问外事。大匠卿虞悰窃叹曰[5]："王、徐遂缚裤废天子，天下岂有此理邪！"悰，啸父之孙也。朝臣被召入宫。国子祭酒江敩至云龙门，托药发，吐车中而去。西昌侯鸾欲引中散大夫孙谦为腹心，使兼卫尉给甲仗百人。谦不欲与之同，辄散甲士；鸾亦不之罪也。

丁酉，新安王即皇帝位[6]，时年十五。以西昌侯鸾为骠骑大将军、录尚书事、扬州刺史、宣城郡公。大赦，改元延兴。

辛丑，魏主至朔州[7]。

八月，甲辰，以司空王敬则为太尉，鄱阳王锵为司徒，车骑大将军陈显达为司空，尚书左仆射王晏为尚书令。

魏主至阴山。

以始安王遥光为南郡太守，不之官。遥光，鸾之兄子也。鸾有异志，遥光赞成之，凡大诛赏，无不预谋。戊申，以中书郎萧遥欣为兖州刺史。遥欣，遥光之弟也。鸾欲树置亲党，故用之。

癸丑，魏主如怀朔镇；己未，如武川镇；辛酉，如抚宜镇；甲子，如柔玄镇；乙丑，南还；辛未，至平城。

【注释】

①依违：犹疑不决。　②褚公：即褚渊（435—482），南朝宋齐时河南阳翟（今河南禹州市）人，字彦回。宋文帝女婿，为明帝信任。后参与萧道成代宋活动，齐建立后，封为南康郡公，任尚书令等职。　③镇军：当时萧鸾领镇军将军号，故称。　④直后：官名，是宫廷中宿卫之官，专指侍卫于乘舆后边的卫士。　⑤大匠卿：官名，掌宗庙土木，即汉代将作大

匠。 ⑥新安王：文惠太子萧长懋第二子，名昭文，字季尚。 ⑦朔州：地名。北魏孝文帝迁都洛邑后，于定襄故城置朔州，今内蒙古和林格尔县西北。

九月，壬申朔，魏诏曰："三载考绩，三考黜陟[1]；可黜者不足为迟，可进者大成赊缓。朕今三载一考，即行黜陟，欲令愚滞无妨于贤者，才能不拥于下位。各令当曹考其优劣为三等，其上下二等仍分为三。六品已下，尚书重问；五品已上，朕将亲与公卿论其善恶，上上者迁之，下下者黜之，中者守其本任。"

魏主之北巡也，留任城王澄铨简旧臣。自公侯已下，有官者以万数，澄品其优劣能否为三等，人无怨者。

壬午，魏主临朝堂，黜陟百官，谓诸尚书曰："尚书，枢机之任，非徒总庶务，行文书而已；朕之得失，尽在于此。卿等居官，年垂再期，未尝献可替否，进一贤退一不肖，此最罪之大者。"又谓录尚书事广陵王羽曰："汝为朕弟，居机衡之右，无勤恪之声，有阿党之迹，今黜汝录尚书、廷尉，但为特进、太子太保。"又谓尚书令陆叡曰："叔翻到省之初[2]，甚有善称，比来偏颇懈怠，由卿不能相导以义。虽无大责，宜有小罚；今夺卿禄一期。"又谓左仆射拓跋赞曰："叔翻受黜，卿应大辟；但以咎归一人，不复重责；今解卿少师，削禄一期。"又谓左丞公孙良、右丞乞伏义受曰："卿罪亦应大辟；可以白衣守本官，冠服禄恤尽从削夺[3]。若三年有成，还复本任；无成，永归南亩。"又谓尚书任城王澄曰："叔神志骄傲[4]，可解少保。"又谓长兼尚书于果曰："卿不勤职事，数辞以疾，可解长兼，削禄一期。"其余守尚书尉羽、卢渊等，并以不职，或解任，或黜官，或夺禄，皆面数其过而行之。渊，昶之兄也。

帝又谓陆叡曰："北人每言'北俗质鲁，何由知书！'朕闻之，深用怃然！今知书者甚众，岂皆圣人！顾学与不学耳。朕修百官，兴礼乐，其志固欲移风易俗。朕为天子，何必居中原！正欲卿等子孙渐染美俗，闻见广博；若永居恒北，复值不好文之主，不免面墙耳[5]。"对曰："诚如圣言。金日磾不入仕汉朝[6]，何能七世知名！"帝甚悦。

【注释】

①三考黜陟：三年考核一次，三次考核（九年）决定黜贬或升迁，传说是唐、虞之制度，后封建王朝均以此做为考核官员，升贬官员惯例。②叔翻：广陵王拓跋羽的字。　③禄恤：北魏官员除本职俸禄外，还有抚恤亲族的俸禄。　④叔：拓跋澄是孝文帝的叔叔。　⑤不免面墙：《尚书》曰："不学，面墙。"即是不学习，就像正面对墙而立，什么也看不见。⑥金日磾（mì dī 密低 前134—前86）：西汉大臣，字翁叔。本匈奴休屠王的太子，汉武帝时从昆邪部归汉，任马监，迁侍中。昭帝即位，与霍光、桑弘羊等同受遗诏辅政，封为秺侯。

郁林王之废也，鄱阳王锵初不知谋。及宣城公鸾权势益重，中外皆知其蓄不臣之志。锵每诣鸾，鸾常屣履至车后迎之；语及家国，言泪俱发，锵以此信之。宫台之内皆属意于锵，劝锵入宫发兵辅政。制局监谢粲说锵及随王子隆曰[1]："二王但乘油壁车入宫[2]，出天子置朝堂，夹辅号令；粲等闭城门、上仗，谁敢不同！东城人正共缚送萧令耳。"子隆欲定计。锵以上台兵力既悉度东府，且虑事不捷，意甚犹豫。马队主刘巨，世祖时旧人，诣锵请间，叩头劝锵立事。锵命驾将入，复还内，与母陆太妃别，日暮不成行。典签知其谋，告之。癸酉，鸾遣兵二千人围锵第，杀锵，遂杀子隆及谢粲等。于时太祖诸子[3]，子隆最壮大，有才能，故鸾尤忌之。

江州刺史晋安王子懋闻鄱阳、随王死，欲起兵，谓防阁吴郡陆超之曰[4]："事成则宗庙获安，不成犹为义鬼。"防阁丹阳董僧慧曰："此州虽小，宋孝武常用之。若举兵向阙以请郁林之罪，谁能御之！"子懋母阮氏在建康，密遣书迎之，阮氏报其同母兄于瑶之为计。瑶之驰告宣城公鸾；乙亥，假鸾黄钺，内外纂严，遣中护军王玄邈讨子懋，又遣军主裴叔业与于瑶之先袭寻阳，声云为郢府司马。子懋知之，遣三百人守湓城。叔业溯流直上，至夜，回袭湓城，城局参军乐贲开门纳之[5]。子懋闻之，帅府州兵力据城自守。子懋部曲多雍州人[6]，皆勇跃愿奋。叔业畏之，遣于瑶之说子懋曰："今还都必无过忧，正当作散官，不失富贵也。"子懋既不出兵攻叔业，众情稍沮。中兵参军于琳之，瑶之兄也，说子懋重赂叔业,可以免祸。子懋使琳之往,琳之因说叔业取子懋。叔业遣军主徐玄庆将四百人随琳之入州城,僚佐皆奔散。琳之从二百人,拔白刃入斋,子懋骂曰:“小人!何忍行此!”琳之以袖鄣面,使人杀之。王玄邈执董僧慧,将杀之,僧慧曰:“晋安举义兵,仆实预其谋,得为主人死,不恨矣!愿至大敛毕,退就鼎镬。”玄邈义之,具以白鸾,免死配东冶。子懋子昭基,九岁,以方二寸绢为书,参其消息,并遗钱五百,行金得达,僧慧视之曰:“郎君书也!”悲恸而卒。于琳之劝陆超之逃亡。超之曰:“人皆有死,此不足惧!吾若逃亡,非唯孤晋安之眷,亦恐田横客笑人[7]!”玄邈等欲因以还都,超之端坐俟命。超之门生谓杀超之当得赏,密自后斩之,头坠而身不僵。玄邈厚加殡敛。门生亦助举棺,棺坠,压其首,折颈而死。

鸾遣平西将军王广之袭南兖州刺史安陆王子敬。广之至欧阳[8],遣部将济阴陈伯之先驱。伯之因城开,独入,斩子敬。

鸾又遣徐玄庆西上害诸王。临海王昭秀为荆州刺史,西中郎长史何昌寓行州事。玄庆至江陵,欲以便宜从事。昌寓曰:“仆受朝廷意寄,翼辅外藩。殿下未有愆失,君以一介之使来,何容即以相付邪!若朝廷必须殿下,当自启闻,更听后旨。”昭秀由是得还建康。昌寓,尚之之弟子也。

鸾以吴兴太守孔琇之行郢州事,欲使之杀晋熙王銶。琇之辞不许,遂不食而死。琇之,靖之孙也。

裴叔业自寻阳仍进向湘州,欲杀湘州刺史南平王锐,防阁周伯玉大言于众曰:“此非天子意。今斩叔业,举兵匡社稷,谁敢不从!”锐典签叱左右斩之。乙酉,杀锐;又杀郢州刺史晋熙王銶,南豫州刺史宜都王铿。

丁亥,以庐陵王子卿为司徒,桂阳王铄为中军将军、开府仪同三司。

冬,十月,丁酉,解严。

【注释】

①制局监:武官名。南朝设有制局监、侍卫二职,专掌兵器兵役。②油壁车:一种加青油衣于车壁,以防雨的车子。　③太祖:此处当作

“世祖”。　④防阁：侍卫名。古代诸王侯设制，以有勇有谋的武士担任，主要防卫内宅安全。　⑤城局参军：南朝时各州刺史所置，掌城门疏浚及修建防御工程。　⑥萧子懋曾任雍州刺史，所以部下多雍州人。⑦田横客笑人：《史记·田儋列传》记载：秦末狄人田横，本是齐王田荣之弟，田荣死，横立荣子田广为齐王，自为相，专国政。三年后，田广被汉将韩信所俘，横便自立为齐王。刘邦灭楚为帝，田横与其部下五百余人逃入海岛。刘邦恐其为乱，召之，曰：“田横来，大者王，小者乃侯耳；不来，且举兵加诛焉。”横与其客二人乘船诣洛阳，横不愿事汉，至尸乡而自杀，刘邦以王者礼葬田横。既葬，同行的二客亦自刭于其墓旁。刘邦又使使召海中五百余人。五百余人闻横死，亦皆自杀。这是义士报效知己的史实。此处陆超之不愿在知己者萧子懋失败后逃亡求生，以“田横客”来勉励自己不作苟且偷生的事。后人以陆超之“田横客笑人”之言比喻宁死不屈。　⑧欧阳：地名，今江苏仪征市、南京市六合区地。

以宣城公鸾为太傅、领大将军、扬州牧、都督中外诸军事，加殊礼，进爵为王。

宣城王谋继大统，多引朝廷名士与参筹策。侍中谢朏心不愿，乃求出为吴兴太守。至郡，致酒数斛，遗其弟吏部尚书瀹，为书曰：“可力饮此，勿豫人事！”

臣光曰：臣闻“衣人之衣者怀人之忧，食人之食者死人之事”。二谢兄弟，比肩贵近，安享荣禄，危不预知；为臣如此，可谓忠乎！

宣城王虽专国政，人情犹未服。王胛上有赤志，骠骑谘议参军考城江祏劝王出以示人。王以示晋寿太守王洪范，曰：“人言此是日月相，卿幸勿泄！”洪范曰：“公日月在躯，如何可隐，当转言之！”王母，祏之姑也。

戊戌[①]，杀桂阳王铄、衡阳王钧、江夏王锋、建安王子真、巴陵王子伦。

铄与鄱阳王锵齐名；锵好文章，铄好名理，时人称为鄱、桂。锵死，铄不自安，至东府见宣城王，还，谓左右曰：“向录公见接殷勤[②]，流连不能已，而面有惭色，此必欲杀我。”是夕，遇害。

宣城王每杀诸王，常夜遣兵围其第，斩关逾垣，呼噪而入，家赀皆封籍之。江夏王锋，有才行，宣城王尝与之言："遥光才力可委。"锋曰："遥光之于殿下，犹殿下之于高皇；卫宗庙，安社稷，实有攸寄。"宣城王失色。及杀诸王，锋遗宣城王书，诮责之；宣城王深惮之，不敢于第收锋，使兼祠官于太庙[③]，夜，遣兵庙中收之。锋出，登车，兵人欲上车，锋有力，手击数人皆仆地，然后死。

宣城王遣典签柯令孙杀建安王子真，子真走入床下，令孙手牵出之，叩头乞为奴，不许而死。

又遣中书舍人茹法亮杀巴陵王子伦。子伦性英果，时为南兰陵太守，镇琅邪，城有守兵。宣城王恐不肯就死，以问典签华伯茂，伯茂曰："公若以兵取之，恐不可即办。若委伯茂，一夫力耳。"乃手自执鸩逼之，子伦正衣冠，出受诏，谓法亮曰："先朝昔灭刘氏，今日之事，理数固然。君是身家旧人，今衔此使，当由事不获已。此酒非劝酬之爵。"因仰之而死，时年十六。法亮及左右皆流涕。

初，诸王出镇，皆置典签，主帅一方之事，悉以委之。时入奏事，一岁数返，时主辄与之间语，访以州事，刺史美恶专系其口，自刺史以下莫不折节奉之，恒虑弗及。于是威行州部，大为奸利。武陵王晔为江州，性烈直，不可干；典签赵渥之谓人曰："今出都易刺史！"及见世祖，盛毁之；晔遂免还。

南海王子罕戍琅邪，欲暂游东堂，典签姜秀不许。子罕还，泣谓母曰："儿欲移五步亦不得，与囚何异！"邵陵王子贞尝求熊白[④]，厨人答典签不在，不敢与。

永明中，巴东王子响杀刘寅等，世祖闻之，谓群臣曰："子响遂反！"戴僧静大言曰："诸王都自应反，岂唯巴东！"上问其故，对曰："天王无罪，而一时被囚，取一挺藕，一杯浆，皆谘签帅；签帅不在，则竟日忍渴。诸州唯闻有签帅，不闻有刺史。何得不反！"

竟陵王子良尝问众曰："士大夫何意诣签帅？"参军范云曰："诣长史以下皆无益，诣签帅立有倍本之价。不诣谓何！"子良有愧色。

及宣城王诛诸王，皆令典签杀之，竟无一人能抗拒者。孔珪闻之，流涕曰："齐之衡阳、江夏最有意，而复害之；若不立签帅，故当不至于此。"宣城王亦深知典签之弊，乃诏："自今诸州有急事，当密以奏闻，勿复遣典签入都。"自是典签之任浸轻矣。

萧子显论曰："帝王之子，生长富厚，朝出闺阃，暮司方岳，防骄翦逸，积代常典。故辅以上佐，简自帝心；劳旧左右，用为主帅，饮食游居，动应闻启，处地虽重，行己莫由。威不在身，恩未下及，一朝艰难总至，望其释位扶危，何可得矣！斯宋氏之余风，至齐室而尤弊也。"

【注释】

①戊戌：本月无此日，疑误。 ②录公：当时萧鸾以太傅录尚书事，太傅为上公，故称。 ③祠官：主持祭祀礼仪之官。 ④熊白：即熊脂，取自熊背，珍味之一。

癸卯，以宁朔将军萧遥欣为豫州刺史，黄门郎萧遥昌为郢州刺史，辅国将军萧诞为司州刺史。遥昌，遥欣之弟；诞，谌之兄也。

甲辰，魏以太尉东阳王丕为太傅、录尚书事，留守平城。

戊申，魏主亲告太庙，使高阳王雍、于烈奉迁神主于洛阳；辛亥，发平城。

海陵王在位，起居饮食，皆谘宣城王而后行。尝思食蒸鱼菜，太官令答无录公命，竟不与。辛亥，皇太后令曰："嗣主冲幼，庶政多昧；且早婴尪疾①，弗克负荷。太傅宣城王，胤体宣皇②，钟慈太祖，宜入承宝命。帝可降封海陵王，吾当归老别馆。"且以宣城王为太祖第三子。癸亥，高宗即皇帝位，大赦，改元。以太尉王敬则为大司马，司空陈显达为太尉，尚书令王晏加骠骑大将军，左仆射徐孝嗣加中军大将军，中领军萧谌为领军将军。

度支尚书虞悰称疾不陪位。帝以悰旧人，欲引参佐命，使王晏赍废立事示悰。悰曰："主上圣明，公卿戮力，宁假朽老以赞惟新乎！不敢闻命！"因恸哭。朝议欲纠之，徐孝嗣曰："此亦古之遗直。"乃止。

帝与群臣宴会，诏功臣上酒。王晏等兴席，谢瀹独不起，曰："陛下受命，应天顺人；王晏妄叨天功以为己力！"帝大笑，解之。

座罢，晏呼瀹共载还令省。瀹正色曰："卿巢窟在何处！"晏甚惮之。

丁卯，诏："藩牧守宰，或有荐献，事非任土，悉加禁断。"

己巳，魏主如信都。庚午，诏曰："比闻缘边之蛮，多窃掠南土，使父子乖离，室家分绝。朕方荡壹区宇，子育万姓，若苟如此，南人岂知朝德哉！可诏荆、郢、东荆三州[③]，禁勒蛮民，勿有侵暴。"

十一月，癸酉，以始安王遥光为扬州刺史。

丁丑，魏主如邺。

庚辰，立皇子宝义为晋安王，宝玄为江夏王，宝源为庐陵王，宝寅为建安王，宝融为随郡王，宝攸为南平王。

甲申，诏曰："邑宰禄薄，虽任土恒贡，自今悉断。"

乙酉，追尊始安贞王为景皇，妃为懿后。

丙戌，以闻喜公遥欣为荆州刺史，丰城公遥昌为豫州刺史。时上长子晋安王宝义有废疾[④]，诸子皆弱小，故以遥光居中，遥欣镇抚上流。

戊子，立皇子宝卷为太子。

魏主至洛阳，欲澄清流品，以尚书崔亮兼吏部郎。亮，道固之兄孙也。

北齐铜牛车模型

魏主敕后军将军宇文福行牧地。福表石济以西，河内以东，距河凡十里。魏主自代徙杂畜置其地，使福掌之；畜无耗失，以为司卫监。

初，世祖平统万及秦、凉，以河西水草丰美，用为牧地，畜甚蕃息，马至二百余万匹，橐驼半之，牛羊无数。及高祖置牧场于河阳，常畜戎马十万匹，每岁自河西徙牧并州，稍复南徙，欲其渐习水土，不至死伤，而河西之牧愈更蕃滋。及正光以后，皆为寇盗所掠，无孑遗矣。

永明中，御史中丞沈渊表，百官年七十，皆令致仕，并穷困私门。庚子，诏依旧铨叙。上辅政所诛诸王，皆复属籍，封其子为侯。

上诈称海陵恭王有疾，数遣御师瞻视，因而殒之，葬礼并依汉东海恭王故事。

魏郢州刺史韦珍，在州有声绩，魏主赐以骏马、谷帛。珍集境内孤贫者，悉散与之，谓之曰："天子以我能绥抚卿等，故赐以谷帛，吾何敢独有之！"

魏主以上废海陵王自立，谋大举入寇。会边将言，雍州刺史下邳曹虎遣使请降于魏，十一月，辛丑朔，魏遣行征南将军薛真度督四将向襄阳，大将军刘昶、平南将军王肃向义阳，徐州刺史拓跋衍向钟离，平南将军广平刘藻向南郑。真度，安都从祖弟也。以尚书仆射卢渊为安南将军，督襄阳前锋诸军。渊辞以不习军旅，不许。渊曰："但恐曹虎为周鲂耳[⑤]。"

【注释】

①婴（yīng 英）：缠绕。尪（wāng 汪）：弱。 ②宣皇：即萧承之。萧承之追谥为宣皇帝。萧承之是萧鸾的祖父，太祖萧道成的父亲。 ③荆州：北魏置荆州，治于穰城，今河南邓州市。郢州：北魏置，治于真阳，即汉汝南郡慎阳县。今河南上蔡县。东荆州：北魏置，治于比阳，今河南泌阳县。 ④废疾：病情久重不可治愈称废疾。 ⑤周鲂（fáng 房）：三国时吴鄱阳太守，吴王指使他搜罗吴地著名将领，假装欲投降魏，与魏扬州牧曹休联系，鼓动曹休向吴地进攻，他们做内应，曹休中计，举兵南伐，遭吴兵伏击大败。

魏主欲变易旧风，壬寅，诏禁士民胡服。国人多不悦[1]。

通直散骑常侍刘芳，缵之族弟也，与给事黄门侍郎太原郭祚，皆以文学为帝所亲礼，多引与讲论及密议政事；大臣贵戚皆以为疏己，怏怏有不平之色。帝使给事黄门侍郎陆凯私谕之曰："至尊但欲广知古事，询访前世法式耳，终不亲彼而相疏也。"众意乃稍解。凯，馛之子也。

魏主欲自将入寇。癸卯，中外戒严。戊申，诏代民迁洛者复租赋三年。相州刺史高闾上表称："洛阳草创，曹虎既不遣质任，必无诚心，无宜轻举。"魏主不从。

久之，虎使竟不再来，魏主引公卿问行留之计，公卿或以为宜止，或以为宜行。帝曰："众人纷纭，莫知所从。必欲尽行留之势，宜有客主，共相起发。任城、镇南为留议，朕为行论，诸公坐听得失，长者从之。"众皆曰："诺。"镇南将军李冲曰："臣等正以迁都草创，人思少安；为内应者未得审谛，不宜轻动。"帝曰："彼降款虚实，诚未可知。若其虚也，朕巡抚淮甸，访民疾苦，使彼知君德之所在，有北向之心；若其实也，今不以时应接，则失乘时之机，孤归义之诚，败朕大略矣。"任城王澄曰："虎无质任，又使不再来，其诈可知也。今代都新迁之民，皆有恋本之心。扶老携幼，始就洛邑，居无一椽之室，食无甔石之储[2]。又冬月垂尽，东作将起，乃'百堵皆兴''俶载南亩'之时[3]，而驱之使擐甲执兵，泣当白刃，殆非歌舞之师也[4]。且诸军已进，非无应接。若降款有实，待既平樊、沔，然后銮舆顺动，亦何晚之有！今率然轻举，上下疲劳；若空行空返，恐挫损天威，更成贼气，非策之得者也。"司空穆亮以为宜行，公卿皆同之。澄谓亮曰："公辈在外之时，见张旗授甲，皆有忧色，平居论议，不愿南征；何得对上即为此语！面背不同，事涉欺佞，岂大臣之义、国士之体乎！万一倾危，皆公辈所为也。"冲曰："任城王可谓忠于社稷。"帝曰："任城以从朕者为佞，不从朕者岂必皆忠！夫小忠者，大忠之贼，无乃似诸！"澄曰："臣愚暗，虽涉小忠，要是竭诚谋国，不知大忠者竟何所据！"帝不从。

辛亥，发洛阳，以北海王详为尚书仆射，统留台事；李冲兼仆射，同守洛阳。给事黄门侍郎崔休为左丞，赵郡王干都督中外诸军事，始平王勰将宗子军宿卫左右。休，逞之玄孙也。戊辰，魏主至悬瓠。己巳，诏寿阳、钟离、马头之师所获男女皆放还南。曹虎果不降。

魏主命卢渊攻南阳。渊以军中乏粮，请先攻赭阳以取叶仓，魏主许之。乃与征南大将军城阳王鸾、安南将军李佐、荆州刺史韦珍共攻赭阳。鸾，长寿之子；佐，宝之子也。北襄城太守成公期闭城拒守。薛真度军于沙堨，南阳太守房伯玉、新野太守刘思忌拒之。

先是，魏主遣中书监高闾治古乐；会闾出为相州刺史，是岁，表荐著作郎韩显宗、大乐祭酒公孙崇参知钟律，帝从之。

【注释】

①国人：指与拓跋氏同兴起北荒的鲜卑族人。　②甔（dān 丹）：一种盛东西的陶器，腹部较大，可盛二石米，即小瓮，南朝人称作甔。③百堵皆兴、俶载南亩：此二句见于《诗经》。百堵皆兴，谓百堵墙壁都在兴建，意指迁居的人应该先建好房子。俶载南亩，指春天来了应该开始耕作了。　④歌舞之师：史载周武王伐纣时，前歌后舞。

资治通鉴卷第一百四十

齐纪六　起旃蒙大渊献，尽柔兆困敦，凡二年。

高宗明皇帝中

建武二年　春，正月，壬申，遣镇南将军王广之督司州、右卫将军萧坦之督徐州、尚书右仆射沈文季督豫州诸军以拒魏。

癸酉，魏诏："淮北之人不得侵掠[1]，犯者以大辟论。"乙未，拓跋衍攻钟离，徐州刺史萧惠休乘城拒守，间出袭击魏兵，破之。惠休，惠明之弟也。刘昶、王肃攻义阳，司州刺史萧诞拒之。肃屡破诞兵，招降万余人。魏以肃为豫州刺史。刘昶性褊躁，御军严暴，人莫敢言。法曹行参军北平阳固苦谏；昶怒，欲斩之，使当攻道[2]。固志意闲雅，临敌勇决，昶始奇之。

丁酉，中外纂严。以太尉陈显达为使持节、都督西北讨诸军事，往来新亭、白下以张声势。

己亥，魏主济淮；二月，至寿阳，众号三十万，铁骑弥望。甲辰，魏主登八公山，赋诗。道遇甚雨，命去盖，见军士病者，亲抚慰之。

魏主遣使呼城中人，丰城公遥昌使崔庆远出应之。庆远问师故[3]，魏主曰："固当有故！卿欲我斥言之乎，欲我含垢依违乎？"庆远曰："未承来命，无所含垢。"魏主曰："齐主何故废立？"庆远曰："废昏立明，古今非一，未审何疑？"魏主曰："武帝子孙，今皆安在？"庆远曰："七王同恶[4]，已伏管、蔡之诛；其余二十余王，或内列清要，或外典方牧。"魏主曰："卿主若不忘忠义，何以不立近亲，如周公之辅成王，而自取之乎？"庆远曰："成王有亚圣之德，故周公得而相之。今近亲皆非成王之比，故不可立。且霍光亦舍武帝近亲而立宣帝，唯其贤也。"魏主曰："霍光何以不自立？"庆远曰："非其类也。主上正可比宣帝，安得比霍光！若尔，武王伐纣，不立微子而辅之，亦为苟贪天下乎？"魏主大笑曰："朕来问罪，如卿之言，便可释然。"庆远曰："'见可而进，知难而退'，圣人之师也。"魏主曰："卿欲吾和亲，为不欲乎？"庆远曰："和亲则二国交欢，生民蒙福；否则二国交恶，生民涂炭。和亲与否，裁自圣衷。"魏主赐庆远酒肴、衣服而遣之。

戊申，魏主循淮而东，民皆安堵，租运属路。丙辰，至钟离。

上遣左卫将军崔慧景、宁朔将军裴叔业救钟离。刘昶、王肃众号二十万，堑栅三重，并力攻义阳，城中负楯而立。王广之引兵救义阳，去城百余里，畏魏强，不敢进。城中益急，黄门侍郎萧衍请先进，广之分麾下精兵配之。衍间道夜发，与太子右率萧诔等径上贤首山，去魏军数里。魏人出不意，未测多少，不敢逼。黎明，城中望见援军至，萧诞遣长史王伯瑜出攻魏栅，因风纵火，衍等众军自外击之，魏不能支，解围去。己未，诞等追击，破之。诔，谌之弟也。

先是，上以义阳危急，诏都督青、冀二州诸军事张冲出军攻魏以分其兵势。冲遣军主桑系祖攻魏建陵、驿马、厚丘三城，又遣军主杜僧护攻魏虎坑、冯时、即丘三城，皆拔之。青、冀二州刺史王洪范遣军主崔延袭魏纪城，据之。

魏主欲南临江水，辛酉，发钟离。司徒长乐元懿公冯诞病，不能从，魏主与之泣诀，行五十里，闻诞卒。时崔慧景等军去魏主营不过百里，魏主轻将数千人夜还钟离，拊尸而哭，达旦，声泪不绝。壬戌，敕诸军罢临江之行，葬诞依晋齐献王故事⑤。诞与帝同年，幼同砚席，尚帝妹乐安长公主。虽无学术，而资性淳笃，故特有宠。丁卯，魏主遣使临江，数上罪恶。

【注释】

①当时淮北已属北魏。 ②攻道：攻打城市的道路，为箭、飞石所集

中射击之处。 ③师故：即兴师动武的原因。典出《左传》。春秋时，齐桓公召集诸侯之师征伐楚国，楚王派使者去问齐桓公："没有料想到诸位到达我国境内，是什么缘故？" ④七王：指萧子隆、萧子懋、萧子敬、萧子真、萧子伦、郁林王萧昭业、海陵王萧昭文。 ⑤晋齐献王：晋齐献王司马攸，为晋武帝司马炎宗室，武帝与之善，攸死后，武帝礼葬之。

魏久攻钟离不克，士卒多死。三月，戊寅，魏主如邵阳，筑城于洲上[①]，栅断水路，夹筑二城。萧坦之遣军主裴叔业攻二城，拔之。魏主欲筑城置戍于淮南，以抚新附之民，赐相州刺史高闾玺书，具论其状。闾上表，以为："《兵法》'十则围之，五则攻之。'向者国家止为受降之计，发兵不多，东西辽阔，难以成功；今又欲置戍淮南，招抚新附。昔世祖以回山倒海之威，步骑数十万，南临瓜步，诸郡尽降，而盱眙小城，攻之不克。班师之日，兵不戍一城，土不辟一廛[②]。夫岂无人？以为大镇未平，不可守小故也。夫壅水者先塞其原，伐木者先断其本；本原尚在而攻其末流，终无益也。寿阳、盱眙、淮阴，淮南之本原也；三镇不克其一，而留守孤城，其不能自全明矣。敌之大镇逼其外，长淮隔其内；少置兵则不足以自固，多置兵则粮运难通。大军既还，士心孤怯；夏水盛涨，救援甚难。以新击旧，以劳御逸，若果如此，必为敌擒，虽忠勇奋发，终何益哉！且安土恋本，人之常情。昔彭城之役[③]，既克大镇，城戍已定，而不服思叛者犹逾数万。角城蕞尔，处在淮北，去淮阳十八里。五固之役，攻围历时，卒不能克。以今准昔，事兼数倍。天时尚热，雨水方降，愿陛下踵世祖之成规，旋辕返旆，经营洛邑，蓄力观衅，布德行化，中国既和，远人自服矣。"尚书令陆叡上表，以为："长江浩荡，彼之巨防。又南土昏雾，暑气郁蒸，师人经夏，必多疾病。而迁鼎草创[④]，庶事甫尔，台省无论政之馆，府寺靡听治之所，百寮居止，事等行路，沉雨炎阳，自成痨疫。且兵徭并举，圣王所难。今介胄之士，外攻寇仇，羸弱之夫，内勤土木，运给之费，日损千金。驱罢弊之兵，讨坚城之虏，将何以取胜乎！陛下去冬之举，正欲曜武江、汉耳；今自春几夏，理宜释甲。愿早还洛邑，使根本深固，圣怀无内顾之忧，兆民休斤板之役，然后命将出师，何忧不服。"魏主纳其言。

崔慧景以魏人城邵阳，患之。张欣泰曰："彼有去志，所以筑城者，外自夸大，惧我蹑其后耳。今若说之以两愿罢兵，彼无不听矣。"慧景从之。使欣泰诣城下语魏人，魏主乃还。

济淮；余五将未济，齐人据渚邀断津路。魏主募能破中渚兵者以为直阁将军，军主代人奚康生应募，缚筏积柴，因风纵火，烧齐船舰，依烟直进，飞刀乱斫，中渚兵遂溃。魏主假康生直阁将军。

魏主使前将军杨播将步卒三千，骑五百为殿。时春水方长，齐兵大至；战舰塞川。播结陈于南岸以御之，诸军尽济。齐兵四集围播，播为圆阵以御之，身自搏战，所杀甚众。相拒再宿，军中食尽，围兵愈急。魏主在北岸望之，以水盛不能救，既而水稍减，播引精骑三百历齐舰大呼曰："我今欲渡，能战者来！"遂拥众而济。播，椿之兄也。

魏军既退，邵阳洲上余兵万人，求输马五百匹，假道以归。崔慧景欲断路攻之，张欣泰曰："归师勿遏，古人畏之，兵在死地，不可轻也。今胜之不足为武，不胜徒丧前功；不如许之。"慧景从之。萧坦之还，言于上曰："邵阳洲有死贼万人，慧景、欣泰纵而不取。"由是皆不加赏。甲申，解严。

初，上闻魏主欲饮马于江，惧，敕广陵太守行南兖州事萧颖胄移居民入城，民惊恐，欲席卷南渡。颖胄以魏寇尚远，不即施行；魏兵竟不至。颖胄，太祖之从子也。

上遣尚书左仆射沈文季助丰城公遥昌守寿阳。文季入城，止游兵不听出，洞开城门，严加守备。魏兵寻退。

魏之入寇也，卢昶等犹在建康，齐人恨之，饲以蒸豆。昶怖惧，食之，泪汗交横。谒者张思宁辞气不屈，死于馆下。及还，魏主让昶曰："人谁不死，何至自同牛马，屈身辱国！纵不远惭苏武⑤，独不近愧思宁乎！"乃黜为民。

【注释】

①洲：指邵阳洲，在钟离城北淮水中。 ②廛(chán 蝉)：古代指一户平民所住的房屋，占地约一亩半。 ③彭城之役：宋明帝泰始二年

(466),北魏攻占彭城的战役。战后,北魏占据彭城,但一直到齐高帝建元年间(479 左右),淮北之民仍不愿意归属北魏,思念归属南朝,后遂有五固之役。 ④迁鼎:指迁都洛邑。远古时周武王迁九鼎于洛邑,此处以这一典故代指北魏迁都洛邑。 ⑤苏武(? —前 60):西汉杜陵(今陕西西安市东南)人,字子卿。天汉元年(前 100),奉命出使匈奴被扣,匈奴贵族多方威胁诱降,又把他迁到边远地牧羊,苏武坚持十九年不屈。始元六年(前 81),因匈奴与汉和好,始得返汉朝。

戊子,魏太师京兆武公冯熙卒于平城。

乙未,魏主如下邳;夏,四月,庚子,如彭城;辛丑,为冯熙举哀。太傅、录尚书事平阳公丕不乐南迁,与陆叡表请魏主还临熙葬。帝曰:"开辟以来,安有天子远奔舅丧者乎!今经始洛邑,岂宜妄相诱引,陷君不义!令、仆以下[1],可付法官贬之。"仍诏迎熙及博陵长公主之柩,南葬洛阳,礼如晋安平献王故事。

魏主之在钟离,仇池镇都大将、梁州刺史拓跋英请以州兵会刘藻击汉中[2],魏主许之。梁州刺史萧懿遣部将尹绍祖、梁季群等将兵二万,据险,立五栅以拒之。英曰:"彼帅贱,莫相统壹。我选精卒并攻一营,彼必不相救;若克一营,四营皆走矣。"乃引兵急攻一营,拔之,四营俱溃,生擒梁季群,斩三千余级,俘七百余人,乘胜长驱,进逼南郑。懿又遣其将姜修击英,英掩击,尽获之。将还,懿别军继至;将士皆已疲,不意其至,大惧,欲走。英故缓辔徐行,神色自若,登高望敌,东西指麾,状若处分,然后整列而前。懿军疑有伏兵,迁延引退,英追击,破之,遂围南郑。禁将士毋得侵暴,远近悦附,争供租运。懿婴城自守,军主范絜先将三千余人在外,还救南郑,英掩击,尽获之。围城数十日,城中恟惧。录事参军新野庾域封题空仓数十,指示将士曰:"此中粟皆满,足支二年,但努力固守!"众心乃安。会魏主召兵还,英使老弱先行,自将精兵为后拒,遣使与懿告别。懿以为诈,英去一日,犹不开门;二日,乃遣将追之。英与士卒下马交战,懿兵不敢逼,行四日四夜,懿兵乃返。英入斜谷,会天大雨,士卒截竹贮米,执炬火于马上炊之。先是,懿遣人诱说仇池诸氐,使起兵断英运道及归路。英勒兵奋击，且战且前，矢中英颊，卒全军还仇池，讨叛氐，平之。英，桢之子；懿，衍之兄也。

英之攻南郑也，魏主诏雍、泾、岐三州发兵六千人戍南郑[③]，俟克城则遣之。侍中兼左仆射李冲表谏曰："秦川险厄，地接羌、夷。自西师出后，饷援连续，加氐、胡叛逆，所在奔命，运粮擐甲，迄兹未已。今复豫差戍卒，悬拟山外，虽加优复，恐犹惊骇。脱终攻不克，徒动民情，连胡结夷，事或难测。辄依旨密下刺史，待军克郑城，然后差遣。如臣愚见，犹谓未足。何者？西道险厄，单径千里，今欲深戍绝界之外，孤据群贼之中，敌攻不可猝援，食尽不可运粮。古人有言，'虽鞭之长，不及马腹'。[④]南郑于国，实为马腹也。且魏境所掩，九州过八；民人所臣，十分而九；所未民者，唯漠北之与江外耳[⑤]。羁之在近，岂汲汲于今日也！宜待疆宇既广，粮食既足，然后置邦树将，为吞并之举。今寿阳、钟离，密迩未拔；赭城、新野，跬步弗降。东道既未可以近力守，西藩宁可以远兵固！若果欲置者，臣恐终以资敌也。又，建都土中，地接寇壤，方须大收死士，平荡江会[⑥]，若轻遣单寡，弃令陷没，恐后举之日，众以留守致惧，求其死效，未易可获。推此而论，不戍为上。"魏主从之。

【注释】

①令、仆：这里指北魏迁都洛邑后，在原都城平城留守的高级官员。②仇池：当时北魏、南齐均设置梁州刺史。北魏梁州刺史治仇池（今甘肃成县西北），南齐梁州刺史治南郑（今陕西汉中市）。 ③雍、泾、岐：州名。均为北魏时所置，地域在今陕西。 ④这句话引自《左传》，为晋伯宗所说。 ⑤漠北：此处指柔然。江外：指南齐。 ⑥江会：指南齐都城建康，建康为江南都会之地，故曰江会。

癸丑，魏主如小沛；己未，如瑕丘；庚申，如鲁城，亲祠孔子；辛酉，拜孔氏四人、颜氏二人官，仍选诸孔宗子一人封崇圣侯[①]，奉孔子祀，命兖州修孔子墓，更建碑铭。戊辰，魏主如碻磝，命谒者仆射成淹具舟楫，欲自泗入河，溯流还洛，淹谏，以为"河流悍猛，非万乘所宜乘"。帝曰："我以平城无漕运之路，故京邑民贫。今迁都洛阳，欲通四方之运，而民犹惮河流之险；故朕有此行，所以开百姓之心也。”

魏城阳王鸾等攻赭阳，诸将不相统壹，围守百余日，诸将欲按甲不战以疲之。李佐独昼夜攻击，士卒死者甚众，帝遣太子右卫率垣历生救之。诸将以众寡不敌，欲退，佐独帅骑二千逆战而败。卢渊等引去，历生追击，大破之。历生，荣祖之从弟也。南阳太守房伯玉等又败薛真度于沙堨。

鸾等见魏主于瑕丘。魏主责之曰：“卿等沮辱威灵，罪当大辟，朕以新迁洛邑，特从宽典。”五月，己巳，降封鸾为定襄县王，削户五百；卢渊、李佐、韦珍皆削官爵为民，佐仍徙瀛州②。以薛真度与其从兄安都有开徐方之功，听存其爵及荆州刺史，余皆削夺，曰：“进足明功，退足彰罪矣。”

魏广川刚王谐卒。谐，略之子也。魏主曰：“古者，大臣之丧有三临之礼③；魏、晋以来，王公之丧，哭于东堂。自今诸王之丧，期亲三临；大功再临④；小功、缌麻一临⑤；罢东堂之哭。广川王于朕，大功也。”将大敛，素服、深衣往哭之⑥。

【注释】

①宗子：古代宗法制度，嫡长子为族人兄弟所共宗（尊），故称“宗子”。 ②瀛州：州名。北魏太和十一年（487）分定、冀两州置。治所在赵都军城（今属河北），辖境相当今河北保定市一带。 ③三临之礼：古代君主哭吊大臣之丧的仪式。在其小敛、大敛及除服时，均着丧服亲往哭吊死者。 ④大功：古代丧服名，五服之一。其服用熟麻布做成，较齐衰为细，较小功为粗。服期九个月。凡为堂兄弟、未嫁的堂姊妹、已嫁的姑、姊妹，又已嫁女为伯叔父、兄弟等，都服之。 ⑤小功：古代丧服名，五服之一。其服用较细的熟麻布做成。服期为五个月。凡本宗为曾祖父母，伯叔祖父母，堂伯叔父母，未嫁祖姑、堂姑，已嫁堂姊妹，兄弟妻，从堂兄弟及未嫁从堂姊妹，又外亲为外祖父母、母舅、母姨等，皆服之。 ⑥深衣：古代诸侯、大夫居家所穿的衣服。衣、裳相连、前后深长，故称深衣。

甲戌，魏主如滑台；丙子，舍于石济。庚辰，太子出迎于平桃城。

赵郡王干在洛阳，贪淫不法，御史中尉李彪私戒之[①]，且曰：“殿下不悛，不敢不以闻。”干悠然不以为意。彪表弹之。魏主诏干与北海王详俱从太子诣行在。既至，见详而不见干，阴使左右察其意色，知无忧悔，乃亲数其罪，杖之一百，免官还第。

癸未，魏主还洛阳，告于太庙。甲申，减冗官之禄以助军国之用。乙酉，行饮至之礼[②]。班赏有差。

甲午，魏太子冠于庙。魏主欲变北俗，引见群臣，谓曰：“卿等欲朕远追商、周，为欲不及汉、晋邪？”咸阳王禧对曰：“群臣愿陛下度越前王耳。”帝曰：“然则当变风易俗，当因循守故邪？”对曰：“愿圣政日新。”帝曰：“为止于一身，为欲传之子孙邪？”对曰：“愿传之百世。”帝曰：“然则必当改作，卿等不得违也。”对曰：“上令下从，其谁敢违！”帝曰：“夫‘名不正，言不顺，则礼乐不可兴。’今欲断诸北语，一从正音。其年三十已上，习性已久，容不可猝革。三十已下，见在朝廷之人，语音不听仍旧；若有故为，当加降黜。各宜深戒！王公卿士以为然不？”对曰：“实如圣旨。”帝曰：“朕尝与李冲论此，冲曰：‘四方之语，竟知谁是；帝者言之，即为正矣。’冲之此

北魏镇墓兽

言，其罪当死！”因顾冲曰：“卿负社稷，当令御史牵下！”冲免冠顿首谢。又责留守之官曰：“昨望见妇女犹服夹领小袖，卿等何为不遵前诏！”皆谢罪。帝曰：“朕言非是，卿等当庭争。如何入则顺旨，退则不从乎！”六月，己亥，下诏：“不得为北俗之语于朝廷，违者免所居官。”

癸卯，魏主使太子如平城赴太师熙之丧。

癸丑，魏诏求遗书，秘阁所无[③]，有益时用者，加以优赏。

魏有司奏：“广川王妃葬于代都，未审以新尊从旧卑[④]，以旧卑就新尊？”魏主曰：“代人迁洛者，宜悉葬邙山[⑤]。其先有夫死于代者，听妻还葬；夫死于洛者，不得还代就妻。其余州之人，自听从便。”丙辰，诏：“迁洛之民死，葬河南，不得还北。”于是代人迁洛者悉为河南洛阳人。

戊午，魏改用长尺、大斗，其法依《汉志》为之。

【注释】

①御史中尉：官名。北魏时置，专司纠察百官，相当于汉代所置御史中丞。　②饮至：古代的一种典礼，诸侯朝、会、盟、伐完毕，回到宗庙饮酒庆贺。　③秘阁：历代封建王朝宫中收藏珍贵图书之处。自汉代至唐代，都由秘书监执管。　④新尊旧卑：古代以夫尊妇卑。此处广川王新死，因称新尊，广川王妃先前已死，故称旧卑。　⑤邙山：山名，在洛阳城东北方。

上之废郁林王也，许萧谌以扬州；既而除领军将军、南徐州刺史。谌恚曰：“见炊饭，推以与人。”谌恃功，颇干预朝政，所欲选用，辄命尚书使为申论。上闻而忌之，以萧诞、萧诔方将兵拒魏，隐忍不发。壬戌，上游华林园，与谌及尚书令王晏等数人宴，尽欢；坐罢，留谌晚出，至华林阁，仗身执还省[①]。上遣左右莫智明数谌曰：“隆昌之际，非卿无有今日。今一门二州，兄弟三封，朝廷相报，止可极此。卿恒怀怨望，乃云炊饭已熟，合甑与人邪！今赐卿死！”遂杀之，并其弟诔；以黄门郎萧衍为司州别驾，往执诞，杀之。谌好术数，吴兴沈文猷常语之曰：“君相不减高帝[②]。”谌死，文猷亦伏诛。谌死之日，上又杀西阳王子明、南海王子罕，邵陵王子贞。

乙丑，以右卫将军萧坦之为领军将军。

魏高闾上言："邺城密皇后庙颓圮[3]，请更葺治；若谓已配飨太庙，即宜罢毁。"诏罢之。

魏拓跋英之寇汉中也，沮水氐杨馥之为齐击武兴氐杨集始，破之，秋，七月，辛卯，以馥之为北秦州刺史、仇池公。

八月，乙巳，魏选武勇之士十五万人为羽林、虎贲以充宿卫。

魏金墉宫成，立国子、太学、四门小学于洛阳[4]。

魏高祖游华林园，观故景阳山，黄门侍郎郭祚曰："山水者，仁智之所乐，宜复修之。"帝曰："魏明帝以奢失之于前，朕岂可袭之于后乎！"帝好读书，手不释卷，在舆、据鞍，不忘讲道。善属文，多于马上口占，既成，不更一字；自太和十年以后，诏策皆自为之。好贤乐善，情如饥渴，所与游接，常寄以布素之意，如李冲、李彪、高闾、王肃、郭祚、宋弁、刘芳、崔光、邢峦之徒，皆以文雅见亲，贵显用事；制礼作乐，郁然可观，有太平之风焉。

治书侍御史薛聪，辩之曾孙也，弹劾不避强御，帝或欲宽贷者，聪辄争之。帝每曰："朕见薛聪，不能不惮，何况诸人也！"自是贵戚敛手。累迁直阁将军，兼给事黄门侍郎、散骑常侍，帝外以德器遇之，内以心膂为寄，亲卫禁兵，悉聪管领，故终太和之世，恒带直阁将军。群臣罢朝之后，聪恒陪侍帷幄，言兼昼夜，时政得失，动辄匡谏，事多听允；而重厚沉密，外莫窥其际。帝欲进以名位，辄苦让不受。帝亦雅相体悉，谓之曰："卿天爵自高，固非人爵所能荣也[5]。"

九月，庚午，魏六宫、文武悉迁于洛阳[6]。

丙戌，魏主如邺，屡至相州刺史高闾之馆，美其治效，赏赐甚厚。闾数请本州，诏曰："闾以悬车之年[7]。方求衣锦[8]，知进忘退，有尘谦德；可降号平北将军。朝之老成，宜遂情愿，徙授幽州刺史，令存劝两修，恩法并举。"以高阳王雍为相州刺史，戒之曰："作牧亦易亦难；'其身正，不令而行'，所以易；'其身不正，虽令不从'，所以难。"

【注释】

①仗身：执兵器的卫士。古制，天子的禁卫有执兵器的卫士，叫"仗

身”。到唐代，京官五品以上也配有“仗身”。　②高帝：指南齐高帝萧道成。　③密皇后：北魏太武帝拓跋焘的母亲杜皇后。杜皇后是邺城人，神䴥三年（430）立庙于邺城。　④四门小学：古代的学校。北魏创立。初设于京师四门，后与太学同在一处。　⑤天爵：天然的爵位。古称不居官位，因德高而受人尊敬。人爵：指公卿大夫等官位。《孟子·告子上》：“义人忠信，乐善不倦，此天爵也；公卿大夫，此人爵也。”　⑥六宫：指后妃、夫人、嫔御等。文武：内外文武百官。　⑦悬车：指辞官家居。典出汉代，薛广汉到退休年龄辞官回家后，把自己居官时所乘坐的车子悬挂起来，以示子孙。后人把辞官家居称作“悬车”，也作“县车”。⑧衣锦：此处指“衣锦昼行”，古代以为在本乡做官，就好像穿了锦绣衣在白昼行走，可以夸耀乡里。

己丑，徙南平王宝攸为邵陵王，蜀郡王子文为西阳王，广汉王子峻为衡阳王，临海王昭秀为巴陵王，永嘉王昭粲为桂阳王。

乙未，魏主自邺还；冬，十月，丙辰，至洛阳。

壬戌，魏诏：“诸州精品属官，考其得失为三等以闻。”又诏：“徐、兖、光、南青、荆、洛六州，严纂戎备，应须赴集。”

十一月，丁卯，诏罢世宗东田，毁兴光楼[①]。

己卯，纳太子妃褚氏，大赦。妃，澄之女也。

庚午，魏主如委粟山，定圜丘。己卯，帝引诸儒议圜丘礼。秘书令李彪建言：“鲁人将有事于上帝，必先有事于泮宫[②]。请前一日告庙。”从之。甲申，魏主祀圜丘；大赦。

十二月，乙未朔，魏主见群臣于光极堂，宣下品令，为大选之始。光禄勋于烈子登引例求迁官，烈上表曰：“方今圣明之朝，理应廉让，而臣子登引人求进，是臣素无教训，乞行黜落！”魏主曰：“此乃有识之言，不谓烈能办此！”乃引见登，谓曰：“朕将流化天下，以卿父有谦逊之美、直士之风，故进卿为太子翊军校尉。”又加烈散骑常侍，封聊城县子。

魏主谓群臣曰：“国家从来有一事可叹：臣下莫肯公言得失是也。夫人君患不能纳谏，人臣患不能尽忠。自今朕举一人，如有不可，卿等直言其失；若有才能而朕所不识，卿等亦当举之。如是，得人者有赏，不言者有罪，卿等当知之。”

丁酉，诏修晋帝绪陵，增置守卫。

甲子，魏主引见群臣于光极堂，颁赐冠服。

先是魏人未尝用钱，魏主始命铸太和五铢。是岁，鼓铸粗备，诏公私用之。

魏以光城蛮帅田益光为南司州刺史，所统守宰，听其铨置。后更于新蔡立东豫州，以益光为刺史。

氐王杨炅卒。

【注释】

①兴光楼：为南齐文惠太子萧长懋所建。 ②泮宫：即学宫。郑玄注曰：郊学也。

三年 春，正月，丁卯，以杨炅子崇祖为沙州刺史，封阴平王。

魏主下诏，以为：“北人谓土为拓，后为跋。魏之先出于黄帝，以土德王，故为拓跋氏。夫土者，黄中之色，万物之元也；宜改姓元氏。诸功臣旧族自代来者，姓或重复，皆改之。”于是始改拔拔氏为长孙氏，达奚氏为奚氏，乙旃氏为叔孙氏，丘穆陵氏为穆氏，步六孤氏为陆氏，贺赖氏为贺氏，独孤氏为刘氏，贺楼氏为楼氏，勿忸于氏为于氏，尉迟氏为尉氏；其余所改，不可胜纪。

魏主雅重门族，以范阳卢敏、清河崔宗伯、荥阳郑羲，太原王琼四姓，衣冠所推，咸纳其女以充后宫。陇西李冲以才识见任，当朝贵重，所结姻娅，莫非清望；帝亦以其女为夫人。诏黄门郎、司徒左长史宋弁定诸州士族，多所升降。又诏以：“代人先无姓族，虽功贤之胤，无异寒贱，故宦达者位极公卿，其功、衰之亲仍居猥任[①]。其穆、陆、贺、刘、楼、于、嵇、尉八姓，自太祖已降，勋著当世，位尽王公，灼然可知者，且下司州、吏部，勿充猥官，一同四姓[②]。自此以外，应班士流者，寻续别敕。其旧为部落大人，而皇始已来三世官在给事已上及品登王公者为姓；若本非大人，而皇始已来三世官在尚书已上及品登王公者亦为姓。其大人之后而官不显者为族；若本非大人而官显者亦为族。凡此姓族，皆应审核，勿容伪冒。令司空穆亮、尚书陆琇等详定，务令平允。”琇，馛之子也。

魏旧制:王国舍人皆应娶八族及清修之门[3]。咸阳王禧娶隶户为之[4],帝深责之;因下诏为六弟聘室:"前者所纳,可为妾媵。咸阳王禧,可聘故颍川太守陇西李辅女;河南王干,可聘故中散大夫代郡穆明乐女;广陵王羽,可聘骠骑谘议参军荥阳郑平城女;颍川王雍,可聘故中书博士范阳卢神宝女;始平王勰,可聘廷尉卿陇西李冲女;北海王详,可聘吏部郎中荥阳郑懿女。"懿,羲之子也。

时赵郡诸李,人物尤多,各盛家风,故世之言高华者,以五姓为首[5]。

众议以薛氏为河东茂族。帝曰:"薛氏,蜀也。岂可入郡姓!"直阁薛宗起执戟在殿下,出次对曰:"臣之先人,汉末仕蜀,二世复归河东,今六世相袭,非蜀人也。伏以陛下黄帝之胤,受封北土,岂可亦谓之胡邪! 今不预郡姓,何以生为!"乃碎戟于地。帝徐曰:"然则朕甲、卿乙乎?"乃入郡姓[6],仍曰:"卿非'宗起',乃'起宗'也!"

帝与群臣论选调曰:"近世高卑出身,各有常分;此果如何?"李冲对曰:"未审上古已来,张官列位,为膏粱子弟乎,为致治乎?"帝曰:"欲为治耳。"冲曰:"然则陛下何为专取门品,不拔才能乎?"帝曰:"苟有过人之才,不患不知。然君子之门,借使无当世之用,要自德行纯笃,朕故用之。"冲曰:"傅说、吕望[7],岂可以门地得之!"帝曰:"非常之人,旷世乃有一二耳。"秘书令李彪曰:"陛下若专取门地,不审鲁之三卿[8],孰若四科[9]?"著作佐郎韩显宗曰:"陛下岂可以贵袭贵,以贱袭贱!"帝曰:"必有高明卓然、出类拔萃者,朕亦不拘此制。"顷之,刘昶入朝,帝谓昶曰:"或言唯能是寄,不必拘门;朕以为不尔。何者? 清浊同流,混齐一等,君子小人,名器无别,此殊为不可。我今八族以上士人,品第有九;九品之外,小人之官复有七等。若有其人,可起家为三公。正恐贤才难得,不可止为一人浑我典制也。"

臣光曰:选举之法,先门地而后贤才。此魏、晋之深弊,而历代相因,莫之能改也。夫君子、小人,不在于世禄与侧微[10],以今日视之,愚智所同知也;当是之时,虽魏孝文之贤,犹不免斯蔽。故夫明辨是非而不惑于世俗者诚鲜矣。

【注释】

①功、衰：指自小功、大功以上至齐衰关系的亲属。 ②四姓：指卢、崔、郑、王四姓。 ③王国舍人：此处指诸王嫔妃。八族：指上文提到的自代地迁徙来的八姓贵族。 ④隶户：北魏时将所俘获的敌国民户赏赐给臣下驱使。这类民户虽有自己的家室，但无自由，亦称"僮隶户"。 ⑤五姓：指卢、崔、郑、王加上李姓。赵郡诸李，北魏人称为"赵李"。 ⑥郡姓：魏晋以来一郡中每朝都显贵的家族。 ⑦傅说：商王武丁的大臣。相传原是傅岩地方从事版筑的奴隶。吕望：即姜太公，辅佐武王灭商。传说吕望是在河边垂钓时被周文王发现而加以重用的。 ⑧鲁之三卿：春秋时期鲁国三位卿大夫季孙氏、孟孙氏、叔孙氏。 ⑨四科：孔门四科，指德行、言语、政事、文学。 ⑩侧微：地位低微卑贱。《尚书·舜典序》："虞舜侧微。"孔颖达疏曰："不在朝廷谓之侧，其人贫贱谓之微。"

壬辰，魏徙始平王勰为彭城王。复定襄县王鸾为城阳王。

二月，壬寅，魏诏："群臣自非金革[1]，听终三年丧。"

丙午，魏诏："畿内七十已上，暮春赴京师行养老之礼[2]。"三月，丙寅，宴群臣及国老、庶老于华林园[3]。诏："国老，黄耇已上[4]，假中散大夫、郡守；耆年已上[5]，假给事中、县令。庶老，直假郡、县，各赐鸠杖、衣裳。"

丁丑，魏诏："诸州中正各举其乡之民望，年五十以上守素衡门者，授以令、长。"

壬午，诏："乘舆有金银饰校者，皆剔除之。"

上志慕节俭。太官尝进裹蒸，上曰："我食此不尽，可四破之，余充晚食。"又尝用皂荚，以余泺授左右曰："此可更用。"太官元日上寿，有银酒铊，上欲坏之；王晏等咸称盛德，卫尉萧颖胄曰："朝廷盛礼，莫若三元[6]。此一器既是旧物，不足为侈。"上不悦。后预曲宴[7]，银器满席。颖胄曰："陛下前欲坏酒铊，恐宜移在此器。"上甚惭。

上躬亲细务，纲目亦密；于是郡县及六署、九府常行职事[8]，莫不启闻，取决诏敕。文武勋旧，皆不归选部，亲戚凭藉，互相通进，

北魏云冈石窟大佛坐像

人君之务过繁密。南康王侍郎颍川钟嵘上书言:“古者,明君揆才颁政,量能授职,三公坐而论道,九卿作而成务,天子唯恭己南面而已。”书奏,上不怿,谓太中大夫顾暠曰:“钟嵘何人,欲断朕机务!卿识之不?”对曰:“嵘虽位末名卑,而所言或有可采。且繁碎职事,各有司存;今人主总而亲之,是人主愈劳而人臣愈逸,所谓‘代庖人宰而为大匠斫’也。”上不顾而言他。

夏,四月,甲辰,魏广州刺史薛法护求降。

魏寇司州,栎城戍主魏僧珉拒破之。

五月,丙戌,魏营方泽于河阴[9]。又诏汉、魏、晋诸帝陵,百步内禁樵苏。丁亥,魏主有事于方泽。

秋,七月,魏废皇后冯氏。初,文明太后欲其家贵重,简冯熙二女入掖庭:其一早卒;其一得幸于魏主,未几,有疾,还家为尼。及太后殂,帝立熙少女为皇后。既而其姊疾愈,帝思之,复迎入宫,拜左昭仪,后宠浸衰。昭仪自以年长,且先入宫,不率妾礼。后颇愧恨,昭仪因谮而废之。后素有德操,遂居瑶光寺为练行尼[10]。

【注释】

①金革：即兵革。兵器铠甲的总称，引申指战争。　②养老之礼：古礼，对某些有资格的老年人按时给以酒食。　③国老：古代称告老回家的卿大夫。庶老：古代指没有做官的老年士人。　④黄耇(gǒu 苟)：高寿之人。　⑤耆(qí 其)年：六十岁以上。　⑥三元：农历正月初一日，为年、月、日三者之始，故称"三元。"　⑦曲宴：在宫中设内宴，称为"曲宴"。　⑧六署：指尚书左右仆射、左右丞所通常处理的除署、功论、封爵、贬黜、八议、疑谳等六案。九府：指太常、光禄勋、卫尉、廷尉、大司农、少府、将作大匠、太仆、大鸿胪九卿府。　⑨方泽：祭礼之坛。　⑩瑶光寺：在洛阳宫旁边。练行：指修炼戒行。

魏主以久旱，自癸未不食至于乙酉，群臣皆诣中书省请见。帝在崇虚楼①，遣舍人辞焉，且问来故。豫州刺史王肃对曰："今四郊雨已沾洽，独京城微少。细民未乏一餐而陛下辍膳三日，臣下惶惶，无复情地。"帝使舍人应之曰："朕不食数日，犹无所感。比来中外贵贱，皆言四郊有雨，朕疑其欲相宽勉，未必有实。方将遣使视之，果如所言，即当进膳；如其不然，朕何以生为！当以身为万民塞咎耳！"是夕，大雨。

魏太子恂不好学；体素肥大，苦河南地热，常思北归。魏主赐之衣冠，恂常私著胡服。中庶子辽东高道悦数切谏，恂恶之。八月，戊戌，帝如嵩高，恂与左右密谋，召牧马轻骑奔平城，手刃道悦于禁中。中领军元俨勒门防遏，入夜乃定。诘旦，尚书陆琇驰以启帝，帝大骇，秘其事，仍至汴口而还。甲寅，入宫，引见恂，数其罪，亲与咸阳王禧等更代杖之百余下，扶曳出外，囚于城西，月余乃能起。

丁巳，魏相州刺史南安惠王桢卒。

九月，戊辰，魏主讲武于小平津；癸酉，还宫。

冬，十月，戊戌，魏诏："军士自代来者，皆以为羽林、虎贲。司州民十二夫调一②；吏以供公私力役。"

魏吐京胡反，诏朔州刺史元彬行汾州事，帅并、肆之众以讨之。彬，桢之子也。彬遣统军奚康生击叛胡，破之，追至车突谷，又破之，俘杂畜以万数。诏以彬为汾州刺史。胡去居等六百余人保险不服，彬请兵二万以讨之，有司奏许之，魏主大怒曰："小寇何有发兵之理！可随宜讨治。若不能克，必须大兵者，则先斩刺史，然后发兵！"彬大惧，督帅州兵，身先将士，讨去居，平之。

魏主引见群臣于清徽堂，议废太子恂。太子太傅穆亮、少保李冲免冠顿首谢。帝曰："卿所谢者私也，我所议者国也。'大义灭亲'，古人所贵。今恂欲违父逃叛，跨据恒、朔[3]，天下之恶孰大焉！若不去之，乃社稷之忧也。"闰月，丙寅，废恂为庶人，置于河阳无鼻城，以兵守之，服食所供，粗免饥寒而已。

戊辰，魏置常平仓。

戊寅，太子宝卷冠。

【注释】

①崇虚楼：北魏孝文帝迁都洛阳后修建于洛阳宫中，斋戒前居住。②司州：北魏迁都洛阳后，以洛阳地区为司州。　③恒州：北魏原都代地平城，以平城地区置司州，后迁都洛阳，改平城地区为恒州，治平城。

初，魏文明太后欲废魏主，穆泰切谏而止，由是有宠。及帝南迁洛阳，所亲任者多中州儒士，宗室及代人往往不乐。泰自尚书右仆射出为定州刺史，自陈久病，土温则甚，乞为恒州；帝为之徙恒州刺史陆叡为定州，以泰代之。泰至，叡未发，遂相与谋作乱，阴结镇北大将军乐陵王思誉、安乐侯隆、抚冥镇将鲁郡侯业、骁骑将军超等，共推朔州刺史阳平王颐为主。思誉，天赐之子；业，丕之弟；隆、超、皆丕之子也。叡以为洛阳休明[1]，劝泰缓之，泰由是未发。

颐伪许泰等以安其意，而密以状闻。行吏部尚书任城王澄有疾，帝召见于凝闲堂，谓之曰："穆泰谋为不轨，扇诱宗室。脱或必然，今迁都甫尔，北人恋旧，南北纷扰，朕洛阳不立也。此国家大事，非卿不能办。卿虽疾，强为我北行，审观其势。傥其微弱，直往擒之；若已强盛，可承制发并、肆兵击之。"对曰："泰等愚惑，正由恋旧，为此计耳，非有深谋远虑；臣虽驽怯，足以制之，愿陛下勿忧。虽有犬马之疾，何敢辞也！"帝笑曰："任城肯行，朕复何忧！"

遂授澄节、铜虎、竹使符、御仗左右，仍行恒州事。

行至雁门，雁门太守夜告云："泰已引兵西就阳平。"澄遽令进发。右丞孟斌曰："事未可量，宜依敕召并、肆兵，然后徐进。"澄曰："泰既谋乱，应据坚城；而更迎阳平，度其所为，当似势弱。泰既不相拒，无故发兵，非宜也。但速往镇之，民心自定。"遂倍道兼行。先遣治书侍御史李焕单骑入代②，出其不意，晓谕泰党，示以祸福，皆莫为之用。泰计无所出，帅麾下数百人攻焕，不克，走出城西，追擒之。澄亦寻至，穷治党与，收陆叡等百余人，皆系狱，民间帖然。澄具状表闻，帝喜，召公卿，以表示之曰："任城可谓社稷臣也。观其狱辞，正复皋陶何以过之③！"顾谓咸阳王禧等曰："汝曹当此，不能办也。"

魏主谋入寇，引见公卿于清徽堂，曰："朕卜宅土中，纲条粗举，唯南寇未平，安能效近世天子下帷于深宫之中乎！朕今南征决矣，但未知早晚之期。比来术者皆云，今往必克，此国之大事，宜君臣各尽所见，勿以朕先言而依违于前，同异于后也。"李冲对曰："凡用兵之法，宜先论人事，后察天道。今卜筮虽吉而人事未备，迁都尚新，秋谷不稔，未可以兴师旅。如臣所见，宜俟来秋。"帝曰："去十七年，朕拥兵二十万，此人事之盛也，而天时不利。今天时既从，复云人事未备；如仆射之言，是终无征伐之期也。寇戎咫尺，异日将为社稷之忧，朕何敢自安！若秋行不捷，诸君当尽付司寇，不可不尽怀也。"

魏主以有罪徙边者多逋亡，乃制一人逋亡，阖门充役。光州刺史博陵崔挺上书谏曰："天下善人少，恶人多。若一人有罪，延及阖门，则司马牛受桓魋之罚④，柳下惠婴盗跖之诛⑤，岂不哀哉！"帝善之，遂除其制。

【注释】

①休明：美好清明，多指政治教化好。 ②治书侍御史：官名。汉宣帝时设。汉宣帝时居宫廷书房内决策国家大事，令侍御史二人在左右侍候，随时把敕令写下来，因名"治书侍御史"，后另置官，掌纠察、敕令。③皋陶（yáo 瑶）：相传为尧舜时代掌刑法的官。 ④桓魋：即向魋。春秋时宋大夫。曾有宠于宋景公，后得罪，景公要抓他，逃到卫国。司马牛

是他的兄弟。 ⑤盗跖：人名。原名跖（zhí 直），春秋时期人，曾率众起事，横行天下，侵暴诸侯。统治者称为"盗跖"。柳下惠为其兄弟。古代法，贤不肖既相远，而兄弟罪不相及。

资治通鉴卷第一百四十一

齐纪七 起强圉赤奋若，尽著雍摄提格，凡二年。

高宗明皇帝下

建武四年 春，正月，大赦。

丙申，魏立皇子恪为太子。魏主宴于清徽堂，语及太子恂，李冲谢曰："臣忝师傅①，不能辅导。"帝曰："朕尚不能化其恶，师傅何谢也！"

乙巳，魏主北巡。

初，尚书令王晏，为世祖所宠任，及上谋废郁林王，晏即欣然推奉。郁林王已废，上与晏宴于东府，语及时事，晏抵掌曰："公常言晏怯，今定何如?"上即位，晏自谓佐命新朝，常非薄世祖故事。既居朝端②，事多专决，内外要职，并用所亲，每与上争用人。上虽以事际须晏，而心恶之。尝料简世祖中诏，得与晏手敕三百余纸，皆论国家事，又得晏启谏世祖以上领选事，以此愈猜薄之。始安王遥光劝上诛晏，上曰："晏于我有功；且未有罪。"遥光曰："晏尚不能为武帝，安能为陛下乎！"上默然。上遣腹心陈世范等出涂巷，采听异言。晏轻浅无防，意望开府，数呼相工自视，云当大贵；与宾客语，好屏人清闲。上闻之，疑晏欲反，遂有诛晏之意。

奉朝请鲜于文粲密探上旨，告晏有异志。世范又启上云："晏谋因四年南郊，与世祖故主帅于道中窃发。"会虎犯郊坛，上愈惧。未郊一日，有敕停行，先报晏及徐孝嗣。孝嗣奉旨，而晏陈"郊祀事大，必宜自力”。上益信世范之言。丙辰，召晏于华林省，诛之，并北中郎司马萧毅、台队主刘明达，及晏子德元、德和。下诏云：“晏与毅、明达以河东王铉识用微弱，谋奉以为主，使守虚器。”晏弟诩为广州刺史，上遣南中郎司马萧季敞袭杀之。季敞，上之从祖弟也。萧毅奢豪，好弓马，为上所忌，故因事陷之。河东王铉先以年少才弱，故未为上所杀。铉朝见，常鞠躬俯偻，不敢平行直视。至是，年稍长，遂坐晏事免官，禁不得与外人交通。

郁林王之将废也，晏从弟御史中丞思远谓晏曰：“兄荷世祖厚恩，今一旦赞人如此事；彼或可以权计相须，未知兄将来何以自立！若及此引决，犹可保全门户，不失后名。”晏曰：“方啖粥，未暇此事。”及拜骠骑将军，集会子弟，谓思远兄思征曰：“隆昌之末，阿戎劝吾自裁[3]；若从其语，岂有今日！”思远遽应曰：“如阿戎所见，今犹未晚也。”思远知上外待晏厚而内已疑异，乘间谓晏曰：“时事稍异，兄亦觉不？凡人多拙于自谋而巧于谋人。”晏不应。思远退，晏方叹曰：“世乃有劝人死者！”旬日而晏败。上闻思远言，故不之罪，仍迁侍中。

晏外弟尉氏阮孝绪亦知晏必败[4]，晏屡至其门，逃匿不见。尝食酱美，问知得于晏家，吐而覆之。及晏败，人为之惧，孝绪曰：“亲而不党，何惧之有！”卒免于罪。

【注释】

①忝（tiǎn 舔）：谦辞。表示辱没他人，自己有愧。 ②朝端：朝臣之上。时王晏任尚书令，尚书令位居朝臣之右。 ③阿戎：晋、南朝宋齐时人，多称从弟为阿戎，至唐代仍如此称。 ④尉氏：县名。汉时属陈留郡（今河南开封市一带），东晋南朝时侨置于今江苏南京市北部，属泰郡。

二月，壬戌，魏主至太原。

甲子，以左仆射徐孝嗣为尚书令，征虏将军萧季敞为广州刺史。

癸酉，魏主至平城，引见穆泰、陆叡之党问之，无一人称枉者；时人皆服任城王澄之明。穆泰及其亲党皆伏诛；赐陆叡死于狱，宥其妻子，徙辽西为民。

初，魏主迁都，变易旧俗，并州刺史新兴公丕皆所不乐；帝以其宗室耆旧，亦不之逼，但诱示大理，令其不生同异而已。及朝臣皆变衣冠，朱衣满坐，而丕独胡服于其间，晚乃稍加冠带，而不能修饰容仪，帝亦不强也。

太子恂自平城将迁洛阳，元隆与穆泰等密谋留恂，因举兵断关[①]，规据陉北[②]。丕在并州，隆等以其谋告之。丕外虑不成，口虽折难，心颇然之。及事觉，丕从帝至平城，帝每推问泰等，常令丕坐观。有司奏元业、元隆、元超罪当族，丕应从坐。帝以丕尝受诏许以不死，听免死为民，留其后妻、二子，与居于太原，杀隆、超、同产乙升[③]，余子徙敦煌。

初，丕、睿与仆射李冲、领军于烈俱受不死之诏。睿既诛，帝赐冲、烈诏曰："睿反逆之志，自负幽冥；违誓在彼，不关朕也。反逆既异余犯，虽欲矜恕，如何可得？然犹不忘前言，听自死别府[④]，免其孥戮。元丕二子、一弟，首为贼端，连坐应死，特恕为民。朕本期始终而彼自弃绝，违心乖念，一何可悲！故此别示，想无致怪。谋反之外，皎如白日耳。"冲、烈皆上表谢。

> 臣光曰：夫爵禄废置，杀生予夺，人君所以驭臣之大柄也[⑤]。是故先王之制，虽有亲、故、贤、能、功、贵、勤、宾，苟有其罪[⑥]，不直赦也；必议于槐棘之下[⑦]，可赦则赦，可宥则宥，可刑则刑，可杀则杀；轻重视情，宽猛随时。故君得以施恩而不失其威，臣得以免罪而不敢自恃。及魏则不然，勋贵之臣，往往豫许之以不死；彼骄而触罪，又从而杀之。是以不信之令诱之使陷于死地也。刑政之失，无此为大焉！

【注释】

①关：此处指雁门之东陉、西陉二关。 ②陉北：即恒、朔二州之地，今山西北部。 ③同产：同母所生兄弟。 ④别府：陆睿为恒州刺史，谋反事觉后，北魏孝文帝赐他自杀，但不是在恒州刺史府，是在监狱自杀，所以此处称"别府"。 ⑤爵禄废置，杀生予夺：这是《周礼》上所谓八柄，是驾驭群臣之权柄。 ⑥亲、故、贤、能、功、贵、勤、宾：即《周礼》上所谓"八辟"，封建王朝为庇护上层统治集团。规定对上述八种人给予减刑、免刑特权的特别审议，汉以后称"八议"。亲，是皇亲国戚；故，是

皇帝旧友故交;贤,是所谓有大德行的大臣;能,是有大才能的臣子;功,是对王朝有大功勋者;贵,是有高官显爵的人;勤,是对封建王朝特殊勤劳者;宾,是先朝皇族。 ⑦槐棘:周代外朝种植槐棘,以为朝臣列班的位次,后代指公卿之位。

是时,代乡旧族,多与泰等连谋,唯于烈无所染涉,帝由是益重之。帝以北方酋长及侍子畏暑,听秋朝洛阳,春还部落,时人谓之"雁臣"。

三月,己酉,魏主南至离石[1]。叛胡请降,诏宥之。夏,四月,庚申,至龙门,遣使祀夏禹。癸亥,至蒲坂,祀虞舜。辛未,至长安。

魏太子恂既废,颇自悔过。御史中尉李彪密表恂复与左右谋逆,魏主使中书侍郎邢峦与咸阳王禧奉诏赍椒酒诣河阳[2],赐恂死,敛以粗棺、常服,瘗于河阳。

癸未,魏大将军宋明王刘昶卒于彭城,葬以殊礼。

五月,己丑,魏主东还,泛渭入河。壬辰,遣使祀周文王于丰,武王于镐。六月,庚申,还洛阳。

壬戌,魏发冀、定、瀛、相、济五州兵二十万,将入寇。

魏穆泰之反也,中书监魏郡公穆罴与之通谋,赦后事发,削官爵为民。罴弟司空亮以府事付司马慕容契,上表自劾,魏主优诏不许;亮固请不已,癸亥,听亮逊位。

丁卯,魏分六师以定行留。

秋,七月,魏立昭仪冯氏为皇后。后欲母养太子恪;恪母高氏自代如洛阳,暴卒于共县。

戊辰,魏以穆亮为征北大将军、开府仪同三司、冀州刺史。

八月,丙辰,魏诏中外戒严。

壬戌,魏立皇子愉为京兆王,怿为清河王,怀为广平王。

追尊景皇所生王氏为恭太后。

甲戌,魏讲武于华林园;庚辰,军发洛阳,使吏部尚书任城王澄居守;以御史中丞李彪兼度支尚书,与仆射李冲参治留台事。假彭城王勰中军大将军,勰辞曰:"亲疏并用,古之道也。臣独何人，频烦宠授！昔陈思求而不允③，愚臣不请而得，何否泰之相远也④！”魏主大笑，执勰手曰：“二曹以才名相忌⑤，吾与汝以道德相亲。”

上遣军主、直阁将军胡松助北襄城太守成公期戍赭阳，军主鲍举助西汝南、北义阳二郡太守黄瑶起戍舞阴。

魏以氐帅杨灵珍为南梁州刺史。灵珍举州来降，送其母及子于南郑以为质，遣其弟婆罗阿卜珍将步骑万余袭魏武兴王杨集始，杀其二弟集同、集众；集始窘急，请降。九月，丁酉，魏主以河南尹李崇为都督陇右诸军事，将兵数万讨之。

初，魏迁洛阳，荆州刺史薛真度劝魏主先取樊、邓。真度引兵寇南阳，太守房伯玉击败之。魏主怒，以南阳小郡，志必灭之，遂引兵向襄阳；彭城王勰等三十六军前后相继，众号百万，吹唇沸地。辛丑，魏主留诸将攻赭阳，自引兵南下；癸卯，至宛，夜袭其郛，克之。房伯玉婴内城拒守，魏主遣中书舍人孙延景谓伯玉曰：“我今荡壹六合⑥，非如向时冬来春去，不有所克，终不还北。卿此城当我六龙之首⑦，无容不先攻取，远期一年，近止一月。封侯、枭首，事在俯仰，宜善图之！且卿有三罪，今令卿知：卿先事武帝，蒙殊常之宠，不能建忠致命而尽节于其仇，罪一也。顷年薛真度来，卿伤我偏师，罪二也。今鸾辂亲临，不面缚麾下，罪三也。”伯玉遣军副乐稚柔对曰：“承欲攻围，期于必克。卑微常人，得抗大威，真可谓获其死所！外臣蒙武帝采拔，岂敢忘恩！但嗣君失德，主上光绍大宗，非唯副亿兆之深望，抑亦兼武皇之遗敕；是以区区尽节，不敢失坠。往者北师深入，寇扰边民，辄厉将士以修职业。反己而言，不应垂责。”

宛城东南隅沟上有桥，魏主引兵过之。伯玉使勇士数人，衣班衣，戴虎头帽，伏于窦下，突出击之，魏主人马俱惊；召善射者原灵度射之，应弦而毙，乃得免。

【注释】

①离石：县名，秦置，在今山西吕梁市离石区。 ②椒酒：用椒浸制的酒，有毒。 ③陈思：指曹魏时陈思王曹植。曹植为魏文帝曹丕之弟，曾上表请求率领军队攻打吴、蜀，曹丕不许。 ④否（pǐ 痞）泰：《周易》

中的两个卦名，泰谓“天地交而万物通”，否谓“天地不交而万物不通”。后常合用“否泰”指世道盛衰和人事通塞。 ⑤二曹：指魏文帝曹丕、陈思王曹植。 ⑥六合：指天地四方。 ⑦六龙：古代天子车驾六马，因用为天子车驾的代称。此处指王师，皇帝亲自率领的军队。

李崇槎山分道，出氐不意，表里袭之；群氐皆弃杨灵珍散归，灵珍之众减太半，崇进据赤土。灵珍遣从弟建屯龙门，自帅精勇一万屯鹫峡；龙门之北数十里中，伐树塞路；鹫硖之口，聚礌石，临崖下之，以拒魏兵。崇命统军慕容拒帅众五千从他路入，夜袭龙门，破之。崇自攻鹫峡；灵珍连战败走，俘其妻子，遂克武兴，梁州刺史阴广宗、参军郑猷等将兵救灵珍；崇进击，大破之，斩杨婆罗阿卜珍，生擒猷等，灵珍奔还汉中。魏主闻之，喜曰：“使朕无西顾之忧者，李崇也。”以崇为都督梁、秦二州诸军事、梁州刺史，以安集其地。

丁未，魏主发南阳，留太尉咸阳王禧等攻之。己酉，魏主至新野，新野太守刘思忌拒守。冬，十月，丁巳，魏军攻之不克，筑长围守之，遣人谓城中曰：“房伯玉已降，汝何为独取糜碎！”思忌遣人对曰：“城中兵食犹多，未暇从汝小虏语也！”魏右军府长史韩显宗将别军屯赭阳[①]，成公期遣胡松引蛮兵攻其营，显宗力战，破之，斩其裨将高法援。显宗至新野，魏主谓曰：“卿破贼斩将，殊益军势。朕方攻坚城，何为不作露布[②]？”对曰：“顷闻镇南将军王肃获贼二、三人，驴马数匹，皆为露布，臣在东观，私常哂之。近虽仰凭威灵，得摧丑虏，兵寡力弱，擒斩不多。脱复高曳长缣，虚张功烈，尤而效之，其罪弥大。臣所以不敢为之，解上而已。”魏主益贤之。

上诏徐州刺史裴叔业引兵救雍州。叔业启称：“北人不乐远行，唯乐钞掠。若侵虏境，则司、雍之寇自然分矣。”上从之。叔业引兵攻虹城，获男女四千余人。

甲戌，遣太子中庶子萧衍、右军司马张稷救雍州。十一月，甲午，前军将军韩秀方等十五将降于魏。丁酉，魏败齐兵于沔北，将军王伏保等为魏所获。

丙辰，以杨灵珍为北秦州刺史、仇池公、武都王。

【注释】

①右军府:指右军将军府。 ②露布:古代用称檄文、捷报或其他紧急文书。北魏时,每攻战胜利,想天下闻知,就将俘获多少人马,写于绢帛缚在竹竿上,也叫“露布”。

新野人张睹帅万余家据栅拒魏,十二月,庚申,魏人攻拔之。雍州刺史曹虎与房伯玉不协,故缓救之,顿军樊城。

丁丑,诏遣度支尚书崔慧景救雍州,假慧景节,帅众二万、骑千匹向襄阳,雍州众军并受节度。

庚午,魏主南临沔水;戊寅,还新野。

将军王昙纷以万余人攻魏南青州黄郭戍,魏戍主崔僧渊破之,举军皆没。将军鲁康祚、赵公政将兵万人侵魏太仓口[①],魏豫州刺史王肃使长史清河傅永将甲士三千击之。康祚等军于淮南,永军于淮北,相去十余里。永曰:“南人好夜斫营,必于渡淮之所置火以记浅。”乃夜分兵为二部,伏于营外;又以瓠贮火,密使人过淮南岸,于深处置之,戒曰:“见火起,则亦然之。”是夜,康祚等果引兵斫永营,伏兵夹击之。康祚等走趣淮水,火既竟起,不知所从,溺死及斩首数千级,生擒公政,获康祚之尸以归。豫州刺史裴叔业侵魏楚王戍[②],肃复令永击之。永将心腹一人驰诣楚王戍,令填外堑,夜伏战士千人于城外。晓而叔业等至城东,部分将置长围。永伏兵击其后军,破之。叔业留将佐守营,自将精兵数千救之。永登门楼,望叔业南行数里,即开门奋击,大破之,获叔业伞扇、鼓幕、甲仗万余。叔业进退失据,遂走;左右欲追之,永曰:“吾弱卒不满三千,彼精甲犹盛,非力屈而败,自堕吾计中耳。既不测我之虚实,足使丧胆,俘此足矣,何更追之!”魏主遣谒者就拜永安远将军、汝南太守,封贝丘县男。永有勇力,好学能文。魏主常叹曰:“上马能击贼,下马作露版,唯傅修期耳[③]!”

曲江公遥欣好武事,上以诸子尚幼,内亲则仗遥欣兄弟,外亲则倚后弟西中郎长史彭城刘暄、内弟太子詹事江祏[④];故以始安王遥光为扬州刺史,居中用事;遥欣为都督荆、雍等七州诸军事、荆州刺史,镇据西面。而遥欣在江陵,多招材勇,厚自封殖,上甚恶之。遥欣侮南郡太守刘季连，季连密表遥欣有异迹；上乃以季连为益州刺史，使据遥欣上流以制之。季连，思考之子也。

是岁，高昌王马儒遣司马王体玄入贡于魏，请兵迎接，求举国内徙；魏主遣明威将军韩安保迎之，割伊吾之地五百里以居儒众。儒遣左长史顾礼、右长史金城麴嘉将步骑一千五百迎安保，而安保不至；礼、嘉还高昌，安保亦还伊吾。安保遣其属朝兴安等使高昌，儒复遣顾礼将世子义舒迎安保，至白棘城，去高昌百六十里。高昌旧人恋土，不愿东迁，相与杀儒，立麴嘉为王，复臣于柔然。安保独与顾礼、马义舒还洛阳。

【注释】

①太仓口：北魏积贮粮食之处，因名。在北魏豫州，淮河北岸，今河南汝南县。　②楚王戍：地名。当时豫州葛陵城东北有楚武王冢，人因称其城为“楚王瑟城”，北魏于此地置兵戍守，所以称之为“楚王戍”。③修期：傅永字修期。　④内弟：即表弟。南齐明帝的母亲景皇后是江祏的姑姑，因此称江祏为其内弟，即表弟。

永泰元年　春，正月，癸未朔，大赦。

加中军大将军徐孝嗣开府仪同三司，孝嗣固辞。

魏统军李佐攻新野，丁亥，拔之，缚刘思忌，问之曰：“今欲降未?”思忌曰：“宁为南鬼，不为北臣!”乃杀之。于是沔北大震。戊子，湖阳戍主蔡道福、辛卯，赭阳戍主成公期，壬辰，舞阴戍主黄瑶起、南乡太守席谦相继南遁。瑶起为魏所获，魏主以赐王肃，肃脔而食之。乙巳，命太尉陈显达救雍州。

上有疾，以近亲寡弱，忌高、武子孙。时高、武子孙犹有十王，每朔望入朝，上还后宫，辄叹息曰：“我及司徒诸子皆不长①，高、武子孙日益长大!”上欲尽除高、武之族，以微言问陈显达，对曰：“此等岂足介虑!”以问扬州刺史始安王遥光，遥光以为当以次施行。遥光有足疾，上常令乘舆自望贤门入，每与上屏人久语毕，上索香火，呜咽流涕，明日必有所诛。会上疾暴甚，绝而复苏，遥光遂行其策；丁未，杀河东王铉、临贺王子岳、西阳王子文、永阳王子峻、南康王子琳、衡阳王子珉、湘东王子建、南郡王子夏、桂阳王昭粲、巴陵王昭秀，于是太祖、世祖及世宗诸子皆尽矣。铉等已死，乃使公卿奏其罪状，请诛之，下诏不许；再奏，然后许之。南康侍读济阳江泌哭子琳，泪尽，继之以血，亲视殡葬毕，乃去。

庚戌，魏主如南阳。二月，癸丑，诏左卫将军萧惠休等救寿阳[②]，甲子，魏人拔宛北城，房伯玉面缚出降。伯玉从父弟思安为魏中统军，数为伯玉泣请，魏主乃赦之。庚午，魏主如新野。辛巳，以彭城王勰为使持节、都督南征诸军事、中军大将军、开府仪同三司。

三月，壬午朔，崔慧景、萧衍大败于邓城[③]。时慧景至襄阳，五郡已陷没[④]，慧景与衍及军主刘山阳、傅法宪等帅五千余人进行邓城，魏数万骑奄至，诸军登城拒守。时将士蓐食轻行，皆有饥惧之色。衍欲出战，慧景曰："虏不夜围人城，待日暮自当去。"既而魏众转至。慧景于南门拔军去，诸军不相知，相继皆遁。魏兵自北门入，刘山阳与部曲数百人断后死战，且战且却行。慧景过闹沟，军人相蹈藉，桥皆断坏。魏兵夹路射之，杀傅法宪，士卒赴沟死者相枕，山阳取袄仗填沟乘之，得免。魏主将大兵追之，晡时至沔。山阳据城苦战，至暮，魏兵乃退。诸军恐惧，是夕，皆下船还襄阳。庚寅，魏主将十万众，羽仪华盖，以围樊城，曹虎闭门自守。魏主临沔水，望襄阳岸，乃去，如湖阳；辛亥，如悬瓠。

魏镇南将军王肃攻义阳，裴叔业将兵五万围涡阳以救义阳[⑤]。魏南兖州刺史济北孟表守涡阳，粮尽，食草木皮叶。叔业积所杀魏人高五丈以示城内，别遣军主萧璝等攻龙亢，魏广陵王羽救之。叔业引兵击羽，大破之，追获其节。魏主使安远将军傅永、征虏将军刘藻、假辅国将军高聪救涡阳，并受王肃节度。叔业进击，大破之，聪奔悬瓠，永收散卒徐还。叔业再战，凡斩首万级，俘三千余人，获器械杂畜财物以千万计。魏主命锁三将诣悬瓠；刘藻、高聪免死，徙平州[⑥]；傅永夺官爵；黜王肃为平南将军。肃表请更遣军救涡阳，魏主报曰："观卿意，必以藻等新败，故难于更往。朕今少分兵则不及制敌，多分兵则禁旅有阙，卿审图之！义阳当止则止，当下则下；若失涡阳，卿之过也！"肃乃解义阳之围，与统军杨大眼、奚康生等步骑十余万救涡阳。叔业见魏兵盛，夜，引军退；明日，士众奔溃，魏人追之，杀伤不可胜数。叔业还保涡口。

【注释】

①司徒：指齐明帝萧鸾的弟弟，安陆昭王萧缅，已去世，建武元年(494)赠司徒。 ②寿阳：当时北魏并没有攻打寿阳，疑“寿”字有误。 ③邓城：地名。汉代时属南阳郡，南朝时属京兆郡，在今湖北襄阳市境地。 ④五郡：指南阳、新野、南乡、北襄城及西汝南、北义阳二郡太守。今河南南阳市及湖北襄阳市一带。 ⑤涡阳：地名，为北魏南兖州治所，今安徽蒙城县。 ⑥平州：北魏天赐四年(407)置，治所在肥如(今河北卢龙县北)。

初，魏中尉李彪，家世孤微，朝无亲援；初游代都，以清渊文穆公李冲好士[①]，倾心附之。冲亦重其材学，礼遇甚厚，荐于魏主，且为之延誉于朝[②]，公私汲引。及为中尉，弹劾不避贵戚，魏主贤之，以比汲黯[③]。彪自以结知人主，不复藉冲，稍稍疏之，唯公坐敛袂而已，无复宗敬之意，冲浸衔之，

及魏主南伐，彪与冲及任城王澄共掌留务。彪性刚豪，意议多所乖异，数与冲争辩，形于声色；自以身为法官，他人莫能纠劾，事多专恣。冲不胜忿，乃积其前后过恶，禁彪于尚书省，上表劾彪“违傲高亢，公行僭逸，坐舆禁省，私取官材，辄驾乘黄[④]，无所惮慑。臣辄集尚书已下，令史已上于尚书都座，以彪所犯罪状告彪，讯其虚实，彪皆伏罪。请以见事免彪所居职，付廷尉治罪。”冲又表称：“臣与彪相识以来，垂二十载。见其才优学博，议论刚正，愚意诚谓拔萃公清之人。后稍察其人酷急，犹谓益多损少。自大驾南行以来，彪兼尚书，日夕共事，始知其专恣无忌，尊身忽物；听其言如振古忠恕之贤，校其行实天下佞暴之贼。臣与任城卑躬曲己，若顺弟之奉暴兄，其所欲者，事虽非理，无不屈从。依事求实，悉有成验。如臣列得实，宜殛彪于北荒，以除乱政之奸[⑤]；所引无证，宜投臣于四裔，以息青蝇之谮[⑥]。”冲手自作表，家人不知。

帝览表，叹怅久之，曰：“不意留台乃至于此！”既而曰：“道固可谓溢矣[⑦]，而仆射亦为满也[⑧]。”黄门侍郎宋弁素怨冲，而与彪同州相善，阴左右之。有司处彪大辟，帝宥之，除名而已。

冲雅性温厚,及收彪之际,亲数彪前后过失,瞋目大呼,投折几案,御史皆泥首面缚。冲詈辱肆口,遂发病荒悸,言语错缪,时扼腕大骂,称"李彪小人",医药皆不能疗,或以为肝裂,旬余而卒。帝哭之,悲不自胜,赠司空。

冲勤敏强力,久处要剧,文案盈积,终日视事,未尝厌倦,职业修举,才四十而发白。兄弟六人,凡四母,少时每多忿竞。及冲贵,禄赐皆与共之,更成敦睦。然多援引族姻,私以官爵,一家岁禄万匹有余,时人以此少之。

魏主以彭城王勰为宗师,诏使督察宗室,有不帅教者以闻。

【注释】

①李冲(450—498):北魏陇西狄道(今甘肃临洮县人),字思顺。官至尚书仆射。太和十年(486),建议立三长制,五家为邻,五邻为里,五里为党,各设一长,代替宗主督护制,检查户籍,征收赋税,以抑止豪强多占民户。又建议颁布新的租调制,限制宗主贪污中饱,以增加政府收入。后佐北魏孝文帝拟定法律,主持营建洛阳新都的工程。孝文帝南攻萧齐,他又奉命留守,委任甚专。 ②延誉:谓称扬其美,使名誉远播。 ③汲黯(? —前112):西汉濮阳(今河南濮阳市西南)人,字长孺。武帝时,任东海太守,继为主爵都尉。好黄老之术,常直言切谏,并反对武帝反击匈奴贵族的战争。后出为淮阳太守,在任十年死。 ④乘(shèng剩)黄:古代传说的神马。这里指皇帝乘坐的御马。北魏有乘黄厩,设令管理。 ⑤"如臣"三句:此处援引古例,《诗经》曰:取彼谮人,投畀有北。毛诗注:北方寒凉而不毛。古代将乱政之人发配到北方荒凉之地处死。 ⑥青蝇之谮:比喻谗佞之人。《诗经》曰:营营青蝇,止于棘。谗人罔极,交乱四国。 ⑦道固:指李彪。李彪字道固。 ⑧仆射:指李冲。

夏,四月,甲寅,改元。

大司马会稽太守王敬则,自以高、武旧将,必不自安。上虽外礼甚厚,而内相疑备,数访问敬则饮食,体干堪宜。闻其衰老,且以居内地,故得少宽。前二岁,上遣领军将军萧坦之将斋仗五百人行武进陵,敬则诸子在都,忧怖无计。上知之,遣敬则世子仲雄入东安慰之。

仲雄善琴，上以蔡邕焦尾琴借之[①]。仲雄于御前鼓琴作《懊侬歌》[②]，曰："常叹负情侬，郎今果行许。"又曰："君行不净心，那得恶人题！"上愈猜愧。

上疾屡危，乃以光禄大夫张瑰为平东将军、吴郡太守，置兵佐以密防敬则。中外传言，当有异处分。敬则闻之，窃曰："东今有谁，只是欲平我耳，东亦何易可平！吾终不受金罂[③]！"金罂，谓鸩也。

敬则女为徐州行事谢朓妻，敬则子太子洗马幼隆遣正员将军徐岳以情告朓[④]："为计若同者，当往报敬则。"朓执岳，驰启以闻。敬则城局参军徐庶，家在京口，其子密以报庶，庶以告敬则五官掾王公林[⑤]。公林，敬则族子也，常所委信。公林劝敬则急送启赐儿死，单舟星夜还都。敬则令司马张思祖草启，既而曰："若尔，诸郎在都，要应有信，且忍一夕。"

其夜，呼僚佐文武樗蒲[⑥]，谓众曰："卿诸人欲令我作何计？"莫敢先答。防阁丁兴怀曰："官只应作尔！"敬则不应。明旦，召山阴令王询、台传御史钟离祖愿，敬则横刀跂坐，问询等："发丁可得几人？库见有几钱物？"询称"县丁猝不可集"；祖愿称"库物多未输入"。敬则怒，将出斩之，王公林又谏曰："凡事皆可悔，唯此事不可悔，官讵不更思！"敬则唾其面曰："我作事，何关汝小子！"敬则举兵反，招集，配衣，二三日便发。

前中书令何胤，弃官隐居若邪山，敬则欲劫以为尚书令。长史王弄璋等谏曰："何令高蹈，必不从；不从，便应杀之。举大事先杀名贤，事必不济。"敬则乃止。胤，尚之之孙也。

庚午，魏发州郡兵二十万人，期八月中旬集悬瓠。

魏赵郡灵王干卒。

【注释】

①焦尾琴：东汉蔡邕用一端有焦痕的桐木所制的琴。《后汉书·蔡邕传》载，蔡邕善乐，到吴国游时，遇到吴人以桐木烧火做饭，蔡邕听到木柴烧火声，知道这木头是好木，因此请求给予用来制琴，制成琴后，琴声果然很优美，琴的尾端还有烧焦之痕，人称"焦尾琴"。 ②懊侬歌：亦作"懊恼歌"，乐府《吴声歌曲》名。"懊侬"是烦闷的意思。"懊侬歌"主

要产生于东晋，南朝吴地，原流行于民间，后宋少帝更制新歌三十六曲，现存十四首，大多为情歌。 ③金罂（yīng 婴）：一种金制的盛酒器。皇帝赐死者以毒酒时，常用金罂盛之。 ④正员将军：南朝时称官至将军而未有军号者为正员将军。 ⑤五官掾：官名。自晋以来，各郡都设有五官掾，管理本郡事务。 ⑥樗蒲（chū pú 初葡）：古代博戏。博具有子、有马、有五木等。后专以五木为戏，并作为赌博的通称。

上闻王敬则反，收王幼隆及其兄员外郎世雄，记室参军季哲、其弟太子舍人少安等，皆杀之。长子黄门郎元迁将千人在徐州击魏，敕徐州刺史徐玄庆杀之。前吴郡太守南康侯子恪，嶷之子也，敬则起兵，以奉子恪为名；子恪亡走，未知所在。始安王遥光劝上尽诛高、武子孙，于是悉召诸王侯入宫。晋安王宝义、江陵公宝览等处中书省，高、武诸孙处西省，敕人各从左右两人，过此依军法；孩幼者与乳母俱入。其夜，令太医煮椒二斛，都水办棺材数十具[①]，须三更，当尽杀之。子恪徒跣自归，二更达建阳门，刺启。时刻已至，而上眠不起，中书舍人沈徽孚与上所亲左右单景隽共谋少留其事。须臾，上觉，景隽启子恪已至。上惊问曰："未邪？未邪？"景隽具以事对。上抚床曰："遥光几误人事！"乃赐王侯供馔，明日，悉遣还第。以子恪为太子中庶子。宝览，缅之子也。

敬则帅实甲万人过浙江[②]，张瑰遣兵三千拒敬则于松江，闻敬则军鼓声，一时散走，瑰弃郡，逃民间。敬则以旧将举事，百姓担篙荷锸，随之者十余万众；至晋陵，南沙人范修化杀县令公上延孙以应之。敬则至武进陵口，恸哭而过[③]。乌程丘仲孚为曲阿令，敬则前锋奄至，仲孚谓吏民曰："贼乘胜虽锐，而乌合易离。今若收船舰，凿长冈埭，泻渎水以阻其路；得留数日，台军必至，如此，则大事济矣。"敬则军至，值渎涸，果顿兵不得进。

五月，诏前军司马左兴盛、后军将军崔恭祖、辅国将军刘山阳、龙骧将军、马军主胡松筑垒于曲阿长冈；右仆射沈文季为持节都督，屯湖头，备京口路。恭祖，慧景之族也。敬则急攻兴盛、山阳二垒，台军不能敌，欲退，而围不开，各死战。胡松引骑兵突其后，白丁无器仗，皆惊散。敬则军大败，索马再上，不能得，崔恭祖

北魏太和五铢钱

刺之仆地，兴盛军客袁文旷斩之[④]，乙酉，传首建康。

是时上疾已笃，敬则仓猝东起，朝廷震惧。太子宝卷使人上屋，望见征虏亭失火，谓敬则至，急装欲走。敬则闻之，喜曰："檀公三十六策，走为上策，计汝父子唯有走耳！"盖时人讥檀道济避魏之语也。敬则之来，声势甚盛，裁少日而败。

台军讨贼党，晋陵民以附敬则应死者甚众。太守王瞻上言："愚民易动，不足穷法。"上许之，所全活以万数。瞻，弘之从孙也。

上赏谢朓之功，迁尚书吏部郎。朓上表三让，上不许。中书疑朓官未及让，国子祭酒沈约曰："近世小官不让，遂成恒俗。谢吏部今授超阶，让别有意。夫让出人情，岂关官之大小邪！"朓妻常怀刃欲杀朓，朓不敢相见。

【注释】

①都水：官名。南朝齐时属将作大匠，主管宫室、宗庙、路寝、陵园的土木营建。　②浙江：今钱塘江。　③南齐高帝萧道成葬武进，为泰安陵。王敬则怀念高帝，因此恸哭而过。　④军客：《南齐书·王敬则传》作"军容"，是。军容，官名。南朝时选身材魁伟有武艺军士，让其为前驱，以壮军队声势，故称"军容"。《南史》有"军容""马容"之官名。

秋，七月，魏彭城王勰表以一岁国秩、职俸、亲恤裨军国之用[①]。魏主诏曰："割身存国，理为远矣。职俸便停，亲、国听三分受一。”壬午，又诏损皇后私府之半，六宫嫔御、五服男女供恤亦减半，在军者三分省一，以给军赏。

癸卯，以太子中庶子萧衍为雍州刺史。

己酉，上殂于正福殿，遗诏：“徐令可重申前命。沈文季可左仆射，江祐可右仆射，江祀可侍中，刘暄可卫尉。军政可委陈太尉；内外众事，无大小委徐孝嗣、遥光、坦之、江祐，其大事与沈文季、江祀、刘暄参怀。心膂之任可委刘悛、萧惠休、崔慧景。”

上性猜多虑，简于出入，竟不郊天。又深信巫觋，每出先占利害。东出云西，南出云北。初有疾，甚秘之，听览不辍。久之，敕台省文簿中求白鱼以为药[2]，外始知之。太子即位。

八月，辛亥，魏太子自洛阳朝于悬瓠。

壬子，奉朝请邓学以齐兴郡降魏。

魏主之入寇也，遣使发高车兵。高车惮远役，奉袁纥树者为主，相帅北叛。魏主遣征北将军宇文福讨之，大败而还，福坐黜官。更命平北将军江阳王继都督北讨诸军事以讨之，自怀朔以东悉禀节度，仍摄镇平城。继，熙之曾孙也。

八月，葬明皇帝于兴安陵，庙号高宗。东昏侯恶灵在太极殿，欲速葬，徐孝嗣固争，得逾月。帝每当哭，辄云喉痛。太中大夫羊阐入临，无发，号恸俯仰，帻遂脱地，帝辍哭大笑，谓左右曰：“秃鹙啼来乎！”

九月，己亥，魏主闻高宗殂，下诏称“礼不伐丧”，引兵还[3]。庚子，诏北伐高车。

魏主得疾甚笃，旬日不见侍臣，左右唯彭城王勰等数人而已。勰内侍医药，外总军国之务，远近肃然，人无异议。右军将军丹阳徐謇善医，时在洛阳，急召之。既至，勰涕泣执手谓曰：“君能已至尊之疾，当获意外之赏。不然，有不测之诛，非但荣辱，乃系存亡。”勰又密为坛于汝水之滨，依周公故事，告天地及显祖，乞以身代魏主。魏主疾有间，丙午，发悬瓠，舍于汝滨，集百官，坐徐謇于上席，称扬其功，除鸿胪卿，封金乡县伯，赐钱万缗；诸王别饷赉，各不减千匹。冬，十一月，辛巳，魏主如邺。

戊子，立妃褚氏为皇后。

魏江阳王继上言:“高车顽昧,避役逋逃,若悉追戮,恐遂扰乱。请遣使,镇别推检,斩魁首一人,自余加以慰抚。若悔悟从役者,即令赴军。”诏从之。于是叛者往往自归。继先遣人慰谕树者。树者亡入柔然,寻自悔,相帅出降。魏主善之,曰:“江阳可大任也。”十二月,甲寅,魏主自邺班师。

林邑王诸农入朝,海中值风,溺死,以其子文款为林邑王。

【注释】

①国秩:指封国的俸秩食禄。亲恤:古代封建王朝给朝廷命臣及宗室俸禄之外的费用,用以恤养其亲族。　②白鱼:指“衣鱼”,亦称“蠹鱼”,常栖于衣服和书籍中,啮食其上的糨糊及胶质物。《本草》称为“衣鱼”,也叫“白鱼”,指出其可治病,利小便,疗偏风口 。　③礼不伐丧:典出《左传》。春秋时,晋士匄侵伐齐,走到榖地,听到齐灵公去世的消息即返回,这是遵循古礼,别国有丧事,不能去讨伐。

资治通鉴卷第一百四十二

齐纪八　屠维单阏，一年。

东昏侯上[①]

永元元年　春，正月，戊寅朔，大赦，改元。

太尉陈显达督平北将军崔慧景军四万击魏，欲复雍州诸郡；癸未，魏遣前将军元英拒之。

乙酉，魏主发邺。

辛卯，帝祀南郊。

戊戌，魏主至洛阳，过李冲冢。时卧疾，望之而泣；见留守官，语及冲，辄流涕。

魏主谓任城王澄曰："朕离京以来，旧俗少变不？"对曰："圣化日新。"帝曰："朕入城，见车上妇人犹戴帽、著小袄[②]，何谓日新！"对曰："著者少，不著者多。"帝曰："任城，此何言也！必欲使满城尽著邪？"澄与留守官皆免冠谢。

甲辰，魏大赦。魏主之幸邺也，李彪迎拜于邺南，且谢罪。帝曰："朕欲用卿，思李仆射而止。"慰而遣之。会御史台令史龙文观告："太子恂被收之日，有手书自理，彪不以闻。"尚书表收彪赴洛阳。帝以为彪必不然；以牛车散载诣洛阳[③]，会赦，得免。

魏太保齐郡灵王简卒。

二月，辛亥，魏以咸阳王禧为太尉。

魏主连年在外，冯后私于宦者高菩萨。及帝在悬瓠病笃，后益肆意无所惮，中常侍双蒙等为之心腹。

彭城公主为宋王刘昶子妇，寡居。后为其母弟北平公冯夙求婚，帝许之；公主不愿，后强之。公主密与家僮冒雨诣悬瓠，诉于帝，且具道后所为。帝疑而秘之。后闻之，始惧，阴与母常氏使女巫厌祷[4]，曰："帝疾若不起，一旦得如文明太后辅少主称制者，当赏报不赀。"

帝还洛，收高菩萨、双蒙等，案问，具伏。帝在含温室，夜引后入，赐坐东楹，去御榻二丈余，命菩萨等陈状。既而召彭城王勰、北海王详入坐，曰："昔为汝嫂，今是路人，但入勿避！"又曰："此妪欲手刃吾胁！吾以文明太后家女，不能废，但虚置宫中，有心庶能自死；汝等勿谓吾犹有情也。"二王出，赐后辞诀，后再拜，稽首涕泣。入居后宫，诸嫔御奉之犹如后礼，唯命太子不复朝谒而已。

初，冯熙以文明太后之兄尚恭宗女博陵长公主。熙有三女，二为皇后，一为左昭仪，由是冯氏贵宠冠群臣，赏赐累巨万。公主生二子，诞、修。熙为太保，诞为司徒，修为侍中、尚书，庶子聿为黄门郎。黄门侍郎崔光与聿同直，谓聿曰："君家富贵太盛，终必衰败。"聿曰："我家何所负，而君无故诅我！"光曰："不然。物盛必衰，此天地之常理。若以古事推之，不可不慎。"后岁余而修败。修性浮竞，诞屡戒之，不悛，乃白于太后及帝而杖之。修由是恨诞，求药，使诞左右毒之。事觉，帝欲诛之，诞自引咎，恳乞其生。帝亦以其父老，仗修百余，黜为平城民。及诞、熙继卒，幽后寻废，聿亦摈弃，冯氏遂衰。

魏以彭城王勰为司徒。

【注释】

①东昏侯：名萧宝卷，为南齐明帝萧鸾的第二子，本名明贤，后改。齐明帝萧鸾长子宝义有不治之症，所以立宝卷为太子。明帝死后即位，后萧衍、萧颖胄在荆、雍州起兵，废他为东昏侯。荆、雍州在西边，谓萧宝卷昏庸暴虐居东边，所以废称东昏侯。　②戴帽、著小袄：这种装束为原代北少数民族妇女装束。　③散载：不加捆绑。　④厌祷（yā dǎo 压倒）：古代方士的一种巫术，谓能以诅咒制服人或物，亦叫"压胜"。

陈显达与魏元英战，屡破之。攻马圈城四十日，城中食尽，啖死人肉及树皮。癸酉，魏人突围走，斩获千计。显达入城，将士竞取城中绢，遂不穷追。显达又遣军主庄丘黑进击南乡，拔之。

魏主谓任城王澄曰："显达侵扰，朕不亲行，无以制之。"三月，庚辰，魏主发洛阳，命于烈居守，以右卫将军宋弁兼祠部尚书，摄七兵事以佐之①。弁精勤吏治，恩遇亚于李冲。

癸未，魏主至梁城。崔慧景攻魏顺阳，顺阳太守清河张烈固守；甲申，魏主遣振威将军慕容平城将骑五千救之。

自魏主有疾，彭城王勰常居中侍医药，昼夜不离左右，饮食必先尝而后进，蓬首垢面，衣不解带。帝久疾多忿，近侍失指，动欲诛斩；勰承颜伺间，多所匡救。丙戌，以勰为使持节、都督中外诸军事，勰辞曰："臣侍疾无暇，安能治军！愿更请一王，使总军要②，臣得专心医药。"帝曰："侍疾、治军，皆凭于汝。吾病如此，深虑不济；安六军、保社稷者，舍汝而谁！何容方更请人以违心寄乎！"

丁酉，魏主至马圈，命荆州刺史广阳王嘉断均口，邀齐兵归路。嘉，建之子也。

陈显达引兵渡水西，据鹰子山筑城；人情沮恐，与魏战，屡败。魏武卫将军元嵩免胄陷陈，将士随之，齐兵大败。嵩，澄之弟也。戊戌，军主崔恭祖、胡松以乌布幔盛显达，数人担之，间道自分碛山出均水口南走。己亥，魏收显达军资亿计，班赐将士，追奔至汉水而还。左军将军张千战死，士卒死者三万余人。

显达之北伐，军入汋均口。广平冯道根说显达曰③："汋均水迅急，易进难退；魏若守隘，则首尾俱急。不如悉弃船于酂城，陆道步进，列营相次，鼓行而前，破之必矣。"显达不从。道根以私属从军，及显达夜走，军人不知山路，道根每及险要，辄停马指示之，众赖以全。诏以道根为汋均口戍副。显达素有威名，至是大损。御史中丞范岫奏免显达官，显达亦自表解职；皆不许，更以显达为江州刺史。崔慧景亦弃顺阳走还。

【注释】

①摄七兵事：即掌管尚书七兵曹事。据杜佑《通典》，三国魏开始置五兵尚书，为中兵、外兵、别兵、都兵、骑兵。晋时又分中兵、外兵为左、

右、中、外兵，共七兵。北魏时承继为七兵尚书。　②军要：军权。③广平：县名。此处指南朝侨立县，于汉朝阳县境侨立，治所在襄阳（今湖北襄阳市）。

庚子，魏主疾甚，北还，至谷塘原，谓司徒勰曰："后宫久乖阴德，吾死之后，可赐自尽，葬以后礼，庶免冯门之丑。"又曰："吾病益恶，殆必不起。虽摧破显达，而天下未平，嗣子幼弱，社稷所倚，唯在于汝。霍子孟、诸葛孔明以异姓受顾托，况汝亲贤，可不勉之！"勰泣曰："布衣之士，犹为知己毕命；况臣托灵先帝，依陛下之末光乎！但臣以至亲，久参机要，宠灵辉赫，海内莫及；所以敢受而不辞，正恃陛下日月之明，恕臣忘退之过耳。今复任以元宰，总握机政；震主之声，取罪必矣。昔周公大圣，成王至明，犹不免疑，而况臣乎！如此，则陛下爱臣，更为未尽始终之美。"帝默然久之，曰："详思汝言，理实难夺。"乃手诏太子曰："汝叔父勰，清规懋赏，与白云俱洁；厌荣舍绂，以松竹为心。吾少与绸缪，未忍暌离。百年之后，其听勰辞蝉舍冕，遂其冲挹之性。"以侍中、护军将军北海王详为司空，镇南将军王肃为尚书令，镇南大将军广阳王嘉为左仆射，尚书宋弁为吏部尚书，与侍中、太尉禧、尚书右仆射澄等六人辅政。夏，四月，丙午朔，殂于谷塘原。

高祖友爱诸弟，终始无间。尝从容谓咸阳王禧等曰："我后子孙邂逅不肖，汝等观望，可辅则辅之，不可辅则取之，勿为他人有也。"亲任贤能，从善如流，精勤庶务，朝夕不倦。常曰："人主患不能处心公平，推诚于物。能是二者，则胡、越之人皆可使如兄弟矣。"用法虽严，于大臣无所容贷，然人有小过，常多阔略。尝于食中得虫，又左右进羹误伤帝手，皆笑而赦之。天地五郊、宗庙二分之祭，未尝不身亲其礼。每出巡游及用兵，有司奏修道路，帝辄曰："粗修桥梁，通车马而已，勿去草刬令平也。"在淮南行兵，如在境内。禁士卒无得践伤粟稻；或伐民树以供军用，皆留绢偿之。宫室非不得已不修，衣弊，浣濯而服之，鞍勒用铁木而已。幼多力善射，能以指弹碎羊骨，射禽兽无不命中；及年十五，遂不复畋猎。常谓史官曰："时事不可以不直书。人君威福在己，无能制之者；

若史策复不书其恶，将何所畏忌邪！”

彭城王勰与任城王澄谋，以陈显达去尚未远，恐其覆相掩逼，乃秘不发丧，徙御卧舆，唯二王与左右数人知之。勰出入神色无异，奉膳，进药，可决外奏，一如平日。数日，至宛城，夜，进卧舆于郡听事，得加棺敛，还载卧舆内，外莫有知者。遣中书舍人张儒奉诏征太子；密以凶问告留守于烈。烈处分行留，举止无变。太子至鲁阳，遇梓宫，乃发丧；丁巳，即位，大赦。

彭城王勰跪授遗敕数纸。东宫官属多疑勰有异志，密防之，而勰推诚尽礼，卒无间隙。咸阳王禧至鲁阳，留城外以察其变，久之，乃入，谓勰曰：“汝此行不唯勤劳，亦实危险。”勰曰：“兄年长识高，故知有夷险；彦和握蛇骑虎[①]，不觉艰难。”禧曰：“汝恨吾后至耳。”

勰等以高祖遗诏赐冯后死。北海王详使长秋卿白整入授后药[②]，后走呼，不肯饮，曰：“官岂有此，是诸王辈杀我耳！”整执持强之，乃饮药而卒。丧至洛城南，咸阳王禧等知后审死，相视曰：“设无遗诏，我兄弟亦当决策去之；岂可令失行妇人宰制天下，杀我辈也？”谥曰幽皇后。

五月，癸亥[③]，加抚军大将军始安王遥光开府仪同三司。

【注释】

①彦和：北魏彭城王元勰，字彦和。　②长秋卿：官名。汉置，名曰：“大长秋”，为皇后近侍，多由宦官担任。北魏改称“长秋卿”。　③癸亥：五月无此日是，疑有误。

丙申，魏葬孝文帝于长陵，庙号高祖。

魏世宗欲以彭城王勰为相；勰屡陈遗旨，请遂素怀，帝对之悲恸。勰恳请不已，乃以勰为使持节、侍中、都督冀、定等七州诸军事[①]、骠骑大将军、开府仪同三司、定州刺史。勰犹固辞；帝不许，乃之官。

魏任城王澄以王肃羁旅，位加己上，意颇不平。会齐人降者严叔懋告肃谋逃还江南，澄辄禁止肃，表称谋叛，案验无实。咸阳王禧等奏澄擅禁宰辅，免官还第，寻出为雍州刺史。

北魏孝文帝陵遗址

六月，戊辰，魏追尊皇妣高氏为文昭皇后，配飨高祖，增修旧冢，号终宁陵。追赐后父飏爵勃海公，谥曰敬，以其嫡孙猛袭爵；封后兄肇为平原公，肇弟显为澄城公；三人同日受封。魏主素未识诸舅，始赐衣帻引见，皆惶惧失措；数日之间，富贵赫奕。

秋，八月，戊申，魏用高祖遗诏，三夫人以下皆遣还家[②]。

帝自在东宫，不好学，唯嬉戏无度；性重涩少言。及即位，不与朝士相接，专亲信宦官及左右御刀、应敕等。

是时，扬州刺史始安王遥光、尚书令徐孝嗣、右仆射江祏、右将军萧坦之、侍中江祀、卫尉刘暄更直内省，分日帖敕。雍州刺史萧衍闻之，谓从舅录事参军范阳张弘策曰："一国三公犹不堪，况六贵同朝，势必相图；乱将作矣。避祸图福，无如此州。但诸弟在都，恐罹世患，当更与益州图之耳[③]。"乃密与弘策修武备，他人皆不得预谋；招聚骁勇以万数，多伐材竹，沉之檀溪，积茅如冈阜，皆不之用。中兵参军东平吕僧珍觉其意，亦私具橹数百张。先是，僧珍为羽林监，徐孝嗣欲引置其府，僧珍知孝嗣不能久，固求从衍。是时，衍兄懿罢益州刺史还，仍行郢州事，衍使弘策说懿曰："今六贵比肩，人自画敕，争权睚眦，理相图灭。主上自东宫素无令誉，媟近左右，慓轻忍虐；安肯委政诸公，虚坐主诺！嫌忌积久，必大行诛戮。始安欲为赵王伦，形迹已见；然性猜量狭，徒为祸阶。萧坦之忌克陵人，徐孝嗣听人穿鼻，江祏无断，刘暄暗弱；一朝祸发，中外土崩。吾兄弟幸守外藩，宜为身计；及今猜防未生，当悉召诸弟，恐异时拔足无路矣。郢州控带荆、湘，雍州士马精强，世治则竭诚本朝，世乱则足以匡济；与时进退，此万全之策也。若不早图，后悔无及。”弘策又自说懿曰：“以卿兄弟英武，天下无敌，据郢、雍二州为百姓请命，废昏立明，易于反掌，此桓、文之业也；勿为竖子所欺，取笑身后。雍州揣之已熟，愿善图之！”懿不从。衍乃迎其弟骠骑外兵参军伟及西中郎外兵参军憺至襄阳。

初，高宗虽顾命群公，而多寄腹心在江祏兄弟。二江更直殿内，动止关之。帝稍欲行意，徐孝嗣不能夺，萧坦之时有异同，而祏执制坚确；帝深忿之。帝左右会稽茹法珍、吴兴梅虫儿等，为帝所委任，祏常裁折之；法珍等切齿。徐孝嗣谓祏曰：“主上稍有异同，讵可尽相乖反！”祏曰：“但以见付，必无所忧。”

【注释】

①七州：指冀、定、相、瀛、幽、平、营等七州。　②三夫人：北魏内宫官名。孝文帝时始定内宫官职。左、右昭仪位同大司马，三夫人位同三公。　③益州：指萧衍之兄萧懿，时任益州刺史。

帝失德寖彰，祏议废帝，立江夏王宝玄。刘暄尝为宝玄郢州行事，执事过刻。有人献马，宝玄欲观之，暄曰：“马何用观！”妃索煮肫，帐下谘暄，暄曰：“旦已煮鹅，不烦复此。”宝玄恚曰：“舅殊无渭阳情[①]。”暄由是忌宝玄，不同祏议，更欲立建安王宝寅。祏密谋于始安王遥光，遥光自以年长，欲自取，以微旨动祏。祏弟祀亦以少主难保，劝祏立遥光。祏意回惑，以问萧坦之。坦之时居母丧，起复为领军将军，谓祏曰：“明帝立，已非次，天下至今不服。若复为此，恐四方瓦解，我期不敢言耳。”遂还宅行丧。

祏、祀密谓吏部郎谢朓曰：“江夏年少，脱不堪负荷，岂可复行废立！始安年长，入纂不乖物望。非以此要富贵，政是求安国家耳[②]。”遥光又遣所亲丹阳丞南阳刘沨密致意于朓，欲引以为党，朓不答。顷之，遥光以朓兼知卫尉事，朓惧，即以祏谋告太子右卫率左兴盛，兴盛不敢发。朓又说刘暄曰："始安一旦南面，则刘沨、刘晏居卿今地，但以卿为反复人耳。"晏者，遥光城局参军也。暄阳惊，驰告遥光及祏。遥光欲出朓为东阳郡，朓常轻祏，祏固请除之。遥光乃收朓付廷尉，与孝嗣、祏、暄等连名启"朓扇动内外，妄贬乘舆，窃论宫禁，间谤亲贤，轻议朝宰"。朓遂死狱中。

暄以遥光若立，已失元舅之尊，不肯同祏议；故祏迟疑久不决；遥光大怒，遣左右黄昙庆刺暄于青溪桥。昙庆见暄部伍多，不敢发；暄觉之，遂发祏谋，帝命收祏兄弟。时祀直内殿，疑有异，遣信报祏曰："刘暄似有异谋。今作何计？"祏曰："政当静以镇之。"俄有诏召祏入见，停中书省。初，袁文旷以斩王敬则功当封，祏执不与；帝使文旷取祏，文旷以刀环筑其心曰："复能夺我封不！"并弟祀皆死。刘暄闻祏等死，眠中大惊，投出户外，问左右："收至未？"良久，意定，还坐，大悲曰："不念江，行自痛也！"

帝自是无所忌惮，益得自恣，日夜与近习于后堂鼓叫戏马。常以五更就寝，至晡乃起。群臣节、朔朝见，晡后方前，或际暗遣出。台阁案奏，月数十日乃报，或不知所在；宦者以裹鱼肉还家，并是五省黄案[3]。帝常习骑致适，顾谓左右曰："江祏常禁吾乘马；小子若在，吾岂能得此！"因问："祏亲戚余谁？"对曰："江祥今在治[4]。"帝于马上作敕，赐祥死。

【注释】

①渭阳：《诗·秦风》篇名。《诗序》谓此是秦康公"念母"之作。康公舅父晋文公重耳，早年曾被迫离晋流亡，后至秦，得康公父穆公的帮助，得以回国为君。重耳由秦返晋时，康公为秦太子，其母已死，康公"赠送文公于渭之阳，念母之不见也，我见舅氏，如母存焉。及其即位，思而作是诗也"。故后人援引这典故，以"渭阳"表示甥舅情谊。刘暄是南齐明帝刘皇后之弟，所以萧宝玄称他为舅舅。 ②政：同"正"。 ③五省黄案：魏晋以来，有六曹尚书。南朝时有吏部、祠部、五兵、左民、度支五尚书，各为一省，称为五省尚书。案，指文件档案，尚书省用黄色纸，称为黄案。 ④江祥今在治：东昏侯诛杀江祏诸兄弟，江祥独免死发配到东冶。

始安王遥光素有异志，与其弟荆州刺史遥欣密谋举兵据东府，使遥欣引兵自江陵急下，刻期将发，而遥欣病卒。江祏被诛，帝召遥光入殿，告以祏罪，遥光惧，还省，即阳狂号哭，遂称疾不复入台。先是，遥光弟豫州刺史遥昌卒，其部曲皆归遥光。及遥欣丧还，停东府前渚，荆州众力送者甚盛。帝既诛二江，虑遥光不自安，欲迁为司徒，使还第，召入谕旨。遥光恐见杀，乙卯晡时，收集二州部曲于东府东门，召刘沨、刘晏等谋举兵，以讨刘暄为名。夜，遣数百人破东冶，出囚，于尚方取仗。又召骁骑将军垣历生，历生随信而至。萧坦之宅在东府城东，遥光遣人掩取之，坦之露袒逾墙走向台。道逢游逻主颜端[①]，执之，告以遥光反，不信；自往诇问，知实，乃以马与坦之，相随入台。遥光又掩取尚书左仆射沈文季于其宅，欲以为都督，会文季已入台。垣历生说遥光帅城内兵夜攻台，辇荻烧城门，曰："公但乘舆随后，反掌可克！"遥光狐疑不敢出。天稍晓，遥光戎服出听事，命上仗登城行赏赐。历生复劝出军，遥光不肯，冀台中自有变。及日出，台军稍至。台中始闻乱，众情惶惑；向晓，有诏召徐孝嗣，孝嗣入，人心乃安。左将军沈约闻变[②]，驰入西掖门。或劝戎服，约曰："台中方扰攘，见我戎服，或者谓同遥光。"乃朱衣而入。

丙辰，诏曲赦建康，中外戒严。徐孝嗣以下屯卫宫城，萧坦之帅台军讨遥光。孝嗣内自疑惧，与沈文季戎服共坐南掖门上，欲与之共论世事，文季辄引以他辞，终不得及。萧坦之屯湘宫寺，左兴盛屯东篱门，镇军司马曹虎屯青溪大桥。众军围东城，三面烧司徒府。遥光遣垣历生从西门出战，台军屡败，杀军主桑天爱。遥光之起兵也，问谘议参军萧畅，畅正色不从。戊午，畅与抚军长史沈昭略潜自南门出，诣台自归，众情大沮。畅，衍之弟；昭略，文季之兄子也。己未，垣历生从南门出战，因弃稍降曹虎，虎命斩之。遥光大怒，于床上自踊，使杀历生子。其晚，台军以火箭烧东北角楼。至夜，城溃，遥光还小斋帐中，著衣帢坐，秉烛自照，令人反拒，斋阁皆重关，左右并逾屋散出。台军主刘国宝等先入，遥光闻外兵至，灭烛扶匐床下。军人排阁入，于暗中牵出，斩之。台军入城，焚烧室屋且尽。刘沨走还家，为人所杀。荆州将藩绍闻遥光作乱，谋欲应之。西中郎司马夏侯详呼绍议事，因斩之，州府以安[3]。

己巳，以徐孝嗣为司空；加沈文季镇军将军，侍中、仆射如故；萧坦之为尚书右仆射、丹杨尹，右将军如故；刘暄为领军将军；曹虎为散骑常侍、右卫将军；皆赏平始安之功也。

【注释】

①游逻主：官名，负责率领兵士在宫廷外巡逻。 ②左将军沈约：据《梁书·沈约传》，这时沈约为左卫将军，此处少“卫”字。 ③州府：州指荆州，府指西中郎府。

魏南徐州刺史沈陵来降[1]。陵，文季之族子也。时魏徐州刺史京兆王愉年少，府事皆决于长史卢渊。渊知陵将叛，敕诸城潜为之备；屡以闻于魏朝，魏朝不听。陵遂杀将佐，帅宿预之众来奔，滨淮诸戍以有备得全。陵在边历年，阴结边州豪杰。陵既叛，郡县多捕送陵党，渊皆抚而赦之，唯归罪于陵，众心乃安。

闰月，丙子，立江陵公宝览为始安王，奉靖王后[2]。

以沈陵为北徐州刺史。

江祏等既败，帝左右捉刀、应敕之徒皆恣横用事，时人谓之“刀敕”。萧坦之刚狠而专，嬖幸畏而憎之；遥光死二十余日，帝遣延明主帅黄文济将兵围坦之宅，杀之，并其子秘书郎赏。坦之从兄翼宗为海陵太守，未发，坦之谓文济曰：“从兄海陵宅故应无他。”文济曰：“海陵宅在何处？”坦之以告。文济白帝，帝仍遣收之；检其家，至贫，唯有质钱帖数百[3]，还以启帝，原其死，系尚方。

茹法珍等谮刘暄有异志，帝曰：“暄是我舅，岂应有此？”直阁新蔡徐世标曰：“明帝乃武帝同堂，恩遇如此，犹灭武帝之后；舅焉可信邪！”遂杀之。

曹虎善于诱纳，日食荒客常数百人。晚节吝啬，罢雍州，有钱五千万，他物称是。帝疑虎旧将，且利其财，遂杀之。坦之、暄、虎所新除官，皆未及拜而死。

初，高宗殂，以隆昌事戒帝曰：“作事不可在人后。”故帝数与近习谋诛大臣，皆发于仓猝，决意无疑；于是大臣人人莫能自保。

九月，丁未，以豫州刺史裴叔业为南兖州刺史，征虏长史张冲为豫州刺史。

壬戌，以频诛大臣，大赦。

丙戌[④]，魏主谒长陵，欲引白衣左右吴人茹皓同车[⑤]。皓奋衣将登，给事黄门侍郎元匡进谏，帝推之使下，皓失色而退。匡，新城之子也。

益州刺史刘季连闻帝失德，遂自骄恣，用刑严酷，蜀人怨之。是月，遣兵袭中水，不克。于是蜀人赵续伯等皆起兵作乱，季连不能制。

枝江文忠公徐孝嗣，以文士不显同异，故名位虽重，犹得久存。虎贲中郎将许准为孝嗣陈说事机，劝行废立。孝嗣持疑久之，谓必无用干戈之理。须帝出游，闭城门，召百寮集议废之，虽有此怀，终不能决。诸嬖幸亦稍憎之。西丰忠宪侯沈文季自托老疾，不豫朝权，侍中沈昭略谓文季曰："叔父行年六十，为员外仆射[⑥]，欲求自免，岂可得乎！"文季笑而不应。冬，十月，乙未，帝召孝嗣、文季、昭略入华林省。文季登车，顾曰："此行恐往而不反。"帝使外监茹法珍赐以药酒，昭略怒，骂孝嗣曰："废昏立明，古今令典；宰相无才，致有今日！"以瓯掷其面曰："使作破面鬼！"孝嗣饮药酒至斗余，乃卒。孝嗣子演尚武康公主，况尚山阴公主，皆坐诛。昭略弟昭光闻收至，家人劝之逃。昭光不忍舍其母，入，执母手悲泣，收者杀之。昭光兄子昙亮逃，已得免，闻昭光死，叹曰："家门屠灭，何以生为！"绝吭而死。

【注释】

①南徐州：北魏孝文帝时设置，在今安徽宿州市。　②靖王：南齐高帝萧道成的弟弟萧道生封始安贞王，其长子萧凤于南朝宋时去世。南齐明帝萧鸾于建武元年（494），赠封他为始安靖王。萧遥光为萧凤之子。萧遥光被诛杀，靖王无后，所以说"奉靖王后"。　③质钱帖：当票。④丙戌：查九月无此日，疑有误。　⑤白衣左右：皇帝的侍从，虽侍候左右，但并没有任官，因称"白衣左右"。　⑥员外仆射：沈文季身为仆射而不问事，故称"员外仆射"。

初，太尉陈显达自以高、武旧将，当高宗之世，内怀危惧，深自贬损，常乘朽弊车，道从卤簿止用羸小者十数人。尝侍宴，酒酣，启高宗借枕，高宗令与之。显达抚枕曰："臣年衰老，富贵已足，唯欠枕枕死，特就陛下乞之。"高宗失色曰："公醉矣。"显达以年礼告退[1]，高宗不许。及王敬则反，时显达将兵拒魏，始安王遥光疑之，启高宗欲追军还；会敬则平，乃止。及帝即位，显达弥不乐在建康，得江州，甚喜。尝有疾，不令治，既而自愈，意甚不悦。闻帝屡诛大臣，传云当遣兵袭江州，十一月，丙辰，显达举兵于寻阳，令长史庾弘远等与朝贵书，数帝罪恶，云"欲奉建安王为主[2]，须京尘一静，西迎大驾"。

乙丑，以护军将军崔慧景为平南将军，督众军击显达；后军将军胡松、骁骑将军李叔献帅水军据梁山；左卫将军左兴盛督前锋军屯杜姥宅。

十二月，癸未，以前辅国将军杨集始为秦州刺史。

陈显达发寻阳，败胡松于采石，建康震恐。甲申，军于新林，左兴盛帅诸军拒之。显达多置屯火于岸侧，潜军夜渡，袭宫城。乙酉，显达以数千人登落星冈，新亭诸军闻之，奔还，宫城大骇，闭门设守。显达执马稍，从步兵数百，于西州前与台军战，再合，显达大胜，手杀数人，稍折；台军继至，显达不能抗，走，至西州后，骑官赵潭注刺显达坠马，斩之，诸子皆伏诛。长史庾弘远，炳之之子也，斩于朱雀航。将刑，索帽著之，曰："子路结缨[3]，吾不可以不冠而死。"谓观者曰："吾非贼，乃是义兵，为诸军请命耳。陈公太轻事；若用吾言，天下将免涂炭。"弘远子子曜，抱父乞代命，并杀之。

帝既诛显达，益自骄恣，渐出游走，又不欲人见之；每出，先驱斥所过人家，唯置空宅。尉司击鼓蹋围，鼓声所闻，便应奔走，不暇衣履，犯禁者应手格杀。一月凡二十余出，出辄不言定所，东西南北，无处不驱。常以三四更中，鼓声四出，火光照天，幡戟横路。士民喧走相随，老小震惊，啼号塞道，处处禁断，不知所过。四民废业，樵苏路断，吉凶失时，乳母寄产，或舆病弃尸，不得殡葬。巷陌悬幔为高鄣，置仗人防守，谓之"屏除"，亦谓之"长围"。尝至沈公城，有一妇人临产不去，因剖腹视其男女。又尝至定林寺，有沙门老病不能去，藏草间，命左右射之，百箭俱发。帝有膂力，牵弓至三斛五斗。又好担幢，白虎幢高七丈五尺，于齿上担之，折齿不倦。自制担幢校具，伎衣饰以金玉，侍卫满侧，逞诸变态，曾无愧色。学乘马于东冶营兵俞灵韵，常著织成裤褶，金薄帽，执七宝矟，急装缚裤，凌冒雨雪，不避坑阱。驰骋渴乏，辄下马，解取腰边蠡器，酌水饮之，复上马驰去。又选无赖小人善走者为逐马左右五百人，常以自随。或于市侧过亲幸家，环回宛转，周遍城邑。或出郊射雉，置射雉场二百九十六处，奔走往来，略不暇息。

王肃为魏制官品百司，皆如江南之制，凡九品，品各有二。侍中郭祚兼吏部尚书。祚清谨，重惜官位，每有铨授，虽得其人，必徘徊久之，然后下笔，曰："此人便已贵矣。"人以是多怨之；然所用者无不称职。

【注释】

①年礼：古代官制，大夫年七十而致仕。当时陈显达年已七十岁，故称"年礼"。　②建安王：东昏侯之弟萧宝寅封建安王，当时任郢州刺史。郢州治夏口，今湖北武汉市武昌区，在寻阳西。　③子路结缨：典出《左传》，子路为春秋时卫国大夫。卫灵公子蒯聩早年被灵公逐出卫国，灵公死后，回卫争位。子路率兵抵挡，被蒯聩等人包围，以戈刺杀，子路的帽子绳被砍断，子路说："君子死，冠不免。"把帽绳结好从容而死。缨：冠、帽上的绳子。

资治通鉴卷第一百四十三

齐纪九 上章执徐，一年。

东昏侯下

永元二年 春，正月，元会，帝食后方出；朝贺裁竟，即还殿西序寝[①]。自巳至申，百寮陪位，皆僵仆饥甚。比起就会，匆遽而罢。

乙巳，魏大赦，改元景明。

豫州刺史裴叔业闻帝数诛大臣，心不自安，登寿阳城，北望肥水，谓部下曰："卿等欲富贵乎？我能办之！"及除南兖州，意不乐内徙，会陈显达反，叔业遣司马辽东李元护将兵救建康，实持两端，显达败而还。朝廷疑叔业有异志，叔业亦遣使参察建康消息，众论益疑之。叔业兄子植、飏、粲皆为直阁，在殿中，惧，弃母奔寿阳，说叔业以朝廷必相掩袭，宜早为计。徐世檦等以叔业在边，急则引魏自助，力未能制，白帝遣叔业宗人中书舍人长穆宣旨，许停本任。叔业犹忧畏，而植等说之不已。

叔业遣亲人马文范至襄阳[②]，问萧衍以自安之计，曰："天下大势可知，恐无复自存之理。不若回面向北，不失作河南公。"衍报曰："群小用事，岂能及远！计虑回惑，自无所成，唯应送家还都以安慰之。若意外相逼，当勒马步二万直出横江，以断其后，则天下之事，一举可定。若欲北向，彼必遣人相代，以河北一州相处，河南公宁可复得邪！如此，则南归之望绝矣。"叔业沉疑未决，乃遣其子芬之入建康为质，亦遣信诣魏豫州刺史薛真度，问以入魏可不之宜。真度劝其早降,曰:"若事迫而来,则功微赏薄矣。"数遣密信,往来相应和。建康人传叔业叛者不已,芬之惧,复奔寿阳。叔业遂遣芬之及兄女婿杜陵韦伯昕奉表降魏。丁未,魏遣骠骑大将军彭城王勰、车骑将军王肃帅步骑十万赴之;以叔业为使持节、都督豫、雍等五州诸军事、征南将军、豫州刺史,封兰陵郡公。

庚午,下诏讨叔业。二月,丙戌,以卫尉萧懿为豫州刺史。戊戌,魏以彭城王勰为司徒,领扬州刺史,镇寿阳。魏人遣大将军李丑、杨大眼将二千骑入寿阳,又遣奚康生将羽林一千驰赴之。大眼,难当之孙也[③]。

魏兵未渡淮,已亥,裴叔业病卒,僚佐多欲推司马李元护监州,一二日谋不定。前建安戍主安定席法友等以元护非其乡曲,恐有异志,共推裴植监州,秘叔业丧问,教命处分,皆出于植。奚康生至,植乃开门纳魏兵,城库管籥,悉付康生。康生集城内耆旧,宣诏抚赉之。魏以植为兖州刺史,李元护为齐州刺史,席法友为豫州刺史,军主京兆王世弼为南徐州刺史。

巴西民雍道晞聚众万余逼郡城[④],巴西太守鲁休烈婴城自守。三月,刘季连遣中兵参军李奉伯帅众五千救之,与郡兵合击道晞,斩之。奉伯欲进讨郡东余贼,涪令李膺止之曰:"卒惰将骄,乘胜履险,非完策也;不如少缓,更思后计。"奉伯不从,悉众入山,大败而还。

【注释】

①西序:西厢房。东西厢房叫做"序"。 ②亲人:亲信之人。③难当:指杨难当,氐族酋长。南朝宋元嘉年间据仇池,封为氐王。④郡城:巴西郡治阆中县,今四川阆中市。

乙卯,遣平西将军崔慧景将水军讨寿阳,帝屏除[①],出琅邪城送之。帝戎服坐楼上,召慧景单骑进围内,无一人自随者。裁交数言,拜辞而去。慧景既得出,甚喜。

豫州刺史萧懿将步军三万屯小岘,交州刺史李叔献屯合肥。懿遣裨将胡松、李居士帅众万余屯死虎。骠骑司马陈伯之将水军溯淮而上,以逼寿阳,军于硖石。寿阳士民多谋应齐者。

魏奚康生防御内外，闭城一月，援军乃至。丙申[2]，彭城王勰、王肃击松、伯之等，大破之，进攻合肥，生擒叔献。统军宇文福言于勰曰："建安，淮南重镇，彼此要冲；得之，则义阳可图；不得，则寿阳难保。"勰然之，使福攻建安，建安戍主胡景略面缚出降。

己亥[3]，魏皇弟恌卒。

崔慧景之发建康也，其子觉为直阁将军，密与之约；慧景至广陵，觉走从之。慧景过广陵数十里，召会诸军主曰："吾荷三帝厚恩，当顾托之重。幼主昏狂，朝廷坏乱；危而不扶，责在今日。欲与诸君共建大功以安社稷，何如？"众皆响应。于是还军向广陵，司马崔恭祖守广陵城，开门纳之。帝闻变，壬子，假右卫将军左兴盛节，都督建康水陆诸军以讨之。慧景停广陵二日，即收众济江。

初，南徐、兖二州刺史江夏王宝玄娶徐孝嗣女为妃，孝嗣诛，诏令离婚，宝玄恨望。慧景遣使奉宝玄为主，宝玄斩其使，因发将吏守城，帝遣马军主戚平、外监黄林夫助镇京口。慧景将渡江，宝玄密与相应，杀司马孔矜、典签吕承绪及平、林夫，开门纳慧景，使长史沈佚之、谘议柳憕分部军众。宝玄乘八㭰舆，手执绛麾，随慧景向建康。台遣骁骑将军张佛护、直阁将军徐元称等六将据竹里，为数城以拒之。宝玄遣信谓佛护曰："身自还朝，君何意苦相断遏？"佛护对曰："小人荷国重恩，使于此创立小戍。殿下还朝，但自直过，岂敢断遏！"遂射慧景军，因合战。崔觉、崔恭祖将前锋，皆荒伧善战，又轻行不爨食，以数舫缘江载酒食为军粮，每见台军城中烟火起，辄尽力攻之。台军不复得食，以此饥困。元称等议欲降，佛护不可。恭祖等进攻城，拔之，斩佛护；徐元称降，余四军主皆死。

乙卯，遣中领军王莹都督众军，据湖头筑垒，上带蒋山西岩实甲数万。莹，诞之从曾孙也。慧景至查硎，竹塘人万副儿说慧景曰："今平路皆为台军所断，不可议进，唯宜从蒋山龙尾上，出其不意耳。"慧景从之，分遣千余人，鱼贯缘山，自西岩夜下，鼓叫临城中。台军惊恐，即时奔散。帝又遣右卫将军左兴盛帅台内三万人拒慧景于北篱门，兴盛望风退走。

【注释】

①屏除：禁绝行人，悬幔为幛而行，不让人望见。 ②丙申：三月无此日，疑误。 ③己亥：三月无此日，疑误。

甲子，慧景入乐游苑[1]，崔恭祖帅轻骑十余突入北掖门，乃复出。宫门皆闭，慧景引众围之。于是东府、石头、白下、新亭诸城皆溃。左兴盛走，不得入宫，逃淮渚荻舫中，慧景擒杀之。宫中遣兵出荡，不克。慧景烧兰台府署为战场。守御尉萧畅屯南掖门，处分城内，随方应拒，众心稍安。慧景称宣德太后令[2]，废帝为吴王。

陈显达之反也，帝复召诸王入宫。巴陵王昭胄惩永泰之难[3]，与弟永新侯昭颖诈为沙门，逃于江西。昭胄，子良之子也。及慧景举兵，昭胄兄弟出赴之。慧景意更向昭胄[4]，犹豫未知所立。

竹里之捷，崔觉与崔恭祖争功，慧景不能决。恭祖劝慧景以火箭烧北掖楼。慧景以大事垂定，后若更造，费用功多，不从。慧景性好谈义，兼解佛理，顿法轮寺，对客高谈，恭祖深怀怨望。

时豫州刺史萧懿将兵在小岘，帝遣密使告之。懿方食，投箸而起，帅军主胡松、李居士等数千人自采石济江，顿越城举火，城中鼓叫称庆。恭祖先劝慧景遣二千人断西岸兵，令不得渡。慧景以城旦夕降，外救自然应散，不从。至是，恭祖请击懿军，又不许；独遣崔觉将精手数千人渡南岸[5]。懿军昧旦进战，数合，士皆致死，觉大败，赴淮死者二千余人。觉单马退，开桁阻淮。恭祖掠得东宫女伎，觉逼夺之。恭祖积忿恨，其夜，与慧景骁将刘灵运诣城降，众心离坏。

夏，四月，癸酉，慧景将腹心数人潜去，欲北渡江；城北诸军不知，犹为拒战，城中出荡，杀数百人。懿军渡北岸，慧景余众皆走。慧景围城凡十二日而败，从者于道稍散，单骑至蟹浦，为渔人所斩，以头内鳅篮[6]，担送建康。恭祖系尚方，少时杀之。觉亡命为道人，捕获，伏诛。

宝玄初至建康，军于东城，士民多往投集。慧景败，收得朝野投宝玄及慧景人名，帝令烧之，曰："江夏尚尔，岂可复罪余人！"宝玄逃亡数日乃出。帝召入后堂,以步障裹之[7],令左右数十人鸣鼓角驰绕其外,遣人谓宝玄曰:“汝近围我亦如此耳。”

初,慧景欲交处士何点,点不顾。及围建康,逼召点,点往赴其军,终日谈义,不及军事。慧景败,帝欲杀点。萧畅谓茹法珍曰:“点若不诱贼共讲,未易可量。以此言之,乃应得封!”帝乃止。点,胤之兄也。

【注释】

①乐游苑:在玄武湖南。　②宣德太后:南齐文惠太子萧长懋的妃子王氏。郁林王萧昭业称帝时,尊她为皇太后。其弟海陵王萧昭文继位被废后,让她出居鄱阳王故第,号宣德宫,称宣德太后。　③永泰之难:指南齐明帝永泰元年(498),王敬则反叛,明帝召诸王入宫,想杀尽诸王,事见本书卷第一百四十一。此处指陈显达反,东昏侯召诸王进宫,所以巴陵王萧昭胄害怕而逃走。　④萧昭胄是齐武帝萧赜的孙子,萧赜是齐高祖萧道成的大宗,从血缘来讲比萧宝玄更接近萧道成,因此崔慧景想拥立他。　⑤精手:军队中武艺高强之人。　⑥鳅(qiū 秋):形似鳝,长约三四寸,尾扁、色青黑,无鳞而有黏液。常潜居池沼水田中,亦名泥鳅。鳅篮:盛泥鳅的篮子。　⑦步障:古代贵人出行时用于挡风避尘土的布幕。

萧懿既去小岘,王肃亦还洛阳。荒人往来者妄云肃复谋归国;五月,乙巳,诏以肃为都督豫、徐、司三州诸军事、豫州刺史、西丰公。

己酉,江夏王宝玄伏诛。

壬子,大赦。

六月,丙子,魏彭城王勰进位大司马,领司徒;王肃加开府仪同三司。

太阳蛮田育丘等二万八千户附于魏,魏置四郡十八县。

乙丑[1],曲赦建康、南徐、兖二州。先是,崔慧景既平,诏赦其党。而嬖幸用事,不依诏书,无罪而家富者,皆诬为贼党,杀而籍其赀;实附贼而贫者皆不问。或谓中书舍人王咺之云:“赦书无信,人情大恶。”咺之曰:“正当复有赦耳。”由是再赦。既而嬖幸诛纵亦如初。

是时，帝所宠左右凡三十一人，黄门十人。直阁、骁骑将军徐世檦素为帝所委任，凡有杀戮，皆在其手。及陈显达事起，加辅国将军；虽用护军崔慧景为都督，而兵权实在世檦。世檦亦知帝昏纵，密谓其党茹法珍、梅虫儿曰："何世天子无要人，但侬货主恶耳！"法珍等与之争权，以白帝。帝稍恶其凶强，遣禁兵杀之，世檦拒战而死，自是法珍、虫儿用事，并为外监，口称诏敕；王咺之专掌文翰，与相唇齿。

帝呼所幸潘贵妃父宝庆及茹法珍为阿丈，梅虫儿、俞灵韵为阿兄。帝与法珍等俱诣宝庆家，躬自汲水，助厨人作膳。宝庆恃势作奸，富人悉诬以罪，田宅赀财，莫不启乞，一家被陷，祸及亲邻，又虑后患，尽杀其男口。

帝数往诸刀敕家游宴[2]，有吉凶辄往庆吊。

奄人王宝孙，年十三四，号为"伥子"，最有宠，参预朝政，虽王咺之、梅虫儿之徒亦下之；控制大臣，移易诏敕，乃至骑马入殿，诋诃天子；公卿见之，莫不慑息焉。

吐谷浑王伏连筹事魏尽礼，而居其国，置百官，皆如天子之制，称制于其邻国。魏主遣使责而宥之。

冠军将军、骠骑司马陈伯之再引兵攻寿阳，魏彭城王勰拒之。援军未至，汝阴太守傅永将郡兵三千救寿阳。伯之防淮口甚固，永去淮口二十余里，牵船上汝水南岸，以水牛挽之，直南趣淮，下船即渡；适上南岸，齐兵亦至。会夜，永潜入城，勰喜甚，曰："吾北望已久，恐洛阳难可复见；不意卿能至也。"勰令永引兵入城，永曰："永之此来，欲以却敌；若如教旨[3]，乃是与殿下同受攻围，岂救援之意！"遂军于城外。秋，八月，乙酉，勰部分将士，与永并势，击伯之于肥口[4]，大破之，斩首九千，俘获一万。伯之脱身遁还，淮南遂入于魏。

魏遣镇南将军元英将兵救淮南，未至，伯之已败，魏主召勰还洛阳。勰累表辞大司马、领司徒，乞还中山；魏主不许。以元英行扬州事。寻以王肃为都督淮南诸军事、扬州刺史，持节代之。

【注释】

①乙丑:六月无此日,疑误。 ②刀敕:指东昏侯身边捉刀、应敕等侍从,当时人称为“刀敕”。 ③教旨:南朝时,诸王和专摄一方的州镇刺史都可以下教令于其部属,称为“教旨”。 ④肥口:淝水经寿春城东北流入淮河之处。

甲辰,夜,后宫火。时帝出未还,宫内人不得出,外人不敢辄开;比及开,死者相枕,烧三十余间。

时嬖幸之徒皆号为鬼。有赵鬼者,能读《西京赋》,言于帝曰:“柏梁既灾,建章是营[①]。”帝乃大起芳乐、玉寿等诸殿,以麝香涂壁,刻画装饰,穷极绮丽。役者自夜达晓,犹不副速。

后宫服御,极选珍奇,府库旧物,不复周用。贵市民间金宝,价皆数倍。建康酒租皆折使输金,犹不能足。凿金为莲华以帖地,令潘妃行其上,曰:“此步步生莲华也。”又订出雉头、鹤氅、白鹭缞[②]。嬖幸因缘为奸利,课一输十。又各就州县求为人输,准取见直,不为输送,守宰皆不敢言,重更科敛。如此相仍,前后不息,百姓困尽,号泣道路。

南朝盘口四系青瓷壶

军主吴子阳等出三关侵魏,九月,与魏东豫州刺史田益宗战于长风城[③],子阳等败还。

萧懿之入援也,萧衍驰使所亲虞安福说懿曰:“诛贼之后,则有不赏之功,当明君贤主,尚或难立;况于乱朝,何以自免!若贼灭之后,仍勒兵入宫,行伊、霍故事[④],此万世一时。若不欲尔,便放表还历阳,托以外拒为事,则威振内外,谁敢不从!一朝放兵,受其厚爵,高而无民,必生后悔。”长史徐曜甫苦劝之。懿并不从。

崔慧景死，懿为尚书令。有弟九人：敷、衍、畅、融、宏、伟、秀、憺、恢。懿以元勋居朝右，畅为卫尉，掌管籥。时帝出入无度，或劝懿因其出门，举兵废之。懿不听。嬖臣茹法珍、王咺之等惮懿威权，说帝曰：“懿将行隆昌故事⑤，陛下命在晷刻。”帝然之。徐曜甫知之，密具舟江渚，劝懿西奔襄阳。懿曰：“自古皆有死，岂有叛走尚书令邪！”懿弟侄咸为之备。冬，十月，己卯，帝赐懿药于省中。懿且死，曰：“家弟在雍，深为朝廷忧之。”懿弟侄皆亡匿于里巷，无人发之者；唯融捕得，诛之。

丁亥，魏以彭城王勰为司徒，录尚书事；勰固辞，不免。勰雅好恬素，不乐势利。高祖重其事干，故委以权任，虽有遗诏，复为世宗所留。勰每乖情愿，常凄然叹息。为人美风仪，端严若神，折旋合度，出入言笑，观者忘疲。敦尚文史，物务之暇，披览不辍，小心谨慎，初无过失；虽闲居独处，亦无惰容。爱敬儒雅，倾心礼待。清正俭素，门无私谒。

十一月，己亥，魏东荆州刺史桓晖入寇，拔下笮戍，归之者，二千余户。晖，诞之子也。

【注释】

①汉武帝太初年间，柏梁殿遭火灾，汉武帝于灾后营建建章殿等，事见本书二十一卷。 ②订：南齐、梁朝时，称征赋为“订”，取平议而赋之之义。 ③东豫州：北魏太和十七年(493)，田益宗降魏，十九年(495)，置东豫州于新息广陵县，今河南汝南县。以田益宗为东豫州刺史。长风城：在阴山关南，阴山关在弋阳县内，今河南潢川县西。 ④伊、霍故事：“伊”指商初大臣伊尹。伊尹帮助汤灭夏桀，为辅政大臣，汤去世后，历佐卜丙、仲壬二王。仲壬去世，其侄太甲当立，因为太甲破坏商法制，不理国政，被伊尹放逐，伊尹自立为王，三年后，太甲悔过改正，伊尹重接太甲回国，恢复其位。“霍”指西汉大臣霍光，他辅政昭帝，昭帝死后，迎立昌邑王刘贺为帝，不久即废，又迎立宣帝。伊、霍两人都以辅政大臣废立皇帝。 ⑤隆昌故事：指萧隆昌废郁林王萧昭业之事，见本书卷第一百四十一。

初,帝疑雍州刺史萧衍有异志。直后荥阳郑植弟绍叔为衍宁蛮长史,帝使植以候绍叔为名,往刺衍。绍叔知之,密以白衍,衍置酒绍叔家,戏植曰:"朝廷遣卿见图,今日闲宴,是可取良会也。"宾主大笑。又令植历观城隍、府库、士马、器械、舟舰,植退,谓绍叔曰:"雍州实力未易图也。"绍叔曰:"兄还,具为天子言之:若取雍州,绍叔请以此众一战!"送植于南岘,相持恸哭而别。

及懿死,衍闻之,夜,召张弘策、吕僧珍、长史王茂、别驾柳庆远[①]、功曹吉士瞻等入宅定议。茂,天生之子;庆远,元景之弟子也。乙巳,衍集僚佐谓曰:"昏主暴虐,恶逾于纣,当与卿等共除之!"是日,建牙集众,得甲士万余人,马千余匹,船三千艘。出檀溪竹木装舰,葺之以茅,事皆立办。诸将争橹,吕僧珍出先所具者,每船付二张,争者乃息。

是时,南康王宝融为荆州刺史,西中郎长史萧颖胄行府州事,帝遣辅国将军、巴西、梓潼二郡太守刘山阳将兵三千之官,就颖胄兵使袭襄阳。衍知其谋,遣参军王天虎诣江陵,遍与州府书[②],声云:"山阳西上,并袭荆、雍。"衍因谓诸将佐曰:"荆州素畏襄阳人,加以唇亡齿寒,宁不暗同邪!我合荆、雍之兵,鼓行而东,虽韩、白复生,不能为建康计,况以昏主役刀敕之徒哉!"颖胄得书,疑未能决,山阳至巴陵,衍复令天虎赍书与颖胄及其弟南康王友颖达[③]。天虎既行,衍谓张弘策曰:"用兵之道,攻心为上。近遣天虎往荆州,人皆有书。今段乘驿甚急,止有两函与行事兄弟,云'天虎口具';及问天虎而口无所说,天虎是行事心膂[④],彼间必谓行事与天虎共隐其事,则人人生疑。山阳惑于众口,判相嫌贰,则行事进退无以自明,必入吾谋内。是驰两空函定一州矣。"

山阳至江安,迟回十余日,不上。颖胄大惧,计无所出,夜,呼西中郎城局参军安定席阐文、谘议参军柳忱,闭斋定议。阐文曰:"萧雍州蓄养士马,非复一日。江陵素畏襄阳人,又众寡不敌,取之必不可制;就能制之,岁寒复不为朝廷所容。今若杀山阳,与雍州举事,立天子以令诸侯,则霸业成矣。山阳持疑不进,是不信我。今斩送天虎,则彼疑可释。至而图之,罔不济矣。"忱曰:"朝廷狂悖日滋,京师贵人莫不重足累息。今幸在远,得假日自安。

雍州之事，且藉以相毙耳。独不见萧令君乎[5]？以精兵数千，破崔氏十万众，竟为群邪所陷，祸酷相寻。'前事之不忘，后事之师也'，且雍州士锐粮多，萧使君雄姿冠世[6]，必非山阳所能敌。若破山阳，荆州复受失律之责，进退无可，宜深虑之。"萧颖达亦劝颖胄从阐文等计。诘旦，颖胄谓天虎曰："卿与刘辅国相识，今不得不借卿头！"乃斩天虎送示山阳，发民车牛，声云起步军征襄阳。山阳大喜。甲寅，山阳至江津，单车白服，从左右数十人诣颖胄。颖胄使前汶阳太守刘孝庆等伏兵城内，山阳入门，即于车中斩之。副军主李元履收余众请降。

柳忱，世隆之子也。颖胄虑西中郎司马夏侯详不同，以告忱，忱曰："易耳！近详求婚，未之许也。"乃以女嫁详子夔，而告之谋，详从之。乙卯，以南康王宝融教纂严，又教赦囚徒，施惠泽，颁赏格。丙辰，以萧衍为使持节都督前锋诸军事。丁巳，以萧颖胄为都督行留诸军事，颖胄有器局，既举大事，虚心委己，众情归之。以别驾南阳宗夬及同郡中兵参军刘坦、谘议参军乐蔼为州人所推信，军府经略，每事谘焉。颖胄、夬各献私钱谷及换借富赀以助军。长沙寺僧素富[7]，铸黄金为金龙数千两，埋土中。颖胄取之，以充军费。

颖胄遣使送刘山阳首于萧衍，且言年月未利，当须明年二月进兵。衍曰："举事之初，所藉者一时骁锐之心。事事相接，犹恐疑怠；若顿兵十旬，必生悔吝。且坐甲十万，粮用自竭；若童子立异，则大事不成。况处分已定，安可中息哉！昔武王伐纣，行逆太岁，岂复待年月乎？"

【注释】

①柳庆远：雍州豪族，柳氏为雍州门阀世族。 ②州府：州指荆州的官属，府指西中郎府官属。 ③友：南朝时各王国官属中设有师、友之职。 ④行事：指萧颖胄，萧颖胄以西中郎长史职行荆州府事，因称。⑤萧令君：指萧懿，萧懿任尚书令，所以称为令君。 ⑥萧使君：指萧衍，时萧衍为雍州刺史，因称。 ⑦长沙寺：寺在江陵，为南朝宋元嘉年间，临川王刘义庆镇守江陵时建造，为其生父长沙王刘道怜资福，因名。

戊午，衍上表劝南康王宝融称尊号；不许。十二月，颖胄与夏侯详移檄建康百官及州郡牧守，数帝及梅虫儿、茹法珍罪恶。颖胄遣冠军将军天水杨公则向湘州，西中郎参军南郡邓元起向夏口。军主王法度坐不进军免官。乙亥，荆州将佐复劝宝融称尊号；不许。夏侯详之子骁骑将军亶为殿中主帅，详密召之，亶自建康亡归。壬辰，至江陵，称奉宣德皇太后令："南康王宜纂承皇祚，方俟清宫，未即大号；可封十郡为宣城王[①]、相国、荆州牧，加黄钺，选百官，西中郎府、南康国如故。须军次近路，主者备法驾奉迎。"

竟陵太守新野曹景宗遣亲人说萧衍，迎南康王都襄阳，先正尊号，然后进军；衍不从。王茂私谓张弘策曰："今以南康置人手中，彼挟天子以令诸侯，节下前进为人所使，此岂他日之长计乎！"弘策以告衍，衍曰："若前涂大事不捷，故自兰艾同焚[②]；若其克捷，则威振四海，岂碌碌受人处分者邪！"

初，陈显达、崔慧景之乱，人心不安。或问时事于上庸太守杜陵韦睿，睿曰："陈虽旧将，非命世才；崔颇更事，懦而不武；其赤族宜矣。定天下者，殆必在吾州将乎[③]？"乃遣二子自结于萧衍。及衍起兵，睿帅郡兵二千倍道赴之。华山太守蓝田康绚帅郡兵三千赴衍[④]。冯道根时居母丧，帅乡人子弟胜兵者悉往赴之。梁、南秦二州刺史柳惔亦起兵应衍。惔，忱之兄也。

帝闻刘山阳死，发诏讨荆、雍。戊寅，以冠军长史刘浍为雍州刺史；遣骁骑将军薛元嗣，制局监暨荣伯将兵及运粮百四十余船送郢州刺史张冲，使拒西师[⑤]。元嗣等惩刘山阳之死，疑冲，不敢进，停夏口浦；闻西师将至，乃相帅入郢城。前竟陵太守房僧寄将还建康，至郢，帝敕僧寄留守鲁山，除骁骑将军。张冲与之结盟，遣军主孙乐祖将数千人助僧寄守鲁山。

萧颖胄与武宁太守邓元起书，招之。张冲待元起素厚，众皆劝其还郢，元起大言于众曰："朝廷暴虐，诛戮宰辅，群小用事，衣冠道尽。荆、雍二州同举大事，何患不克！且我老母在西，若事不成，正受戮昏朝，幸免不孝之罪。"即日治严上道，至江陵，为西中郎中兵参军。

湘州行事张宝积发兵自守，未知所附。杨公则克巴陵，进军白沙，宝积惧，请降，公则入长沙，抚纳之。

是岁，北秦州刺史杨集始将众万余自汉中北出，规复旧地。魏梁州刺史杨椿将步骑五千出顿下辩，遗集始书，开以利害，集始遂复将其部曲千余人降魏。魏人还其爵位，使归守武兴。

【注释】

①十郡：当时以宣城、南琅邪、南东海、东阳、临海、新安、寻阳、南郡、竟陵、宜都十郡为宣城王国。 ②兰艾同焚：兰，香草，艾，臭草。比喻好坏、贵贱同归于尽。 ③州将：当时州刺史掌一方政事，总揽兵权，因称。此处指萧衍。 ④蓝田：县名。汉置，属京兆，今陕西蓝田县。南朝宋时置侨县，属华山郡，均在襄阳。 ⑤西师：指荆、雍二州起事之军，荆、雍州处建康之西，因称。

资治通鉴卷第一百四十四

齐纪十 重光大荒落，一年。

和 皇 帝[1]

中兴元年 春，正月，丁酉，东昏侯以晋安王宝义为司徒，建安王宝寅为车骑将军、开府仪同三司。

乙巳，南康王宝融始称相国，大赦；以萧颖胄为左长史，萧衍为征东将军，杨公则为湘州刺史。戊申，萧衍发襄阳，留弟伟总府州事，憺守垒城，府司马庄丘黑守樊城。衍既行，州中兵及储偫皆虚[2]。魏兴太守裴师仁、齐兴太守颜僧都并不受衍命，举兵欲袭襄阳，伟、憺遣兵邀击于始平，大破之，雍州乃安。

魏咸阳王禧为上相，不亲政务，骄奢贪淫，多为不法，魏主颇恶之。禧遣奴就领军于烈求旧羽林虎贲，执仗出入。烈曰："天子谅暗，事归宰辅。领军但知典掌宿卫，非有诏不敢违理从私。"禧奴惘然而返。禧复遣谓烈曰："我，天子之□□□叔父[3]，身为元辅，有所求须，与诏何异！"烈厉色曰："烈非不知王之贵也，奈何使私奴索天子羽林！烈头可得，羽林不可得！"禧怒，以烈为恒州刺史。烈不愿出外，固辞，不许；遂称疾不出。

烈子左中郎将忠领直阁，常在魏主左右。烈使忠言于魏主曰："诸王专恣，意不可测，宜早罢之，自揽权纲。"北海王详亦密以禧过恶白帝，且言彭城王勰大得人情，不宜久辅政。帝然之。

时将礿祭[4]，王公并齐于庙东坊。帝夜使于忠语烈："明旦入见,当有处分。”质明[5],烈至。帝命烈将直阁六十余人,宣旨召禧、勰、详,卫送至帝所。禧等入见于光极殿,帝曰:“恪虽寡昧,忝承宝历。比缠尫疢[6],实凭诸父,苟延视息,奄涉三龄。诸父归逊殷勤,今便亲摄百揆。且还府司,当别处分。”又谓勰曰:“顷来南北务殷,不容仰遂冲操。恪是何人,而敢久违先敕,今遂叔父高蹈之意?”勰谢曰:“陛下孝恭,仰遵先诏,上成睿明之美,下遂微臣之志,感今惟往,悲喜交深。”庚戌,诏勰以王归第;禧进位太保;详为大将军、录尚书事。尚书清河张彝、邢峦闻处分非常,亡走,出洛阳城,为御史中尉中山甄琛所弹。诏书切责之。复以于烈为领军,仍加车骑大将军,自是长直禁中,军国大事,皆得参焉。

魏主时年十六,不能亲决庶务,委之左右。于是幸臣茹皓、赵郡王仲兴、上谷寇猛、赵郡赵修、南阳赵邕及外戚高肇等始用事,魏政浸衰。赵修尤亲幸,旬月间,累迁至光禄卿;每迁官,帝亲至其宅设宴,王公百官皆从。

【注释】

①和皇帝:名萧宝融,字智昭,南朝齐明帝萧鸾的第八子。封南康王。　②偫(zhì 至):储备。　③□□□:三空格十二行本作“子天子”三字,乙十一行本同。　④礿(yuè 跃)祭:古代祭名。天子宗庙之祭,春曰礿,夏曰禘。　⑤质明:天亮时。　⑥尫疢(wāng chèn 汪趁):脊背弯曲之病。

辛亥,东昏侯祀南郊,大赦。

丁巳,魏主引见群臣于太极前殿,告以亲政之意。壬戌,以咸阳王禧领太尉,广陵王羽为司徒。魏主引羽入内,面授之。羽固辞曰:“彦和本自不愿[11],而陛下强与之。今新去此官而以臣代之,必招物议。”乃以为司空。

二月,乙丑,南康王以冠军长史王茂为江州刺史,竟陵太守曹景宗为郢州刺史,邵陵王宝攸为荆州刺史。

甲戌,魏大赦。

壬午,东昏侯遣羽林兵击雍州,中外纂严。

甲申,萧衍至竟陵,命王茂、曹景宗为前军,以中兵参军张法安守竟陵城。茂等至汉口，诸将议欲并兵围郢，分兵袭西阳、武昌。衍曰："汉口不阔一里，箭道交至，房僧寄以重兵固守，与郢城为掎角；若悉众前进，僧寄必绝我军后，悔无所及。不若遣王、曹诸军济江，与荆州军合，以逼郢城；吾自围鲁山以通沔、汉，使郧城、竟陵之粟方舟而下，江陵、湘中之兵相继而至，兵多食足，何忧两城之不拔！天下之事，可以卧取之耳。"乃使茂等帅众济江，顿九里。张冲遣中兵参军陈光静开门迎战，茂等击破之，光静死，冲婴城自守。景宗遂据石桥浦，连军相续，下至加湖。

荆州遣冠军将军邓元起、军主王世兴、田安之将数千人会雍州兵于夏首。衍筑汉口城以守鲁山，命水军主义阳张惠绍等游遏江中，绝郢、鲁二城信使。杨公则举湘州之众会于夏口。萧颖胄命荆州诸军皆受公则节度，虽萧颖达亦隶焉。

府朝议欲遣人行湘州事而难其人[①]，西中郎中兵参军刘坦谓众曰："湘土人情，易扰难信，用武士则浸渔百姓，用文士则威略不振；必欲镇静一州，军民足食，无逾老夫。"乃以坦为辅国长史、长沙太守，行湘州事。坦尝在湘州，多旧恩，迎者属路。下车，选堪事吏分诣十郡[②]，发民运租米三十余万斛以助荆、雍之军，由是资粮不乏。

三月，萧衍使邓元起进据南堂西渚，田安之顿城北，王世兴顿曲水故城[③]。丁酉，张冲病卒，骁骑将军薛元嗣与冲子孜及征虏长史江夏内史程茂共守郢城。

乙巳，南康王即皇帝位于江陵，改元，大赦，立宗庙、南北郊，州府城门悉依建康宫，置尚书五省，以南郡太守为尹，以萧颖胄为尚书令，萧衍为左仆射，晋安王宝义为司空，庐陵王宝源为车骑将军、开府仪同三司，建安王宝寅为徐州刺史，散骑常侍夏侯详为中领军，冠军将军萧伟为雍州刺史。丙午，诏封庶人宝卷为涪陵王。乙酉[④]，以尚书令萧颖胄行荆州刺史，加萧衍征东大将军、都督征讨诸军事，假黄钺。时衍次杨口，和帝遣御史中丞宗夬劳军。宁朔将军新野庾域讽夬曰："黄钺未加，非所以总帅侯伯。"夬返西台[⑤]，遂有是命。薛元嗣遣军主沈难当帅轻舸数千乱流来战，张惠绍等击擒之。

癸丑，东昏侯以豫州刺史陈伯之为江州刺史、假节、都督前锋诸军事，西击荆、雍。

夏，四月，萧衍出沔，命王茂、萧颖达等进军逼郢城；薛元嗣不敢出。诸将欲攻之，衍不许。

【注释】

①府朝：当时南康王萧宝融开相国府，因称。 ②十郡：湘州时辖长沙、桂阳、零陵、衡阳、营阳、湘东、邵陵、始兴、临贺、始安十郡。 ③曲水故城：即郢州官府官员们祭祀之地，在郢城东。 ④乙酉：三月无此日，疑误。 ⑤西台：指南康王萧宝融所在之江陵宫城。

魏广陵惠王羽通于员外郎冯俊兴妻，夜往，为俊兴所击而匿之；五月，壬子，卒。

魏主既亲政事，嬖幸擅权，王公希得进见。齐帅刘小苟屡言于禧云[1]，闻天子左右人言欲诛禧，禧益惧，乃与妃兄给事黄门侍郎李伯尚、氐王杨集始、杨灵祐、乞伏马居等谋反。会帝出猎北邙，禧与其党会城西小宅，欲发兵袭帝，使长子通窃入河内举兵相应。乞伏马居说禧：“还入洛城，勒兵闭门，天子必北走桑乾[2]，殿下可断河桥，为河南天子。”众情前却不一，禧心更缓，自旦至晡，犹豫不决，遂约不泄而散。杨集始既出，即驰至北邙告之。

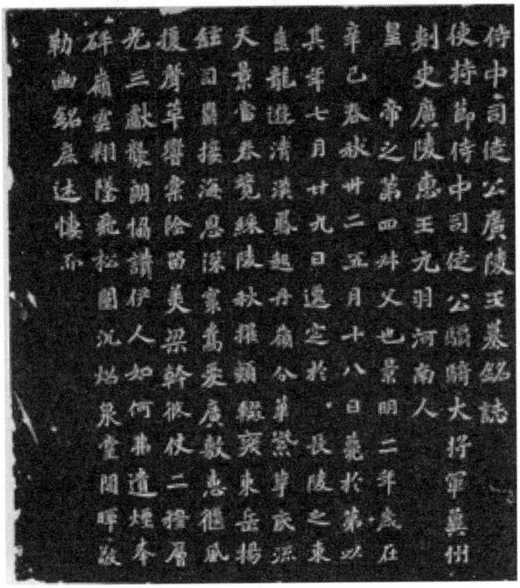

北魏元羽墓志

直寝苻承祖、薛魏孙与禧通谋[3]，是日，帝寝于浮图之阴，魏孙欲弑帝，承祖曰：“吾闻杀天子者身当病癞。”魏孙乃止。俄而帝寤，集始亦至。帝左右皆四出逐禽，直卫无几,仓猝不知所出。左中郎将于忠曰:"臣父领军留守京城,计防遏有备,必无所虑。"帝遣忠驰骑观之,于烈已分兵严备,使忠还奏曰:"臣虽老,心力犹可用。此属猖狂,不足为虑,愿陛下清跸徐还,以安物望。"帝甚悦,自华林园还宫,抚于忠之背曰:"卿差强人意!"

禧不知事露,与姬妾及左右宿洪池别墅,遣刘小苟奉启,云检行田收。小苟至北邙,已逢军人,怪小苟赤衣,欲杀之。小苟困迫,言欲告反,乃缓之。或谓禧曰:"殿下集众图事,见意而停,恐必漏泄,今夕何宜自宽!"禧曰:"吾有此身,应知自惜,岂待人言!"又曰:"殿下长子已济河,两不相知,岂不可虑!"禧曰:"吾已遣人追之,计今应还。"时通已入河内,列兵仗,放囚徒矣。于烈遣直阁叔孙侯将虎贲三百人收禧。禧闻之,自洪池东南走,僮仆不过数人,济洛,至柏谷坞,追兵至,擒之,送华林都亭。帝面诘其反状,壬戌,赐死于私第。同谋伏诛者十余人,诸子皆绝属籍,微给资产、奴婢,自余家财悉分赐高肇及赵修之家,其余赐内外百官,逮于流外[4],多者百余匹,下至十匹。禧诸子乏衣食,独彭城王勰屡赈给之。河内太守陆琇闻禧败,斩送禧子通首。魏朝以琇于禧未败之前不收捕通,责其通情,征诣廷尉,死狱中。帝以禧无故而反,由是益疏忌宗室。

巴西太守鲁休烈、巴东太守萧惠训不从萧颖胄之命;惠训遣子璝将兵击颖胄,颖胄遣汶阳太守刘孝庆屯峡口,与巴东太守任漾之等拒之。

【注释】

①齐帅:疑误。据十二行本、十一行本,应为"斋帅",即宫廷内皇帝卫队的将领。 ②桑干:地名,即桑干河,永定河上游,源出山西北部。北魏原建都于平城,今山西大同市,此处以"桑干"代指平城。 ③直寝苻承祖:苻承祖为北魏冯太后宠幸之人,这时已死,此处所指当为另一苻承祖。北魏孝文帝太和九年(485),设置后宫直寝官,掌皇帝后宫值夜巡逻事务。 ④流外:不入九品的职官。

东昏侯遣军主吴子阳、陈虎牙等十三军救郢州,进屯巴口。

虎牙，伯之之子也。

六月，西台遣卫尉席阐文劳萧衍军，赍萧颖胄等议谓衍曰："今顿兵两岸，不并军围郢，定西阳、武昌，取江州，此机已失；莫若请救于魏，与北连和，犹为上策。"衍曰："汉口路通荆、雍，控引秦、梁，粮运资储，仰此气息；所以兵压汉口，连结数州。今若并军围郢，又分兵前进，鲁山必沮沔路，扼吾咽喉，若粮运不通，自然离散，何谓持久？邓元起近欲以三千兵往取寻阳，彼若欢然知机，一说士足矣；脱距王师，固非三千兵所能下也。进退无据，未见其可。西阳、武昌，取之即得；然既得之，即应镇守。欲守两城，不减万人，粮储称是，卒无所出。脱东军有上者，以万人攻两城，两城势不得相救，若我分军应援，则首尾俱弱；如其不遣，孤城必陷，一城既没，诸城相次土崩，天下大事去矣。若郢州既拔，席卷沿流，西阳、武昌自然风靡。何遽分兵散众，自贻忧患乎！且丈夫举事欲清天步[①]，况拥数州之兵以诛群小，悬河注火，奚有不灭！岂容北面请救戎狄，以示弱于天下！彼未必能信，徒取丑声，此乃下计，何谓上策！卿为我辈白镇军[②]："前途攻取，但以见付，事在目中，无患不捷，但借镇军靖镇之耳。"

吴子阳等进军武口。衍命军主梁天惠等屯渔湖城，唐修期等屯白阳垒，夹岸待之。子阳进军加湖。去郢三十里，傍山带水，筑垒自固。子阳举烽，城内亦举火应之；而内外各自保，不能相救。会房僧寄病卒，众复推助防张乐祖代守鲁山[③]。

萧颖胄之初起也，弟颖孚自建康出亡，庐陵民修灵祐为之聚兵，得二千人，袭庐陵，克之，内史谢篹奔豫章。颖胄遣宁朔将军范僧简自湘州赴之，僧简拔安成，颖胄以僧简为安成太守，以颖孚为庐陵内史。东昏侯遣军主刘希祖将三千人击之，南康太守王丹以郡应希祖。颖孚败，奔长沙，寻病卒；谢篹复还郡。希祖攻拔安成，杀范僧简，东昏侯以希祖为安成内史。修灵祐复合余众攻谢篹，篹败走。

【注释】

①天步：代指国运：《诗·小雅·白华》："天步艰难。"　②镇军：指萧颖胄，时萧颖胄为西台尚书令，加镇军将军号，因称。　③张乐祖：疑

有误,参看本卷内容,前面提到张冲派遣孙乐祖援助房僧寄,此处应为孙乐祖,孙误为“张”。

东昏侯作芳乐苑,山石皆涂以五采。望民家有好树、美竹,则毁墙撤屋而徙之;时方盛暑,随即枯萎,朝暮相继。又于苑中立市,使宫人、宦者共为裨贩,以潘贵妃为市令,东昏侯自为市录事,小有得失,妃则予杖;乃敕虎贲不得进大荆、实中荻[①]。又开渠立埭,身自引船,或坐而屠肉。又好巫觋,左右朱光尚诈云见鬼。东昏入乐游苑,人马忽惊,以问光尚,对曰:“向见先帝大嗔,不许数出。”东昏大怒,拔刀与光尚寻之。既不见,乃缚菰为高宗形,北向斩之,悬首苑门。

崔慧景之败也,巴陵王昭胄、永新侯昭颖出投台军,各以王侯还第,心不自安。竟陵王子良故防阁桑偃为梅虫儿军副,与前巴西太守萧寅谋立昭胄,昭胄许事克用寅为尚书左仆射、护军。时军主胡松将兵屯新亭,寅遣人说之曰:“须昏人出[②],寅等将兵奉昭胄入台,闭城号令。昏人必还就将军,但闭垒不应,则三公不足得也。”松许诺。会东昏新作芳乐苑,经月不出游。偃等议募健儿百余人,从万春门入,突取之,昭胄以为不可。偃同党王山沙虑事久无成,以事告御刀徐僧重。寅遣人杀山沙于路,吏于麝膆中得其事[③]。昭胄兄弟与偃等皆伏诛。

雍州刺史张欣泰与弟前始安内史欣时,密谋结胡松及前南谯太守王灵秀、直阁将军鸿选等诛诸嬖幸,废东昏。东昏遣中书舍人冯元嗣监军救郢;秋,七月,甲午,茹法珍、梅虫儿及太子右率李居士、制局监杨明泰送之中兴堂,欣泰等使人怀刀于座斫元嗣,头坠果柈中,又斫明泰,破其腹,虫儿伤数疮,手指皆堕;居士、法珍等散走还台。灵秀诣石头迎建康王宝寅[④],帅城中将吏见力,去车轮,载宝寅,文武数百唱警跸,向台城,百姓数千人皆空手随之。欣泰闻事作,驰马入宫,冀法珍等在外,东昏尽以城中处分见委,表里相应。既而法珍得返,处分闭门上仗,不配欣泰兵,鸿选在殿内亦不敢发。宝寅至杜姥宅,日已暝,城门闭。城上人射外人,外人弃宝寅溃去。宝寅亦逃,三日,乃戎服诣草市尉[⑤],尉驰以启东昏。东昏召宝寅入宫问之，宝寅涕泣称：“尔日不知何人逼使上车，仍将去，制不自由。”东昏笑，复其爵位。张欣泰等事觉，与胡松皆伏诛。

【注释】

①大荆：黄荆条，古时用作笞杖，打人很痛。荻：一种植物，杆中空，古时实以重物，用作笞杖，实中者杖人重而痛。 ②昏人：指东昏侯，因其昏庸，斥指为昏人。 ③麝幐（téng 藤）：盛麝香的佩袋。幐，佩囊，口袋。 ④建康王：当为建安王。 ⑤草市尉：官名，管理乡村集市贸易的官员。草市，古时乡村定期集市的通称，南朝齐时，建康台城六门之外，均有草市，设置草市尉管理。

萧衍使征虏将军王茂、军主曹仲宗等乘水涨以舟师袭加湖，鼓噪攻之。丁酉，加湖溃，吴子阳等走免，将士杀溺死者万计，俘其余众而还。于是郢、鲁二城相视夺气。

乙巳，柔然犯魏边。

鲁山乏粮，军人于矶头捕细鱼供食，密治轻船，将奔夏口，萧衍遣偏军断其走路。丁巳，孙乐祖窘迫，以城降。

己未，东昏侯以程茂为郢州刺史，薛元嗣为雍州刺史。是日，茂、元嗣以郢城降。郢城之初围也，士民男女近十万口；闭门二百余日，疾疫流肿，死者什七八，积尸床下而寝其上，比屋皆满。茂、元嗣等议出降，使张孜为书与衍。张冲故吏青州治中房长瑜谓孜曰[①]：“前使君忠贯昊天，郎君但当坐守画一以荷析薪[②]。若天运不与，当幅巾待命，下从使君。今从诸人之计，非唯郢州士女失高山之望[③]，亦恐彼所不取也。”孜不能用。萧衍以韦叡为江夏太守，行郢府事，收瘗死者而抚其生者，郢人遂安。

诸将欲顿军夏口；衍以为宜乘胜直指建康，车骑谘议参军张弘策、宁远将军庾域亦以为然。衍命众军即日上道。缘江至建康，凡矶、浦、村落，军行宿次、立顿处所，弘策逆为图画，如在目中。

辛酉，魏大赦。

魏安国宣简侯王肃卒于寿阳，赠侍中、司空。初，肃以父死非命，四年不除丧。高祖曰："三年之丧，贤者不敢过。"命肃以祥禫之礼除丧。然肃犹素服、不听乐终身。

汝南民胡文超起兵于滠阳以应萧衍，求取义阳、安陆等郡以自效；衍又遣军主唐修期攻随郡，皆克之。司州刺史王僧景遣子为质于衍，司部悉平[4]。

崔慧景之死也，其少子偃为始安内史，逃潜得免。及西台建，以偃为宁朔将军。偃诣公车门上书曰："臣窃惟高宗之孝子忠臣而昏主之乱臣贼子者，江夏王与陛下，先臣与镇军是也；虽成败异术而所由同方。陛下初登至尊，与天合符；天下纤芥之屈，尚望陛下申之，况先帝之子陛下之兄，所行之道，即陛下所由哉！此尚不恤，其余何冀！今不可幸小民之无识而罔之；若使晓然知其情节，相帅而逃，陛下将何以应之哉！"事寝不报。偃又上疏曰："近冒陈江夏之冤，非敢以父子之亲而伤至公之义，诚不晓圣朝所以然之意。若以狂主虽狂，实是天子，江夏虽贤，实是人臣，先臣奉人臣逆人君为不可，未审今之严兵劲卒直指象魏者，其故何哉！臣所以不死，苟存视息，非有他故，所以待皇运之开泰，申忠魂之枉屈。今皇运已开泰矣，而死社稷者返为贼臣；臣何用此生于陛下之世矣！臣谨按镇军将军臣颖胄、中领军臣详，皆社稷之臣也，同知先臣股肱江夏，匡济王室，天命未遂，主亡与亡；而不为陛下瞥然一言。知而不言，不忠；不知而不言，不智也。如以先臣遣使，江夏斩之；则征东之驿使，何为见戮？陛下斩征东之使，实诈山阳；江夏违先臣之请，实谋孔矜。天命有归，故事业不遂耳。臣所言毕矣，乞就汤镬！然臣虽万没，犹愿陛下必申先臣。何则？恻怆而申之，则天下伏；不恻怆而申之，则天下叛。先臣之忠，有识所知，南、董之笔[5]，千载可期，亦何待陛下屈申而为褒贬！然小臣惓惓之愚，为陛下计耳。"诏报曰："具知卿惋切之怀，今当显加赠谥。"偃寻下狱死。

【注释】

①故吏：南齐明帝萧鸾时，张冲任青、冀二州刺史，以房长瑜为治中，因称。前使君，即张冲。　②坐守画一：即守而勿失。取"萧规曹随"之典故，见《汉书》。西汉初，丞相萧何制定法规，曹参继他为相，对萧何制

定的法规遵循不改。“萧规曹随”，比喻按前人的成规办事。以荷析薪：承担责任。荷，读 hè，负担。《左传》曰：“其父析薪，其子不克负荷。” ③高山之望：即高山仰止，比喻对崇高品德的仰慕。《诗经》曰：高山仰止。注云：有高德则慕而仰之。此处高德之人指萧衍。 ④司部：指司州所领属各郡。 ⑤南、董之笔：南、董指春秋时齐国史官南史、晋国史官董狐。春秋时齐庄公六年（前548），大夫崔杼杀庄公，太史书曰：“崔杼弑其君。”为杼所杀，其弟继书而死者二人，后其弟又书，方为杼所赦。南史听到太史尽死消息，执简以往，准备冒死书写，途中知道史官已记此事，乃还。董狐，周人辛有的后裔，世袭太史之职，亦称史狐。晋灵公十四年（前607），晋卿赵盾因避灵公杀害而出走，未出境，其族人赵穿，杀灵公。董狐认为责在赵盾，因而在史策上写：“赵盾弑其君。”古时多以“南史董狐”并称，作为编写历史“直书”的典型。

八月，丁卯，东昏侯以辅国将军申胄监豫州事；辛未，以光禄大夫张瑰镇石头。

初，东昏侯遣陈伯之镇江州，以为吴子阳等声援。子阳等既败，萧衍谓诸将曰：“用兵未必须实力，所听威声耳。今陈虎牙狼狈奔归，寻阳人情理当恟惧，可传檄而定也。”乃命搜俘囚，得伯之幢主苏隆之，厚加赐与，使说伯之，许即用为安东将军、江州刺史。伯之遣隆之返命，虽许归附，而云“大军未须遽下”。衍曰：“伯之此言，意怀首鼠[①]。及其犹豫，急往逼之，计无所出，势不得不降。”乃命邓元起引兵先下，杨公则径掩柴桑，衍与诸将以次进路。元起将至寻阳，伯之收兵退保湖口，留陈虎牙守湓城。选曹郎吴兴沈瑀说伯之迎衍。伯之泣曰：“余子在都，不能不爱。”瑀曰：“不然。人情匈匈[②]，皆思改计；若不早图，众散难合。”丙子，衍至寻阳，伯之束甲请罪。初，新蔡太守席谦，父恭祖为镇西司马，为鱼复侯子响所杀。谦从伯之镇寻阳，闻衍东下，曰：“我家世忠贞，有殒不二。”伯之杀之。乙卯[③]，以伯之为江州刺史，虎牙为徐州刺史。

鲁休烈、萧璝破刘孝庆等于峡口，任漾之战死。休烈等进至上明，江陵大震。萧颖胄恐，驰告萧衍，令遣杨公则还援根本。衍曰："公则今溯流上江陵，虽至，何能及事！休烈等乌合之众，寻自退散，正须少时持重耳。良须兵力，两弟在雍，指遣往征，不为难至。"颖胄乃遣蔡道恭假节屯上明以拒萧璝。

辛巳，东昏侯以太子左率李居士总督西讨诸军事，屯新亭。

【注释】

①首鼠：踌躇不决、欲进又退貌。《汉书》田蚡曰："首鼠两端。" ②人情匈匈：形容众人情绪激动，焦躁不安。亦作人情汹汹。 ③乙卯：八月无此日，疑有误。

九月，乙未，诏萧衍若定京邑，得以便宜从事。衍留骁骑将军郑绍叔守寻阳，与陈伯之引兵东下，谓绍叔曰："卿，吾之萧何、寇恂也[1]。前涂不捷，我当其咎；粮运不继，卿任其责。"绍叔流涕拜辞。比克建康，绍叔督江、湘粮运，未尝乏绝。

魏司州牧广阳王嘉请筑洛阳三百二十三坊，各方三百步，曰："虽有暂劳，奸盗永息。"丁酉，诏发畿内夫五万人筑之，四旬而罢。

己亥，魏立皇后于氏。后，征虏将军劲之女；劲，烈之弟也。自祖父栗磾以来，累世贵盛，一皇后，四赠公，三领军，二尚书令，三开国公。

甲申，东昏侯以李居士为江州刺史，冠军将军王珍国为雍州刺史，建安王宝寅为荆州刺史，辅国将军申胄监郢州，龙骧将军扶风马仙琕监豫州，骁骑将军徐元称监徐州军事。珍国，广之之子也。是日，萧衍前军至芜湖；申胄军二万人弃姑孰走，衍进军，据之。戊申，东昏侯以后军参军萧璝为司州刺史，前辅国将军鲁休烈为益州刺史。

萧衍之克江、郢也，东昏游骋如旧，谓茹法珍曰："须来至白门前[2]，当一决。"衍至近道，乃聚兵为固守之计，简二尚方、二冶囚徒以配军；其不可活者，于朱雀门内日斩百余人。

衍遣曹景宗等进顿江宁。丙辰，李居士自新亭选精骑一千至江宁。景宗始至，营垒未立，且师行日久，器甲穿弊。居士望而轻之，鼓噪直前薄之；景宗奋击，破之，因乘胜而前，径至皂荚桥。于是王茂、邓元起、吕僧珍进据赤鼻逻，新亭城主江道林引兵出战，众军擒之于陈。衍至新林，命王茂进据越城，邓元起据道士墩，陈伯之据篱门，吕僧珍据白板桥。李居士觇知僧珍众少，帅锐卒万人直来薄垒。僧珍曰："吾众少，不可逆战，可勿遥射，须至堑里，当并力破之。"俄而皆越堑拔栅。僧珍分人上城，矢石俱发，自帅马步三百人出其后，城上复逾城而下，内外奋击，居士败走，获其器甲不可胜计。居士请于东昏侯，烧南岸邑屋以开战场，自大航以西，新亭以北皆尽。衍诸弟皆自建康自拔赴军。

冬，十月，甲戌，东昏侯遣征虏将军王珍国，军主胡虎牙将精兵十万余人陈于朱雀航南，宦官王宝孙持白虎幡督战，开航背水，以绝归路。衍军小却，王茂下马，单刀直前，其甥韦欣庆执铁缠矟以翼之，冲击东军，应时而陷。曹景宗纵兵乘之，吕僧珍纵火焚其营，将士皆殊死战，鼓噪震天地。珍国等众军不能抗，王宝孙切骂诸将帅，直阁将军席豪发愤，突阵而死。豪，骁将也，既死，士卒土崩，赴淮死者无数，积尸与航等，后至者乘之而济。于是东昏侯诸军望之皆溃。衍军长驱至宣阳门，诸将移营稍前。

陈伯之屯西明门，每城中有降人出，伯之辄呼与耳语。衍恐其怀翻覆，密语伯之曰："闻城中甚忿卿举江州降，欲遣刺客中卿，宜以为虑。"伯之未之信。会东昏侯将郑伯伦来降，衍使伯伦过伯之，谓曰："城中甚忿卿，欲遣信诱卿以封赏，须卿复降，当生割卿手足；卿若不降，复欲遣刺客杀卿。宜深为备。"伯之惧，自是始无异志。

戊寅，东昏宁朔将军徐元瑜以东府城降。青、冀二州刺史桓和入援，屯东宫。己卯，和诈东昏，云出战，因以其众来降。光禄大夫张瓌弃石头还宫。李居士以新亭降于衍，琅邪城主张木亦降。壬午，衍镇石头，命诸军攻六门。东昏烧门内营署、官府，驱逼士民，悉入宫城，闭门自守。衍命诸军筑长围守之。

杨公则屯领军府垒北楼，与南掖门相对，尝登楼望战。城中遥见麾盖，以神锋弩射之，矢贯胡床，左右失色。公则曰："几中吾脚！"谈笑如初。东昏夜选勇士攻公则栅，军中惊扰；公则坚卧不起，徐命击之，东昏兵乃退。公则所领皆湘州人，素号怯懦，城中轻之，每出荡，辄先犯公则垒；公则奖励军士，克获更多。

先是，东昏遣军主左僧庆屯京口，常僧景屯广陵，李叔献屯瓜步；及申胄自姑孰奔归，使屯破墩，以为东北声援。至是，衍遣使晓谕，皆帅其众来降。衍遣弟辅国将军秀镇京口，辅国将军恢镇破墩，从弟宁朔将军景镇广陵[3]。

【注释】

①萧何：汉初大臣。楚汉战争时，荐韩信为大将，自己以丞相身分留守关中，输送士卒粮饷，支援作战。对刘邦战胜项羽、建立汉朝起了重要作用。寇恂：东汉初上谷昌平（今属北京）人，字子翼。世为地方豪强。刘秀占有河内，他被任为太守，负责转输军需，为刘秀建立东汉王朝立下大功。　②白门：即建康城西门，西方色白，因称。　③景：萧景，本名萧昺，唐李延寿作《南史》，避唐庙讳，“昺”改为“景”，《资治通鉴》因之。

十一月，丙申，魏以骠骑大将军穆亮为司空；丁酉，以北海王详为太傅，领司徒。初，详欲夺彭城王勰司徒，故谮而黜之；既而畏人议己，故但为大将军，至是乃居之。详贵盛翕赫，将作大匠王遇多随详所欲，私以官物给之。司徒长史于忠责遇于详前曰：“殿下，国之周公，阿衡王室[1]，所须材用，自应关旨；何至阿谀附势，损公惠私也！”遇既踧踖[2]，详亦惭谢。忠每以鲠直为详所忿，尝骂忠曰：“我忧在前见尔死，不忧尔见我死时也！”忠曰：“人生于世，自有定分；若应死于王手，避亦不免；若其不尔，王不能杀！”忠以讨咸阳王禧功，封魏郡公，迁散骑常侍，兼武卫将军。详因忠表让之际，密劝魏主以忠为列卿，令解左右[3]，听其让爵。于是诏停其封，优进太府卿。

巴东献武公萧颖胄以萧璝与蔡道恭相持不决，忧愤成疾；壬午[4]，卒。夏侯详秘之，使似其书者假为教命，密报萧衍，衍亦秘之。详征兵雍州，萧伟遣萧憺将兵赴之。璝等闻建康已危，众惧而溃，璝及鲁休烈皆降。乃发颖胄丧，赠侍中、丞相；于是众望尽归于衍。夏侯详请与萧憺共参军国，诏以详为侍中、尚书右仆射，寻除使持节、抚军将军、荆州刺史。详固让于憺。乃以憺行荆州府州军。

魏改筑圜丘于伊水之阳[5]。乙卯，始祀于其上。

魏镇南将军元英上书曰:"萧宝卷荒纵日甚,虐害无辜。其雍州刺史萧衍东伐秣陵,扫土兴兵,顺流而下;唯有孤城,更无重卫,乃皇天授我之日,旷世一逢之秋;此而不乘,将欲何待!臣乞躬帅步骑三万,直指沔阴,据襄阳之城,断黑水之路。昏虐君臣,自相鱼肉;我居上流,威震遐迩。长驱南出,进拔江陵,则三楚之地一朝可收[⑥],岷、蜀之道自成断绝。又命扬、徐二州声言俱举,建业穷蹙,鱼游釜中,可以齐文轨而大同,混天地而为一。伏惟陛下独决圣心,无取疑议;此期脱爽,并吞无日。"事寝不报。

车骑大将军源怀上言:"萧衍内侮,宝卷孤危,广陵、淮阴等戍皆观望得失。斯实天启之期,并吞之会;宜东西齐举,以成席卷之势。若使萧衍克济,上下同心,岂唯后图之难,亦恐扬州危逼。何则?寿春之去建康才七百里,山川水陆,皆彼所谙。彼若内外无虞,君臣分定,乘舟藉水,倏忽而至,未易当也。今宝卷都邑有土崩之忧,边城无继援之望,廓清江表,正在今日。"魏主乃以任城王澄为都督淮南诸军事、镇南大将军、开府仪同三司、扬州刺史,使为经略;既而不果。怀,贺之子也。

东豫州刺史田益宗上表曰:"萧氏乱常,君臣交争,江外州镇,中分为两,东西抗峙,已淹岁时。民庶穷于转输,甲兵疲于战斗,事救于目前,力尽于麾下,无暇外维州镇,纲纪庶方,藩城棋立,孤存而已。不乘机电扫,廓彼蛮疆,恐后之经略,未易于此。且寿春虽平,三面仍梗,镇守之宜,实须豫设。义阳差近淮源,利涉津要,朝廷行师,必由此道。若江南一平,有事淮外,须乘夏水泛长,列舟长淮;师赴寿春,须从义阳之北,便是居我喉要,在虑弥深。义阳之灭,今实时矣。度彼不过须精卒一万二千;然行师之法,贵张形势。请使两荆之众西拟随、雍,扬州之卒顿于建安[⑦],得捍三关之援;然后二豫之军直据南关[⑧],对抗延头,遣一都督总诸军节度,季冬进师,迄于春末,不过十旬,克之必矣。"元英又奏称:"今宝卷骨肉相残,藩镇鼎立。义阳孤绝,密迩王土,内无兵储之固,外无粮援之期,此乃欲焚之鸟,不可去薪,授首之寇,岂容缓斧!若失此不取,岂唯后举难图,亦恐更为深患。今豫州刺史司马悦已戒严垂发,东豫州刺史田益宗兵守三关,请遣军司为之节度。"魏主乃遣直寝羊灵引为军司[9]。益宗遂入寇。建宁太守黄天赐与益宗战于赤亭，天赐败绩。

【注释】

①阿衡：即伊尹，商汤时辅佐大臣，辅佐汤灭夏，汤去世后受命辅佐幼王。一说阿衡为伊尹的官名，阿，倚也，衡，平也。因伊尹是汤所依倚的人，故以为官名。 ②踧踖（cù jí 醋即）：恭敬而不安的样子。 ③左右：此处指常侍之位。常侍为武卫之职，常在天子左右。 ④壬午：本月无此日，疑误。 ⑤495 年，北魏孝文帝定圜丘于委粟山，今改之。圜丘，古时祭天的坛。 ⑥三楚：古地区名。秦、汉时分战国楚地为三楚，以淮北沛、陈、汝南、南郡为西楚；彭城以东东海、吴、广陵为东楚；衡山、九江、江南豫章、长沙为南楚。西楚约当今淮水以北，泗、沂水以西；南楚北起淮、汉，南包江南；东楚跨江逾淮，东至于海。 ⑦两荆：北魏设两荆州，一在穰城，今河南邓州市；一在沘阳县，今河南泌阳，称东荆州。随、雍：即随郡、襄阳。 ⑧二豫：北魏设两豫州，一在汝南，今河南汝南县；一在新息，今河南息县，称东豫州。 ⑨直寝：官名，为在天子寝宫当值武官。

崔慧景之逼建康也，东昏侯拜蒋子文为假黄钺、使持节、相国、太宰、大将军、录尚书事、扬州牧、钟山王；及衍至，又尊子文为灵帝，迎神像入后堂，使巫祷祀求福。及城闭，城中军事悉委王珍国；兖州刺史张稷入卫京师，以稷为珍国之副。稷，瑰之弟也。

时城中实甲犹七万人，东昏素好军陈，与黄门、刀敕及宫人于华光殿前习战斗，诈作被创势，使人以板掆去，用为厌胜。常于殿中戎服、骑马出入，以金银为铠胄，具装饰以孔翠。昼眠夜起，一如平常。闻外鼓叫声，被大红袍，登景阳楼屋上望之，弩几中之。

始，东昏与左右谋，以为陈显达一战即败，崔慧景围城寻走，谓衍兵亦然，敕太官办樵、米为百日调而已。及大桁之败，众情凶惧。茹法珍等恐士民逃溃，故闭城不复出兵。既而长围已立，堑栅严固；然后出荡，屡战不捷。

东昏尤惜金钱，不肯赏赐，法珍叩头请之，东昏曰："贼来独取我耶！何为就我求物！"后堂储数百具榜，启为城防；东昏欲留作殿，竟不与。又督御府作三百人精仗，待围解以拟屏除，金银雕镂杂物，倍急于常。众皆怨怠，不为致力。外围既久，城中皆思早亡，莫敢先发。

茹法珍、梅虫儿说东昏曰："大臣不留意，使围不解，宜悉诛之。"王珍国、张稷惧祸，珍国密遣所亲献明镜于萧衍，衍断金以报之[①]，兖州中兵参军张齐，稷之腹心也，珍国因齐密与稷谋，同弑东昏。齐夜引珍国就稷，造膝定计[②]，齐自执烛；又以计告后阁舍人钱强[③]。十二月，丙寅夜，强密令人开云龙门，珍国、稷引兵入殿，御刀丰勇之为内应。东昏在含德殿作笙歌，寝未熟，闻兵入，趋出北户，欲还后宫，门已闭。宦者黄泰平刀伤其膝，仆地，张齐斩之。稷召尚书右仆射王亮等列坐殿前西钟下，令百寮署笺，以黄油裹东昏首，遣国子博士范云等送诣石头。右卫将军王志叹曰："冠虽弊，何可加足！"取庭中树叶挼服之，伪闷，不署名。衍览笺无志名，心嘉之。亮，莹之从弟；志，僧虔之子也。衍与范云有旧，即留参帷幄。王亮在东昏朝，以依违取容。萧衍至新林，百寮皆间道送款，亮独不遣。东昏败，亮出见衍，衍曰："颠而不扶，安用彼相[④]！"亮曰："若其可扶，明公岂有今日之举！"城中出者，或被劫剥。杨公则亲帅麾下陈于东掖门，卫送公卿士民，故出者多由公则营焉。衍使张弘策先入清宫，封府库及图籍。于时城内珍宝委积，弘策禁勒部曲，秋毫无犯。收潘妃及嬖臣茹法珍、梅虫儿、王咺之等四十一人皆属吏。

【注释】

①镜可以照物，献镜之意，欲萧衍明其心，投顺萧衍。《易·系辞》曰：二人同心，其利断金。因此，萧衍断金回答，即同意接受投降。②造膝定计：即促膝密谈，定下计谋。造膝，靠得很近地坐着。 ③后阁舍人：官名，南朝时设，执掌宫殿后阁事务，常在宫中行走。 ④颠而不扶，安用彼相：《论语》中有孔子曰："危而不持，颠而不扶，则将焉用彼相矣。"

初，海陵王之废也，王太后出居鄱阳王故第，号宣德宫。乙巳，萧衍以宣德太后令追废涪陵王为东昏侯，褚后及太子诵并为庶人。以衍为中书监、大司马、录尚书事、骠骑大将军、扬州刺史，封建安郡公，依晋武陵王遵承制故事，百僚致敬；以王亮为长史。壬申，更封建安王宝寅为鄱阳王。癸酉，以司徒、扬州刺史晋安王宝义为太尉，领司徒。

己卯，衍入屯阅武堂，下令大赦。又下令："凡昏制谬赋、淫刑滥役外，可详检前原，悉皆除荡；其主守散失诸所损耗，精立科条，咸从原例[①]。"又下令："通检尚书众曹，东昏时诸诤讼失理及主者淹停不时施行者，精加讯辩，依事议奏。"又下令："收葬义师，瘗逆徒之死亡者。"潘妃有国色，衍欲留之，以问侍中、领军将军王茂，茂曰："亡齐者此物，留之恐贻外议。"乃缢杀于狱，并诛嬖臣茹法珍等。以宫女二千分赉将士。乙酉，以辅国将军萧宏为中护军。

衍之东下也，豫州刺史马仙琕拥兵不附衍，衍使其故人姚仲宾说之，仙琕先为设酒，乃斩于军门以徇。衍又遣其族叔怀远说之，仙琕曰："大义灭亲"，又欲斩之；军中为请，乃得免。衍至新林，仙琕犹于江西日抄运船。衍围宫城，州郡皆遣使请降，吴兴太守袁昂独拒境不受命。昂，顗之子也。衍使驾部郎考城江革为书与昂曰："根本既倾，枝叶安附？今竭力昏主，未足为忠；家门屠灭，非所谓孝。岂若翻然改图，自招多福！"昂复书曰："三吴内地，非用兵之所，况以偏隅一郡，何能为役！自承麾旆届止，莫不膝袒军门[②]。唯仆一人敢后至者，政以内揆庸素，文武无施，虽欲献心，不增大师之勇；置其愚默，宁沮众军之威。幸藉将军含弘之大，可得从容以礼。窃以一餐微施，尚复投殒，况食人之禄而顿忘一旦，非唯物议不可，亦恐明公鄙之，所以踌躇，未遑荐璧。"昂问时事于武康令北地傅映，映曰："昔元嘉之末，开辟未有，故太尉杀身以明节。司徒当寄托之重，理无苟全，所以不顾夷险以徇名义。今嗣主昏虐，曾无悛改；荆、雍协举，乘据上流，天人之意可知。愿明府深虑，无取后悔。"及建康平，衍使豫州刺史李元履巡抚东土，敕元履曰："袁昂道素之门，世有忠节，天下须共容之，勿以兵威陵辱。"元履至吴兴，宣衍旨；昂亦不请降，开门撤备而已。仙琕闻台城不守，号泣谓将士曰："我受人任寄，义不容降，君等皆有父母；我为忠臣，君为孝子，不亦可乎！"乃悉遣城内兵出降，余壮士数十，闭门独守。俄而兵入，围之数十重。仙琕令士皆持满，兵不敢近。日暮，仙琕乃投弓曰："诸君但来见取，我义不降。"乃槛送石头。衍释之，使待袁昂至俱入，曰："令天下见二义士。"衍谓仙琕曰："射钩、斩袪[3]，昔人所美。卿勿以杀使断运自嫌。"仙琕谢曰："小人如失主犬，后主饲之，则复为用矣。"衍笑，皆厚遇之。丙戌，萧衍入镇殿中。

刘希祖既克安成，移檄湘部，始兴内史王僧粲应之。僧粲自称湘州刺史，引兵袭长沙。去城百余里，于是湘州郡县兵皆蜂起以应僧粲，唯临湘、湘阴、浏阳、罗四县尚全。长沙人皆欲泛舟走，行事刘坦悉聚其舟焚之，遣军主尹法略拒僧粲。战数不利，前湘州镇军钟玄绍潜结士民数百人，刻日翻城应僧粲。坦闻其谋，阳为不知，因理讼至夜，而城门遂不闭以疑之。玄绍未发，明旦，诣坦问其故。坦久留与语，密遣亲兵收其家书。玄绍在坐，而收兵已报，具得其文书本末。玄绍即首服，于坐斩之；焚其文书，余党悉无所问。众愧且服，州郡遂安。法略与僧粲相持累月。建康城平，杨公则还州，僧粲等散走。王丹为郡人所杀，刘希祖亦举郡降。公则克己廉慎，轻刑薄赋，顷之，湘州户口几复其旧。

【注释】

①原例：宽恕的条例、事例。原，赦，宽恕之意。 ②膝袒：即膝行肉袒。脱了衣服露出背，用膝盖跪着行走，表示请罪畏服。 ③射钩：指春秋时管仲射齐桓公事。《左传》记载，齐桓公即位前与兄公子纠争王位，管仲在公子纠手下做事，乾时之役，管仲射桓公，中带钩。后公子纠败，桓公即位，听从鲍叔推荐，弃置射钩之仇，任用管仲为相，遂成霸业。史即以"射钩"喻弃置仇恨任用贤能之事。

资治通鉴卷第一百四十五

梁纪一　起玄黓敦牂，尽阏逢涒滩，凡三年。

高祖武皇帝

天监元年　春，正月，齐和帝遣兼侍中席阐文等慰劳建康。

大司马衍下令[①]："凡东昏时浮费，自非可以习礼乐之容，缮甲兵之备者，余皆禁绝。"

戊戌，迎宣德太后入宫，临朝称制[②]；衍解承制。

己亥，以宁朔将军萧昺监南兖州诸军事。昺，衍之从父弟也。

壬寅，进大司马衍都督中外诸军事，剑履上殿，赞拜不名。

己酉，以大司马长史王亮为中书监、尚书令。

初，大司马与黄门侍郎范云、南清河太守沈约、司徒右长史任昉同在竟陵王西邸[③]，意好敦密，至是，引云为大司马谘议参军、领录事，约为骠骑司马，昉为记室参军，与参谋议。前吴兴太守谢朏、国子祭酒何胤先皆弃官家居，衍奏征为军咨祭酒，朏、胤皆不至。

大司马内有受禅之志，沈约微扣其端，大司马不应；他日，又进曰："今与古异，不可以淳风期物。士大夫攀龙附凤，皆望有尺寸之功。今童儿牧竖皆知齐祚已终，明公当承其运，天文谶记又复炳然；天心不可违，人情不可失。苟历数所在，虽欲谦光[④]，亦不可得已。"大司马曰："吾方思之。"约曰："公初建牙樊、沔，此时应思；今王业已成，何所复思！若不早定大业，脱有一人立异，即损威德。且人非金石,时事难保,岂可以建安之封遗之子孙!若天子还都,公卿在位,则君臣分定,无复异心,君明于上,臣忠于下,岂复有人方更同公作贼!”大司马然之。约出,大司马召范云告之,云对略同约旨,大司马曰:“智者乃尔暗同,卿明早将休文更来!”云出,语约,约曰:“卿必待我!”云许诺,而约先期入。大司马命草具其事,约乃出怀中诏书并诸选置,大司马初无所改。俄而云自外来,至殿门,不得入,徘徊寿光阁外[5],但云“咄咄!”约出,问曰:“何以见处?”约举手向左,云笑曰:“不乖所望。”有顷,大司马召云入,叹约才智纵横,且曰:“我起兵于今三年矣,功臣诸将实有其劳,然成帝业者,卿二人也。”

甲寅,诏进大司马位相国,总百揆,扬州牧,封十郡为梁公[6],备九锡之礼[7],置梁百司,去录尚书之号,骠骑大将军如故。二月,辛酉,梁公始受命。

齐湘东王宝晊,安陆昭王缅之子也,颇好文学。东昏侯死,宝晊望物情归己,坐待法驾。既而王珍国等送首梁公,梁公以宝晊为太常,宝晊心不自安。壬戌,梁公称宝晊谋反,并其弟江陵公宝览、汝南公宝宏皆杀之。

萧衍像

【注释】

①大司马衍:梁武帝萧衍于天监元年(502)三月受齐禅,三月以前仍是齐和帝中兴二年,萧衍亦是齐大司马,故此处有“大司马衍”之称。 ②临朝称制:宣德太后为齐武帝萧赜太子长懋之妃,武帝建元四年(482)立为王妃,明帝永明十一年(493)追尊为皇太后,海陵王

废,出居鄱阳王故第,号宣德宫,称宣德皇太后。萧衍欲篡齐,迎宣德太后入宫代行君命,以为号令。 ③竟陵王西邸:竟陵王萧子良,武帝建元四年(482)始封。永明二年(484),齐以竟陵王子良为司徒,子良开西邸,引纳文学之士,以范云、任昉、沈约、萧衍等为八友。事见本书卷第一百三十六齐武帝永明二年。 ④谦光:以表面的谦让为手段而使事业光大。语出《周易·系辞下》:"谦,尊而光。" ⑤寿光阁:萧衍拥立齐明帝宝卷称帝于江陵,此处寿光阁指建康寿光省中之寿光阁。 ⑥十郡:指豫州的梁郡、历阳,南徐州的义兴,扬州的淮南、宣城、吴兴、会稽、新安、东阳等十郡。 ⑦九锡:古者天子赐诸侯有大功者衣物车马等凡九事,谓之"九锡"。王莽之后,加"九锡"往往就是禅位的先声。

丙寅,诏梁国选诸要职,悉依天朝之制。于是以沈约为吏部尚书兼右仆射,范云为侍中。

梁公纳东昏余妃,颇妨政事,范云以为言,梁公未之从。云与侍中、领军将军王茂同入见[1],云曰:"昔沛公入关[2],妇女无所幸,此范增所以畏其志大也。今明公始定建康,海内想望风声,奈何袭乱亡之迹,以女德为累乎!"王茂起拜曰:"范云言是也。公必以天下为念,无宜留此。"梁公默然。云即请以余氏赉王茂,梁公贤其意而许之。明日,赐云、茂钱各百万。

丙戌,诏梁公增封十郡[3],进爵为王。癸巳,受命,赦国内及府州殊死以下。

辛丑,杀齐邵陵王宝攸、晋熙王宝嵩、桂阳王宝贞。

梁王将杀齐诸王,防守犹未急。鄱阳王宝寅家阉人颜文智与左右麻拱等密谋,穿墙夜出宝寅,具小船于江岸,著乌布襦,腰系千余钱,潜赴江侧,蹑屩徒步,足无完肤。防守者至明追之,宝寅诈为钓者,随流上下十余里,追者不疑。待散,乃渡西岸投民华文荣家,文荣与其族人天龙、惠连弃家将宝寅遁匿山涧,赁驴乘之,昼伏夜行,抵寿阳之东城[4]。魏戍主杜元伦驰告扬州刺史任城王澄,以车马侍卫迎之。宝寅时年十六,徒步憔悴,见者以为掠卖生口。澄待以客礼,宝寅请丧君斩衰之服,澄遣人晓示情礼,以丧兄齐衰之服给之[5]。澄帅官僚赴吊,宝寅居处有礼,一同极哀之节。

寿阳多其义故，皆受慰唁；唯不见夏侯一族，以夏侯详从梁王故也。澄深器重之。

齐和帝东归，以萧憺为都督荆、湘等六州诸军事、荆州刺史[6]。荆州军旅之后，公私空乏，憺厉精为治，广屯田，省力役，存问兵死之家，供其乏困。自以少年居重任，谓佐吏曰："政之不臧，士君子所宜共惜。吾今开怀，卿其无隐！"于是人人得尽意，民有讼者皆立前待符教，决于俄顷，曹无留事，荆人大悦。

【注释】

①侍中：此处侍中、领军将军均属梁公国属官。 ②沛公入关：沛公，即汉高祖刘邦。前206年，刘邦入关(函谷关)，接受张良等人的进谏，不取妇女、财物，还军灞上，故范增劝说项羽击之。事见本书卷第九汉纪一高帝元年(前206)。 ③增封十郡：指增封豫州之南谯、庐江，江州之寻阳，郢州之武昌、西阳，南徐州之南琅邪、南东海、晋陵，扬州之临海、永嘉十郡给梁国。 ④寿阳之东城：指北魏行政区域的寿阳之东城，寿阳之东城的具体所指，今不详。 ⑤齐衰(cuī 崔)之服：与前文"斩衰之服"同为"五服"之一，但较斩衰为轻。古时丧制，以斩衰、齐衰、大功、小功、缌麻为五服，以为亲疏服丧的等差。宝寅向北魏请斩衰之服，意即以齐国大臣的身分为东昏侯服丧；北魏仅供给他齐衰之服，让他以兄弟身分服丧，则说明北魏以自己为正统，并不承认南齐作为与自己同等国家的地位。 ⑥荆、湘等六州：荆，指荆州；湘，当指湘州，东晋分荆、广二州始置，后并入荆州，南朝刘宋复置，齐、梁因之，治今湖南及两广之旧韶州、桂林诸府地。六州中另外四州不详。

齐和帝至姑孰，丙辰，下诏禅位于梁。

丁巳，庐陵王宝源卒。

鲁阳蛮鲁北鷰等起兵攻魏颍州[1]。

夏，四月，辛酉，宣德太后令曰："西诏至[2]，帝宪章前代，敬禅神器于梁，明可临轩，遣使恭授玺绂，未亡人归于别宫[3]。"壬戌，发策，遣兼太保、尚书令亮等奉皇帝玺绂诣梁宫。丙寅，梁王即皇帝位于南郊，大赦，改元。是日，追赠兄懿为丞相，封长沙王，谥曰宣武，葬礼依晋安平献王故事[4]。

丁卯，奉和帝为巴陵王，宫于姑孰，优崇之礼，皆仿齐初。奉宣德太后为齐文帝妃，王皇后为巴陵王妃。齐世王、侯封爵，悉从降省[5]，唯宋汝阴王不在除例。

追尊皇考为文皇帝，庙号太祖；皇妣为献皇后。追谥妃郗氏曰德皇后。封文武功臣车骑将军夏侯详等十五人为公、侯。立皇弟中护军宏为临川王，南徐州刺史秀为安成王，雍州刺史伟为建安王，左卫将军恢为鄱阳王，荆州刺史憺为始兴王；以宏为扬州刺史。

丁卯以中书监王亮为尚书令，相国左长史王莹为中书监，吏部尚书沈约为尚书仆射，长兼侍中范云为散骑常侍、吏部尚书。

诏凡后宫、乐府[6]、西解、暴室诸妇女一皆放遣[7]

戊辰，巴陵王卒。时上欲以南海郡为巴陵国，徙王居之。沈约曰："古今殊事，魏武所云'不可慕虚名而受实祸。'"上颔之，乃遣所亲郑伯禽诣姑孰，以生金进王，王曰："我死不须金，醇酒足矣。"乃饮沉醉；伯禽就折杀之。

王之镇荆州也，琅邪颜见远为录事参军，及即位，为治书御史兼中丞，既禅位，见远不食数日而卒。上闻之曰："我自应天从人，何预天下士大夫事，而颜见远乃至于此！"

庚午，诏："有司依周、汉故事，议赎刑条格，凡在官身犯鞭杖之罪，悉入赎停罚，其台省令史、士卒欲赎者听之。"

【注释】

①鲁阳蛮：指当时聚居于今河南鲁山县一带的少数民族。颍州：指北魏所属的颍州，治所在今安徽阜阳市。 ②西诏至：齐和帝下诏时在姑孰，姑孰位于建康之西，故称西诏至。 ③未亡人：古时君薨，其夫人尚在，则自称未亡人。 ④依晋安平献王故事：萧衍之兄萧懿为东昏侯所杀，葬不成礼，萧衍称帝，依晋安平王司马孚礼葬之。 ⑤悉从降省：降，指王爵降为公爵，公爵降为侯爵；省，指免除王公的封国。 ⑥乐府：当时的官方音乐管理机构，后宫歌妓可能也属于其管辖。 ⑦西解（xiè懈）、暴室：西解，同西秳，官名。暴室，又名薄室，宫人监狱。

以谢沐县公宝义为巴陵王，奉齐祀。宝义幼有废疾，不能言，故独得全。

齐南康侯子恪及弟祁阳侯子范尝因事入见，上从容谓曰："天下公器，非可力取，苟无期运，虽项籍之力终亦败亡。宋孝武性猜忌，兄弟粗有令名者皆鸩之，朝臣以疑似枉死者相继。然或疑而不能去，或不疑而卒为患，如卿祖以材略见疑，而无如之何。湘东以庸愚不疑，而子孙皆死其手。我于时已生，彼岂知我应有今日！固知有天命者非人所害。我初平建康，人皆劝我除去卿辈以壹物心，我于时依而行之，谁谓不可！正以江左以来，代谢之际，必相屠灭，感伤和气，所以国祚不长。又，齐、梁虽云革命，事异前世，我与卿兄弟虽复绝服①，宗属未远，齐业之初亦共甘苦②，情同一家，岂可遽如行路之人！卿兄弟果有天命，非我所杀；若无天命，何忽行此！当足示无度量耳。且建武涂炭卿门③，我起义兵，非惟自雪门耻，亦为卿兄弟报仇。卿若能在建武、永元之世拨乱反正④，我岂得不释戈推奉邪！我自取天下于明帝家，非取之于卿家也。昔刘子舆自称成帝子，光武言：'假使成帝更生，天下亦不可复可得，况子舆乎⑤！'曹志，魏武帝之孙，为晋忠臣⑥。况卿今日犹是宗室，我方坦然相期，卿无复怀自外之意！小待，当自知我寸心。"子恪兄弟凡十六人，皆仕梁，子恪、子范、子质、子显、子云、子晖并以才能知名，历官清显，各以寿终。

诏征谢朏为左光禄大夫、开府仪同三司，何胤为右光禄大夫，何点为侍中；胤、点终不就。

癸酉，诏："公车府谤木、肺石傍各置一函⑦。若肉食莫言⑧，欲有横议⑨，投谤木函；或以功劳才器冤沉莫达，投肺石函。"

上身服浣濯之衣，常膳唯以菜蔬。每简长吏，务选廉平，皆召见于前，勖以政道。擢尚书殿中郎到溉为建安内史⑩，左户侍郎刘鬷为晋安太守⑪，二人皆以廉洁著称。溉，彦之曾孙也。又著令："小县令有能，迁大县，大县有能，迁二千石。"以山阴令丘仲孚为长沙内史⑫，武康令东海何远为宣城太守⑬，由是廉能莫不知劝。

【注释】

①绝服：古时丧制有所谓斩衰、齐衰等五服，根据亲疏关系，五服之内须服丧，五服之外不服丧；绝服，即已非五服之亲。　②共甘苦：指宋、

齐禅代之际，萧衍之父萧顺之曾参预佐命，与齐高帝共过甘苦。 ③涂炭卿门：指齐明帝建武年间诛杀高帝、武帝子孙。 ④永元：齐东昏侯年号，起499年，止501年三月。 ⑤子舆：相传为汉成帝子，王莽时长安有个叫武仲的自称是成帝小妻之子刘子舆，后赤眉农民起义军也借立刘子舆以相号召。事见本书卷第三十七王莽始建国二年(2)及卷第三十九淮阳王更始元年(23)。 ⑥曹志：曹志本曹魏陈思王曹植之子，仕晋为博士祭酒，事见本书卷第八十一晋武帝太康四年(283)。 ⑦谤木、肺石：谤木，又称诽谤木或华表木；肺石，即赤石。二者均是用来记录官吏好坏的工具。 ⑧肉食：肉食者的省称，即官吏。 ⑨横议：布衣处士而议论朝政，谓之横议；又称处士横议。 ⑩建安：齐、梁时郡名，当在今福建建瓯市境。 ⑪晋安：郡名，治所在今福建福州市。 ⑫长沙：郡名，治所在今湖南长沙市。 ⑬宣城：郡名，治所在今安徽宣城市宣州区。

鲁阳蛮围魏湖阳[①]，抚军将军李崇将兵击破之，斩鲁北鷰；徙万余户于幽、并诸州及六镇，寻叛南走，所在追讨，比及河，杀之皆尽。

闰月，丁巳[②]，魏顿丘匡公穆亮卒。

齐东昏侯嬖臣孙文明等，虽经赦令，犹不自安，五月，乙亥夜[③]，帅其徒数百人，因运荻炬[④]，束仗入南、北掖门作乱，烧神虎门、总章观，入卫尉府，杀卫尉洮阳愍侯张弘策。前军司马吕僧珍直殿内，以宿卫兵拒之，不能却。上戎服御前殿，曰："贼夜来，是其众少，晓则走矣。"命击五鼓，领军将军王茂、骁骑将军张惠绍闻难，引兵赴救，盗乃散走；讨捕，悉诛之。

江州刺史陈伯之[⑤]。目不识书，得文牒辞讼，唯作大诺而已，有事，典签传口语[⑥]，与夺决于主者。豫章人邓缮、永兴人戴永忠有旧恩于伯之，伯之以缮为别驾，永忠为记室参军。河南褚緭居建康，素薄行，仕宦不得志，频造尚书范云，云不礼之。緭怒，私谓所亲曰："建武以后，草泽下族悉化成贵人，吾何罪而见弃！今天下草创，饥馑不已，丧乱未可知。陈伯之拥强兵在江州，非主上旧臣，有自疑之意；且荧惑守南斗[⑦]，讵非为我出邪！今者一行事若无成，入魏不失作河南郡守。"遂投伯之，大见亲狎。伯之又以乡人朱龙符为长流参军⑧,并乘伯之愚暗,恣为奸利。

上闻之,使陈虎牙私戒伯之,又遣人代邓缮为别驾,伯之并不受命,表云:“龙符骁勇,邓缮有绩效;台所遣别驾,请以为治中。”缮于是日夜说伯之云:“台家府藏空竭,复无器仗,三仓无米⑨,东境饥流⑩,此万世一时也。机不可失!”绢、永忠等共赞成之。伯之谓缮:“今启卿,若复不得,即与卿共反。”上敕伯之以部内一郡处缮,于是伯之集府州僚佐谓曰:“奉齐建安王教,帅江北义勇十万,已次六合⑪,见使以江州见力运粮速下。我荷明帝厚恩,誓死以报。”即命纂严,使绢诈为萧宝寅书以示僚佐,于听事前为坛⑫,歃血共盟⑬。

绢说伯之曰:“今举大事,宜引众望。长史程元冲,不与人同心;临川内史王观,僧虔之孙,人身不恶,可召为长史以代元冲。”伯之从之,仍以绢为寻阳太守,永忠为辅义将军,龙符为豫州刺史。观不应命,豫章太守郑伯伦起郡兵拒守。程元冲既失职于家,合帅数百人,乘伯之无备,突入至听事前;伯之自出格斗,元冲不胜,逃入庐山。伯之密遣信报虎牙兄弟,皆逃奔盱眙。

戊子,诏以领军将军王茂为征南将军、江州刺史,帅众讨之。

【注释】

①湖阳:县名,治今河南唐河县。 ②丁巳:据陈垣《二十史朔闰表》,梁武帝天监元年无闰月。 ③乙亥:据陈垣《二十史朔闰表》,梁武帝天监元年五月乙亥为初二日;一说五月无此日,疑误。 ④荻炬:荻,一种芦苇;古时宫廷需束荻用作火炬。因为要运芦荻,所以孙文明等人得以将兵仗夹杂其中带进宫去。 ⑤江州:地名,治所在今江西九江市。 ⑥典签:掌管文书之吏。南朝时各王国置典签帅,很有权势。 ⑦荧惑守南斗:荧惑,即火星;南斗,二十八宿之一,共有六星。古人认为南斗为天庙,主兵,荧惑守南斗,预示将有新的天子出现。 ⑧长流参军:职官名,晋始置,为治狱之吏,相当于汉代的捕贼掾。 ⑨三仓:指梁朝司农卿所辖之太仓、石头仓和常平仓等三大粮仓。 ⑩东境:指梁境内三吴(苏州、润州、湖州)及会稽之地。 ⑪六合:梁有六合山和六合县,六合山位于今安徽和县,六合县治今江苏南京市六合区,此处未详何指。 ⑫听事:指处理公事的官署。 ⑬歃(shà 煞)血:古时举行盟会时,嘴唇

上涂上牲畜的血表示忠诚称为歃血。

魏扬州小岘戍主党法宗袭大岘戍，破之，虏龙骧将军邾菩萨。

陈伯之闻王茂来，谓褚缉等曰："王观既不就命，郑伯伦又不肯从，便应空手受困。今先平豫章，开通南路，多发丁力，益运资粮，然后席卷北向，以扑饥疲之众，不忧不济。"六月，留乡人唐盖人守城，引兵趣豫章，攻伯伦，不能下。王茂军至，伯之表里受敌，遂败走，间道渡江，与虎牙等及褚缉俱奔魏。

上遣左右陈建孙送刘季连子弟三人入蜀，使谕旨慰劳。季连受命，饬还装，益州刺史邓元起始得之官。

初，季连为南郡太守，不礼于元起。都录朱道琛有罪[①]，季连欲杀之，逃匿得免。至是，道琛为元起典签，说元起曰："益州乱离已久，公私虚耗。刘益州临归，岂办远遣迎候！道琛请先使检校，缘路奉迎，不然，万里资粮，未易可得。"元起许之。道琛既至，言语不恭，又历造府州人士，见器物，辄夺之，有不获者，语曰："会当属人，何须苦惜！"于是军府大惧，谓元起必诛季连，祸及党与，竟言之于季连。季连亦以为然，且惧昔之不礼于元起，乃召兵算之，有精甲十万，叹曰："据天险之地，握此强兵，进可以匡社稷，退不失作刘备，舍此安之！"遂召佐史，矫称齐宣德太后令，聚兵复反，收朱道琛，杀之。召巴西太守朱士略及涪令李膺，并不受命。是月，元起至巴西，士略开门纳之。

先是，蜀民多逃亡，闻元起至，争出投附，皆称起义兵应朝廷，军士新故三万余人[②]。元起在道久，粮食乏绝，或说之曰："蜀土政慢，民多诈疾，若检巴西一郡籍注，因而罚之，所获必厚[③]。"元起然之。李膺谏曰："使君前有严敌，后无继援，山民始附，于我观德[④]。若纠以刻薄，民必不堪，众心一离，虽悔无及。何必起疾可以济师[⑤]！膺请出图之，不患资粮不足也。"元起曰："善。一以委卿！"膺退，帅富民上军资米，得三万斛。

【注释】

①都录：郡府首吏，总录府中诸吏之事。　②新故：新，指蜀地新附之民；故，指随邓元起从行的部属。　③所获必厚：指巴西一郡的贫民都

依附于豪族大户，没有自己的户籍；如果对当地的户籍逐一加以检核，一定会发现很多隐报的户口。 ④于我观德：指巴西一带山民均持观望态度，使君有德则依附，无德则离弃而趋他。 ⑤起疾：意为如果对蜀民太刻薄，老百姓受不了，就会留下后患。一说：起疾，指引起当地山民多诈之疾。

秋，八月，丁未，命尚书删定郎济阳蔡法度损益王植之集注旧律[①]，为《梁律》，仍命与尚书令王亮、侍中王莹、尚书仆射沈约、吏部尚书范云等九人同议定。

上素善钟律，欲厘正雅乐，乃自制四器，名之为“通”[②]。每通施三弦，黄钟弦用二百七十丝，长九尺，应钟弦用一百四十二丝，长四尺七寸四分差强，中间十律，以是为差[③]。因以通声转推月气，悉无差违，而还得相中。又制十二笛，黄钟笛长三尺八寸，应钟笛长二尺三寸，中间十律以是为差，以写通声，饮古钟玉律[④]，并皆不差。于是被以八音[⑤]，施以七声[⑥]，莫不和韵。先是，宫悬止有四镈钟[⑦]，杂以编钟、编磬、衡钟凡十六虡[⑧]。上始命设十二镈钟，各有编钟、编磬，凡三十六虡，而去衡钟，四隅植建鼓[⑨]。

魏高祖之丧，前太傅平阳公丕自晋阳来赴，遂留洛阳。丕年八十余，历事六世[⑩]，位极公辅，而还为庶人[⑪]。魏主以其宗室耆旧，矜而礼之。乙卯，以丕为三老。

魏扬州刺史任城王澄表请攻钟离，魏主使羽林监敦煌范绍诣寿阳，共量进止。澄曰：“当用兵十万，往来百日，乞朝廷速办粮仗。”绍曰：“今秋已向末，方欲调发，兵仗可集，粮何由致！有兵无粮，何以克敌！”澄沉思良久，曰：“实如卿言。”乃止。

九月，丁巳，魏主如邺。冬，十月，庚子，还至怀，与宗室近侍射远[⑫]，帝射三百五十余步，群臣刻铭以美之。甲辰，还洛阳。

十一月，己未，立小庙以祭太祖之母[⑬]，每祭太庙毕，以一太牢祭之。

甲子，立皇子统为太子。

魏洛阳宫室始成[⑭]。

十二月，将军张嚣之侵魏淮南，取木陵戍；魏任城王澄遣辅国

萧梁昭明太子读书台

将军成兴击之，嚣之败走，魏复取木陵。

刘季连遣其将李奉伯等拒邓元起，元起与战，互有胜负。久之，奉伯等败，还成都，元起进屯西平[15]。季连驱略居民，闭城固守。元起进屯蒋桥，去成都二十里，留辎重于郫。奉伯等间道袭郫，陷之，军备尽没。元起舍郫，径围州城；城局参军江希之谋以城降[16]，不克而死。

【注释】

①王植之集注旧律：事见本书卷一百三十七齐武帝永明九年。②通：此处为乐器名。据载，这种乐器受声广九寸，宣声长九尺，临岳高一寸二分。每支通上安有三根弦：一曰黄钟弦，二曰应钟弦，中间根据三分损益法另立一弦。③以是为差：黄钟律长九寸，引申为九尺。应钟律长四寸二十七分之二十，引申为四尺七寸四分差强。中间十律以是为差，即上生、下生，三分损益之数。④饮古钟玉律：音乐中有饮声，饮者依其声而斟酌乐器发音的清浊高下。饮古钟律，指随着古钟的音律而斟酌笛子的清浊高下。⑤八音：指金、石、丝、竹、匏、土、革、木等八种乐

器。　⑥七声：指宫、商、角、徵、羽及变宫、变徵。　⑦镈钟：指一种大钟。　⑧编钟、编磬：凡钟十六枚同在一虡（柱），称为编钟；磬十六枚同在一虡（柱），称为编磬。　⑨建鼓：一种大鼓，相传少昊氏作为建鼓之节。　⑩历事六世：拓跋丕曾跟随北魏世祖开边至长江，后又历景穆、文成、献文、孝文及今主，共六世。　⑪还为庶人：拓跋丕因罪降为庶人，事见本书卷第一百四十一齐明帝建武四年（497）。　⑫射远：宫中博戏之名，射程远者胜。　⑬太祖之母：北魏太祖之母，今主宣武帝元恪祖母。⑭宫室始成：北魏自齐武帝永明十一年（493）始营洛阳宫室，至此方成。⑮西平：晋安帝以秦、雍流民始立，寄治今四川成都市郊县。　⑯城局参军：古职官名，自刘宋始置，为十八曹参军之一。

魏陈留公主寡居，仆射高肇、秦州刺史张彝皆欲尚之，公主许彝而不许肇。肇怒，谮彝于魏主，坐沉废累年。

是岁，江东大旱，米斗五千，民多饿死。

二年　春，正月，乙卯，以尚书仆射沈约为左仆射，吏部尚书范云为右仆射，尚书令王亮为左光禄大夫。丙辰，亮坐正旦诈疾不登殿，削爵，废为庶人。

乙亥，魏主耕籍田。

魏梁州氐杨会叛，行梁州事杨椿等讨之①。

成都城中食尽，升米三千，人相食。刘季连食粥累月，计无所出。上遣主书赵景悦宣诏受季连降，季连肉袒请罪。邓元起迁季连于城外，俄而造焉，待之以礼。季连谢曰："早知如此，岂有前日之事！"郫城亦降。元起诛李奉伯等，送季连诣建康。初，元起在道，惧事不集，无以为赏，士之至者皆许以辟命，于是受别驾、治中檄者将二千人。

季连至建康，入东掖门，数步一稽颡，以至上前。上笑曰："卿欲慕刘备，而曾不及公孙述，岂无卧龙之臣邪②！"赦为庶人。

三月，己巳，魏皇后蚕于北郊。

庚辰，魏扬州刺史任城王澄遣长风城主奇道显入寇，取阴山、白藁二戍③。

萧宝寅伏于魏阙之下，请兵伐梁，虽暴风大雨，终不暂移；会陈伯之降魏，亦请兵自效。魏主乃引八坐、门下入定议[4]。夏，四月，癸未朔，以宝寅为都督东扬等三州诸军事[5]、镇东将军、扬州刺史、丹杨公、齐王，礼赐甚厚，配兵一万，令屯东城；以伯之为都督淮南诸军事、平南将军、江州刺史，屯阳石[6]，俟秋冬大举。宝寅明当拜命，自夜恸哭至晨。魏人又听宝寅募四方壮勇，得数千人，以颜文智、华文荣等六人皆为将军、军主[7]。宝寅志性雅重，过期犹绝酒肉[8]，惨形悴色，蔬食粗衣，未尝嬉笑。

【注释】

①行梁州事：北魏梁州治今甘肃成县西北，临时代理州行政长官职，称行某州事。 ②卧龙之臣：卧龙为诸葛亮的别名；上文不及公孙述，指公孙述不肯降汉之事。 ③阴山、白藁：均位于今河南潢川县境内。 ④八坐、门下：八坐，指令、仆及诸曹尚书；门下，指侍中、散骑常侍等官。 ⑤东扬等三州：东扬，指北魏所置东扬州，位于汉、晋时代东城县（治所在今安徽定远县东南）故地；另外，北魏置有扬州，治所在今河南项城市东北。 ⑥阳石：即羊石城，在今安徽霍邱县东南。 ⑦颜文智、华文荣：颜文智护送宝寅投华文荣家族，华文荣护送宝寅投北魏，故二人为宝寅推重。 ⑧过期：指宝寅以兄弟身份为齐和帝服丧的期限。

癸卯，蔡法度上《梁律》二十卷，《令》三十卷，《科》四十卷。诏班行之。

五月，丁巳，霄城文侯范云卒[1]。

云尽心事上，知无不为，临繁处剧，精力过人。及卒，众谓沈约宜当枢管[2]，上以约轻易，不如尚书左丞徐勉，乃以勉及右卫将军周舍同参国政。舍雅量不及勉，而清简过之，两人俱称贤相，常留省内，罕得休下。勉或时还宅，群犬惊吠；每有表奏，辄焚其稿。舍预机密二十余年，未尝离左右，国史、诏诰、仪体、法律、军旅谋谟皆掌之，与人言谑，终日不绝，而竟不漏泄机事，众尤服之。

壬申，断诸郡县献奉二宫[3]，惟诸州及会稽许贡任土，若非地产，亦不得贡。

甲戌，魏杨椿等大破叛氐，斩首数千级。

六月，壬午朔，魏立皇弟悦为汝南王。

魏扬州刺史任城王澄表称："萧衍频断东关[④]，欲令濡湖泛溢以灌淮南诸戍[⑤]。吴、楚便水，且灌且掠，淮南之地将非国有，寿阳去江五百余里，众庶惶惶，并惧水害，脱乘民之愿，攻敌之虚，豫勒诸州，纂集士马，有秋大集，应机经略，虽混壹不能必果，江西自是无虞矣。"丙戌，魏发冀、定、瀛、相、并、济六州二万人[⑥]，马一千五百匹，令仲秋之中毕会淮南，并寿阳先兵三万，委澄经略；萧宝寅、陈伯之皆受澄节度。

【注释】

①霄城文侯：即霄城县侯，范云的封爵。霄城，竟陵（治今湖北天门市）的旧称。　②枢管：意即管枢要机密。案由此观之，沈约官位虽在范云之上，但受梁武帝亲任程度并不及范云。　③二宫：指梁武帝所在上宫和皇太子所在东宫。　④东关：地名，位于今安徽含山县西南濡须山上。淮河由附近入巢湖。　⑤濡湖：今称巢湖，是今安徽省内最大的湖泊。　⑥冀、定、瀛、相、并、济六州：指北魏所置冀州（治所在今河北衡水市冀州区）、定州（治所在今河北定州市）、瀛州（治所在今河北河间市）、相州（治所在今河北临漳县）、并州（治所在今山西太原市）、济州（治所在今山东聊城市茌平区）等六州。

谢朏轻舟出诣阙，诏以为侍中、司徒、尚书令。朏辞脚疾不堪拜谒，角巾自舆诣云龙门谢[①]。诏见于华林园，乘小车就席。明旦，上幸朏宅[②]，宴语尽欢。朏固陈本志，不许；因请自还东迎母，许之。临发，上复临幸，赋诗饯别；王人送迎[③]，相望于道。及还，诏起府于旧宅，礼遇优异。朏素惮烦，不省职事，众颇失望。

甲午，以中书监王莹为尚书右仆射。

秋，七月，乙卯，魏平阳公丕卒。

魏既罢盐池之禁[④]，而其利皆为富强所专。庚午，复收盐池利入公。

辛未，魏以彭城王勰为太师，勰固辞。魏主赐诏敦谕，又为家人书[⑤]，祈请恳至；勰不得已，受命。

八月，庚子，魏以镇南将军元英都督征义阳诸军事[⑥]。司州刺史蔡道恭闻魏军将至，遣骁骑将军杨由帅城外居民三千余家保贤首山，为三栅。冬，十月，元英勒诸军围贤首栅，栅民任马驹斩由降魏。

任城王澄命统军党法宗、傅竖眼、太原王神念等分兵寇东关、大岘、淮陵、九山[7]，高祖珍将三千骑为游军，澄以大军继其后。竖眼，灵越之子也。魏人拔关要、颍川、大岘三城[8]，白塔、牵城、清溪皆溃。徐州刺史司马明素将兵三千救九山，徐州长史潘伯邻救淮陵，宁朔将军王燮保焦城。党法宗等进拔焦城，破淮陵，十一月，壬午，擒明素，斩伯邻。

先是，南梁太守冯道根戍阜陵[9]，初到，修城隍，远斥候，如敌将至，众颇笑之。道根曰："怯防勇战，此之谓也。"城未毕，党法宗等众二万奄至城下，众皆失色。道根命大开门，缓服登城，选精锐二百人出与魏兵战，破之。魏人见其意思闲暇，战又不利，遂引去。道根将百骑击高祖珍，破之。魏诸军粮运绝，引退。以道根为豫州刺史。

【注释】

①角巾：古时隐者之服，亦即方巾。　②上幸朏宅：谢朏仕宋及齐，在建康建有私宅，故梁武帝能亲至其家。　③王人：凡是奉皇上命令的人均称王人。　④罢盐池之禁：齐东昏侯永元二年（500）北魏中尉甄琛上表请求开盐禁，彭城王勰与邢峦均认为不可，魏宣武帝诏从甄琛之请。《资治通鉴》载此事于卷第一百四十六天监五年，似有误。　⑤为家人书：以家人叔侄之礼写书信。案：北魏宣武帝和彭城王元勰之间，既是君臣关系，也是叔侄关系，宣武帝以诏书征元勰为太师，元勰坚决推辞，只好借助叔侄之礼恳求。　⑥义阳：治所在今河南信阳市。　⑦淮陵：县名，治所在今安徽明光市东北。一说："淮陵"当作"睢陵"。　⑧关要、颍川、大岘三城：此三城均属梁朝军事据点。关要城今在何处不详；颍川城在今河南许昌市境；大岘城在今安徽含山县东北大岘山。　⑨戍阜陵：冯道根本为南梁郡（治所在今安徽寿县）太守，此时以太守身分领兵驻守阜陵戍（在今安徽全椒县境内）。

武兴安王杨集始卒。己未，魏立其世子绍先为武兴王；绍先幼，国事决于二叔父集起、集义。

乙亥，尚书左仆射沈约以母忧去职。

魏既迁洛阳，北边荒远，因以饥馑，百姓困弊。魏主加尚书左仆射源怀侍中、行台[1]，使持节巡行北边六镇、恒、燕、朔三州[2]，赈给贫乏，考论殿最[3]，事之得失皆先决后闻。怀通济有无，饥民赖之。沃野镇将于祚，皇后之世父，与怀通婚。时于劲方用事，势倾朝野，祚颇有受纳。怀将入镇，祚郊迎道左，怀不与语，即劾奏免官。怀朔镇将元尼须与怀旧交，贪秽狼籍，置酒请怀，谓怀曰："命之长短，系卿之口，岂可不相宽贷！"怀曰："今日源怀与故人饮酒之坐，非鞫狱之所也。明日，公庭始为使者检镇将罪状之处耳。"尼须挥泪无以对，竟按劾抵罪。怀又奏："边镇事少而置官猥多，沃野一镇自将以下八百余人，请一切五分损二。"魏主从之。

乙酉[4]，将军吴子阳与魏元英战于白沙[5]，子阳败绩。

魏东荆州蛮樊素安作乱[6]，乙酉，以左卫将军李崇为镇南将军、都督征蛮诸军事，将步骑讨之。

冯翊吉翂父为原乡令[7]，为奸吏所诬，逮诣廷尉，罪当死。翂年十五，挝登闻鼓，乞代父命。上以其幼，疑人教之，使廷尉卿蔡法度严加诱胁，取其款实。法度盛陈拷讯之具，诘翂曰："尔求代父，敕已相许，审能死不？且尔童呆，若为人所教，亦听悔异。"翂曰："囚虽愚幼，岂不知死之可惮！顾不忍见父极刑，故求代之。此非细故，奈何受人教邪！明诏听代，不异登仙，岂有回贰[8]！"法度乃更和颜诱之曰："主上知尊侯无罪，行当得释，观君足为佳童，今若转辞，幸可父子同济。"翂曰："父挂深劾，必正刑书；囚瞑目引领，唯听大戮，无言复对。"时翂备加杻械，法度愍之，命更著小者。翂不听，曰："死罪之囚，唯宜益械，岂可减乎！"竟不脱。法度具以闻，上乃宥其父罪。

丹杨尹王志求其在廷尉事，并问乡里[9]，欲于岁首举充纯孝。翂曰："异哉王尹，何量翂之薄乎！父辱子死，道固当然；若翂当此举乃是因父取名，何辱如之！"固拒而止。

【注释】

①行台：古时台省在外的分设机构称行台，魏、晋时始置，多为征伐而设；北魏曾先后几次设置和撤消行台。 ②北边六镇：指北魏太武伐

柔然而设置的武川、抚冥、怀朔、怀荒、柔远、御夷等六个边镇，另外，北魏北方还有沃野一镇，不在六镇之列。 ③殿最：古时功多称最，功少称殿，以此作为奖赏的依据。 ④乙酉：依陈垣《二十史朔闰表》，梁武帝天监二年十二月无此日。 ⑤白沙：地名，在今河南洛阳市东。 ⑥东荆州：北魏置东荆州，治所在今河南泌阳县。 ⑦冯（píng 凭）翊：此指梁朝侨置冯翊郡，治所在不详；但依下文"原乡令"（原乡县令，原乡县治今浙江安吉县）推断，梁朝侨置冯翊郡当在今浙江安吉县一带。 ⑧回贰：反前说为回，异前说为贰。 ⑨并问乡里：魏、晋以来举士都要由州乡推荐，故问其乡里。

魏主纳高肇兄偃之女为贵嫔。

魏散骑常侍赵修，寒贱暴贵，恃宠骄恣，陵轹王公，为众所疾。魏主为修治第舍，拟于诸王，邻居献地者或超补大郡。修请告归葬其父，凡财役所须，并从官给。修在道淫纵，左右乘其出外，颇发其罪恶；及还，旧宠小衰。高肇密构成其罪，侍中、领御史中尉甄琛，黄门郎李凭、廷尉卿阳平王显，素皆谄附于修，至是惧相连及，争助肇攻之。帝命尚书元绍检讯，下诏暴其奸恶，免死，鞭一百，徙敦煌为兵。而修愚疏，初不之知，方在领军于劲第樗蒲[①]，羽林数人称诏呼之，送诣领军府。甄琛、王显监罚，先具问事有力者五人，迭鞭之，欲令必死。修素肥壮，堪忍楚毒，密加鞭至三百不死。即召驿马，促之上道，出城不自胜，举缚置鞍中，急驱之，行八十里，乃死。帝闻之，责元绍不重闻[②]，绍曰："修之佞幸，为国深蠹，臣不因衅除之，恐陛下受万世之谤。"帝以其言正，不罪也。绍出，广平王怀拜之曰："翁之直过于汲黯[③]。"绍曰："但恨戮之稍晚，以为愧耳。"绍，素之孙也。明日，甄琛、李凭以修党皆坐免官，左右与修连坐死黜者二十余人。散骑常侍高聪与修素亲狎，而又以宗人谄事高肇，故独得免。

【注释】

①樗蒲：亦作摴蒱，古代的一种赌博的游戏。 ②重闻：指另外奏请批准。 ③汲黯：西汉时人，仕汉景帝、武帝，直谏廷诤，为政有令名。

三年 春，正月，庚戌，征虏将军赵祖悦与魏江州刺史陈伯之战于东关，祖悦败绩。

癸丑，以尚书右仆射王莹为左仆射，太子詹事柳惔为右仆射。

丙辰，魏东荆州刺史杨大眼击叛蛮樊季安等，大破之。季安，素安之弟也。

丙寅，魏大赦，改元正始。

萧宝寅行及汝阴，东城已为梁所取，乃屯寿阳栖贤寺。二月，戊子，将军姜庆真乘魏任城王澄在外，袭寿阳，据其外郭。长史韦缵仓猝失图；任城太妃孟氏勒兵登陴，先守要便[①]，激厉文武，安慰新旧[②]，将士咸有奋志。太妃亲巡城守，不避矢石，萧宝寅引兵至，与州军合击之，自四鼓战至下晡，庆真败走。韦缵坐免官。

任城王澄攻钟离，上遣冠军将军张惠绍等将兵五千送粮诣钟离，澄遣平远将军刘思祖等邀之。丁酉，战于邵阳[③]；大败梁兵，俘惠绍等十将，杀虏士卒殆尽。思祖，芳之从子也。尚书论思祖功，应封千户侯；侍中、领右卫将军元晖求二婢于思祖，不得，事遂寝。晖，素之孙也。

上遣平西将军曹景宗，后军王僧炳等帅步骑三万救义阳。僧炳将二万人据凿岘[④]，景宗将万人为后继，元英遣冠军将军元逞等据樊城以拒之。三月，壬申，大破僧炳于樊城[⑤]，俘斩四千余人。

魏诏任城王澄，以“四月淮水将涨，舟行无碍，南军得时，勿昧利以取后悔”。会大雨，淮水暴涨，澄引兵还寿阳。魏军还既狼狈，失亡四千余人。中书侍郎齐郡贾思伯为澄军司，居后为殿，澄以其儒者，谓之必死，及至，大喜曰：“‘仁者必有勇[⑥]’，于军司见之矣。”思伯托以失道，不伐其功。有司奏夺澄开府，仍降三阶。上以所获魏将士请易张惠绍于魏，魏人归之。

【注释】

①要便：敌人必攻之处，我必守之处称要；有形胜可据，便于制敌之处称便。 ②新旧：新，指寿阳民兵；旧，指北来将士。一说新即新附之民；旧指原来将士。 ③邵阳：似指邵阳洲，在今安徽凤阳县东北淮河中。④凿岘：地名，在今河南信阳市南。 ⑤大破僧炳于樊城：上文言僧炳据凿岘，此处又言败于樊城（今湖北襄阳市），似有不合。 ⑥仁者必

有勇：语出《论语·宪问》，意思是说有仁义之心的人一定也有勇气。

魏太傅、领司徒、录尚书北海王详，骄奢好声色，贪冒无厌，广营第舍，夺人居室，嬖昵左右，所在请托，中外嗟怨。魏主以其尊亲，恩礼无替，军国大事皆与参决，所奏请无不开允。魏主之初亲政也，以兵召诸叔[①]，详与咸阳、彭城王共车而入，防卫严固。高太妃大惧，乘车随而哭之。既得免，谓详曰："自今不愿富贵，但使母子相保，与汝扫市为生耳。"及详再执政[②]，太妃不复念前事，专助详为贪虐。冠军将军茹皓，以巧思有宠于帝，常在左右，传可门下奏事，弄权纳贿，朝野惮之，详亦附焉。皓娶尚书令高肇从妹，皓妻之姊为详从父安定王燮之妃；详烝于燮妃，由是与皓益相昵狎。直阁将军刘胄，本详所引荐，殿中将军常季贤以善养马，陈扫静掌栉，皆得幸于帝，与皓相表里，卖权势。

高肇本出高丽，时望轻之。帝既黜六辅[③]，诛咸阳王禧，专委事于肇。肇以在朝亲族至少，乃邀结朋援，附之者旬月超擢，不附者陷以大罪。尤忌诸王，以详位居其上，欲去之，独执朝政，乃谮之于帝，云"详与皓、胄、季贤、扫静谋为逆乱"。夏，四月，帝夜召中尉崔亮入禁中，使弹奏详贪淫奢纵，及皓等四人怙权贪横，收皓等系南台[④]，遣虎贲百人围守详第。又虑详惊惧逃逸，遣左右郭翼开金墉门驰出谕旨，示以中尉弹状，详曰："审如中尉所纠，何忧也！正恐更有大罪横至耳。人与我物，我实受之。"诘朝，有司奏处皓等罪，皆赐死。

北魏冠军将军印

帝引高阳王雍等五王入议

详罪。详单车防卫，送华林园，母妻随入，给小奴弱婢数人，围守甚严，内外不通。五月，丁未朔，下诏宥详死，免为庶人。顷之，徙详于太府寺，围禁弥急，母妻皆还南第，五日一来视之。

初，详娶宋王刘昶女，待之疏薄。详既被禁，高太妃乃知安定高妃事，大怒曰："汝妻妾盛多如此，安用彼高丽婢，陷罪至此！"杖之百余，被创脓溃，旬余乃能立。又杖刘妃数十，曰："妇人皆妒，何独不妒！"刘妃笑而受罚，卒无所言。

详家奴数人阴结党辈，欲劫出详，密书姓名，托侍婢通于详。详始得执省，而门防主司遥见[5]，突入就详手中揽得，奏之，详恸哭数声，暴卒。诏有司以礼殡葬。

先是，典事史元显献鸡雏[6]，四翼四足，诏以问侍中崔光。光上表曰："汉元帝初元中，丞相府史家雌鸡伏子[7]。渐化为雄，冠距鸣将[8]。永光中，有献雄鸡生角，刘向以为'鸡者小畜，主司时起居人[9]，小臣执事为政之象也[10]。竟宁元年，石显伏辜，此其效也'。灵帝永和元年，南宫寺雌鸡欲化为雄，但头冠未变，诏以问议郎蔡邕，对曰：'头为元首，人君之象也。今鸡一身已变，未至于头，而上知之，是将有其事而不遂成之象也。若应之不精，政无所改，头冠或成，为患滋大。'是后黄巾破坏四方，天下遂大乱。今之鸡状虽与汉不同，而其应颇相类，诚可畏也。臣以向、邕言推之，翼足众多，亦群下相扇助之象；雏而未大，足羽差小，亦其势尚微，易制御也。臣闻灾异之见，皆所以示吉凶，明君睹之而惧，乃能致福，暗主睹之而慢，所以致祸。或者今亦有自贱而贵，关预政事，如前世石显之比者邪！愿陛下进贤黜佞，则妖弭庆集矣[11]。"后数日，皓等伏诛，帝愈重光。

高肇说帝，使宿卫队主帅羽林虎贲守诸王第，殆同幽禁，彭城王勰切谏，不听。勰志尚高迈，不乐荣势，避事家居，而出无山水之适，处无知己之游，独对妻子，常郁郁不乐。

【注释】

①以兵召诸叔：北魏宣武帝恪接受领军于烈、于忠父子的建议，自亲朝政，罢黜诸王，召咸阳王禧、彭城王勰、北海王详，稍夺其权。事见上卷齐和帝中兴元年(501)。　②详再执政：齐和帝中兴元年正月，北魏宣武

帝恪亲政,十一月,任命北海王元详为司徒。 ③既黜六辅:六辅,指北魏孝文帝临死时六位辅政的大臣北海王元详、尚书令王肃、广阳王元嘉、吏部尚书宋弁、太尉元禧、尚书右仆射元澄等六人;既黜六辅,事见本书卷第一百四十二齐东昏侯永元元年(499) ④南台:即御史台,因其在宫阙西南而得名。 ⑤门防主司:主管门卫兵的官吏。 ⑥典事:职掌略同于尚书六部的主事。 ⑦伏子:伏,同孵;伏子,孵小鸡。 ⑧冠距鸣将:距,指雄鸡附蹠骨后所生的尖硬突起部分,中有硬骨质髓,外被角质鞘,故可供争斗之用;鸣将,指公鸡打鸣率领鸡群。冠距鸣将,本是雄鸡的特征和本能,这里为雌鸡所具备,故说雌鸡渐化为雄。 ⑨主司时起居人:公鸡到一定时辰便鸣叫,人们依此来判断钟点,安排一天内的生活。 ⑩小臣执事为政之象:事见《汉书·五行志》。 ⑪妖弭庆集矣:案崔光之言似有微言讽谏魏主裁抑高肇之意。

魏人围义阳,城中兵不满五千人,食才支半岁。魏军攻之,昼夜不息,刺史蔡道恭随方抗御,皆应手摧却,相持百余日,前后斩获不可胜计。魏军惮之,将退。会道恭疾笃,乃呼从弟骁骑将军灵恩,兄子尚书郎僧勰及诸将佐,谓曰:“吾受国厚恩,不能攘灭寇贼,今所苦转笃,势不支久;汝等当以死固节,无令吾没有遗恨!”众皆流涕。道恭卒,灵恩摄行州事,代之城守。

六月,癸未,大赦。

魏大旱,散骑常侍兼尚书邢峦奏称:“昔者明王重粟帛,轻金石,何则?粟帛养民而安国,金玉无用而败德故也。先帝深鉴奢泰,务崇节俭,至以纸绢为帐扆,铜铁为辔勒,府藏之金,裁给而已,不复买积以费国资。逮景明之初,承升平之业,四境清晏,远迩来同,于是贡篚相继[①],商估交入,诸所献纳,倍多于常,金玉恒有余,国用恒不足。苟非为之分限,但恐岁计不充,自今请非要须者一切不受。”魏主纳之。

秋,七月,癸丑,角城戍主柴庆宗以城降魏[②],魏徐州刺史元鉴遣淮阳太守吴秦生将千余人赴之。淮阴援军断其路[③],秦生屡战破之,遂取角城。

甲子,立皇子综为豫章王。

魏李崇破东荆叛蛮，生擒樊素安，进讨西荆诸蛮[4]，悉降之。

魏人闻蔡道恭卒，攻义阳益急，短兵日接。曹景宗顿凿岘不进，但耀兵游猎而已。上复遣宁朔将军马仙琕救义阳，仙琕转战而前，兵势甚锐。元英结垒于上雅山[5]，分命诸将伏于四山，示之以弱。仙琕乘胜直抵长围，掩英营；英伪北以诱之，至平地，纵兵击之。统军傅永擐甲执槊，单骑先入，唯军主蔡三虎副之，突陈横过。梁兵射永，洞其左股，永拔箭复入。仙琕大败，一子战死，仙琕退走。英谓永曰："公伤矣，且还营。"永曰："昔汉高扪足不欲人知[6]，下官虽微，国家一将，奈何使贼有伤将之名！"遂与诸军追之，尽夜而返，时年七十余矣，军中莫不壮之。仙琕复帅万余人进击英，英又破之，杀将军陈秀之。仙琕知义阳危急，尽锐决战，一日三交，皆大败而返。蔡灵恩势穷，八月，乙酉，降于魏。三关戍将闻之[7]，辛酉[8]，亦弃城走。

英使司马陆希道为露版[9]，嫌其不精，命傅永改之；永不增文彩，直为之陈列军事处置形要而已，英深赏之，曰："观此经算，虽有金城汤池，不能守矣。"初，南安惠王以预穆泰之谋，追夺爵邑[10]，及英克义阳，及复立英为中山王。

御史中丞任昉奏弹曹景宗，上以其功臣，寝而不治。

【注释】

①贡篚：语本《尚书·禹贡》，意思是细贵物品，用篚筐装好然后入贡。 ②角城戍：属梁朝淮阴郡境地，确址不详。 ③淮阴援军：淮阴，梁重镇，今属江苏；援军，指梁朝援救角城的军队。 ④西荆：此指北魏荆州，治所在今河南邓州市，因其在北魏东荆州之西故称。 ⑤上雅山：他本亦作"士雅山"，在今河南信阳市南，因士雅（祖逖字士雅）曾率家避难于此而得名。 ⑥汉高扪足：汉高，指汉高祖刘邦；刘邦战斗中胸部受伤而以手扪足，事见本书卷第十汉高祖四年（前203）。 ⑦三关：指梁属义阳郡（治今河南信阳市）的平靖关（河南信阳市与湖北广水市交界处）、武阳关和黄岘关。 ⑧辛酉：当为"辛卯"之误。据《魏书·世宗纪》正始元年八月："辛卯（十七日），英又大破（萧）衍将。"即指此。 ⑨露版：同"露板""露布"。一种不缄封的文书。元魏时专为报捷之用，且用绢帛书写，高挂于漆竿上。 ⑩追夺爵邑：元英参与穆泰之谋，被削

去爵位和食邑，事见本书卷第一百四十齐明帝建武三年(496)。

卫尉郑绍叔忠于事上，外所闻知，纤豪无隐[①]。每为上言事，善则推功于上，不善则引咎归己，上以是亲之。诏于南义阳置司州[②]，移镇关南[③]，以绍叔为刺史。绍叔立城隍，缮器械，广田积谷，招集流散，百姓安之。

魏置郢州于义阳，以司马悦为刺史。上遣马仙琕筑竹敦、麻阳二城于三关南[④]，司马悦遣兵攻竹敦，拔之。

九月，壬子，以吐谷浑王伏连筹为西秦、河二州刺史、河南王[⑤]。

柔然侵魏之沃野及怀朔镇，诏车骑大将军源怀出行北边，指授方略，随须征发，皆以便宜从事。怀至云中，柔然遁去。怀以为用夏制夷，莫如城郭，还，至恒、代，按视诸镇左右要害之地，可以筑城置戍之处，欲东西为九城，及储粮积仗之宜，犬牙相救之势，凡五十八条，表上之，曰："今定鼎成周[⑥]，去北遥远，代表诸国颇或外叛，仍遭旱饥，戎马甲兵十分阙八。谓宜准旧镇，东西相望，令形势相接，筑城置戍，分兵要害，劝农积粟，警急之日，随便翦讨。彼游骑之寇，终不敢攻城，亦不敢越城南出。如此，北方无忧矣。"魏主从之[⑦]。

魏太和之十六年，高祖诏中书监高闾与给事中公孙崇考定雅乐，久之，未就。会高祖殂，高闾卒。景明中，崇为太乐令，上所调金石及书。至是，世宗始命八座已下议之。

冬，十一月，戊午，魏诏营缮国学[⑧]。时魏平宁日久，学业大盛，燕、齐、赵、魏之间，教授者不可胜数，弟子著录多者千余人，少者犹数百，州举茂异，郡贡孝廉，每年逾众。

甲子，除以金赎罪之科[⑨]。

十二月，丙子，魏诏殿中郎陈郡袁翻等议定律令，彭城王勰等监之。

己亥，魏主幸伊阙。

上雅好儒术，以东晋、宋、齐虽开置国学，不及十年辄废之，其存亦文具而已，无讲授之实[⑩]。

【注释】

①纤豪:同“纤毫”。 ②南义阳置司州:前文言梁司州刺史蔡道恭守义阳城,道恭卒后,义阳城为北魏攻占,故此处言于南义阳置司州;南义阳治鹿城关(今湖北黄冈市)。 ③关南:应指鹿城关南。 ④竹敦、麻阳二城:竹敦,又写作“竹墩”,与麻阳城均在今河南信阳市与湖北交界处,今人多疑其在今湖北麻城市或广水市境内,确址不详。 ⑤西秦、河二州:西秦州,治今甘肃,确址不详;河州,治今甘肃临夏回族自治州东北;均因其地而封。 ⑥成周:地名,位于今河南洛阳市;案北魏本都平城(今山西大同市),孝文帝迁都洛阳,故曰“今定鼎成周”。 ⑦八座:魏至宋齐间,中央行政机关以五曹、一令、二仆射为八座,北魏此时已经过孝文帝改革,所谓八座应大致相同。 ⑧营缮国学:当指维修营造太学。国学,此处似应指有别于乡学而言的太学;一说古时有所谓东学、西学、南学、北学、太学五学,北魏孝文帝太和二十年(496)敕立四门博士,于四门置学,故此处国学当指东、西、国、郊四学。 ⑨赎罪之科:听以金赎罪,事见本卷梁武帝天监元年(502)。 ⑩无讲授之实:指自东晋以来宋、齐各朝太学皆徒有其名而已。案:东晋元帝建武元年(317),戴邈请建太学,王敦、苏峻之难,学校废;成帝咸康三年(337)复立,穆帝永和八年(352)殷浩以军兴罢太学生;宋文帝元嘉十五年(438),征雷次宗开馆教授,立儒、玄、文、史四学;齐高帝建元四年(482),置国子学生二百人,到南齐灭亡时,已倚席而不讲。

资治通鉴卷第一百四十六

梁纪二　起旃蒙作噩，尽强圉大渊献，凡三年。

高祖武皇帝二

天监四年　春，正月，癸卯朔，诏曰："二汉登贤，莫非经术，服膺雅道，名立行成。魏、晋浮荡[①]，儒教沦歇，风节罔树，抑此之由。可置《五经》博士各一人，广开馆宇，招内后进！"于是以贺玚及平原明山宾、吴兴沈峻、建平严植之补博士，各主一馆，馆有数百生，给其饩廪，其射策通明者即除为吏[②]。期年之间，怀经负笈者云会。玚，循之玄孙也。又选学生，往会稽云门山从何胤受业[③]，命胤选门徒中经明行修者，具以名闻。分遣博士祭酒巡州郡立学。

初，谯国夏侯道迁以辅国将军从裴叔业镇寿阳，为南谯太守[④]，与叔业有隙，单骑奔魏。魏以道迁为骁骑将军，从王肃镇寿阳，使道迁守合肥。肃卒，道迁弃戍来奔，从梁、秦二州刺史庄丘黑镇南郑[⑤]，以道迁为长史，领汉中太守。黑卒，诏以都官尚书王珍国为刺史，未至，道迁阴与军主考城江忱之等谋降魏。

先是，魏仇池镇将杨灵珍叛魏来奔，朝廷以为征虏将军、假武都王，助戍汉中，有部曲六百人，道迁惮之。上遣左右吴公之等使南郑，道迁遂杀使者，发兵击灵珍父子，斩之，并使者首送于魏。白马戍主尹天宝闻之，引兵击道迁，败其将庞树，遂围南郑。道迁求救于氐王杨绍先、杨集起、杨集义，皆不应，集义弟集朗引兵救道迁，击天宝，杀之。魏以道迁为平南将军、豫州刺史、丰县侯。

又以尚书邢峦为镇西将军、都督征梁、汉诸军事，将兵赴之。道迁受平南，辞豫州，且求公爵，魏主不许。

辛亥，上祀南郊，大赦。

乙丑，魏以骠骑大将军高阳王雍为司空，加尚书令广阳王嘉仪同三司。

二月，丙子，魏以宕昌世子梁弥博为宕昌王。

上谋伐魏，壬午，遣卫尉卿杨公则将宿卫兵塞洛口[6]。

壬辰，交州刺史李凯据州反[7]，长史李畟讨平之。

【注释】

①魏、晋浮荡：曹魏至两晋间，玄风正盛，世尚清谈，放纵行检，故梁武帝诏称“魏晋浮荡”。 ②射策：古代试士的一种方法，具体做法是，将疑问辩难的题目书写在简策之上，根据难度大小，分为甲、乙科，分置案上，参试者采取抽签的形式抽到便回答，便称射策。 ③会稽云门山：会稽，今浙江绍兴市；绍兴南有云门山，亦名东山，时何胤隐居于此。④南谯：郡名，东晋孝武帝时始置，治涡阳（今安徽蒙城县），但涡阳南齐时已为北魏所有，梁代涡阳城也当如故，由此，则梁之南谯所在之地难详。 ⑤南郑：地名，在今陕西汉中市。 ⑥卫尉卿杨公则将宿卫兵塞洛口：从汉代以来，卫尉与太常、光禄勋太仆、廷尉、大鸿胪、宗正、大司农、少府合称九卿，但职名不带卿字，梁分十二寺，职名各带卿字；洛口，洛水入黄河之口，位于今河南巩义市东南。 ⑦交州：东汉交州治今广西梧州市，三国吴朝后移治今广东广州市。

魏邢峦至汉中，击诸城戍，所向摧破。晋寿太守王景胤据石亭[1]，峦遣统军李义珍击走之。魏以峦为梁、秦二州刺史。巴西太守庞景民据郡不下，郡民严玄思聚众自称巴州刺史，附于魏，攻景民，斩之。杨集起、集义闻魏克汉中而惧，闰月，帅群氐叛魏，断汉中粮道[2]，峦屡遣军击破之。

夏，四月，丁巳，以行宕昌王梁弥博为河、凉二州刺史、宕昌王。

冠军将军孔陵等将兵二万戍深杭，鲁方达戍南安，任僧褒等戍石同，以拒魏。邢峦遣统军王足将兵击之，所至皆捷，遂入剑阁[3]。陵等退保梓潼，足又进击，破之。梁州十四郡地，东西七百里，南北千里，皆入于魏[4]。

初，益州刺史邓元起以母老乞归，诏征为右卫将军，以西昌侯渊藻代之。渊藻，懿之子也。夏侯道迁之叛也，尹天宝驰使报元起。及魏寇晋寿，王景胤等并遣告急，众劝元起急救之，元起曰："朝廷万里，军不猝至，若寇贼侵淫[5]，方须扑讨，董督之任，非我而谁，何事匆匆救之[6]！"诏假元起都督征讨诸军事，救汉中，而晋寿已陷。萧渊藻将至，元起营还装，粮储器械，取之无遗。渊藻入城，恨之；又求其良马，元起曰："年少郎子，何用马为！"渊藻恚，因醉，杀之。元起麾下围城，哭，且问故，渊藻曰："天子有诏。"众乃散。遂诬以反，上疑焉。元起故吏广汉罗研诣阙讼之，上曰："果如我所量也。"使让渊藻曰："元起为汝报仇[7]，汝为仇报仇，忠孝之道如何！"乃贬渊藻号为冠军将军；赠元起征西将军，谥曰忠侯。

李延寿论曰：元起勤乃胥附[8]，功惟辟土[9]，劳之不图，祸机先陷。冠军之贬，于罚已轻，梁之政刑，于斯为失。私戚之端，自斯而启，年之不永，不亦宜乎！

【注释】

①石亭：即石亭戍，在今四川广元北和晋寿（治今四川广元市西南）同在汉水边。 ②汉中粮道：汉中，治所在今陕西安康市西北，北魏军入侵，必以汉中为辎重和军资供应地，故此处称断汉中粮道。 ③剑阁：又名剑门关，位于今四川剑阁县北，大、小剑山之间，山势险峻，为由北入蜀的必经之路，也是历代兵家的必争之地。 ④皆入于魏：梁朝所辖梁州（治今陕西汉中市）注籍者二十二郡，至此时，北魏掠取十四郡。 ⑤侵淫：又写作浸淫，渐进之貌。 ⑥何事匆匆救之：邓元起既以母老乞归，又言董督之任，非我而谁，足见其乞归非由衷之言。 ⑦为汝报仇：渊藻父为萧衍之兄萧懿，死于齐东昏侯之手，邓元起曾协助诛杀东昏，故曰为汝报仇。 ⑧胥附：幸上亲下叫胥附。 ⑨功惟辟土：指邓元起的功劳主要在开辟梁、益二州的土地。

益州民焦僧护聚众作乱，萧渊藻年未弱冠，集僚佐议自击之；或陈不可，渊藻大怒，斩于阶侧。乃乘平肩舆巡行贼垒[1]。贼弓乱射，矢下如雨，从者举楯御矢，渊藻命去之。由是人心大安，击僧护等，皆平之。

六月，庚戌，初立孔子庙。

豫州刺史王超宗将兵围魏小岘。丁卯，魏扬州刺史薛真度遣兼统军李叔仁等击之，超宗兵大败。

冠军将军王景胤、李畎、辅国将军鲁方达等与魏王足战，屡败，秋，七月，足进逼涪城[②]。

八月，壬寅，魏中山王英寇雍州[③]。

庚戌，秦、梁二州刺史鲁方达与魏王足统军纪洪雅、卢祖迁战，败，方达等十五将皆死。壬子，王景胤等又与祖迁战，败，景胤等二十四将皆死。

杨公则至洛口，与魏豫州长史石荣战，斩之。甲寅，将军姜庆真与魏战于羊石[④]，不利，公则退屯马头。

雍州蛮沔东太守田青喜叛降魏[⑤]。

魏有芝生于太极殿之西序[⑥]，魏主以示侍中崔光，光上表，以为“此《庄子》所谓‘气蒸成菌’者也。柔脆之物，生于墟落秽湿之地，不当生于殿堂高华之处；今忽有之，厥状扶疏，诚足异也。夫野木生朝，野鸟入庙，古人皆以为败亡之象，故太戊、中宗惧灾修德[⑦]，殷道以昌，所谓‘家利而怪先，国兴而妖豫’者也。今西南二方，兵革未息，郊甸之内[⑧]，大旱逾时，民劳物悴，莫此之甚，承天育民者所宜矜恤；伏愿陛下侧躬耸意，惟新圣道，节夜饮之乐，养方富之年，则魏祚可以永隆，皇寿等于山岳矣”。于是魏主好宴乐，故光言及之。

九月，己巳，杨公则等与魏扬州刺史元嵩战，公则败绩。

冬，十月，丙午，上大举伐魏，以扬州刺史临川王宏都督北讨诸军事，尚书右仆射柳惔为副，王公以下各上国租及田谷以助军[⑨]。宏军于洛口。

杨集起、集义立杨绍先为帝，自皆称王。十一月，戊辰朔，魏遣光禄大夫杨椿等将兵讨之。

【注释】

①平肩舆：一种旧式交通工具，相当于轿子或滑竿，因为与人肩平

齐，便于用肩抬，故称平肩舆。 ②涪城：地名，位于今四川三台县，内江和罗江汇合处，也是通往川东的军事重镇。 ③雍州：梁立雍州，治今湖北襄阳市。 ④羊石：又名阳石，陈伯之叛梁时屯守之处；在今安徽霍邱县东南。 ⑤沔东：据史载，田青喜所据之地，当在襄阳之东，竟陵（今湖北天门市）以西。 ⑥西序：序，本为古时对正堂两边东西墙的称呼，此处指太极殿殿庑；西序，即太极殿西边堂小周屋。 ⑦惧灾修德：史载殷商太戊之时，亳（位于今河南商丘市）有祥桑、谷合生于朝，祥桑一夜大拱，太戊惧而修养德性，祥桑枯死，殷国复兴；高宗时祭成汤，有飞雉落在鼎耳之上，高宗恐惧修德，国运日强。中宗，当为高宗之误。 ⑧郊甸：古时国都外称郊，郊外称甸，又古时有所谓百里之国，十里之郊的说法，郊、甸之地，均属中央直辖区。 ⑨国租及田谷：国租，各封国所输入中央的田租；田谷，农民所赋供的谷物。

魏王足围涪城，蜀人震恐，益州城戍降魏者什二三，民自上名籍者五万余户。邢峦表于魏主，请乘胜进取蜀，以为"建康、成都，相去万里，陆行既绝[1]，惟资水路，水军西上，非周年不达，益州外无军援，一可图也。顷经刘季连反，邓元起攻围，资储空竭，吏民无复固守之志，二可图也。萧渊藻裙屐少年，未洽治务，宿昔名将，多见囚戮，今之所任，皆左右少年，三可图也。蜀之所恃，唯在剑阁，今既克南安，已夺其险，据彼竟内[2]，三分已一；自南安向涪，方轨无碍，前军累败，后众丧魄，四可图也。渊藻是萧衍骨肉至亲，必无死理，若克涪城，渊藻安肯城中坐而受困，必将望风逃去；若其出斗，庸、蜀士卒驽怯[3]，弓矢寡弱，五可图也。臣内省文吏，不习军旅，赖将士竭力，频有薄捷，既克重阻，民心怀服，瞻望涪、益[4]，旦夕可图，正以兵少粮匮，未宜前出，今若不取，后图便难。况益州殷实，户口十万，比寿春、义阳，其利三倍。朝廷若欲进取，时不可失；若欲保境宁民，则臣居此无事，乞归侍养"。魏主诏以"平蜀之举，当更听后敕。寇难未夷，何得以养亲为辞"！峦又表称，"昔邓艾、钟会帅十八万众[5]，倾中国资储，仅能平蜀，所以然者，斗实力也。况臣才非古人，何宜以二万之众而希平蜀！所以敢者，正以据得要险，士民慕义，此往则易，彼来则难，任力而行，理有可克。今王足已逼涪城，脱得涪，则益州乃成擒之物，但得之有早晚耳。且梓潼已附民户数万，朝廷岂可不守！又，剑阁天险，得而弃之，良可惜矣。臣诚知战伐危事，未易可为。自军度剑阁以来，鬓发中白，日夜战惧，何可为心！所以勉强者，既得此地而自退不守，恐负陛下之爵禄故也。且臣之意算，正欲先取涪城，以渐而进。若得涪城，则中分益州之地，断水陆之冲[6]，彼外无援军，孤城自守，何能复持久哉！臣今欲使军军相次，声势连接，先为万全之计，然后图功，得之则大利，不得则自全。又，巴西、南郑[7]，相距千四百里，去州迢遰，恒多扰动。昔在南之日，以其统绾势难，曾立巴州，镇静夷、獠[8]，梁州藉利，因而表罢。彼土民望，严、蒲、何、杨，非唯一族，虽率居山谷，而豪右甚多，文学风流，亦为不少，但以去州既远，不获仕进，至于州纲[9]，无由厕迹，是以郁快，多生异图。比道迁建义之始，严玄思自号巴州刺史，克城以来，仍使行事。巴西广袤千里，户余四万，若于彼立州，镇摄华、獠[10]，则大帖民情，从垫江已还[11]，不劳征伐，自为国有"。魏主不从。

先是，魏主以王足行益州刺史。上遣天门太守张齐将兵救益州，未至，魏主更以梁州军司泰山羊祉为益州刺史。王足闻之，不悦，辄引兵还，遂不能定蜀。久之，足自魏来奔。邢峦在梁州[12]，接豪右以礼，抚小民以惠，州人悦之。峦之克巴西也，使军主李仲迁守之。仲迁溺于酒色，费散兵储，公事咨承，无能见者。峦忿之切齿，仲迁惧，谋叛，城人斩其首，以城来降。

十二月，庚申，魏遣骠骑大将军源怀讨武兴氐[13]，邢峦等并

南朝陈五铢

受节度。

司徒、尚书令谢胐以母忧去职。

是岁，大穰，米斛三十钱。

【注释】

①陆行既绝：从建康（今江苏南京市）到成都，路线有二，其一为陆路，从襄阳西行；其二为水路，溯江而上，此时北魏已占领梁朝的梁州（治今陕西汉中市东），所以说陆行既绝。 ②据彼竟内：竟，同“境”；北魏由西入蜀，西据南安（今四川夹江县西北），东近涪城，故称已占蜀地三分之一。 ③庸、蜀：均为古国名，庸在今湖北竹山县西南（包括今重庆东部的部分地区）；蜀，治今四川成都市一带，此处代指今四川的广大地区。 ④涪、益：涪，指涪城；益，指益州治地成都；当时涪城为梓潼郡治所，成都为益州治所，涪、益可图，则整个蜀地完全被占领了。 ⑤邓艾、钟会：两人均为曹魏将领，邓艾、钟会平蜀，事见本书卷第七十八魏元帝景元四年（263）。 ⑥断水陆之冲：意谓占领涪城，便切断了益州的水路和陆路的要冲，因为北魏已占有剑阁，如若进攻成都，涪城正当其冲；梁军如果由内江上救成都，涪城又扼其咽喉，也是正当其冲。 ⑦巴西：郡名，治所在今四川阆中市。⑧镇静夷、獠：夷、獠此处均指居住在四川的西南少数民族。南朝为了管辖西南少数民族地区，曾在川西南设置巴州，设置巴州事见本书卷第一百三十五齐高帝建元二年（480），撤消巴州事见本书卷第一百三十六齐武帝永明二年（484）。 ⑨州纲：州中的上层僚佐，称为州纲。 ⑩华、獠：巴西地区，华人（华夏民族的省称）和獠人杂居，故称华、獠。 ⑪垫江：又名羌水或桓水，源于甘肃境内，至四川广元市汇入嘉陵江；又，汉时置有垫江县，治今重庆合川区。 ⑫梁州：指梁朝所置梁州，治所在今陕西汉中市东，此时已被北魏占领。⑬武兴氐：指杨绍先、杨集义、杨集起统领的氐族部落，聚居在陕西略阳县一带，北魏在武兴设立有武兴镇。

五年　春，正月，丁卯朔，魏于后生子昌，大赦。

杨集义围魏关城[①]，邢峦遣建武将军傅竖眼讨之，集义逆战，竖眼击破之；乘胜逐北，壬申，克武兴，执杨绍先，送洛阳。杨集起、杨集义亡走，遂灭其国[②]，以为武兴镇，又改为东益州。

乙亥，以前司徒谢胐为中书监、司徒。

冀州刺史桓和击魏南青州[3]，不克。

魏秦州屠各王法智聚众二千[4]，推秦州主簿吕苟儿为主，改元建明，置百官，攻逼州郡。泾州民陈瞻亦聚众称王，改元圣明。

己卯，杨集起兄弟相帅降建〔魏〕。

甲申，封皇子纲为晋安王。

二月，丙辰，魏主诏王公以下直言忠谏。治书侍御史阳固上表，以为："当今之务，宜亲宗室，劝庶政，贵农桑，贱工贾，绝谈虚穷微之论[5]，简桑门无用之费[6]，以救饥寒之苦。"时魏主委任高肇，疏薄宗室，好桑门之法，不亲政事，故固言及之。

戊午，魏遣右卫将军元丽都督诸军讨吕苟儿。丽，小新成之子也[7]。

乙丑，徐州刺史历阳昌义之与魏平南将军陈伯之战于梁城[8]，义之败绩。

将军萧昞将兵击魏徐州[9]，围淮阳。

三月，丙寅朔，日有食之。

己卯，魏荆州刺史赵怡、平南将军奚康生救淮阳。

魏咸阳王禧之子翼，遇赦求葬其父。屡泣请于魏主，魏主不许。癸未，翼与其弟昌、晔来奔。上以翼为咸阳王，翼以晔嫡母李妃之子也，请以爵让之，上不许。

辅国将军刘思效败魏青州刺史元系于胶水[10]。

临川王宏使记室吴兴丘迟为书遗陈伯之曰："寻君去就之际，非有他故，直以不能内审诸己，外受流言，沉迷猖獗，以至于此。主上屈法申恩，吞舟是漏[11]，将军松柏不翦[12]，亲戚安居，高台未倾[13]，爱妾尚在。而将军鱼游于沸鼎之中，燕巢于飞幕之上，不亦惑乎！想早励良图，自求多福。"庚寅，伯之自寿阳梁城拥众八千来降，魏人杀其子虎牙。诏复以伯之为西豫州刺史；未之任，复以为通直散骑常侍。久之，卒于家。

初，魏御史中尉甄琛表称："《周礼》，山林川泽有虞、衡之官，为之厉禁，盖取之以时，不使戕贼而已，故虽置有司，实为民守之也。夫一家之长，必惠养子孙，天下之君，必惠养兆民，未有为人父母而吝其醯醢[14]，富有群生而榷其一物者也。今县官鄣护河东盐池而收其利,是专奉口腹而不及四体也。盖天子富有四海,何患于贫!乞弛盐禁,与民共之!”录尚书事勰、尚书邢峦奏,以为“琛之所陈,坐谈则理高,行之则事阙。窃惟古之善治民者,必污隆随时,丰俭称事,役养消息以成其性命。若任其自生,随其饮啄,乃是刍狗万物[15],何以君为!是故圣人敛山泽之货以宽田畴之赋,收关市之税以助什一之储,取此与彼,皆非为身,所谓资天地之产,惠天地之民也。今盐池之禁,为日已久,积而散之,以济军国,非专为供太官之膳羞,给后宫之服玩。既利不在己,则彼我一也。然自禁盐以来,有司多慢,出纳之间,或不如法。是使细民嗟怨,负贩轻议,此乃用之者无方,非作之者有失也。一旦罢之,恐乖本旨。一行一改,法若弈棋,参论理要,宜如旧式[16]。”魏主卒从琛议[17],夏,四月,乙未,罢盐池禁[18]。

【注释】

①关城:指阳平关城,在今陕西宁强县西北。 ②遂灭其国:指灭掉杨集起、杨集义拥立杨绍先为帝的氐族王国。晋惠帝元康六年(296),氐王杨茂搜始据仇池(在今陕西略阳县西北),后逐渐发展兴盛,占领了汉代武都郡(治今甘肃成县)之地,并向北蚕食陇西、天水,向南侵吞汉中。北魏建立后,攻占武都、仇池等郡,氐族杨氏仅据有武兴郡地(今陕西略阳县境),至此时,北魏已取汉中,克武兴,消灭杨氏,故氐人国家也不复存在。 ③南青州:北魏孝文帝太和二十二年改东徐州而置,领东安、东莞郡,治所在今山东沂水县。 ④屠各:古匈奴部落之一。 ⑤谈虚穷微之论:指崇尚老庄的玄学空谈。 ⑥桑门无用之费:桑门,沙门的另一译名;沙门佛学,全为精神寄托,所以说沙门无用之费。 ⑦小新成:小新成见本书卷第一百二十九宋孝武大明五年(461)。 ⑧梁城:梁朝立侨置梁郡郡治,故址在今安徽寿县。 ⑨魏徐州:北魏所置徐州,治所在今河南兰考县东北。 ⑩青州:北魏青州治今山东青州市;胶水:即今山东胶河。 ⑪吞舟是漏:吞舟,吞舟之鱼的省称;吞舟是漏,喻指法网疏阔,大罪之人也未受到惩处。 ⑫松柏不翦:松柏,指陈伯之先祖的坟墓;松柏不剪,是说梁朝并未夷毁其祖坟。翦,同“剪”。 ⑬高台未倾:意指其故居亭台依然如故。 ⑭醯醢(xī hǎi 西海):醯,醋;醢,肉酱。⑮刍狗万物:语出《老子》:“天地不仁,以万物为刍狗。”意思是说天地养育万物的方法,就是任其自然。刍,草。 ⑯宜如旧式:自“初,魏御史中

尉甄琛”到“宜如旧式”，应载于卷第一百四十三齐东昏永元二年(500)。⑰卒从琛议：甄琛议罢盐池禁行于北魏宣武帝景明初年，止于景明四年(504)，今复罢盐禁，所以说卒从琛议。 ⑱罢盐池禁：北魏复收盐利见上卷梁武帝天监二年(503)。

庚戌，魏以中山王英为征南将军、都督扬、徐二州诸军事，帅众十余万以拒梁军，指授诸节度[①]，所至以便宜从事。

江州刺史王茂将兵数万侵魏荆州，诱魏边民及诸蛮更立宛州[②]，遣其所署宛州刺史雷豹狼等袭取魏河南城[③]。魏遣平南将军杨大眼都督诸军击茂，辛酉，茂战败，失亡二千余人。大眼进攻河南城，茂逃还；大眼追至汉水，攻拔五城。

魏征虏将军宇文福寇司州，俘千余口而去。

五月，辛未，太子右卫率张惠绍等侵魏徐州，拔宿预[④]，执城主马成龙。乙亥，北徐州刺史昌义之拔梁城[⑤]。

豫州刺史韦睿遣长史王超等攻小岘，未拔。睿行围栅，魏出数百人陈于门外，睿欲击之，诸将皆曰：“向者轻来，未有战备，徐还授甲，乃可进耳。”睿曰：“不然。魏城中二千余人，足以固守，今无故出人于外，必其骁勇者也，苟能挫之，其城自拔。”众犹迟疑，睿指其节曰：“朝廷授此，非以为饰，韦睿法不可犯也！”遂进击之，士皆殊死战，魏兵败走，因急攻之，中宿而拔，遂至合肥。

先是，右军司马胡景略等攻合肥，久未下，睿按山川，夜，帅众堰肥水，顷之，堰成水通，舟舰继至。魏筑东、西小城夹合肥，睿先攻二城，魏将杨灵胤帅众五万奄至。众惧不敌，请奏益兵，睿笑曰：“贼至城下，方求益兵，将何所及！且吾求益兵，彼亦益兵，兵贵用奇，岂在众也！”遂击灵胤，破之。睿使军主王怀静筑城于岸以守堰，魏攻拔之，城中千余人皆没。魏人乘胜至堤下，兵势甚盛，诸将欲退还渠湖，或欲保三叉[⑥]，睿怒曰：“宁有此邪！”命取伞扇麾幢，树之堤下，示无动志。魏人来凿堤，睿亲与之争，魏兵却，因筑垒于堤以自固。睿起斗舰，高与合肥城等，四面临之，城中人皆哭，守将杜元伦登城督战，中弩死。辛巳，城溃，浮斩万余级，获牛马以万数。

睿体素羸，未尝跨马，每战，常乘板舆督厉将士，勇气无敌；昼接宾旅，夜半起，算军书，张灯达曙。抚循其众，常如不及，故投募之士争归之。所至顿舍，馆宇藩墙，皆应准绳。

诸军进至东陵[7]，有诏班师，去魏城既近，诸将恐其追蹑，睿悉遣辎重居前，身乘小舆殿后，魏人服睿威名，望之不敢逼，全军而还。于是迁豫州治合肥[8]。

壬午，魏遣尚书元遥南拒梁兵。

【注释】

①节度：指受中山王元英指挥节制的北魏拒梁军队首领。案，节度又为官名，三国吴孙权初置，典军粮之职；唐代演变为节度使，为一方财、政、军统领之官。　②宛州：地名，即原北魏荆州（治所在今河南邓州市），梁人诱北魏荆州边民和当地少数民族叛魏，改置为宛州（治所在今湖北荆门市南）。　③河南城：指北魏荆州所属河南郡郡城，故址在今河南新野县。　④宿预：指北魏置南徐州治所宿预县，故址在今江苏宿迁市附近。　⑤北徐州：指梁朝所置北徐州，治所在今安徽凤阳县东北。⑥三叉：地名，又写作“三汊”，在今安徽合肥市东南，因巢湖水至此分岔为三而得名。　⑦东陵：地名，在今安徽寿县南，离北魏瓮城二十里。⑧迁豫州治合肥：梁置豫州，本治晋熙（今安徽潜山市），现收复合肥。故将豫州治所迁至合肥，以便管辖新近收复地区。

癸未，魏遣征西将军于劲节度秦、陇诸军。

丁亥，庐江太守闻喜裴邃克魏羊石城，庚寅，又克霍丘城[1]。

六月，庚子，青、冀二州刺史桓和克朐山城[2]。

乙巳，魏安西将军元丽击王法智，破之，斩首六千级。

张惠绍与假徐州刺史宋黑水陆俱进，趣彭城，围高冢戍[3]，魏武卫将军奚康生将兵救之，丁未，惠绍兵不利，黑战死。

太子统生五岁，能遍诵《五经》；庚戌，始自禁中出居东宫。

丁巳，魏以度支尚书邢峦都督东讨诸军事。

魏骠骑大将军冯翊惠公源怀卒。怀性宽简，不喜烦碎，常曰：“为贵人当举纲维，何必事事详细！譬如为屋，但外望高显，楹栋平正，基壁完牢，足矣；斧斤不平，斫削不密，非屋之病也。”

秋，七月，丙寅，桓和击魏兖州，拔固城[4]。

吕苟儿率众十余万屯孤山[5]，围逼秦州，元丽进击，大破之。行秦州事李韶掩击孤山，获其父母妻子，庚辰，苟儿帅其徒诣丽降。

兼太仆卿杨椿别讨陈瞻，瞻据险拒守。诸将或请伏兵山蹊，断其出入，待粮尽而攻之，或欲斩木焚山，然后进讨，椿曰："皆非计也。自官军之至，所向辄克，贼所以深窜，正避死耳。今约勒诸军，勿更侵掠，贼必谓我见险不前；待其无备，然后奋击，可一举平也。"乃止屯不进。贼果出抄掠，椿复以马畜饵之，不加讨逐。久之，阴简精卒，衔枚夜袭之，斩瞻，传首。秦、泾二州皆平。

戊子，徐州刺史王伯敖与魏中山王英战于阴陵[6]，伯敖兵败，失亡五千余人。

己丑，魏发定、冀、瀛、相、并、肆六州十万人以益南行之兵[7]。上遣将军角念将兵一万屯蒙山[8]，招纳兖州之民，降者甚众。是时，将军萧及屯固城，桓和屯孤山。魏邢峦遣统军樊鲁攻和，别将元恒攻及，统军毕祖朽攻念。壬寅[9]，鲁大破和于孤山，恒拔固城，祖朽击念，走之。

己酉，魏诏平南将军安乐王诠督后发诸军赴淮南。诠，长乐之子也。

将军蓝怀恭与魏邢峦战于睢口[10]，怀恭败绩，峦进围宿预。怀恭复于清南筑城，峦与平南将军杨大眼合攻之，九月，癸酉，拔之，斩怀恭，杀获万计。张惠绍弃宿预，萧昞弃淮阳，遁还。

临川王宏以帝弟将兵，器械精新，军容甚盛，北人以为百数十年所未之有。军次洛口[11]，前军克梁城[12]，诸将欲乘胜深入，宏性懦怯，部分乖方。魏诏邢峦引兵渡淮，与中山王英合攻梁城，宏闻之，惧，召诸将议旋师，吕僧珍曰："知难而退，不亦善乎！"宏曰："我亦以为然。"柳惔曰："自我大众所临，何城不服，何谓难乎？"裴邃曰："是行也，固敌是求，何难之避！"马仙琕曰："王安得亡国之言！天子扫境内以属王，有前死一尺，无却生一寸！"昌义之怒，须发尽磔[13]，曰："吕僧珍可斩也！岂有百万之师出未逢敌，望风遽退，何面目得见圣主乎！"朱僧勇、胡辛生拔剑而退，曰："欲退自退，下官当前向取死。”议者罢出，僧珍谢诸将曰：“殿下昨来风动，意不在军，深恐大致沮丧，故欲全师而返耳。”宏不敢遽违群议，停军不前。魏人知其不武，遗以巾帼，且歌之曰：“不畏萧娘与吕姥[14]，但畏合肥有韦虎。”虎，谓韦睿也。僧珍叹曰：“使始兴、吴平为帅而佐之[15]，岂有为敌人所侮如是乎！”欲遣裴邃分军取寿阳，大众停洛口，宏固执不听，令军中曰：“人马有前行者斩！”于是将士人怀愤怒。魏奚康生驰遣杨大眼谓中山王英曰：“梁人自克梁城已后，久不进军，其势可见，必畏我也。王若进据洛水，彼自奔败。”英曰：“萧临川虽呆，其下有良将韦、裴之属，未可轻也。宜且观其形势，勿与交锋。”

张惠绍号令严明，所至独克，军于下邳，下邳人多欲降者，惠绍谕之曰：“我若得城，诸卿皆是国人，若不能克，徒使诸卿失乡里，非朝廷吊民之意也。今且安堵复业，勿妄自辛苦。”降人咸悦。

己丑，夜，洛口暴风雨，军中惊，临川王宏与数骑逃去。将士求宏不得，皆散归，弃甲投戈，填满水陆，捐弃病者及羸老，死者近五万人。宏乘小船济江，夜至白石垒[16]，叩城门求入。临汝侯渊猷登城谓曰：“百万之师，一朝鸟散，国之存亡，未可知也。恐奸人乘间为变，城不可夜开。”宏无以对，乃缒食馈之。渊猷，渊藻之弟。时昌义之军梁城，闻洛口败，与张惠绍皆引兵退。

魏主诏中山王英乘胜平荡东南，逐北至马头，攻拔之，城中粮储，魏悉迁之归北。议者咸曰：“魏运米北归，当不复南向。”上曰：“不然，此必欲进兵，为诈计耳。”乃命修钟离城[17]，敕昌义之为战守之备。

冬，十月，英进围钟离，魏主诏邢峦引兵会之。峦上表，以为：“南军虽野战非敌，而城守有余，今尽锐攻钟离，得之则所利无几，不得则亏损甚大。且介在淮外，借使束手归顺，犹恐无粮难守，况杀士卒以攻之乎！又征南士卒从戎二时，疲弊死伤，不问可知。虽有乘胜之资，惧无可用之力。若臣愚见，谓宜修复旧戍，抚循诸州，以俟后举，江东之衅，不患其无。”诏曰：“济淮掎角，事如前敕，何容犹尔盘桓，方有此请！可速进军！”峦又表，以为：“今中山进军钟离，实所未解。若为得失之计，不顾万全，直袭广陵[18]，出其不备,或未可知。若正欲以八十日粮取钟离城者,臣未之前闻也。彼坚城自守,不与人战,城堑水深,非可填塞,空坐至春,士卒自弊。若遣臣赴彼,从何致粮!夏来之兵,不赍冬服,脱遇冰雪,何方取济!臣宁荷怯懦不进之责,不受败损空行之罪。钟离天险,朝贵所具,若有内应,则所不知;如其无也,必无克状。若信臣言,愿赐臣停;若谓臣惮行求还,臣所领兵乞尽付中山,任其处分,臣止以单骑随之东西。臣屡更为将,颇知可否,臣既谓难,何容强遣!"乃召峦还,更命镇东将军萧宝寅与英同围钟离。

侍中卢昶素恶峦,与侍中、领右卫将军元晖共谮之,使御史中尉崔亮弹峦在汉中掠人为奴婢。峦以汉中所得美女赂晖,晖言于魏主曰:"峦新有大功,不当以赦前小事案之[19]。"魏主以为然,遂不问。

晖与卢昶皆有宠于魏主而贪纵,时人谓之"饿虎将军""饥鹰侍中"。晖寻迁吏部尚书,用官皆有定价,大郡二千匹,次郡下郡递减其半,余官各有等差,选者谓之"市曹[20]"。

【注释】

①霍丘城:霍丘戍城,在今安徽霍邱县。 ②朐山城:地名,指朐山县城,在今江苏连云港市西南海州区。 ③高冢戍:地名,在今江苏徐州市西。也有人认为此因有楚元王冢,高十余丈、广百余步,故名高冢戍。④固城:地名,在今山东滕州市。 ⑤孤山:地名,此孤山属北魏秦州,在今甘肃天水市附近。 ⑥阴陵:即阴陵县,属梁北谯郡,在今安徽定远县西北。 ⑦定、冀、瀛、相、并、肆六州:定,指北魏所置定州,治所在卢奴县(今河北定州市);冀,指北魏所置冀州,治所在信都县(今河北衡水市冀州区);瀛,指北魏所置瀛州,治所在赵都军城(今河北河间市);相,北魏相州,治所在邺县(今河北临漳县西南);并,北魏并州,治所在蒲坂县(今山西永济市西南);肆,北魏肆州,治所在今山西忻州市。 ⑧蒙山:又名东蒙山,在今山东蒙阴县西南,其地与固城等均邻近北魏兖州,故梁朝连兵据守,以便招募兖州之民。 ⑨壬寅:此壬寅日,当为八月壬寅(初十日)。 ⑩睢口:地名,睢水入古泗水口,在今江苏宿迁市境内。⑪洛口:地名,即今安徽淮南市东北青洛河与高塘湖北入淮河之口。⑫克梁城:指昌义之攻克了梁城一事;梁城,在今安徽淮南市田家庵区附近。 ⑬磔(zhé 折):分裂牲体以祭神。此处为张开的意思。 ⑭萧娘

与吕姥：萧娘，指梁朝临川王萧宏，吕姥，梁朝大将吕苟儿；二人性情怯懦，故北魏军编歌称之为"娘""姥"，以嘲笑和侮辱他们。 ⑮始兴、吴平：始兴，指始兴王萧憺；吴平，指吴平侯萧昺。 ⑯白石垒：东晋陶侃等人为攻建康（今江苏南京市）而筑，在今江苏南京市西。 ⑰钟离城：指钟离郡城，故址在今安徽凤阳县东北。 ⑱广陵：地名，在今江苏扬州市。 ⑲赦前：指北魏于此年春正月因于皇后生子而宣布大赦以前。⑳市曹：元晖利用选举官吏之权大收贿赂，故称之为"市曹"。

丁酉，梁兵围义阳者夜遁，魏郢州刺史娄悦追击，破之。

柔然库者可汗卒[1]，子伏图立，号佗汗可汗，改元始平。戊申，佗汗遣使者纥奚勿六跋如魏请和。魏主不报其使，谓勿六跋曰："蠕蠕远祖社仑，乃魏之叛臣[2]，往者包容，蹔听通使[3]。今蠕蠕衰微，不及畴昔，大魏之德，方隆周、汉，正以江南未平，少宽北略，通和之事，未容相许。若修藩礼，款诚昭著者，当不尔孤也。"

魏京兆王愉、广平王怀国臣多骄纵，公行属请，魏主诏中尉崔亮穷治之，坐死者三十余人，其不死者悉除名为民。惟广平右常侍杨昱、文学崔楷以忠谏获免[4]。昱，椿之子也。

十一月，乙丑，大赦。诏右卫将军曹景宗都督诸军二十万救钟离。上敕景宗顿道人洲[5]，俟众军齐集俱进。景宗固启求先据邵阳洲尾，上不许。景宗欲专其功，违诏而进，值暴风猝起，颇有溺者，复还守先顿。上闻之曰："景宗不进，盖天意也。若孤军独往，城不时立，必致狼狈，今破贼必矣。"

初，汉归义侯势之末[6]，群獠始出，北自汉中，南至邛、笮[7]，布满山谷。势既亡，蜀民多东徙，山谷空地皆为獠所据。其近郡县与华民杂居者，颇输租赋，远在深山者，郡县不能制。梁、益二州岁伐獠以自润，公私利之。及邢峦为梁州，獠近者皆安堵乐业，远者不敢为寇。峦既罢去，魏以羊祉为梁州刺史，傅竖眼为益州刺史。祉性酷虐，不得物情。獠王赵清荆引梁兵入州境为寇，祉遣兵击破之。竖眼施恩布信，大得獠和。

十二月，癸卯，都亭靖侯谢朏卒。

魏人议乐，久不决。

【注释】

①柔然库者可汗:柔然,古代北狄之一,姓郁久闾托跋,其始祖木骨闾之子车鹿会自号柔然,始有部众。北魏世祖改称其为“蠕蠕”,故后文魏主又呼柔然为“蠕蠕”。库者可汗,当时柔然部落首领;可汗(kèhán客寒),古代少数民族国王的通称。 ②魏之叛臣:柔然始祖本依附北魏先帝,至社仑时,侵高车,统一各部落,始自称丘豆可汗,故北魏称其为魏之叛臣,事见本书卷第一百八晋孝武太元十九年(394)。 ③蹔听通使:柔然在社仑时最盛,后被北魏击败,但北魏为了有效控制北边,仍与柔然互通使者,故称暂听通使。事见本书卷第一百三十六齐武帝永明五年(487)。蹔,同“暂”。 ④右常侍杨昱、文学崔楷:从晋朝以来,王国设置师、友、文学各一人,左右常侍各一人;杨椿:事见本书卷第第一百三十七齐武帝永明八年(490)。 ⑤道人洲:地名,在今安徽凤阳县东北淮河中,西对邵阳洲。 ⑥汉归义侯势:即成汉主李势,于晋永和三年(347)降晋,封归义侯。 ⑦邛(qióng穷)、笮(zuó昨):又写作邛、筰,古时西南夷建立的两个国家,又称邛都、笮都,位于今四川西昌市东南。

六年 春,正月,公孙崇请委卫军将军、尚书右仆射高肇监其事;魏主知肇不学,诏太常卿刘芳佐之。

魏中山王英与平东将军杨大眼等众数十万攻钟离。钟离城北阻淮水,魏人于邵阳洲两岸为桥[①],树栅数百步,跨淮通道。英据南岸攻城,大眼据北岸立城,以通粮运。城中众才三千人,昌义之督帅将士,随方抗御。魏人以车载土填堑,使其众负土随之,严骑蹙其后,人有未及回者,因以土迮之,俄而堑满。冲车所撞,城土辄颓,义之用泥补之,冲车虽入而不能坏。魏人昼夜苦攻,分番相代,坠而复升,莫有通者。一日战数十合,前后杀伤万计,魏人死者与城平。

二月,魏主召英使还,英表称:“臣志殄逋寇,而月初已来,霖雨不止,若三月晴霁,城必可克,愿少赐宽假!”魏主复诏曰:“彼土蒸湿,无宜久淹。势虽必取,乃将军之深计,兵久力殆,亦朝廷之所忧也。”英犹表称必克,魏主遣步兵校尉范绍诣英议攻取形势。绍见钟离城坚,劝英引还,英不从。

北朝墓葬壁画狩猎图卷(局部)

上命豫州刺史韦睿将兵救钟离,受曹景宗节度。睿自合肥取直道,由阴陵大泽行[2],值涧谷,辄飞桥以济师。人畏魏兵盛,多劝睿缓行,睿曰:“钟离今凿穴而处,负户而汲,车驰卒奔,犹恐其后,而况缓乎!魏人已堕吾腹中,卿曹勿忧也。”旬日至邵阳,上豫敕曹景宗曰:“韦睿,卿之乡望,宜善敬之!”景宗见睿,礼甚谨,上闻之曰:“二将和,师必济矣。”

景宗与睿进顿邵阳洲,睿于景宗营前二十里夜掘长堑,树鹿角,截洲为城,去魏城百余步。南梁太守冯道根,能走马步地,计马足以赋功[3],比晓而营立。魏中山王英大惊,以杖击地曰:“是何神也!”景宗等器甲精新,军容甚盛,魏人望之夺气。景宗虑城中危惧,募军士言文达等潜行水底,赍敕入城,城中始知有外援,勇气百倍。

杨大眼勇冠军中,将万余骑来战,所向皆靡。睿结车为陈,大眼聚骑围之,睿以强弩二千一时俱发,洞甲穿中,杀伤甚众。矢贯大眼右臂,大眼退走。明旦,英自帅众来战,睿乘素木舆,执白角如意以麾军[4],一日数合,英乃退。魏师复夜来攻城,飞矢雨集,睿子黯请下城以避箭,睿不许;军中惊,睿于城上厉声呵之,乃定。牧人过淮北伐刍藁者,皆为杨大眼所略;曹景宗募勇敢士千余人,于大眼城南数里筑垒,大眼来攻,景宗击却之。垒成,使别将赵草守之，有抄掠者，皆为草所获，是后始得纵刍牧。

上命景宗等豫装高舰，使与魏桥等，为火攻之计，令景宗与睿各攻一桥，睿攻其南，景宗攻其北。三月，淮水暴涨六七尺，睿使冯道根与庐江太守裴邃、秦郡太守李文钊等乘斗舰竞发，击魏洲上军尽殪。别以小船载草，灌之以膏，从而焚其桥，风怒火盛，烟尘晦冥，敢死之士，拔栅斫桥，水又漂疾，倏忽之间，桥栅俱尽。道根等皆身自搏战，军人奋勇，呼声动天地，无不一当百，魏军大溃。英见桥绝，脱身弃城走，大眼亦烧营去。诸垒相次土崩，悉弃其器甲争投水，死者十余万，斩首亦如之。睿遣报昌义之，义之悲喜，不暇答语，但叫曰："更生，更生！"诸军逐北至涉水上⑤，英单骑入梁城，缘淮百余里，尸相枕藉，生擒五万人，收其资粮、器械山积，牛马驴骡不可胜计。

义之德景宗及睿，请二人共会，设钱二十万，官赌之⑥。景宗掷得雉；睿徐掷得卢，遽取一子反之，曰："异事！"遂作塞⑦。景宗与群帅争先告捷，睿独居后，世尤以此贤之。诏增景宗、睿爵邑，义之等受赏各有差。

【注释】

①邵阳洲：地名，在今安徽凤阳县东北的淮河中。案：钟离城位于淮水南岸，北魏从淮北跨河围攻钟离，故需在邵阳洲两岸以桥相接，便于交通。　②阴陵：地名，在今安徽定远县西北。　③计马足以赋功：计算马的脚步数来估计挖掘长堑的工作量，给士兵分配工作。据载，挖掘一条上底面宽二丈、下底面宽一丈，深一丈的城壕，按每人日掘进尺三丈，需五人挖掘一天方可完成。梁军掘堑工作量可以此推算。　④执白角如意以麾军：如意，古时器物名称，一名搔杖，取搔痒可如人意名之。魏晋南朝名士多用之。麾，同"挥"。　⑤涉水：又名浍水，淮河的一条支流，位于今安徽北部。　⑥官赌之：赌，即赌博，古称为樗蒲之戏。因此类之事不设于公庭，而现今竟于徐州公庭聚赌，故称为官赌。　⑦遂作塞：樗蒲之法，历代互有差异；大体以五种木头做成骰子，有枭、卢、雉、犊、塞诸名，为胜负之彩，博得头上刻有枭形骰子的为最胜，卢次之，雉、犊又次之，塞为最下。

夏，四月，己酉，以江州刺史王茂为尚书左仆射，安成王秀为江州刺史。秀将发，主者求坚船以为斋舫，秀曰："吾岂爱财而不爱士乎！"乃以坚者给参佐，下者载斋物。既而遭风，斋舫遂破。

丁巳，以临川王宏为骠骑将军、开府仪同三司，建安王伟为扬州刺史，右光禄大夫沈约为尚书左仆射，左仆射王莹为中军将军。

六月，丙午，冯翊等七郡叛降魏①。

秋，七月，丁亥，以尚书右仆射王茂为中军将军。

八月，戊子，大赦。

魏有司奏："中山王英经算失图，齐王萧宝寅等守桥不固，皆处以极法。"己亥，诏英、宝寅免死，除名为民，杨大眼徙营州为兵②。以中护军李崇为征南将军、扬州刺史。崇多事产业，征南长史狄道辛琛屡谏不从，遂相纠举。诏并不问。崇因置酒谓琛曰："长史后必为刺史，但不知得上佐何如人耳。"琛曰："若万一叨忝，得一方正长史，朝夕闻过，是所愿也。"崇有惭色。

九月，己亥③，魏以司空高阳王雍为太尉，尚书令广阳王嘉为司空。

甲子，魏开斜谷旧道④。

冬，十月，壬寅，以五兵尚书徐勉为吏部尚书⑤。勉精力过人，虽文案填积，坐客充满，应对如流，手不停笔。又该综百氏，皆为避讳⑥。尝与门人夜集，客虞暠求詹事五官⑦，勉正色曰："今夕止可谈风月，不可及公事。"时人咸服其无私。

闰月，乙丑，以临川王宏为司徒、行太子太傅，尚书左仆射沈约为尚书令、行太子少傅，吏部尚书袁昂为右仆射。

丁卯，魏皇后于氏殂。是时高贵嫔有宠而妒，高肇势倾中外，后暴疾而殂，人皆归咎高氏，宫禁事秘，莫能详也。

甲申，以光禄大夫夏侯详为尚书左仆射。

乙酉，魏葬顺皇后于永泰陵⑧。

十二月，丙辰，丰城景公夏侯详卒⑨。

乙丑，魏淮阳镇都军主常邕和以城来降。

【注释】

①冯翊等七郡：冯翊郡，南朝始侨置，治所先在今湖北襄阳市，后曾

迁至莲勺县(今湖北钟祥市西北);其他六郡未详何处。 ②徙营州为兵,营州,地名,北魏始置,治所在今辽宁朝阳市。徙营州为兵:削职为民,迁至营州为戍边士兵。 ③己亥:据《魏书·世宗纪》,己亥当作“己未”。 ④斜谷旧道:即褒斜谷故道的北段,位于今陕西眉县西南,是由秦入蜀的重要路线。汉高祖刘邦至蜀中、诸葛亮北伐,均取道于此。后南北分争,塞断此道,故北魏有复开斜谷旧道之举。 ⑤五兵尚书:武官名,职掌中兵、外兵、骑兵、别兵、都兵等五兵。 ⑥避讳:本指古时避写君父之名或言语的一种习尚,此处当指避开各家的短处。 ⑦詹事五官:指太子詹事所属的五官掾,为武职。 ⑧永泰陵:北魏皇陵名,具体地址不详。 ⑨丰城景公:夏侯详封丰城景公。丰城,梁置县名,位于今江西丰城市南。

资治通鉴卷第一百四十七

梁纪三　起著雍困敦，尽阏逢敦牂，凡七年。

高祖武皇帝三

天监七年　春，正月，魏颍川太守王神念来奔。

壬子，以卫尉吴平侯昺兼领军将军。

诏吏部尚书徐勉定百官九品为十八班[①]，以班多者为贵。二月，乙丑，增置镇、卫将军以下为十品[②]，凡二十四班；不登十品，别有八班。又置施外国将军二十四班，凡一百九号[③]。

庚午，诏置州望、郡宗、乡豪各一人，专掌搜荐。

乙亥，以南兖州刺史吕僧珍为领军将军。领军掌内外兵要，宋孝建以来，制局用事[④]，与领军分兵权，典事以上皆得呈奏，领军拱手而已。及吴平侯昺在职峻切，官曹肃然。制局监皆近幸，颇不堪命，以是不得久留中，丙子，出为雍州刺史。

三月，戊子，魏皇子昌卒，侍御师王显奏失于疗治[⑤]，时人皆以为承高肇之意也。

夏，四月，乙卯，皇太子纳妃，大赦。

五月，己亥，诏复置宗正、太仆、大匠、鸿胪，又增太府、太舟，仍先为十二卿[⑥]。

癸卯，以安成王秀为荆州刺史。先是，巴陵马营蛮缘江为寇[⑦]，州郡不能讨。秀遣防阁文炽帅众燔其林木，蛮失其险，州境无寇。

秋,七月,甲午,魏立高贵嫔为皇后。尚书令高肇益贵重用事。肇多变更先朝旧制,减削封秩,抑黜勋人,由是怨声盈路。群臣宗室皆卑下之,唯度支尚书元匡与肇抗衡,先自造棺置听事,欲舆棺诣阙论肇罪恶,自杀以切谏;肇闻而恶之。会匡与太常刘芳议权量事,肇主芳议,匡遂与肇喧竞,表肇指鹿为马。御史中尉王显奏弹匡诬毁宰相,有司处匡死刑;诏恕死,降为光禄大夫。

八月,癸丑,竟陵壮公曹景宗卒。

初,魏主为京兆王愉纳于后之妹为妃,愉不爱,爱妾李氏,生子宝月。于后召李氏入宫,棰之。愉骄奢贪纵,所为多不法。帝召愉入禁中推按,杖愉五十,出为冀州刺史。愉自以年长,而势位不及二弟⑧,潜怀愧恨。又,身与妾屡被顿辱,高肇数谮愉兄弟,愉不胜忿。癸亥,杀长史羊灵引、司马李遵,诈称得清河王怿密疏,云"高肇弑逆",遂为坛于信都之南⑨,即皇帝位,大赦,改元建平,立李氏为皇后。法曹参军崔伯骥不从,愉杀之。在北州镇皆疑魏朝有变,定州刺史安乐王诠具以状告之,州镇乃安。乙丑,魏以尚书李平为都督北讨诸军、行冀州事以讨愉。平,崇之从父弟也。

【注释】

①定百官九品为十八班:九品,古时官爵的九个等级,从曹魏开始制定实行;十八班,古代官僚自丞相至太祝、太医划分成的十八个等级,如丞相、太宰、太傅、太保、大司马、大将军、太尉、司徒、司空为十八班,诸将军开府仪同三司、左右光禄开府仪同三司为十七班,等等,班多的为尊贵。梁自建国至此,才由徐勉主持审定这些等级制度。 ②增置镇、卫将军以下为十品:根据梁武帝将军之名高卑舛杂,需要重新厘定的诏令,徐勉奏置一百二十五号将军,并将这些将军的阶、爵位分为二十四班,十品。如镇、卫、骠骑为二十四班;征东、征西、征南、征北施外,中军、中卫、中抚、中护施内,为二十三班;镇东、镇西、镇南、镇北施外,镇左、镇右、镇前、镇后施内,为二十二班,安东、安西、安南、安北施外,安左、安右、安前、安后施内,为二十一班;平东、平西、平南、平北施外,翊左、翊右、翊前、翊后施内,为二十班;等等,其中班数多的为尊贵。以上这些班的将军为一个品位,称为"重号将军"。另有十九个班九十个名称的将军,每十个称号分为一品。加上"重号将军"五个"班"一个品位,共二十四班

十品。另虽有将军头衔但不入品的，又分为八班，事体繁杂。　③又置施外国将军二十四班：施外国将军，即施用于国外臣服夷人首领的将军衔；这些头衔有武安、镇远、雄义拟车骑、抚朔、怀沙等共一百零九个，也分为二十四班，其前十九个名称五个班号为一品，其余每十个名称为一品。　④制局用事：制局，指制局监，和领军相对，掌军事等方面文书的机构。　⑤侍御师王显：医师侍奉于皇宫，故称之为侍御师，即古书中通常所称之“御医”；名王显的人，北魏有二：此处侍御师王显，另有御史中尉王显，不可混淆。　⑥仍先为十二卿：梁朝此时添置的有太府卿、太舟卿等，加上原有太常卿、宗正卿、太仆卿、大匠卿、光禄卿、少府卿等，共十二卿。　⑦马营蛮：居住在巴陵郡境内的当地土著少数民族，具体栖居地不详。巴陵、荆州，均为沿江城镇，故可缘江为寇。　⑧势位不及二弟：二弟，指清河王元怿和广平王元怀，前此之时，京兆王元愉、广平王元怀因所属国臣骄纵，为有司纠劾。　⑨信都之南：信都，北魏冀州治所，在今河北衡水市冀州区。古时皇帝即位，皆需设坛于南郊祀天，故京兆王元愉要设坛于信都之南。

丁卯，魏大赦，改元永平。

魏京兆王愉遣使说平原太守清河房亮[1]，亮斩其使；愉遣其将张灵和击之，为亮所败。李平军至经县[2]，诸军大集，夜，有蛮兵数千斫平营，矢及平帐，平坚卧不动，俄而自定。九月，辛巳朔，愉逆战于城南草桥，平奋击，大破之，愉脱身走入城，平进围之。壬辰，安乐王诠破愉兵于城北。

癸巳，立皇子绩为南康王。

魏高后之立也，彭城武宣王勰固谏，魏主不听。高肇由是怨之，数谮勰于魏主，魏主不之信。勰荐其舅潘僧固为长乐太守，京兆王愉之反，胁僧固与之同，肇因诬勰北与愉通，南招蛮贼[3]。彭城郎中令魏偃、前防阁高祖珍希肇提擢，构成其事。肇令侍中元晖以闻，晖不从，又令左卫元珍言之。帝以问晖，晖明勰不然；又以问肇，肇引魏偃、高祖珍为证，帝乃信之。戊戌，召勰及高阳王雍、广阳王嘉、清河王怿、广平王怀、高肇俱入宴。勰妃李氏方产，固辞不赴。中使相继召之[4]，不得已，与妃诀而登车，入东掖门，度小桥，牛不肯进，击之良久，更有使者责勰来迟，乃去牛，人挽而进。宴于禁中，至夜，皆醉，各就别所消息⑤。俄而元珍引武士赍毒酒而至，勰曰：“吾无罪，愿一见至尊，死无恨！”元珍曰：“至尊何可复见！”勰曰：“至尊圣明，不应无事杀我，乞与告者一对曲直！”武士以刀镮筑之，勰大言曰：“冤哉，皇天！忠而见杀。”武士又筑之，勰乃饮毒酒，武士就杀之，向晨，以褥裹尸载归其第，云王因醉而薨。李妃号哭大言曰：“高肇枉理杀人，天道有灵，汝安得良死！”魏主举哀于东堂，赠官、葬礼皆优厚加等。在朝贵贱，莫不丧气，行路士女皆流涕曰：“高令公枉杀贤王。”由是中外恶之益甚。

京兆王愉不能守信都，癸卯，烧门，携李氏及其四子从百余骑突走。李平入信都，斩愉所置冀州牧韦超等，遣统军叔孙头追执愉，置信都，以闻。群臣请诛愉，魏主不许，命锁送洛阳，申以家人之训。行至野王⑥，高肇密使人杀之。诸子至洛，魏主皆赦之。

魏主将屠李氏，中书令崔光谏曰：“李氏方妊，刑至刳胎，乃桀、纣所为，酷而非法。请俟产毕，然后行刑。”从之。

李平捕愉余党千余人，将尽杀之，录事参军高颢曰：“此皆胁从，前既许之原免矣，宜为表陈。”平从之，皆得免死。颢，祐之孙也⑦。

济州刺史高植帅州军击愉，有功当封，植不受，曰：“家荷重恩，为国致效，乃其常节，何敢求赏！”植，肇之子也。

加李平散骑常侍。高肇及中尉王显素恶平，显弹平在冀州隐截官口，肇奏除平名。

初，显祖之世，柔然万余口降魏，置之高平、薄骨律二镇⑧，及太和之末，叛走略尽，唯千余户在。太中大夫王通请徙置淮北以绝其叛，诏太仆卿杨椿持节往徙之，椿上言：“先朝处之边徼，所以招附殊俗，且别异华、戎也。今新附之户甚众，若旧者见徙，新者必不自安，是驱之使叛也。且此属衣毛食肉，乐冬便寒，南土湿热，往必歼尽。进失归附之心，退无藩卫之益，置之中夏，或生后患，非良策也。”不从，遂徙于济州⑨，缘河处之。及京兆王愉之乱，皆浮河赴愉，所在抄掠，如椿之言。

【注释】

①平原：即平原郡，北魏所置，治所位于今甘肃平凉市东泾水南岸。

②经县：汉时县名，北魏太和十年(486)以后移治今河北威县境内。③蛮贼：指洛阳以南到淮、汝、江、沔诸水以北间散布的土著部落。④中使：皇帝左右的信使，多在传递口谕时出现。 ⑤各就别所消息：消息，消酒毒然后得以休息；魏宣武帝这次宴饮的主要目的是除掉彭城王元勰，故要诸侯王各就别所消息。 ⑥野王：地名，位于今河南沁阳市。⑦祐之孙：祐，即高祐，高允的堂弟，以文学事北魏孝文帝。 ⑧高平、薄骨律二镇：北魏设置的两个边镇，高平镇位于今宁夏固原市，薄骨律镇位于今宁夏灵武市，后此镇改为沃野镇。 ⑨济州：北魏所置，治所在今山东聊城市茌平区西南。

庚子，魏郢州司马彭珍等叛魏，潜引梁兵趋义阳，三关戍主侯登等以城来降[①]。郢州刺史娄悦婴城自守，魏以中山王英都督南征诸军事，将步骑三万出汝南以救之。

冬，十月，魏悬瓠军主白早生杀豫州刺史司马悦，自号平北将军，求援于司州马仙琕[②]。时荆州刺史安成王秀为都督，仙琕签求应赴。参佐咸谓宜待台报，秀曰："彼待我以自存，援之宜速，待敕虽旧，非应急也。"即遣兵赴之。上亦诏仙琕救早生，仙琕进顿楚王城[③]，遣副将齐苟儿以兵二千助守悬瓠。诏以早生为司州刺史。

丙寅，以吴兴太守张稷为尚书左仆射。

魏以尚书邢峦行豫州事，将兵击白早生。魏主问之曰："卿言，早生走也，守也？何时可平？"对曰："早生非有深谋大智，正以司马悦暴虐，乘众怒而作乱，民迫于凶威，不得已而从之。纵使梁兵入城，水路不通，粮运不继，亦成禽耳。早生得梁之援，溺于利欲，必守而不走，若临以王师，士民必翻然归顺，不出今年，当传首京师。"魏主悦，命峦先发，使中山王英继之。

峦帅骑八百，倍道兼行，五日至鲍口[④]。丙子，早生遣其大将胡孝智将兵七千，离城二百里逆战，峦奋击，大破之，乘胜长驱至悬瓠。早生出城逆战，又破之，因渡汝水，围其城。诏加峦都督南讨诸军事。

丁丑，魏镇东参军成景儁杀宿豫戍主严仲贤，以城来降。时魏郢、豫二州，自悬瓠以南至于安陆诸城皆没，唯义阳一城为魏坚守。蛮帅田益宗帅群蛮以附魏，魏以为东豫州刺史⑤，上以车骑大将军、开府仪同三司、五千户郡公招之，益宗不从。

十一月，庚寅，魏遣安东将军杨椿将兵四万攻宿豫。

魏主闻邢峦屡捷，命中山王英趣义阳，英以众少，累表请兵，弗许。英至悬瓠，辄与峦共攻之。十二月，己未，齐苟儿等开门出降，斩白早生及其党数十人。英乃引兵前趋义阳。宁朔将军张道凝先屯楚王城，癸亥，弃城走，英追击，斩之。

魏义阳太守狄道辛祥与娄悦共守义阳，将军胡武城、陶平虏攻之，祥夜出袭其营，擒平虏，斩武城，由是州境获全。论功当赏，娄悦耻功出其下，间之于执政，赏遂不行。

壬申，魏东荆州表"桓晖之弟叔兴前后招抚太阳蛮⑥，归附者万余户，请置郡十六，县五十"。诏前镇东府长史郦道元案行置之⑦。道元，范之子也。

是岁，柔然佗汗可汗复遣纥奚勿六跋献貂裘于魏，魏主弗受，报之如前。

初，高车侯倍穷奇为哌哒所杀⑧，执其子弥俄突而去，其众分散，或奔魏，或奔柔然。魏主遣羽林监河南孟威抚纳降户，置于高平镇⑨。高车王阿伏至罗残暴，国人杀之，立其宗人跋利延。哌哒奉弥俄突以伐高车，国人杀跋利延，迎弥俄突而立之。弥俄突与佗汗可汗战于蒲类海⑩，不胜，西走三百余里。佗汗军于伊吾北山⑪。会高昌王麴嘉求内徙于魏，时孟威为龙骧将军，魏主遣威发凉州兵三千人迎之，至伊吾，佗汗见威军，怖而遁去。弥俄突闻其离骇，追击，大破之，杀佗汗于蒲类海北，割其发送于威，且遣使入贡于魏。魏主使东城子于亮报之，赐遗甚厚。高昌王嘉失期不至，威引兵还。

佗汗可汗子丑奴立，号豆罗伏跋豆伐可汗，改元建昌。

宋、齐旧仪，祀天皆服衮冕，兼著作郎高阳许懋请造大裘⑫，从之。

上将有事太庙，诏以"斋日不乐，自今舆驾始出，鼓吹从而不作，还宫，如常仪"。

【注释】

①三关戍：即义阳三关（平靖关、黄岘关和武阳关，平靖关在今河南信阳市西南，黄岘关在今河南信阳市南，武阳关在今河南罗山县南），均在北魏郢州境内。 ②悬瓠：一名悬壶，在河南汝南县，是北魏豫州治所。 ③楚王城：即楚王戍，在今安徽临泉县西南。 ④鲍口：或云在今湖北赤壁市境内，但似与悬瓠等地方位不合。 ⑤东豫州：北魏置，治所在今河南息县城关。 ⑥太阳蛮：北魏东荆州（治今河南泌阳县）境内的一支土著族，具体栖居地不详。 ⑦郦道元：北魏著名地理学家和文学家，所著《水经注》尤其闻名；其父郦范，事迹见卷第一百三十二宋明帝泰始三年。 ⑧哌哒：我国古代西域少数民族部落之一，属大月氏族的一支，也是高车的别种。哌哒人建立的哌哒王国，原出塞北，从金山往南至于阗西部，离长安一万一百里，王都名拔底城。 ⑨高平镇：今宁夏固原市。 ⑩蒲类海：一名婆悉海，即今新疆巴里坤哈萨克自治县境内巴里坤湖。 ⑪伊吾北山：在今新疆哈密市西北。 ⑫请造大裘：大裘，黑羊羔裘，服之祀天，以示质朴；古时天子有六冕之服，均玄上纁下，梁武帝此举，属于改制，后世礼家或讥之。

八年 春，正月，辛巳，上祀南郊，大赦。时有请封会稽、禅国山者[①]，上命诸儒草封禅仪，欲行之。许懋建议，以为“舜柴岱宗[②]，是为巡狩。而郑引《孝经钩命决》云：‘封于太山，考绩柴燎；禅乎梁甫，刻石纪号’，此纬书之曲说[③]，非正经之通义也。舜五载一巡狩，春夏秋冬周遍四岳[④]，若为封禅，何其数也！又如管夷吾所说七十二君[⑤]，燧人之前，世质民淳，安得泥金检玉！结绳而治，安得镌文告成！夷吾又云：‘唯受命之君然后得封禅’，周成王非受命之君[⑥]，云何得封太山禅社首[⑦]！神农即炎帝也，而夷吾分为二人，妄亦甚矣。若圣主，不须封禅；若凡主，不应封禅。盖齐桓公欲行此事，夷吾知其不可，故举怪物以屈之。秦始皇尝封太山，孙皓尝遣兼司空董朝至阳羡封禅国山，皆非盛德之事，不足为法。然则封禅之礼，皆道听所说，失其本文，由主好名于上，而臣阿旨于下也。古者祀天祭地，礼有常数，诚敬之道，尽此而备，至于封禅，非所敢闻”。上嘉纳之，因推演懋议，称制旨以答请者，由是遂止。

魏中山王英至义阳，将取三关，先策之曰：“三关相须如左右手，若克一关，两关不待攻而破；攻难不如攻易，宜先攻东关。”又恐其并力于东，乃使长史李华帅五统向西关[8]，以分其兵势，自督诸军向东关。

先是，马仙琕使云骑将军马广屯长薄[9]，军主胡文超屯松岘[10]。丙申，英至长薄，戊戌，长薄溃，马广遁入武阳，英进围之。上遣冠军将军彭瓮生、骠骑将军徐元季将兵援武阳，英故纵之使入城，曰：“吾观此城形势易取。”瓮生等既入，英促兵攻之，六日而拔，虏三将及士卒七千余人。进攻广岘[11]，太子左卫率李元履弃城走；又攻西关，马仙琕亦弃城走。

上使南郡太守韦睿将兵救仙琕，睿至安陆，增筑城二丈余，更开大堑，起高楼。众颇讥其示怯，睿曰：“不然，为将当有怯时，不可专勇。”中山王英急追马仙琕，将复邵阳之耻，闻睿至，乃退。上亦有诏罢兵。

初，魏主遣中书舍人鲖阳董绍慰劳叛城，白早生袭而囚之，送于建康。魏主既克悬瓠，命于齐苟儿等四将之中分遣二人，敕扬州为移[12]，以易绍及司马悦首。移书未至，领军将军吕僧珍与绍言，爱其文义，言于上，上遣主书霍灵超谓绍曰：“今听卿还，令卿通两家之好，彼此息民，岂不善也！”因召见，赐衣物，令舍人周舍慰劳之，且曰：“战争多年，民物涂炭，吾是以不耻先言与魏朝通好，比亦有书全无报者，卿宜备申此意。今遣传诏霍灵秀送卿至国，迟有嘉问。”又谓绍曰：“卿知所以得不死不？今者获卿，乃天意也。夫立君以为民也，凡在民上，岂可不思此乎！若欲通好，今以宿豫还彼，彼当以汉中见归。”绍还魏言之，魏主不从。

三月，魏荆州刺史元志将兵七万寇潺沟[13]，驱迫群蛮，群蛮悉渡汉水来降，雍州刺史吴平侯昺纳之[14]。纲纪皆以蛮累为边患，不如因此除之，昺曰：“穷来归，我诛之不祥。且魏人来侵，吾得蛮以为屏蔽，不亦善乎！”乃开樊城受其降，命司马朱思远等击志于潺沟，大破之，斩首万余级。志，齐之孙也[15]。

夏，四月，戊申，以临川王宏为司空，加车骑将军王茂开府仪同三司。

丁卯，魏楚王城主李国兴以城降。

秋，七月，癸巳，巴陵王萧宝义卒[16]。

九月，辛巳，魏封故北海王详子颢为北海王[17]。

魏公孙崇造乐尺[18]，以十二黍为寸；刘芳非之，更以十黍为寸。尚书令高肇等奏："崇所造八音之器及度量皆与经传不同，诘其所以然，云'必依经文，声则不协'。请更令芳依《周礼》造乐器[19]，俟成集议并呈，从其善者。"诏从之。

冬，十月，癸丑，魏以司空广阳王嘉为司徒。

十一月，乙丑，魏主于式乾殿为诸僧及朝臣讲《维摩诘经》[20]。时魏主专尚释氏，不事经籍，中书侍郎河东裴延儁上疏，以为"汉光武、魏武帝，虽在戎马之间，未尝废书，先帝迁都行师，手不释卷，良以学问多益，不可暂辍故也。陛下升法座，亲讲大觉，凡在瞻听，尘蔽俱开。然《五经》治世之模楷，应务之所先，伏愿经书互览，孔、释兼存，则内外俱周，真俗斯畅矣"。

时佛教盛于洛阳，沙门之外，自西域来者三千余人，魏主别为之立永明寺千余间以处之。处士南阳冯亮有巧思，魏主使与河南尹甄琛、沙门统僧暹择嵩山形胜之地立闲居寺，极岩壑土木之美。

北魏杂技俑

由是远近承风，无不事佛，比及延昌[21]，州郡共有一万三千余寺。

是岁，魏宗正卿元树来奔，赐爵邺王。树，翼之弟也。时翼为青、冀二州刺史，镇郁洲[22]，久之，翼谋举州降魏，事泄而死。

【注释】

①会稽：山名。在今浙江绍兴市。国山：山名，原名离里山，在今江苏宜兴市西南。 ②舜柴岱宗：柴，指燃柴祭天。岱宗，即泰山。 ③纬书：汉代以来出现的、与经书相对应的宣扬神学迷信和附会儒家经义的书。上文所提到的《孝经钩命决》即纬书《孝纬》中的一篇。 ④周遍四岳：舜五年一巡狩，春夏秋冬遍祭四方名岳，事载《尚书·舜典》。⑤管夷吾：即管仲（？—前645），春秋时齐国人，事齐桓公为相，称霸中原。 ⑥周成王：周武王之子，名诵，即位年幼，由周公旦摄政。 ⑦社首：山名，在今山东泰安市西南，山上有社首坛。 ⑧西关：即三关中的平靖关（今河南信阳市西南）。 ⑨长薄：即长薄城，在今河南信阳市南。 ⑩松岘：即松岘城，也在今河南信阳市南。长薄、松岘两城盖平靖关的外围卫星城，战时互为犄角之势。 ⑪广岘：即黄岘关，在“三关”中位于中间，故又称“中关”。 ⑫移：即移文，古时的一种公文。⑬漯沟：地名，在今湖北襄阳市汉江北岸。 ⑭雍州：治所在今湖北襄阳市。 ⑮齐：拓跋齐，其事迹见卷第一百二十宋文帝元嘉四年（427）。⑯巴陵王萧宝义：梁武帝受齐禅，以谢沐县公萧宝义为巴陵王，奉齐祀，事见本书卷第一百四十五梁武帝天监元年（502）。 ⑰故北海王详：北魏北海王详因罪而死。 ⑱乐尺：即律尺或黍尺，古时造乐，先要定律，而通常用黍百粒相累，取其长度作为一尺的标准，称为黍尺或律尺。⑲依《周礼》造乐器：指依《周礼》上所载的黍尺造乐器。《周礼》之《典同》载有乐官掌六律六同之和的话，但未言及乐尺；同书《考工记》也未见累黍为尺之法，故此处言“依《周礼》造乐器”，不知具体何指。⑳《维摩诘经》：佛教经典名，全称为《维摩诘所说经》，最早为前秦时鸠摩罗什译，现存三卷。 ㉑延昌：北魏宣武帝于512年四月改元延昌，516年三月再改熙平，延昌年号使用近四年。 ㉒郁洲：又名田横岛，在今江苏连云港市东云台山一带。

九年 春，正月，乙亥，以尚书令沈约为左光禄大夫，右光禄大夫王莹为尚书令。约文学高一时，而贪冒荣利，用事十余年，政之得失，唯唯而已。自以久居端揆，有志台司，论者亦以为宜，而上终不用；乃求外出，又不许。徐勉为之请三司之仪[①]，上不许。

庚寅，新作缘淮塘，北岸起石头迄东冶[②]，南岸起后渚篱门迄三桥[③]。

三月，丙戌，魏皇子诩生。诩母胡充华[④]，临泾人，父国珍袭武始伯。充华初选入掖庭，同列以故事祝之："愿生诸王、公主，勿生太子。"充华曰："妾之志异于诸人，奈何畏一身之死而使国家无嗣乎！"及有娠，同列劝去之，充华不可，私自誓曰："若幸而生男，次第当长，男生身死，所不憾也。"既而生诩。

先是，魏主频丧皇子，年渐长，深加慎护，择良家宜子者以为乳保，养于别宫，皇后、充华皆不得近。

己丑，上幸国子学，亲临讲肄[⑤]。乙未，诏皇太子以下及王侯之子年可从师者皆入学。

旧制：尚书五都令史皆用寒流[⑥]。夏，四月，丁巳，诏曰："尚书五都，职参政要，非但总领众局，亦乃方轨二丞[⑦]；可革用士流，秉此群目。"于是以都令史视奉朝请，用太学博士刘纳兼殿中都，司空法曹参军刘显兼吏部都，太学博士孔虔孙兼金部都，司空法曹参军萧轨兼左右户都，宣毅墨曹参军王颙兼中兵都[⑧]，并以才地兼美，首膺其选。

六月，宣城郡吏吴承伯挟妖术聚众[⑨]，癸丑，攻郡杀太守朱僧勇，转屠旁县。闰月，己丑，承伯逾山，奄至吴兴[⑩]。东土人素不习兵，吏民恇扰奔散，或劝太守蔡撙避之，撙不可，募勇敢闭门拒守。承伯尽锐攻之，撙帅众出战，大破之，临陈，斩承伯。撙，兴宗之子也。承伯余党入新安，攻陷黟、歙诸县[⑪]，太守谢览遣兵拒之，不胜，逃奔会稽，台军讨贼，平之。览，瀹之子也。

冬，十月，魏中山献武王英卒。

上即位之三年，诏定新历，员外散骑侍郎祖暅奏其父冲之考古法为正，历不可改。至八年，诏太史课新旧二历[⑫]，新历密，旧历疏，是岁，始行冲之《大明历》。

魏刘芳奏"所造乐器及教文、武二舞、登歌、鼓吹曲等已成[⑬]，乞如前敕集公卿群儒议定，与旧乐参呈。若臣等所造，形制合古，击拊会节，请于来年元会用之”。诏：“舞可用新，余且仍旧。”

【注释】

①三司之仪：即“开府同三司之仪”的简称；梁朝官制，开府仪同三司之外，另有开府同三司之仪，其位在“开府仪同三司”之下。 ②起石头迄东冶：石头、东冶均为淮河北岸的两个地名，具体地址不详；或说石头即今江苏南京市，东冶在今福建福州市，但与缘淮塘地理方位明显不合。 ③起后渚篱门迄三桥：后渚篱门、三桥均为淮河南岸的两个地点，后渚篱门，未详何处，三桥在今江苏扬州市西南隅，淮河南岸的缘河堤止于此。 ④充华：后宫之职，位在九嫔之列。 ⑤讲肄（yì 义）：讲、肄均为研习之意。 ⑥尚书五都令史：即尚书五部（殿中、吏部、金部、左右户部、中兵部）都令史。 ⑦二丞：指尚书左右丞。 ⑧宣毅墨曹参军：即宣毅府墨曹参军；时徐勉奏置一百二十五号将军为二十四班，宣毅将军居十七班。 ⑨宣城郡：治所在今安徽宣城市宣州区。 ⑩吴兴：郡名，治所在今浙江湖州市。 ⑪黟（yī 伊）、歙（shè 赦）诸县：黟、歙诸县，即今安徽黟县、歙县一带，梁时皆属新安郡（治所在今安徽歙县）。 ⑫新旧二历：旧历，指南朝刘宋何承天所定历；新历，指祖冲之所定之历；祖冲之，我国古代伟大的数学家，事见本书卷第一百二十九宋孝武帝大明六年（462）。 ⑬文·武二舞：即古代所谓“雅舞”，文舞表示以揖让得天下，如《韶》《夏》等舞；武舞表示以征伐得天下，如《大濩》《大武》等。登歌：古时祭祀燕享，堂上所奏之歌，内容多属歌颂先祖功烈。鼓吹曲：一名短箫铙歌，属鼓钲箫笳等乐器合奏的乐曲。

十年 春，正月，辛丑，上祀南郊，大赦。

尚书左仆射张稷，自谓功大赏薄，尝侍宴乐寿殿，酒酣，怨望形于辞色。上曰：“卿兄杀郡守，弟杀其君，有何名称！”稷曰：“臣乃无名称，至于陛下，不得言无勋。东昏暴虐，义师亦来伐之，岂在臣而已！”上捋其须，曰：“张公可畏人！”稷既惧且恨，乃求出外，癸卯，以稷为青、冀二州刺史。

王珍国亦怨望，罢梁、秦二州刺史还，酒后于坐启云：“臣近入梁山便哭。”上大惊曰：“卿若哭东昏，则已晚；若哭我，我复未死！”珍国起拜谢，竟不答，坐即散，因此疏退，久之，除都官尚书。

丁巳，魏汾州山胡刘龙驹聚众反，侵扰夏州，诏谏议大夫薛和发东秦、汾、华、夏四州之众以讨之[①]。

辛酉，上祀明堂。

三月，琅邪民王万寿杀东莞、琅邪二郡太守刘晰[②]。据朐山[③]，召魏军。

壬戌，魏广阳懿烈王嘉卒。

魏徐州刺史卢昶遣郯城戍副张天惠、琅邪戍主傅文骥相继赴朐山，青、冀二州刺史张稷遣兵拒之，不胜。夏，四月，文骥等据朐山，诏振远将军马仙琕击之。魏又遣假安南将军萧宝寅、假平东将军天水赵遐将兵据朐山，受卢昶节度。

甲戌，魏薛和破刘龙驹，悉平其党，表置东夏州。

五月，丙辰，魏禁天文学。

以国子祭酒张充为尚书左仆射。充，绪之子也。

马仙琕围朐山，张稷权顿六里以督馈运，上数发兵助之。秋，魏卢昶上表请益兵六千，米十万石，魏主以兵四千给之。冬，十一月，己亥，魏主诏扬州刺史李崇等治兵寿阳，以分朐山之势。卢昶本儒生，不习军旅。朐山城中粮樵俱竭，傅文骥以城降；十二月，庚辰，昶引兵先遁，诸军相继皆溃，会大雪，军士冻死及堕手足者三分之二，仙琕追击，大破之。二百里间，僵尸相属，魏兵免者什一二，收其粮畜器械，不可胜数。昶单骑而走，弃其节传、仪卫俱尽；至郯城，借赵遐节以为军威。魏主命黄门侍郎甄琛驰驲锁昶[④]，穷其败状，及赵遐皆免官。唯萧宝寅全军而归。

卢昶之在朐山也，御史中尉游肇言于魏主曰："朐山蕞尔[⑤]，僻在海滨，卑湿难居，于我非急，于贼为利。为利，故必致死以争之；非急，故不得已而战；以不得已之众击必死之师，恐稽延岁月，所费甚大。假令得朐山，徒致交争，终难全守，所谓无用之田也。闻贼屡以宿豫求易朐山，若必如此，持此无用之地，复彼旧有之疆，兵役时解，其利甚大。"魏主将从之，会昶败，迁肇侍中。肇，明根之子也。

马仙琕为将，能与士卒同劳逸，所衣不过布帛，所居无帏幕衾屏，饮食与厮养最下者同。其在边境，常单身潜入敌境，伺知壁垒村落险要处，所攻战多捷，士卒亦乐为之用。

魏以甄琛为河南尹，琛表曰：“国家居代，患多盗窃，世祖发愤，广置主司、里宰，皆以下代令长及五等散男有经略者乃得为之[6]。又多置吏士为其羽翼，崇而重之，始得禁止。今迁都已来，天下转广，四远赴会，事过代都，五方杂沓，寇盗公行，里正职轻任碎，多是下材，人怀苟且，不能督察。请取武官八品将军已下干用贞济者，以本官俸恤领里尉之任，高者领六部尉，中者领经途尉，下者领里正。不尔，请少高里尉之品，选下品中应迁者进而为之，督责有所，辇毂可清[7]。”诏曰：“里正可进至勋品，经途从九品，六部尉正九品，诸职中简取，不必武人。”琛又奏以羽林为游军，于诸坊巷司察盗贼，于是洛城清静，后常踵焉。

是岁，梁之境内有州二十三，郡三百五十，县千二十二。是后州名浸多，废置离合，不可胜记。魏朝亦然。

上敦睦九族，优借朝士，有犯罪者，皆屈法申之。百姓有罪，则案之如法，其缘坐则老幼不免，一人逃亡，举家质作，民既穷窘，奸宄益深。尝因郊祀，有秣陵老人遮车驾言曰[8]：“陛下为法，急于庶民，缓于权贵，非长久之道。诚能反是，天下幸甚。”上于是思有以宽之。

【注释】

①东秦：即北魏所置东秦州，治所在今陕西黄陵县西南。汾：北魏汾州，治所在山西隰县。华：北魏华州，治所在今陕西蒲城县东北。夏：北魏夏州，治所在陕西靖边县东北。 ②东莞：郡名。治所在今江苏连云港市西南海州区。琅邪：郡名。治所同东莞郡。 ③朐山：即今江苏连云港市西南之锦屏山。 ④驲（rì 日）：古代驿车。 ⑤蕞（zuì 最）尔：小的样子。 ⑥五等散男：爵位为五等男爵而居散官的。北魏爵位公、侯、伯、子、男五等中，每等又有开国与散（不开国）之分，凡是散爵都比开国者降一品，并非因为担任散官才称为“散男”。 ⑦辇毂：指京师（洛阳），因为京城处于皇帝的辇毂之下，故有此称呼。 ⑧秣陵：县名，治所在今江苏南京市江宁区秣陵镇。

十一年 春，正月，壬辰，诏：“自今逋谪之家及罪应质作，若年有老小，可停将送。”

以临川王宏为太尉，骠骑将军王茂为司空、尚书令。

丙辰，魏以车骑大将军、尚书令高肇为司徒，清河王怿为司空，广平王怀进号骠骑大将军，加仪同三司。肇虽登三司，犹自以去要任，怏怏形于言色，见者嗤之。尚书右丞高绰、国子博士封轨，素以方直自业，及肇为司徒，绰送迎往来，轨竟不诣肇。绰顾不见轨，乃遽归，叹曰："吾平生自谓不失规矩，今日举措，不如封生远矣。"绰，允之孙；轨，懿之族孙也。

清河王怿有才学闻望，惩彭城之祸，因侍宴，谓肇曰："天子兄弟讵有几人，而翦之几尽[①]！昔王莽头秃，藉渭阳之资[②]，遂篡汉室。今君身曲，亦恐终成乱阶。"会大旱，肇擅录囚徒，欲以收众心。怿言于魏主曰："昔季氏旅于泰山[③]，孔子疾之。诚以君臣之分，宜防微杜渐，不可渎也。减膳录囚，乃陛下之事；今司徒行之，岂人臣之义乎！明君失之于上，奸臣窃之于下，祸乱之基，于此在矣。"帝笑而不应。

夏，四月，魏诏尚书与群司鞫理狱讼，令饥民就谷燕、恒二州及六镇[④]。

乙酉，魏大赦，改元延昌。

冬，十月，乙亥，魏立皇子诩为太子，始不杀其母。以尚书右仆射郭祚领太子少师。祚尝从魏主幸东宫，怀黄䍡以奉太子[⑤]；时应诏左右赵桃弓深为帝所信任，祚私事之，时人谓之"桃弓仆射""黄䍡少师"。

十一月，乙未，以吴郡太守袁昂兼尚书右仆射。

初，齐太子步兵校尉平昌伏曼容表求制一代礼乐，世祖诏选学士十人修五礼，丹杨尹王俭总之。俭卒，以事付国子祭酒何胤。胤还东山[⑥]，齐明帝敕尚书令徐孝嗣掌之。孝嗣诛，率多散逸，诏骠骑将军何佟之掌之。经齐末兵火，仅有在者。帝即位，佟之启审省置之宜，敕使外详。时尚书以为庶务权舆[⑦]，宜俟隆平，欲且省礼局，并还尚书仪曹，诏曰："礼坏乐缺，实宜以时修定。但顷之修撰不得其人，所以历年不就，有名无实。此既经国所先，可即撰次。"于是尚书仆射沈约等奏："请五礼各置旧学士一人，令自举学古一人相助抄撰，其中疑者，依石渠、白虎故事[⑧]，请制旨断决。"乃以右军记室明山宾等分掌五礼，佟之总其事。佟之卒，以镇北谘议参军伏暅代之。暅，曼容之子也。至是，《五礼》成，列上之，合八千一十九条，诏有司遵行。

己酉，临川王宏以公事左迁骠骑大将军。

是岁，魏以桓叔兴为南荆州刺史，治安昌，隶东荆州[⑨]。

【注释】

①翦：同“剪”。 ②藉渭阳之资：渭阳，本指渭水之阳（渭水之北），因《诗经·秦风》中有《渭阳》一篇，旧言秦康公送晋公子重耳（晋文公）于渭水之阳而作，而晋文公为秦康公之舅，故后世每引此诗以称舅甥之谊；藉渭阳之资，指王莽凭借和西汉王朝的舅甥关系为资本，最后篡汉。③旅：祭祀名。 ④燕、恒二州及六镇：北魏所置燕州、恒州和西北六镇，燕州在今河北涿鹿县，恒州在今山西大同市；六镇，详见本书卷第一百四十五梁武帝天监二年（503）源怀巡行北边事。 ⑤黄𤓰（pián 骈）：瓜属中一个品种。 ⑥东山：指何胤隐居的会稽（今浙江绍兴市）东山。⑦权舆：古汉语中的连绵词，意即开始；这里指梁朝建立不久，王业万事皆刚刚开始。 ⑧依石渠、白虎故事：石渠故事指汉宣诏群儒于石渠阁讲《五经》同异之事，此事见本书卷第二十七汉宣帝甘露三年（前51）；白虎故事指汉章帝诏集群儒于白虎观论《五经》同异之事，此事见本书卷第四十六汉章帝建初四年（79）。 ⑨隶东荆州：东荆州，北魏所置，治所在今河南泌阳县；北魏置南荆州于安昌（今河南温县东北），南荆州因梁朝侵逼，屡屡迁移，故此时北魏使之隶属于东荆州。

十二年 春，正月，辛卯，上祀南郊，大赦。

二月，辛酉，以兼尚书右仆射袁昂为右仆射。

己卯，魏高阳王雍进位太保。

郁洲迫近魏境[①]，其民多私与魏人交市，朐山之乱，或阴与魏通，朐山平，心不自安。青、冀二州刺史张稷不得志，政令宽弛，僚吏颇多侵渔。庚辰，郁洲民徐道角等夜袭州城，杀稷，送其首降魏，魏遣前南兖州刺史樊鲁将兵赴之。于是魏饥，民饿死者数万，侍中游肇谏，以为“朐山滨海，卑湿难居，郁洲又在海中，得之尤为无用。其地于贼要近，去此闲远，以闲远之兵攻要近之众，不可敌也。方今年饥民困，唯宜安静，而复劳以军旅，费以馈运，臣见其损，未见其益。”魏主不从，复遣平西将军奚康生将兵逆之。未发，北兖州刺史康绚遣司马霍奉伯讨平之。

辛巳，新作太极殿。

上尝与侍中、太子少傅建昌侯沈约各疏栗事，约少上三事，出，谓人曰：“此公护前，不则羞死！”上闻之怒，欲治其罪，徐勉固谏而止。上有憾于张稷，从容与约语及之，约曰：“左仆射出作边州，已往之事，何足复论！”上以约与稷昏家相为，怒曰：“卿言如此，是忠臣邪！”乃辇归内殿。约惧，不觉上起，犹坐如初；及还，未至床而凭空，顿于户下，因病。梦齐和帝以剑断其舌，乃呼道士奏赤章于天，称“禅代之事，不由己出”。上遣主书黄穆之视疾，夕还，增损不即启闻，惧罪，乃白赤章事。上大怒，中使谴责者数四。约益惧，闰月，乙丑，卒。有司谥曰“文”，上曰：“情怀不尽曰隐。”改谥隐侯。

夏，五月，寿阳久雨，大水入城，庐舍皆没。魏扬州刺史李崇勒兵泊于城上，水增未已，乃乘船附于女墙，城不没者二板。将佐劝崇弃寿阳保北山[2]，崇曰：“吾忝守藩岳，德薄致灾，淮南万里，系于吾身，一旦动足，百姓瓦解，扬州之地，恐非国物，吾岂爱一身，取愧王尊[3]！但怜此士民无辜同死，可结筏随高，人规自脱，吾必与此城俱没，幸诸君勿言！”

扬州治中裴绚帅城南民数千家泛舟南走，避水高原，谓崇还北，因自称豫州刺史，与别驾郑祖起等送任子来请降[4]。马仙琕遣兵赴之。

崇闻绚叛，未测虚实，遣国侍郎韩方兴单舸召之[5]。绚闻崇在，怅然惊恨，报曰：“比因大水颠狈，为众所推。今大计已尔，势不可追，恐民非公民，吏非公吏，愿公早行，无犯将士。”崇遣从弟宁朔将军神等将水军讨之，绚战败，神追拔其营。绚走，为村民所执，还，至尉升湖[6]，曰：“吾何面见李公乎！”乃投水死。绚，叔业之兄孙也。郑祖起等皆伏诛。崇上表以水灾求解州任，魏主不许。

崇沉深宽厚，有方略，得士众心，在寿春十年，常养壮士数千人，寇来无不摧破，邻敌谓之“卧虎”。上屡设反间以疑之，又授崇车骑大将军、开府仪同三司、万户郡公，诸子皆为县侯；而魏主素知其忠笃，委信不疑。

六月，癸巳，新作太庙。

秋，八月，戊午，以临川王宏为司空。

魏恒、肆二州地震、山鸣，逾年不已，民覆压死伤甚众。

魏主幸东宫，以中书监崔光为太子少傅，命太子拜之；光辞不敢当，帝不许。太子南面再拜，詹事王显启请从太子拜，于是宫臣皆拜；光北面立，不敢答，唯西面拜谢而出。

【注释】

①郁洲：又名田横岛，在今江苏连云港市云台山一带，古时在海中，周围数百里，清朝时因海岸扩展，始和大陆相连。　②北山：即八公山，在今安徽寿县西北。　③王尊：西汉元帝时人，曾任东郡（治今河南濮阳市西南）太守，时黄河大水，泛溢瓠子金堤（从今河南濮阳市段黄河中分流出的一条小河为瓠子河），吏民争相逃奔，王尊不肯离开河堤一步，直到水退为止。　④任子：即人质。　⑤国侍郎：李崇封爵为陈留公，故有国侍郎。　⑥尉升湖：当在今安徽寿县境内。

十三年　春，二月，丁亥，上耕藉田[①]，大赦。宋、齐藉田皆用正月，至是始用二月，及致斋祀先农[②]。

魏东豫州刺史田益宗衰老，与诸子孙聚敛无厌，部内苦之，咸言欲叛。魏主遣中书舍人刘桃符慰劳益宗，桃符还，启益宗侵扰之状。魏主赐诏曰："桃符闻卿息鲁生在淮南贪暴，为尔不已，损卿诚效。可令鲁生赴阙，当加任使。"鲁生久未至，诏徙益宗为镇东将军、济州刺史；又虑其不受代，遣后将军李世哲与桃符帅众袭之，奄入广陵[③]。鲁生与其弟鲁贤、超秀皆奔关南，招引梁兵，攻取光城已南诸戍[④]。上以鲁生为北司州刺史，鲁贤为北豫州刺史，超秀为定州刺史。三月，魏李世哲击鲁生等，破之，复置郡戍。以益宗还洛阳，授征南将军、金紫光禄大夫。益宗上表称为桃符所谗，及言"鲁生等为桃符逼逐使叛，乞摄桃符与臣对辨虚实"。诏不许，曰："既经大宥，不容方更为狱。"

秋，七月，乙亥，立皇子纶为邵陵王，绎为湘东王，纪为武陵王。

冬,十月,庚辰,魏主遣骁骑将军马义舒慰谕柔然。

魏王足之入寇也,上命宁州刺史涪人李略御之[⑤],许事平用为益州。足退,上不用,略怨望,有异谋,上杀之。其兄子苗奔魏,步兵校尉泰山淳于诞尝为益州主簿,自汉中入魏,二人共说魏主以取蜀之策。魏主信之,辛亥[⑥],以司徒高肇为大将军、平蜀大都督,将步骑十五万寇益州;命益州刺史傅竖眼出巴北[⑦],梁州刺史羊祉出庾城,安西将军奚康生出绵竹,抚军将军甄琛出剑阁;乙卯,以中护军元遥为征南将军,都督镇遏梁、楚。游肇谏,以为:"今频年水旱,百姓不宜劳役。往昔开拓,皆因城主归款,故有征无战。今之陈计者真伪难分,或有怨于彼,不可全信。蜀地险隘,镇戍无隙,岂得虚承浮说而动大军!举不慎始,悔将何及!"不从,以淳于诞为骁骑将军,假李苗龙骧将军,皆领乡导统军[⑧]。

魏降人王足陈计,求堰淮水以灌寿阳。上以为然,使水工陈承伯、材官将军祖暅视地形,咸谓"淮内沙土漂轻不坚实,功不可就"。上弗听,发徐、扬民率二十户取五丁以筑之,假太子右卫率康绚都督淮上诸军事,并护堰作于钟离。役人及战士合二十万,南起浮山[⑨],北抵巉石[⑩],依岸筑土,合脊于中流。

魏以前定州刺史杨津为华州刺史,津,椿之弟也。先是,官受调绢,尺度特长,任事因缘,共相进退,百姓苦之。津令悉依公尺,其输物尤善者,赐以杯酒;所输少劣,亦为受之,但无酒以示耻。于是人竞相劝,官调更胜旧日。

魏太子尚幼,每出入东宫,左右乳母而已,宫臣皆不知。詹事杨昱上言:"乞自今召太子必降手敕,令臣等翼从。"魏主从之,命宫臣在直者从至万岁门[⑪]。

魏御史中尉王显谓治书侍御史阳固曰:"吾作太府卿,府库充实,卿以为何如?"固曰:"公收百官之禄四分之一,州郡赃赎,悉输京师,以此充府,未足为多。且'有聚敛之臣,宁有盗臣[⑫]',可不戒哉!"显不悦,因事奏免固官。

【注释】

①藉田:古时天子亲自耕种的田称为藉田,借此以鼓励农耕。②先农:即神农氏,相传他是我国农业的创始人。③广陵:指北魏东豫

州辖区内的广陵城,在今河南息县。 ④光城:北魏东豫州治所,在今河南光山县。 ⑤宁州:梁置,治所在今云南曲靖市。 ⑥辛亥:据《魏书·世宗纪》延昌三年,此处记事在十一月。 ⑦巴北:指巴郡以北,即今重庆垫江以北的梁朝属地。 ⑧乡导统军:官名,因其职务为担任全军“向导”,故名。 ⑨浮山:地名,浮山堰南岸的起点,在今安徽五河县东面的淮河岸边。 ⑩巉石:即巉石山,浮山堰北岸的起点。 ⑪万岁门:洛阳宫城的东门。 ⑫有聚敛之臣,宁有盗臣:语出《大学》,意思是与其有为国君聚敛的大臣,还不如有盗窃国君财物的大臣。

资治通鉴卷第一百四十八

梁纪四　起旃蒙协洽，尽著雍阉茂，凡四年。

高祖武皇帝四

天监十四年　春，正月，乙巳朔，上冠太子于太极殿[①]，大赦。

辛亥，上祀南郊。

甲寅，魏主有疾；丁巳，殂于式乾殿。侍中中书监太子少傅崔光、侍中领军将军于忠、詹事王显、中庶子代人侯刚迎太子诩于东宫，至显阳殿。王显欲须明行即位礼，崔光曰："天位不可暂旷，何待至明！"显曰："须奏中宫。"光曰："帝崩，太子立，国之常典，何须中宫令也！"于是，光等请太子止哭，立于东序[②]。于忠与黄门郎元昭扶太子西面哭十余声止。光摄太尉，奉策进玺绶，太子跪受，服衮冕之服，御太极殿，即皇帝位。光等与夜直群官立庭中，北面稽首称万岁。昭，遵之曾孙也[③]。

高后欲杀胡贵嫔[④]，中给事谯郡刘腾以告侯刚[⑤]，刚以告于忠。忠问计于崔光，光使置贵嫔于别所，严加守卫，由是贵嫔深德四人。戊午，魏大赦。己未，悉召西伐、东防兵[⑥]。

骠骑大将军广平王怀扶疾入临，径至太极西庑，哀恸，呼侍中、黄门、领军、二卫[⑦]，云"身欲上殿哭大行[⑧]，又须入见主上"。众皆愕然相视，无敢对者。崔光攘衰振杖，引汉光武崩赵熹扶诸王下殿故事[⑨]，声色甚厉，闻者莫不称善。怀声泪俱止，曰："侍中以古义裁我，我敢不服！"遂还，仍频遣左右致谢。

先是高肇擅权，尤忌宗室有时望者，太子太傅任城王澄数为肇所谮，惧不自全，乃终日酣饮，所为如狂，朝廷机要无所关豫。及世宗殂，肇拥兵于外，朝野不安。于忠与门下议，以肃宗幼，未能亲政，宜使太保高阳王雍入居西柏堂省决庶政，以任城王澄为尚书令，总摄百揆，奏皇后请即敕授。王显素有宠于世宗，恃势使威，为世所疾，恐不为澄等所容，与中常侍孙伏连等密谋寝门下之奏，矫皇后令，以高肇录尚书事，以显与勃海公高猛同为侍中。于忠等闻之，托以侍疗无效，执显于禁中[⑩]，下诏削爵任。显临执呼冤，直阁以刀环撞其掖下，送右卫府，一宿而死。庚申，下诏如门下所奏，百官总己听于二王，中外悦服。

北魏几何纹砖

二月，庚辰，尊皇后为皇太后。

魏主称名为书告哀于高肇，且召之还。肇承变忧惧，朝夕哭泣，至于羸悴，归至瀍涧[⑪]，家人迎之，不与相见；辛巳，至阙下，衰服号哭[⑫]，升太极殿尽哀。高阳王雍与于忠密谋，伏直寝邢豹等十余人于舍人省下，肇哭毕，引入西庑，清河诸王皆窃言目之。肇入省，豹等搤杀之[⑬]，下诏暴其罪恶，称肇自尽，自余亲党悉无所问，削除职爵，葬以士礼；逮昏，于厕门出尸归其家。

魏之伐蜀也，军至晋寿[⑭]，蜀人震恐。傅竖眼将步兵三万击巴北，上遣宁州刺史任太洪自阴平间道入其州，招诱氐、蜀[⑮]，绝魏运路。会魏大军北还，太洪袭破魏东洛、除口二戍[⑯]，声言梁兵继至，氐、蜀翕然从之。太洪进围关城[⑰]，竖眼遣统军姜喜等击太洪，大破之，太洪弃关城走还。

癸未，魏以高阳王雍为太傅、领太尉，清河王怿为司徒，广平王怀为司空。

甲午，魏葬宣武皇帝于景陵，庙号世宗。己亥，尊胡贵嫔为皇太妃。三月，甲辰朔，以高太后为尼，徙居金墉瑶光寺，非大节庆，不得入宫。

魏左仆射郭祚表称："萧衍狂悖，谋断川渎，役苦民劳，危亡已兆；宜命将出师，长驱扑讨。"魏诏平南将军杨大眼督诸军镇荆山[18]。

魏于忠既居门下，又总宿卫，遂专朝政，权倾一时。初，太和中，军国多事，高祖以用度不足，百官之禄四分减一，忠悉命归所减之禄。旧制：民税绢一匹别输绵八两，布一匹别输麻十五斤，忠悉罢之。乙丑，诏文武群官各进位一级。

夏，四月，浮山堰成而复溃，或言蛟龙能乘风雨破堰，其性恶铁，乃运东、西冶铁器数千万斤沉之[19]，亦不能合。乃伐树为井干，填以巨石，加土其上；缘淮百里内木石无巨细皆尽，负担者肩上皆穿，夏日疾疫，死者相枕，蝇虫昼夜声合。

魏梁州刺史薛怀吉破叛氐于沮水，怀吉，真度之子也。五月，甲寅，南秦州刺史崔暹又破叛氐，解武兴之围。

六月，魏冀州沙门法庆以妖幻惑众，与勃海人李归伯作乱，推法庆为主。法庆以尼惠晖为妻，以归伯为十住菩萨、平魔军司、定汉王[20]，自号大乘。又合狂药，令人服之，父子兄弟不复相识，唯以杀害为事。刺史萧宝寅遣兼长史崔伯驎击之，伯驎败死。贼众益盛，所在毁寺舍，斩僧尼，烧经像，云"新佛出世，除去众魔"。秋，七月，丁未，诏假右光禄大夫元遥征北大将军以讨之。

【注释】

①冠：古礼男子二十行冠礼，女子十五行笄礼，以示成年。　②东序：古时正堂东西两边的墙称为序，东边的称东序，西边的称西序。③遵：指北魏略阳公拓跋遵，事迹见卷第一百八晋孝武太元二十年(395)。　④胡贵嫔：即北魏幼主孝明帝元诩之母胡充华，此时已升为贵嫔，孝明帝即位后，先尊胡氏为皇太妃，再尊为皇太后。　⑤中给事：侍

中省之职，为宦官。 ⑥悉召西伐、东防兵：西伐兵，指由高肇都督的五十万伐梁朝益州之兵；东防兵，指由中护军元遥为征南将军统帅的镇遏梁朝江淮援军的部队。事见上卷上年。 ⑦二卫：指左卫将军和右卫将军。 ⑧大行：古时国君去世称大行。 ⑨赵熹扶诸王下殿故事：东汉光武帝刘秀卒，太尉赵熹典丧事，皇太子和诸侯王杂处同席，赵熹横剑殿阶，扶诸王下殿以明尊卑；事见本书卷第四十四光武建武中元二年(57)。 ⑩执显：抓住王显。北魏朝有詹事王显和侍御史王显两人，这里所说的似指侍御史王显。 ⑪瀍(chán 婵)涧：本指瀍水和涧水两条河流。瀍水，发源于河南洛阳市西北，在洛阳市境东汇入洛水；涧水，发源处说法不一，在河南洛阳市西部注入洛水。 ⑫衰(cuī 崔)服：衰，亦写作"缞"，即"斩缞"，用麻布做成而披在胸前的丧服，属五服中最重的一种，高肇作为大臣为国君服孝，故需服斩缞。 ⑬搤：同"扼"。⑭晋寿：地名，梁晋寿郡属地，在今四川广元市。 ⑮氐：即氐族，东晋时曾建立过前秦等政权，此时散居在西北各地。蜀：指蜀地土著人的部落。⑯东洛、除口二戍：北魏建立的两个军事营垒。东洛戍，在今四川青川县东北；除口戍，在今陕西宁强县西北。 ⑰关城：即白水关城；在今四川青川县东北。 ⑱荆山：山名，在今安徽怀远县西南淮河北岸，北魏驻兵于此，以防御梁军在淮河流域对洛阳的威胁。 ⑲东、西冶：梁朝京城管理冶金作坊的机构，各设有冶令掌之。 ⑳十住菩萨：佛家语，据史载，法庆以杀一人为一住菩萨，杀十人为十住菩萨。

魏尚书裴植[1]，自谓人门不后王肃[2]，以朝廷处之不高，意常怏怏，表请解官隐嵩山，世宗不许，深怪之。及为尚书，志气骄满，每谓人曰："非我须尚书，尚书亦须我。"每入参议论，好面讥毁群官，又表征南将军田益宗，言："华、夷异类，不应在百世衣冠之上[3]。"于忠、元昭见之切齿。

尚书左仆射郭祚，冒进不已，自以东宫师傅，望封侯、仪同，诏以祚为都督雍、岐、华三州诸军事、征西将军、雍州刺史。

祚与植皆恶于忠专横，密劝高阳王雍使出之；忠闻之，大怒，令有司诬奏其罪。尚书奏："羊祉告植姑子皇甫仲达云'受植旨，诈称被诏，帅合部曲欲图于忠'。臣等穷治，辞不伏引；然众证明昞，准律当死。众证虽不见植，皆言'仲达为植所使，植召仲达责问而不告列’。推论情状，不同之理不可分明，不得同之常狱，有所降减，计同仲达处植死刑。植亲帅城众，附从王化，依律上议，乞赐裁处。”忠矫诏曰：“凶谋既尔，罪不当恕；虽有归化之诚，无容上议，亦不须待秋分。”八月，己亥，植与郭祚及都水使者杜陵韦俊皆赐死。俊，祚之婚家也。忠又欲杀高阳王雍，崔光固执不从，乃免雍官，以王还第。朝野冤愤，莫不切齿。

丙子，魏尊胡太妃为皇太后，居崇训宫。于忠领崇训卫尉，刘腾为崇训太仆，加侍中，侯刚为侍中抚军将军。又以太后父国珍为光禄大夫。

庚辰，定州刺史田超秀帅众三千降魏④。

戊子，魏大赦。

己丑，魏清河王怿进位太傅，领太尉，广平王怀为太保，领司徒，任城王澄为司空。庚寅，魏以车骑大将军于忠为尚书令，特进崔光为车骑大将军，并加开府仪同三司。

魏江阳王继，熙之曾孙也，先为青州刺史，坐以良人为婢夺爵。继子叉娶胡太后妹，壬辰，诏复继本封，以叉为通直散骑侍郎，叉妻为新平郡君，仍拜女侍中。

群臣奏请太后临朝称制，九月，乙未，灵太后始临朝听政⑤，犹称令以行事，群臣上书称殿下。太后聪悟，颇好读书属文，射能中针孔，政事皆手笔自决。加胡国珍侍中，封安定公。

自郭祚等死，诏令生杀皆出于忠，王公畏之，重足胁息⑥。太后既亲政，乃解忠侍中、领军、崇训卫尉，止为仪同三司、尚书令，后旬余，太后引门下侍官于崇训宫⑦，问曰：“忠在端揆，声望如何？”咸曰：“不称厥任。”乃出忠为都督冀、定、瀛三州诸军事、征北大将军、冀州刺史；以司空澄领尚书令。澄奏：“安定公宜出入禁中，参咨大务。”诏从之。

甲寅，魏元遥破大乘贼，擒法庆并渠帅百余人，传首洛阳。

【注释】

①裴植：裴叔业哥哥的儿子，先前曾任萧齐王朝直阁，裴叔业卒，被推为豫州监州，并同时降魏，事见本书卷第一百四十三齐东昏侯永元二年(500)。　②王肃：北魏临沂人，先任齐朝，北魏孝文帝时由齐奔魏，深

受北魏孝文帝、宣武帝两朝重用,官至开府仪同三司,封昌国县侯。③百世衣冠:指汉族。案:古代汉族人多认为四夷(蛮)是不通礼乐的野蛮人,他们的特征是“被发左衽”(即披散着头发,衣襟向左边开),自己是礼义之邦的文明人;所以往往以“被发左衽”代指少数民族,而以“百世衣冠”作为自己民族的代称。 ④田超秀:北魏东豫州刺史田益宗之子,由北魏叛逃梁朝后被任命为定州刺史,此时又投降北魏。 ⑤灵太后:即北魏胡太后,胡太后死后谥曰“灵”。 ⑥重足胁息:重足,两足相并,不敢前进;胁息,屏住呼吸,不敢喘气。 ⑦崇训宫:太后所居之宫。

左游击将军赵祖悦袭魏西硖石[1],据之以逼寿阳;更筑外城,徙缘淮之民以实城内。将军田道龙等散攻诸戍[2],魏扬州刺史李崇分遣诸将拒之。癸亥,魏遣假镇南将军崔亮攻西硖石,又遣镇东将军萧宝寅决淮堰[3]。

冬,十月,乙酉,魏以胡国珍为中书监、仪同三司,侍中如故。

甲午,弘化太守杜桂举郡降魏。

初,魏于忠用事,自言世宗许其优转;太傅雍等皆不敢违,加忠车骑大将军。忠又自谓新故之际有定社稷之功,讽百寮令加己赏;雍等议封忠常山郡公。忠又难于独受,乃讽朝廷,同在门下者皆加封邑,雍等不得已复封崔光为博平县公,而尚书元昭等上诉不已。太后敕公卿再议,太傅怿等上言:“先帝升遐[4],奉迎乘舆,侍卫省闼,乃臣子常职,不容以此为功。臣等前议授忠茅土[5],正以畏其威权,苟免暴戾故也。若以功过相除,悉不应赏,请皆追夺。”崔光亦奉送章绶茅土,表十余上,太后从之。

高阳王雍上表自劾,称“臣初入柏堂[6],见诏旨之行一由门下,臣出君行,深知其不可而不能禁;于忠专权,生杀自恣,而臣不能违。忠规欲杀臣,赖在事执拒;臣欲出忠于外,在心未行,返为忠废。忝官尸禄,孤负恩私,请返私门,伏听司败[7]”。太后以忠有保护之功,不问其罪。十二月[8],辛丑,以忠为太师[9],领司州牧,寻复录尚书事,与太傅怿、太保怀、侍中胡国珍入居门下,同厘庶政。

己酉,魏崔亮至硖石,赵祖悦逆战而败,闭城自守,亮进围之。

丁卯,魏主及太后谒景陵。

是冬，寒甚，淮、泗尽冻，浮山堰士卒死者什七八。

魏益州刺史傅竖眼，性清素，民、獠怀之。龙骧将军元法僧代竖眼为益州刺史[10]，素无治干，加以贪残；王、贾诸姓，本州士族，法僧皆召为兵。葭萌民任令宗因众心之患魏也[11]，杀魏晋寿太守，以城来降，民、獠多应之；益州刺史鄱阳王恢遣巴西、梓潼二郡太守张齐将兵三万迎之。法僧，熙之曾孙也。

魏岐州刺史赵王谧，干之子也，为政暴虐。一旦，闭城门大索，执人而掠之，楚毒备至，又无故斩六人，阖城凶惧；众遂大呼，屯门，谧登楼毁梯以自固。胡太后遣游击将军王靖驰驲谕城人，城人开门谢罪，奉送管籥，乃罢谧刺史。谧妃，太后从女也。至洛，除大司农卿。

太后以魏主尚幼，未能亲祭，欲代行祭事，礼官博议以为不可。太后以问侍中崔光，光引汉和熹邓太后祭宗庙故事，太后大悦，遂摄行祭事。

魏南荆州刺史桓叔兴表请不隶东荆州，许之。

【注释】

①西硖石：地名，在今安徽凤台县、寿县之间的淮河西岸，自晋代以来，西硖石以及它对岸的东硖石均为军事要地。　②诸戍：指北魏自西硖石至寿阳（今安徽寿县）之间的各战略据点。　③淮堰：指梁朝所筑的浮山堰。　④升遐：即登假；语出《礼记》“告丧曰天王登假”一语，意思是说皇帝已经仙逝。　⑤授忠茅土：即授予于忠为常山郡公；茅土，因古时帝王用五色土筑坛大社，取各方土用白茅包之分封诸侯，故而授茅土成为封诸侯王的代称。　⑥柏堂：古时以御史府中常植柏树，故称御史府为柏府或柏台、柏堂。　⑦司败：官名，即司寇。　⑧十二月：依陈垣《二十史朔闰表》，此处当为“闰十二月”。　⑨以忠为太师：一说“忠”应改“雍”，即以高阳王雍为太师。　⑩益州：这里的益州是指北魏所置的东益州（治所在今陕西略阳县）。　⑪葭萌：县名，在今四川广元市西南。

十五年　春，正月，戊辰朔，魏大赦，改元熙平。

魏崔亮攻硖石未下，与李崇约水陆并进，崇屡违期不至。胡太后以诸将不一，乃以吏部尚书李平为使持节、镇军大将军兼尚书右仆射，将步骑二千赴寿阳，别为行台[1]，节度诸军，如有乖异，以军法从事。萧宝寅遣轻车将军刘智文等渡淮，攻破三垒；二月，乙巳，又败将军垣孟孙等于淮北。李平至硖石，督李崇、崔亮等水陆进攻，无敢乖互，战屡有功。

上使左卫将军昌义之将兵救浮山，未至，康绚已击魏兵，却之。上使义之与直阁王神念泝淮救硖石。崔亮遣将军博陵崔延伯守下蔡[2]，延伯与别将伊瓮生夹淮为营。延伯取车轮去辋，削锐其辐，两两接对，揉竹为絙，贯连相属，并十余道，横水为桥，两头施大鹿卢，出没随意，不可烧斫。既断赵祖悦走路，又令战舰不通，义之、神念屯梁城不得进。李平部分水陆攻硖石，克其外城；乙丑，祖悦出降，斩之，尽俘其众。

胡太后赐崔亮书，使乘胜深入。平部分诸将，水陆并进，攻浮山堰；亮违平节度，以疾请还，随表辄发。平奏处亮死刑，太后令曰："亮去留自擅，违我经略，虽有小捷，岂免大咎！但吾摄御万机，庶几恶杀，可听特以功补过。"魏师遂还。

魏中尉元匡奏弹于忠"幸国大灾，专擅朝命，裴、郭受冤，宰辅黜辱。又自矫旨为仪同三司、尚书令，领崇训卫尉，原其此意，欲以无上自处。既事在恩后，宜加显戮，请遣御史一人就州行决。自去岁世宗晏驾以后，皇太后未亲览，以前诸不由阶级，或发门下诏书，或由中书宣敕，擅相拜授者，已经恩宥，正可免罪，并宜追夺"。太后令曰："忠已蒙特原，无宜追罪；余如奏。"

匡又弹侍中侯刚掠杀羽林。刚本以善烹调为尚食典御[3]，凡三十年，以有德于太后，颇专恣用事，王公皆畏附之。廷尉处刚大辟[4]，太后曰："刚因公事掠人，邂逅致死，于律不坐。"少卿陈郡袁翻曰："'邂逅'，谓情状已露，隐避不引，考讯以理者也。今此羽林，问则具首，刚口唱打杀，挞筑非理，安得谓之'邂逅'！"太后乃削刚户三百，解尝食典御。

三月，戊戌朔[5]，日有食之。

魏论西硖石之功，辛未，以李崇为骠骑将军，加仪同三司，李平为尚书右仆射，崔亮进号镇北将军。亮与平争功于禁中，太后以亮为殿中尚书。

魏萧宝寅在淮堰，上为手书诱之，使袭彭城，许送其国庙及室家诸从还北，宝寅表上其书于魏朝。

【注释】

①行台：古时在大的行政区域由中央设置的代表中央的机构，称为“行台”。据史载，北魏的“行台”机构曾几经兴废。 ②下蔡：县名。治所在今安徽凤台县。 ③尚食典御：或作“尝食典御”，北魏宫廷官名，职掌调和御食，品尝其温凉寒热，按时供奉。 ④大辟：古时五刑之一，即死刑。 ⑤戊戌朔：据《梁书·武帝纪》天监十五年，“三月戊辰朔”。

夏，四月，淮堰成，长九里，下广一百四十丈，上广四十五丈，高二十丈，树以杞柳[①]，军垒列居其上。

或谓康绚曰：“四渎，天所以节宣其气，不可久塞，若凿湫东注[②]，则游波宽缓，堰得不坏，”绚乃开湫东注。又纵反间于魏曰：“梁人所惧开湫，不畏野战。”萧宝寅信之，凿山深五丈，开湫北注，水日夜分流犹不减，魏军竟罢归。水之所及，夹淮方数百里。李崇作浮桥于硖石戍间，又筑魏昌城于八公山东南，以备寿阳城坏，居民散就冈陇，其水清澈，俯视庐舍冢墓，了然在下。

初，堰起于徐州境内[③]，刺史张豹子宣言，谓己必掌其事；既而康绚以他官来监作，豹子甚惭。俄而敕豹子受绚节度，豹子遂谮绚与魏交通，上虽不纳，犹以事毕征绚还。

魏胡太后追思于忠之功，曰：“岂宜以一谬弃其余勋！”复封忠为灵寿县公，亦封崔光为平恩县侯。

魏元法僧遣其子景隆将兵拒张齐，齐与战于葭萌[④]，大破之，屠十余城，遂围武兴。法僧婴城自守，境内皆叛，法僧遣使间道告急于魏。魏驿召镇南军司傅竖眼于淮南，以为益州刺史、西征都督，将步骑三千以赴之。竖眼入境，转战三日，行二百余里，九遇皆捷。五月，竖眼击杀梁州刺史任太洪。民、獠闻竖眼至，皆喜，迎拜于路者相继。张齐退保白水，竖眼入州，白水以东民皆安业。

魏梓潼太守苟金龙领关城戍主，梁兵至，金龙疾病，不堪部分，其妻刘氏帅厉城民，乘城拒战，百有余日，士卒死伤过半。戍副高景谋叛,刘氏斩景及其党与数千人[5],自余将士,分衣减食,劳逸必同,莫不畏而怀之。井在城外,为梁兵所据,会天大雨,刘氏命出公私布绢及衣服悬之,绞而取水,城中所有杂物悉储之。竖眼至,梁兵乃退,魏人封其子为平昌县子。

六月,庚子,以尚书令王莹为左光禄大夫、开府仪同三司,尚书右仆射袁昂为左仆射,吏部尚书王暕为右仆射。暕,俭之子也。

张齐数出白水,侵魏葭萌,傅竖眼遣虎威将军强虬攻信义将军杨兴起,杀之,复取白水。宁朔将军王光昭又败于阴平,张齐亲帅骁勇二万余人与傅竖眼战,秋,七月,齐军大败,走还,小剑、大剑诸戍皆弃城走[6],东益州复入于魏。

八月,乙巳,魏以胡国珍为骠骑大将军、开府仪同三司、雍州刺史。国珍年老,太后实不欲令出,止欲示以方面之荣;竟不行。

康绚既还,张豹子不复修淮堰。九月,丁丑,淮水暴涨,堰坏,其声如雷,闻三百里,缘淮城戍村落十余万口皆漂入海。初,魏人患淮堰,以任城王澄为大将军、大都督南讨诸军事,勒众十万,将出徐州来攻堰,尚书右仆射李平以为"不假兵力,终当自坏"。及闻破,太后大喜,赏平甚厚,澄遂不行。

壬辰,大赦。

【注释】

①杞柳:杞,似应写作"杞(qǐ 启)";杞柳,解释不一,赵岐《孟子》注:"杞柳,柜柳也,一曰柜木。"孙奭疏:"杞,枸杞也;柳,少杨也。" ②梨:同"湫";即湫水,古水名,为淮河钟离上段的一条支流。 ③徐州:此指梁朝所置徐州(治所在今安徽凤阳县东北)。 ④葭萌:县名。治所在今四川广元市西南。 ⑤数千人:当作"数十人"。 ⑥小剑、大剑:即小剑戍和大剑戍,大剑戍在今四川剑阁县北剑门关附近,小剑戍在今四川剑阁县北剑门关西北,两戍相距三十里。

魏胡太后数幸宗戚勋贵之家,侍中崔光表谏曰:"《礼》[1],诸侯非问疾吊丧而入诸臣之家,谓之君臣为谑。不言王后夫人,明无适臣家之义。夫人,父母在有归宁,没则使卿宁。汉上官皇后将废昌邑,霍光[2],外祖也,亲为宰辅,后犹御武帐以接群臣,示男女

北魏石刻礼佛图

之有别也。今帝族方衍，勋贵增迁，祇请遂多，将成彝式。愿陛下简息游幸，则率土属赖，含生仰悦矣[③]。"

任城王澄以北边镇将选举弥轻，恐贼虏窥边，山陵危迫，奏求重镇将之选，修警备之严，诏公卿议之。廷尉少卿袁翻议，以为"比缘边州郡，官不择人，唯论资级。或值贪污之人，广开戍逻，多置帅领，或用其左右姻亲，或受人货财请属，皆无防寇之心，唯有聚敛之意。其勇力之兵，驱令抄掠，若遇强敌，即为奴虏，如有执获，夺为己富。其羸弱老小之辈，微解金铁之工，少闲草木之作[④]，无不搜营穷垒，苦役百端。自余或伐木深山，或芸草平陆，贩贸往还，相望道路。此等禄既不多，赀亦有限[⑤]，皆收其实绢，给其虚粟，穷其力，薄其衣，用其功，节其食，绵冬历夏，加之疾苦，死于沟渎者什常七八。是以邻敌伺间，扰我疆场，皆由边任不得其人故也。愚谓自今已后，南北边诸藩及所统郡县府佐、统军至于戍主，皆令朝臣王公已下各举所知，必选其才，不拘阶级；若称职及败官，并所举之人随事赏罚。"太后不能用。及正光之末[⑥]，北边盗贼群起，遂逼旧都，犯山陵，如澄所虑。

冬，十一月，交州刺史李畟斩交州反者阮宗孝，传首建康。

初，魏世宗作瑶光寺，未就，是岁，胡太后又作永宁寺，皆在宫侧；又作石窟寺于伊阙口[⑦]，皆极土木之美。而永宁尤盛，有金像高丈八者一，如中人者十，玉像二。为九层浮图，掘地筑基，下及黄泉；浮图高九十丈，上刹复高十丈，每夜静，铃铎声闻十里。佛殿如太极殿，南门如端门。僧房千间，珠玉锦绣，骇人心目。自佛法入中国，塔庙之盛，未之有也。扬州刺史李崇上表，以为“高祖迁都垂三十年，明堂未修，太学荒废，城阙府寺颇亦颓坏，非所以追隆堂构，仪刑万国者也。今国子虽有学官之名，而无教授之实，何异兔丝、燕麦[⑧]，南箕、北斗[⑨]！事不两兴，须有进退，宜罢尚方雕靡之作，省永宁土木之功，减瑶光材瓦之力，分石窟镌琢之劳，及诸事役非急者，于三时农隙修此数条，使国容严显，礼化兴行，不亦休哉！”太后优令答之，而不用其言。

太后好事佛，民多绝户为沙门，高阳王友李玚上言：“三千之罪莫大于不孝[⑩]，不孝之大无过于绝祀[⑪]，岂得轻纵背礼之情，肆其向法之意，一身亲老，弃家绝养，缺当世之礼而求将来之益！孔子云：‘未知生，焉知死[⑫]？’安有弃堂堂之政而从鬼教乎！又，今南服未静，众役仍烦，百姓之情，实多避役，若复听之，恐捐弃孝慈，比屋皆为沙门矣。”都统僧暹等忿玚谓之“鬼教”[⑬]，以为谤佛，泣诉于太后。太后责之，玚曰：“天曰神，地曰祇，人曰鬼。《传》曰：‘明则有礼乐，幽则有鬼神。’然则明者为堂堂，幽者为鬼教。佛本出于人，名之为鬼，愚谓非谤。”太后虽知玚言为允，难违暹等之意，罚玚金一两。

魏征南大将军田益宗求为东豫州刺史，以招二子，太后不许，竟卒于洛阳。

柔然伏跋可汗，壮健善用兵，是岁，西击高车，大破之，执其王弥俄突[⑭]，系其足于驽马，顿曳杀之，漆其头为饮器。邻国先羁属柔然后叛去者，伏跋皆击灭之，其国复强。

【注释】

①《礼》：指《礼记》。此处所引系《礼记·礼运》篇中之辞。 ②霍光：西汉平阳人，字子孟，是西汉时名将霍去病之弟，自汉武帝时起历昭、宣三朝，执政达二十多年. 权倾朝野。 ③含生：一切有生命者。多指人类。晋傅玄《傅子·仁论》：“推己之不忍于饥寒以及天下之心，含生无冻馁之忧矣。” ④闲：同“娴”。 ⑤赀：同“资”。 ⑥正光：北魏孝明

帝的年号，从 520 年七月开始改元，525 年七月结束，共 5 年；正光五年(524)卫可孤等谋反，到孝昌初年，北魏云中郡陷落。 ⑦伊阙口：伊阙山口，在今河南洛阳市南。 ⑧兔丝：又写作菟丝，一种一年生草本植物，茎很长，呈丝状，多寄生于别的植物之上。燕麦：又称雀麦或瞿麦，它的苗同麦相近，但穗细长少实。因兔丝有丝之名而不能用来纺织，燕麦有麦之名而不能用来生产粮食（古人认为燕麦不能吃），此处用来作为论证事物名实不符，或有名无实的例证。 ⑨南箕、北斗：南箕，即箕宿，有四星，均属人马座，形似簸箕，故称；北斗，即北斗七星，属大熊星座，分布成勺状。《诗经》中有“维南有箕，不可以簸扬；维北有斗，不可以挹酒浆”等句，故古人也常用此以说明有名无实之事。 ⑩三千之罪莫大于不孝：语出《孝经》：“五刑之属三千，其罪莫大于不孝。”相传这是孔子之言。 ⑪不孝之大无过于绝祀：语出《孟子》：“不孝有三，无后为大。”古代儒家传统重孝，遇事则祭祀以告先祖；没有子孙来祭祀先祖，就是最大的不孝。绝祀：断绝祭祀，即俗语“断了香火”。 ⑫未知生：语出《论语》孔子答子路之言：“未知生，焉知死？”体现了孔子不语“怪、力、乱、神”的主张。 ⑬都统：职官名，北魏朝廷设立的专管佛教事务的官员，当时又称“沙门统”。 ⑭弥俄突：弥俄突杀柔然佗汗，故伏跋可汗有此复仇之举。柔然佗汗被杀，事见上卷梁武帝天监七年(508)。

十六年　春，正月，辛未，上祀南郊。

魏大乘余贼复相聚，突入瀛州，刺史宇文福之子员外散骑侍郎延帅奴客拒之。贼烧斋阁，延突火抱福出外，肌发皆焦，勒众苦战，贼遂散走，追讨，平之。

甲戌，魏大赦。

魏初，民间皆不用钱，高祖太和十九年，始铸太和五铢钱，遣钱工在所鼓铸；民有欲铸钱者，听就官炉，铜必精练，无得淆杂。世宗永平三年，又铸五铢钱，禁天下用钱不依准式者。既而洛阳及诸州镇所用钱各不同，商货不通。尚书令任城王澄上言，以为：“不行之钱，律有明式，指谓鸡眼、镮凿[1]，更无余禁。计河南诸州今所行者悉非制限，昔来绳禁，愚窃惑焉。又河北既无新钱，复禁旧者，专以单丝之缣、疏缕之布，狭幅促度，不中常式，裂匹为尺，以济有无，徒成杼轴之劳[2]，不免饥寒之苦，殆非所以救恤冻馁，子育黎元之意也。钱之为用，贯繦相属[3]，不假度量，平均简易，济世之宜，谓为深允。乞并下诸方州镇，其太和与新铸五铢及古诸钱方俗所便用者，但内外全好，虽有大小之异，并得通行，贵贱之差，自依乡价。庶货环海内，公私无壅。其鸡眼、镮凿及盗铸、毁大为小、生新巧伪不如法者，据律罪之。"诏从之。然河北少钱，民犹用物交易，钱不入市。

魏人多窃冒军功，尚书左丞卢同阅吏部勋书，因加检核，得窃阶者三百余人，乃奏："乞总集吏部、中兵二局勋簿[4]，对句奏案[5]，更造两通，一关吏部，一留兵局。又，在军斩首成一阶以上者，即令行台军司给券，当中竖裂，一支付勋人，一支送门下，以防伪巧。"太后从之。同，玄之族孙也[6]。中尉元匡奏取景明元年已来[7]，内外考簿、吏部除书、中兵勋案、并诸殿最[8]，欲以案校窃阶盗官之人，太后许之。尚书令任城王澄表以为："法忌烦苛，治贵清约。御史之体，风闻是司，若闻有冒勋妄阶，止应摄其一簿，研检虚实，绳以典刑。岂有移一省之案，寻两纪之事，如此求过，谁堪其罪！斯实圣朝所宜重慎也。"太后乃止。又以匡所言数不从，虑其辞解，欲奖安之，乃加镇东将军。二月，丁未，立匡为东平王。

三月，丙子，敕织官，文锦不得为仙人鸟兽之形，为其裁翦，有乖仁恕。

丁亥，魏广平文穆王怀卒。

夏，四月，戊申，魏以中书监胡国珍为司徒。

诏以宗庙用牲，有累冥道，宜皆以面为之。于是朝野喧哗，以为宗庙去牲，乃是不复血食，帝竟不从。八坐乃议以大脯代一元大武[9]。

秋，八月，丁未，诏魏太师高阳王雍入居门下[10]，参决尚书奏事。

冬，十月，诏以宗庙犹用脯脩[11]，更议代之，于是以大饼代大脯，其余尽用蔬果。又起至敬殿、景阳台，置七庙座，每月中再设净馔。

乙卯，魏诏，北京士民未迁者[12]，悉听留居为永业。

十一月，甲子，巴州刺史牟汉宠叛，降魏。

十二月，柔然伏跋可汗遣俟斤尉比建等请和于魏[13]，用敌国之礼。

是岁，以右卫将军冯道根为豫州刺史。道根谨厚木讷，行军能检敕士卒；诸将争功，道根独默然。为政清简，吏民怀之。上尝叹曰："道根所在，令朝廷不复忆有一州。"

魏尚书崔亮奏请于王屋等山采铜铸钱，从之。是后民多私铸，钱稍薄小，用之益轻。

【注释】

①鸡眼：指铜钱薄小，中间的钱眼如鸡眼者。镮凿：指四周一圈被取铜凿掉，仅仅留下中间薄小部分的铜钱。　②杼轴：又作杼柚（zhùzhóu 助妯），旧时织布机上管经纬线的两个部件（梭子），杼管经线，轴管纬线，这里代指纺织。　③缗："繦"的异体字，这里意思同"贯"，指穿钱用的绳线。　④中兵二局：中兵，指左、右中兵曹，掌诸都督告身、诸宿卫官、畿内兵丁帐等职事。案：军功既属官吏，其任免、升降、功过当由吏部考核，但军功又属军官功绩，属左、右兵曹职掌范围，故需集合吏部、中兵曹两部门共同审核。　⑤对句（gōu 勾）：核准，对照检验。句，同"勾"，稽考的意思。　⑥玄：卢玄，东晋名将卢谌的曾孙，北魏太武帝时曾拜中书博士，事见本书卷第一百二十二宋文帝元嘉八年（431）。　⑦景明：北魏宣武帝年号（500—503）。　⑧殿最：古时凡考课功勋的等级称为殿最。　⑨一元大武：即牛。《礼记》："牛曰一元大武。"　⑩诏魏太师：应为"魏诏太师"之误。　⑪脯脩：干肉。脯，未加姜桂的干肉；脩，加过姜桂的干肉。　⑫北京：指北魏故都代都（今山西大同市），因其在洛阳之北，故称"北京"。　⑬俟斤：柔然大臣的职官名，具体职掌不详。

十七年　春，正月，甲子，魏以氐酋杨定为阴平王。

魏秦州羌反[1]。

二月，癸巳，安成康王秀卒。秀虽与上布衣昆弟，及为君臣，小心畏敬过于疏贱，上益以此贤之。秀与弟始兴王憺尤相友爱，憺久为荆州，常中分其禄以给秀，秀称心受之，亦不辞多也。

甲辰，大赦。

己酉，魏大赦，改元神龟。

魏东益州氐反。

魏主引见柔然使者，让之以藩礼不备，议依汉待匈奴故事，遣使报之。司农少卿张伦上表，以为："太祖经启帝图，日有不暇，遂令竖子游魂一方[2]，亦由中国多虞，急诸华而缓夷狄也。高祖方事南辕，未遑北伐。世宗遵述遗志，虏使之来，受而弗答。以为大明临御，国富兵强，抗敌之礼，何惮而为之，何求而行之！今虏虽慕德而来，亦欲观我强弱；若使王人衔命虏庭，与为昆弟，恐非祖宗之意也。苟事不获已，应为制诏，示以上下之仪，命宰臣致书，谕以归顺之道，观其从违，徐以恩威进退之，则王者之体正矣。岂可以戎狄兼并[3]，而遽亏典礼乎！"不从。伦，白泽之子也[4]。

三月，辛未，魏灵寿武敬公于忠卒。

魏南秦州氐反，遣龙骧将军崔袭持节谕之。

夏，四月，丁酉，魏秦文宣公胡国珍卒，赠假黄钺、相国、都督中外诸军事、太师，号曰太上秦公，葬以殊礼，赠襚仪卫，事极优厚。又迎太后母皇甫氏之柩与国珍合葬，谓之太上秦孝穆君。谏议大夫常山张普惠以为前世后父无称"太上"者，"太上"之名不可施于人臣，诣阙上疏陈之，左右莫敢为通。会胡氏穿圹，下有磐石，乃密表，以为："天无二日，土无二王，'太上'者因'上'而生名也，皇太后称'令'以系'敕'下，盖取三从之道[5]，远同文母列于十乱[6]，今司徒为'太上'，恐乖系敕之意。孔子称'必也正名乎[7]'！比克吉定兆，而以浅改卜，亦或天地神灵所以垂至戒、启圣情也。伏愿停逼上之号，以邀谦光之福。"太后乃亲至国珍宅，召集五品以上博议。王公皆希太后意，争诘难普惠；普惠应机辨析，无能屈者。太后使元叉宣令于普惠曰："朕之所行，孝子之志。卿之所陈，忠臣之道。群公已有成议，卿不得苦夺朕怀。后有所见，勿难言也。"

太后为太上君造寺，壮丽埒于永宁。

尚书奏复征民绵麻之税，张普惠上疏，以为："高祖废大斗，去长尺，改重称[8]，以爱民薄赋。知军国须绵麻之用，故于绢增税绵八两，于布增税麻十五斤，民以称尺所减，不啻绵麻，故鼓舞供调，自兹以降，所税绢布，浸复长阔，百姓嗟怨，闻于朝野。宰辅不寻其本在于幅广度长，遽罢绵麻[9]。既而尚书以国用不足，复欲征敛。去天下之大信，弃已行之成诏，追前之非，遂后之失。不思库中大有绵麻，而群臣共窃之也。何则？所输之物，或斤羡百铢，未闻有司依律以罪州郡；或小有滥恶，则坐户主，连及三长[10]。是以在库绢布，逾制者多，群臣受俸，人求长阔厚重，无复准极，未闻以端幅有余还求输官者也[11]。今欲复调绵麻，当先正称、尺，明立严禁，无得放溢，使天下知二圣之心爱民惜法如此，则太和之政复见于神龟矣。"

普惠又以魏主好游骋苑囿，不亲视朝，过崇佛法，郊庙之事多委有司，上疏切谏，以为："殖不思之冥业，损巨费于生民，减禄削力，近供无事之僧，崇饰云殿，远邀未然之报，昧爽之臣稽首于外，玄寂之众遨游于内，愆礼忤时，人灵未穆。愚谓修朝夕之因，求祇劫之果[12]，未若收万国之欢心以事其亲，使天下和平，灾害不生也。伏愿淑慎威仪，为万邦作式，躬致郊庙之虔，亲纡朔望之礼，释奠成均[13]，竭心千亩[14]，量撤僧寺不急之华，还复百官久折之秩，已造者务令简约速成，未造者一切不复更为，则孝弟可以通神明，德教可以光四海，节用爱人，法俗俱赖矣。"寻敕外议释奠之礼，又自是每月一陛见群臣，皆用普惠之言也。

普惠复表论时政得失，太后与帝引普惠于宣光殿，随事诘难。

【注释】

①羌：族名，我国古代西部的少数民族之一，分布在今甘肃、青海、四川等地，以游牧为主，是今天羌族的祖先。　②竖子：指柔然之远祖社仑，含有轻蔑意味。　③戎狄兼并：戎、狄均为古代对少数民族的称呼；戎、狄兼并，指柔然伏跋可汗进攻高车国，杀弥俄突，以及击灭背叛柔然各部落之事，事见天监十五年(516)。　④白泽：即张白泽，事见本书卷第一百三十四宋顺帝昇明元年(477)。　⑤三从：指封建社会给妇女规定的所谓"在家从父，出嫁从夫，夫死从子"的道德观。　⑥文母列于十乱：文母，指周文王妃太姒。十乱，古代所谓"十乱臣"之省称，《尚书》："予有乱臣十人，同心同德。"乱臣，即治臣，治理之臣；十乱臣，旧注认为是指周公旦、召公奭、太公望、毕公、荣公、太颠、闳夭、散宜生、南公适及文母。⑦必也正名乎：语出《论语》，原为孔子答子贡之言，意思是遇事一定要先正名份，因为名不正则言不顺。　⑧改重称：北魏孝文帝废弃

大斗，舍弃长尺、改革重称这一系列爱民薄税政策的实施，事见本书卷第一百四十齐明帝建武二年(495)。 ⑨蘧罢绵麻：指于忠为收买人心，罢免百姓交纳绢一匹另外输绵八两，布一匹另外输麻十五斤的旧规，事见前文梁武帝天监十四年。 ⑩三长：指北魏在乡里所设立的邻长、里长和党长。北魏立乡党之法，事见本书卷第一百三十六齐武帝永明四年(486)。 ⑪端幅：端，古时布帛的丈量单位，六丈为端；幅，古时称布帛的宽为幅。 ⑫祇劫之果：佛教用语。祇劫，即无数劫；果，即因果报应，又称果报。祇劫之果，意指经历无数劫难之后获得的善报。 ⑬释奠成均：设馔酒而祭先师及五帝之学。释奠，指设牲牢或酒菜祭先师；成均，指古代所谓的五帝之学。 ⑭千亩：指帝王的藉田(帝王亲耕之田)。

临川王宏妾弟吴法寿杀人而匿于宏府中，上敕宏出之，即日伏辜。南司奏免宏官[①]，上注曰："爱宏者兄弟私亲，免宏者王者正法；所奏可。"五月，戊寅，司徒、骠骑大将军、扬州刺史临川王宏免。

宏自洛口之败[②]，常怀愧愤，都下每有窃发，辄以宏为名，屡为有司所奏，上每赦之。上幸光宅寺[③]，有盗伏于骠骑航[④]，待上夜出；上将行，心动，乃于朱雀航过。事发，称为宏所使，上泣谓宏曰："我人才胜汝百倍，当此犹恐不堪，汝何为者？我非不能为汉文帝[⑤]，念汝愚耳！"宏顿首称无之，故因匿法寿免宏官。

宏奢僭过度，殖货无厌。库屋垂百间，在内堂之后，关籥甚严[⑥]，有疑是铠仗者，密以闻。上于友爱甚厚，殊不悦。他日，送盛馔与宏爱妾江氏曰："当来就汝欢宴。"独携故人射声校尉丘佗卿往，与宏及江大饮，半醉后，谓曰："我今欲履行汝后房。"即呼舆径往堂后，宏恐上见其货贿，颜色怖惧。上意益疑之，于是屋屋检视，每钱百万为一聚，黄榜标之，千万为一库，悬一紫标，如此三十余间。上与佗卿屈指计，见钱三亿余万，余屋贮布绢丝绵漆蜜纻蜡等杂货，但见满库，不知多少。上始知非仗，大悦，谓曰："阿六[⑦]，汝生计大可！"乃更剧饮至夜，举烛而还，兄弟方更敦睦。

宏都下有数十邸，出悬钱立券，每以田宅邸店悬上文契，期讫，便驱券主夺其宅，都下、东土百姓，失业非一。上后知之，制悬券不得复驱夺，自此始。

侍中、领军将军吴平侯昺，雅有风力，为上所重，军国大事皆与议决，以为安右将军，监扬州。昺自以越亲居扬州[8]，涕泣恳让，上不许。在州尤称明断，符教严整。

辛巳，以宏为中军将军、中书监，六月，乙酉，又以本号行司徒[9]。

臣光曰：宏为将则覆三军[10]，为臣则涉大逆，高祖贷其死罪可矣。数旬之间，还为三公，于兄弟之恩诚厚矣，王者之法果安在哉！

【注释】

①南司：从齐、梁开始，南朝称御史中丞为南司。御史中丞为南台之长，故亦称之为南司。　②洛口之败：梁朝以临川王萧宏都督北讨诸军事，驻军洛口（今安徽淮南市东北），结果不战而溃，事见本书卷第一百四十六梁武帝天监五年（506）。　③光宅寺：梁朝建康城（今江苏南京市）内寺庙，梁武帝利用自己在城中的旧宅改成。　④骠骑航：航，以两只船相连接而成的浮桥；骠骑航，因航位于萧宏府前的秦淮河上，而萧宏官骠骑大将军，故以其官称之为骠骑航。　⑤汉文帝（前202—前157）：名恒，谥曰文，在位二十多年，民富国强，史称“文景之治”。此处指汉文帝以谋反罪杀其弟淮南王（又称淮南厉王）之事。　⑥关籥：关，即俗言门闩；籥，同“钥”，即钥匙。　⑦阿六：亲昵的称呼，因为萧宏在梁武帝兄弟中排行第六，故称。　⑧越亲居扬州：萧昞为梁武帝的堂弟而监扬州军事，自认为是超过了梁武帝的亲兄弟萧宏等人的亲属关系，所以恳请辞职。　⑨本号：指萧宏原有的中军将军的称号。　⑩覆三军：仍指萧宏洛口之败一事；三军，古时对军队的通称。

初，洛阳有汉所立《三字石经》[1]，虽屡经丧乱而初无损失。及魏，冯熙、常伯夫相继为洛州刺史[2]，毁取以建浮图精舍，遂大致颓落，所存者委于榛莽，道俗随意取之。侍中领国子祭酒崔光请遣官守视，命国子博士李郁等补其残缺，胡太后许之。会元乂、刘腾作乱[3]，事遂寝。

秋，七月，魏河州羌却铁忽反[4]，自称水池王[5]；诏以主客郎源子恭为行台以讨之。子恭至河州，严勒州郡及诸军，毋得犯民一物，亦不得轻与贼战，然后示以威恩，使知悔惧。八月，铁忽等相帅诣子恭降，首尾不及二旬。子恭，怀之子也。

魏宦者刘腾，手不解书，而多奸谋，善揣人意；胡太后以其保护之功[⑥]，累迁至侍中、右光禄大夫，遂干预政事，纳赂为人求官，无不效者。河间王琛，简之子也[⑦]。为定州刺史，以贪纵著名，及罢州还，太后诏曰："琛在定州，唯不将中山宫来[⑧]，自余无所不致，何可更复叙用！"遂废于家。琛乃求为腾养息，赂腾金宝钜万计[⑨]。腾为之言于太后，得兼都官尚书，出为秦州刺史。会腾疾笃，太后欲及其生而贵之，九月，癸未朔，以腾为卫将军，加仪同三司。

魏胡太后以天文有变，欲以崇宪高太后当之。戊申夜，高太后暴卒；冬，十月，丁卯，以尼礼葬于北邙[⑩]，谥曰顺皇后。百官单衣邪巾送至墓所[⑪]，事讫而除。

乙亥，以临川王宏为司徒。

魏胡太后遣使者宋云与比丘惠生如西域求佛经[⑫]。司空任城王澄奏："昔高祖迁都，制城内唯听置僧尼寺各一，余皆置于城外；盖以道俗殊归，欲其净居尘外故也。正始三年[⑬]，沙门统惠深，始违前禁，自是卷诏不行，私谒弥众，都城之中，寺逾五百，占夺民居，三分且一，屠沽尘秽，连比杂居。往者代北有法秀之谋[⑭]，冀州有大乘之变。太和、景明之制，非徒使缁素殊途，盖亦以防微杜渐。昔如来阐教，多依山林，今此僧徒，恋著城邑，正以诱于利欲，不能自已，此乃释氏之糟糠，法王之社鼠[⑮]，内戒所不容[⑯]，国典所共弃也。臣谓都城内寺未成可徙者，宜悉徙于郭外，僧不满五十者，并小从大，外州亦准此。"然卒不能行。

是岁，魏太师雍等奏："盐池天藏，资育群生，先朝为之禁限，亦非苟与细民争利。但利起天池，取用无法，或豪贵封护，或近民吝守，贫弱远来，邈然绝望。因置主司，令其裁察，强弱相兼，务令得所。什一之税，自古有之，所务者远近齐平，公私两宜耳。及甄琛启求禁集[⑰]，乃为绕池之民尉保光等擅自固护；语其障禁，倍于官司，取与自由，贵贱任口，请依先朝禁之为便。"诏从之。

【注释】

①三字石经:又称“三体石经”。通常认为“三体石经”是汉灵帝为正定五经,召集诸儒,以古文、篆书、隶书三种字体刻在石碑上的经文,相传三体出于蔡邕之手。汉代召诸儒,刻石经,事见本书卷第四十七汉灵帝熹平四年(175)。一说“三体石经”乃是曹魏正始年间(240—249)所立。 ②洛州:即洛阳。北魏迁都洛阳之前,以洛阳为洛州;迁都洛阳之后,改洛州为司州。 ③元叉、刘腾作乱:指元叉、刘腾幽禁胡太后之事,见下卷梁武帝普通元年(520)。 ④却铁忽:他本也写作“却铁忽”。⑤水池:县名,治所在今甘肃临洮县西南。 ⑥保护之功:高皇后欲杀胡太后时,刘腾曾和于忠、侯刚等一起保护过胡太后,故此处称“保护之功”。事见梁武帝天监十四年(515)。 ⑦简:即北魏齐郡王元简,事见本书卷第一百三十七齐武帝永明九年(491)。 ⑧中山宫:后燕建都春秋中山国故地,修有宫室,北魏攻克中山之后,将原有宫室改为中山宫。⑨钜:同“巨”。 ⑩北邙:又作北芒,即北邙山(亦称邙山),在今河南洛阳市北。东汉及魏王侯公卿多葬于此。 ⑪单衣邪巾:身上穿着“单衣”,头上斜系头巾。案:单衣,即古时的所谓巾褠,晋朝时江南人率先使用的一种见尊者时穿的上衣;邪巾,斜系的头巾,古时男子二十岁成年,士行冠礼,庶民著头巾,此处高太后葬礼,百官舍弃衰绖丧冠而单衣邪巾,说明百官对她的厌恶。 ⑫比丘:梵语 Bhiksu 的译音,佛教指和尚。⑬正始:北魏宣武帝年号(504—508)。 ⑭法秀之谋:北魏沙门僧法秀以妖术惑众,谋划在平城(今山西大同市)叛乱,未发即被捕处死。事见本书卷第一百三十五齐高帝建元三年(481)。 ⑮法王之社鼠:法王,即佛;社鼠,即城狐社鼠的省略。城狐社鼠:城上的狐狸,土地神庙的老鼠,此处比喻依仗佛法为非作歹的坏人。 ⑯内戒:佛教内规定的戒条。⑰甄琛启求禁集:北魏御史中尉甄琛上表请求罢盐池之禁,事见本书卷第一百四十六梁武帝天监五年(506)。